정 태 현

1977년 광주가톨릭대학교를 졸업하고 사제로 서품된 뒤 군산, 전주 등에서 사목하였다. 벨기에 루뱅대학교에서 1988년 신약학 박사학위를 받았다. 1991-1993년 하버드대학교에서 성서언어와 고대근동어를 연구하였다. 1989-1999년 한국천주교주교회의 성서위원회에서 구약성경 번역위원과 성서사도직 총무로 일하였다. 2007-2013년에 광주가톨릭대학교 교수를 지냈으며 현재는 사목 여정을 마치고 한님성서연구소 소장으로서 말씀 여정에 전념하고 있다.

저서

『성경 입문 하권』 (한님성서연구소).
『거룩한 독서를 위한 요한 묵시록 주해』 (한님성서연구소).
『모든 이에게 평화의 복음을』 (한님성서연구소).
『신약성경 그리스어 초급 문법』 (한님성서연구소).
『거룩한 독서 1-4』 (바오로딸).
『요한 복음』 (거룩한 독서를 위한 신약성경 주해 4; 바오로딸).
『사도행전』 (거룩한 독서를 위한 신약성경 주해 5; 바오로딸).
『놀라운 발견』 (바오로딸).
『현문우답』 (바오로딸).
『부르심 받은 이들의 부르짖음』 (가톨릭출판사).
『하느님과 함께 걸으며』 (생활성서사).

번역서

로버트 C. 레슬리, 『예수님과 로고테라피』 (한님성서연구소).
빅터 프랭클, 『무의식의 신』 (한님성서연구소). 외 다수.

편역서

『성서비평사전』 (성서와함께).
『신약성경 그리스어 어형변화』 (한님성서연구소).

공동편집

『구약성경·신구약 외경과 함께 본 네 복음서 대조 1. 마태오 복음』 (한님성서연구소).
『구약성경·신구약 외경과 함께 본 네 복음서 대조 4. 요한 복음』 (한님성서연구소).

성경 입문

상권

성경의 배경과 이스라엘의 역사

개정 2판

성경 입문 상권
성경의 배경과 이스라엘의 역사

개정 2판

초판 1쇄 2000년 07월 30일 (도서출판 일과놀이)
개정 1판 교회인가 2010년 02월 23일 (의정부교구장 이한택 요셉 주교)
개정 1판 1쇄 2010년 03월 20일 (한님성서연구소)
개정 2판 교회인가 2022년 03월 25일 (의정부교구장 이기헌 베드로 주교)
개정 2판 1쇄 2022년 05월 06일
개정 2판 2쇄 2026년 01월 26일

지은이 정태현
펴낸이 조병우
펴낸곳 한님성서연구소
등록 제85호
주소 경기도 의정부시 평화로 604
전화 031)846-3467
팩스 031)846-3595
카페 cafe.naver.com/biblicum

ISBN 978-89-94359-42-7 94230
ISBN 978-89-94359-41-0 94230 (전 2권)
책값은 뒤표지에 있습니다.

성경 입문

상권

성경의 배경과 이스라엘의 역사

개정 2판

정태현 지음

한님성서연구소
Hannim Biblical Institute

초판을 내면서

지난 십여 년 동안 구약성서 번역과 성서사도직 일을 하면서, 성서를 진지하게 공부하고 가르치려는 성직자, 수도자, 평신도들을 수없이 만났다. 그들은 대부분 외국에서 건너온 다양한 성서 교육 프로그램을 이용하여 하느님의 말씀을 익히고 전하는 고귀한 소명에 온갖 열성을 다 쏟는다. 같은 소명을 받았으면서 동시에 그들을 학문적으로 지원해야 할 책임을 느끼는 성서학도의 한 사람으로서 그들에게 무엇이 가장 필요한지 늘 주의 깊게 살펴 왔다. 그 결과 모든 성서 공부의 바탕이 되는 입문서가 무엇보다 절실하게 필요하다는 결론을 내렸다.

60년대 말 분도출판사에서 K.H. 셸클레의 『신약성서 입문』과 A. 다이슬러의 『구약성서 입문』을 번역·출간한 이래 그동안 몇 가지 입문서 비슷한 책들이 나와 성서 연구에 많은 도움을 주었다. 그러나 대부분의 책들이 번역서들인데다 다소 한정된 주제와 방법론에 바탕을 둔 까닭에 아쉬운 감이 없지 않다. 본 입문서는 할 수 있는 한 폭넓은 주제와 다양한 방법론을 수렴하고자 애썼다. 그러다 보니 경우에 따라서는 선정된 주제들을 깊이 있게 다루지 못하는 한계를 드러내기도 할 것이다. 『성서 입문 상』은 성서 본문의 바탕에 깔려 있는 지리·문화·사회·종교·사상적 배경과 성서를 형성하는 틀인 이스라엘의 역사를 다룬다. 그리고 앞으로 출간하게 될 『성서 입문 하』는 성서 본문 자체의 문학 양식과 형성 과정 및 본문에 담긴 신학 사상을 다룬다.

본 입문서는 먼저 성서를 체계적으로 공부하고 싶은 사람들을 겨냥한다. 말씀 봉사자들 가운데에는 두셋 이상의 성서 교육 프로그램을 섭렵한 이들이 적지 않다. 십여 년이 넘게 성서 공부를 한 이들인데도 막상 초보자들에게 봉사자로 나서려 할 때 자신감이 없다고 고백한다. 여러 가지 원인을 들 수 있겠지만, 어떤 성서 교육에도 기초가 될 정확하고 폭넓은 정보와 지식을 제대로 익히지 않은 탓이 크다. 이런 사정은 삶의 현장에서 하느님의 말씀을 전해야 할 임무를 맡은 성직자들과 수도자들에게도 마찬가지이다. 성서와 관련해서 언제 어느 때 무슨 질문이 말씀을 듣고 성서를 공부하는 신자들에게서 쏟아져 나올지 모른다. 적어도 그들이 던지는 질문의 내용이나 요지는 이해하고 있어야 하지 않겠는가!

이상의 사목·영성적인 동기 이외에 이 책이 성서학 또는 성서 신학의 기초를 다지는 데에도 그 나름대로 이바지할 수 있기를 비는 마음 간절하다. 서로 다른 학자들의 주장과 상충되는 자료들을 수집·정리하면서 더 객관적이고 종합적인 정보와 지식을 골라내거나 마련하기 위하여 성심껏 노력하였다. 요세푸스와 플리니우스 같은 고대 역사가들의 증언을 번역하여 소개함은 물론, 고유명사에 포함된 의미를 더 정확하게 밝히기 위하여 히브리어, 아람어, 그리스어 등 그 성서 원어를 일일이 찾아 표기하였다.

아무쪼록 본 입문서가 하느님의 말씀을 익히고 가르치는 모든 이에게 적지 않은 도움이 되기를 진심으로 바란다. 이 책을 내기까지 함께 진통을 겪은 '한님성서연구소'와 '일과놀이'의 일꾼들, 기도와 성원을 아끼지 않으신 조 베네딕도 이사장님과 연구소 후원자들, 익산 글라라 수녀님들에게 깊이 감사한다. 또 귀중한 사진들을 이 책에 수록할 수 있도록 기꺼이 허락해 주신 '창조사학회'의 김영우 국장님에게 큰 감사를 드린다.

끝으로 빠른 시일 안에 국내 성서학자들이, 본 입문서의 초라함과 미흡함에 자극을 받아 훨씬 훌륭한 성서입문서를 출간해 주기를 간절히 고대하며,

2000년 대희년 6월 그리스도의 성체 성혈 대축일에

익산 글라라 동산에서 지은이

개정판을 내면서

『성서 입문 상권』을 처음 펴낸 지 꼬박 10년이 되어간다. 그동안 독자들의 사랑을 많이 받았다. 쉽지 않은 내용임에도 14쇄나 인쇄할 정도였다. 여러 신학교에서 이 책을 성서 입문 교재로 활용하고 다양한 성서 교육 프로그램의 말씀 봉사자들과 수강자들 사이에서 큰 호응을 얻기도 했다. 그동안 인쇄와 보급을 맡아 주신 일과놀이 출판사 김수복 사장님과 마명기 영업부장님께 감사를 드린다. 넉넉한 인세와 큰 폭으로 할인해 준 보급가 덕분에 연구소 운영에 적지 않은 도움을 받았다.

이제 14쇄를 끝으로 『성서 입문 상권』의 출판과 보급은 하권(2008년 12월 출간)과 더불어 한님성서연구소가 담당하게 되었다. 이를 계기로 상권의 개정판을 펴낸다. 세부적인 오류들을 바로잡고 독자들을 위해 가독성이 뛰어난 글자체로 바꾸었다. 때마침 가톨릭 교회에서 성경을 새롭게 번역하여 출간했기 때문에 모든 성경 인용을 거기에 맞추었다. 10여 년 동안 변함없이 이 책을 애용해 주신 신학교 교수들과 말씀 봉사자들, 그리고 늘 말씀과 성령 안에서 기쁘게 살아가는 거룩한 독서자들에게 감사드리며 이 개정판을 그분들 모두에게 바친다. 이 책이 주님의 말씀을 깊이 그리고 올바르게 이해하는 데 큰 도움이 되기를 간절히 기도하며

광주가톨릭대학교 질마산 기슭에서

2010년 2월 지은이

개정 2판을 내면서

『성서 입문 상권』을 펴낸 지 22년이 되었고 개정판을 낸지도 12년이 흘렀다. 22년이라는 세월은 성경학의 엄청난 발전을 감안하면 결코 짧은 기간이 아니다. 새로운 이론들이 기존 이론을 뒤집거나 수정 보완하였다. 이런 상황에서 20여 년 전에 출간하고 10년 전에 일부 개정한 성경 입문서를 상당 부분 손을 대지 않을 수 없었다.

새로 개정한 부분을 말씀드리겠다. 가장 중요한 것은 책 제목이다. '성서 입문'을 '성경 입문'으로 바꾼다. 성경은 단순한 책이 아니라 유다교와 그리스도교의 거룩한 경전이다. 한국 천주교 전통을 보더라도 처음에 이 거룩한 경전을 성경(성경직해)으로 불렀다가 성서(공동번역성서)로 바꾸고 다시 성경(새번역 성경)으로 되돌렸다. 이에 맞추어 성서학 대신 성경학, 성서학자 대신 성경학자, 성서적 대신 성경적으로 바꾼다. 『성경 입문 상권』 개정 2판에 이어 하권의 개정판도 기획 중인데, 『성경 입문 하권』으로 책 제목을 바꾸겠다.

둘째, 성경 형성에 결정적으로 영향을 미쳤던 고대 근동의 역사와 문화에 대한 그동안의 연구 결과를 상당 부분 수용할 필요를 느꼈다. 다행히 한님성서연구소에 몸담고 있는 연구원들 가운데 이 방면의 전문가들이 있어서 많은 도움을 받을 수 있었다. 특별히 주원준 박사와 송혜경 박사에게 이 자리를 빌려 감사드린다.

셋째, 라삐 유다이즘에 관한 부분도 수정 보완할 필요가 있었다.

강지숙 박사의 도움이 컸다. 감사드린다.

성경 입문의 저작과 출판 역사는 한님성서연구소의 역사와 맥을 같이 한다. 이 자리를 빌어 연구소의 창립부터 지금까지 물심양면으로 후원해 주신 모든 분들에게 감사의 말씀을 올린다. 특히 창립의 산파역을 자임해 주시고 초지일관 연구소를 훌륭하게 끌어오신 이사장 조병우 베네딕토 님과 이사진 여러분께 깊은 감사를 드리고 하느님의 크고 자애로운 강복을 청한다. 더구나 이사장님의 배려로 아름다운 성전, 넉넉하고 쾌적한 도서관과 개별 연구실, 강의실과 카페 등을 갖춘 최상의 성경 연구 시설에서 연구에 전념할 수 있게 되었으니 더 이상 바랄 것이 없다. 연구원들과 더불어 좋은 작품으로 보답할 것을 약속드리며

의정부 한님성서연구소에서

2022년 4월 부활절 지은이

차례

둘째 마당: 이스라엘의 역사

일러두기

1. 이 책에 인용된 성경 구절은 한국천주교중앙협의회에서 편찬한 『성경』을 따르는 것을 원칙으로 한다. 본문에서 이 성경을 가리킬 때는 『성경』(cbck)으로 표기하였다.

2. 성경 각권의 명칭과 약어는 『성경』(cbck) 표기를 따랐다.
   창세기 2장 3절 → 창세 2,3

3. 성경에 등장하는 고유명사는 『성경』(cbck) 표기를 따랐다.
   랍비 → 라삐, 유대인 → 유다인

   그 밖의 고유명사는 자주 사용하는 표기를 따랐다.
   카르크미스, 아멘호테프, 미쉬나

4. 성경 명칭의 약어를 제외하고 외국어 인명과 지명은 고딕체로 표기하여 구분한다.
   이스라엘 백성, 예수님, 디오클레시아누스 황제

머리말

성경이 우리 민족에게 처음 소개된 것은 중국의 한문 서적을 통해서다. 그 한문 서적은 주일과 축일의 독서와 해설서인 성경직해聖經直解와, 비슷한 내용을 담았지만 피정 지침서로 엮은 성경광익聖經廣益이다. 그런데 이 성경직해와 성경광익은 중국에서 선교 활동을 하던 서양 선교사들이 엮은 것이다. 오늘날 쉽게 접하는 성경 주석서와 참고서, 성경 교재와 프로그램 등도 대부분 서양 학자들이나 서양의 사목자들이 만든 것들이다. 말하자면 우리의 성경 전통은 근본적으로 서구 그리스도교의 학문 전통과 문화에 커다란 영향을 받은 셈이다. 그런 까닭에 성경을 읽으면서 우리는 늘 동양 문화·전통과 거리가 먼 책을 대하는 것처럼 느낀다. 그러나 성경은 동양과 서양의 문물을 껴안고 그 경계를 넘어서서 모든 이에게 열려 있는 책이다.

1. 성경의 세계

성경은 아시아에서 태어났다. 아시아는 고대 문명과 종교의 발상지다. 세계 사대 고대 문명인 메소포타미아 문명, 이집트 문명, 인더스 문명, 중국의 황허 문명의 발상지 가운데 세 곳이 아시아에 있고 이집트도 서양인들에게는 '근동'近東, 곧 가까운 동방에 속한다. 유다교, 그리스도교, 이슬람교, 불교, 힌두교, 유교 등 세계의 대종교들도 모두 아시아에서 나왔다. 서양인들이 동방을 창의적 직관과 명상을 통하여 고유한 정신 세계를 구축하고 발전시킨 신비의 땅으로 여겨 온 것은 결코 과장이나 무리가 아니다. 아시아에서 나온 이 세계 종교에는 모두 경전이 있어서 시간과 공간을 넘어 온 인류를 진리의 길로 이끈다. '빛은 동방에서'ex oriente lux라는 오래된 서양 격언이 이를 잘 반영한다.

성경은 메소포타미아 문명과 이집트 문명과 지중해 문명이 어우러진 땅에서 쓰이고 퍼져 나갔다. 구체적으로 이 지역은 소아시아(오늘날의 터키), 티그리스 강과 유프라테스 강 유역을 거쳐 동쪽의 인도 경계까지, 시리아-팔레스티나와 시나이 반도를 거쳐 남쪽의 이집트까지, 그리고 서쪽 끝 스페인에서 동쪽의 그리스에 이르는 유럽의 지중해 연안을 포함한다. 기원후 313년 서로마 제국의 콘스탄티누스 황제가 그리스도인들에게 신앙의 자유를 보장하는 밀라노 칙령을 반포한 이래 성경은 서구 문명을 발전시킨 원동력이 되었다. 그리스 문명과 로마 문명의 우월성을 주장하고 두 문명의 진정한 상속자로 자처하는 서양인들은 오랫동안 성경을 하느님께서 자신들에게 내려 주신 선물로 여겨 왔다. 그러나 그들은 성경이 그리스 문명과 로마 문명보다 훨씬 앞서 생겨난 고대 근동 문명의 틀 안에서 태어났고, 그 문명을 전하는 매개체라는 사실은 깨닫지 못하였다. 여기서 '근동'은 유럽에서 가까운 동방의 땅, 곧 소아시아, 메소포타미아, 시리아-팔레스티나, 이집트를 가리키는데, 우리식으로 말하자면 '중동'이다.

1798년 나폴레옹이 이집트를 침략하면서 고대 근동의 '잊혀진 문명'이 사람들 앞에 드러나기 시작하였다. 처음에는 프랑스인들이 고대 이집트 문화 유적지의 발굴과 탐사를 주도하였지만, 영국인과 독일인과 이탈리아인 등 다른 유럽인들도 이 일에 뛰어들었다. 20세기에 들어오면서 고대 근동에 관한 관심은 이집트뿐 아니라 메소포타미아와 소아시아와 시리아-팔레스티나 전체로 확산되었고, 유럽과 미국 학자들이 이스라엘, 이집트, 이라크, 이란, 터키, 요르단, 시리아 학자들과 함께 공동작업을 펼쳐 나갔다. 그들의 고고학적 발굴과 탐사는 옛 신전터와 왕궁터에서 발견된 토판 문서들과 수많은 금석문에 쓰인 갖가지 고대 근동의 언어들을 해독하면서 새로운 전기를 맞이하였다.

고대 근동어로 쓰인 고문서가 20여 개 이상 그 실체를 드러내면서 서양 사람들은 이제 그리스-로마 문화의 독창성과 우월성을 주장할 수 없게 되었다. 고대 근동어를 연구하는 서양 학자들은 유럽 언어들의 원조로 여겼던 그리스어와 라틴어가 동방의 산스크리트어, 페르시아어, 셈어와 페니키아어에 연결되어 있다는 사실에 매우 놀라워하였다. 언어뿐 아니라 문학 양식에서도 서양인들은 동방의 영향을 받았다. 서구의 정신 문화를 이끌어 온 성경은 신화, 법전, 민담, 격언, 비유, 역사, 연가戀歌와 애가哀歌, 예언 등 온갖 문학 양식으로 구성되는데, 이런 문학 양식들이 모두 고대 근동의 문헌들에서 고스란히 발견되고 내용까지도 비슷하다. 일찍이 그리스 문화의 전도사로 알려진 알렉산드로스 대왕이 이집트와 페르시아 제국과 인도를 정복하고 나서 자신은 물론, 신하들에게 동방 문화를 답습하게 한 것 역시 그 문화의 가치를 재발견하였기 때문일 것이다.

성경을 낯설게 느끼는 것은 성경이 이처럼 복합 문화의 토양에 뿌리박고 있다는 사실을 잊은 채 서구의 성경 해석과 접근 방법에만 매달린 탓이 아닌가 싶다. 그리스도교가 팔레스티나에서 출발하여 소아시아와 그리스를 거쳐 로마에 전해지고 유럽 전역에 퍼져 나가 서구 종교로 자리잡은 다음, 다시 아시아, 아메리카, 아프리카 등 세계의 모든 대륙으로 확산되는 동안, 그리스도교의 근본이 되는 성경도 근동의 문화권에서 태어나 그리스-로마 문화에 바탕을 둔 서구 문화권을 거쳐 전 세계의 다양한 문화권에 접목되었다. 이 과정에서 서구인들의 이성적이고 논리적이고 실용적인 사고방식이 그리스도교를 체계화하고 성경에서 객관적 진리 또는 교의dogma를 끌어 내는 데 크게 기여하였다. '법은 서방에서'ex occidente lex라는 서양 격언이 뜻하는 바 그대로다.

이제 우리 앞에는 이천여 년의 긴 여정을 거쳐 다시 동방으로 돌아온 성경, 하느님께서 온 인류에게 구원의 표지로 주신 귀중한 경전이 놓여 있다. 성경의 세계가 모든 문화권을 포함하고 성경의 메시지가 모든 문화권에 열려 있다는 사실은 여러 문화권, 특히 동양 문화와 서양 문화가 서로 존중하고 협력해야 함을 말한다.

2. 성경이 말하고자 하는 것

성경의 뼈대는 이스라엘 역사(구약성경)와 예수님 이야기(신약성경)다. 그런데 이스라엘의 크고 작은 사건들이나 예수님의 생애와 인격과 가르침들을 시간과 공간의 제약을 받는 역사적 사실로만 처리한다면, 오늘 21세기를 맞은 극동의 한민족에게 성경의 내용들이 어떤 의미를 던져 줄 수 있겠는가?

실제로 이스라엘이라는 조그만 나라의 역사가 고대 근동사에서 차지하는 비중은 거의 무시해도 좋을 만큼 미미하다. 현대의 고고학자들이 밝혀 낸 바에 따르면 이스라엘 민족은 이집트, 아시리아, 바빌론, 페르시아 같은 고대 근동의 강대국들 틈바구니에 끼여 늘 생존을 위협당하던 약소민족에 지나지 않았다. 예수님을 두고도 그 시대의 로마나 그리스 역사가들의 저서에 단 몇 줄 언급만 있을 뿐 제대로 된 기록을 찾아보기 어렵다. 그런데도 성경이 동서고금을 막론하고 그토록 오랫동안 인류의 정신 문화를 지배할 수 있었던 이유는 무엇일까? 그것은 성경의 내용이 시공을 뛰어넘어 인류 전체에 커다란 충격을 던지며 인간성 자체를 변화시키기에 충분히 역동적이고 보편적인 진리를 담고 있기 때문이다.

성경은 두 가지 핵심 주제를 안고 있다. 하느님 소개와 인간 소개가 바로 그것이다. 이 둘은 성경의 어느 대목을 열어 봐도 금방 눈에 띈다. 창세기 처음 몇 장의 신화적 이야기들, 모세와 판관들의 건국 초기의 투쟁사, 예언자들의 정의로운 외침, 예수 사건과 그 여파, 사도들의 사목적 활동과 초기 공동체의 모습들, 묵시록의 수수께끼 같은 예언들 등, 이 모든 기록에서 성경 저자들은 하느님이 어떤 분이시고 인간이 무엇인지를 끊임없이 밝힌다.

성경을 태동시킨 이스라엘 민족은 정치나 윤리 면에서 결코 뛰어난 민족이 아니었다. 그들은 본디 정처 없이 물과 목초지를 찾아 떠돌던 유목민들과 사회의 밑바닥에서 천대받던 히브리인들의 후예였다. 그러나 그들 조상들이 하느님의 초대를 감사하게 받아들였을 때, 그분께서는 그들에게 생명의 번영과 젖과 꿀이 흐르는 땅을 약속하셨고 실제로 그 약속을 지키셨다. 그러나 히브리 후예들이 자신들을 이집트 종살이에서 끌어내시고 가나안 복지를 차지하게 해 주신 하느님을 배반하고 그분 뜻을 저버리자, 그분께서는 혹독한 시련과 고난의 길을 허락하신다. 하느님께서 선택하신 이스라엘 민족의 비극적 역사에서, 성경 독자들은 하느님의 성실하고 끈기 있는 초대를 거절한 민족이 겪게 되는 파멸이 얼마나 쓰라린지 배우게 된다. 이런 의미에서 이스라엘은 온 인류를 위한 하나의 표본이다. 그들의 파란만장한 역사를 통하여 하느님께서는 당신이 얼마나 성실한 분이시고 고통받는 인류를 얼마나 깊이 사랑하시는지를 더 뚜렷하게 보여 주시는 동시에, 그분의 초대를 받아들이거나 거절하는 민족에게 생명과 죽음의 길이 열린다는 사실을 가르쳐 주신다. 한마디로 만민은 선민의 역사를 통하여 본 모습이 드러나고, 선민의 선택은 만민의 구원을 전제로 한다.

이스라엘 민족 공동체의 삶뿐만 아니라 성경에 등장하는 수많은 인물 개개인의 삶도 후대의 인류에게 귀중한 가르침이 된다. 성경에서 고상한 윤리와 영적 가르침만을 기대하는 독자들은 성경이 전해 주는 인간 군상의 부도덕한 이야기들에 혼란을 일으킬 수도 있을 것이다. 성경은 인간이 저지를 수 있는 온갖 비리와 타락과 죄악을 적나라하게 드러내는 동시에, 온갖 회유와 유혹에 굴하지 않고 성실하시고 자비하신 하느님께 굳은 믿음을 고백한 인물들의 활약상도 보여 줌으로써 우리에게 생명과 죽음의 길 가운데 어느 쪽을 선택해야 할지 가르쳐 준다.

성경에 나타난 사건과 인물들은 한마디로 나와 내가 몸담은 세상에서 일어나는 사건들의 전형典型이라 할 수 있다. 그리고 성경에 담긴 하느님의 말씀은 지금 이 순간 나와 내 가족과 우리 사회를 구원의 길로 이끄시려는 하느님의 부르심이다.

3. 성경의 저자

성경을 대하는 독자들이 매우 궁금해하는 것은 '누가 성경을 썼나?'일 것이다. 성경의 모든 본문은 창세기 첫 장부터 묵시록 끝 장까지 사람의 손으로 쓰였다. 그것도 한두 사람이 아니라 수많은 사람이 믿음의 전통을 이어받아 오랜 세월을 두고 성경을 만들어 냈다.

성경 저자들에 대한 관심은 18세기 말엽 주로 개신교 신학자들 사이에서 높아져 성경 연구에 획기적인 전기를 마련하였다. 그전까지 사람들은 전통적 사고방식에 따라 성경은 하느님께 직접 계시와 영감을 받은 구세사의 몇 안 되는 주역들, 예를 들면 모세, 여호수아, 사무엘, 다윗, 사도 요한과 바오로 등이 손수 쓴 것으로 믿었다. 그러나 전통적으로 믿어 온 성경 저자의 세계와 성경 본문의 세계가 너무나 다르고 둘 사이에 큰 간격이 있음을 깨닫게 된 성경학자들은 이제 이런 전통적 사고방식을 받아들이지 않는다. 오늘날 성경학자들은 고고학과 고문서학의 발달로 성경의 세계를 당대의 문화와 역사에 비추어 연구하고 성경 본문을 고대 근동의 문헌들과 비교함으로써, 성경의 다양한 문학양식과 성경 저자들의 편집 작업을 밝혀 낼 수 있게 되었다. 이 과정에서 그들은 성경 본문의 상당 부분이 실제 사건에 바탕을 두기보다 저자들의 문학적 소양과 신학적 반성에 뿌리내리고 있음을 확인하였다.

성경학자들은 이제 성경 저자들에 관한 연구를 성경의 저작시기, 그 자료의 기원과 전달과정, 성경 각 권의 실제 저자들의 신원, 그들의 집필 동기와 신학적 의도, 그들이 속한 신앙 공동체의 문제점들과 그 나름대로의 해결방안 등, 성경을 탄생시킨 역사·사회·종교적 배경과 성경의 문학·신학적 내용에 관한 연구로 확대하게 되었다. 이처럼 성경의 배경과 내용을 마음에 두고 성경 본문을 읽는 것을 '비판적 성경 독서'라 한다.

우리가 성경을 비판적으로 읽는 목적은 성경의 핵심 메시지에 더 깊이 접근하기 위해서뿐 아니라 성경을 글자 그대로 받아들여 비상식적이고 비인도적 결론을 내리는 일을 막기 위해서다. 이를테면 비판적 성경 독서는 성경을 축자적으로 해석하여 인륜을 거슬러 끔찍한 범죄를 저지르게 하는 광신적 근본주의Fundamentalism나, 율법을 현실에 적용하면서 그 근본 취지보다는 시행세칙에 매달리는 율법주의Legalism의 오류에서 우리를 지켜 준다.

그렇다면 비판적 성경 독서가 '성경은 하느님께서 쓰셨다'라든가 '성경은 성령의 감도感導하심에 따라 기록되었다'라는 교회의 전통적인 가르침을 정면으로 부정하는 것일까? 결코 그렇지 않다. 성경 저자들의 근본 저술 동기는 그들 자신과 자신이 속한 공동체의 신앙을 표현하고 전달하는 것이었다. 그리고 그들의 공동체가 간직해 온 신앙의 근원과 목적은 바로 하느님 자체였다. 성경 저자들은 인간 역사 안에 들어오신 하느님, 곧 우리 가운데 나타난 그분의 말씀과 위업을 묘사하고 전파하는 데 열성을 다 바쳤다. 이 일 자체가 그들에게는 신앙 행위였고, 따라서 이 신앙 행위를 처음부터 주도하시는 분이 하느님의 영이라는 것은 당연하고 자연스러운 사실이다. 무릇 하느님께 대한 모든 신앙 행위에는 그분의 영이 작용하시기 때문이다.

이스라엘 역사에서 하느님 영의 주도로 드러나는 그분의 말씀과 위업은, 성경 저자가 모은 고대 이스라엘 백성의 경신례, 찬가, 노래, 예언, 역사 기록, 전설, 영웅담 같은 다양한 문학양식을 통하여 전달된다. 성경 저자들의 신학 사상과 편집 활동을 탐구하는 비판적 성경 독자들은 이 사실을 인정하며, 성경 저자들이 구전이든 문헌이든 자료를 모으고 덧붙이거나 수정하는 편집과정에서 이미 하느님의 영한테서 인류 역사에 찬연히 빛나게 될 예지와 영감을 부여받았을 것으로 확신한다. 이 예지와 영감은 성경 저자들 자신도 가늠하지 못할 만큼 놀랍고 위대하다. 하느님께서 성경을 탄생시킨 이스라엘 공동체와 신약의 그리스도교 공동체를 친히 이끌지 않으셨다면, 그리고 하느님의 영이 성경을 기록한 저자들의 마음과 정신을 비추지 않으셨다면, 그들의 저서는 고대의 훌륭한 문학작품으로 평가될 수는 있어도 온 인류를 가르치는 하느님의 말씀이 담긴 '거룩한 책'으로 존중받지는 못했을 것이다.

그러므로 성경이 '사람의 손으로 쓰였다'는 사실과 '성령의 감도하심에 따라 쓰였다'는 교회의 가르침은 서로 상충하지 않는다. 성경은 하느님께 영감을 받은 인간이 하느님 영의 주도로 인간 역사 안에 드러나게 된 그분의 말씀과 위업을 기록해 놓은 책이다. 이 책에서 우리는 마땅히 하느님의 말씀과 위업을 듣고 보아야 한다.

4. 올바른 성경 이해

우리가 성경을 공부하는 목적은 성경 본문의 뜻과 메시지를 올바로 이해하고 그 가르침을 개인이나 공동체의 삶에 연결시켜 실천하기 위해서다. 이 목적을 이루려면 무엇보다 먼저 본문을 정확하게 읽어야 한다. 한 개인이나 단체의 주장과 교리를 정당화하기 위하여 성경 본문을 본뜻과 달리, 또는 정반대로 해석하는 것은 매우 위험하다. 이런 위험에 빠지지 않기 위해서는 성경에 포함된 세 가지 의미를 다 같이 고려하면서 읽어야 한다.

첫째는 '문자적 의미'literal sense다. 본문 그대로의 의미를 말한다. 문자적 의미는 일반 독자들이 성령을 읽을 때 가장 먼저, 그리고 쉽게 드러난다. 예를 들어 십계명의 조항들은 그 뜻이 분명해서 문자 그대로 받아들여 실천하면 된다.*

둘째는 문학적 의미다. 문학적 의미는 성경 저자가 그 본문을 쓸 때 담으려고 했던 뜻이나 메시지다. 이 의미는 앞뒤 문맥, 저자가 속한 사회의 시대적 상황, 저자의 언어와 문학 기법, 저작 동기와 의도 등을 면밀히 살펴보면 파악할 수 있다. 문학적 의미를 밝혀내는 데는 18세기 이래 유럽에서 발전시켜 온 역사비평Historical Criticism이 큰 공헌을 하였다. 역사비평 방법론은 이성적이고 논리적인 서양인들의 사고방식에 잘 어울린다.**

셋째는 '영적 의미'spiritual sense다. 성경 저자가 본문에 담아 전달하고자 한 글자나 어구의 뜻을 깨우쳤으면 그것에 만족하지 말고, 그 뜻을 바탕으로 우리를 영원한 생명과 진리이신 하느님과 예수 그리스도께로 이끄시는 성령께 마음의 문을 열어야 한다. 성경은 아버지의 영인 동시에 아들의 영이신 성령의 영감을 받아 기록된 책이라는 사실을 잊어서는 안 된다. '영감을 받은'inspired 성경 본문은 다시 독자들에게 영감을 '불어 넣고자'inspiring 한다. 아버지와 아들에게서 나온 성령께서 성경 저자들에게

---

* 그런데 성경에서 '문자적 의미'에만 집착하면 맹신을 강요하는 광신주의(Fanaticism)나 맹종을 강요하는 교조주의(Dogmatism)에 빠질 수 있다. 광신주의와 교조주의는 본문의 글자 하나하나를 역사·과학적 사실로 받아들이는 축자주의(Literalism)에 바탕을 둔다. 문자적 의미는 문학적 의미, 더 나아가 영적 의미를 향해 열려 있다는 점에서 축자적 의미와 다르다. 바오로 사도의 말씀, "문자는 사람을 죽이고 성령은 사람을 살립니다"(2코린 3,6)는 이 축자주의의 위험을 지적한 것으로 볼 수 있다.

** 그러나 문학적 의미만 지나치게 강조하면 모든 것을 이성의 잣대로 재단하는 이성주의(Rationalism)에 빠질 수 있다. 그리되면 성경을 지적 호기심을 채워주는 학문의 대상으로만 보고 성경 본문 안에서 하느님의 생생하고 역동적인 말씀, 곧 구원의 진리를 올바로 발견하지 못하게 될 것이다.

영감을 불어 넣어 아버지와 아들에 관해 기록하게 하셨고 그 기록을 읽는 독자들을 이끌어 아버지와 아들을 만나도록 이끄시는 것이다.

이상 성경 본문의 세 가지 의미, 문자적 의미, 문학적 의미, 영적 의미는 서로 대립되는 것이 아니라 긴밀하게 연결되어 있다. 세 가지 의미를 통합해서 보아야 성경 메시지의 실체를 만날 수 있다. 그리고 출발점은 언제나 성경 본문 자체다. 본문 밖에서의 어떤 이념ideology도, 어떤 주장이나 사상도 자체를 정당화하기 위해 본문을 이용해서는 안 된다.*

성경 본문은 세 가지 기본 요소를 끌어안는다. 첫째 요소는 이스라엘과 초대 교회의 옛 신앙인들이 정치·문화·경제·사회의 맥락 안에서 엮어낸 삶이고, 둘째 요소는 주 하느님께 대한 그들의 믿음이며, 셋째 요소는 그들을 찾아온 하느님의 말씀이다. 이 세 가지 요소, 삶과 믿음과 말씀은 언제나 함께 어우러져야 한다. 성경에서 개인이나 공동체가 실패한 경우를 보면 이 세 요소가 저마다 떨어져 있었을 때고, 성공한 경우는 이 셋이 조화를 이루었을 때다. 이 세 요소와 그들 상호간의 관계를 정확하게 읽어 내고 거기에서 얻은 메시지를 우리의 삶에 적용시키는 일이 바로 성경 공부의 본 목적이다.

본 입문서 상권의 구실은 삶과 믿음과 말씀을 끌어안는 성경 본문의 메시지를 더 잘 이해하는 데 필요한 지식을 알려 주는 것이다. 때로는 본문 안의 지식을 밝혀 주기도 하고 본문 밖의 지식을 새롭게 소개하기도 할 것이다. 첫째 마당에서는 본문이 태어난 팔레스티나 및 고대 근동의 지

* 영지주의 이단에 맞섰던 초기 교부들은 영지주의의 원천이었던 그리스 사상이 아니라 성경 본문을 가장 강력한 무기로 삼았다. 대표적인 교부는 이레네우스 성인이다(『이단 논박』).

리·기후·문화·경제·사회·종교와 정치 제도·사상 등 성경의 배경을 짚어 보고, 둘째 마당에서는 주 하느님께 대한 믿음을 축으로 펼쳐진 이스라엘의 역사를 고대 근동과 그리스-로마 역사의 큰 틀 안에서 돌아볼 것이다.

이렇게 성경 본문을 이해하는 데 필요한 지식을 충분히 습득한 독자라 할지라도 본문과 그 메시지에 접근하여 그 안에서 하느님의 목소리를 직접 듣지 못한다면 생명의 양식을 얻을 수 없을 것이다. 『성경 입문 하권』은 성경 본문이 어떻게 형성되고 그 내용이 무엇인지를 밝힘으로써 독자를 하느님의 말씀 안으로 이끌어 주는 구실을 할 것이다. 그 안에서 독자들이 계시의 원천이신 하느님과 그리스도를 만날 수 있게 된다면 필자로서는 그보다 더 큰 보람이 없겠다.

첫째 마당

성경의 배경

I. 지리 조건

1. 비옥한 초승달
2. 비옥한 초승달의 패권 다툼에 뛰어든 나라들
3. 팔레스티나

》

하느님 말씀이 담긴 성경은 하늘에서 뚝 떨어진 책이 아니며, 성경을 엮어 낸 이스라엘 민족도 신선놀음만 하던 사람들이 아니다. 성경은 이스라엘의 구체적인 삶 안에서 자라났고, 그 삶은 기원전 19세기에서 기원후 1세기까지 이천여 년 동안 팔레스티나라는 토양에 뿌리를 내렸다. 따라서 하느님 말씀을 올바로 이해하려면 그 말씀이 자라난 '삶의 자리'Sitz im Leben를 반드시 짚어 보아야 한다.*

지리 조건은 삶의 자리를 형성하는 가장 기본이 되는 요소다. 지형 그 자체가 특정 민족과 문화의 형성에 커다란 변수로 작용하기 때문이다. 예를 들어 물줄기의 유무는 그 지역 주민들을 농업민으로 만드느냐 아니면 목축민으로 만드느냐를 결정짓고, 농경 생활이나 유목 생활은 사회구조와 제도, 풍습 등에 커다란 영향을 미친다.

큰 개울과 강이 있는 곳에는 일찍부터 농업 사회가, 우물과 오아시스 근처에서는 목축 사회가 형성되었다. 때로는 유목민족이 떠돌아 다니다가 강 가에 자리 잡고 윤택한 생활을 누리고 사는 농경민족을 침범하기도 하였다.

---

* 본디 '삶의 자리'(Sitz im Leben)는 독일의 역사비평 방법론 가운데 하나인 양식사비평(Formgeschichte), 또는 줄여서 양식비평의 주요 개념이다. 양식비평에 따르면 어떤 문학양식은 그것을 사용하던 공동체의 생활환경을 반영한다. 따라서 특정한 문헌을 이해하려면 그 문헌을 만들어낸 곳의 생활환경을 먼저 살펴보아야 한다는 것이다. 이 생활환경이 바로 '삶의 자리'다.

1. 비옥한 초승달

학자들은 팔레스티나를 중심으로 성경의 사건들이 일어난 지역 전체를 그 생김새에 따라 '비옥한 초승달'Fertile Crescent이라고 부른다.* 이 지역은 북쪽과 동쪽으로는 험준한 산맥을, 남쪽으로는 사막을, 그리고 서쪽으로

* '비옥한 반달'이라고도 부르지만, 학술적으로 더 널리 쓰이고 정식 용어로 자리 잡은 표현은 '비옥한 초승달'이다.

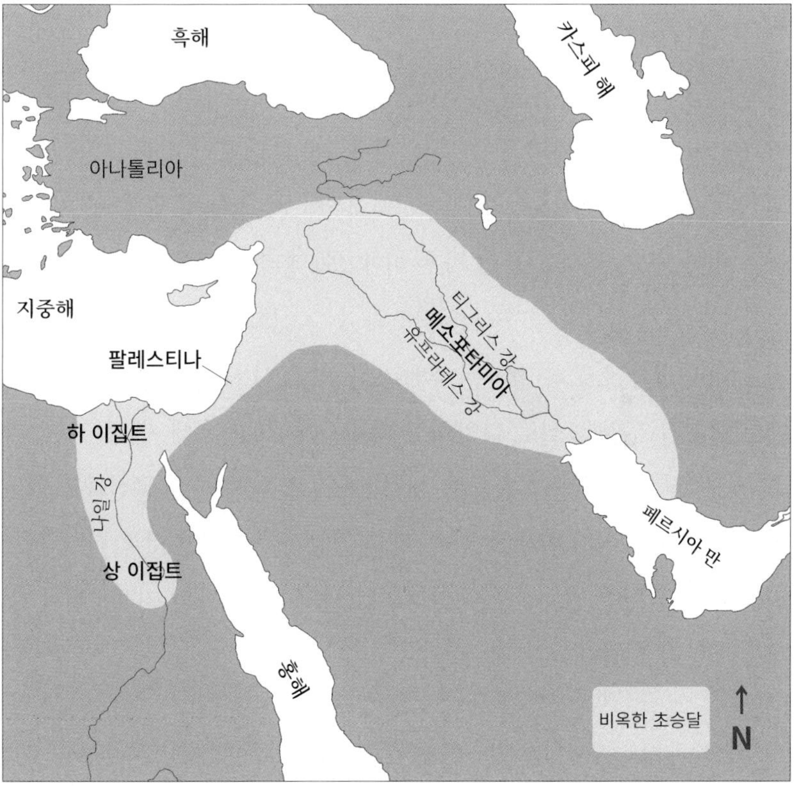

는 지중해를 끼고 있다. 이곳에서 아카드, 아시리아, 바빌론, 이집트, 히타이트, 밋탄 등의 대제국들이 각축전을 벌였다.

잘 알다시피 비옥한 초승달 지역의 주민들이 티그리스 강과 유프라테스 강 유역에 건설한 메소포타미아 문명은 머리말에서 언급한 대로 나일 강 유역의 이집트 문명, 인더스 강 유역의 인더스 문명, 중국의 황허 문명과 더불어 세계 사대 문명의 하나로 손꼽힌다. 나아가 이 지역은 유다교와 그리스도교와 이슬람교의 요람이기도 하다. 이 세 종교는 모두 인류의 정신 문화를 받쳐 주는 경전을 전한다. 구약성경과 신약성경과 쿠란이 바로 그것이다.

최초의 문자 체계는 티그리스 강과 유프라테스 강 남쪽 골짜기에 살던 수메르인들이 만들어 냈다. 수메르인들이 쓰던 문자는 그림 문자를 발전시켜 만든 쐐기문자였다. 그들은 역사, 서사시, 상업 문헌, 법률은 물론, 애가와 잠언(구약성경의 애가와 잠언과 비슷한 문학 유형)과 그 밖의 지혜문학을 엮어 냈고, 특히 그들의 창조 이야기와 홍수 이야기들은 고대 근동 지역 여기저기에 퍼져 나가 다른 창조와 홍수 신화의 원형이 되었다. 기원전 3300년경 것으로 추정하는 수메르인들의 도시 우룩(구약성경에서는 에렉)에서 발견된 토판은 실로 다양하고 다채롭다. 그 가운데 새, 물고기, 가축, 식물, 질그릇, 사람 이름들을 체계적으로 분류해 놓은 문헌들도 있는데, 아마도 학교에서 학생들을 가르치는 데 썼던 교재인 것 같다. 수메르인들이 남긴 문헌 전승은 창세기의 태고사와 이스라엘의 지혜문학에 중대한 영향을 미쳤다.

2. 비옥한 초승달의 패권 다툼에 뛰어든 나라들

이 지역의 역사에 관해서는 둘째 마당 이스라엘의 역사에서 더 자세히 다루겠지만, 여기서는 이 지역의 패권 각축전에 뛰어든 대표적 민족과 왕국들을 소개하고자 한다. 이들 가운데 이스라엘을 비롯하여 아시리아, 바빌론이 셈족에 속한다. 창세기에 따르면 셈족은 노아의 세 아들 가운데 하나인 셈이 홍수 이후에 낳은 후손들이다(창세 10,21-31). 다른 두 아들은 함과 야펫인데, 함의 후손은 이집트인들이고 야펫의 후손은 메디아인들이다. 언어학적으로 셈어는 셋으로 나눌 수 있다. 아시리아와 바빌론의 여러 방언을 포함하는 동부 셈어는 보통 쐐기문자인 아카드어가 대표적이다. 히브리어가 속해 있는 북서 셈어는 아람과 가나안의 방언들을 비롯하여 모압어와 우가릿어를 포함한다. 마지막으로 남부 셈어에는 아랍어와 에티오피아어가 있다.

가. **수메르**

수메르인들은 메소포타미아에 살던 최초의 주민들로서 셈족이 아니다. 성경에는 그들에 관한 언급이 없다. 그러나 수메르인들은 이스라엘 문화에 커다란 영향을 미친 메소포타미아 문명 형성에 결정적 구실을 하였다. 고고학자들이 발굴한 수메르의 대표 도시로는 우룩, 라가쉬, 니푸르, 우르, 에리두 등을 들 수 있다. 특히 우르는 비옥한 초승달 지역에서 제일

현존하는 지구라트 가운데 가장 잘 보존된 우르의 지구라트

먼저 성경에 등장하는 곳으로서 아브라함(기원전 19세기)의 고향이다(창세 11,31). 우르는 위에서 언급한 우룩, 에리두, 니푸르와 더불어 적어도 기원전 3300년 전에 수메르인들이 티그리스 강과 유프라테스 강 하구에 세운 도시다. 수메르의 도시들을 비롯하여 비옥한 초승달 지역의 도시들에는 거대한 신전들이 있었다. 창세 11장의 바벨탑 이야기의 배경에는 바빌론의 신전, 곧 지구라트들을 비판하는 의도가 숨어 있다.

기원전 2360년경에 수메르 도시 국가들은 아카드의 사르곤 임금에게 패망하였다. 사르곤은 통치영역을 시리아와 아나톨리아 남쪽까지 확장하였다. 아카드 왕조는 기원전 22세기 다시 수메르인들에게 멸망당하고 신수메르 시대가 열린다. 재기에 성공한 수메르인들은 100여 년 동안 이 지역을 지배하다가 동쪽에서 일어난 엘람이 수메르의 중심 도시 우르를 점령하면서 역사의 무대에서 사라졌다. 보통 수메르인들이 재기하여 세운 이 마지막 왕조를 우르 제3왕조(2060-1950년)라고 한다.

나. 아시리아

아시리아는 히브리어로 아수르אַשּׁוּר인데 본디 티그리스 강 중간쯤에 자리 잡은 도시 이름이었다. 이 도시의 주신主神도 아수르였다. 이렇게 고대 근동에서 신명과 도시명이 일치하는 경우는 흔하다. 아시리아 왕국은 아카드 북쪽, 미탄니 동쪽, 그리고 자그로스 산맥 가까이에 자리 잡았다. 아카드의 사르곤 임금 시절(2350-2294년경)에 아수르는 아카드인들의 지배 아래 있었지만 샴쉬-아다드 1세가 주변 지역을 점령하여 이른바 '상上 메소포타미아 왕국,' 곧 '고 아시리아 왕국'을 세웠다(기원전 1808년). 그 뒤 고 아시리아 왕국은 기원전 2천년대에 생겨난 밋탄Mittan과 경쟁하였다. 그러다가 옛 아카드의 사르곤 임금 호칭인 '사방의 임금'으로 자신을 일컬은 아닷니라리(1305-1274년)가 바빌론을 치고 하란의 서쪽 교역지대와 카르크미스를 정복하여, 아시리아 왕국의 기초를 튼튼하게 놓았다. 기원전 13-12세기에는 그리스, 아나톨리아, 시리아, 메소포타미아에서 야만족들이 봉기하여 대혼란이 일어났다. 바빌론도 이들의 지배 아래 들어갔다.

야만족의 침입으로 아시리아는 아수르 주변만을 통치하는 작은 왕국이 되었으나, 티글랏 필에세르 1세(1115-1077년)의 영도에 힘입어 기원전 14세기에 차지했던 지역들을 다시 정복하였다. 티글랏 필에세르는 왕도를 아수르에서 약간 북쪽에 자리 잡은 니네베로 옮겼다. 그 뒤 아시리아는 비옥한 초승달의 강자로 군림하면서 이스라엘과 유다를 비롯한 속국들에게 조공을 받았다. 북왕국 이스라엘은 734년 아시리아의 속주가 되었으나 722년 살만에세르 5세(726-722년)에게 반란을 일으켰다. 살만에세르는 사마리아와 이스라엘의 나머지 성읍들을 점령하였고, 그의 후계자 사르곤 2세

아수르 성.
창세 10,9-11에
따르면 니므롯이
아시리아에 여러
도시를 세운다.

(722-705년)는 이스라엘 사람 27,290명을 아시리아로 끌고 갔다. 아시리아의 전성기는 에사르 하똔(680-669년)과 아수르바니팔(668-627년)이 통치하던 시대였다. 이 두 임금은 메소포타미아, 팔레스티나뿐 아니라 이집트와 심지어 에티오피아까지도 정복하였다. 그러나 아수르바니팔이 죽자 치열한 왕위 계승 분쟁과 지나친 토벌 정책으로 대제국은 급속히 몰락의 길로 접어들었다. 626년 아시리아의 통치권에서 벗어나 독립한 바빌론을 선두로 여러 국가가 아시리아에 반기를 들었다. 614년 아수르가 메디아인들에게 넘어가고 제국의 수도 니네베도 612년 메디아인들과 바빌론인들의 연합군에게 함락되었다. 아시리아의 마지막 임금 아수르발릿은 하란으로 도망쳐 그곳에서 항전하였으나, 609년 이집트 느코가 도와주었음에도 메디아와 바빌론 연합군에게 지고 말았다. 그 뒤에 아시리아인들은 역사의 무대에서 사라졌다.

다. **히타이트**

히타이트인들은 본디 인도-유럽인들로서 기원전 천 년 이전에 아나톨리아와 시리아 북부를 차지한 민족이다. 히타이트는 고대 아나톨리아에서 먼저 거주한 주민들인 '하티'Hatti를 계승한 민족이다. 아나톨리아에는 아시리아인들과의 교역이 활발하였던 '핫투샤'Hattusa라는 도시가 있었고, 이곳이 나중에 히타이트 왕국의 수도가 된다. 히타이트 왕국은 셋으로 나눌 수 있다. '고왕국'은 아나톨리아를 중심으로 기원전 1900년경부터 1450년경까지 지속되었는데, 이 왕국은 북부 시리아와 메소포타미아의 바빌론에까지 침입한 적도 있으나 후르족이 그들의 남진 정책을 저지하였다. 그다음 '신왕국'은 기원전 1450년경부터 1090년경까지다. 이 왕국의 전성기는 13세기 중엽으로 보며, 이때 히타이트인들은 시리아 북부와 메소포타미아 북부 대부분을 점령하였다. 1260년경 하투실리스 3세는, 아시아까지 세력을 확장하려고 이집트에서 올라온 라메세스 2세를 저지하고 평화조약을 맺었다. 마지막 '신히타이트 왕국'은 카르크미스를 중심으로 10세기에 타우루스 산맥과 시리아 북부에서 일어났다. 10-8세기의 아시리아 문헌은 시리아 북부를 히타이트의 다른 이름인 하티의 땅으로 불렀다. 신히타이트 왕국은 기원전 8세기에 아시리아인들에게 패하여 아시리아의 속주가 되었다.

라. **바빌론**

바빌론의 도읍 바빌론은 유프라테스 강 동쪽 강변에 위치하는데, 오늘의 이라크 수도 바그다드에서 남쪽으로 그리 멀지 않은 곳이었다. 아시리아 제국이 메소포타미아의 북부를 차지한 반면, 바빌론은 남부를 차지하였다. 아시리아와 바빌론은 아카드어를 사용하는 국가로 공통점이 많다. 바빌론은 아카드의 사르곤 임금 시절의 문헌에 처음 언급되지만, 1900년경에 와서야 비옥한 초승달의 주요 왕국으로 등장한다. 이 왕조의 전성기는 당시에 가장 합리적 법전의 창시자로 알려진 아모리인 함무라비(1792-1750년) 임금의 통치 시절이다. 함무라비는 라르사, 엘람, 아시리아, 아카드 등을 차례로 정복하고 지중해 서안까지 영토를 확장하였다. 함무라비 이후 바빌론은 7세기까지 정치적으로 매우 허약한 나라였다. 아시리아 대제국이 번영을 누릴 때 바빌론은 언제나 제국의 속국으로 머물렀다. 그러나 함무라비가 굳건하게 다져 놓은 문화 유산은 어떤 이민족들의 침입에도 쉽사리 무너지지 않았다.

기원전 10-8세기에 아시리아가 약해진 틈을 타, 메소포타미아 북서쪽 지중해 해변에서 살던 아람인들은 바빌론과 시리아에 침입해 들어왔다. 아람인들이 아시리아 문헌에 처음 언급된 것은 아시리아 임금 티글랏 필에세르 1세 때였다. 카르크미스, 하맛, 다마스쿠스가 그들이 세운 큰 성읍들이다. 신명 26,5은 이스라엘과 유다의 조상을 아람인들로 본다. 그러나 창세 24; 29—31장에서는 이사악과 야곱의 아내와 소실들을 하란 출신의 아람인들로 소개한다. 많은 학자

함무라비 법전이 새겨진
돌기둥의 윗부분이다.

들은 '아람'이란 이름이 '유목민들'이라는 뜻의 '아흘라무'*Ahlamû*에서 나왔다고 본다. 그들은 시리아 광야에 살던 유목민으로서 이 지역의 정착 부락들을 몰아내고 거기에 자리를 잡았다. 그래서 시리아는 곧잘 아람과 동일시되며, 칠십인역과 몇몇 현대어 번역들에서도 '아람'과 '아람인들'을 '시리아'와 '시리아인들'로 옮긴다. 그런데 이 아람인들은 유프라테스 강과 티그리스 강 하류(페르시아 만 근처)에 기원을 둔 칼데아인들과, 시리아 북부와 바빌론 남부에서 만나 서로 섞이게 된다. 이 때문에 성경에서는 아람인들과 칼데아인들을 서로 같은 민족으로 여긴다. 이 칼데아인들이 바빌론의 왕권을 장악하면서 초승달의 판도가 급변하기 시작한다.

칼데아인들은 아시리아 임금에게 조공은 바쳤으나 아시리아의 지배에 결코 고분고분하지는 않았다. 허약한 임금들이 아시리아를 통치하던 시절에 칼데아인들은 바빌론의 실제 주인이 되었다. 그러다 아시리아 임금 티글랏 필에세르 3세(747-727년)가 칼데아인들을 남쪽으로 몰아내고 바빌론의 왕좌를 자기 왕권에 병합시켰다. 칼데아인들의 우두머리 므로닥 발아단은 721년 바빌론의 왕권을 다시 쟁취하고 엘람과 연합하여 아시리아의 사르곤 2세를 패배시켰다. 나중에 므로닥 발아단은 바빌론에서 남쪽으로 쫓겨났으나 산헤립 시절에 줄곧 아시리아인들을 괴롭혔다. 626년 칼데아인들의 또 다른 우두머리 나보폴라사르가 바빌론의 왕권을 차지하고 아시리아에 반기를 들었다. 나보폴라사르가 메디아와 연합하여 아시리아를 근동의 무대에서 사라지게 한 역사는 앞에서 이미 살펴보았다.

바빌론의 전성기는 나보폴라사르의 아들 네부카드네자르 통치 시절(604-562년)이다. 네부카드네자르는 아직 왕위에 오르기 전 605년에 카르크미스에서 이집트인들을 대파하고 그 도시를 불태웠다(예레 46,1-12). 그는 이어 시리아와 팔레스티나를 점령하고 멀리 이집트 국경까지 세력을 확장하였다. 유다 왕국은 그에게 굴복하였으나 나중에 이집트의 사주를 받아 반기를 들었다. 598년 겨울 네부카드네자르는 예루살렘을 포위하고 597년 3월 16일 예루살렘을 함락한 뒤, 임금과 신하들을 비롯하여 유다의 지도자들을 바빌론에 포로로 끌고 갔다(2열왕 24장). 이것이 제1차 바빌론 유배다. 유다는 589년 다시 네부카드네자르에게 반기를 들었고 바빌론 군대가 예루살렘을 재차 공격하였다. 마침내 587년 7월 예루살렘이 무너지고 임금과 신하, 사제, 장인들이 바빌론에 끌려가는데 이것이 제2차 바빌론 유배다. 흔히 바빌론 유배라 하면 587-539년에 있었던 제2차 유배를 가리킨다(2열왕 25,4-7; 예레 52,28).

네부카드네자르가 죽고 나자 거대한 바빌론 제국은 무능한 후계자들 때문에 급속히 몰락해 갔다. 나보니두스 임금(556-539년)은 나라를 아들 벨사차르에게 맡겨 두고 아라비아 정벌에 나서는데, 기울어져가는 나라의 내분이 심했던 것 같다. 한편 안산의 임금 키루스는 550년경 페르시아와 메디아의 임금이 된 뒤, 비옥한 초승달 정복에 나섰다. 나보니두스는 바빌론의 마르둑 사제들을 멀리하고 달의 신, 신sin 숭배에 열을 올렸다. 부패한 마르둑 종교를 개혁하려던 그의 의도는 왕국의 내분을 더욱 격화시켰고 539년 키루스가 바빌론에 침입하였을 때, 마르둑의 사제들은 나보니두스를 배반하고 키루스에게 왕국을 고스란히 넘겨 주었다. 키루스는 바빌론을 점령하고 538년 유다의 유배자들을 비롯하여 모든 포로에게 제 고향으로 돌아가도 좋다는 해방령을 내렸다. 바빌론 도성은 페르시아의 지배 아래에서도 주요 행정 도시로 남아 있었으나 그리스 시대에 접어들면서 그 중요성을 완전히 상실한다.

마. 이집트

이집트는 비옥한 초승달의 변방에 자리잡고 있으나 그 막강한 세력 때문에 이 지역의 패권 다툼에 중요한 몫을 하였다. 이집트라는 명칭은 그리스어 '애깁토스Αἴγυπτος'에서 왔는데, 이 애깁토스는 다시 이집트어로 멤피스의 다른 이름, '카 프타의 궁전*ḥwt-kȝ-ptḥ*'에서 유래한다. 이집트인들은 자기네 나라를 '케메트(*km.t* 검은 땅, 하 이집트)와 데쉬레트(*deshret* 붉은 땅, 상 이집트)'라고도 하고 '타위(*tȝwj* 두 나라)'라고도 한다.

'두 나라'는 골짜기로 이루어진 상 이집트와 델타 삼각주로 되어 있는 하 이집트를 가리킨다. 여기서 상 이집트는 나일 강 상류쪽이고 하 이집트는 하류쪽인데, 나일 강은 지중해를 향하여 남쪽에서 북쪽으로 흐르기 때문에 지도에서는 상류가 아래쪽, 하류가 윗쪽이다. '상·하'라는 말에 혼동하기 쉽다. 성경에서는 이집트인들을 에티오피아, 풋, 가나안과 더불어 노아의 아들 함에게서 태어난 자손으로 본다(창세 10,6).

이집트의 역사는 장구하고 복잡하며 문화 역시 그만큼 오래되고 다양하다. 이 지역에 사람들이 살기 시작한 연대는 대략 기원전 만 년경으로 본다. '원조 시대'(3300-2650년) 동안에 제1왕조의 메네스가 상 이집트와 하 이집트를 통합하였다. 이집트인들은 이 시대에 벌써 상형문자를 사용하였다. '고왕국'(3300-2100년)은 제3-4왕조 때 큰 세력을 떨치기 시작하였다. 조세르의 계단식 피라미드와 기자의 피라미드들은 이 시기에 건설되었다. 헬리오폴리스(Ἡλιούπολις 태양의 도시)라고도 하는 온ⲱⲛ에서 일어난 제5왕조는 태양신 레ⲣⲏ의 숭배를 이집트 왕실 숭배와 동일시하였는데, 그 뒤 레의 숭배는 이집트 종교의 중심이 되었다.

고왕국에 이어 얼마 동안의 혼란기를 거쳐 제11-12왕조가 다스린 '중왕국'(2100-1730년)이 탄생하였다. 이 왕국의 수도는 테베였다. 중왕국은 에티오피아 남부 누비아 정복 사업과 시나이 광산 사업에 힘입어 태평성대를 누렸다. 이 시기에는 죽은 이들의 수호신 오시리스 숭배가 대중적 인기를 모았고 테베의 신 멘투와 아몬의 숭배가 다른 신들의 숭배를 압도하였다.

제12왕조가 끝나갈 무렵 다시 혼란기가 왔는데, 이 시기를 주도한 것은 아시아에서 이집트로 이주해온 힉소스인들과 테베의 이집트 왕실 사이의 싸움이었다. 오랜 싸움 끝에 이집트인들은 전차와 말로 무장한 힉소스인들을 완전히 몰아내고 '신왕국'(1550-1070년)을 탄생시키는 데 성공하였다. 제18-20왕조가 다스린 신왕국은 고대 이집트의 가장 위대한 시대를 열었다. 힉소스의 침입은 이집트인들에게 아시아가 이집트 왕국에 위협이 될 수 있다는 인식을 심어 주었고, 그 결과 신왕국의 임금들은 동쪽 변방을 튼튼하게 하기 위하여 정벌 사업에 나섰다. 투트모세 3세(1479-1425년)는 군대를 이끌고 팔레스티나와 시리아를 거쳐 멀리 유프라테스 강까지 가서 이집트 군대를 주둔시켰다. 그러나 그의 후계자들은 이 제국을 제대로 관리하지 못하였다. 제19왕조의 라메세스 2세(1304-1238년)는 서부 아시아의 패권을 되찾고자 히타이트인들과 겨루었다. 오론테스 강변의 카데스에서 승산 없는 전투(카데스 대전: 1275-1258년경)를 벌이던 두 세력은 서로 현재의 경계를 존중한다는 평화 조약을 맺고 싸움을 중지하였다(카데스 조약: 1260년경). 이후 아시아에서 이집트의 세력은 점차 약화되었다. 라메세스 3세(1194-1163년) 때에는 지중해에서 밀려온 해양민족 필리스티아인들이 시리아-팔레스티나의 해안에 정착하기에 이르렀다. 신왕국이 기울어지면서

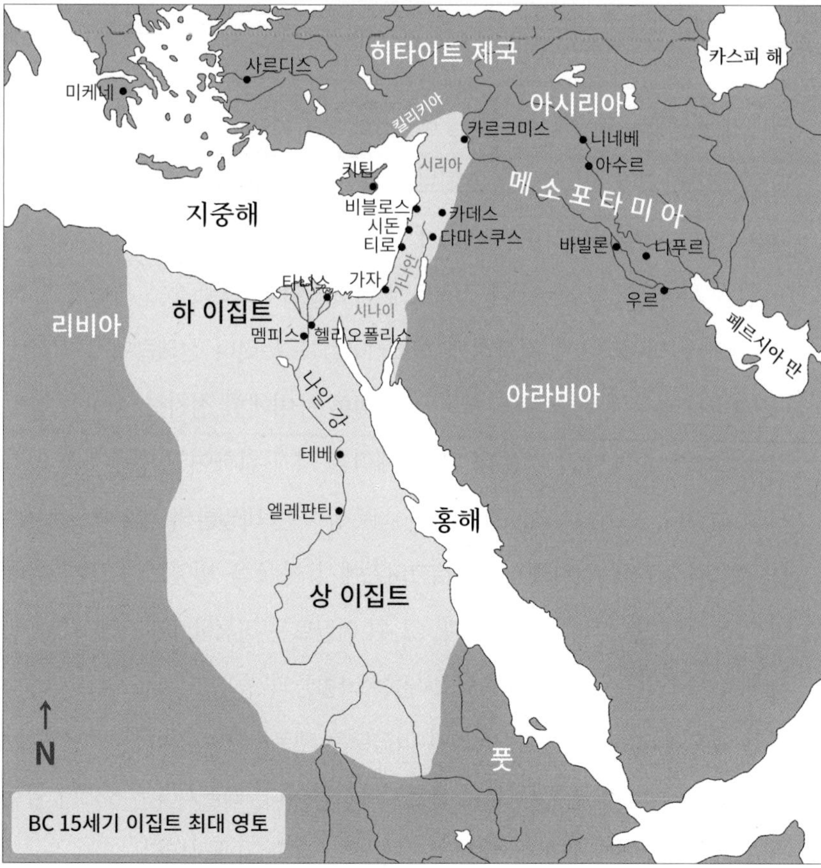

왕권에 결정적 영향을 미친 귀족 계급 외에도 새로운 세력들이 생겨났다. 하나는 전문 행정관리들이고 다른 하나는 사제들이었다. 이 두 세력의 권력과 부는 제19-20왕조의 왕권을 좌지우지할 정도였다. 실제로 제19왕조의 창시자는 군대의 장교 출신이고, 제20왕조의 창시자는 사제다. 이후 이집트는 위축되어 다시 전성기를 맞지 못한다.

이집트 왕국의 '후기 왕조 시대'(1085-332년)는 제21-31왕조가 다스렸다. 제21왕조 때에 권력은 하 이집트 델타의 임금들과 테베의 사제들 사이에서 양분되었다. 전자는 힉소스의 거점인 타니스를 수도로 삼았다. 그러다가 쇼셍크 1세(구약성경에서는 시삭שִׁישַׁק, 945-929년)가 양분된 권력을 하나로 통합하였다. 이 임금은 르하브암 시절에 이스라엘과 유다를 침략하고 예루살렘을 약탈하였다(1열왕 14,25). 제24왕조(730-715년) 때에는 에티오피아 임금 샤바카(715?-696년)가 이집트에 침입하여 제25왕조를 세웠으나, 예루살렘에서 아시리아에 저항하던 히즈키야를 도우려다 산헤립에게 패하였다. 샤바카의 후계자들은 아시리아와 바빌론 사이에서 정치적 득실을 놓고 저울질하면서 두 나라 가운데 더 큰 세력을 치기 위하여 동맹관계를 이리저리 옮겼다. 느코 2세(610-595년)는 급부상하는 바빌론의 네부카드네자르를 막으려고 605년 시리아의 카르크미스에서 싸움을 벌였으나 크게 패하여 겨우 목숨만 건지고 도망친다. 그 뒤 이집트는 아시아에서 영향력을 행사하지 못하였다. 아마시스(568-525년)는 바빌론과 동맹을 맺고 페르시아를 치려 했으나 역부족이었다. 525년 이집트는 페르시아의 지배를 받게 되는데, 제27왕조의 임금들은 모두 페르시아인들이다. 페르시아는 332년 알렉산드로스 대왕에게 멸망할 때까지 이집트를 계속 지배하였다.

바. **엘람**

창세 10,22에 따르면 엘람도 셈의 후손이다. 고대 엘람 왕국은 티그리스 강 동쪽의 도읍 수사를 중심으로 자그로스 산맥에 자리 잡았다. 엘람은 이렇게 메소포타미아의 변방에 자리잡는 바람에 다른 나라들에 비해 문화·정치적 발전이 늦었다. 엘람의 통치체제는 봉건 제후들의 연합체였기 때문에 진정한 의미에서 군주 제도라 할 수 없다. 2300년경 아카드의 사르곤과 우르 제3왕조의 임금들은 엘람을 지배하였으나, 이따금 메소

엘람의 수도 수사의 겨울 궁전터

포타미아로 쳐들어왔다. 9-7세기에 엘람은 비옥한 초승달의 패권 다툼에서 아시리아의 경쟁자로 등장하였고, 아시리아의 강력한 임금 사르곤 2세와 그의 아들 산헤립도 엘람을 정복하지 못하였다. 그러다가 649년 아수르바니팔 임금이 수차례 전투를 치른 끝에 엘람의 군대를 쳐부수고 수사를 초토화하였다. 그 뒤 엘람은 독립 국가로 행세하지 못하고 바빌론의 위성 국가로 지냈다.

사. 메디아

메디아인들은 이란 고원 지대에서 살던 민족이다. 그들에 대한 언급은 아시리아 임금 살만에세르 3세(858-824년)의 오벨리스크에 처음 나온다 (ANET 201). 아시리아 임금 사르곤 2세(722-705년) 때까지도 메디아는 보잘것없는 제후들의 연합체로서 아시리아에 조공을 바쳤다. 715년 다이우쿠가

페르세폴리스 궁전 벽에 그려진 다리우스 부조. 페르시아 박물관에 옮겨 놓은 것이다.

이 지역에 통일 왕국을 건설하고 수도를 엑바타나로 정하였으나 그 뒤에도 줄곧 메디아는 아시리아의 속국으로 지냈다. 612년 바빌론과 연합하여 아시리아를 멸망시키고 독립을 얻었지만 페르시아의 안산 임금 키루스가 등장하면서 메디아와 페르시아는 합병되었다. 구약성경에서 키루스를 메디아인들의 임금으로 부르는 이유도 이 때문이다(예레 51,11.28).

구약성경은 민족들의 일람에서 메디아를 야펫의 자손들로 분류한다(마다이: 창세 10,2; 1역대 1,5). 2열왕 17,6; 18,11에 따르면 아시리아인들이 북왕국 이스라엘을 멸망시키고 유배자들을 끌고 간 곳이 메디아의 성읍들이었다.

한편, 페르시아인들은 엘람의 수도였던 수사를 점령하고 그곳을 페르시아 제국의 행정 중심지로 삼았다. 다리우스 1세는 이 도시를 화려하게 재건하였는데, 이곳에는 역대 페르시아 임금들의 겨울 궁전이 세워졌다. 알렉산드로스 대왕이 인도를 칠 때 수사는 발판 구실을 하기도 하였다.

아. 비옥한 초승달 안의 이스라엘

이스라엘은 고대 근동에서 비교적 뒤늦은 기원전 11-12세기에 출현하였다. 다윗과 솔로몬의 전성기도 잠깐, 이들이 죽자 왕국은 기원전 933년 남북으로 갈라졌다. 북왕국 이스라엘은 722년 아시리아에 패망하고 적국의 수도 니네베로 끌려간 이스라엘의 왕족과 귀족들은 역사의 무대에서 흔적도 없이 사라졌다. 남쪽 유다 왕국도 587년 바빌론에게 함락된 뒤 그 지도자들 역시 538년 페르시아의 키루스 임금에게 해방될 때까지 바빌론에서 유배 생활을 하였다.

비옥한 초승달 지역에서 페르시아의 부흥은 히브리 역사의 전환점이다. 550년 페르시아의 키루스 대왕은 타우루스와 자그로스 산맥을 넘어 곧바로 초승달 지역에 침입해 들어와, 이 지역의 패권을 완전히 장악하고 대제국을 건설하였다. 한편 서쪽으로 그리스까지 영토 확장을 시도한 페르시아 제국은 마케도니아 출신 알렉산드로스 대왕에게 패배하고(기원전 332년), 나중에 그리스인들은 다시 로마인들에게 초승달 지역의 패권을 넘겨 주었다.

이스라엘은 언제나 작은 나라로 남아 있으면서 근동의 패권 다툼에 한 번도 주도권을 쥐어본 적이 없었다. 이스라엘인들은 언제나 강대국들의 틈바구니에 끼여 좁은 영토에서 생존에 급급한 약소민족의 하나였다.

이런 지정학적 위치를 감안할 때, 이스라엘이 수차례 유배를 겪는 동안 예언자들이 고취시킨 선민의식이 얼마나 필요한 시대적 요청이었는지 바로 짐작할 수 있을 것이다. 히브리 민족의 선민의식은 그들의 신체적 힘이나 정신의 우수성에서 비롯되었다기보다 오히려 그들의 약함에서 나온 것이라고 보아야 옳다. 그러나 야훼 신앙으로 뭉친 그들은 외부로는 타민족의 침입을 받고 끊임없이 강대국의 눈치를 살피며 자구책을 마련하는 데 급급하면서도, 내부로는 그 옛날 이집트에서 천민으로 행세하던 자신들을 해방시키신 야훼 하느님을 민족의 진정한 통치권자로 모시면서 민족의 자존과 긍지를 지켜 나갔다.

한마디로 히브리인들의 선민의식은 덧없는 세상의 권력보다 역사의 원주인이신 하느님께 모든 것을 맡기고 적극적으로 매달리고자 했던 신앙인들의 유산이다. 이들의 신앙은 보잘것없는 유목민들과 히브리 노예들의 후손들을 강력한 신앙 공동체로 발전시켜, 고대의 열강들이 역사의 무대에서 하나 둘 사라져 가는 동안 장구한 인고의 세월을 겪어 내고 오늘날까지 생존할 수 있게 하였다.

3. 팔레스티나

가. 이 지역의 이름

성경의 주요 사건들이 일어난 지역은 '비옥한 초승달'의 지중해 동남쪽 일부다. 이 지역의 이름은 다양하다. 먼저 '성지'(聖地, HolyLand)라는 이름은 교회에서 많이 쓰는데, 사회에서나 학계에서는 별로 통용되지 않는다. 더욱이 이 이름은 그 지역에서 이루어진 비극적 역사와 오늘도 그치지 않는 참혹한 전쟁 상황에 그다지 어울리지 않는다.

그다음 '가나안'이나 '약속의 땅'은 히브리인들이 그 땅에 정착하기 이전에 사용한 이름이기 때문에 가나안 정착 이후의 시대에는 맞지 않다. 특히 후자의 경우 신약 시대에 가까워질수록 그 의미가 흐려져 간다. 약속의 땅이 이민족에게 넘어가게 되는 유배 뒤부터 이스라엘에 대한 하느님의 약속은 땅에서 인물(메시아를 가리킴)로 바뀌어 간다.

나머지 두 이름 곧 '이스라엘'과 '팔레스티나'(우리나라에서는 주로 영어식 표기인 '팔레스타인' Palestine을 사용한다)가 이 지역의 공식명칭으로 사용되는데, 둘 다 한계가 있다. 먼저 이스라엘은 유다인들이 좋아하는 이름이지만, 기원전 933년 왕국이 남북으로 갈라지면서 남왕국 유다에 대응하여 부르던 북왕국의 이름과 똑같아서 혼동의 여지가 있다. 본디 이 이름은 야곱이 프니엘에서 하느님과 밤새워 씨름한 뒤 얻어 낸 것으로 '하느님께서 싸우신다'라는 뜻이다(창세 32,23-33). 그 뒤 구약성경 전체를 통하여 이스라엘은 계약의 백성 또는 그 백성이 살던 땅을 가리키기 위하여 사용되었다.

마지막으로 가장 널리 통용되는 팔레스티나라는 명칭은, 히브리인들이 가나안에 정착한 뒤 오랫동안 그들을 괴롭혔던 '필리스티아인들'에서 유래하였다. 하지만 '팔레스티나'는 필리스티아인들이 살던 남서쪽 해안지역뿐 아니라 그곳을 포함한 이스라엘 땅 전체를 가리킨다는 점을 유의해야 한다. '팔레스티나'라는 명칭을 쓴 첫 사례는 기원전 5세기 문헌에서 발견된다. 그리스 역사가 헤로도토스가 페니키아와 이집트 사이의 그 지역 전체를 '팔레스티나'라는 시리아지구Συρίη ἡ Παλαιστίνη καλεομένη라 부른 것이다(『역사』 3.91.1). 그 뒤로 그리스 및 로마 역사가들이 해당 지역을 가리키는 데 '팔레스티나'를 썼다. 그러다가 기원후 135년 로마 황제 하드리아누스는 '팔레스티나'를 유대 속주를 가리키는 공식 명칭으로 사용하였다. 하드리아누스 황제가 유다인들의 제2차 항쟁을 진압한 뒤 '유대아'Judaea라는 이름을 지도에서 삭제하는 한편, 이곳을 시리아 팔레스티나Syria Palaestina로 부르게 한 것이다.*

나. 팔레스티나와 그 주변 지역에 살던 민족들

성경의 주요 사건들이 일어났던 시리아-팔레스티나에는 이스라엘이 정착하기 전에 도시국가들이 번성하였다. 그러나 기원전 13세기 중엽 남쪽의 이집트와 북쪽의 히타이트가 이 지역의 패권을 차지하기 위해 정면으로 맞붙은 카데스 대전(기원전 1275-1258년)과 연이은 해양민족의 침입으로 시리아-팔레스티나의 도시국가 체제는 붕괴하고 촌락 체제로 퇴보하였

* Jacobson, "Palestine and Israel", 65-74.

다. 이 시기에 이 지역에 들어와 생존과 영토권 확보를 위한 싸움에 뛰어든 민족들이 있었다.

먼저 '가나안'인들이다. 고대 이집트와 메소포타미아 문헌에 골고루 나오는 '가나안'이 어떤 민족, 또는 무엇을 가리키는지 모호하다. '가나안'이라는 이름은 아카드어 '키나후'(*kinahhu* 적자주색)에서 왔을 것으로 추정된다.* 이집트 문헌에서 가나안은 언제나 아시아 서쪽 지방을 가리키는 말로 통하였다. 성경에서 가나안은 요르단 강 서쪽의 팔레스티나 전체, 곧 히브리인들의 약속받은 땅을 가리킨다. 창세기 저자는 이 약속의 땅을 이렇게 규정한다. "그날 주님께서는 아브람과 계약을 맺으시며 이렇게 말씀하셨다. '나는 이집트 강에서 큰 강 곧 유프라테스강까지 이르는 이 땅을 너의 후손에게 준다. 이는 카인족, 크나즈족, 카드몬족, 히타이트족, 프리즈족, 라파족, 아모리족, 가나안족, 기르가스족, 그리고 여부스족이 살고 있는 땅이다'"(창세 15,18-21; 참조: 탈출 3,8.17). 이는 창세기에서 가나안을 노아의 족보와 연결한 것과 연관 있다. 가나안은 노아의 둘째 아들 함에게서 난 네 아들(에티오피아, 이집트, 풋, 가나안) 가운데 하나로(창세 10,1-6), 시리아-팔레스티나에 자리 잡은 많은 민족의 조상이 되었다(10,15-19). 또한 성경 저자들은 팔레스티나의 토착민들을 '가나안인들'이라고도 하고(탈출 13,11; 판관 1장), 때때로 '아모리인들'과 동일시하기도 한다(창세 15,16; 아모 2,9.10). 그러나 팔레스티나를 차지한 종족들을 언급하는 자리에서 창세기 저자는 가나안인들과 아모리인들을 따로 구별한다(창세 15,21; 탈출 3,8.17; 참조: 여호 5,1). 이스라

* 이에 반해 뒤에 언급될 페니키아는 '청자주색'과 연결된다. 가나안과 페니키아는 그들이 생산한 자주색 염료 때문에 서로 연관성이 있어 가끔 혼용되기도 한다.

엘이 들어오기 전에 어떻든 크게 보아 가나안인들은 시리아-팔레스티나 서쪽 해안 지역에 자리잡은 토착민들 가운데 하나로 보면 무난할 것이다.

'아모리인들'은 이스라엘이 가나안에 들어오기 전까지 그곳에 살던 주민들 가운데 하나였다(창세 15,18-21). 아마도 예루살렘은 그들이 차지한 성읍이었을 것이다(에제 16,3). 아모리인들의 거주지는 시리아 동부 유프라테스 강 유역에서 요르단 강 동부 헤스본(여호 2,10; 민수 21,25-26)과 바산(1열왕 4,19)에 이르기까지 광범위하다. 아카드어로 *Amurru*는 이들이 살던 유프라테스 강 서쪽 지역과 그곳의 주민들을 가리킬 수 있다. 일부 아모리인들은 성읍 주민들이 아니라 성 밖에서 떠돌던 유목민들이었다.

'아람'은 창세기에서 노아의 아들 셈의 다섯 아들 가운데 하나로(창세 10,22-23) 나오는데, 그가 아람인들의 시조로 되어 있다. 또 다른 곳에서는 아브라함의 아우 나호르의 손자도 이 이름을 갖는다(22,21). 나호르는 아람 나하라임에 살았다(24,10). 아브라함의 아들 이사악은 레베카와 결혼했는데, 창세기 저자는 레베카를 "파딴 아람에 사는 아람 사람 브투엘의 딸이며 아람 사람 라반의 누이"(25,20)로 소개한다. 이사악의 아들 야곱은 라반의 두 딸 라헬과 레아와 결혼한다(창세 28—31장). 창세기의 이 기록들은 이스라엘의 선조들과 아람인들 사이의 친밀한 관계를 알려 주는 동시에 아람인들이 유프라테스 강 상류 지역에 살았음을 시사한다. 성경 밖에서 아람은 아카드의 쐐기문자 비문들에 나오는데, 기원전 2300-2000년경 유프라테스 강 상부 지역에 살았던 것 같다. 아시리아 임금 티글랏 필에세르의 연대기에 따르면 기원전 1100년경에는 아람 유목민들이 시리아와 레바논 산악 지대까지 내려와 산 것으로 드러난다. 이스라엘 왕정시대에는 아람인들이 초바와 다마스쿠스를 중심으로 시리아 남부를 지배하면서 이스라엘과 경쟁/동맹 관계를 지속하였으나(1열왕 11,23-25; 20장; 2열왕 12—13장) 8세기 말 북 이스라엘이 멸망하던 시기에 아시리아에 패망하였다(아모 1,3-5; 이사 17,1-3; 예레 49,23-27).

'필리스티아인들'은 팔레스티나 남쪽 해안 평야(오늘날 텔 아비브의 남쪽)를 차지하였다. 그들은 본래 지중해를 주름잡던 민족이었는데, 청동기 시대 말엽에 이 지역에 들어와 정착하였다. 그들의 주요 성읍은 아스돗, 아스클론, 에크론, 갓, 가자였고(여호 13,3), 이스라엘과 싸울 때에 이 다섯 성읍의 통치자들은 서로 동맹을 맺었다. 이스라엘과 필리스티아인들 사이의 갈등은 판관기와 사무엘기에 잘 그려져 있다. 이 둘은 한동안 평화롭게 지내다가, 판관기 말엽인 기원전 1050년경 해안 평야에만 머물러 살던 필리스티아인들이 유다인들이 장악한 산악 지대로 영토 확장을 꾀하면서 전쟁의 소용돌이에 휘말린다. 이스라엘은 계약 궤를 빼앗긴 에벤 에제르 전투를 비롯하여 여러 곳에서 이들에게 패배하였다. 필리스티아인들은 이즈르엘 골짜기의 농경 지대와 유다의 산악 지대로 진출하였다. 수적으로 열세인 필리스티아인들이 전쟁에서 이렇게 성공을 거둔 것은, 그들이 철을 잘 다루어 가나안에 정착한 다른 민족들이 사용하는, 상대적으로 부드러운 구리 창·칼보다 더 강한 무기를 만들 수 있었기 때문이다. 필리스티아인들과의 전쟁은 이스라엘에 왕정 제도가 생겨나는 계기가 되었고, 실제로 이스라엘의 첫 두 임금, 사울과 다윗은 이들과의 전투에 많은 시간과 정력을 쏟아야 했다.

'페니키아'는 '청자주색'이라는 뜻의 그리스어 포이닉스φοῖνιξ에서 유래한다. 이 색깔을 발견하고 염색에 이용한 사람들이 바로 페니키아인들이다. 페니키아인들은 세계에서 최초로 알파벳을 사용한 민족으로도 널리

위에서 내려다 본 티로와 시돈의 지중해변

알려졌다. 고대 페니키아 문자에서 아람어, 히브리어, 아랍어, 그리스어, 라틴어가 순차적으로 기원되어 나왔다. 이들은 그리스-로마의 고전 시대에 팔레스티나 북쪽 지중해 해변가에 자리 잡았다.* 티로와 시돈과 비블로스 같은 항구에 정착한 페니키아인들은 무역업에 탁월한 수완을 발휘하였다. 그들은 레바논 산맥 때문에 내륙의 아람(시리아) 성읍들과 단절되어 일찍부터 바다로 진출할 수밖에 없었다.

'아라비아'는 오늘날 홍해와 아덴 만과 페르시아(걸프) 만으로 둘러싸인 아라비아 반도를 가리키는 것으로 쉽게 생각할 수 있다. 성경은 스바와 세바(남아라비아, 창세 10,7; 1열왕 10,1; 시편 72,10), 두마와 테마(북아라비아, 욥 6,19) 등

* 오늘날 이스라엘 북부, 시리아, 레바논의 지중해 해안 지역에 속한다. 열왕기 상권에서 엘리야가 가뭄에 시달리는 과부와 그 아들을 돌봐준 사렙타 마을도 페니키아에 속한다(1열왕 17,8-16).

의 지명을 언급한다. 하지만 성경에서 말하는 '아라비아'는 아라비아 반도나 그곳에서 사는 아랍인들을 가리키지 않는다. 본디 아라비아를 가리키는 히브리어 '아라바'עֲרָבָה는 '광야, 사막'(이사 51,3) 또는 그곳에 사는 '유목민'을 뜻한다. 예를 들어 성경에 나오는 "아라비아의 모든 임금"(1열왕 10,15; 2역대 9,14; 예레 25,24)이라는 표현은 아라비아 반도의 모든 임금들이 아니라 '아랍인들의 모든 임금'이나 '유목민들의 모든 임금'을 가리킬 수 있다. 그렇다고 성경에 나오는 수많은 유목민들을 아랍인들과 동일시하거나 그들이 사는 땅을 모두 '아라비아'라 할 수는 없다. 다만 아말렉족(판관 6,5; 7,12; 1사무 15,6-8; 30,1), 이스마엘족(창세 37,25), 미디안족(판관 6,5; 7,12), 나바태아인들(1마카 5,25; 9,35)을 아랍인들 또는 그들이 사는 땅을 아라비아로 확인할 수 있겠다. 사도행전에서 "아라비아인들"은 다양한 언어를 구사하는 군중들 가운데 아랍어를 쓰는 사람들을 말한다(사도 2,5-11). 바오로가 회심 이후 물러간 아라비아(갈라 1,17)도 아라비아 반도가 아니라 동부 시리아나 요르단 강 동부 지역을 뜻할 것이다.*

'에돔'은 아라비아인들과 밀접한 관계에 있었다. 에돔의 영토는 사해 남쪽에서 홍해까지 이어졌다. 창세기 저자는 야곱과 에사우의 이야기에서 에돔인들을 에사우의 후손들로 밝힌다. 따라서 에돔은 이스라엘과 같은 혈통을 이어받은 부족이다. 그런데도 에사우와 야곱 사이의 갈등이 시사하듯 에돔은 왕정 시대에 자주 이스라엘과 싸움을 벌였다. 사무엘기와 열왕기와 역대기에는 사울, 다윗, 솔로몬, 아마츠야, 아자르야 임금들이 모두 에돔과 싸워 그들을 굴복시킨 것으로 되어 있으나, 일부 예언서들(예레 49장

* Greene, "Arabia," 44.

과 에제 35장, 그리고 오바드야서)에는 때때로 그 반대의 상황도 벌어졌음을 시사한다. 에돔인들에 대한 미움을 드러내는 시편 137,7은 에돔이 이스라엘의 주요 적국이었음을 증언한다. 그리스어로 에돔은 이두매아다(1마카 5,3; 2마카 10,15; 마르 3,8). 신약성경에 나오는 헤로데 대왕은 이두매아 출신이다.

'모압'은 사해 건너편 에돔의 북쪽 경계에서 아르논 강에 이르는 지역을 차지하였다.* 모압인들은 크모스 신을 섬기는 셈족으로서 에돔인들과 같은 시기에 이곳에 정착하였다. 모압은 다윗 임금의 통치 초기에 이스라엘에 정복당한 바 있고 솔로몬 임금 시대에는 이스라엘의 영토가 되었다. 솔로몬 임금 이래 백여 년간 모압은 북왕국 이스라엘인들에게 지배를 받다가 메사 임금 때 이스라엘에서 독립을 쟁취하였다. 메사가 남긴 '모압 돌기둥'('메사 석비')에서 이 사실을 확인할 수 있다. 모압은 아르논 강 북쪽의 길앗 땅과 헤스본을 줄곧 자기네 영토라고 주장하였다. 성경에는 이 지역이 이스라엘 부족들에게 속한 땅으로 되어 있다. 영토 분쟁은 물론, 영아 제사를 포함한 모압인들의 크모스 신 숭배 예식들은 이스라엘과 피할 수 없는 갈등을 일으킨 원인이었다(참조: 2열왕 3,4-27). 모압에 대한 이스라엘의 혐오감은 예언자들의 신탁에서 확인된다(이사 15장; 예레 48장; 아모 2,1-3).

'암몬'은 모압 북쪽 아르논 강과 야뽁 강 사이의 영역을 차지하였다. 암몬의 수도는 라빳 암몬으로 오늘날 요르단의 수도 암만과 같다. 암몬인들은 주변의 다른 종족들처럼 기원전 12세기에 이곳에 정착하였다. 그들의 역사와 문화에 대해서는 알려진 바가 거의 없다. 성경에서 암몬은 소돔과

* 오늘날 이 지역은 요르단에 속한다. 모압 지방은 룻기의 주인공 룻의 고향이다(룻 1,1-5).

고모라 멸망 이후에 롯과 작은 딸 사이의 근친상간으로 태어난 벤 암미의 후손들로 소개되지만 이는 모압족(큰 딸과의 관계로 태어난 모압의 후손)의 기원과 더불어 이스라엘이 적대적 관계에 있던 민족들을 폄하하기 위해 지어낸 이야기일 가능성이 높다. 암몬인들은 요르단 강을 사이에 두고 이스라엘인들과 오랫동안 전쟁을 벌였다. 판관기 저자는 에훗이 모압 임금 에글론과 동맹을 맺은 암몬인들의 손에서 어떻게 이스라엘 지파들을 구하였는지 전해 준다(판관 3,12-30). 사울은 야베스 길앗에서 암몬인들을 쳐죽였고(1사무 11,1-11), 다윗은 자기가 보낸 사신들을 모욕하였다 해서 암몬의 영토를 초토화하였다(2사무 10장; 12,26-31). 나중에 암몬을 비롯하여 '요르단 강 동부'trans-jordan에 살던 에돔과 모압은 북왕국 이스라엘을 멸망시킨 아시리아의 속국이 되었다. 기원전 598년 유다가 바빌론의 공격을 받아 허약해지자, 암몬인들은 이 틈을 타 이스라엘의 영토에 침입하는 지략을 보이기도 한다.

다. **지형**

팔레스티나는 전통적 경계인 '북쪽 단에서 남쪽 브에르 세바까지'(판관 20,1; 1사무 3,20) 남북으로 242킬로미터, 동서로는 45킬로미터(갈릴래아 호수에서 지중해까지)—87킬로미터(사해에서 지중해까지)에 걸쳐 펼쳐진 낮은 구릉과 평원으로 된 지역이다. 북은 헤르몬 산의 끝자락에 걸리고, 서는 지중해에 닿고, 동은 요르단 강 동부로, 남은 네겝이라 불리는 광야로 경계지어져 있었다. 북쪽에는 레바논의 산맥에서 내려오는 물줄기들이 훌레흐 호수를 거쳐 갈릴래아(겐네사렛 또는 티베리아스) 호수를 이루고, 그곳에서 요르

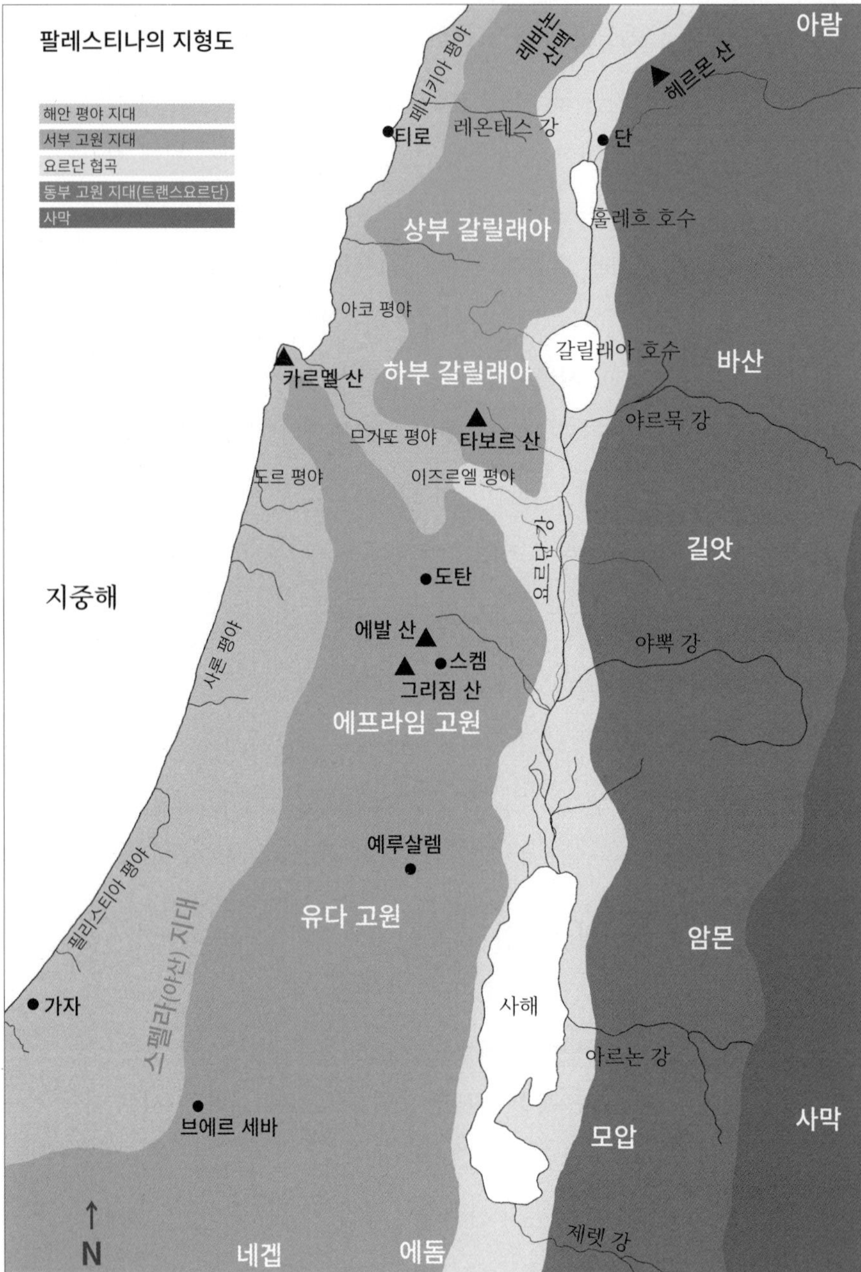
팔레스티나의 지형도
해안 평야 지대
서부 고원 지대
요르단 협곡
동부 고원 지대(트랜스요르단)
사막
아람
레바논 산맥
페니키아 평야
헤르몬 산
티로
레온테스 강
단
훌레흐 호수
상부 갈릴래아
아코 평야
갈릴래아 호수
바산
카르멜 산
하부 갈릴래아
야르묵 강
므거또 평야
타보르 산
도르 평야
이즈르엘 평야
요르단 강
길앗
도탄
지중해
샤론 평야
에발 산
스켐
야뽁 강
그리짐 산
에프라임 고원
예루살렘
필리스티아 평야
스펠라(야산) 지대
유다 고원
암몬
가자
사해
아르논 강
브에르 세바
모압
사막
N
네겝
에돔
제렛 강

골란 고원이 마주 보이는 갈릴래아 호수

단 강이 남쪽의 사해로 흘러 들어간다. 갈릴래아 호수는 길이가 21킬로미터, 너비가 11킬로미터나 되는 큰 담수호로서 흔히 바다라 부른다. 팔레스티나에는 큰 강도 없고 홍수로 생긴 넓은 평야 지대도 없다. 갈릴래아와 사해를 이어 주는 요르단 강의 폭과 수심은 메소포타미아나 이집트의 큰 강들에 비해 매우 좁고 얕다.

팔레스티나는 크게 다섯 지역으로 구분할 수 있다. 해안 평야 지대, 서부 고원 지대, 요르단 협곡, 동부 고원 지대, 사막 지대가 그것이다. 첫째, 해안 평야 지대는 북쪽에서 남쪽으로 페니키아 평야, 아코 평야, 도르 평야, 사론 평야, 그리고 필리스티아 평야가 지중해를 따라 길게 가로놓여 있다. 이 가운데 앞의 세 평야는 폭이 좁고 면적도 작지만, 참나무 숲이 우거진 사론 평야와 성경 시대에 인구 밀도가 높았던 필리스티아 평야는 비교적 넓다. 특히 필리스티아 평야는 꽤 비옥하여 보리와 밀을 재배할 수 있다. 그러나 이 평야 남쪽은 강우량이 적은 초원 지대와 사막 지대로 이어진다.

둘째, 서부 고원 지대는 레바논 산맥으로 이어지는 상부 갈릴래아와 하부 갈릴래아, 에프라임 고원, 유다 고원, 네겝 광야를 포함한다. 상부 갈릴래아는 해발 600미터 이상의 산악 지대이며, 제일 높은 곳은 예벨 예르막(1290미터) 봉우리다. 하부 갈릴래아는 600미터를 넘지 않는 야산 지대로 팔레스티나에서 가장 비옥한 평야인 므기또 평야에 이어진다. 므기또 평야는 하부 갈릴래아와 에프라임 고원을 구분 짓는 구실을 한다. 에프라임 고원에는 도탄, 스켐, 르보나 등 작지만 비옥한 평야들이 있는데, 이곳의 주 산물은 올리브와 무화과와 기타 과일들이다. 이 지역의 골짜기에서는 밀과 포도를 재배한다. 에프라임 고원과 그 밑의 유다 고원 사이에는 뚜렷한 경계가 없다. 유다 고원은 단조로운 구릉으로 뒤덮여 있고 돌이 많다. 이 지역 주민들은 여기저기 채소를 가꾸고 에프라임 고원처럼 골짜기에서 밀과 포도, 올리브와 무화과를 재배한다. 유다 고원 남쪽은 소금 골짜기라고도 불리는 브에르 세바 골짜기로 이어지는데, 이곳에서 황량한 초원 지대인 네겝 광야가 시작된다. 그러나 네겝 광야는 완전히 버려진 땅이 아니다. 아브라함 시대부터 이곳에는 정착 주민들이 가축을 치거나 경작이 가능한 곳이면 어디서나 곡식과 과일을 재배하였다.

셋째, 요르단 협곡은 팔레스티나의 가장 중요한 수원지 구실을 한다. 이 지대의 북부는 레바논 산맥과 안티 레바논 산맥 사이에 있는 평야로 되어 있다. 이곳은 오론테스 강과 레온테스 강의 상류 지역이기도 하다. 이보다 조금 아래로 내려오면, 봄에 북쪽의 헤르몬 산(2804미터)에서 눈 녹은 물이 흘러 생겨난 요르단 강의 계곡이 있다. '내려가는'이라는 뜻을 지닌 요르단 강은 훌레흐 호수에서 지중해 수면보다 211미터나 낮은 갈릴래아 호수로 가파르게 흘러들고, 그곳에서 다시 지중해 수면보다 388미터나

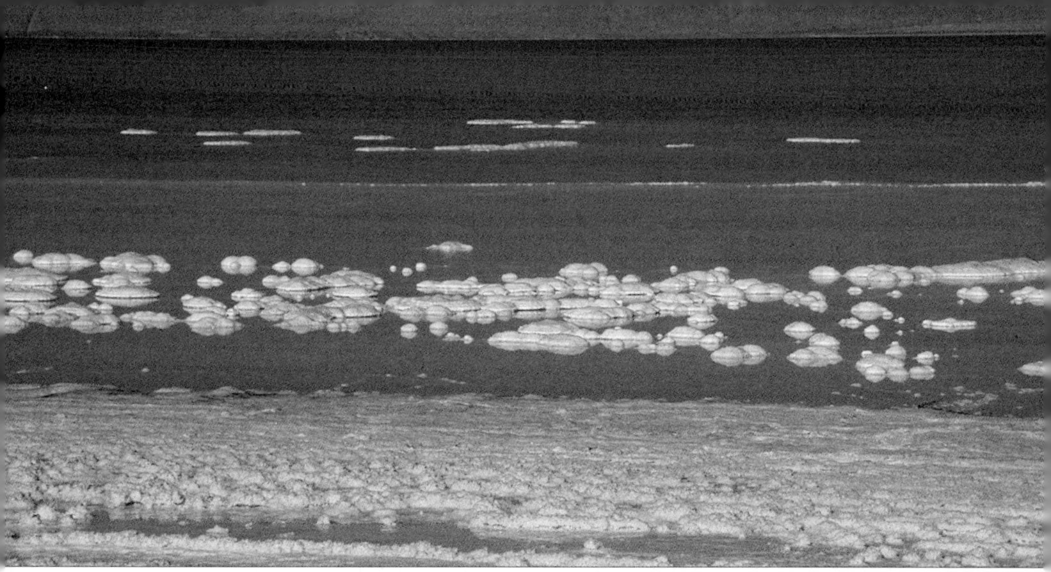

사해. 소금 덩어리가 떠 있다.

낮은 사해로 내려간다. 사해에서 예루살렘까지는 25킬로미터밖에 안 되지만, 예루살렘이 해발 790미터나 되는 고지대에 있기 때문에 등고의 차이는 무려 1킬로미터가 넘는다. 요르단 강줄기를 따라 양편에 형성된 좁고 긴 평야는 울창한 관목숲(예레 12,5)으로 덮여 있다. 요르단 강은 굴곡이 매우 심하여 갈릴래아 호수에서 사해까지 직선 거리보다 세 배나 더 길다.

넷째, 동부 고원 지대는 '요르단 강 동부'라고도 하는데, 작은 강 네 개, 곧 야르묵, 야뽁, 아르논, 제렛을 끼고 있다. 이 지역 역시 산악 지대로 비교적 비가 충분히 내려서 비옥한 편이지만, 동쪽으로 갈수록 강우량이 적어져 급격히 초원과 사막으로 바뀐다. 북쪽의 바산 지방이 가장 넓은 평야를 이루고(신명 32,14), 남쪽의 모압 지방으로 내려갈수록 평야가 좁아진다. 중부 지방 길앗은 참나무와 소나무로 유명하였다.

끝으로 사막 지대는 길앗과 모압보다 더 동쪽에 위치한 불모지다.

라. 팔레스티나의 지정학적 위치

북쪽의 메소포타미아와 남쪽의 이집트 사이에 자리 잡고 지중해를 통하여 유럽과도 교류할 수 있었던 팔레스티나는 상업과 무역이 활발한 지역이다. 이 지역 주민들은 이웃 나라들과 교역한 덕분에 경제·문화적 혜택을 많이 입을 수 있었다. 그러나 다른 한편으로 팔레스티나의 주민들은 큰 대가를 지불해야 했다. 팔레스티나는 그 지정학적 위치 때문에 고대 근동의 제국들이 벌이는 주요 세력 다툼에 휘말렸다. 별다른 명분이나 이익도 없는 전쟁을 치르는 데 소모하는 인력과 경비, 살아남기 위해 어느 쪽에 가담해야 할지 결정할 때 늘 생기는 갈등과 파당, 전투에서의 쓰라린 패배, 모든 것을 잃고 난 다음에 얻게 되는 교훈 등은 이 지역에서 나온 문헌, 특히 성경 곳곳에 담겨 있다. 팔레스티나에 남아 있는 수많은 건축의 흔적이나 기념비들은 토착민들의 것이 아니라 거의 다 히타이트인, 아시리아인, 이집트인, 바빌론인, 페르시아인, 그리스인, 그리고 로마인 등 정복자들의 손길과 언어를 반영한다.

이처럼 교역의 중심지인 팔레스티나는 고대 근동의 강대국들이 서로 상대방을 침략하기 위해 지나가야 하는 길목 구실도 하였기 때문에 한시도 평온한 세월이 없었다. 이 지역 주민들이 얼마나 평화를 갈망하였으면 평소 그들의 인사말이 평화를 뜻하는 '샬롬'שָׁלוֹם이라는 말이겠는가! 샬롬은 전쟁에서 완전히 해방되어 물질과 정신과 마음의 안정을 누리는 상태를 말하였다. 나중에 샬롬은 하느님과 인간 사이, 인간과 인간 사이에 맺는 일치와 조화의 관계, 그리고 하느님만이 주실 수 있는 최종 구원으로 그 뜻이 발전한다.

II. 자연 조건과 생업

1. 팔레스티나의 기후와 계절
2. 팔레스티나의 생업

1. 팔레스티나의 기후와 계절

가. 기후

지리 조건과 더불어 기후는 성경의 특정 문화를 만들어 내는 또 다른 중요한 요소다. 위도상으로 아열대에 속하는 팔레스티나의 기온과 강우량은 그 좁은 영토(남한의 1/3 정도)에도 지역에 따라 극심한 차이를 보인다. 북쪽의 헤르몬 산악 지방에는 연중 강우량이 1500밀리미터를 웃돌지만, 남쪽으로 내려갈수록 적어져서 예리코에 오면 100밀리미터 미만이고 사해 연안은 그보다 더 적다. 북쪽과 중부 지방은 비가 많아 농사짓기에 적절하나, 남부는 메마르고 바위 투성이의 버려진 땅이다. 팔레스티나는 우리나라와는 달리 지중해성 기후의 특성대로 겨울에 비가 내리고 여름에는 비가 거의 오지 않는다. 겨울비를 동반하는 전기 우기는 10월에 시작하여 12월에서 3월 사이에 절정을 이루고, 따뜻한 봄비와 더불어 찾아오는 후기 우기는 4월과 5월이다.

기온도 지역에 따라 매우 다르다. 갈릴래아 북부 지역의 온도는 겨울에 평균 7도, 여름에 22도인 데 비하여, 예리코와 쿰란, 마싸다 지역의 사해 연안은 30도에서 40도의 폭염에 시달린다. 이 폭염과 더불어 늦은 봄과 초여름에 불어닥치는 유다 광야의 건조한 바람은 모든 초목을 시들게 한다. "모든 인간은 풀이요 그 영화는 들의 꽃과 같다. 주님의 입김이 그 위로 불어오면 풀은 마르고 꽃은 시든다. 진정 이 백성은 풀에 지나지 않는다"(이사 40,6-7). '시로코'sirocco 또는 '함신'khamsin이라고 부르는 이 더운

유다 광야

바람은 구약성경에서 '동풍'으로 불리며 주님의 분노를 상징하는 자연 재해로 통한다(이사 27,8; 참조: 에제 17,10; 호세 13,15). 한편 지중해 연안에서 불어 오는 서풍은 고마운 비를 뿌려 주지만, 때때로 비구름과 더불어 태풍을 몰고 와 농작물에 심한 피해를 입힌다.

대기 중의 습기가 뭉쳐 맺히는 이슬은 비가 안 내리는 지역이나 적게 내리는 지역에서 비의 중요한 대체 자원이다. 성경 본문 곳곳에서 작물에 도움을 주는 이슬의 중요성을 강조한다. 이슬 역시 비 못지않게 주님께서 주시는 풍요의 상징이다. "하느님께서는 너에게 하늘의 이슬을 내려 주시리라. 땅을 기름지게 하시며 곡식과 술을 풍성하게 해 주시리라"(창세 27,28; 신명 33,13.28; 시편 133,3; 이사 45,8 등).

나. **계절**

팔레스티나의 절기는 우리와 다르다. 우선 비와 관련하여 크게 우기와 건기 둘로 나눌 수 있다. 우기는 대략 10월부터 이듬해 3월까지, 건기는 4월부터 9월까지다. 강우량은 농사에서 절대적이다. 우기에 내리는 비를 세 종류로 구분한다. 이른 비, 제 때의 비, 늦은 비다. "주님께서 너희 땅에 제때에 비를, 이른 비와 늦은 비를 내려 주시어, 너희가 곡식과 포도주와 기름을 거두게 해 주실 것이다"(신명 11,14).

팔레스티나의 농사 절기는 가장 오래된 히브리 금석문 가운데 하나로 알려진 '게젤 달력'Gezel Calendar이 잘 보여준다.* 이 달력은 농사를 열두 달로 나누어 표기했다.

두 달 (올리브) 수확(10-11월)

두 달 (밀) 경작(12-1월)

두 달 늦은 경작(2-3월)

한 달 (아마) 수확(4월)

한 달 (보리) 수확(5월)

한 달 (밀) 수확(6월)

두 달 (포도) 재배(7-8월)

한 달 여름 과일(9월)

---

* 게젤 달력은 아일랜드 고고학자 스튜어트 매컬리스트(R.A. Stewart Macalist)가 1908년 예루살렘에서 서쪽으로 36킬로미터 떨어진 게젤에서 발굴한 석판 문서로 기원전 10세기 솔로몬 시대 때 쓰인 것으로 추정된다. 이 문서는 학생의 암기용 노트, 민요나 동요, 농지세를 받아내는 데 필요한 자료 등 여러 가지로 추정된다. https://en.wikipedia.org/wiki/Gezer_calendar.

위에서 볼 수 있듯이 한 해의 시작은 가을이다. 이른 비가 내리면 농부들은 부드러워진 땅을 파헤친다. 본격적 비가 내리면 곡식의 씨를 뿌리고, 그 씨는 겨우내 땅속에서 생명력을 키운다. 그래서 겨울은 기나긴 잉태의 계절이다. 얼어붙는 추위는 없어도 정월과 2월에는 주로 북쪽의 헤르몬 산악 지대(최고봉 2,814m)와 갈릴래아 호수 지역에 서리가 내리고, 찬비 속의 추위에 모든 생명체는 몸을 웅크린다. 마침내 부드럽고 포근한 늦은 비를 동반한 봄이 오면, 꽃들이 만발하고 곡식의 씨앗에서 움터 나온 파란 새싹들이 대지 밖으로 고개를 내민다. 봄은 다른 계절에 비해 짧지만 행복한 계절이다. "무화과나무는 이른 열매를 맺어 가고 포도나무 꽃송이들은 향기를 내뿜는"(아가 2,13) 철이다.

곧이어 비가 그치고 여름이 시작된다. 초여름은 수확의 계절이다.* 먼저 보리를 거두고 다음에 밀을 수확한다. 수확이 끝나면서 온갖 생명체의 '기운을 다 빠져 버리게 하는'(시편 32,4) 혹심한 가뭄과 더위가 밀어닥친다. 대지는 흙먼지에 뒤덮이고, 땅속 깊이 뿌리를 박은 올리브와 포도와 무화과나무들만이 살아남아 식생활에 필요한 열매를 제공한다. 여름은 죽음의 계절이다.** 기나긴 여름의 막바지에 이르면 생명을 지닌 온갖 피조물은 가장 큰 시련에 부딪힌다. 비가 더 내리지 않으면 이제 모든

* 『성경』(cbck)에서는 추수(秋收)라는 말 대신 수확(收穫)을 쓴다. 전자는 가을에 거두어들이는 농산물을 가리키는데 이스라엘에서는 늦은 봄, 초여름과 늦여름에 한 해의 거의 모든 소출을 거두어들이기 때문이다.

** 우리와 정반대다. 우리에게 여름은 비가 많이 오고 모든 초목이 가장 왕성한 생명력을 뿜어내는 생명의 계절인 반면 겨울은 경작지에 곡식과 채소가 사라지고 나무들은 앙상한 가지만 남아 겨우 생존을 이어가는 죽음의 계절이다. 또한 겨울 가뭄은 이듬해 봄까지 이어진다.

것이 끝장이다.

기후와 계절의 변화는 고대인들에게 불가사의한 것이었다. 지금처럼 자연 현상을 예측하여 대비할 수 있는 능력이 없었던 이스라엘인들은 자연이 주는 혜택과 재앙을 하느님의 상선벌악으로 받아들였다. 기후와 계절의 법칙을 통하여 드러나는 하느님의 뜻을 존중하고 조그마한 변화에도 민감하게 반응하였다. 그러면서도 그들은 자연을 정복의 대상으로 삼아 파괴하거나 자연을 신격화하는 범신론의 오류에 빠지지 않았다. 자연 안에서 우리에게 접근하시는 하느님의 음성을 듣고 하느님께로 향하는 길을 모색하였다. 그들에게 자연은 하느님과 인간 사이의 대화를 돕는 다리인 셈이다.

2. 팔레스티나의 생업

가. 목축업

히브리인들의 조상은 반유목민Semi-nomad이었다. 그들은 약간의 살림살이를 나귀에 싣고 가축 떼를 몰고서 사막이나 광야의 주변을 떠돌아다녔다. 창세기 저자는 히브리인들의 원조인 아브라함이 하느님의 지시에 따라 어떻게 우르 지방의 찬란한 도시 문명을 떠나서 가나안 땅을 전전하며 반유목민 생활을 하였는지 전해 준다(창세 12—24장). 반유목민들 가운데는 낙타를 몰고 다니던 부족도 있었으나 소수에 지나지 않았다. 반유목민과 유목민의 차이는, 후자가 사막을 삶의 근거지로 삼고 사막 깊숙이 찾아 들어가는 데 반하여(베두인들이 이 부류에 속한다), 전자는 사막 언저리를 방황하다 기회가 있으면 언제든지 정착하려고 한다는 점이다.

기원전 13세기, 마침내 히브리인들은 가나안 땅에 정착하면서 반유목민의 생활을 청산한다. 그러나 유목 생활의 여러 요소는 히브리인들의 사고와 종교 의식儀式에 깊은 흔적을 남긴다. 유목 생활은 철저하게 단순하고 검소하다. 누구나 나귀에 실을 수 있을 만큼만 재물을 소유하였다. 낭비와 사치는 금물이며, 누구나 고생을 각오해야 한다. 또한 공동체의 단결이 무엇보다 중요하다. 공동의 적 앞에서 분열과 의견대립은 부족을 파멸로 이끈다. 가축 떼를 몰고 함께 다니는 동안 모든 사람이 똑같은 고통을 겪게 되니, 특권 계층이란 용납될 수 없다. 조언자들의 도움을 받을망정 명령권자는 단 한 사람뿐이며, 공동체는 그의 말에 절대 복종해야 한다. 한편 지도자는 자기 부족을 위해 가장 알맞고 현실적인 통치구조를 세워 운영할 책임이 있다.

히브리인들이 반유목민의 생활을 청산하고 정착 농민이 되었을 때, 이러한 생활방식도 바뀐다. 그래도 농경 생활의 폐단 앞에서 그들은 광야 유목 생활을 동경하였다. 예언자들이 특히 그랬다. 그들은 광야에서 목동들이 입던 짐승가죽 옷을 즐겨 입었다(2열왕 1,8; 즈카 13,4). 이러한 전통은 구약과 신약을 이어 주는 예언자, 세례자 요한의 생활에서도 엿볼 수 있다. "요한은 낙타털로 된 옷을 입고 허리에 가죽띠를 둘렀다. 그의 음식은 메뚜기와 들꿀이었다"(마태 3,4).

예언자들은 소수 특권층이 누렸던 농경 생활의 안락과 사치를 고발하고 거부하였다. "불행하여라, 빈터 하나 남지 않을 때까지 집에 집을 더해 가고 밭에 밭을 늘려 가는 자들! 너희만 이 땅 한가운데에서 살려 하는구나"(이사 5,8). "그들은 상아 침상 위에 자리 잡고 안락의자에 비스듬히 누워 양 떼에서 고른 어린양을 잡아먹고 우리에서 가려낸 송아지를 잡아먹는다. 수금 소리에 따라 되잖은 노래를 불러 대고 다윗이나 된 듯이 악기들을 만들어 낸다. 대접으로 포도주를 퍼마시고 최고급 향유를 몸에 바르면서도 요셉 집안이 망하는 것은 아랑곳하지 않는다. 그러므로 이제 그들이 맨 먼저 사로잡혀 끌려가리니 비스듬히 누운 자들의 흥청거림도 끝장나고 말리라"(아모 6,4-7). 그들의 가르침에는 이스라엘 백성들 가운데 아무도 노예나 임금이 되어서는 안 된다는, 유목 생활에서 배운 평등사상이 강하게 자리 잡고 있다(레위 25,39-41; 판관 9,7-21; 1사무 8,10-22). '레캅인'들은 광야에서의 금주 규범을 바빌론 유배 생활에서도 실천하며 포도주 마시기를 거부한다(예레 35장).

특히 가나안 진입 전 시나이 반도에서 지낸 유목 생활은 이스라엘의 신앙관 형성에 결정적 구실을 한다. 광야의 방랑 시절은 히브리인들에게 마음의 고향이다. 그 어느 때보다 자신들과 주 하느님의 관계가 가까웠던 시절이기 때문이다. "너희는 이 사십 년 동안 광야에서 주 너희 하느님께서 너희를 인도하신 모든 길을 기억하여라. 그것은 너희를 낮추시고, 너희가 당신의 계명을 지키는지 지키지 않는지 너희 마음속을 알아보시려고 너희를 시험하신 것이다"(신명 8,2). 신명기의 저자는 광야에서 방황하던 시절의 갖가지 어려움을 늘어놓고 동시에 하느님의 따뜻하고 자상한 돌보심을 떠올리게 한다(신명 8,2-5).

이스라엘의 순수한 야훼 신앙은 이렇듯 광야 체험이 그 뿌리다. 반면에 농경 생활의 안락함과 사치스러움, 대지주와 소작인들 사이의 빈부차, 왕족과 귀족 특권층의 횡포는 이스라엘의 단결을 해쳤고, 유다 민족의 종교 생활과 정신 문화를 황폐하게 만들었다. 하느님의 은덕을 저버리고 자만심에 빠져 "내 능력과 내 손의 힘으로 이 재산을 마련하였다"(신명 8,17)고 주장하는 유목민의 후예들에게 예언자들은 결국 뿌리찾기 운동을 벌인 셈이다.

나. **농업**

성경에 목축업과 관련된 내용들이 많이 등장하긴 하지만, 히브리인들의 일상 생활은 주로 농업과 인연을 맺는다. 그들의 축제는 수확과 관련 있고, 여러 가지 법령도 농사일과 깊이 연결된다. 그들의 비유와 상징도 많은 경우 농업에서 유래한다.

팔레스티나는 경작하기에 알맞은 땅이 결코 아니다. 광야에서 방황하던 유목민들에게는 "젖과 꿀이 흐르는 땅"(탈출 13,5)이었겠으나, 농업을 본업으로 삼는 사람들에게는 척박한 땅이다. 농토의 대부분이 가파르고 우기에는 산사태가 잦았다. 온통 자갈로 뒤덮인 땅에 씨를 뿌리기 위해 농부들은 어깨가 빠지고 허리가 무너져 내려앉는 노동을 참아 내야만 했다. 아담이 죄를 지은 뒤 하느님께서 내리시는 형벌에 이 어려운 경작과정이 잘 드러나 있다. "땅은 너 때문에 저주를 받으리라. 너는 사는 동안 줄곧 고통 속에서 땅을 부쳐 먹으리라. 땅은 네 앞에 가시덤불과 엉겅퀴를 돋게 하고 너는 들의 풀을 먹으리라. 너는 흙에서 나왔으니 흙으로 돌아갈 때까지 얼굴에 땀을 흘려야 양식을 먹을 수 있으리라. 너는 먼지이니 먼지로 돌아가리라"(창세 3,17-19). 팔레스티나에서 가장 좋은 밀 경작지로 꼽히는 곳은 요르단 강물을 끌어들일 수 있는 요르단 강 유역을 비롯하여, 필리스티아 평야, 이즈르엘 평야, 바산 평야, 모압 평야다. 그러나 빵이 주식인 그들은 경작하기에 알맞는 땅만을 골라 밀을 재배할 처지가 못 되었다. 심지어 산비탈에도 층계식 밭을 만들어 재배하였다.

이곳의 농사는 온전히 하늘에서 떨어지는 비에 의존할 수밖에 없었다. 일 년 가운데 다섯 달은 틀림없이 가뭄이 계속되지만, 우기라고 해서 풍족한 비가 반드시 내리는 것은 아니었다. 그래서 사시사철 밭에 필요한 물을 대기 위하여 넓고 깊은 저수 동굴과 수로들을 만들어야 했다. 유다 임금 우찌야는 "평원 지대와 평야에 많은 가축을 가지고 있었으므로, 광야에 탑들을 세우고 저수 동굴을 많이 팠다. 산악 지방과 기름진 땅에는 농부들과 포도밭 일꾼들을 두었다. 그는 땅을 사랑하는 사람이었다"(2역대 26,10). 아시리아 임금 산헤립이 예루살렘을 포위하였을 때 유다 임금 히즈키야는 샘과 수로를 잘 이용하여 아시리아인들의 공격을 막아 낼 수 있었다. 히즈키야는 산헤립의 군대가 예루살렘을 포위 공략할 것을 예상하여 신하들과 미리 의논한 끝에 성 밖에 있는 샘들을 모두 메워 버리고 들판 한가운데에 흐르는 물줄기를 막아 버렸다(2역대 32,3-4). 그러나 자신들을 위해서는 기혼 샘 위쪽 물줄기를 막아 땅굴을 파서 그 물을 다윗 성 서쪽으로 돌려 성 안으로 감쪽같이 끌어들였다(2역대 32,30). 이 비밀 수로는 오늘날 유적지로 잘 보존되어 있다.

처음 밭갈이는 가을비가 내릴 때 곧바로 하는데, 여름내 가뭄으로 굳어진 땅을 원시적인 괭이나 쟁기로 파는 것이 쉽지 않았을 것이다. 쇠를 사용하기 전 가장 좋은 목제 농기구는 떡갈나무로 만든 것이었다. 그러다가 쇠를 자유롭게 다루게 된 다윗 시대에 단단하고 오래 쓸 수 있는 철제 농기구가 생겨나면서 밭갈이가 한결 수월해졌다.

팔레스티나의 사대 작물은 밀, 보리, 올리브, 포도다. 곡식 재배는 과일 재배보다 우선하며 경작과 수확도 앞선다. 밀과 보리는 볶거나 날 것으로 또는 빵 또는 수프의 형태로 섭취하는 주식이다. "바로 그날이 되기 전에는, 곧 너희가 이렇게 너희 하느님에게 예물을 가져오기 전에는 빵도 볶은 곡식도 풋이삭도 먹지 못한다. 이는 너희가 사는 곳 어디에서나 대대로 지켜야 하는 영원한 규칙이다"(레위 23,14). 보리 수확은 5월에, 밀 수확은 6월에 한다.

다년생 식물로서 뿌리를 땅속 깊이 내려 여름 가뭄을 이겨 낼 수 있는 포도와 무화과와 올리브는 8월과 9월에 수확한다. 포도, 수박, 석류를 비롯한 여름철 과일과 양파, 오이, 파와 마늘 등의 채소는 건조한 기후를 견뎌야 하는 이 지역 주민들에게 충분한 수분과 다양한 영양소를 제공하는 식품이다. 그리고 건포도와 말린 무화과와 말린 대추야자는 겨울철은 물론 계절과 관계없이 먹을 수 있는 상비 식품이다. 마침내 모든 일거리를 끝낸 농부들은 큰 나뭇가지로 엮어 만든 초막집에서 먹고 마시며 가을비가 내리기까지 잠시 휴식을 즐긴다. 이스라엘의 중요한 축제인 초막절이 바로 이에 해당한다.

그렇지만 가뭄이나 메뚜기 떼, 우박 등의 재해를 만나 한 해의 농사를 망쳤을 때는, 수고한 보람도 없이 농부들은 굶주림에 맞닥뜨리게 된다. 특히 쌓아둔 재산이 있을 리 없는 소작인들이 농사에 실패하면 그들과 가족들은 빚더미 위에 올라앉을 수밖에 없다. 빚을 못 얻거나 못 갚을 경우에는 자식들과 아내와 심지어 자기 자신마저도 종으로 팔아야 한다. "셈을 하기 시작하자 만 탈렌트를 빚진 사람 하나가 끌려왔다. 그런데 그가 빚을 갚을 길이 없으므로, 주인은 그 종에게 자신과 아내와 자식과 그 밖에 가진 것을 다 팔아서 갚으라고 명령하였다"(마태 18,24-25). 공관 복음서의 비유에서는 빚쟁이와 빚진 자의 사정이 죄인들과 하느님의 관계를 설명하는 데에 자주 이용된다.

반면에 수확이 많은 해에 농부들의 기쁨이란 이루 말할 수 없다. 현재의 행복이 보장되고 적어도 다음 한 해까지는 굶주림에서 완전히 해방되기 때문이다. 보리와 밀을 충분히 수확한 뒤, 사람들은 주님께 감사 제사를 바치면서 실컷 먹고 마시고 신명나게 춤추며 노래한다. "눈물로 씨 뿌리던 이들 환호하며 거두리라. 뿌릴 씨 들고 울며 가던 이 곡식 단 들고 환호하며 돌아오리라"(시편 126,5-6).

다른 한편으로 히브리 농부들이 얼마나 쉽게 주변 민족들의 풍산신 숭배에 빠져들었는지 짐작하고도 남는다. 고대 근동인들은 풍산신전에서 거행하는 제사로 신들을 움직여 동식물의 번식과 수확을 결정할 수 있는 것으로 여겼다. 가나안 주민들은 여러 신상들을 세워 놓고 그 앞에서 풍년과 다산을 기원하였다. 이 의식에는 신전 창녀와의 성행위가 포함되었으리라 추정된다. 이러한 그들의 제사는, 구체적으로 볼 수 있고 만질 수 있는 어떤 우상도 거부하며 보이지 않는 한 분 하느님만을 섬겨야 하는 이스라엘인들에게 때로는 저항하기 어려운 유혹이었다(탈출 32장 참조).

다. **상업**

옛날 메소포타미아의 수메르 도시 국가에서는 거대한 지구라트와 신전 건물이 시장 구실을 하였다. 그러나 성경 시대 팔레스티나에서는 성문 앞 광장이나 작은 가게들이 늘어선 거리가 상업의 중심지였다. 성문 앞 광장에서 열린 시장에 관해서는 예언자 엘리사의 말에서 확인할 수 있다. "주님의 말씀을 들으십시오. 주님께서 이렇게 말씀하셨습니다. '내일 이맘때에 사마리아 성문에서 고운 밀가루 한 스아가 한 세켈, 보리 두 스아가 한 세켈 할 것이다'"(2열왕 7,1; 참조: 7,18). 시장 거리는 시리아 임금 벤 하닷이 이스라엘의 임금 아합에게 제안한 계약 조건에 나온다. "나의 아버지가 임금님의 아버지에게서 빼앗은 성읍들을 돌려 드리겠습니다. 나의 아버지가 사마리아에 특별 구역을 두었듯이, 임금님도 다마스쿠스에 특별 구역을 두십시오"(1열왕 20,34). 이 특별 구역은 고고학 발굴에 의해 다마스쿠스 성 밖에 세워진 시장 거리로 확인되었다.*

* King/Srager, *Life in Biblical Israel*, 191.

가게마다 특정한 물품을 취급하였다. 농산물 가게는 물론 금은방, 목공예점, 침구류 가게, 대장간 등이 한길 가에 늘어서서 오가는 사람의 발길을 붙들었다. 이런 시장 거리는 상인과 고객에게 모두 이익을 가져다 주었다. 상인들은 특정한 물건이 동이 났을 때 쉽게 옆 가게에서 구해다 팔 수 있었고, 고객들은 가격을 비교하면서 흥정할 수 있었다. 많은 경우 가게 주인들이 직접 주문을 받고 물건을 만들어 팔았다.

앞에서 말한 대로 팔레스티나는 서쪽으로는 유럽, 북쪽과 동쪽으로는 메소포타미아, 남쪽으로는 이집트를 이어 주는 교역의 중심지였다. 성경 시대에 팔레스티나는 농산물과 금속 제품을 수출하거나 수입하였다. 북쪽의 페니키아에는 밀, 올리브 기름, 포도주를 수출하였고, 남쪽 이집트에도 올리브와 포도주를 수출하였다. 동쪽 사막 지대의 주민들도 다윗 시대 이래 팔레스티나의 농산물을 수입해 갔다. 필리스티아인들이 사용하기 시작한 철은 다윗이 시리아를 정복한 다음부터(2사무 8,1-14; 2사무 10장) 그곳에서 가져다 이집트에 팔았다. 솔로몬은 홍해를 이용하여 아라비아와 아프리카와도 무역을 시도하였다. 그는 팔레스티나의 농산물과 광물을 수출하는 대신 그곳의 향료와 조미료, 금을 수입하여 이집트와 지중해를 거쳐 유럽에 되팔았다. 양 떼에서 얻은 양털과 모직은 주로 모압에 수출하였다. 이스라엘인들은 여러 가지 수공업 제품들을 페니키아와 이집트에서 수입하였다. 무역은 특정한 지역의 물품을 수입하고 수출하는 것에 그치지 않는다. 같은 물품이라도 지역에 따라 가격 차이가 크게 날 때에는 싼 곳에서 사서 비싼 곳으로 팔아 막대한 이익을 얻을 수 있다. 예를 들어 예수님 시대에 밀의 가격이 팔레스티나에서는 로마보다 반 값이었던 반면, 이집트보다는 두 배나 비쌌다.

렙톤.
하스모네아 왕조 알렉산드로스
얀내우스 임금 때 주조된 동전으로
예수님 시대에도 유통되었다.

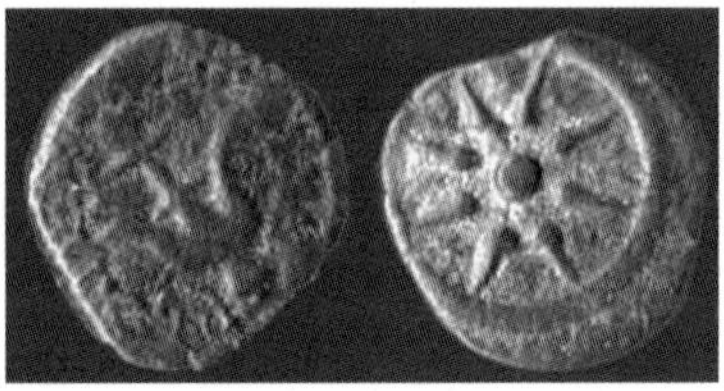

원시 사회에서는 상업이 단순한 물물교환이었지만, 세월이 지나 물건의 양과 종류가 많아지면서 물건의 유통을 원할하게 하는 화폐 제도가 생겨났다. 주조 화폐를 쓰기 시작한 것은 구약 시대 말기 무렵이다. 고대 사회에서는 덩어리나 고리나 막대 형태의 금과 은을 무게를 달아 화폐로 사용하였다. 그래서 무게를 재던 도량형의 단위가 나중에 화폐 단위로 굳어졌다. 특히 무게를 달아 물건과 교환하는 은은 주조 화폐와 더불어 예수님 당시에도 그대로 유효하였다. 투자와 재산 축적의 방법으로는 무게는 덜 나가지만 값어치가 높은 각종 보석이 이용되었다.

동전은 알렉산드로스 대왕 때부터 널리 쓰이기 시작하였다. 신약 시대는 세 가지 화폐 체계, 로마 화폐와 그리스 화폐(안티오키아와 티로에서 주조)와 유다 화폐(아마도 카이사리아에서 주조)가 생겨났다. 로마와 안티오키아와 알렉산드리아에는 황제 직속의 화폐 주조소가 있었고, 다른 도시에도 주조소가 있어서 다양한 동전들을 찍어 냈다. 스승을 팔아넘긴 대가로 유다 이스카리옷이 받은 삼십 은전(세켈)은 아마도 티로나 안티오키아에서 주조된 은전이었을 것이다. 삼십 은전은 120데나리온, 노동자의 하루 품삯이 한 데나리온이었으니 넉 달치 임금에 해당한다. 탈출 21,32에 따르면 은 서른 세켈은 종이 사고로 죽었을 때 지불해야 하는 몸값 또는 핏값이었다.

주조소에서 찍어 내는 동전의 크기(8-20밀리미터)와 가치는 제각각

이어서 이를 평가하고 조절하는 환전상들이 필요했다. 또 로마 제국에 세금을 낼 때에는 로마 화폐나 그리스 화폐 어느 것이나 사용할 수 있지만, 성전 세를 내거나 성전에서 바칠 제물을 살 때에는 유다 화폐나 순도가 높다는 이유에서 티로 화폐만 사용해야 했다. 성전 세는 느헤미야 시대에는 삼분의 일 세켈이었고(느헤 10,33) 예수님 당시에는 반 세켈 또는 반 스타테르(두 데나리온)였던 것 같다(마태 17,24-27; 참조: 탈출 30,13). 요세푸스에 따르면 스무 살 이상된 모든 유다인은 해마다 팔레스티나 안에서건 밖에서건 이 성전 세를 낼 의무가 있었다(『유다 고대사』 14.10). 미쉬나에서는 해방절 직전까지 20일 동안 성전 경내에 와서 성전 세를 바칠 것을 규정한다(『미쉬나』 세칼림 2a-b). 베스파시아누스 황제는 모든 유다인에게 이 성전 세를 인두세人頭稅라는 이름으로 바꿔 파괴된 성전에 바치는 대신 로마에 바치게 하였다(요세푸스 『유다 전쟁사』 7.218; 카시우스 디오 『로마사』 66.7).

성경 시대의 화폐 단위와 도량형

화폐

구약	정도	우리 화폐(원)	유다(신약)	그리스	로마
게라	1/20세켈, 1/10베카	5천		1렙톤[1]	
베카	10게라, 1/2세켈	5만		2렙톤	1콰드란스
세켈 (하루품삯)	20게라, 2베카	10만[2]			1아스=4콰드란스
미나	60세켈, 120베카	600만		1드라크마	1데나리온[3]=16아스 (하루품삯)
탈렌트	60미나, 3600세켈	3억 6천만		2드라크마 =1디드라크마	2데나리온
금 1세켈	은 1세켈의 16배	160만	1세켈	1스타테르	4데나리온
금 1미나		9천 6백만		25드라크마	1아우레우스
금 1탈렌트		57억 6천만	25세켈	1미나[4]	100데나리온

*우리 화폐 환산은 2021년 기준임

*1탈렌트 = 60미나 = 6000데나리온 = 240아우레우스

무게	정도	미터법(g)
게라	1/20세켈	0.6
베카	10게라, 1/2세켈	5
핌	1.5베카, 3/4세켈	7
세켈	2베카, 1.5핌	11.5
미나	75핌, 60세켈	685
탈렌트	60미나, 3600세켈	41.1kg

길이	미터법(cm)
테파	7.5
암마/페키스	46
스타디온	185m

부피

고체	정도	미터법(l)	액체	정도	미터법(l)
록	1/4캅	1.5	록	1/12힌	0.5
캅	4록	2.2	캅	4록, 1/3힌	2.2
오메르	7록, 1.8캅	4	힌	12록, 3캅	6.5
스아	3.33오메르	13	스아	6캅, 2힌	13
에파	1/10호메르, 3스아	40	밧	3스아, 6힌	40
레텍	15스아, 5에파	200	호메르	10밧, 60힌	400
호메르	10에파, 2레텍	400			

※ 이 표는 『성경』(cbck)의 부록, '성경 도량형'을 참조하였다.

1) 화폐의 최소 단위, 복음서에 등장하는 '가난한 과부의 헌금'에 해당한다.

2) 2021년 최저하루품삯(최저시급 8,720원 × 하루 8시간 근무 ≒ 70,000원)에 올림하여 계산.

3) 데나리온은 로마 시대에 나온 화폐 단위로서 노동자의 하루 좋은 품삯이다. 구약의 하루 품삯이던 1세켈이 신약에 와서는 4일 품삯만큼 값어치가 높아졌다. 구약 시대 1세켈과 신약 시대 1세켈의 가치가 다르다는 점을 유의하라.

4) 본디 고대 근동의 화폐 및 중량 단위인 미나(מנה)를 나중에 그리스인들도 썼다(μνά).

III. 때와 축제

1. 때의 측정
2. 축제

1. 때의 측정

성경에 나오는 연대 표기는 일반 독자들뿐 아니라 성경학자들까지도 혼란스러워 한다. 고대 히브리인들은 한 가지 달력 체계로 날짜를 계산하지 않고, 주변 근동인들의 달력 체계에 영향을 받아 다양한 날짜 계산을 하였다. 이런 다양한 날짜 계산이 성경 여기저기에 들어와 있기 때문에 시대별로 그 계산법을 분명하게 밝히지 않으면 이해하기 어려운 대목을 만나게 된다.

가. **일**日·**월력**月曆

고대 근동인 대부분은 해와 달의 주기적인 운행과 관련하여 해와 달과 날을 규정하였다. 한 해는 태양이 한 바퀴 돌아 같은 절기가 다시 나타나기까지 걸리는 시간을 말하고, 한 달은 달이 처음 생겨나서(초승달) 꽉 찼다가(보름달) 이지러지고 다시 생겨나기까지의 시간을 말하였다. 그래서 그들의 달력 체계를 일·월력이라고 부른다. 그런데 문제는 일력과 월력이 서로 맞지 않는다는 것이다. 태양의 한 해 주기는 365.25일이지만, 달의 한 달 주기는 정확하게 29.26-29.80일이고 이를 열두 번 거듭한 월력의 한 해는 일력의 한 해보다 11일이 모자란 354.25일이다. 이 일력과 월력의 차이를 극복하기 위하여 우리처럼 이삼 년에 한 번씩 베아 달이라고 하는 윤달을 두었다. 베아 달 선포는 임금이나 제후 등 최고 통치권자의 소관이었고 그들에게서 권한을 위임받은 나라의 담당 행정관이 집행하였다.

일·월력은 고대 근동의 거의 모든 민족, 곧 수메르, 아시리아, 바빌론, 히브리, 아랍, 그리스인 들 사이에서 널리 사용되었다. 예외가 있다면, 한 달을 30일로, 일 년을 365일로 고정하고 마지막 달에 5일을 추가한 이집트인들(나중에 로마인들도) 정도다.

위에서 밝힌 대로 일 년은 태양의 한 주기를 말한다. 곧 태양이 같은 계절에 돌아오기까지의 시간이다. 바빌론 제1왕조(기원전 1900-1550년경)가 사용한 일·월력은 수메르의 우르 제3왕조(기원전 2060-1950년경)가 쓴 달력이다. 이 달력에 따르면 한 해의 시작은 춘분이다. 이와는 반대로 이천년기의 아시리아인들은 추분을 한 해의 시작으로 정하였다.

히브리인들의 경우 성조 시대에는 춘분을 한 해의 시작으로 보는 관습을 따랐던 것 같지만, 왕정 시대에 와서는 가나안 문화의 영향을 받아 추분을 새해로 받아들인 것 같다. 가나안인들과 북서 셈족은 추분 새해를 지켰다. 추분 새해는 농경 문화와 직결된다. 가나안 농경민들은 가을에 씨를 뿌리고 겨우내 키워서 초여름에 수확한다. 탈출 23,16; 34,22에 보면 가을 축제(초막절)를 끝으로 한 경신례 주년이 끝나고 새로운 주년이 시작되는 것으로 되어 있다. 안식년과 희년도 추분 새해 관습을 따른다(탈출 23,10-11; 레위 25,1-22).

그러나 추분 새해 관습이 도입된 다음에도 춘분 새해를 지키는 관습은 특정 지역에서 특별한 의도 아래 계속되었다. 예를 들어 북쪽 이스라엘 왕국에서 임금의 통치 연대를 가리킬 때는 이 관습을 따랐다. 유다인들이 바빌론 유배에서 돌아온 이후에는, 바빌론 달력의 영향으로 다시 춘분 새해 관습으로 바뀌었다. 이때 유다인들은 바빌론의 달 이름까지 채택하게 되었다. 탈출 12,2.18에 보면 파스카가 들어 있는 달(아빕-니산)을 한 해의 시작으로 성대하게 선포하는데, 많은 학자들은 이 대목을 유배 이후에 편집한 것으로 본다.

나. **달**

'첫째 달, 둘째 달' 등에서 '달'을 뜻하는 히브리어 예라יֶרַח는 하늘의 천체 '달'을 가리키는 야레아יָרֵחַ와 연결된다. 그런데 예라는 우가릿어에서 달 신 야리와 같은 어근이기 때문에, 히브리인들은 우상 숭배 냄새가 나는 이 말을 '새로운 달'을 뜻하는 다른 낱말 호데쉬חֹדֶשׁ로 대치하려는 경향을 보인다. 특히 종교 축제의 날짜를 표기할 때는 예라 대신 호데쉬를 사용하였다.

이스라엘인들은 우리 조상들처럼 한 달을 29일 또는 30일로 계산하는 음력을 사용하였다. 한 달은 29일째 저녁, 초승달이 뜨기 시작하는 때부터 시작한다. 만일 29일째에 초승달이 뜨지 않으면 자연히 그 달은 30일째 저녁에 시작한다. 나중에는 한 달의 시작을 행정관이나 관청에서 공식적으로 통보하였다. 한편 이스라엘은 음력을, 곧 일력에 바탕을 둔 춘분이나 추분에 맞추어 사용했기 때문에 그들의 음력과 윤달이 우리의 음력과 윤달에 정확하게 들어맞지는 않는다. 그럴지라도 이스라엘 달력이 서양의 양력보다는 한국의 음력에 훨씬 더 가깝다.

달 이름을 두고 유다인들은 세 가지 체계를 따랐다. 첫째, 바빌론 유배 전에 이스라엘인들은 가나안 사람들이 하던 대로 계절에 따라 달에 이름을 붙였다. 구약성경은 이 가운데 네 가지 이름만을 소개한다. 아빕은 언제나 파스카와 연관되어 나오고(탈출 13,4; 23,15; 34,18; 신명 16,1) 다른 세 이름, 지우와 에타님과 불은 솔로몬 성전 봉헌과 연관되어 나온다(1열왕 6,1.37.38; 8,2). 이 네 가지 가나안식 달 이름 뜻은 모두 농사 절기의 자연 현상과 관계 있다. 봄의 첫째 달 아빕(탈출 13,4; 23,15; 34,18)은 '푸른 밀 이삭'('싹트다' 동사에서 나옴), 봄의 둘째 달 지우(1열왕 6,1.37)는 봄의 화려한 색깔을 가리키는 '찬란함' 또는 '밝음', 가을의 첫째 달 에타님(1열왕 8,2)은 '흐르는 개울', 가을의 둘째 달 불(1열왕 6,38)은 '소출' 또는 '가축'을 뜻한다. 이 넷 가운데 에타님과 불은 페니키아 비문Phoenician Kition Tariff Inscriptions에서도 발견된다(각각 KAI 37A; KAI 14).

둘째, 이 가나안식 달 이름은 이스라엘 초기 왕정 시대에는 이미 사용하지 않게 되고, 상업과 수공업이 점점 중요하게 부각되면서 히브리인들은 달 이름에 숫자를 도입하기 시작한 것 같다. '첫째 달, 둘째 달'처럼 숫자로 된 달 이름은 유배 이후 상당히 늦은 시기까지도 계속 사용하였다. 성경에 나오는 연대나 축제일들은 이 체계에 가장 많이 의존하고 있다. 그리고 이 체계는 언제나 가을보다는 봄, 더 정확하게 춘분을 기점으로 달 이름을 정한다. 곧 첫째 달은 춘분이 낀 달이고 둘째 달은 춘분이 낀 달의 다음 달이다. 성경에서는 특히 춘분이 낀 첫째 달과 추분이 낀 일곱째 달을 가장 많이 언급한다.

달 이름에 대한 마지막 체계는 바빌론식으로서, 유다인들은 유배 이후에야 비로소 이를 사용하기 시작하였고 라삐 시대(70년 성전 파괴 이후)에 와서야 완전히 받아들였다. 그러나 히브리인들은 이 바빌론식 달 이름들을 아시리아인들과 교류하면서 이미 유배 훨씬 이전에 접할 수 있었을 것이다. 이 이름들의 어원학적 기원은 정확히 밝히기가 어렵지만, 아마도 수메르 신화와 연결된 것으로 보인다. 그 이름과 그럴듯한 기원을 아

성경 시대의 달력

순번식	한국음력	가나안식	바빌론식	히브리식	농사
첫째 달	3월	아빕	니사누	니산	보리, 아마 수확 햇곡식 축일
둘째 달	4월	지우	아야루	이야르	
셋째 달	5월		시바누	시완	이른 무화과 수확
넷째 달	6월		두우주	탐무즈	포도 수확
다섯째 달	7월		아부	압	올리브 수확
여섯째 달	8월		울룰루	엘룰	대추야자, 여름 무화과 수확
일곱째 달	9월	에타님	테쉬리루	티쉬리	
여덟째 달	10월	불	아라삼누	마르헤쉬반	밭갈기, 겨울 무화과 수확
아홉째 달	11월		키슬리무	키슬레우	씨뿌리기
열째 달	12월		테비투	테벳	
열한째 달	1월		샤바투	스밧, 세바트	아몬드 꽃 핌
열두째 달	2월		아다루	아다르	감귤류 과일 수확
윤달				베아	

바빌론식 달月 이름

1.	니사누	첫째 달 또는 제사의 달
2.	아야루	행렬의 달
3.	시바누	벽돌 만드는 달
4.	두우주	풍산신 탐무즈의 달
5.	아부	횃불의 달
6.	울룰루/엘룰루	정화의 달
7.	테쉬리루	시작의 달
8.	아라삼누	여덟째 달
9.	키슬리무	?
10.	테비투	물에 잠기는 달
11.	샤바투	폭풍과 비의 달
12.	아다루	타작마당의 달

래에 나열한다. 숫자는 춘분이 낀 달을 첫 달로 쳤을 때 그 달의 순서를 가리킨다.

이 바빌론식 이름들 가운데 일곱 개는 구약성경과 제2경전 및 칠십인역에, 나머지는 후대의 유다교 문헌에 히브리식 이름으로 다음과 같이 나타난다. 여기서는 성경의 출처만 밝힌다.

히브리식 달月 이름과 성경 인용구절

1.	니산	느헤 2,1; 에스 1,1①; 3,7; 1에스드라스 5,6(칠십인역); 2마카 11,30.33.38(그리스식 이름 크산티코스가 나옴)
2.	이야르	
3.	시완	에스 8,9
4.	탐무즈	
5.	압	
6.	엘룰	느헤 6,15; 1마카 14,27
7.	티쉬리	
8.	마르헤쉬반	
9.	키슬레우	느헤 1,1; 1마카 1,54; 즈카 7,1
10.	테벳	에스 2,16
11.	스밧	1마카 16,14; 즈카 1,7
12.	아다르	에즈 6,15; 에스 3,7.13.13⑥; 8,12.12⑳; 9,1.15.17.19.21; 10,3⑩; 1마카 7,43.49; 2마카 15,36

다. 하루

고대 근동인들 가운데는 하루를 아침을 시작으로 한낮, 자정까지로 보는 민족들이 있었지만, 이스라엘을 비롯하여 아테네인들과 게르만족, 그리고 유목민들은 일반적으로 하루를 해질 때부터 다음 날 해질 때까지로 계산하였다. 그들에게 하루의 끝은 하루의 일과가 끝나는 때, 또는 자신의 보금자리로 돌아가는 때였고, 하루의 시작은 밤 그늘이 내리는 때였다(탈출 12,18; 레위 23,32; 참조: 느헤 13,19; 시편 55,18). 이런 관습은 오늘날까지도 유다인들 사이에서 지켜지고 있는데, 그들은 예를 들어 안식일과 해방절을 비롯한 여러 축제들을 해가 지면서부터 지내기 시작한다. 로마인들은 하루의 시작을 자정으로 보았다.

그러나 이스라엘인들 역시 위에서 살펴본 것처럼 일상 생활을 하는 하루를, 밤은 제쳐 두고 태양빛이 머물러 있는 밝은 낮으로 생각하였음도 사실이다(참조: 창세 1,5; 19,2; 다니 8,14).

이스라엘인들은 안식일 외에는 주간의 요일에 특정한 이름을 붙이지 않고 시간이나 달의 구분처럼 순번으로 기억하였다. "하느님께서는 하시던 일을 이렛날에 다 이루셨다"(창세 2,2). 그러나 안식일 전날은 '준비일'이라고도 하였다(마태 27,62; 마르 15,42; 루카 23,54; 요한 19,31.42).

라. 시간

구약성경에서 시간 개념이 등장하는 대목은 다니 3,6; 5,5 두 곳뿐이다. 그것도 하루의 특정한 시간이 아니라 단지 '짧은 시간'('곧바로, 갑자기'로 옮길 수 있음)을 가리키기 위한 것이다. 고대 이스라엘인들은 낮이나 밤의 서로 다른 시간대를 지칭하기 위해 아침, 한낮, 한밤중과 같은 일반 용어를 사용하였다. 좀 더 세분해서는 '해가 솟을 때'(창세 19,23; 32,32) 또는 '해가 질 때'(창세 15,12.17), '동이 틀 때'(창세 19,15; 32,25.27), '낮의 열기 속에서' 또는 '한낮에'(창세 18,1; 1사무 11,11; 잠언 4,18), '날이 기울어질 때'(판관 19,8), '하루의 바람이 서늘해질 때'(창세 3,8; 아가 2,17), '여인들이 물 길러 나올 때'(창세 24,11), '저녁 제사를 바칠 시간에'(1열왕 18,29.36; 에즈 9,4) 등으로 표현하였다.

하루 시간의 정확한 구분은 이스라엘인들이 바빌론인들에게 배워 유배에서 돌아온 뒤에야 비로소 도입하기 시작한 것 같다. 이 구분이 완전히 일반화된 것은 그리스인들과 로마인들의 관습을 따르게 된 신약 시대에 와서였다. 신약 시대의 유다인들은 하루의 시간을 구분할 때 해가 떠 있는 시간을 두고 그 시간을 12로 나누었다. "낮은 열두 시간이나 되지 않느냐?"(요한 11,9). 여기서 '낮'으로 옮긴 그리스어 '헤메라' ἡμέρα는 '하루'를 뜻하기도 한다. 이 구분법은 본디 바빌론 사람들이 사용하던 것이고 나중에 그리스인들과 로마인들이 채택한 것이다. 그들은 춘분이나 추분과 같이 낮과 밤의 길이가 똑같은 시기를 기준으로 해뜨는 시간인 아침 6시에서 시작하여 7시를 첫째 시간, 8시를 둘째 시간 따위로 계산하였다. 마르코 복음 저자는 예수님께서 셋째 시간(우리 시간으로 오전 9시)에 십자가에 못 박히셨고(마르 15,25), 아홉째 시간(우리 시간으로 오후 3시)에 운명하셨다고 보고한다(마르 15,34; 참조: 마태 27,46). 요한 복음에 보면 예수님께서 사마리아의 우물가에 앉아 물 길러 오는 사마리아 여인을 기다리시던 때는 여섯째 시간 곧 낮 12시였고(요한 4,6), 로마인 고관의 아들을 고쳐 준 시간은 일곱째 시간 곧 오후 1시였다(요한 4,52). 사도행전에서 코르넬리우스가 기도 중에 천사의 목소리를 들은 것은 아홉째 시간 곧 오후 3시이고(사도 10,3.30), 그다음 날 베드로가 음식에 대한 환시를 본 것은 유다인들의 낮기도 시간인 여섯째 시간 곧 낮 12시였다(사도 10,9). 『성경』(cbck)에서는 모두 우리 식으로 바꾸어 옮겼기 때문에 '…째 시간'이라는 표현이 없다.

한 시간의 길이는 계절에 따라 달라진다. 낮 시간이 가장 긴 하지에는 71분이 되고 낮 시간이 가장 짧은 동지에는 49분이 될 것이다.

밤 시간의 구분은 낮 시간과는 다르다. 신약 시대의 유다인들은 밤 시간을 셋으로 나눈 반면, 로마인들은 넷으로 나누었다. 밤 길이를 12시간이라고 할 때 셋으로 나누면 일경은 저녁 6시에서 밤 10시, 이경은 밤 10시에서 새벽 2시, 삼경은 새벽 2시에서 6시다. 넷으로 나누면 일경은 6시에서 9시, 이경은 9시에서 12시, 삼경은 12시에서 3시, 사경은 3시에서 6시다.

마. 서력西曆과 예수님 탄생

예수님 시대에는 '율리우스력'이라는 연호年號를 썼다. 이는 로마 황제 율리우스 카이사르Julius Caesar가 기원전 46년에 쓰기 시작한 것이다. 그러나 태양력에 따른 윤년의 계산이 조금씩 밀려나, 기원후 325년에는 춘분이 3월 21일이어야 하는데, 3월 25일로 나흘이나 밀리게 되었다.

한편 그동안 그리스도교 신앙이 서구 세계에 널리 퍼지면서 기원을 구세주 강생으로부터 헤아리게 되었다(A.D. = Anno Domini). 이때 라틴어와 그리스어에 정통한 '난쟁이 디오니시우스'(Dionysius Exiguus 5세기 말-525년경)라는 한 수사가 큰 역할을 하였다. 그는 구세주 탄생과 관련한 동방 가톨릭과 서방 가톨릭의 서로 다른 전통을 일치시키기 위하여 구세주 강생 기원 원년을 서기 1년 3월 25일부터 헤아리기 시작하였고, 양력 설날은

1월 1일로 정했다. 그가 서기의 시작을 3월 25일(주님 탄생 예고 대축일[성모영보축일])로 잡은 것은 당시에 이미 고정된 예수 탄생일, 12월 25일로부터 태아의 잉태 기간인 아홉 달을 거슬러 계산한 결과다.*

성탄을 12월 25일로 정한 것은 디오니시우스보다 훨씬 이전으로 올라간다. 일 년 가운데 밤이 가장 긴 동지는 태양이 남쪽 하늘 끝에 가 있다가 북쪽 하늘로 돌아오기 시작하는 날이다. 율리우스력에 따르면 동지는 12월 25일이다. 페르시아의 빛과 진리의 신인 미트라 신을 숭배하던 고대 로마인들은 이날을 '무적의 태양 탄일'dies natalis Solici Invicti로 경축하였다. 274년 12월 25일, 로마 황제 아우렐리우스는 태양신을 로마 제국의 주요 수호신으로 선포하고 '마르티우스의 뜰'Campus Martius에 태양신의 신전을 지어 봉헌하면서 이날이 제국의 큰 축제일로 자리 잡혔다. 이런 로마의 이교도 풍습에 맞서 그리스도교 교부들은 3세기 초에 벌써 그리스도의 탄생과 동지를 대비하고, 그리스도께 '정의의 태양'이라는 호칭을 부여하였다. 정확하게 언제 어떻게 태양신의 축제가 예수 그리스도의 탄일로 바뀌었는지는 확실치 않으나, 이미 4세기 말에는 12월 25일이 예수 성탄으로 자리 잡혀 있었다. 그리스도를 참된 태양이라고 부른 암브로시우스(397년 사망)의 증언(『헥사메론』*Hexameron* 4.8.32)과 북아프리카 누미디아에서 활약한 밀레비스의 옵타투스가 12월 25일에 행한 성탄 설교가** 이를 입증한다.

동방 가톨릭에서는 4세기 말까지 12월 25일이 아니라 1월 6일을 예

---

* Blackburn/Holford-Strevens, *The Oxford Companion to the Year: an exploration of calendar customs and time-reckoning*, 778-779.

** Nothaft, "The Origins of the Christmas Date: Some Recent Trends in Historical Research", 903-911.

수 성탄 축일로 지내 왔다. 우리가 '주님 공현 대축일'이라고 부르는 이 축일에, 오늘날 서방 교회는 '세 동방 박사의 아기 예수 경배'를, 동방 교회는 '예수 세례'를 기념한다. 그러나 본디 이 축일 역시 동지와 관련된 이교도 축제에서 기원한다. 고대 이집트력으로 동지는 12월 25일이 아니라 1월 6일이었다. 그리고 이집트인들은 바로 전날 밤에 동정녀에게서 태어났다고 여기는 태양신 에온의 탄생을 경축하였다. 4세기에 이르기까지 이집트의 태양신 축제는 동방 가톨릭에서 예수 성탄뿐 아니라, 예수 세례와 심지어 카나의 기적까지도 기념하는 축일로 바뀌었다. 그러다가 위에서 밝힌 대로 4세기 말에 와서 서방 가톨릭의 영향으로 12월 25일을 예수 성탄 축일로 지내게 되고, 1월 6일은 예수 세례만 기념하게 되었다. 동방 가톨릭의 대표적 교부 나지안주스의 그레고리우스는 380년 성탄절 설교에서 자신을 12월 25일 성탄절의 창시자로 주장하였고(『설교 38』), 거의 같은 시기에(386-388년) 요한 크리소스토무스도 안티오키아에서 이 축일을 지낸 것으로 알려졌다. 팔레스티나에서는 7세기 중엽까지 12월 25일 대신 1월 6일을 성탄절로 지냈고 아르메니아인들은 계속 1월 6일을 성탄절로 고집하였다.

날짜 논쟁은 이런 식으로 정리되었지만 예수님의 실제 탄생 연도는 아직도 논란 중이다. 학자들 사이에서 대략 의견 수렴을 거친 것은, 그분이 적어도 기원 원년보다 4년은 앞서 탄생하였을 것이라는 추측이다. 서로 다른 전승에 따라 쓰인 마태오와 루카 두 복음서 모두 그분의 탄생을, 기원전 4년에 사망한 것으로 고대 문헌들이 증언하는(요세푸스 등) 헤로데 대왕의 통치기간 안에 놓기 때문이다(마태 2,1.19; 루카 1,5). 더 정확한 탄생 연도를 밝히기 위해서 당시 팔레스티나를 다스린 시리아 총독 퀴리니우스의 인구조사(루카 2,2), 혜성의 출현 등을 근거로 삼지만 역사적 신빙성은 거의 없다. 실제로 퀴리니우스의 인구조사는 아르켈라오스가 폐위된 기원후 6년에 실시되었고, 기원전 6년경에 있었던 것으로 추정하는 혜성의 출현을 동방 박사들을 인도한 별과 일치시키려는 시도 역시 고대인들의 불분명한 기억에 의존한다는 점에서 불확실하다.

오늘날 우리가 쓰는 달력은 그레고리우스 13세가 제정한 그레고리우스력이다. 그레고리우스 교황은 예수 성탄 말고도 부활과 성령강림 대축일 등 이동 대축일 산정 문제로 오랫동안 동·서방 교회 간에 일어난 논란을 잠재우기 위하여 1582년에 연력 개편을 실시하였다.

초대 그리스도인들이나 복음서 저자들은 예수 사건에서 언제나 자신들과 인류 모두의 삶에 깊은 영향을 주는 의미를 찾으려 애썼다. 성경의 기록에서 역사적 사실fact에 지나치게 매달리다 보면, 역사적 진실truth을 놓치는 잘못에 빠지게 된다. 새로운 천년기를 맞은 오늘의 시점에서, 여러 가지 우여곡절을 거치며 서구에 정착된 서기력과 성탄 축일의 산출 근거를 정확하게 따지는 데 몰두하는 것보다 더 중요한 일은, 신앙공동체와 인류가 이 삼천년기에 깊은 의미를 부여하고 그 의미를 실현시키려 노력하는 것이다.

2. 축제

이스라엘의 종교 축제는 역사적 사건들과 일상 생활을 반영한다. 율법의 관점에서 볼 때, 이스라엘의 축제는 두 가지로 구분할 수 있다. 하나는 오래된 관습과 역사에 기원을 두고 율법 또는 모세오경에서 정한 공식 축제고, 다른 하나는 비교적 후대의 역사적 사건에 바탕을 둔 비공식 축제다. 공식 축제에는 삼대 순례 축제와 '정한 때'라고도 부르는 안식일과 연관된 축제들이 있다. 비공식 축제에는 푸림절과 봉헌절, 니카노르 패배일 등이 있는데, 모두 유배 이후에 생겨났다. 그 밖에 축제와는 별도로 이스라엘에는 여러 종류의 금식일이 있다. 금식일의 경우에도 율법으로 정한 공식 금식일과 후대의 역사적 사건에 바탕을 둔 비공식 금식일이 있다.

가. **삼대 순례 축제**

여러 축제 가운데 가장 중요한 축제로 파스카와 오순절(주간절)과 초막절을 들 수 있다. 아주 오랜 역사를 지닌 이 세 축제 기간에는 모든 이스라엘 남자가 예물을 들고 예루살렘을 순례해야 한다. "너희(이스라엘) 가운데 모든 남자는 해마다 세 번씩, 곧 무교절과 주간절(오순절)과 초막절에, 주 너희 하느님께서 선택하시는 곳에서, 그분 앞에 나아가야 한다. 그러나 빈손으로 주님 앞에 나아가서는 안 된다. 저마다 주 너희 하느님께서 내려 주신 복에 따라, 제 능력껏 주님께 바쳐야 한다"(신명 16,16-17).

이 순례의 의무는 이스라엘이 나라를 빼앗기고 이민족들의 땅으

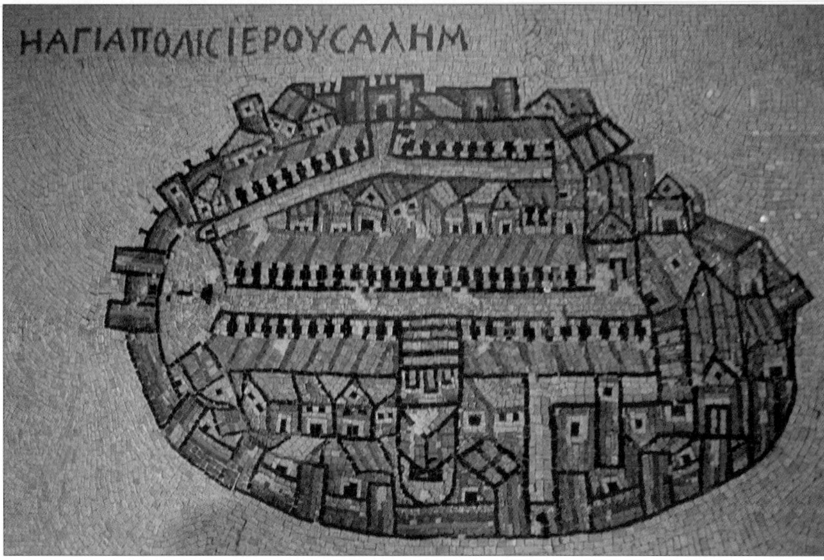

사해 동쪽 마다바 교회의 6세기 예루살렘 모자이크 지도.
왼쪽 위에 '거룩한 도시 예루살렘'(ἡ ἅγια πολίς Ἰερουσαλήμ)이라고 쓰여 있다.

로 흩어진(디아스포라) 뒤로는 자연히 약화되었다. 그러나 디아스포라 유다인들에게, 적어도 일생에 한 번은 이 세 축제를 지내기 위하여 예루살렘으로 여행하는 것이 중요한 관습이었다. 사도행전의 저자는 바오로가 오순절을 예루살렘에서 지내려고 여행을 단축시켰다고 보고한다. "바오로가 아시아에서 시간을 허비하지 않으려고 에페소를 그냥 지나치기로 결정하였던 것이다. 사실 그는 되도록 오순절에는 예루살렘에 있으려고 서둘렀다" (사도 20,16).

이 순례 축제들은 마음껏 기뻐하는 축제였다. 축제에 참석하는 사람들은 먼저 하느님께 찬미와 감사의 제물을 드리면서 보통 때는 좀처럼 맛볼 수 없는 최고급 음식을 함께 나누었다. 그리고 일상 생활의 고생과 힘겨운 노동을 잠시 잊고 춤과 노래로 마음껏 축제의 흥을 돋우었다. 이 축제들은 예루살렘 성전을 중심으로 벌어졌는데, 온갖 극적이고 화려하고 장엄한 전례를 통하여 참석자들은 유다교의 전통 신앙과 역사를 되새길 수 있었다. 우리네 명절인 설날과 추석에 모든 식구가 한자리에 모여 조상에게 제사를 지내고 조상의 덕을 기리며 풍성한 고기와 술과 떡을 나누어 먹는 풍습과도 비슷하다.

(1) 해방절

이스라엘의 가장 큰 축제요 그들의 역사·종교적인 토대라고 할 수 있는 해방절은, 유목민 축제인 과월절 곧 파스카Passover와 농경민 축제인 무교절(누룩 없는 빵의 축제, Unleavened Bread)에서 유래한다. 먼저 '지나가다'(פסח) 동사에서 유래한 파스카는 모세 이전 근동의 유목민들이 지켜 오던 풍습이다. 그들은 맏배로 태어난 양들을 잡아 제물로 바치면서 양 떼의 출산을 허락한 신에게 감사드리고 가축들을 잘 보살펴 주기를 청하였다. 파스카 의식 가운데에서 후대에까지 이어진 의식은 우슬초 가지로 양의 피를 적셔 사람들에게 뿌리고 문설주에 바르는 관습이다. 이런 의식은 이집트인들, 아테네인들, 고대 게르만족 등에서 발견되는데, 그들은 짐승의 피로 부정한 귀신이나 갑작스런 재앙이 집안에 있는 가족들을 덮치지 않고 지나가게 해 주리라고 믿은 것 같다. 파스카는 가문의 축제에서 부족의 축제로 커지면서 한 해를 시작하는 이른 봄 가축 떼의 풍요로운 출산을 기원하는 축제로 그 성격이 바뀌었다.

무교절은 정착 생활을 하던 고대 근동 농경민들의 축제인데 수확을 시작할 즈음에 지냈다. 농부들은 누룩을 넣지 않고 새 밀가루로 빵을 만들어 신들에게 바치면서 축제를 시작하였다. 축제 기간에는 다른 반죽을 발효시키려고 떼어 놓은 묵은 누룩 조각들을 집안에 조금도 남겨 두어서는 안 된다. 축제 기간이 끝나면 사람들은 완전히 새롭게 띄운 누룩으로 빵을 구워 먹을 수 있었다. 이집트 탈출 때에 가나안 땅에 들어가 정착한 히브리인들이나 그 전에 이미 가나안에 살던 히브리인들도 그곳 농경민들의 무교절을 자연스럽게 받아들였을 것이다.

옛 히브리인들이 고대 근동인들에게서 받아들여 지켜 온 파스카와 무교절은, 이스라엘에게 자유와 해방을 가져다 준 이집트 탈출 사건을 기념하는 종교 축제로 바뀌고 이스라엘 민족의 기원이 되는 최대 축제로 자리매김한다. 파스카 제물로 바치는 맏배 양은 이집트에서 빠져 나올 때 이스라엘의 맏자식들을 그 피로 구한 어린 양의 희생적 죽음과 연결된다. 히브리인들의 집에 발라진 짐승의 피를 보고 죽음의 천사가 그들의 맏아들을 치지 않고 지나가신 것이다(탈출 12,21-30). 또 무교절의 누룩 없는 빵은 히브리인들이 이집트에서 빠져 나오던 날 누룩을 넣지 않고 바쁘게 구워 먹던 그 빵과 연결된다(탈출 12,33-34.39).

파스카 양을 잡은 장소가 신명기에는, '하느님께서 당신의 이름을 머무르게 하시려고 선택하신 곳', 곧 시온 산으로 되어 있고(신명 16,6.16; 참조: 신명 12,5-6), 탈출 12장에는 각 가정 안으로 되어 있다. 예수님 당시에는 도축 장소가 예루살렘 성전이다가, 성전이 파괴되고 난 뒤에는 다시 가정으로 돌아온다. 성전의 공식 축제가 가정의 축제로 축소된 셈이다.

파스카 축제는 니산 달 14/15일 밤에 한 살배기 어린 양을 잡는 예식으로 시작하여 성대한 만찬을 나누며 이집트 탈출 과정을 기념하는 것으로 그 절정을 이룬다. 기원후 200년경에 쓰인 라삐 문헌 미쉬나의 '프사힘'(파스카) 항목은 예수님 당시의 파스카 만찬에 대한 내용을 어느 정도 상세히 알려 준다. 먼저 오후 3시경에 성전에서 양을 잡고 그 고기들을 빼가

상하지 않도록 조심하여 저마다 집으로 운반한다. 요한 복음 저자는 이것을 예수님의 십자가 죽음과 연결한다(요한 13,1; 18,28; 19,14.31.36). 만찬에 참석할 사람들은 손을 깨끗이 씻고 식탁에 앉는다. 가장이 첫 번째 포도주 잔을 들어 축복한 다음 참석자들에게 돌리고(오늘날에는 저마다 자기 잔을 갖는다) 쓴 나물을 먹는다. 이때 가장은 이집트의 탈출을 되새기는 예식 본문을 읽는다. 그다음 두 번째 잔을 돌리고 이어 시편 113; 114편을 노래한다. 그러고 나서 가장의 식전기도를 시작으로 본 음식을 드는데, 그것은 구운 양고기, 쓴 나물, 누룩을 넣지 않고 구운 빵이다. 만찬이 끝나면(1코린 11,25) 축복의 잔(1코린 10,16)이라고 부르는 세 번째 잔을 돌리고 시편 115; 118편을 노래한다. 118,26의 "주님의 이름으로 오는 이는 복되어라"를 노래할 때 네 번째 잔을 돌린다. 여기까지가 의무적으로 치러야 할 공통예식이다. 집집마다 필요한 음식과 그릇을 빠짐없이 준비해야 하고, 가난해서 예식에 필요한 물품을 준비하지 못하는 경우에는 공동체에서 마련해 준다. 이제 시편 120—137편까지 노래한 뒤에 다섯 번째 포도주 잔을 돌리는 것으로 파스카 만찬 예식은 끝난다. 파스카 만찬에 이어 유다인들은 이레 동안 누룩을 넣지 않고 구운 빵을 먹었다.

파스카 예식에 이방인들은 참여할 수 없다. 그러나 개종자들은 참여할 수 있고, 더 나아가 참여할 의무가 있다. 한편 유다인들과 적대 관계에 있는 사마리아인들은 모세오경의 규정을 철저히 지켜 파스카와 무교절을 완전히 따로 지낸다. 그들은 신명기의 다른 수사본을 참조하여 에발 산(신명 27,4)이나 시온 산(신명 12,5.14; 16,16) 대신 그리짐 산을 축제의 장소로 삼았다. 오늘날 사마리아인들은 그리짐 산 정상이 회교도들의 무덤으로 부정하게 되었다 해서 파스카 예식을 산비탈에서 지낸다.

왼쪽은 그리짐 산, 오르쪽은 에발 산이다. 산 너머에 사마리아가 있다.

파스카와 무교절은 이집트 탈출을 기념하기 위한 것이다. '기념'이란 과거의 체험을 현재로 끌어들여 그 의미를 되새기는 것을 말한다. 나중에 나라를 빼앗기고 팔레스티나에서 멀리 떠나 살게 된 디아스포라 유다인들은 '내년에는 예루살렘에서'라는 말로 파스카 예식을 끝맺는다. 이 말 속에서 기념 예식을 통하여 나라를 되찾으려는 그들의 집념을 엿볼 수 있다.

(2) **오순절**(주간절)

이스라엘의 삼대 순례 축제 가운데 둘째 축제는 오순절이다. 오순절은 첫 보릿단을 수확할 때 지낸 가나안 농경민들의 맥추절에서 비롯한다. 히브리인들은 파스카 첫날에서 일곱 주간이 지난 시완 달 엿샛날에 이 축제를 지냈다(신명 16,9-12). 여기서 일곱 주간은 50일을 뜻하기 때문에 그리스어 '펜테코스테'πεντηκοστή, 곧 오순절五旬節이라는 이름이 이 축제에 붙여지게 되었다.

사도 2장을 보면 베드로가 열두 사도를 대표하여 오순절을 지내러 예루살렘에 순례 온 이방인 지역의 유다인들에게 설교를 한다. 그 결과 그 자리에서 많은 사람이 그리스도교를 받아들인다. 예수님의 십자가 처형은 파스카 시작과 맞아떨어지고, 성령강림 대축일은 파스카 50일 뒤에 지낸 오순절과 일치한다. 이로써 파스카와 오순절은 그리스도교의 전례력과 밀접한 연관을 맺는다.

히브리인들은 이 축제를 가나안 사람들에게서 받아들여 보리 수확 시작에서 밀 수확 끝으로 날짜를 바꾸고, 보리 대신 새 밀로 된 밀가루를 반죽하여 만든 빵 두 개를 봉헌하였다(레위 23,15-21). 맥추절의 본디 의미인 만물을 바쳐야 한다는 생각을 그대로 지킨 것이다. 곡식의 첫 열매는 뒤에 거둘 수확 전체를 대표한다. 인간이 열심히 일을 하더라도 씨앗을 자라게 할 수는 없다. 씨앗의 성장은 사람의 눈으로 가늠할 수 없는 신비다. 예수님은 이 신비를 하느님 나라의 비유에 이용하셨다. "하느님의 나라는 이와 같다. 어떤 사람이 땅에 씨를 뿌려 놓으면, 밤에 자고 낮에 일어나고 하는 사이에 씨는 싹이 터서 자라는데, 그 사람은 어떻게 그리되는지 모른다. 땅이 저절로 열매를 맺게 하는데, 처음에는 줄기가, 다음에는 이삭이 나오고 그다음에는 이삭에 낟알이 영근다. 곡식이 익으면 그 사람은 곧 낫을 댄다. 수확 때가 되었기 때문이다"(마르 4,26-29). 여기서 씨앗을 뿌린 자의 무능함과 무관심에도 아랑곳없이 씨앗은 놀랍게도 싹을 틔우고 자라 이삭을 내고 이삭마다 열매가 가득해진다. 땅이 그렇게 한 것이다. 그런데 땅은 하느님 것이니 결국 하느님께서 이 일을 하신 셈이다. 이처럼 수확은 언제나 신성한 하느님의 업적이므로, 인간은 곡식을 음식으로 바꾸기 전에 먼저 곡식의 성장을 주관하신 하느님께 봉헌해야 한다.

이런 봉헌의 정신은 구약성경 전편에 흐른다.

순수한 농업 축제였던 오순절은 제2성전기 후반 시대에 이르러 하느님과 이스라엘 사이에 맺어진 계약과 연결된다. 유다 묵시문학의 하나인 희년서(*The Book of Jubilees*, 기원전 153-150년) 6,17은 이 축제의 목적을, 하느님께서 노아와 맺으신 계약을 해마다 새롭게 하기 위한 것으로 풀이한다. 같은 책 1,1에 보면 시완 달에 모세가 시나이 산에서 십계명을 받은 사실을 되새긴다(탈출 19,1 참조).

이렇듯 오순절은 처음에 가나안 농경민들의 축제였던 맥추절이 유다교 전통 안에서 노아와의 계약과 시나이 산의 계약, 곧 이스라엘이 하느님께 율법을 받은 사실과 연결되면서 종교 축제로 바뀐다.

(3) **초막절**

곡식이나 열매의 첫 소출을 바치는 시기는 오순절로 시작하여 초막절로 끝난다. 이스라엘의 삼대 순례 축제 가운데 본디 초막절만이 본격적인 순례 축일이었다. 이 축제의 이름은 히브리어로 '수콧'סֻכּוֹת인데 '나뭇가지로 만든 안식처'라는 뜻이다. 수확을 끝낸 농부들은 이 안식처에서 편안한 휴식을 취하였다.

가나안 사람들에게 추수절로 통하는 이 축제 역시 농경문화에 그 뿌리를 두는데, 그들은 마지막 수확물인 포도와 올리브를 거두어들이는 시기에 이 축제를 지냈다. 앞에서 말하였듯이 가나안 주민들은 종교의식의 근본 목적을, 인간의 힘으로 여러 신을 움직여 자연의 혜택을 받으려는 데에 두었다. 반면에 히브리인들은 하느님을, 자연을 통제하는 데에 인간의 간섭이나 영향을 전혀 받지 않는 초월자로 인식하였고, 전례를 통하여 하느님께 마땅한 감사와 찬미와 영광을 드렸다. 그러나 가나안 농경문화의 영향권 아래에 살던 히브리인들도 가나안 주민들처럼 신을 움직여 자연을 통제하려는 유혹에 곧잘 빠졌다.

특히 극심한 가뭄이 닥치거나 우박과 메뚜기 떼의 습격을 받을 때면, 좀 더 적극적으로 그런 재앙들에 대처해 보려는 생각에서 그들은 주 하느님을 떠나 가나안의 풍산신 숭배에 기울었다.

본디 농경 문화에서 유래한 초막절이 언제부터 무슨 경로를 밟아 유목민의 축제로 그 성격을 달리하게 되었는지는 확실하지 않으나, 후대에 오면서 이 축제는 시나이 광야에서의 방랑과 천막 생활을 되새기며 이스라엘과 야훼와의 신혼 시절을 떠올리는 축제로 바뀐다. "땅의 소출을 거두고 난 다음, 너희는 일곱째 달 보름날부터 이레 동안 주님의 축제를 지내야 한다. 첫날은 안식의 날이고 여드레째 되는 날도 안식의 날이다. 첫날 너희는 좋은 나무의 열매와 야자나무의 가지와 무성한 나무의 줄기와 갯버들을 마련하고, 주 너희 하느님 앞에서 이레 동안 즐거워하여라. 너희는 해마다 이레 동안 이렇게 주님의 축제를 지내야 한다. 이는 너희가 대대로 지켜야 하는 영원한 규칙으로서, 일곱째 달에 이 축제를 지내야 한다. 너희는 이레 동안 초막에서 지내야 한다. 이스라엘에 있는 모든 본토인은 초막에서 지내야 한다. 이는 내가 이스라엘 자손들을 이집트 땅에서 이끌고 나올 때, 초막에서 살게 하였던 일을 너희가 대대로 알게 하려는 것이다. 나는 주 너희 하느님이다"(레위 23,39-43; 참조: 에레 2,2).

이 축제가 열리는 기간은 티쉬리 달(음력 9월경) 15일부터 21일까지 이레 동안이고(레위 23,34; 민수 29,12; 신명 16,13; 느헤 8,18) 22일인 여드레째 날엔 거룩한 집회를 연다(민수 29,35; 느헤 8,18). 바빌론과 그 밖의 먼 지방에서 이방인들 가운데에 흩어져 살던 유다인들은 제물을 들고 예루살렘으로 순례 행진을 하였다. 예루살렘과 그 주변에 몰려든 순례객들은 잎이 무성한 나뭇가지로 초막을 짓고 주님 앞에서 피리 소리에 맞추어 노래와 춤으로 축제의 분위기를 흥겹게 돋우었다.

모든 민족(특히 디아스포라 유다인들)이 주님께 예배를 드리기 위해 예루살렘으로 모여드는 모습에서 초막절의 종말론적 성격이 드러난다. "예루살렘을 치러 온 모든 민족들 가운데에서 살아남은 자들이 모두, 임금이신 만군의 주님을 경배하러 해마다 올라와서 초막절을 지낼 것이다. 이 세상의 어느 씨족이든 예루살렘으로 올라와 임금이신 만군의 주님을 경배하지 않으면, 그들 위에 비가 내리지 않을 것이다"(즈카 14,16-17).

초막절의 종말론적 성격은 신약성경에도 잘 나타난다. 예수님께서 베드로와 야고보와 요한을 데리고 타보르 산에 올라가시어 당신의 모습을 바꾸시고 종말에 나타나기로 된 엘리야와 모세와 함께 대화하시는 모습을 보면서, 베드로는 특이한 제안을 한다. "스승님, 저희가 여기에서 지내면 좋겠습니다. 저희가 초막 셋을 지어 하나는 스승님께, 하나는 모세께, 또 하나는 엘리야께 드리겠습니다"(마르 9,5; 병행: 마태 17,1-9; 루카 9,28-36). 베드로의 이 제안에서 초막절이 담고 있는 종말론적 성격을 엿볼 수 있다.

이처럼 이스라엘의 주요 축제는 이민족들의 풍습에서 유래하지만 결국 종교적 사건들과 깊이 연관된다. 특히 본디 가나안 농경문화와 옛 유목문화의 민속제였던 삼대 순례 축제들은 이집트 탈출이라는 이스라엘 민족의 핵심적 종교 사건을 거치면서 그 사건의 중요한 순간들, 곧 탈출, 시나이 산에서의 계약, 광야 생활을 기념하는 축제로 바뀌었다.

나. '정한 때'의 축제

'정한 때'에 속하는 축제는 안식일, 초하룻날, 첫 초하룻날, 일곱째 초하룻날, 안식년, 희년이다. 이 가운데 희년은 새로운 삼천년기를 열면서 가장 중요한 축제로 떠오른 만큼 아래에 따로 자세히 다루기로 하고 여기서는 그 밖의 '정한 때' 축제들을 설명한다.

(1) 안식일

안식일은 창조와, 노예살이에서의 해방을 기념한다. 안식일 준수는 하느님께서 이스라엘 백성을 선택하시고 계약을 통하여 당신과 특별한 관계를 맺으셨기 때문에 이스라엘이 거룩한 위치에 있다는 것을 일깨운다. 실제로 안식일 규정은 시나이 계약의 큰 틀 안에서 중요한 자리를 차지한다. 십계명의 처음은 이렇게 시작한다. "나는 너를 이집트 땅, 종살이하던 집에서 이끌어 낸 주 너의 하느님이다"(탈출 20,1).

이집트의 종살이에서 풀려난 이스라엘 백성은 하느님이 하신 것처럼 한 주간에 엿새를 창조를 완성하는 일에 투자하되 일의 노예가 되지 않도록 이렛날에는 쉬어야 한다. "안식일을 기억하여 거룩하게 지켜라. 엿새 동안 일하면서 네 할 일을 다 하여라. 그러나 이렛날은 주 너의 하느님을 위한 안식일이다. 그날 너와 너의 아들과 딸, 너의 남종과 여종, 그리고 너의 집짐승과 네 동네에 사는 이방인은 어떤 일도 해서는 안 된다. 이는 주님이 엿새 동안 하늘과 땅과 바다와 그 안에 있는 모든 것을 만들고, 이렛날에는 쉬었기 때문이다. 그러므로 주님이 안식일에 강복하고 그날을 거룩하게 한 것이다"(탈출 20,8-11). 사람뿐 아니라 짐승도 쉬어야 한다. 이렛날에 충분히 쉬어야 다음 엿새 동안 또다시 창조 사업을 완성해 나갈 힘을 회복할 수 있는 것이다.

(2) **초하룻날**

매달 초하룻날(민수 28,11-15; 1사무 20,5.24; 집회 43,6-8; 호세 2,13; 아모 8,5)은 본디 안식일의 원초적 형태였을 것이다. 다시 말해 이스라엘은 처음에 이날을 안식일로 지켰던 것 같다. 그러다 안식일이 월력과 분리되면서 이 축제가 서서히 사라진 듯하다. 이 축제는 계약의 영원한 성격과 그 계약을 세우신 주님의 성실하심을 기린다. 이스라엘은 매달 이 축제를 지킴으로써 종교·사회적 삶을 월력에 따라 통제할 수 있었다. 매달 초하룻날에는 주님께 황소 두 마리와 숫양 한 마리, 일 년 된 흠 없는 어린 숫양 일곱 마리를 곡식 제물을 곁들여 번제물로 바쳤다(민수 28,11-15).

해마다 첫 초하룻날(니산 달 1일)은 특별히 기억해야 한다. 이날 주님께서는 모세에게 만남의 천막을 세우도록 명하셨다(탈출 40,2.17). 나중에는 첫 초하룻날이 파스카를 준비하기 전에 성전을 정화하는 날이 되었다. "너는 첫째 달 초하룻날에 흠 없는 황소 한 마리를 끌어다가, 성전을 정화해야 한다. 사제는 그 속죄 제물의 피를 얼마쯤 가져다가, 주님 집의 문설주와 제단 받침의 네 귀퉁이와 안뜰 대문의 문설주에 바른다"(에제 45,18-19).

일곱째달 초하룻날은 일곱이라는 숫자의 연속선상(일곱째 날, 일곱째 주간, 일곱째 달, 일곱째 해, 마흔아홉째 해)에 있을 뿐 아니라, 이달에 속죄일과 초막절이 있어 특히 중요하다. 무엇보다 일곱째 달은 티쉬리라는 이름으로 불리며 추분이 낀 달이기도 하다. 앞에서 밝힌 대로 이스라엘은 왕정 시대에 추분을 새해로 지냈다(첫째 마당. III. 1. 가. 참조). 그래서 티쉬리 달 초하룻날에는 나팔을 불면서 새해(레위 23,24; 민수 29,1-6)를 경축하기 때문에 나팔절이라고도 부른다. 유다인들은 이 축제를 '로쉬 하샤나'(רֹאשׁ הַשָּׁנָה 한 해의 머리)라고도 부르지만, 성경에서는 한 번도 이런 이름을 사용하지 않는다.

(3) 안식년

안식일 규정은 사람과 가축의 휴식을 최우선으로 한다(탈출 23,12). 안식년 규정은 여기서 한걸음 더 나아가 땅의 휴식과 가난한 이들의 배려까지 포함한다. 안식년의 성경 근거는 탈출 23,10-11과 레위 25,1-7, 그리고 신명 15,1-6이다. 먼저 탈출기 말씀부터 들어보자. "너희는 여섯 해 동안 땅에 씨를 뿌리고 그 소출을 거두어들여라. 그러나 일곱째 해에는 땅을 놀리고 묵혀서, 너희 백성 가운데 가난한 이들이 먹게 하고, 거기에서 남는 것은 들짐승이 먹게 해야 한다. 너희 포도밭과 올리브 밭도 그렇게 해야 한다"(탈출 23,10-11).

레위기의 말씀은 가난한 이들을 구체적으로 명시한다. 가난한 이들 안에는 남종과 여종과 품팔이꾼, 그리고 거류민도 포함된다. "그러나 일곱째 해는 안식년으로, 땅을 위한 안식의 해, 곧 주님의 안식년이다. 너희는 밭에 씨를 뿌려서도 안 되고 포도원을 가꾸어서도 안 된다. 너희가 수확한 다음에 저절로 자란 곡식을 거두어서도 안 되고, 너희가 가꾸지 않은 포도나무에 저절로 열린 포도를 따서도 안 된다. 이것이 땅의 안식년이다. 안식년에 땅에서 나오는 것이 너희뿐만 아니라 너희의 남종과 여종과 품팔이꾼, 그리고 너희와 함께 머무르는 거류민의 양식이 될 것이다. 또한 너희 가축과 너희 땅에서 사는 짐승까지도 땅에서 나는 온갖 소출을 먹을 것이다”(레위 25,4-7).

마지막으로 신명 15,1-6은 빚 탕감에 관한 규정이다. “너희는 일곱 해마다 빚을 탕감해 주어야 한다. 탕감에 관한 규정은 이러하다. 이웃에게 빚을 준 모든 사람은 자기가 꾸어 준 것을 탕감해 주어야 한다. 주님의 탕감령이 선포되었으므로, 자기 이웃이나 동족에게 독촉해서는 안 된다. 너희가 외국인에게는 독촉할 수 있지만, 너희 동족이 너희에게 진 빚은 탕감해 주어야 한다. 주 너희 하느님께서 너희에게 상속 재산으로 차지하라고 주시는 땅에서 너희에게 복을 내리실 것이므로, 너희 가운데에는 가난한 이가 없을 것이다. 너희가 주 너희 하느님의 말씀을 잘 들어, 내가 오늘 너희에게 명령하는 이 모든 계명을 명심하여 실천하기만 하면 그렇게 될 것이다. 주 너희 하느님께서 너희에게 말씀하신 대로 너희에게 복을 베푸실 것이므로, 너희가 많은 민족들에게 꾸어 주기는 하여도 꾸지는 않을 것이고, 너희가 많은 민족들을 다스리기는 하여도 그들이 너희를 다스리지는 못할 것이다”(신명 15,1-6). 여기에서 “주님의 탕감령”(또는 “탕감의 해”: 15,9; 31,10)이란 안식년에는 빚을 다 탕감해 주라는 명령이다. 이 탕감령을 의식해서 채권자가 안식년이 오기 전에 채무자에게 빨리 갚으라고 독촉하거나(2절) 아예 빌려주지 않는 것(9절)까지도 금하고 있다. 주님의 계명을 잘 지키면 주님께 복을 받아 이스라엘에서는 가난한 이가 없게 되고(4절) 민족 전체로 보면 이스라엘이 채권국이 될망정 채무국은 되지 않게 되고 강대국이 되어 많은 민족들을 지배하게 될 것이다(6절).

이들 말씀에서 안식년에 땅을 놀리고 묵히는 이유는 두 가지다. 첫째는 땅의 원주인이신 하느님께 세금을 내는 것이다(레위 25,23-24). 하느님은 이 세금을 받아 다시 가난한 이들과 들짐승에게 돌려 주신다. 둘째는 땅의 생명력을 회복하고 그것을 경작하는 소와 사람의 생명력을 회복하기 위해서다. 가나안의 농경민들은 오랜 경험에서 땅을 놀린 이듬해에 소출이 더 많아지고 적당한 휴식이 밭일하는 짐승과 사람의 능률을 높인다는 것을 알았다.

이와 관련하여 신명기 15장에는 안식년과 상관없이 여섯 해 동안 부린 동족의 종을 풀어주라는 규정이 나온다(12-15절). "너희 동족인 히브리 남자나 여자가 너희에게 팔려 와서, 여섯 해 동안 너희의 종으로 일할 경우, 일곱째 해에는 그를 자유로이 놓아주어야 한다. 너희가 그를 자유로이 놓아줄 때, 그를 빈손으로 놓아주어서는 안 된다. 너희는 그에게 너희의 양 떼와 타작마당과 술틀에서 넉넉히 내주어야 한다. 주 너희 하느님께서 너희에게 복을 내리신 것을 그에게도 주어야 하는 것이다. 너희는 너희가 이집트 땅에서 종이었다는 것과 주 너희 하느님께서 너희를 구해 내신 것을 기억하여라. 그래서 내가 오늘 너희에게 이것을 명령하는 것이다"(신명 15,12-15). 종의 해방은 이집트 탈출 사건과 연결된다. 하느님은 큰 대가를 치르고 이스라엘 백성을 이집트의 종살이에서 빼내셨다. 이집트의 맏자식들과 수많은 이집트 군사들을 다 죽이신 것이다. 그리고 이스라엘 백성이 이집트인들에게서 은붙이와 금붙이와 옷가지를 얻어 가게 하셨다(탈출 12,35-36). 그러니 이제 동족을 6년 이상 종으로 부려서는 안 되고 동족을 풀어 줄 때에 빈손으로 돌려보내서도 안 된다.

다. **희년**僖年

희년은 히브리어로 '요벨'יוֹבֵל이라 하며 '숫양'이라는 뜻이다. 아마도 희년을 선포할 때 숫양의 뿔로 만든 나팔을 사용했기 때문인 것 같다. 희년의 유래는 레위 25장에 잘 나와 있지만, 그 정신은 위에서 살펴본 안식년 규정(탈출 23,10-12; 레위 25,1-7; 신명 15,1-6)과 6년 종살이한 동족의 해방을 명하는 규정(신명 15,12-15)에 뿌리를 둔다.

(1) 희년의 유래

주님께서는 모세를 시켜 안식년을 일곱 번 헤아리고 난 다음 그해 일곱째 달 초열흘날 속죄일에 나팔을 불어 이 오십 년째 해를 거룩한 해방의 해, 곧 희년으로 선포하게 하셨다(레위 25,8-10). 희년에 관한 규정을 담고 있는 레위 25장은 안식년을 다룬 탈출기와 신명기보다 훨씬 후대, 곧 유배 시대나 유배가 끝난 뒤에 작성된 사제계 문헌이다. 여기에는 땅의 휴식과 종의 해방을 요구하는 안식년의 정신이 그대로 반영되고, 이것에 덧붙여 땅을 원임자에게 돌려 주라는 요구도 들어 있다.

희년에는 안식년처럼 밭에 씨를 뿌리거나 포도밭을 가꾸어 소출을 거둘 수 없다. 그뿐 아니라 빚으로 종이 된 이스라엘 사람들이 풀려나고 이전 50년 동안 경제적 이유 때문에 팔린 땅이 제 주인에게 다시 돌아간다. 희년은 안식년 바로 다음에 오기 때문에 연이어 두 해 동안 이스라엘 사람들은 소출을 얻을 수 없다. 주님께서는 이를 미리 내다 보시고 여섯째 해에 안식년과 희년 몫까지 포함하여 소출을 세 배로 늘려 주시겠다고 약속하신다(레위 25,20-22; 이사 37,30).

희년은 본디 일종의 경제·사회 제도로서 이스라엘 친족 구조를 보호할 목적으로 마련되었다. 안식년이 땅을 쉬게 하고 가난하고 소외된 계층을 구제하기 위하여 마련된 제도라면, 희년은 씨족과 가족의 재산과 생명을 지키기 위한 제도다.

이집트의 노예살이에서 해방된 히브리인들은 약속된 땅에 들어오자 이곳의 토지를 씨족의 숫자와 수요에 따라 부족들에게 분배하고, 씨족 안에서 다시 가족의 수와 수요에 따라 가장들에게 분배하였다. 지위나 신분이나 능력에 따라 분배한 것이 아니다. 토지 분배의 원칙은 공정과 처분불가였다. 이 원칙은 가나안의 토지 제도와 전혀 다르다. 그곳에서 토지의 주인은 도시 국가의 임금이나 귀족들이고, 백성은 도지賭地를 받아 농사짓는 소작인들에 지나지 않았다. 이스라엘에서는 모든 씨족과 가장에게 씨족의 크기와 필요에 따라 공정하게 분배되었고(민수 26,53-56; 여호 13—21장), 이렇게 분배된 땅은 아무에게도 팔 수 없었다. 빚 때문에 또는 생계 유지가 어려워서 땅을 처분해야 할 경우에는, 가까운 친족 가운데 히브리어로 고엘(גֹּאֵל 구원자, 속량자)이라고 부르는 후견인이 나서서 그 땅을 사 준다(고엘에 대해서는 뒤에 상세히 설명할 것이다). 그러다가 원래의 땅 주인에게 경제적 여유가 생기면, 밭을 사 준 친족은 그동안 자신이 이 밭에서 얻은 소출을 뺀 나머지 금액을 받고 그 밭을 원주인에게 되돌려 주어야 한다. 그러나 이런 규정도 희년이 되면 아무런 효력이 없고 땅을 산 친족은 무조건 땅 임자에게 되돌려 주어야 한다. 결국 이 경우 친족이 땅을 샀다고 하기보다는 잠시 맡아두었다고 해야 옳은 말일 것이다. 이런 식으로 이스라엘 안에서 한 번 분배된 땅은 가족이나 씨족의 범위 안에만 머물렀다. 나봇이 아합에게 조상에게서 물려받은 포도밭을 넘겨 주기를 거절한 이유도 여기에 있다(1열왕 21장).

땅과 사람은 떼려야 뗄 수 없는 관계에 있다. 특히 땅에서 나오는 소출에 삶의 모든 것을 의지하고 살아가는 농부들에게는 땅이 곧 생명이다. 땅이 다른 부족에게 넘어가면 그 자신도 그 땅을 다시 얻게 될 희망으로 그 부족에게 넘어갈 수밖에 없다. 그러나 이 땅이 씨족과 가족에 속해 있는 한, 그는 언제든지 그것을 되찾거나 되돌려 받으리라는 희망 때문에 친족의 곁을 떠나지 않는다. 농가도 땅과 같이 취급된다. 생계에 직접적 영향이 없는 도시의 주택은 한 해까지만 되살 권리가 인정되었다. 그러나 토지와 더불어 생계의 터전인 농부의 집은 언제나 되살 권리가 인정되고 희년이 되면 되돌려 받을 수 있었다(레위 25,29-31).

토지와 집이 인간의 생명과 간접적으로 연결된다면 빚 때문에 종으로 팔려 가는 상황은 인간의 생명을 직접 위협한다. 씨족이나 가족의 구성원 가운데 누군가 빚 때문에 종으로 팔리게 되면, 위에서 언급한 고엘이 나서서 그의 몸값을 지불하고 그를 해방시켜 주어야 한다. 이것이 여의치 않아 그가 계속 종살이를 하더라도, 희년이 되면 그를 맡은 주인은 그의 빚을 탕감하고 무조건 그를 풀어 주어 자유민이 되도록 해야 한다.

(2) 희년의 근거

이스라엘의 주 하느님께서는 땅과 사람을 보호하고자 마련하신 희년 규정에 두 가지 근거를 제시하신다. 먼저 땅을 두고 이렇게 말씀하신다. "땅을 아주 팔지는 못한다. 땅은 나의 것이다. 너희는 내 곁에 머무르는 이방인이고 거류민일 따름이다"(레위 25,23). 이스라엘 신앙의 기초 가운데 하나는 그들이 사는 땅이 하느님의 소유라는 생각이다. 이 생각은 이스라엘이 가나안에 들어오기 전부터 이미 있었고(탈출 15,13.17), 예언서들과 시편과 그 밖의 이스라엘 경신례 전승 안에 되풀이되어 나온다. 하느님께서는 이 땅을 이스라엘에게 주시기로 약속하셨다. 곧 이스라엘은 하느님의 정당한 상속자가 되고 가나안 땅은 상속의 내용이 되었다. 이 땅을 주시겠다는 약속은 아브라함을 비롯하여 이스라엘의 성조들을 선택하시는 과정에서 핵심을 이룬다. 약속된 땅은 이집트 탈출 사건의 중요한 목표이기도 하다. 하느님을 아버지로 모시고, 그분께 속한 땅이지만 그분께서 상속으로 넘겨 주신 땅에서 그분을 마음껏 섬길 수 있다는 것은 남의 땅 이집트에서 종살이하던 히브리 노예들에게 축복이요 구원이었다. 그런데 가나안 땅에 사는 이스라엘 백성은 누구나 하느님 곁에 머무르는 '이방인이요 거류민'일 따름이다. 이스라엘 입장에서 볼 때 거류민은 가나안에서 이스라엘인들과 함께 거주하지만 이스라엘 종족이 아닌 백성을 말한다. 이들은 땅을 빼앗긴 가나안족의 후예들이나 이주민들이다. 그들은 땅이 없기 때문에 고용인들 밑에서 품을 팔아 생존한다. 이스라엘 가장이 경제적으로 안정된 생활을 누리면 고용된 이들은 보호와 안전을 보장받는다. 그렇지 않은 경우에는 그들의 위치가 위험하다. 그렇기 때문에 이스라엘의 율법은 그들의 취약한 지위를 특별히 보호한다. 이스라엘인들은 하느님 앞에서 이런 거류민들과 같다. 그들은 자기 땅의 소유권을 주장할 수 없다. 그 땅의 임자는 하느님이시기 때문이다.

사람을 보호하려는 희년의 둘째 근거는 이집트 탈출 사건과 관련 있다. "그들은 내가 이집트 땅에서 이끌어 낸 나의 종들이니, 종이 팔리듯 팔려서는 안 된다"(레위 25,42; 참조: 55절). 이집트 탈출 사건은 레위 25장에 세 번이나 언급되고(38.42.55절) 바로 다음 장인 26장에도 두 번 나온다(13.45절). 주님께서는 이스라엘을 당신 자신을 위해서 이집트에서 빼내셨다. 이집트의 종살이에서 자유롭게 된 이들은 이제 하느님의 종들이다. 그러므로 아무도 동료 이스라엘을 개인 소유로 생각할 수 없다. 하느님께서 모든 이스라엘 백성을 비싼 값으로 사서 당신 소유로 삼으셨기 때문이다. '하느님의 자유로운 종들'은 서로 노예로 삼아서는 안 된다(25,39.42).

(3) 희년의 실천

성경에 보면 희년은 한 세기에 두 번 있는 국가적 사건이었다. 그런데 희년의 요구가 너무 비현실적이어서, 과연 이스라엘 역사에서 희년이 제대로 실천될 수 있었을지 의구심이 든다. 구약성경에서 가까운 친족이, 빚으로 넘어갈 땅이나(예레 32장) 의지할 데 없는 과부를 구제한(룻 4장) 예는 있지만, 국가 차원에서 희년을 실천한 구체적 증거는 찾아보기 힘들다. 그렇다면 희년은 동족의 착취와 억압을 반대하는 후대의 예언자들이나 사제들이 만들어 낸 이상의 반영인가? 희년과 관련하여 한 가지 분명한 것은 이 축제의 실천이 이스라엘 왕정 아래서는 불가능했으리라는 사실이다. 임금들이 통치한 시대에는 일반 민중에 대한 왕족과 귀족들과 소수 특권층의 억압과 착취가 너무 광범위하게 이루어졌기 때문에 이를 희년의 선포로 한꺼번에 바로잡을 수 없었을 것이다. 그러나 왕정 제도 이전에는 희년의 실천이 어느 정도 가능하지 않았을까? 구체적 실천의 증거를 찾기 어렵다고 해서 아예 없다고 단정할 수는 없다.

희년에 대한 암시와 희년의 정신은 예언서 곳곳에서 찾아볼 수 있다. 치드키야 임금 시절, 예루살렘 주민들은 나중에 다시 옛 악습으로 돌아갔지만 안식년에 히브리인 남녀 종들을 풀어준 적이 있었다(예레 34장). "너희가 올해에는 떨어진 낟알에서 난 곡식을 먹고 내년에는 뿌리지 않고 저절로 난 곡식을 먹으리라"는 이사 37,30의 말씀은 분명히 희년에 대한 암시다. 특히 이사 58; 61장의 내용은 희년의 정신과 잘 들어맞는다.

이 두 장의 메시지는 나중에 나자렛 회당에서 하신 예수님의 첫 설교의 주제가 된다. 58장은 사회 정의의 실천이 빠진 경신례를 공격하고(1-5절), 억눌린 이들의 해방을 요구하며(6절), 친족에 대한 의무를 강조한다(7절). 이 58장에서 특기할 만한 사항은 단식에 대한 가르침이다. 레위기에 따르면 희년은 이스라엘 백성 전체가 단식해야 하는 속죄일에 선포되었다. 이사 58장의 정황으로 보면 예언자가 단식하러 회당에 모인 군중을 향해서서 이 설교를 하였는지도 모른다. 예언자는 억압과 착취에 시달리는 자들의 권리를 찾아 주지 않으면서 행하는 형식적 단식을 비판하고, 하느님께서 반기시는 참다운 단식이란 가난하고 억압받는 이들에 대한 자비와 정의의 실천임을 강조한다. 이사 61장에서는 주님께 기름부음받은이가 가난한 이들에게 복음을 전하고 사로잡힌 이들에게 해방을 알리며(1절), "주님의 은혜의 해"를 선포한다는 2절의 내용은 희년에 대한 뚜렷한 암시라 할 수 있다.

이사야서는 희년의 두 가지 중요한 개념을 강조한다. 자유를 되찾아 주는 해방과 원래의 상태로 되돌리는 회복이 그것이다. 이사 35장의 저자는 해방과 회복, 이 두 개념을 자연의 아름다운 변화를 묘사하는 가운데 행복한 미래의 전망에 연결시킨다. "광야에서는 물이 터져 나오고 사막에서는 냇물이 흐르리라. 뜨겁게 타오르던 땅은 늪이 되고 바싹 마른 땅은 샘터가 되며 승냥이들이 살던 곳에는 풀 대신 갈대와 왕골이 자라리라"(6-7절). 이사야서에서 이 미래의 전망은 새로운 창조와 새로운 질서 회복을 뜻하는 종말론적 차원으로 이어진다. "보라, 나 이제 새 하늘과 새 땅을 창조하리라. 예전의 것들은 이제 기억되지도 않고 마음에 떠오르지도 않으리라"(65,17). 이사야서에서 희년의 암시는 마침내 종말론적 이상향으로 발전한다. "늑대와 새끼 양이 함께 풀을 뜯고 사자가 소처럼 여물을 먹으며 뱀이 흙을 먹이로 삼으리라. 나의 거룩한 산 어디에서도 그들은 악하게도 패덕하게도 행동하지 않으리라"(65,25).

(4) 예수님의 희년 선포

희년의 개념과 메시지는 나자렛 예수님의 삶과 사상에 깊은 영향을 미쳤다. 예수님이 혼신을 기울여 선포하신 하느님 나라 개념에는 희년의 모든 메시지가 담겨 있다. 예수님은 선교 활동에서 하느님 나라가 동터오고 있다고 선언하셨다. 예수님의 나자렛 첫 설교 장면(루카 4,16-30)은 하느님 나라와 희년이 어떻게 연결되는지를 보여 준다. 예수님께서는 레위기의 희년 개념에 강한 영향을 받은 이사 58,6; 61,1-2을 인용하시면서 스스로 하느님 나라를 전하는 데 바친 공생활 전체의 청사진을 제시하신다. "주님의 영이 내 위에 내리셨다. 주님께서 나를 보내시어 가난한 이들에게 기쁜 소식을 전하고 잡혀간 이들에게 해방을 선포하며 눈먼 이들을 다시 보게 하고 억압받는 이들을 해방시켜 내보내며 주님의 은혜로운 해를 선포하게 하셨다"(루카 4,18-19). 여기서 주목할 낱말은 '해방'인데, 그리스어로 '풀어 줌'이라는 뜻인 '아페시스'ἄφεσις다. 희년의 기본 개념인 '풀어 줌'은 신약성경에서 빚의 탕감과 죄의 용서 둘 다를 가리킨다. 희년의 개념과 메시지는 예수님의 나자렛 설교뿐 아니라, 그분의 주요 가르침과 담화, 병자를 낫게 하고 악령들린 자들을 자유롭게 풀어 주신 은혜로운 행적들, 그리고 하느님 나라의 비유에 나타난다. 몇 가지 구체적인 예를 든다면, 참행복 선언(마태 5,3-12; 루카 6,20-23), 감옥에 갇힌 세례자 요한이 보낸 제자들에게 하신 예수님의 답변(마태 11,2-6; 루카 7,18-23), 큰 잔치의 비유

(마태 22,1-10; 루카 14,12-24), 죄의 용서 이야기와 빚탕감에 관한 가르침(마태 18,21-35; 루카 7,36-50) 등이다.

예수님의 가르침에서 희년은 하느님 나라의 구체적 본보기나 표상을 마련해 준다. 하느님 나라와 희년의 결합은 인간 구원을 위하여 하느님께서 결정적으로 인간 역사에 개입해 들어오신다는 종말론적 전망과, 하느님의 은혜로운 개입에 인간이 어떻게 응답할 것인지 그 윤리적 요구를 제시한다. 이 윤리적 요구를 제대로 실천한 초대 교회의 모습이 사도 4,32-34에 잘 그려져 있다. "신자들의 공동체는 한마음 한뜻이 되어, 아무도 자기 소유를 자기 것이라 하지 않고 모든 것을 공동으로 소유하였다. 사도들은 큰 능력으로 주 예수님의 부활을 증언하였고, 모두 큰 은총을 누렸다. 그들 가운데에는 궁핍한 사람이 하나도 없었다."

(5) 희년의 가르침

안식년에 관한 탈출기와 신명기의 규정, 그리고 레위기에서 출발한 희년의 개념과 메시지는 예언서 전승을 거쳐 예수님의 가르침에 이어지면서 유다 그리스도교의 핵심 사상으로 자리를 굳혔다. 희년의 풍요로운 의미를 아래에 정리해 본다.

기념과 감사 희년은 인간을 당신 자녀로 부르시고 넘치는 복을 내리신 하느님의 구원 행적을 기리고 감사하는 때다. 하느님께서는 이집트에서 종살이하던 히브리인들을 해방시키시고 그들에게 당신 소유인 가나안 복지를 주셨다. 우리도 과거에서 오늘에 이르기까지 하느님께서 우리를 어떻게 이끌어 주셨는지, 어려운 고비마다 그분께서 내려 주신 자비와 은총을 기억하고 감사해야 한다.

토지분배의 정의 이스라엘이 사는 땅과 그곳에서 나는 소출은 주님의 것이니 그분의 뜻에 따라 땅과 소출을 공정하게 나누어 가져야 한다. 우리는 본디 알몸으로 태어났으니 우리가 가진 땅이나 집이나 재산은 궁극적으로 모두 주님께 받은 것이다. 그런 만큼 자신의 욕심을 채우기 위하여 그것을 사용해서는 안 된다.

생명 보호 이스라엘 백성은 하느님께서 비싼 값으로 속량한 그분의 종들인 만큼, 아무도 빚 때문에 동족을 종으로 삼아서는 안 된다. 우리의 생명은 소중하다. 하느님의 숨결이 인격 한복판에 자리 잡고 있을 뿐 아니라, 그분의 외아들 예수 그리스도께서 당신의 목숨을 바쳐 비싼 값으로 그 영적인 생명을 죄와 죽음의 노예살이에서 속량하셨다. 내 것이든 남의 것이든 생물학적 생명과 영적 생명 둘 다 존중해야 한다.

자연 보호 사람에게 소출을 내주는 땅은 적어도 칠 년에 한 번씩 주기적으로 놀려야 한다. 하나뿐인 지구, 그곳에 안겨 있는 땅과 공기와 물과 식물과 동물, 어느 것 하나도 인간의 과도한 욕망과 무관심 때문에 착취당하거나 황폐해져서는 안 된다.

회심 희년은 마음을 고치고 참회하는 속죄일에 선포되었다. 하느님께서 베풀어 주신 자비와 은혜에 바르게 응답하기 위하여 그분의 백성 이스라엘은 동족의 재산과 생명을 존중하고 가난하고 소외당한 사람들을 제대로 보살펴 주어야 한다. 하느님께서 진정으로 바라시는 단식과 회심은 사회정의의 온전한 실천이다.

빚 탕감과 용서 희년이 선포되는 속죄일은 죄 벗는 날이기도 하다. 희년과 속죄일의 결합은 두 축제일에 담긴 빚의 탕감과 죄의 용서를 동시에 드러낸다. 예수님의 나자렛 첫 설교에서 중심 주제로 드러난 '풀어 줌'이라는 용어도 빚의 탕감과 죄의 용서를 다 포함한다. 갚을 수 없는 빚은 개인이나 민족의 생명을 위협하고 인간 존엄성을 손상시킨다. 빚의 탕감과 죄의 용서가 직결되어 있다는 사실은 부의 편재 현상과 극심한 빈부 차로 고통받는 우리 시대에 시사하는 바가 크다.

기쁨 희년은 무엇보다 기쁨의 축제다. 하느님의 자비와 사랑을 떠올리고 그분께서 베풀어 주신 은혜에 감사하는 일도, 땅을 원주인에게 돌려주고 동족을 종살이에서 풀어 주는 일도, 힘든 노동에서 인간과 자연을 해방시키고 가난한 이들과 그 혜택을 나누는 일도, 빚을 탕감하고 죄를 벗는 일도 모두 신명나는 일이다.

종말론적 전망 희년의 개념은 이사야서에서 새로운 창조와 질서를 지향하는 미래의 희망으로 발전한다. 희년의 메시지와 이사야서의 종말론적 전망을 예수님은 하느님 나라의 개념 안에 끌어들이신다. 예수님은 새로운 창조와 질서에 대한 하느님의 결정적 의지(이사야서의 전망)와 인간의 윤리적 실천(희년의 요구)을 연결시키심으로써, 하느님 나라의 종말론적 전망을 먼 미래의 희망이 아니라 지금 이 자리의 구체적 삶 안에 자리잡게 한다. 사실 이스라엘에서 희년은 오직 한 세기에 두 번 있는 민족적 행사이지만 희년의 윤리적 요구인 동족의 재산과 생명을 보호하고 가난한 이들에게 자비를 베푸는 일은 언제든지 실천해야 할 사항이었다. 평상시에 이를 제대로 실천하지 않았기 때문에 희년이라는 종교적 축제를 제정하여 백성의 주의를 환기시켰는지도 모른다.

라. **비공식 축제**

이상 법으로 정한 공식 축제들 말고도 이스라엘에는 후대의 역사적 사건에 기원을 둔 비공식 축제들이 있다. 비공식 축제들은 모두 바빌론 유배 이후에 생겨났다. 먼저 디아스포라 유다교에서는 삼대 순례 축제 다음에 하루씩 더 늘려 축제를 거행하였다. 특히 초막절의 부록처럼 이 축제의 여드렛날에 율법에 대한 존경심을 드러내기 위하여 지내는 '율법의 기쁨제'가 두드러진다(민수 29,35; 느헤 8,18). 여기에 덧붙여 비교적 후대에 나온 축제들로서 에스테르의 활약으로 유배지의 유다인들을 구한 사건을 기념하는 푸림절(에스 9,26; 참조: 2마카 15,36), 마카베오 형제들이 예루살렘을 탈환하여 성전을 새로 봉헌한 것을 기념하는 봉헌절 축제(1마카 4,52-59; 2마카 10,5-6), 또 그들이 시리아의 니카노르 장군을 패배시킨 것을 기념하는 니카노르의 패배 기념일(1마카 7,49; 2마카 15,36)도 비공식 축제다. 이 가운데 히브리어로 '하누카'(חֲנֻכָּה 봉헌)라 부르는 봉헌절은 오늘날 그리스도교의 성탄절과 시기가 맞물려 현대 유다인들에게 큰 축제가 되었다.

마. **금식일**

축제와는 별도로 금식하는 날도 율법으로 정한 것이 있고 일반 관례로 지키는 것이 있는데, 앞의 것을 공식 금식일, 뒤의 것을 비공식 금식일로 구분할 수 있다. 공식 금식일로는 재앙을 막기 위하여 회개와 속죄의 뜻으로 금식하는 티쉬리 달 초열흘날의 속죄일(יוֹם כִּפֻּר 욤 키푸르, 레위 16,29-31; 민수 29,7-11)을 들 수 있다. 속죄일은 모든 부정을 벗는 날이다. 이날 사람들은 일을 그만두고 쉬면서 단식한다. 예식을 주관하는 대사제나 사제는 이날에만 입는 특별한 예복을 갖추고 속죄일의 예식을 거행한다. 속죄일에는 두 가지 속죄 제물을 바치는데, 하나는 사제들을 위한 제물(수소)이고 다른 하나는 일반 백성을 위한 제물(염소)이다. 예식을 주관하는 사제는 향을 피워 자신과 계약 궤 사이에 연기막을 만든 다음 살해된 짐승의 피를 지성소에 가지고 들어가 계약 궤에 뿌린다. 이렇게 성소를 정화하고 나서 주례 사제는 살려 둔 숫염소 위에 손을 얹고 백성의 죄를 그 앞에서 고백함으로써 그 죄를 염소에게 떠넘긴다. 그런 다음 백성의 죄를 짊어진 숫염소를 광야로 내몬다. 속죄일은 앞서 살펴본 것처럼 뿔나팔을 불며 희년을 선포하는 날이기도 하다.

비공식 금식일은 이스라엘 역사의 비극적 사건들과 연결된다. 기원전 587년 바빌론 군대의 침입으로 그해 압 달(음력 7월) 이렛날에 성전이 불타게 된 것(2열왕 25,8-9; 예레 52,12-13에서는 열흘날)을 가슴 아파하며 지키는 성전 방화일, 예루살렘이 함락된 뒤에 유다의 총독으로 임명된 그달야가 폭도들에게 살해된 것(예레 41,1-3)을 애도하며 티쉬리 달(음력 9월) 3일에 지키는 그달야 살해일은 비공식 금식일에 속한다. 특히 제1차 유다 항쟁 때에 예루살렘 성전이 완전히 파괴된 것을 애통해하며 압 달(음력 7월) 아흐렛날에 지키는 성전 파괴일은 오늘날 정통파 유다인들이 매우 중요하게 여기는 금식일이다.

축제는 과거를 기념하고 미래에 대한 희망을 선포하며, 현재에 새로운 의미를 준다. 예를 들어 파스카는 먼저 이집트 탈출 때에 하느님께서 이스라엘 백성에게 베푸신 갖가지 위업들을 감사하는 마음으로 기념하는 동시에 미래의 새로운 탈출을 예언하고 보장한다. 곧 이스라엘은 미래의 어느 날 결정적인 해방을 맞을 것이고, 이 해방은 초막절을 지내기 위하여 예루살렘으로 모여드는 모든 민족에게까지 주어질 것이다. 그날 하느님의 새로운 백성 전체가 그분 앞에서 기쁨에 겨워 뛰놀 것이다(시편 118; 122; 126편). 이 기쁨을 온전하게 맛보려면 마음의 참다운 회개를 해야 한다.

예언자들은 불충실한 자들이 맞는 축제는 거짓 평화만을 가져다준다고 끊임없이 경고한다. "나는 너희의 축제들을 싫어한다. 배척한다"(아모 5,21; 참조: 이사 1,13-14; 호세 2,13)라는 예언자의 말씀은 축제 자체를 부정하는 것이 아니라 '살아 계신 하느님과의 만남'(탈출 19,17)이라는 축제의 진정한 의미를 되살리라는 호소다.

다음 쪽에 이스라엘의 중요한 축제들과 전례적 기일들을 그 성경 근거와 더불어 열거한다.

이스라엘의 축제

명칭	날짜	기간	성경 근거
공식 축제			
해방절-파스카	니산 달(3월) 14일	하루	탈출 12,1—13,16
무교절	니산 달(3월) 15일	이레	레위 23,4-8; 민수 28,16-25; 신명 16,1-8
오순절(주간절)	시완 달(5월) 6일	하루	레위 23,15-21; 민수 28,26-31; 신명 16,9-12
나팔절 = 신년제(로쉬 하샤나)	티쉬리 달(9월) 1일	하루	레위 23,24; 민수 29,1-6
초막절(수콧)	티쉬리 달(9월) 15일	이레	레위 23,33-44; 민수 29,12-39; 신명 16,13-15
안식일	이레째 날	하루	탈출 20,8-11; 23,12
초하룻날	매달 초하루	하루	민수 28,11-15; 1사무 20,5
첫 초하룻날	니산 달(3월) 초하루	하루	탈출 40,2.17
안식년	일곱째 해	한 해	탈출 23,10-12; 레위 25,1-7
희년	오십 년째 해	한 해	레위 25,8-22
비공식 축제			
봉헌절(하누카)	키슬레우 달(11월) 25일	여드레	1마카 4,36-59; 요한 10,22
니카노르 패배일	아다르 달(2월) 13일	하루	1마카 7,49; 2마카 15,36
푸림절	아다르 달(2월) 14일	하루	에스 9,17-32
공식 또는 비공식 금식일			
성전 방화일	압 달(7월) 7일	하루	2열왕 25,8; 예레 52,12
성전 파괴일(티스아 베압)	압 달(7월) 9일	하루	마태 23,37-39; 마르 13,1-2
그달야 살해일	티쉬리 달(9월) 2일	하루	예레 41,1-3
속죄일(욤 키푸르)	티쉬리 달(9월) 10일	하루	레위 16장; 민수 29,7-11

(괄호) 안의 달은 한국음력임. 100쪽의 표 '성경 시대의 달력' 참조

IV. 사회 생활

1. 사회 구조
2. 혼인
3. 우정
4. 교육
5. 주거 생활

1. 사회구조

히브리인들의 사회 생활은 철저한 가부장 제도와, 씨족이나 부족 안에서의 강한 연대의식에 바탕을 둔다. 사람은 혼자 있는 것이 좋지 않다(창세 2,18). 고대 사회에서 무리에서 이탈함은 곧 죽음을 뜻하였다. 혈족에서 벗어나 방황하는 자는 죽여도 무방하였다(창세 4,14 참조).

히브리인들의 사회구조를 대하다 보면 임금, 아버지, 구원자, 연대의식 등의 개념들이 우리가 생각하는 것과 매우 다르다는 것을 발견하게 된다. 그들의 사회구조가 빚어 낸 여러 가지 중요한 개념들을 이해하기 위하여 유목 생활의 초기부터 솔로몬 시대의 절대왕정에 이르기까지 발전한 수직적인 사회구조를 살펴보자.

가. **가정**

히브리인들의 사회구조 가운데 가장 기초가 되는 단위는 가정이다. 그들은 가정을 '아버지의 집'이라고 불렀다. 그만큼 가정에서 아버지의 권위는 절대적이었다. 가정은 남편과 아내, 그들의 자녀들(혼인을 했든 하지 않았든), 집안의 종들과 그들의 가족, 그리고 의지할 데 없는 독신 친척들로 구성된다.

옛 이스라엘 사회에서 홀로 된다는 것은 가장 큰 공포였다. 창세기는 가정에서 쫓겨난 이들을 돌보시는 하느님을 묘사한다. 동생을 죽이고 쫓겨나 방황하게 될 카인(창세 4,13-15), 아브라함의 집에서 쫓겨난, 사라의 몸종 하가르와 그의 아들 이스마엘(16,8-13; 21,13-21), 형 에사우에게 생명의 위협을 받고 이사악의 가정에서 쫓겨난 야곱(28,13-15), 형들의 시기로 야곱의 가정에서 쫓겨난 요셉(39,21-23) 등이 그 좋은 예들이다. 또한 신명기 법전에서는 가장을 잃은 고아와 과부 들에 대한 하느님의 관심과 배려를 반복해서 서술한다(신명 14,29; 16,11.14; 23,8; 24,17-22; 26,12-13; 27,19).

가정이라 하면 모여 살 수 있는 집과 가족관계를 말한다. 그곳에서 온 가족이 모여 파스카를 지내고(탈출 12,3.46), 가장인 아버지가 죽었을 때는 그의 재산을 분가하는 아들들에게 나누어 준다. 일반 규정에 따르면 장남은 다른 아들들보다 유산을 두 배로 받는다(신명 21,17). 재산 상속은 아버지가 살아 있는 동안에도 가능하였다. 이 경우 재산의 소유권이 아들에게 넘어가더라도, 아들에게는 땅으로 되어 있는 재산을 돈으로 바꾸는 처분권이 없다. 가장의 위치는 가장 중요하다. 아들은 자기 자신의 근원인 아버지를 항상 가정의 첫째 자리에 모셔야 한다. 아버지가 앉는 자리는 따로 정해져 있고 그 자리에 아무도 대신 앉을 수 없다.

생리학적 지식이 부족했던 히브리인들은 남자가 생명을 주고 여자가 그 생명을 받아 키워나가는 것으로 생각하였다. 성경에는 여자가 남자에게 아이를 낳아 준다는 표현이 자주 등장한다(창세 16,15; 21,2 등). 그리고 아들은 아버지에게 생명을 빚지고 있다고 여겨, 자기 자신을 '아무개의 아들 누구'라고 불렀다. "저 사람은 요셉의 아들이 아닌가?"(루카 4,22). 개인의 주체성은 오로지 아버지와의 연대성 안에서 정립되었고, 아버지는 가정에서 최상의 권위자였다. 먼 옛날에는 이 권위가 가족들의 죽음이나 생명을 결정할 수 있을 만큼 컸다. 유다는 과부로서 임신한 며느리 타마르를 처형하라고 명한다(창세 38,24). 후대에 내려오면서 아버지가 자식의 생명을 마음대로 좌지우지할 수 있다는 생각은 사라졌지만, 특별한 경우에 자식이 아버지의 소유물처럼 묘사되기도 한다. 그러나 이는 어떤 경우에나 해당하는 것이 아니고, 자식이 다른 사람에게 피해를 입어 아버지가 대신 보상을 받는 경우와 생활형편이 매우 어려워 자식을 부양하지 못하고 남의 집에 파는 경우로 한정된다. 아버지는 이처럼 집안 식구들 앞에서 그 권위가 크지만 동시에 그에게는 딸린 식구들의 생명과 안전을 지켜야 할 막중한 책임도 따랐다.

성경의 아버지 개념은 이처럼 풍부한 의미를 지닌다. 하느님을 아버지로 부른 성경 대목을 제대로 이해하려면, 권위와 책임이 축소된 현대판 아버지의 개념을 떠나 가족들 앞에서 큰 권위와 책임을 지녔던 옛 히브리인들의 아버지 개념으로 돌아가야 한다.

나. **씨족**

둘째 사회구조인 씨족은 친인척의 여러 가족이 모여 이루어진다. 씨족의 규모나 개념을 정확히 설정하는 것은 어려우나, 부족 조상들의 아들들이 씨족의 우두머리로 나오는 민수 1; 26장의 목록에서 씨족의 구분을 확인할 수 있다. 씨족은 유목 생활에서 스스로 자신을 지키는 데 필요한 최소 단위였다. 가나안에 정착한 뒤에 씨족 단위는 마을로 대치된다. 마을은 여러 가정들이 모여 사는 곳이지만 특수한 방어수단을 갖추지 못하였다. 반면에 도시 또는 성읍은 암벽이나 성벽으로 둘러싸여 외부의 침입을 방어할 만한 기능을 갖춘 장소로서, 유사시에는 여러 마을이 이곳으로 모여와 안전하게 난리를 피할 수 있었다. 그 대가로 마을들은 성읍에 세금을 지불하였다. 이스라엘인들은 방어기능을 갖춘 도시를 어머니로, 마을은 딸로 불렀다. 신약 시대에도 이런 도시와 마을 사이에 구별이 있었다. 그러나 그때는 방어기능의 유무로서가 아니라 로마에서 합법적으로 인정한 자치권의 유무로 둘 사이를 구별하였다. 곧 도시는 자치권을 행사할 수 있는 구역인 반면 마을은 자치권이 없었다. 예를 들어 벳파게, 베타니아, 베들레헴, 엠마오는 자치권이 없는 마을이었고, 카파르나움, 나인은 자치권을 행사할 수 있는 도시였다.

씨족사회에서 무엇보다 중요한 특성은 철저한 연대의식 또는 책임의식이다. 여기서 우리는 '구원자' 또는 '속량자'의 개념을 만나게 된다. 히브리어로 '고엘'(גֹּאֵל)이라고 부르는 이 사람의 역할은 씨족 내의 가난하고 허약한 구성원을 보호하는 것이다. 씨족의 구성원들은 서로 강한 연대성 때문에 한 구성원이 당한 손상이나 손해를 씨족 전체가 당한 것으로 여긴다. 보통 피해자는 복수할 능력이 없는 약한 사람이다. 이때 그의 후원자로서 씨족 가운데 힘 있고 지혜로운 인물이 나서서 대신 복수한다. "살인자는 사형을 받아야 한다. 피의 보복자가 바로 그런 살인자를 죽여야 하는 사람이다. 그는 살인자를 만나는 대로 죽인다. 미워하여 밀치거나 악의를 품고 무엇을 던져 남을 죽게 하였으면, 또는 적의를 품고 손으로 쳐서 남을 죽게 하였으면, 그 가해자는 사형을 받아야 한다. 그는 살인자다. 피의 보복자는 그 살인자를 만나는 대로 죽인다"(민수 35,18-21).

고엘은 빚에 몰려 곤경에 빠진 사람도 도와준다. 그는 빚진 사람이 빚을 갚기 위해 토지를 팔아야 할 경우에 그것을 사 주었다가 형편이 풀리면 다시 그 주인에게 되판다. 형편이 영 풀리지 않는 경우에도 앞에서 언급한 대로 희년이 오면 팔린 토지는 원주인 또는 그의 적법한 상속자에게 돌아간다. "땅을 아주 팔지는 못한다. 땅은 나의 것이다. 너희는 내 곁에 머무르는 이방인이고 거류민일 따름이다. 너희가 소유한 땅에서는 어디서나 땅을 되사는 권리가 보장되어야 한다. 너희 형제가 가난해져 자기 소유지를 팔 경우, 그에게 가장 가까운 구원자가 나서서 그 판 것을 되사야 한다. 구원자가 없는 사람이라도, 스스로 힘이 닿아 되사기에 충분한 방도가 생기면, 자기가 판 뒤에 지난 햇수를 헤아려 나머지 값을 산 사람에게 치르고 그 소유지를 되찾는다. 그러나 되찾을 능력이 생기지 않으면, 그가 판 것은 희년이 될 때까지 그것을 산 사람의 손에 남아 있게 된다. 그러다가 희년에는 그 소유지가 풀려, 그는 그것을 되찾게 된다"(레위 25,23-28). 그리하여 희년에 되돌려 받을 수 있으리라는 희망 때문에 땅을 잃어버린 자들이 씨족을 떠나지 않게 되었다.

고엘은 피보호자가 종으로 팔려갈 경우에도 개입하여 몸값을 지불하고 그를 자유롭게 하였다. "너희 곁에 사는 이방인이나 거류민이 넉넉해졌는데, 그 옆에 사는 너희 형제가 가난해져, 너희 곁에 사는 이방인이나 거류민, 또는 이방인 씨족의 후손에게 자신을 팔 경우, 팔린 다음에라도 그는 자신을 되살 권리를 지닌다. 그의 형제 가운데 한 사람이 그를 되살 수도 있다. 아니면 그의 삼촌이나 삼촌의 아들이 그를 되살 수도 있고, 그 씨족의 다른 살붙이가 그를 되살 수도 있다. 그 자신이 넉넉해지면 스스로 제 몸을 되살 수도 있다"(레위 25,47-49).

이렇듯 이스라엘의 고엘 제도는 부정적 시각에서 보면 피의 복수를 부채질하는 악순환을 가져오기도 하였지만, 근본적으로는 거친 고대의 폭력사회에서 씨족의 생명과 재산을 보호하기 위한 자구책이었다.

성경 저자들은 하느님을 고엘로 곧잘 묘사한다. 창세 4장의 카인과 아벨 이야기에서 하느님은 처음에 형의 손에 억울하게 맞아 죽은 아벨의 고엘이 되시지만, 카인이 처량하게 울부짖자 카인의 고엘이 되어 주시겠다고 약속하신다. "카인이 주님께 아뢰었다. '그 형벌은 제가 짊어지기에 너무나 큽니다. 당신께서 오늘 저를 이 땅에서 쫓아내시니, 저는 당신 앞에서 몸을 숨겨야 하고, 세상을 떠돌며 헤매는 신세가 되어, 만나는 자마다 저를 죽이려 할 것입니다.' 주님께서 그에게 말씀하셨다. '아니다. 카인을 죽이는 자는 누구나 일곱 곱절로 앙갚음을 받을 것이다.' 그런 다음 주님께서는 카인에게 표를 찍어 주셔서, 어느 누가 그를 만나더라도 그를 죽이지 못하게 하셨다"(창세 4,13-15).

시편 저자는 하느님께서 당신을 공경하는 이들을 압제자들의 손아귀에서 구속하시는 고엘이심을 노래한다. "주님, 저의 반석, 저의 구원자시여 당신 앞에 드리는 제 입의 말씀과 제 마음의 생각이 당신 마음에 들게 하소서"(시편 19,15; 참조: 78,35; 103,4; 106,10; 107,2). 욥은 참아 내기 힘든 시련 속에서도 하느님이 아직 자신의 고엘이심을 고백한다. "그러나 나는 알고 있다네, 나의 구원자께서 살아 계심을. 그분께서는 마침내 먼지 위에서 일어서시리라"(욥 19,25). 구약성경에서 고엘-하느님이 가장 많이 등장하는(15번) 책은 제2이사야서(40—55장)다. 바빌론 유배라는 위기상황에서 속량자 하느님이 간절히 필요하였기 때문일 것이다. 신약성경에서 고엘 개념은 마침내 죄와 죽음의 세력에서 우리를 구원하신 예수 그리스도께 적용된다.

다. 부족

유목민 또는 반유목민들에게는 아직 국가라는 개념이 없었다. 이스라엘도 예외가 아니었다. 그들이 어떤 특정한 장소나 지역에 매여 있지 않는 한, 부족의 생활방식을 그대로 따랐고 이것은 가나안 정복 이후에도 한동안 계속되었다.

부족은 공통 조상을 모신 가정들과 씨족들의 집합체다. 유목 생활에서 부족은 전쟁을 치르기 위해 군대를 이룰 만한 크기면 되었다. 부족이 너무 크면 사막에서 장소를 옮길 때에 불편하고 우물이나 오아시스가 제공하는 한정된 양의 물을 나누어 마시는 데에도 문제가 되었다. 그래서 너무 커진 부족에서 떨어져 나와 새 부족을 만들려는 씨족들이 생겨났다. 이런 씨족들은 노예들, 다른 부족에서 도망 나온 자들, 전쟁으로 본래의 부족에서 갈라져 흩어진 떠돌이들을 받아들이기도 하였다. 이방인들을 부족 공동체의 하나로 받아들일 때는 어떤 주술적 예식을 행하였다. 그 형태는 단순한 식사에서 예식에 참석한 사람들의 피를 뽑아 섞는 경우에 이르기까지 다양하였다. 이 같은 예식은 거기에 참석한 사람들 사이에 매우 깊은 유대감을 불러일으켰는데, 그것은 다름 아닌 종교적 연대감이었다.

이스라엘 부족은 종교 공동체다. 부족 구성원들은 다른 구성원과는 물론 부족 신에게도 연결되어야 한다. 초창기에 이스라엘 부족에게는 저마다 자체의 신이나 성소가 있었고 나름대로 고유한 예배의식, 종교적 관습, 특별한 제사예식이 있었다. 야곱이 삼촌 라반의 집에서 도망쳐 나올 때, 아내 라헬이 자기 집에서 훔쳐 내온 수호신들(집안에 세워 두는 조그만 우상들)도 바로 이런 부족 신이었다(창세 31,30-35). 그러나 때로는 여러 부족들이 같은 경신례에 참석하기도 한다. 이스라엘인들이 가나안에 정착하여 여호수아가 주도한 스켐의 종교회의에서 이스라엘의 모든 부족이 야훼신앙을 공식적으로 받아들이기로 선포한(여호 24,14-28) 뒤에도 몇몇 씨족이나 부족들은 자신들의 옛 성소와 종교적 관습들을 그대로 지켰다. 사무엘의 아버지는 해마다 온 집안을 이끌고 실로에 가서 제사를 바쳤고(1사무 1,21), 다윗은 문중 제사 때문에 사울이 초청하는 연회에 참석하지 못함을 요나탄을 통하여 사과하였다(1사무 20,29).

조상들에 대한 서로 다른 이야기들은 부족들의 상호관계를 설명하는 데에 이용된다. 창세기의 성조 이야기에 등장하는 인물들은 저마다 다른 부족의 족장들이었을 가능성이 높다. 누군가 전승을 옮기면서 부족들 사이의 동맹을 이끌어 내기 위하여 이 족장들의 이름을 혈족 관계로 연결시켰을 것이다. 창세기의 후반부를 장식하는 야곱과 열두 아들 이야기는, 다윗 시대에 통일민족으로 발전하게 된 이스라엘 열두 지파의 유래를 설명한다. 이스라엘과 에돔의 불편한 관계는 창세기의 야곱과 에사우 이야기로 설명된다.

부족사회는 원로라는 씨족의 대표들이 연합 지도 체제를 갖추어 통치하였다. 신명기에는 원로들이 통치하던 부족사회의 단면이 나온다. 원로단은 부족사회 구성원들의 생명과 죽음을 판가름할 권한이 있다. "어떤 사람에게, 고집이 셀뿐더러 반항만 하며 아버지의 말이나 어머니의 말을 들으려 하지 않고, 부모가 꾸짖어도 듣지 않는 아들이 있을 경우, 그의 아버지와 어머니는 그를 붙잡고 그가 사는 성읍의 성문으로 원로들에게 데리고 가서, 그들에게 '이 우리 아들은 고집이 셀뿐더러 반항만 하며 우리 말을 듣지 않는 데다가 방탕아이고 술꾼입니다.' 하고 말해야 한다. 그러면 그 성읍의 남자들이 모두 그에게 돌을 던져 죽여야 한다. 그렇게 너희는 너희 가운데에서 악을 치워 버려야 한다. 온 이스라엘은 그것을 듣고 두려워할 것이다”(신명 21,18-21). 성문 앞 광장은 원로단이 판결을 내리고 집행하는 공공 장소로 이용되었다.

그 밖에 원로단은 부족사회 안의 제반 문제를 해결하였으나, 전쟁이 일어났을 경우 원로단이 이끄는 연합 지도체제로는 외적을 효과적으로 격퇴시킬 수 없었다. 그래서 채택한 것이 판관 제도다. 판관은 원로단이 내세운 대표로서 영도력을 발휘하여, 평화로울 때에는 정의와 법도를 세우고 전쟁이 났을 때에는 부족 전체를 단결시켜 외침에 대처하는 지도자였다. 씨족사회에서 드러난 강한 연대의식은 부족사회에서도 효력을 발휘한다. 부족사회의 대표가 잘못하면 전체 부족에게 영향을 미친다. 아칸이 정해진 법을 어기고 예리코 성읍을 약탈하였을 때, 주님께서는 이스라엘이 죄를 지었다고 호통을 치신다(여호 7,1.11). 조상들의 잘잘못은 후손들에게 영향을 미친다. “나를 미워하는 자들에게는 조상들의 죄악을 삼 대 사 대 자손들에게까지 갚는다. 그러나 나를 사랑하고 내 계명을 지키는 이들에게는 천대에 이르기까지 자애를 베푼다”(탈출 20,5-6).

라. **민족**

민족 개념은 가나안 정착 이후 이스라엘인들이 자신들을 결속시키는 바탕이 공통 조상들에 있는 게 아니라, 차지한 영토에 있다는 사실을 의식하면서 생겨났다. 따라서 솔로몬 임금은 세금 징수를 목적으로 나라를 열둘로 나눌 때 이미 부족의 구분에 상관없이 행정구역을 정하였다(1열왕 4,7-19).

정치적으로 이스라엘이 통일민족으로 행세할 수 있었던 것은 다윗과 솔로몬 시대뿐이었다. 솔로몬이 죽자 기원전 933년 이스라엘은 남쪽의 유다와 북쪽의 이스라엘 두 왕국으로 갈라졌고, 722년 북쪽 이스라엘이 멸망한 뒤에 남쪽 유다가 587년 바빌론 유배 전까지 존속하였으나 유배 이후에는 한 번도 온전한 주권을 지닌 민족으로 행세할 만큼 정치세력을 갖추지 못하였다.

이스라엘의 민족주의는 종교적 의미를 지닌다. 히브리인들은 '거룩한 민족', '하느님의 소유', '사제들의 왕국'이 되기 위하여(탈출 19,5-6) 갈대바다에서 구출되었다. 가나안 사람들도 종교적 이유에서 히브리인들에게 예속되어야 했다(신명 7,1-11). 그들의 제단은 선택된 백성이 그 위에 새 제단을 쌓고 주 하느님께 제사를 지낼 수 있도록 파괴해야 했다. 경제적 이유로 가나안 농경지를 탈취한 것은 덜 중요한 명분이고, 최상 명분은 늘 종교적인 것이었다.

주님만이 이스라엘의 진정한 임금이시기 때문에 어떤 지상의 임금도 이스라엘을 통치할 수 없다는 전통이 구약성경에 깊이 뿌리박혀 있었다. 사무엘은 임금을 세워 달라는 백성들의 요구를 처음에는 거절했다가 백성들의 간청으로 마지못해 허락한다(1사무 8장). 선출된 임금에게는 고대 근동의 다른 전제군주들을 닮아서는 안 된다고 경고한다. 그런데도 이스라엘의 역대 임금들은 대부분 다른 민족들의 임금처럼 폭군으로 행세하였다. 그러나 이 사실이 메시아 사상으로 이어지는 전통적 왕권 이론, 곧 다윗 왕가에서 이스라엘에 번영과 평화를 가져다 줄 메시아가 나올 것이라는 생각을 막지는 못하였다.

이스라엘에 도입된 왕정 제도에서 임금은 꼭 주님께서 뽑은 사람이어야 했다. 사울이 그랬고 다윗이 그랬다. 이는 다윗 왕권이 세습되는 상황에서도 그대로 이어졌다. 다윗 왕권은 하느님의 축복에 기반을 두고 그분과의 계약으로 지탱되었다(2사무 7장). 임금은 백성을 데리고 전례에 참여하고, 야훼 신앙의 중추 역할을 담당한다. 다윗은 성전 건축을 계획하였고 솔로몬은 성전을 건축하여 하느님께 바쳤다(1열왕 8장). 수많은 군왕시편들은 임금이 어떻게 경신례에서 백성을 대표해 왔는지 보여 준다(시편 20; 72; 110; 132; 144편). 임금에게 '하느님의 아들'이라는 특별한 칭호가 주어질 정도로 왕직은 신성시 되었다(2사무 7,14; 시편 89,27).

이와 같은 배경에서 하느님께 뽑히고 그분의 뜻을 충실히 실현할 참다운 임금을 고대하는 메시아 사상이 싹텄다. 이 사상을 중심으로 강한 선민의식과 더불어 생겨난 이스라엘의 민족주의는, 다윗과 솔로몬의 전성 시대 이후 끊임없이 닥쳐오는 강대국들의 온갖 박해와 억압을 이겨 내는 데 큰 힘이 되었다.

2. 혼인

혼인은 넓은 의미에서 한 남자와 한 여자의 육체·정신적 결합이다. 그러나 제도적 의미의 혼인은 남녀가 그들이 속한 사회에서 인정한 성적 관계를 맺으며 함께 살아가는 상태를 말한다. 간음이나 간통은 사회가 혼인 관계로 인정하지 않는 성관계다. 이런 의미에서 구약의 일부다처제는 부적절하긴 하지만 부도덕하지는 않다. 당대의 사회가 인정하는 혼인 관계였기 때문이다.

가. **혼인 제도**

구약성경에서는 혼인 생활을 인간의 정상적인 삶으로 본다. 아담과 하와 이야기(창세 2,18-24)는 남편과 아내의 고유한 관계를 규정하며, 하느님과 그분 백성 사이의 관계(예레 3; 에제 16; 호세 1—3장), 그리스도와 교회 사이의 관계(에페 5,22-33)를 설명해 주는 표상이 되기도 한다. 구약성경에는 '독신자'라는 말 자체가 없으며 하느님께 봉사하는 사제나 예언자들도 모두 혼인하였다. 예레미야에게 혼인하지 않은 상태로 머물러 있으라는 하느님의 분부(예레 16,2)는 혼인 자체에 대한 반대가 아니다. 바빌론 유배를 눈앞에 두고 그가 사람들과 단절된 채 고독 속에서 지냄으로써 유배의 쓰라린 참상을 미리 보여주라는 특별한 소명을 가리킨다. 신약성경에서도 혼인과 가정 생활은 정상적인 소명이다(에페 5,22—6,4; 1티모 3,2; 5,14). 그러나 독신 생활을 하느님께서 특별한 목적을 위하여 그리스도인들에게 부여하신 성소로 인정하기도 한다(마태 19,10-12; 1코린 7,7-8).

일부일처제는 아담과 하와 이야기에서 엿볼 수 있다. 하느님께서 아담에게 한 아내만 창조해 주셨기 때문이다. 성경 기록상 카인의 6대손 라멕 시대부터 채택된(창세 4,19) 일부다처제는 이후 구약성경에서 금지된 적이 없으며, 일반 평민들보다 주로 지도층 인물들 사이에서 실행되었다. 그러나 일부다처제는 아브라함의 경우처럼(창세 21장) 가정 안에 갈등을 불러들이고, 때로는 솔로몬 임금의 경우처럼 죄악을 낳는다(1열왕 11,1-8). 하느님께서는 이상적 혼인 제도란 당신이 천지창조 때 마련하신 일부일처제임을 인간 스스로 경험을 통하여 점차 깨닫도록 하신 것 같다. 따라서 구약의 큰 인물들이 일부다처제를 채택하였다는 사실만으로 이 제도를 보편화하는 것은 잘못이다. 일부일처제가 아닌 특정한 혼인 제도는 특정한 시대와 지역의 문화에 한정된 것으로 보아야 한다. 이슬람 문화권에서 사는 유다인들은 오늘날에도 일부다처제를 받아들인다.

나. **혼례**

근동 지방에서 약혼은 혼인과 거의 같은 정도의 효력이 있었다. 성경에서 약혼한 여자는 흔히 '아내'로 불리고 남편에게 완전한 신의를 지켜야 한다(신명 22,23-24; 마태 1,18-20). 또 약혼한 남자도 '남편'으로 불렸다(요엘 1,8; 마태 1,19). 호세아 예언자는 당신 백성에 대한 하느님의 사랑과 신의를 묘사하고자 약혼의 표상을 이용한다(호세 2,20-22).

약혼의 절차는 두 단계를 거친다. 먼저 배우자 선택이다. 하가르가 이스마엘의 아내(창세 21,21)를, 유다가 에르의 아내(창세 38,6)를 고르듯이 보통 남자의 부모가 아들의 아내를 선택한다. 때로는 스켐의 경우처럼(창세 34,4.8) 남자가 여자를 먼저 고르고 그의 부모들이 여자쪽 집안과 협상을 벌이는 수도 있다. 남자가 부모의 뜻을 어기고 여자를 고르는 경우는 매우 드물다(창세 26,34-35).

둘째는 예물 교환이다. 성경에서 약혼자와 약혼녀 사이, 또는 두 집안 사이의 계약은 구두로 맺을 수도 있고 문서로 맺을 수도 있었다. 예물은 보통 옷이나 보석이지만, 노동력 제공일 수도 있었다. 야곱은 라헬을 얻으려고 라헬의 아버지 라반의 집에서 7년 동안 일을 해 주었다(창세 29,18). 모세가 장인 이트로의 양 떼를 치는 목자가 된 것도 약혼을 위한 선물이라 할 수 있다(탈출 3,1).

혼례식은 보통 다음과 같은 절차를 밟는다. 첫째, 신랑 신부가 혼인 예복을 입는다. 신랑은 자기 어머니한테서 특별한 관을 받아 쓴다(아가 3,11). 신부는 화려한 수가 놓인 혼례복을 입고(시편 45,13-14) 온갖 보석으로 치장하며(이사 61,10) 얼굴을 너울로 가린다(창세 24,65). 둘째, 혼례를 치르기로 한 날 저녁에 신랑과 친구들이 혼인 잔치를 벌이러 신부의 집으로 행차하거나(창세 29,22; 판관 14장), 신랑이 신부의 집에서 신부의 부모와 계약을 맺고 자기 집 또는 자기 아버지의 집으로 신부를 데리고 돌아온다(시편 45,14-15; 마태 25,1-13). 이때 악기를 연주하고 춤과 노래를 곁들인다(예레 7,34; 1마카 9,39). 지참금 흥정 때문에 신랑과 신부측 사이의 계약이 늦어져 밤중에 행렬을 하게 되면 횃불이나 등불을 준비한다(마태 25,7). 셋째, 혼인 잔치에 참여한 친지와 손님들에게 술과 음식을 풍족하게 베푼다(요한 2,3.7-9). 연회 책임자는 보통 신랑의 친구다. 혼인 잔치 초대를 거절하는 것은 큰 모욕이다(마태 22,7). 초대받은 손님들은 잔치 예복을 입어야 한다

(마태 22,11-12). 넷째, 부모와 친지들이 신랑 신부에게 축복하고 그들의 행복을 기원한다(창세 24,60; 룻 4,11; 토빗 7,12). 다섯째, 신랑 신부는 부모의 인도로 특별히 꾸민 신방에 들고, 신부의 처녀성을 증명하는 속옷이 공개된다(신명 22,13-21). 이렇게 해서 혼인이 완성되지만, 춤과 음악을 곁들인 흥겨운 잔치는 한두 주간 더 계속된다.

다. **이혼**

유다인들의 풍습에서는 남편과 아내가 죽음으로 갈리기 전에라도 혼인 생활이 이혼으로 끝날 수 있었다. 이혼에 관한 구약의 규정은 신명 22장과 24장에 나온다. "어떤 남자가 여자를 맞아들여 혼인하였는데, 그 여자에게서 추한 것이 드러나 눈에 들지 않을 경우, 이혼 증서를 써서 손에 쥐어 주고 자기 집에서 내보낼 수 있다"(신명 24,1). 여기서 '추한 것'이 무엇을 뜻하는지 분명히 드러나지 않는다. 예수님 당시의 유다 라삐들은 '추한 것'에 관하여 여러 가지로 해석하였다. 샴마이 라삐는 간음을 뜻하는 것으로 이해한 반면, 힐렐 라삐는 음식을 태우는 일, 계명을 어기는 일, 남편의 눈에 벗어나는 일 따위로 폭넓게 해석하여, 남편이 아내가 마음에 들지 않으면 쉽게 이혼할 수 있는 길을 열어 놓았다.

그러나 신명기의 규정은 이 같은 관행보다 이혼에 대해 더 신중하다. 어떤 남자가 처녀와 성관계를 가졌다면, 그 여자와 혼인해야 하고 결코 이혼할 수 없다(22,29). 또 처녀와 혼인하고서 그 여자가 처녀가 아니라고 거짓으로 고발했을 때는 이혼할 수 없다(22,19). 한 남자가 어떤 여자와 혼인했다가 마음에 들지 않아 이혼장을 써 주고 내보냈다면, 그 여자가 다른 남자와 혼인한 뒤 다시 이혼하거나 사별했다 해서 처음 남자가 그 여자를 다시 아내로 맞아들일 수 없다(24,4). 이 마지막 규정은 가벼운 이유로 손쉽게 여자를 내쫓지 못하도록 하기 위한 것이다. 이상의 신명기 구절들을 보면 이혼을 꼭 필요한 규정으로 새롭게 제정한 것이 아니라 이미 일반적으로 굳어진 관습을 제도화했을 뿐이라는 것을 알 수 있다.

성경 시대의 유다 관습에는 여자들이 먼저 이혼을 제기할 수 없었다. 이런 이유로 어떤 성경학자들은, "또한 아내가 남편을 버리고 다른 남자와 혼인하여도 간음하는 것이다"라는 마르 10,12의 말씀을 예수님 말씀이 아니라고 주장한다. 그러나 당시에 아내는 자신을 학대하거나 괴롭히는 남편을 거슬러 법정에 소송을 걸 수 있었고 법정에서는 남편에게 이혼할 것을 명령할 수 있었다. 예수님께서는 여자 편에서도 이혼을 제기할 수 있었던 당대의 그리스법과 로마법을 마음에 두고 말씀하셨을 법하다. 실제로 세례자 요한을 처형한 헤로데 안티파스의 아내가 된 헤로디아는 자기가 제의하여 첫 남편 필리포스와 이혼하였다.

바리사이들과의 이혼 논쟁에서 예수님은 이혼을 반대하신다(마르 10,2-12; 참조: 마태 5,31-32; 19,3-9; 루카 16,18). 그래서 이 대목에 나오는 예수님의 가르침을 '반이혼률'이라고 부르기도 한다. 그런데 마르코 복음과 루카 복음에서는 '어떠한 경우라도 이혼해서는 안 된다'고 하고, 마태오 복음에서는 '(여자가) 음행한 경우를 제외하고'(마태 5,32; 19,9)라는 예외 규정을 둔다. 이 예외 규정은 유다교 관점에서 살펴볼 필요가 있다. 구약성경에서 간음은 사형으로 다스리는 중벌이다. "어떤 남자가 한 여자와 간통하면, 곧 어떤 남자가 자기 이웃의 아내와 간통하면, 간통한 남자와 여자는 사형을 받아야 한다"(레위 20,10; 참조: 신명 22,22). 따라서 이 법에 따르면 간음이나 간통을 저지른 이후에 혼인을 지속할 가능성은 없다. 로마 시대에도 이 법을 실행했는지에 대한 의심이 있긴 하지만 미쉬나와 탈무드에 이 법이 계속 유효했다는 증언이 나온다(『바빌론 탈무드』 산헤드린 53a; 참조: 희년서 30,8-9). 이에 반해 초기 라삐 문헌에는 사형과 같은 극심한 형벌을 완화시키려는 의도가 드러난다. 이 경우 목숨을 건진 아내는 반드시 이혼을 당해야 했다. 마태오 복음의 예외 규정은 이런 유다교 관심을 반영하는 것으로 보인다. 이는 이혼 절대불가라는 예수님의 가르침이 특정 지역 교회에 적용되면서 완화된 실례라고 할 수 있다.

다른 한편 이혼 논쟁의 앞뒤 문맥을 좀 더 자세히 살펴보면 예수님의 가르침이 당대의 철저한 가부장 제도 아래에서 남존여비의 희생물이 된 여성을 보호하려는 데에 초점을 맞추었음을 알 수 있다. 예수님은 남편의 변덕에 무방비 상태로 내맡겨진 여성의 권익을 보호하시기 위해 천지창조 때 하느님께서 남녀관계에 부여하신 근본 의도에 호소하신다. "창조 때부터 '하느님께서는 사람들을 남자와 여자로 만드셨다.' '그러므로 남자는 아버지와 어머니를 떠나 아내와 결합하여, 둘이 한 몸이 될 것이다.' 따라서 그들은 이제 둘이 아니라 한 몸이다. 하느님께서 맺어 주신 것을 사람이 갈라놓아서는 안 된다"(마르 10,6-9). 예수님은 남녀관계에 대한 하느님의 의도가 모세의 율법 규정 안에서 이스라엘의 문화적 조건 때문에 제한되었음을 일깨우시면서 하느님의 원초적 의도로 돌아갈 것을 당부하신다. 반이혼률로 알려진 위의 말씀은, 여성을 남성의 소유물로 생각하여 학대하거나 버리지 말고, 혼인 생활의 정당하고 동등한 반려자로 맞아들이라는 것이다. 반이혼률은 혼인의 불가해소성을 천명하는 데 역점을 둔 가르침이라기보다 남녀 평등을 바탕으로 한 이상적 부부관계를 호소하는 가르침이라 할 수 있다.

라. 수숙혼嫂叔婚

수숙혼은 서양말로 '레비르' 법이라고 한다. 레비르levir는 라틴어로 '남편의 형제'라는 뜻이다. 수숙혼은 혼인한 남자가 아들을 낳지 못한 채 죽게 되면, 그의 형이나 동생이 죽은 형제의 아내와 혼인하여 아들을 낳아 대를 잇게 하는 것이다. 이 혼인법은 히브리인들 말고 다른 민족들에게도 있었다. 히브리인들의 수숙혼은 신명 25,5-10에 바탕을 둔다. 수숙혼의 예는 오난의 이야기에서 찾아볼 수 있다(창세 38,8-10). 여기서 오난은 죽은 형 에르의 아내와 규정대로 혼인하였지만 형의 상속자가 될 아들의 출산을 막으려고 성교 중에 정액을 바닥에 흘린다. 이 때문에 하느님께 벌을 받고 죽는다. 이 이야기는 18세기 초 네덜란드의 의사 베커가 자위행위와 연결하면서 오나니즘이라는 명칭을 만들어 냈다. 그러나 오난이 처벌받은 것은 형의 재산을 가로채려는 그의 탐욕 때문이었지 단순히 정액을 낭비해서가 아니었다. 따라서 오난의 행위와 그것에 대한 엄한 징벌은 자위행위와 무관하다.

오난이 죽은 다음 타마르는 다시 과부가 되었다. 그런데 시아버지 유다는 셋째 아들 셀라를 타마르와 혼인시키려고 하지 않았다. 타마르의 팔자가 드세어 셋째 아들 셀라마저 죽게 될까봐 염려하였던 것이다. 그래서 타마르는 신전 창녀로 가장하여 유다를 속이고 잠자리를 같이하여 쌍둥이를 낳는다. 생명의 전수와 가문의 대를 잇는 일의 중요성이 여기서도 강조된다.

룻과 보아즈의 혼인(룻 4,10)도 수숙혼과 같은 맥락으로 볼 수 있다.

마. 혼인의 본질

혼인 생활은 부부의 신의에 바탕을 둔다. 율법의 핵심인 십계명은 간음을 금지한다(탈출 20,14; 신명 5,18). 간음은 동료 인간에 대한 배신 행위일 뿐 아니라 이상적 남녀 관계(창세 2,24)를 설정하신 하느님께 대한 죄악이다. 예언자들은 하느님과 이스라엘 백성 사이의 관계를 혼인 관계로 표현한다. 하느님은 이스라엘 백성을 한결같이 사랑하시지만, 그들은 하느님을 배반하고 우상 숭배에 빠진다. 성경 저자들은 이스라엘의 이 같은 배신 행위를 '불륜'으로 묘사한다(탈출 34,15-16; 신명 31,16; 판관 2,17; 호세 9,1). 이스라엘의 우상 숭배를 불륜과 같게 본 것은 실제로 고대 근동의 풍산신 숭배에 신전 창녀들과의 성행위가 풍산을 약속하는 중요한 요소로 포함되어 있었기 때문이다.

성경은 일부다처제나 수숙혼 같은 그 시대의 문화적 특수성과 한계를 드러내면서도, 남녀의 단일한 유대 관계를 이상적 혼인관으로 제시한다. 성경이 제시하는 혼인의 목적은 남녀가 어버이를 떠나 한 몸이 되어 배우자의 부족함을 채우고 서로 순수한 사랑과 존경을 아낌없이 바치면서 사회의 기본 구조인 가정을 올바로 꾸려 나가고 다음 세대에 생명과 재산을 안전하게 전해 주는 것이다.

3. 우정

혈연 관계와 남녀 관계에 이어 친구와 어울리는 것은 사회 생활의 중요한 요소 가운데 하나다. 진실한 친구와 아름다운 우정에 대한 칭송은 신구약성경 여러 곳에 심심치 않게 등장한다. 동시에 성경은 진실한 친구와 이상적인 우정의 예도 소개하여 좋은 친구를 신중히 선택하고 한번 맺은 우정에 충실할 것을 가르친다.

가. **지혜문학**

친구와 우정에 대한 가르침은 주로 구약의 지혜문학에 담겨 있다. 진실한 친구는 값으로 따질 수 없을 만큼 귀중하며 그런 친구와 맺은 우정은 삶을 풍요롭고 즐겁게 만든다. "성실한 친구는 값으로 따질 수 없으니 어떤 저울로도 그의 가치를 달 수 없다"(집회 6,15). "보라, 얼마나 좋고 얼마나 즐거운가, 형제들이 함께 사는 것이!"(시편 133,1) 인생에서 좋은 우정을 맺는 일이 이처럼 중요하지만 진실한 친구를 만나기란 그리 쉽지 않다. 구약의 지혜문학은 친구를 신중하게 골라 사귀라고 당부하면서 친구를 고를 때에 필요한 몇 가지 기준을 제시한다.

먼저, 내가 어려움을 당할 때에도 친구가 변함없는 우정을 보여 주는가 살펴보라고 한다. "친구를 얻으려거든 시험해 보고 얻되 서둘러 그를 신뢰하지 마라. 제 좋을 때에만 친구가 되는 이가 있는데 그는 네 고난의 날에 함께 있어 주지 않으리라"(집회 6,7-8; 참조: 12,8-9). "친구란 언제나 사랑해 주는 사람이고 형제란 어려울 때 도우려고 태어난 사람이다”(잠언 17,17).

둘째, 오래 묵힌 술이 더 맛있는 것처럼 오랫동안 변함없는 우정을 맺은 친구를 중요하게 생각해야 한다. “옛 친구를 버리지 마라. 새로 사귄 친구는 옛 친구만 못하다. 새 친구란 새 술과 같은 법 오래되어야 제맛이 난다”(집회 9,10).

셋째, 이제껏 아무리 친하게 지냈다 하더라도 하느님과 멀어지게 하고 악으로 유인하는 친구는 결코 가까이해서는 안 된다. “너희 목숨과도 같은 친구가 은근히 너희를 꾀면서, 너희도 너희 조상들도 알지 못하던 ‘다른 신들을 섬기러 가자’ 하는 경우가 있을 것이다. … 그의 말을 받아들이지도 듣지도 말아야 한다”(신명 13,7-9). “뱀에게 물린 마술사와 들짐승에게 가까이 간 자들을 모두 누가 동정하겠느냐? 그와 같이 죄인을 가까이한 자와 그의 죄악에 끼어든 자를 아무도 동정하지 않으리라”(집회 12,13-14). 올바른 친구는 오히려 솔직한 충고를 서슴지 않는다. “솔직한 훈계가 숨은 사랑보다 낫다. 사랑하는 이의 매는 신실하고 미워하는 자의 입맞춤은 헤프다”(잠언 27,5-6).

마지막으로, 그러나 이 모든 인간적 지혜에 앞서서 진실한 우정은 하느님을 믿고 경외하는 이들 사이에서 아름답게 꽃핀다. “성실한 친구는 생명을 살리는 명약이니 주님을 경외하는 이들은 그런 친구를 얻으리라. 주님을 경외하는 이는 자신의 우정을 바르게 키워 나가니 이웃도 그의 본을 따라 그대로 하리라”(집회 6,16-17). 하느님께 대한 진실한 믿음과 경외심을 바탕으로 맺어진 우정은 다른 어떤 우정보다 앞선다. 이런 우정은 오랜 친구들, 부부 사이, 이성과의 관계, 사제지간, 상하관계, 부모자식 사이 등 모든 인간 관계를 튼튼하게 지탱해 줄 것이다.

나. 구약의 아름다운 우정

구약성경은 우정의 가장 완전한 본보기로 하느님께서 아브라함과 모세와 맺으신 우정을 소개한다. 그분은 아브라함의 절친한 친구이기 때문에(이사 41,8), 소돔과 고모라를 멸망시키려는 비밀 계획을 그에게만은 미리 알려 주시고 두 도시를 구하기 위해 중재에 나선 아브라함과 성실하게 협상하신다(창세 18,17-33). 고대 근동에서 신의 종이나 임금의 종은 친구로 여겨져 주인의 계획을 전해 들을 수 있다고 믿었다. 하느님께서는 당신의 충실한 종 아브라함과의 우정을 생각하여 그의 조카 롯과 롯의 가족들을 징벌에서 구해 주신다. 또 다른 하느님의 충실한 종 모세도 그분의 절친한 친구다. 그분은 이스라엘 백성이 시나이 광야를 지나는 동안 만남의 천막에서 수시로 모세와 얼굴을 마주 대하시고 말씀을 나누셨다(탈출 33,7-11). 하느님은 당신을 충실하게 믿고 따르는 이들과의 우정을 소중하게 여기시어 그들을 온갖 위험에서 건져 주시고 축복과 약속의 땅으로 인도하신다.

구약성경 전체에 걸쳐 인간들 사이에 맺어진 가장 아름다운 우정의 예는 다윗과 요나탄의 우정이다. 요나탄은 다윗이 필리스티아 장수와 맞서 용감히 싸우는 모습에 탄복하여, 그를 자기 목숨처럼 사랑하게 되었고 그와 의형제를 맺었다. 그는 다윗에 대한 애정과 신의의 표시로 겉옷과 자기가 쓰던 칼과 활과 자기 몸에 걸친 허리띠까지 주었다(1사무 18,1-4). 겉옷을 벗어 주는 것은 상속의 권리를 양도한다는 뜻이고, 무기를 넘겨 주는 것은 상대방의 우월한 위치를 인정한다는 뜻이다. 요나탄은 사울의 정당한 상속자는 자신이지만 승승장구하면서 백성들의 사랑과 고위 관리들의 신망을 한몸에 받고 있는 다윗이 장차 이스라엘을 이끌어 나갈 지도자가 되리라는 사실을 인정한 셈이다.

다윗과 우정의 계약을 맺은 요나탄은 아버지 사울의 손에서 다윗을 여러 번 구출한다(1사무 19—20장). 요나탄이 사울과 함께 전장에서 쓰러졌을 때 다윗은 그와의 우정을 아쉬워하며 비탄의 노래를 지어 이스라엘 사람들에게 부르게 한다. “어쩌다 용사들이 싸움터 한복판에서 쓰러졌는가? 요나탄이 네 산 위에서 살해되다니! 나의 형 요나탄, 형 때문에 내 마음이 이프오. 형은 나에게 그토록 소중하였고 나에 대한 형의 사랑은 여인의 사랑보다 아름다웠소”(2사무 1,25-26). 다윗에 대한 요나탄의 우정은 여인의 사랑보다 앞선다. 실제로 다윗은 사울의 언약된 딸을 아내로 맞아들이기 전에(1사무 17,25) 진실한 애정과 신의를 보여 준 요나탄의 우정을 먼저 얻었던 것이다. 그에게 이토록 진한 우정을 보여 주고 떠난 요나탄을 기억하여, 다윗은 사울의 왕권을 이어받자 곧바로 요나탄의 절름발이 아들 므피보셋을 불러들여 왕궁에서 식사를 같이 하고 사울의 유산과 그의 집안 재산을 모두 그에게 넘겨 준다(2사무 9장). 또한 기브온 사람들이 사울에게 당한 것을 복수하기 위하여 그 후손을 넘겨 달라고 하였을 때, 다윗은 요나탄의 아들 므피보셋은 빼내었다(2사무 21,1-7). 요나탄과 맺은 우정의 계약 때문이다.

다. 예수님의 우정

아브라함과 모세의 친구이신 하느님께서는 세상을 극진히 사랑하시어 신약에 와서 당신의 아들을 보내 주셨다(요한 3,16). 외아들 예수 그리스도께서는 가난한 이들과 죄인들의 친구가 되셨을 뿐만 아니라 몇몇 사람들과는 개인적인 우정을 깊이 맺으셨다. 대표적인 예로 라자로와 그의 두 누이동생을 들 수 있는데, 선교 여행 중 피로에 지치셨을 때 베타니아에 있는 그들 집에 들러 잠시 쉬기도 하셨고, 특히 라자로가 죽었을 때는 눈물까지 흘리시며 묻힌 지 나흘이나 지난 그의 몸을 죽음에서 일으켜 주셨다(요한 11,1-44).

예수님의 우정이 가장 두드러지게 나타난 것은 제자들과의 관계에서다. 돌아가시기 전에 그분은 제자들을 친구라 부르시면서 당신의 아버지에게서 들은 것을 함께 나누셨다. "나는 너희를 더 이상 종이라고 부르지 않는다. 종은 주인이 하는 일을 모르기 때문이다. 나는 너희를 친구라고 불렀다. 내가 내 아버지에게서 들은 것을 너희에게 모두 알려 주었기 때문이다"(요한 15,15). 그리고 그분은 시련과 고통까지도 제자들과 함께 나누셨다. "너희는 내가 여러 가지 시련을 겪는 동안에 나와 함께 있어 준 사람들이다"(루카 22,28). "내 마음이 너무 괴로워 죽을 지경이다. 너희는 여기에 남아서 깨어 있어라"(마르 14,34). 마침내 예수님께서는 당신의 말씀대로 친구들을 위해 목숨을 바치셨다. "친구들을 위하여 목숨을 내놓는 것보다 더 큰 사랑은 없다"(요한 15,13). 그분은 열두 제자 가운데서도 한 제자에게 특별한 우정을 보여 주셨는데 십자가에서 마지막 숨을 거두시기 전에 이 제자에게 당신의 어머니를 맡기셨다(요한 19,26-27).

예수님께서 이토록 극진한 우정을 보여 주셨으니 그분의 추종자들도 서로 깊은 우애를 나누어야 마땅하다. 그분은 제자들의 발을 손수 씻어 주신 다음(사실 아주 가까운 친구가 아니면 자기 몸의 가장 더러운 부분을 씻도록 편안히 내맡기기 어려운 법이다), 그들에게 서로 봉사할 것을 명하신다. "주님이며 스승인 내가 너희의 발을 씻었으면, 너희도 서로 발을 씻어 주어야 한다. 내가 너희에게 한 것처럼 너희도 하라고, 내가 본을 보여 준 것이다"(요한 13,14-15). 그리고 그분은 제자들에게 서로 사랑하라고 유언하신다. "내가 너희에게 새 계명을 준다. 서로 사랑하여라. 내가 너희를 사랑한 것처럼 너희도 서로 사랑하여라"(요한 13,34).

제자들은 스승이 보여 주신 우정에 살아 생전에는 합당한 응답을 못 해 드렸다. 죽음을 눈앞에 두고 고뇌하는 스승을 위해 단 한 시간도 함께 깨어 있지 못하였고, 스승이 체포될 때에는 모두 도망쳐 버렸다. 또 비장한 각오로 최후의 결전장인 예루살렘을 향해 가는 스승의 발걸음 뒤에서 제자들은 서로 높낮이를 재고 자리 다툼을 벌이며 불목하는 모습을 보였다. 그러나 이런 약하고 못난 제자들에 대한 스승의 우정은 극진하고 한결같았다.

라. 바오로와 그리스도인들의 우정

신약성경에서 예수님을 닮아 친구들에게 우정과 신의를 아낌없이 쏟으려고 노력한 인물은 바오로 사도다. 그는 그리스도의 복음을 전파하면서 맺은 수많은 우정을 소중히 여기면서(로마 16,1-16), 친구들의 안녕을 두고 늘 걱정하는 모습을 보인다(2코린 11,28; 1테살 2,7 이하). 그러나 인간적인 약점과 한계 때문에 동료들과 갈등을 겪기도 한다. 마르코라고 하는 요한을 선교 여행에 동행시키는 문제로 바르나바와 감정이 상하여 갈라서고(사도 15,36-40), 이방인들과의 식사 문제로 베드로와도 충돌을 빚는다(갈라

2,11-14). 그리하여 말년에 이르러 바오로는 친구들이 하나 둘 떠나자 외로움을 느낀 나머지 평소 아끼던 제자 티모테오더러 빨리 자기에게 와 달라고 부탁한다(2티모 4,9-13).

그러나 갖가지 인간적 한계 때문에 선교사들이나 신도들 사이의 우정이 위협을 받을지라도 그들 모두가 주님과 연결되어 있기만 하면 형제적 사랑의 결실을 반드시 맺을 수 있을 것이다(요한 15,2-5). 사도행전의 저자는 이방인들로 구성된 초기 그리스도교 공동체가 주님께 대한 믿음을 바탕으로 어떻게 궁핍한 이웃들과 형제애를 나누었는지 잘 설명해 주고 있다. "그들은 사도들의 가르침을 받고 친교를 이루며 빵을 떼어 나누고 기도하는 일에 전념하였다. … 신자들은 모두 함께 지내며 모든 것을 공동으로 소유하였다. 그리고 재산과 재물을 팔아 모든 사람에게 저마다 필요한 대로 나누어 주곤 하였다. 그들은 날마다 한마음으로 성전에 열심히 모이고, 이 집 저 집에서 빵을 떼어 나누었으며, 즐겁고 순박한 마음으로 음식을 함께 먹고, 하느님을 찬미하며 온 백성에게서 호감을 얻었다"(사도 2,42-47). "신자들의 공동체는 한마음 한뜻이 되어, 아무도 자기 소유를 자기 것이라 하지 않고 모든 것을 공동으로 소유하였다. 사도들은 큰 능력으로 주 예수님의 부활을 증언하였고, 모두 큰 은총을 누렸다. 그들 가운데에는 궁핍한 사람이 하나도 없었다"(사도 4,32-34). 여기서 참다운 형제애는 주님께 대한 가르침을 받아들이고 함께 기도하고 빵을 나누며 하느님을 찬양하는 것으로 드러난다. 특히 사도 2,42의 "친교"(κοινωνία 코이노니아)는 로마와 그리스 문화권에서 가장 중요한 덕목의 하나로 꼽는 우정을 가리키는 철학적 용어인데, 루카는 자선과 관련하여 친교의 구체적 실천을 사도 2,44; 4,32에서 '공동으로(κοινά 코이나) 소유한다'는 표현으로 풀어 설명한다. 말하자면 참다운 우정이란 이웃 형제 자매들이 어려움을 당할 때 가진 것을 그들과 함께 공유한다는 것이다.

구약의 지혜문학이 밝힌 바와 같이 삶을 풍요롭게 하는 참다운 우정은 하느님을 경외하는 이들에게 주어지는 그분의 선물이며, 신약 시대에 와서 우정은 당신을 따르는 사람들에게 가장 순수하고 충실한 우정을 보여 주신 예수 그리스도와의 깊은 유대관계 안에서 꽃을 피웠다. 곧 우리가 그리스도의 복음을 함께 듣고 실천하며, 함께 모여 빵을 나누고 하느님께 찬미의 기도를 바치는 가운데 우리의 우정은 자연스럽게 성숙하고 돈독해진다는 뜻이다. 특히 그리스도교적 우정의 실천은 궁핍한 이웃 형제 자매들과 가진 것을 나눔으로써 두드러진다.

4. 교육

이스라엘인들은 언제나 교육을 가장 중요한 일로 생각하였다. 이스라엘 교육의 특징은 성경의 가르침에 바탕을 두고서 실천을 강조하는 점이다. 바오로 사도의 지적대로 성경은 본디 교훈적이고 교육적인 목적에서 쓰였다. "미리 기록된 것은 우리를 가르치려고 기록된 것입니다"(로마 15,4). "성경은 전부 하느님의 영감으로 쓰인 것으로, 가르치고 꾸짖고 바로잡고 의롭게 살도록 교육하는 데에 유익합니다"(2티모 3,16).

가. 가정 교육

가정은 가장 중요하고 기초적인 교육의 터전이다. 이스라엘인들은 자녀들에게 어릴 때부터 하느님과 올바른 관계를 맺고 그분을 합당하게 섬기도록 가르쳤다(탈출 12,26-27; 신명 4,9). 아이들의 신앙은 가정에서 종교 관습을 익히면서, 특히 파스카와 같은 종교 축제에 참여하면서 자라났다. 부모 특히 아버지가 직접, 조상에게서 물려받은 신앙의 유산과 종교 전통을 아이들에게 가르쳤다. 부모뿐 아니라 할아버지와 할머니(룻 4,16), 삼촌이나 사촌까지도(에스 2,7 참조) 자녀 교육에 동참하였다. 아이들은 문중의 축제(1사무 20,6 참조) 때 가문의 전통을 익혔고, 때로는 파스카처럼 축제에 적극적으로 참여할 기회가 아이들에게 주어졌다. 파스카 만찬을 함께 하는 동안 어린아이들이 아버지에게 예식의 의미에 관하여 묻게 하였다. "너희 자녀들이 너희에게 '이 예식은 무엇을 뜻합니까?' 하고 물으면, 이렇게 대답하여라. '그것은 주님을 위한 파스카 제사이다. 그분께서는 이집트 인들을 치실 때, 이스라엘 자손들의 집을 거르고 지나가시어, 우리 집들을 구해 주셨다'"(탈출 12,26-27).

아이들은 젖을 떼기까지 먼저 어머니의 손에서 자란다. 젖을 떼는 시기는 아이의 발육 정도에 따라 다르지만 대략 세 살 정도다. 젖을 뗀 다음부터 아들의 교육은 주로 아버지가, 딸의 교육은 주로 어머니가 맡는다. 아버지는 아들을 꾸짖고 때로는 체벌을 가하는 데 주저해서는 안 된다. "제 자식을 사랑하는 이는 그에게 종종 매를 댄다. 그러면 말년에 기쁨을 얻으리라"(집회 30,1; 참조: 잠언 13,24; 29,15).

자녀는 부모에게서 종교 교육과 직업 교육도 받는다. 아들은 아버지의 일을 거들면서 농사와 목축을 배우고, 아버지가 목수나 대장장이처럼 장인이면 아버지에게서 특별 기술을 전수받는다. 딸은 가사를 돌보는 어머니 곁에서 요리와 베짜는 일, 자수와 옷 만드는 일들을 배운다. 잠언 31,10-31은 교육을 잘 받은 이상적 여인상을 그린다. 여기서는 젊은 여자도 밭일을 한 것으로 되어 있다(16-17절; 참조: 아가 1,6).

나. **학교 교육**

유다 교육사에서 세 가지 획기적인 사건이 있었는데, 이 사건들은 세 인물과 연관된다. 먼저 에즈라는 성경을 유다 교육의 바탕으로 내세웠고, 그의 후계자들은 유다 회당을 예배와 더불어 교육의 장소로 삼았다. 그다음 시몬 벤 세타는 기원전 75년경에 초등 교육을 의무화하는 법령을 제정하였다. 마지막으로 기원후 63-65년경에 대사제 요수아 벤 가믈라는 모든 지방과 성읍에 학교 교사들을 임명하고 어린이들이 여섯 살이나 일곱 살이 되면 그들에게 교육을 받도록 결정하였다. 물론 시몬이나 요수아가 이스라엘 역사에서 초등 교육이나 학교 제도를 처음 시작한 인물은 아니다. 그들은 단지 이제껏 내려오던 교육 전통을 법제화하였을 뿐이다. 성경에 현대적 의미에서 정확히 '학교'에 해당하는 용어가 나오지 않더라도, 선생과 제자가 함께 모여 가르침을 주고받는 학교 제도는 왕정 시대부터 있었던 것으로 보인다.

스승이 있는 곳이면 제자들이 모여들었고 학교가 형성되었다. 가르치는 곳을 아람어로 '서기관의 집'(בֵּית סַפְרָא 벳 사프라)이라고 불렀다. 신약 시대에 와서 유다 공동체에는 좀 더 체계적인 학교 제도가 자리 잡게 되었다. 그리스도교가 탄생할 즈음에 예루살렘에는 회당이 480개 있었고(『예루살렘 탈무드』 메길라 3.1), 회당마다 초등 교육을 담당한 '책의 집'(בֵּית סֵפֶר 벳 세페르)과 고등 교육을 담당한 '배움의 집'(בֵּית מִדְרָשׁ 벳 미드라쉬 또는 בֵּית תַּלְמוּד 벳 탈무드)을 운영하였다. '책의 집'에서는 히브리 알파벳을 익혀 이스라엘 역사와 성경을 배우고 읽기와 쓰기, 산수와 그림과 약초 분별법을 배웠다. 아이들은 일곱 살쯤부터 학교에 가기 시작하였다. 학교에 가면 스승의 발밑에 앉아 모세오경과 그 밖의 성경 말씀을 배웠다. 초등 교육 과정을 끝낸 아이들의 교육은 라삐들과 서기관들과 바리사이들이 맡았다. 이들은 '배움의 집'에서 성경 해석을 가르쳤는데, 200년 뒤에 이들의 가르침은 미쉬나(מִשְׁנָה 또는 탈무드)로 정리되었다. 이 같은 교육 과정은 후대의 라삐 예후다 벤 테마의 말에 반영되어 있다.

다섯 살은 성경 배우기에 적절하고

열 살은 미쉬나 배우기에

열세 살은 계명을 배우기에

열다섯 살은 탈무드 배우기에 적절하다.

열여덟 살은 혼인하기에 적절하고

스무 살은 직업이나 소명을 얻기에

서른 살은 권위를 갖기에 적절하다(『미쉬나』 피르케이 아봇 5.21).

"예수님께서는 서른 살쯤에 활동을 시작"하셨다는 루카 복음(3,23)의 기록도 이를 반영한다.

다. **지도층 교육**

앞에서 살펴본 것은 일반인 교육이었다. 이제부터는 왕족, 서기관, 행정 관리, 사제, 예언자들은 어떤 교육을 받았는지 살펴본다.

먼저 왕세자의 경우, 어릴 때에는 유모가 기르고 젖을 뗀 다음부터는 궁정 교사가 교육을 맡았다. 다윗과 솔로몬 시대에는 이집트의 본을 따서 왕립 학교를 운영한 것 같다. 왕립 학교는 예루살렘뿐 아니라 솔로몬이 나눈 열두 행정 구역의 수도에도 설립되었을 법하다. 왕립 학교에서는 임금의 아들과 '임금의 친구들'(고위 관직)의 아들을 비롯하여 때로는 장차 국가의 고위 행정 관리들과 임금의 조언자들이 될 아이에게도 읽기, 쓰기, 산수, 행정, 역사, 지리 따위를 가르쳤을 것이다.

보통 사람들도 몇 가지 특별한 수업과 훈련을 받으면 서기관이 될 수 있었다. 서기관들은 매매 계약서, 혼인 계약서, 이혼 증서, 소송 문서

등을 작성할 줄 알아야 했다. 제1성전 시대에 서기관들은 궁정에서 여러 가지 임무를 맡았는데, 이들은 위에서 말한 왕립 학교에서 교육을 받았을 것이다. 이들의 직책 가운데 가장 중요한 관직은 오늘날 대통령 비서실장에 해당하는 '임금의 서기관'이다. 히즈키야 임금 시절의 세브나(2열왕 18,18), 요시야 임금 시절의 사판(2열왕 22,3), 여호야킴 임금 시절의 엘리사마(예레 36,12)가 이 관직에 있었다. 서기관들은 성경 본문을 기록하고 편집하는 데에도 중요한 구실을 하였다. 특히 사판의 가문은 신명기계 역사서(여호수아기에서 열왕기 하권까지)를 쓰는 일에 깊이 관여했을 것으로 보인다.

사제들의 경우에는 대사제가 성전이나 성전 근처의 사제 학교에서 예배와 그 밖의 직무 수행에 필요한 교육을 시켰을 것이다. 읽기와 쓰기는 물론, 노래, 악기 연주, 전례, 축제와 전례력, 종교 전통 등이 이들의 교육 내용이었다. 사제들 가운데는 젊은 임금의 교육을 책임진 이도 있었다(2열왕 12,3 참조).

마지막으로 예언자들은 본디 왕립 학교나(이사야, 스바니야) 사제 학교에서(예레미야, 에제키엘, 말라키) 교육을 받았던 것 같다. 그러나 한번 예언자로서 자리를 굳힌 다음에는 저마다 추종자들을 모아 제자를 양성하였다. '예언자 무리'(1열왕 20,35; 2열왕 2,7)라 불린 추종자들과 그들의 스승에 관한 구약성경의 이야기들은 이 같은 이스라엘의 오랜 예언자 양성 전승을 반영한다. 엘리사와 그의 제자들은 함께 모여 사는 공간이 비좁아지자 요르단 강에 내려가서 나무를 베어와 집을 넓혔다(2열왕 6,1-4). 이 이야기는 기원전 9세기에 이런 식으로 사적 양성 기관을 갖춘 예언자들의 단체가 성행했음을 보여 준다. 이 양성 기관은 왕립 학교나 사제 학교와 다르다. 여기서 뛰어난 스승에게 가르침을 받으려고 모여든 이들은 대개 아이들이 아니라 어른이었고, 그 분위기는 철학자들을 중심으로 모인 그리스의 철학 학파와 비교할 수 있을 것이다. 이런 예언자 단체 덕분에 예언자들의 이야기와 가르침이 쓰이고 후대에 전달되었다(참조: 2열왕 8,4; 이사 8,16; 예레 36,17-19). 제자들을 모아 가르친 세례자 요한과 예수님도 이 예언자 양성 전승과 같은 맥락에 속한다. 요한 복음에서 예수님이 제자들을 '아이들'(21,5; 참조; 1요한 2,18; 3,7)로 부른 것도 마찬가지다.

5. 주거 생활

가. **시골**

판관 시대부터 이스라엘은 작은 마을들에 정착하여 농사를 짓고 가축을 치며 지냈다. 그러다가 다윗과 솔로몬이 세운 새 왕국이 가나안 사람들이 차지한 많은 성읍을 합병하면서 정치력과 경제력이 도시에 집중하게 되었다. 다윗이 다스리던 시절에 성읍에 사는 많은 이방인이 야훼 신앙으로 개종하자 이스라엘인들은 자신들의 민족적 일체감과 종교적 전통을 지켜 준 오랜 부족 동맹에 매달릴 수 없었다. 부족과 도시의 차이는 이후 수세기에 걸쳐 많은 갈등과 긴장을 불러일으켰다.

마을과 시골에 살던 이스라엘인들은 오랜 부족 전통에 충실하였다. 그들은 주님을 세상의 어느 군주보다 더 높이 받들고, 왕궁과 이스라엘의 통치영역에 이교 풍습을 들여오는 임금들을 배척하였다.

왕국이 쇠퇴하던 시기에(기원전 600년경) '나라 백성'(עַם הָאָרֶץ 암 하아레츠)이 보인 활약상에서 이런 긴장을 엿볼 수 있다. '나라 백성'은 시골의 경작지를 소유한 농민들이거나 도시와 마을의 평민들이었다. 그들은 예루살렘 임금들의 여러 정책에 반기를 들고, 다윗 가문에만 충성하면서 어떤 왕권 찬탈의 움직임에도 반대하였다(2열왕 11장). 가장 철저한 전통주의자들은 바로 레캅인들이다. 레캅인들은 모든 도시 관습에 반대하고 광야에서 방랑 생활을 하던 대로 살며 포도주를 마시지 않았다. 또 서원 기간 동안 머리를 깎지 않고 안정된 주거지도 갖지 않았다(예레 35장).

나. 성읍 또는 도시

고대의 성읍은 개울이나 마르지 않는 샘물을 낀 작은 언덕 꼭대기에 성벽을 두르고 주민이 대략 삼천 명 정도 모여 살던 공동체다. 이 언덕들 가운데 어떤 것들은 '텔'이라 부르는 흙언덕으로 되어 있었다. 도시가 파괴되고 그 위에 다시 새 도시를 건설하다 보면 이 같은 흙언덕이 생겨난다. 흙언덕이 점점 높아지면서 꼭대기는 면적이 좁아지고, 때때로 집들이 성벽에 바짝 붙어 지어졌다. 라합과 두 정탐꾼 이야기에서 이를 엿볼 수 있다(여호 2장).

주택의 전형적 형태는 기초가 되는 돌('모퉁이의 머릿돌': 시편 118,22-23; 마르 12,10) 위에 흙벽돌로 벽을 쌓고 지붕은 진흙이나 나뭇가지와 이엉 같은 것으로 평평하게 만든 것이었다. 이런 지붕은 더운 날씨에 집안을 시원하게 해 준다. 중풍병자를 지붕 위에서 내려보냈다는 마르 2,4의 기록은 지붕을 쉽게 뜯을 수 있었던 당시의 가옥 구조를 전제한다.

가나안 땅에 정착한 뒤에 이스라엘인들은 토착민들의 전형적 주택을 본떠 서너 개의 방을 작은 안뜰에 두고, 이층에도 방을 올린 집을 지었던 것으로 보인다. 그러나 안뜰이 있는 주택은 비교적 상류층 사람들이 살았고, 보통 서민들은 이보다 훨씬 작은 집에서 비좁게 살았을 것이다. 벽은 두껍고 방에는 보통 창문을 내지 않았는데, 낮과 밤의 기온차가 심한 이 지역에서 외부의 더위와 추위를 막기 위해서다. 이런 집 구조 탓에 방 안은 낮에도 어두워 등잔불을 켜 두어야 했다. 불을 끌 때는 됫박으로 덮어서 불똥이 튀어 화재가 나거나 불쾌한 냄새와 그을음이 생기는 것을 막았다(마르 4,21 참조).

성문 바로 앞에 마련된 광장은 공공장소다. 이곳은 울타리가 쳐져 있었다. 앞에서 말한 대로 원로들이 이 광장에 앉아 송사도 처리하고 재판도 열었다(룻 4장). 또 이곳은 장터로도 이용되었다. 성읍에는 하수와 생활용수를 처리하는 시설의 흔적이 발견되기도 하지만 보통은 쓰레기나 오수 처리를 썩 잘한 것 같지는 않다.

V. 제도와 규정

1. 정치 제도
2. 종교 제도
3. 계약과 율법

》

이스라엘의 제도와 규정에서 정치와 종교는 서로 떼어 놓고 설명할 수 없다. 정치와 종교 둘 다 주체가 하느님이고 대상이 이스라엘 백성이기 때문이다. 곧 하느님께서 정치와 종교에서 당신 백성인 이스라엘을 다스리고 보살피시는 동시에 그들에게서 섬김과 예배를 받으신다.

1. 정치 제도

한 나라가 형성되기 위해서는 땅과 민족이 필요하다. 하느님께서는 이스라엘을 세우실 때, 이를 마음에 두시고 이스라엘인들의 원조상 아브라함에게 땅을 주시며 그에게서 큰 민족을 일으키시겠다고 약속하셨다. 가나안이 바로 하느님께서 약속하신 땅이요, 열두 지파가 바로 그분이 약속하신 큰 민족이다. 열두 지파는 약속의 땅 가나안에 들어와 정착한 뒤 번성하여 하느님 백성이 되고, 다윗과 솔로몬 통치 아래에서 통일 국가를 이룬다. 그러나 이스라엘의 참임금님은 천상천하의 주권을 가지신 주 하느님이시다. 그러므로 그분의 백성은 그분의 뜻에 따라 살아야 한다. 불행히도 이스라엘 백성은 그분의 뜻을 저버리고 낯선 신들을 따라갔다. 그 결과 그들은 정치적 기반인 땅과 종교적 기반인 성전을 잃고 방황하게 된다.

가. **약속의 땅**

성경에서 '땅'은 이스라엘이 실제로 차지한 가나안 영토를 가리키기도 하지만, 주님과 이스라엘 백성 사이의 계약 때문에 더욱 깊은 의미를 지닌다. 먼저 땅은 하느님께서 아브라함에게 약속하신 것 가운데 자손과 더불어 가장 중요한 조항이다. 이 땅은 아브라함 개인에게 하신 약속이면서 그의 후손들에게도 해당되는 약속이다. 실제로 아브라함은 가나안에 들어가긴 하였지만 그곳을 차지하지 못하고 거기에 머무르는 나그네 신세였다. 가나안 땅을 주시겠다는 하느님의 약속은 아브라함에 이어 이사악과 야곱과 그 후손들에게 되풀이되고 시나이 계약에서 다시 한 번 확인된다.

땅의 개념은 하느님이 온 세상의 임금이시며 만물을 만드신 창조주시라는 사실을 명백히 확인한다. 땅도 그분의 것이요 그곳에 사는 백성도 그분의 것이다(레위 25,23; 참조: 시편 95,4-7). 그러므로 이스라엘은 주 하느님을 자연과 동일시한 다른 이방 신들과 혼동하거나 함께 섬겨서는 안 된다. 그분은 하늘과 땅의 주인이시므로 이스라엘 백성에게 좋은 땅을 선물로 주실 수 있다. 하느님은 성전聖戰으로 그 땅을 정복하신 다음(여호 10,14), 조상들에게 약속하신 대로 이스라엘에게 넘겨 주셨다. 그 땅은 보통 땅이 아니라, "젖과 꿀이 흐르는"(탈출 3,8; 여호 5,6) 비옥한 땅이다. 그 땅은 광야에서 거주할 곳이 없어 방황하던 백성에게 정착할 자리를 마련해 주었다. 이제 그들은 땅이 생겨서 확실한 주체성과 소속감과 안정을 얻게 되었다.

다른 한편 가나안 땅은 이스라엘에게 축복의 원천인 동시에 유혹의 원천이기도 하였다. 그 땅에서는 가나안 원주민들이 여러 풍산신들을 섬기고 있었다. 유목민이던 이스라엘이 농업을 생업으로 삼는 이 땅에 정착하면서부터 풍산에 관심을 쏟게 되었고, 자연스레 가나안의 풍산신 숭배에 끌리게 되었다. 이스라엘이 이 유혹을 물리치고 시나이 계약에 충실하게 머무는 한, 이 땅에서 평화를 누리며 번영할 것이다(여호 1,8). 반대로 이스라엘이 계약의 규정들을 어기면 이민족들에게 땅을 빼앗기고 말 것이다. 여호수아의 영도로 가나안 땅을 차지한 이스라엘이 판관기와 사무엘기와 열왕기에 기록된 대로 계속해서 계약을 깨뜨리자, 주님께서는 이스라엘에게 선물로 주신 땅을 거두어 가신다. 신명기계 역사서는 계약에 충실하여 하느님의 도움을 받지 않고서는 그 땅을 차지하거나 유지할 수 없다는 사실을 증언한다(여호 17장; 판관 1,19).

나. **열두 지파**

야곱의 열두 아들이 열두 지파의 우두머리다. 성경에서 열두 지파의 이름은 바뀌기도 하나 12라는 숫자는 변하지 않는다. 여러 가지 체계가 있다. 요셉과 레위와 시메온이 열두 지파 안에 포함되느냐 아니냐에 따라 달라진다. 더 오래된 체계에서는 레위와 요셉이 둘 다 나타난다(창세 49장). 그러나 민수기에서는 레위와 요셉이 빠지고 요셉의 두 아들 므나쎄와 에프라임이 나온다. 민수기 저자는 열두 지파의 목록을 일곱 번씩이나 소개한다(1,5-15; 1,20-43; 2,3-29; 7,12-83; 13,4-15; 26,5-50; 34,19-28). 이 가운데 34장의 목록에는 요르단 동쪽에 자리 잡은 두 지파 르우벤과 가드가 빠져 있다. 나머지 목록에는 열두 지파가 다 나온다. 그러나 창세기와 탈출기의 목록에 포함된 레위 이름이 민수기에서는 한결같이 빠진다. 민수기의 목록이 땅의 분할과 관련되는데, 레위 지파는 땅을 상속받지 못하였기 때문일 것이다. 목록의 첫머리에는 야곱의 맏아들 르우벤이 자리 잡기도 하고, 사제계 문헌에서 중요시하는 유다 부족이 나오기도 한다. 그리고 목록마다 지파 이름의 순서가 다르다. 이는 목록의 앞뒤 문맥에 따라 저자가 의도적으로 바꾼 것일 수도 있고(예를 들어 민수 2,3-29의 목록은 성막을 중심으로 한 순서임), 서로 다른 지파 전통에 따른 것일 수도 있다. 신명기(33,1-29)에서는 시메온의 이름이 빠지고 대신 레위의 이름이 들어간다. 아마도 이 문헌이 작성될 때쯤에 시메온 지파가 사라졌기 때문일 것이다.

열두 지파는 다윗의 통일 민족국가 이전 동맹 체제의 주역들이다.

이들을 일치시킨 것은, 보이지 않고 만질 수 없는 신비스러운 분이시지만 실제로 그들 가운데에 현존하시는 이스라엘의 유일하신 주 하느님이었고, 스켐의 성소를 중심으로 거행된 야훼 예배였다(여호 24장). 가나안에 정착한 이스라엘은 자신들의 야훼 신앙을 시나이 전승과 분명히 연결하였다(판관 5,5; 시편 68,9). 왕정 이전부터 야훼 신앙은 이스라엘 안에 뿌리를 내렸던 것이다. 가나안 종교 앞에서도 야훼 신앙은 그대로 유지되었고 오히려 발전하였다.

다. **전쟁과 성전**聖戰

민수 31장에 보면 이스라엘 백성이 미디안인들을 쳐 이기는 이야기가 나온다. 여기서 이스라엘 병사들은 미디안의 장정들을 모두 죽이고 임금들도 다 죽였다. 또 사로잡아 온 아이들 가운데서 사내아이들은 모조리 죽이고 여자들 가운데서도 처녀만 남겨 두고 나머지는 다 죽였다. 어떻게 이런 끔찍한 학살을 저지를 수 있는가? 더구나 이 전쟁은 주님의 명령에 따른 것이다(25,16-18). 민수 21,1-3에서 이 같은 대량 학살은 '완전 봉헌물로 바치다'라는 동사로 표현한다. '완전 봉헌'은 포로는 죽이고 물건은 완전히 파괴한다는 뜻이다. 고대 근동의 셈족들은 전쟁에 나가기에 앞서 군대의 수장이 어떤 종류의 노획물은 자기가 차지하겠다고 선언하는 풍습이 있었다. 이렇게 지정한 노획물은 다른 군인들이 차지하거나 다른 용도로 쓸 수 없다. 이스라엘의 경우 주님이 그들 군대의 수장이시므로 노획물의 일부나 전부를 그분께 바쳐야 했다. 주님이 군대의 수장이 되셔서 싸우는 전쟁을 성전聖戰이라 한다. 실제로 탈출 15장의 '모세의 노래'를 보면 하느님을 '전쟁의 용사'로 묘사한다.

성전은 민수기뿐 아니라 여호수아기, 판관기, 사무엘기에도 나온다. 이 책의 저자들은 성전의 기록들을 후대의 독자들에게 이스라엘 신앙공동체의 창립 이야기로 소개한다. 그들은 성전을 주님과 가나안 신들의 극단적 대립으로 보았다. 고대 근동에서 민족과 민족 사이의 전쟁은 그들이 섬기는 신들의 전쟁이었으므로 패배한 민족은 자기네가 섬기는 신을 버리고 승리한 민족의 신을 섬겨야 했다. 성전을 그토록 끔찍한 대량 학살로 묘사한 이유는, 이 전쟁에서 패배하면 야훼 신앙을 포기하고 가나안의 허수아비 신을 받아들이고 섬겨야 했기 때문이다.

그러나 성전에서 요구하는 대량 학살과 완전파괴가 앞에서 예를 든 민수 31장의 기록처럼 언제나 철저하게 시행된 것은 아니다. 이 기록과 거의 비슷한 시기이거나 먼저 나온 것으로 보이는 신명 20장은, 완전봉헌에 몇 가지 제한을 두어 성전의 잔혹함을 부분적으로 완화하려는 의도를 드러낸다. 민수기 저자도 첫 부분에서 이스라엘 백성 전체를 행군하고 있는 주님의 군대로 여기며, 이 군대의 목표로 복수가 아닌 성결과 순종을 요구한다. 성전의 개념은 예언서에서 점차 퇴색한다. 전쟁은 결코 하느님의 뜻을 구현하는 방법이 아니다. 오히려 이스라엘이 평화를 누리고 온전한 믿음을 갖는 것이 그분의 뜻이다(이사 7,1-14; 예레 21,3-10; 34,1-5; 호세 10,12 이하 등).

성전의 개념은 특히 여호수아기를 비롯하여 판관기와 사무엘기에 자주 나온다. 이 성전에서 하느님은 이스라엘을 진두지휘하시는 전사戰士 또는 용사이시다. 학살과 파괴의 체험 때문에 전쟁에 대하여 부정적으로 생각하는 현대인들에게 폭력적인 전사로서의 하느님은 받아들이기 어려운 표상일 수 있다. 또한 '원수들까지도 사랑해야 할' 의무를 지닌 그리스도인들에게 성전에서 요구하는 대량 학살과 완전파괴는 도저히 이해할 수 없는 죄악으로 보인다. 그러나 '폭력적 전사로서의 하느님' 개념은 이스라엘이 고대 근동의 문화에서 받아들인 신개념이다. 그들은 자신들이 섬기는 신들에게 더 큰 폭력을 부여하면 할수록 그 신들을 들어높이는 것으로 여겼다. 구약의 저자들은 이런 전사 신의 개념을 이용하여 이스라엘 백성과 맺으신 당신의 계약에 충실하신 하느님을 묘사한다.

더구나 이스라엘은 고대 근동의 전쟁 문화 속에서 자라났고 그들의 일상이 늘 전쟁에 영향을 받았다. 전쟁은 실로 그들 삶의 일부였다. "해가 바뀌어 임금들이 출전하는 때가 되자"라는 2사무 11,1의 서술에서 우리는 고대 근동의 민족들이 전쟁을 연례 행사처럼 치렀다는 것을 알 수 있다. 현대인들이 자신들의 문화와 체험을 바탕으로 전쟁에 대하여 부정적으로 생각하듯이, 이스라엘인들도 자기네 문화와 삶의 체험을 바탕으로 성전과 하느님의 개념을 긍정적으로 정립하였다. 그들에게 성전과 '전사-하느님'은 이스라엘에 대한 주님의 성실한 사랑과 관심을 드러내는 현장이요 표상이다.

그러나 이스라엘이 치른 모든 전쟁이 다 주님께 무조건적 지지와 인정을 받은 것은 아니다. 초기 이스라엘 역사에서 주님은 당신 백성을 위하여 싸우시지만, 이스라엘이 주님의 길에서 벗어나 우상 숭배에 빠졌을 때는 이를 징벌하시려고 아시리아와 바빌론의 군대를 끌어들여 그들을 치셨다. 이때 이스라엘의 패배는 주님의 패배가 아니라 오히려 주님의 승리로 볼 수 있다. 예언자들은 이를 주님께서 이스라엘을 징벌하시려고 이민족들을 시켜 그들과 맞서신 것으로 본다.

여호수아기와 판관기에 나오는 성전 개념은 가나안 정복과 관련된 몇몇 전투들을 신명기 법전의 정신에 따라 재해석한 결과라 할 수 있다. 성전에서 강조하는 '완전 봉헌'은 이스라엘 민족을 가나안 땅의 우상 숭배에서 보호하기 위한 배려다. "주 너희 하느님께서 너희에게 상속 재산으로 주시는 저 민족들의 성읍에서는, 숨쉬는 것은 하나도 살려 두어서는 안 된다. … 그래야 그들이 자기 신들에게 하는 온갖 역겨운 짓을 너희도 하라고 가르쳐서 너희가 주 너희 하느님께 죄를 짓게 되는 일이 없을 것이다"(신명 20,16-18).

하느님은 이스라엘이 고대 근동의 문화에서 받아들인 성전과 전사-하느님 개념을 이용하여 그들에 대한 당신의 성실한 자애를 드러내시는 동시에 이스라엘을 이민족들의 우상 숭배에서 철저하게 보호하고자 하셨다.

라. 정치 제도의 변천

기원전 13세기 여호수아의 정복 이전에 가나안에는 여러 도시 국가들이 자리 잡았던 것 같다. 가나안을 정복한 뒤, 이스라엘인들은 부족마다 자치권을 행사하면서 동맹 체제를 결성하였다. 평화시에는 부족의 수장이 통치하고, 유사시에는 이 동맹 체제에서 뽑은 지도자를 중심으로 단결하였다. 이 지도자가 판관이다. 판관 제도는 이백여 년 동안 이스라엘을 지켜 주었다. 그러나 이 제도는 한 임금을 중심으로 평상시에 훈련시킨 군사를 투입하여 일사분란하게 전투에 임하는 주변 왕국들과 맞서기에는 역부족이었다.

1030년 사울이 이스라엘의 첫 임금으로 추대되면서 이스라엘에 왕정 제도가 들어온다. 사울의 뒤를 이어 다윗과 솔로몬이 나라를 다스릴 때 이스라엘은 처음으로 통일 왕국을 이룬다. 그러나 933년 왕국은 남북으로 갈라지고 북왕국 이스라엘은 722년 아시리아 제국에게, 남왕국 유다는 587년 바빌론 제국에게 멸망하고 만다.

538년 유배에서 돌아온 뒤, 이스라엘은 예루살렘 성전을 중심으로 한 성전 국가로 전락한다. 예루살렘 밖의 지역은 페르시아나 그리스 등 본국에서 파견된 총독이나 지방 행정관의 식민 통치를 받았다. 기원전 167년 마카베오 항쟁이 일어나 이스라엘은 잠시 독립을 쟁취한다. 마카베오 형제들 가운데 유일한 생존자인 시몬은 143년 시리아 왕국에서 대사제직과 자치권을 얻고 하스모네아 왕조를 세운다. 그러나 하스모네아 왕조는 기원전 63년 예루살렘이 로마의 지배 아래 들어가기까지 늘 내분에 시달리고 시리아 임금들의 눈치를 보아야 하는 허약하기 짝이 없는 왕조였다.

팔레스티나를 식민지로 만든 로마는 기원전 37-4년에 꼭두각시 임금 헤로데 대왕을 내세워 팔레스티나를 다스리게 하였다. 헤로데 대왕이 죽은 뒤에는 그의 아들들에게 영토가 분할되었다. 아르켈라오스는 유다와 사마리아를, 필리포스는 이투래아와 트라코니티스 지방을, 안티파스는 갈릴래아와 요르단 강 동부 페래아를 맡았다(루카 3,1 참조). 그러나 기원후 6년에 폐위된 아르켈라오스의 영토는 로마의 총독들에게 넘어갔고, 34년에 죽은 필리포스의 영토는 잠시 시리아 지방에 귀속되었다가 헤로데 대왕의 손자 아그리파스 1세에게 넘어갔다. 아그리파스는 39년 갈리아(오늘날의 프랑스)로 귀양간 안티파스의 영토도 차지하였다. 44년 아그리파스 1세가 죽자 그가 차지한 이스라엘 전역은 열일곱 살의 어린 아들 아그리파스 2세 대신 로마 총독들에게 맡겨졌다. 그러다가 아그리파스 2세는 53년에 옛 필리포스의 영토 이투래아와 트라코니티스를, 56년에는 갈릴래아와 페래아까지 넘겨받았으나, 그 밖의 다른 지역은 계속 로마 총독들이 다스렸다. 로마 식민 통치 체제 아래서 헤로데 가문의 임금들은 로마 황제의 권한을 위임 받아 일반 행정과 치안 등 내정만 담당하였다. 군사, 외교, 조세의 권한은 황제가 임명한 지방장관, 곧 총독들에게 맡겨졌다. 그 밖에 종교에 관한 사항들은 유다 최고 종교회의인 산헤드린에서 관장하였다.

이상 이스라엘의 정치 제도가 어떤 변천 과정을 겪었는지 간략하게 살펴보았다. 더 상세한 내용은 둘째 마당 이스라엘의 역사에서 다룬다.

2. 종교 제도

정치 제도보다 훨씬 세련되고 복잡한 종교 제도는 이스라엘의 역사 안에서 한 번도 중단된 적 없이 그들의 일상 생활을 주도해 왔다. 이스라엘 종교의 외적 제도는 성전과 사제직과 제사/제물이고, 내적 제도는 계약과 율법이다. 이 제도들을 차례로 살펴본다.

가. **만남의 천막과 계약 궤**

만남의 천막은 하느님과 그분의 백성이 만나는 장소로, 주님의 집, 성소, 주님의 거처 등 여러 가지 이름으로 불렸다. 민수 2,2에 따르면 이 천막은 이스라엘인들의 진영 한가운데에 설치하였지만, 탈출 33,7에 따르면 진영 밖에 설치하였다. 만남의 천막을 백성의 진영 밖으로 옮긴 이유는 아마도 그들의 진영이 금송아지 숭배(탈출 32장 참조)로 더럽혀졌기 때문일 것이다. 모세가 만남의 천막 안으로 들어가면 하느님의 현존을 뜻하는 구름이 그곳을 덮었다.

만남의 천막은 이스라엘이 시나이 광야를 떠돌 때, 하느님께서 그들과 함께 머무르시고자 마련하라고 명하신 처소로서 옮겨 다닐 수 있는 성소였다. 이스라엘인들이 가나안에 들어간 뒤에 이 천막은 실로(여호 18,1), 놉(1사무 21장), 기브온(1역대 16,39)에 안치되었다가 솔로몬이 지은 성전으로 대치되었다(1열왕 8,4).

만남의 천막을 만드는 규정은 탈출 25—30장에 나오고, 이 천막의

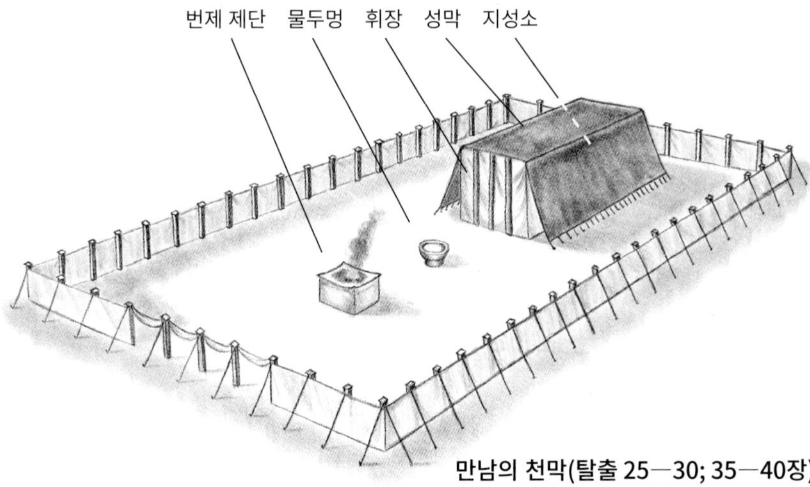

만남의 천막(탈출 25—30; 35—40장)

실제 건립은 35—40장에서 묘사하고 있다. 만남의 천막 가운데에는 방이 두 개 있는데, 둘 사이에 휘장이 쳐져 있다. 안쪽 방은 지성소라고도 부르며 계약 궤를 안치하고, 바깥쪽 방에는 분향 제단, 일곱 가지가 달린 등잔대, 늘 빵을 차려놓는 제사상이 있다. 천막 앞에는 제사를 바치는 사제들이 손과 발을 씻는 물두멍이 있고, 물두멍 앞에는 번제 제단을 설치한다. 계약 궤의 크기는 길이가 90센티미터, 너비와 높이가 저마다 67센티미터 정도다. 제사상의 크기도 계약 궤와 같다. 만남의 천막의 크기는 천막을 덮는 휘장의 크기로 계산하여 길이가 18.8미터, 너비가 13.5미터, 높이가 4.5미터 정도다. 마지막으로 뜰의 크기는 길이가 44미터, 너비가 22미터, 울타리의 높이는 2.2미터 정도다. 만남의 천막의 기본 구조는 솔로몬 성전에 그대로 적용되었다. 만남의 천막에 보관한 계약 궤는 아카시아 나무로 만들어 안팎을 금으로 입힌 작은 상자인데, 뚜껑은 금판으로 되어 있다(탈출 25,10-22). 계약 궤의 덮개는 히브리어로 '속죄판', 곧 하느님께서 속죄

행위를 받아들이시는 곳이라는 뜻이다. 계약 궤 위에는 두 커룹이 마주 보고 서서 날개로 궤를 덮고 있다. 계약 궤는 하느님께서 이스라엘을 만나시고 당신의 계명을 알리시는 곳이다(탈출 25,22). 계약 궤에는 모세의 십계 석판 두 개가 들어 있었다(1열왕 8,9). 히브 9,4에 따르면 만나를 담은 그릇과 아론의 지팡이도 함께 들어 있다고 하는데, 이는 히브리서 저자가 비역사적 라삐 전승을 인용한 것으로 보인다.

계약 궤는 히브리인들이 사막을 가로질러 갈 때나 전쟁에 나갈 때 항상 앞장섰다. 이스라엘이 가나안에게 패배하였을 때, 그들은 계약 궤를 가지고 있지 않았다(민수 14,44). 가나안에 진입할 때에도 계약 궤가 제일 먼저 요르단 강을 건넜고(여호 3,3 이하), 예리코 성을 이레 동안 돌았다(여호 6,11 이하). 계약 궤는 신탁을 문의하는 자리이기도 하다(판관 20,27). 이스라엘이 가나안에 정착한 다음에 계약 궤는 실로에 안치되었다(1사무 3,3 이하). 필리스티아인들과의 싸움에 이 계약 궤를 가지고 나갔다가 이스라엘군은 크게 패하고 궤를 빼앗겼다(1사무 4,10-11). 이는 하느님의 길을 따라 걷지 않으면서 그분의 거룩한 현존인 계약 궤에만 의지한다면 아무런 도움도 얻을 수 없다는 교훈을 보여 주는 사건이다.

이처럼 계약 궤는 주님의 현존을 상징한다. 성경학자들은 이슬람교 이전의 아랍 부족들도 이스라엘의 계약 궤와 비슷한 형태의 궤를 가지고 다녔다는 사실을 밝혀 냈다. 집도 일정한 거주지도 없고 따라서 성전도 없는 유목민들에게는 이런 궤가 필요했을 법하다. 이집트에서는 태양신의 거처로 계약 궤 대신 배를 만들어 나일 강에 띄웠다. 이 배는 하늘에 있는 태양신의 거처를 지상에 옮긴 것이다.

계약 궤는 이스라엘의 초기 역사에서 매우 중요하다. 많은 성경학자들은 계약 궤가 열두 지파를 한데 모으는 구실을 하였을 것으로 본다. 한 지파가 한두 달씩 궤와 성막을 보관하고 정기적으로 주님과의 계약을 갱신하면서 열두 지파의 동맹 관계를 확인하였을 것이다.

나. 성전

(1) **솔로몬 성전**(제1성전)

솔로몬의 성전에 관한 기록은 1열왕 6—7장; 2역대 3—4장에 나오지만 명확하지 않거나 서로 상충하는 부분들이 많아서 흔히 에제 40—43장으로 보충하고 수정한다. 솔로몬 성전의 정확한 위치는 알 수 없다. 다만 성경에서는 지성소가 있던 자리가 본디 아라우나의 타작마당이었는데, 다윗이 그것을 은화 쉰 세켈(2사무 24,24)을 주고 사들였다고 한다. 1역대 21,18-25에는 오르난의 타작마당을 금화 육백 세켈을 주고 사들였다고 되어 있다.

솔로몬 성전은 동서로 길게 앉은 직사각형 건물이었다. 성전의 크기는 길이가 27미터, 너비가 9미터, 높이가 13.5미터쯤 되었다. 이 정도면 성전 치고는 그리 큰 편이 아니다. 그러나 고대에는 성전이 일차적으로 하느님이 머무르시는 처소이지 오늘의 교회나 성당처럼 신자들이 모이는 곳이 아니었다. 솔로몬 성전은 작은 안뜰과 큰 바깥뜰로 둘러싸여 있었는데, 두 뜰의 벽은 다듬은 돌과 향백나무 서까래로 되어 있었다. 안뜰에는 길이와 너비가 저마다 90센티미터, 높이가 45센티미터쯤 되는 번제용 청동 제단이 세워졌다. 이 제단과 성전의 현관 사이에는 '청동 바다'라고 하는 큰 물두멍을 놓았다. 이 물두멍의 크기는 지름이 4.5미터, 높이가 2.2

미터, 둘레가 13.5미터쯤 되었다.

성전 현관에는 야킨(יָכִין 그분이 굳건히 세우셨다)과 보아즈(בֹּעַז 그분 안에 힘이 있기를)라 부르는 기둥 두 개가 버티고 섰다. 청동으로 된 이 두 기둥은 높이가 8미터, 둘레가 5미터가 넘었다(예레 52,20-21 참조). 성전 본건물은 세 부분 곧 현관과 성소와 지성소로 나뉜다. 여기서 말하는 현관은 단순히 건물의 입구를 가리키는 것이 아니라, 응접실과 같은 넓은 방을 말한다. 지성소에는 계약 궤를 모셨는데, 사람의 머리에 날개와 네 발이 달린 짐승 모습의 커룹 둘을 세워 그들의 날개로 궤를 덮어 보호하도록 하였다. 성소 안에는 금으로 만든 분향 제단, 빵을 차려 놓은 제사상, 오른쪽과 왼쪽에 다섯 개씩 세워 놓은 등잔대가 놓여 있었다. 그리고 제사에 쓰는 기물들은 성전 벽에 삼층짜리 곁채를 지어 보관하였다.

고대 사회에서 국보로 통하는 신전은 한 나라의 흥망성쇠에 따라, 다른 나라에서 빼앗아 온 값진 약탈물로 장식되기도 하고, 반대로 신전의 값비싼 기물들이 다른 나라에 조공으로 바쳐지기도 하였다. 전자의 경우 이스라엘은 이교도들과의 싸움을 성전聖戰으로 보았기 때문에, 그들에게서 거두어들인 전리품은 모두 하느님께 속한 것으로 여겨 그 가운데 값진 보물들을 '주님의 집'에 당연히 바쳤다. 이와는 반대로 솔로몬이 성전을 짓고 그 안에 만들어 놓은 값진 기물들은 그의 아들 르하브암 통치 때에 이집트의 파라오 시삭에게 빼앗겼다(1열왕 14,25-26). 또한 후대의 임금들, 심지어 히즈키야마저도 동맹 관계를 유지하거나 조공을 바치기 위하여, 아니면 침략자의 환심을 사기 위하여 성전의 금은 기물을 갖다 바치고 장식물을 떼어다 바쳤다(2열왕 18,15-16). 우상 숭배에 빠진 임금들은 이방 신들의 형상을 성전에 세워 놓기도 하였다. 아하즈는 종주국 임금인 아시리아의 티글랏 필에세르를 만나러 다마스쿠스에 갔다가 그곳 제단의 모형을 만들어 가지고 와서 예루살렘 성전의 제단을 아시리아식으로 바꾸었다(2열왕 16,10-11). 그래서 요시야 임금은 종교 개혁(622년)의 첫 번째 사업으로 예루살렘 성전의 전면적인 개축과 보수를 지시하였다(2열왕 23장). 당시에 성전은 지어진 뒤 삼백여 년 동안 오랜 영욕과 인고의 세월을 보낸 데다가 역대 임금들의 무관심으로 낡고 방치된 상태였다. 이렇게 재건된 성전은 다시 587년 바빌론 임금 네부카드네자르에게 철저히 약탈당하고 파괴되었다.

(2) 제2성전

제2성전은 솔로몬의 성전이나 헤로데 성전보다 훨씬 더 오래, 곧 오백여 년이나 존속하였다. 538년 키루스 대왕의 해방령에 따라 바빌론 유배자들은 네부카드네자르가 빼앗아 간 성전 기물들을 되찾고 성전을 다시 세울 수 있는 허락을 받아 예루살렘으로 돌아왔다. 폐허에서 깨진 기와 더미와 벽돌을 말끔히 치운 유배자들은 제단을 다시 쌓고 성전의 기초를 놓기 시작하였다(에즈 1장; 3,2-10). 그러나 북쪽 사마리아인들의 방해와 유다 지방의 정치적 상황 때문에 성전 재건은 중단되었다. 그러다가 다리우스 1세가 다스리던 520년 가을에 하까이와 즈카르야 예언자의 도움에 힘입어 즈루빠벨 총독과 예수아 대사제의 주도 아래(하까 1,1.12; 2,1) 유다인들은 건축 사업을 재개하였고, 마침내 516/515년 새로 지은 성전을 봉헌하였다. 예레미야 예언자의 예언대로 이스라엘이 폐허가 된 지 일흔 해 만에 이루어진 회복이다(예레 25,11-12; 29,10).

제2성전은 솔로몬의 성전과 크기는 거의 같으나 기초부터 옛 성전에는 못 미치는 수준이었던 것 같다(에즈 3,12). 기초의 일부는 아마도 현재 남아 있는 예루살렘 서쪽 벽일 것이다. 이 서쪽 벽은 나중에 헤로데가 더 튼튼하게 개축하였고, 기원후 70년 로마의 티투스 장군이 성전을 파괴하면서 유일하게 남겨 놓아, 오늘날 '통곡의 벽'으로 불리며 수많은 유다인 순례객의 발걸음을 붙잡는다.

제1성전에 있던 계약 궤는 유배 시절에 사라진 뒤 다시 발견되지도 다른 것으로 대치되지도 않았다. 또 솔로몬 성전의 성소에 있던 등잔대 열 개는 일곱 가지가 달린 등잔대 하나로 바뀌었고, 빵을 차려 놓은 제사상과 분향 제단은 그대로 남아 있었으나 기원전 167년 12월 에피파네스(ἐπιφανής 신의 현현顯現)라고 자신을 부르게 한 안티오코스 4세가 약탈해 갔다. 안티오코스는 성전에 이교도의 제단과 우상을 세워 하느님을 모독하였다. 마카베오 형제들은 164년 신성모독자들의 손에서 성전을 되찾아 정화하고 없어진 기물들을 새로 만들고 등잔대와 분향 제단과 제사상을 성소 안에 다시 들여다 놓았다. 그러고 나서 그해 키슬레우 달(음력 11월) 25일 정화된 성전을 봉헌하였다. 그 뒤에 마카베오 형제들은 적군이 쳐들어와 성전을 더럽히지 못하도록 그 주변을 요새로 만들었다(1마카 4,36-61). 이 요새 성전은 기원전 63년 로마의 장군 폼페이우스가 예루살렘을 포위 공략하였을 때, 석 달 동안이나 버티었다.

(3) 헤로데 성전

헤로데의 아버지 안티파테르는 이두매아 사람이다. 그는 처음에 하스모네아 왕조의 마지막 임금 히르카누스 2세와 유다의 통치권을 나누어 가졌으나, 무능한 히르카누스를 몰아내고 대권을 쥐었다. 그의 아들 헤로데는 기원전 37년 예루살렘을 함락하고 성전을 점령하였다. 로마의 비호 아래 유다 전역에 통치권을 행사하게 된 헤로데는 기원전 19년부터 야심찬 계획을 실천에 옮기기 시작하였다. 그 계획이란 예루살렘 성전을 웅장하게 건립하는 것이다. 그가 예루살렘 성전을 건립한 목적은 세 가지다. 첫째, 그는 팔레스티나 유다인들은 물론 디아스포라 유다인들을 포함한 온 세상 모든 유다인의 임금이 되고 싶었다. 그래서 그는 유다인들의 가장 큰 관심사인 예루살렘 성전을 다시 짓되, 성전 본건물인 지성소와 성소와 현관은 율법서의 규정에 맞추어 솔로몬 성전이나 제2성전의 본디 구조에서 벗어나지 않으려고 하였다. 둘째, 그는 당시 코린토, 알렉산드리아, 안티오키아, 로마 등의 대도시에 살던 헬라계 유다인들의 찬사를 받고 싶었다. 그들의 눈높이에 맞추어 성전 본건물 이외의 부속 건물들은 그리스 건축 양식을 도입하여 크고 화려하게 지으려고 하였다. 셋째, 그는 자신의 팔레스티나 통치를 승인해 준 로마 권력층의 환심을 얻고 싶었다. 그리하여 예루살렘을, 동방의 어떤 도시보다 로마 황제의 권력을 옹호하고 로마인들의 식민 통치를 원활하게 하는 도시로 내세우고자 하였다. 성전의 건립은 이런 취지에 맞추어 이루어졌다. 성전의 한 구역에 속하는 안토니아 성채가 바로 그 좋은 예다. 헤로데는 원로원에 요구하여 자기를 유다의 통치자로 내정해 준 로마의 장군 마르쿠스 안토니우스의 이름을 따서 이 성채를 짓고, 로마 군인들이 주둔하면서 성전 경내에서 일어나는 소요를 쉽게 진압할 수 있게 하였다. 파스카 같은 유다인들의 큰 축제 때에는 로마 총독이 카이사리아에서 이곳으로 잠시 거처를 옮기기도 하였다.

헤로데 성전은 앞에서 언급한 본건물과 안토니아 성채 말고도 뜰, 문, 입구, 주랑, 그 밖의 부속 건물들로 이루어졌다. 경내와 건물들을 모두 합하여 성전의 크기는 남북으로 450미터, 동서로 300미터나 되었다.

헤로데 성전 경내

성전 벽의 경우, 곳에 따라 바위를 깎은 면이 벽이 되기도 하지만, 보통 높이가 1-5미터 되는 돌들을 쌓아 벽을 만들어 세웠다. 북쪽 벽에는 '타디 문'이 있었으나 한 번도 사용된 적이 없었고, 동쪽 벽에는 오늘날까지도 '황금 문'이라는 이름으로 남아 있는 문과 남쪽으로는 두 개의 '헤로데 문'(Herodian Gates, '훌다 문'이라고도 알려져 있다)이 나 있으며, 서쪽으로는 문이 네 개 있어 성전과 시가지를 오가기 쉬웠다. 안토니아 성채는 북서쪽 모퉁이에서 성전을 지켜보고 있었다. 예수님의 유혹 이야기에 나오는 '성전

의 꼭대기'(마태 4,5)는 키드론 골짜기를 내려다 볼 수 있는 성전의 남동쪽 끝이었을 것이다.

성전 경내 사방 벽 가까이에는 주랑들이 늘어서 있었는데, '왕궁 주랑'이라 불린 남쪽 주랑만 기둥이 네 줄이고, 나머지 주랑들은 두 줄이었다. 동쪽 주랑은 '솔로몬 주랑'이라 하였다(요한 10,23; 사도 3,11; 5,12). 이 기둥들 사이에서 율법 학자들이 제자들을 가르치고 토론도 벌였다(마르 11,27; 루카 2,46; 19,47). 또 제물용 짐승들을 파는 상인들과 환전상들이 판을 벌인 곳도 바로 이 주랑이다(루카 19,45-46; 요한 2,14-16).

주랑을 포함한 '이방인들의 뜰'과 본격적인 성소 구역은 난간으로 갈라 놓았다. 유다인들은 이방인들의 뜰보다 약간 높게 만든 성소 구역에서 벌어진 이방인 살해에 대해서는 책임이 없다는 경고문을 그리스어와 라틴어로 써서 성전 경내에 붙여 놓았다. 성소 구역 첫째 뜰은 '여자들의 뜰'인데, 이곳에는 헌금 궤가 놓여 있다(마르 12,41-44). 여자들의 뜰 다음에 조금 높이 '이스라엘의 뜰'을 만들어 놓았다. 평신도 남자 유다인들은 평소에는 이곳까지 들어갈 수 있고, 가장 안쪽에 위치한 '사제들의 뜰'에는 초막절에 제단 주변을 돌기 위해서만 들어갈 수 있었다. 성소에 들어가는 문은 북쪽과 남쪽에 저마다 네 개가 있고, '여자들의 뜰'로 들어가는 동쪽 문은 '아름다운 문'(사도 3,2)으로 불렸다.

성소 구역은 솔로몬 성전과 같은 구조로 지어졌다. 밖에서 볼 때 첫째 방인 현관의 정면은 너비와 높이가 저마다 45미터 정도이지만, 현관으로 들어가는 입구는 너비가 9미터, 높이가 18미터 정도였다. 현관 내부의 너비는 입구의 너비와 똑같이 9미터, 길이는 18미터 정도였다. 가운데 방인 성소의 크기는 길이와 너비가 저마다 9미터, 높이가 18미터 정도였다. 마지막 방인 지성소의 크기도 성소와 같았다. 성소와 지성소 위로는 빈 공간이 현관 정면의 높이에 맞추어 45미터를 유지하고 있어 지붕이 수평을 이루었다. 현관 입구 방향인 동쪽을 제외한 북쪽과 남쪽과 서쪽에는 삼 층짜리 곁방들이 늘어서 있었다. 건물 지붕에는 금을 입힌 못들을 박아 놓아 새들이 홰를 치지 못하게 하였다.

상아색 벽과 금으로 장식한 이 화려하고 웅장한 건물은 기원전 19년에 헤로데 대왕이 짓기 시작하여 10년 뒤인 9년에 마무리되었지만, 성전 경내의 다른 건물들까지 모두 완성된 것은 기원후 64년에 이르러서였다(요한 2,20 참조). 그러나 70년 제1차 유다 항쟁 말기에 헤로데 성전은 로마 군대에 짓밟히고, 일곱 가지가 달린 황금 등잔대와 제사상을 비롯하

예루살렘 구 도시 전경. 성벽 가운데에 황금 문이 보인다.

여 많은 성전 기물들이 '티투스의 개선문'에 기록된 대로 로마로 옮겨졌다.

(4) 성전의 중요성

예루살렘 성전은 하늘과 땅을 잇는 다리 구실을 하였다. 성전은 전례적으로 제사를 바치는 장소이고 사제직을 수행하는 곳이었다. 경제적으로는 유다 국가의 금고였으며, 정치적으로는 로마의 통치에 맞서 하늘(하느님)의 통치를 추구하는 유다인의 안식처요 유일한 희망이었다. 모든 유다인은 탈출 30,11-16이 명하는 대로 해마다 반 세켈씩 충실하게 성전 세를 바쳤고(마태 17,24 참조), 앞에서 언급한 대로 삼대 순례 축제 때는 사방에서 예루살렘 성전으로 모여 왔다(사도 2,5-11 참조). 헤로데는 성전에 대한 유다인들의 열정에 부응하여 성전 재건에 심혈을 기울여서 유다인들의 환심을 사려 했다. 제1차 유다 항쟁 동안에 유다인들은 성전과 성전이 세워진 시온 언덕을 차지하기 위하여 로마인들과 가장 치열한 전투를 벌였다.

70년 성전이 파괴된 다음에도 그곳은 유다인들의 정신 세계 속에서 언제나 첫 자리를 차지하였다. 제2차 유다 항쟁 때에 바르 코크바는 성전의 모습이 새겨진 동전을 유통시켰다. 성전에 대한 언급은 초대 그리스도교 문헌과 라삐 유다이즘 문헌에 자주 등장하고 유다교 전례에서 끊임없이 되풀이되었다.

성전에 대한 인식은 1세기 팔레스티나에 존재한 종교 파당마다 다르다. 실제로 성전에서 사제직을 수행한 사두가이들은 성전의 파괴와 더불어 사라졌지만, 바리사이들은 성전이 재건되리라는 희망을 늘 간직하고 살았다. 동시에 바리사이들은 성전의 제사를 자선으로 바꾸어 실천하였다. 사해 문서 가운데 하나인 '성전 두루마리'의 저자는 새로운 성전이 부패한 예루살렘 성전을 대신하리라고 믿었다. 초기 그리스도인들은 예수님을 성전 권위에 도전하신 분으로 묘사한다. 일부 유다계 그리스도인들은 성전 예배에 충실하게 참여하였으나, 히브리서에서 볼 수 있듯이 세월이 지나면서 대부분이 결국 성전의 제사를 예수 그리스도의 제사로 대체하였다.

다. **사제직**

아론 가문의 후손들인 사제들과, 같은 레위 지파이지만 다른 가문의 후손들인 레위인들 사이의 관계는 성경학자들 사이에 오랫동안 논란의 대상이 되어 왔다. 레위인들과 사제들의 관계에 대해서도 두 가지 다른 견해가 있다. 신명기와 여호수아기와 일부 예언서 본문(에제 43,19—44,15; 말라 2,4)에서는 레위인들을 사제로 묘사하지만, 그 밖의 다른 곳에서는 아론 집안에서만 나오기로 된 사제들과 구별하여 성전에서 사제들을 돕는 이들로 소개한다. 처음에는 레위인들도 사제였으나 바빌론 유배 이후에 아론 집안의 영향력이 커지면서 사제직을 포기하고 아론 집안의 사제들에게 예속된 것으로 보인다. 민수기에서는 레위인들의 지위를 높이 평가하지만 그들에게 사제직까지 부여하지는 않는다. 그 대신 계약 궤를 멜 특전과 성소에서 성물들을 관리할 책임과 광야 시절 내내 성물들을 옮길 책임은 레위인들의 몫이다(민수 4장).

(1) 사제의 임무

고대 근동에는 신에게 제사를 지내고 신의 뜻을 알려 주며, 신의 거처인 성소를 지키는 특별한 계층의 사람들이 있었다. 이처럼 신과 일반인들 사이를 연결하는 중개 임무를 맡은 이가 바로 사제다. 물론 사제뿐 아니라 씨족의 원로나 가문의 가장도 구성원들을 위하여 제사나 제물을 바칠 수 있고, 하느님 앞에서 백성을 대표하는 임금이 제물을 바치는 수도 있지만(멜키체덱은 임금이면서 사제였다: 창세 14장; 시편 110편), 제사만을 전문적으로 수행하는 사람은 오직 사제뿐이다.

처음에는 사제가 아닌 사람이 제사를 지내기도 하였다. 레위 지파가 아니라 에프라임 지파 출신인 사무엘은 사제라기보다 판관이요 예언자라 할 수 있는데, 그는 규칙적으로 제사를 지냈다. 그 밖에 사울을 비롯하여(1사무 13장) 다윗(2사무 6,13), 솔로몬(1열왕 8,62-64), 예로보암(1열왕 12장), 아하즈(2열왕 16장)가 임금으로서 제사를 지냈다. 그러나 이런 관행은 유배 이후 잘못된 것으로 판단한다. 가령, 우찌야 임금의 나병을 두고 역대기 저자는 그가 성전에 향을 피우러 들어간 탓이라고 설명한다(2역대 26,16-20).

(2) **아론과 사제들**

아론은 크핫과 아므람에 이어지는 레위의 삼대째 후손이다(탈출 6,14-20). 그는 세 살 아래인(탈출 7,7) 모세와 함께, 아므람과 요케벳 사이에서 난 아들이고 그들의 누이는 미르얌이다.

아론은 유다 지파의 아내 엘리세바에게서 나답, 아비후, 엘아자르, 이타마르를 낳았는데, 나답과 아비후는 광야에서 하느님께 속된 불을 바친 탓에 벌을 받아 죽고(레위 10,1-2), 엘아자르와 이타마르가 아론의 사제직을 계승하였다. 이 엘아자르와 이타마르의 후손들은 나중에 저마다 자기네가 이스라엘의 사제 가문을 대표한다고 주장한다.

아론은 광야에서 성막에 봉사하기 위하여 대사제로 임명되고 그의 후손들은 사제가 되었다. 대사제직은 이타마르의 후손인 엘리 시대 전까지는 엘아자르 가문에서 나왔다. 엘리 대사제 때부터 이타마르의 후손에게 넘어간 대사제직은 에브야타르가 솔로몬을 거슬러 반역을 꾀하다가 내쫓긴 뒤(1열왕 2,26-27) 엘아자르의 후손 차독 가문에게 돌아왔다. 기원전 174년 셀레우코스 왕조의 안티오코스 4세가 대사제 오니아스 3세를 폐위시킨 다음부터, 대사제는 통치권자의 뜻에 따라 임명되었다. 차독 가문의 사제직이 끊긴 지 10년이 지난 뒤에 셀레우코스 왕조가 대사제로 임명한 알키모스는 하시드인들에게서 '아론 가문의 사제'로 인정을 받았다(1마카 7,12-15). 그는 아론의 아들 이타마르 계보였던 것 같다.

아론은 거룩한 기름으로 도유되어 '기름부음 받은 사제'(레위 4,3)가

되었다. 그와 그의 후손들은 특별한 사제복을 입었는데, 아론은 여느 사제들과 구별되는 대사제 복장을 하였다. 집회서 저자는 대사제 복장을 상세히 묘사하면서 아론을 높이 찬양한다(집회 45,6-15). 대사제의 복장은 고운 아마포로 지은 속내의와 그 위에 입는 속옷, 겉옷과 에폿, 금관이 붙은 터번, 그리고 허리띠로 되어 있다. 속옷은 피부에 닿는 내의가 아니라, 가톨릭 사제가 입는 장백의처럼 목에서 발끝까지 닿는, 제복의 바탕이 되는 긴 옷이다. 속옷 위에 걸치는 겉옷은 소매가 없고 속옷보다는 약간 짧지만 발목까지 내려오는 역시 긴 옷이다. 겉옷 아래에는 푸른색, 자주색, 주홍색 실로 짠 석류 모양의 장식과 금방울이 하나씩 교대로 줄줄이 매달려 있어서, 대사제가 걸을 때마다 나는 방울 소리를 성전 어디에서나 들을 수 있었다. 에폿은 조끼처럼 겉옷 위에 입는 옷으로서 그 끝이 허리 아래 엉덩이까지 내려온다. 갖가지 화려한 장식으로 꾸며진 이 에폿은 어깨 부분과 가슴받이, 이 둘을 잇는 금사슬, 그리고 호화로운 허리띠 등으로 이루어졌다. 가슴받이에는 우림과 툼밈이 달려 있었다. 직역하면 우림은 '빛들'אוּרִים, 툼밈은 '완전함들'תֻּמִּים인데, 대사제가 하느님의 뜻이 무엇인가를 알기 위하여 점괘처럼 이용하는 물건이다. 이들이 정확하게 어떻게 생겼는지는 알 수 없다. 어떤 이들은 주사위 같은 것으로 보기도 하고 어떤 이들은 가슴받이

대사제복

에 박힌 보석 열두 개를 가리키는 것으로 이해한다. 터번에 연결된 금관은 순금으로 된 판에 '주님께 거룩한 (것들)'이라는 글자를 새긴 것으로서 그 글이 앞에서 보이도록 이마에 둘렀다. 금관 자체는 터번의 윗부분에 푸른색 끈으로 단단하게 고정시켰다.

(3) **레위인들**

성경에는 레위인들이 두 가지 다른 모습으로 나온다. 창세기에서 레위 지파는 음흉하고 포악하게 묘사되지만(34,24-31; 49,5-7), 탈출기에서는 모세와 아론이 속한 지파요 금송아지 사건 때에 주님께 충실한 지파로 소개된다(32,25-29). 레위인들은 아론의 아들 이타마르의 지휘 아래 성막을 세운다. 민수기는 모세오경의 어느 책보다 레위인들의 임무를 자세히 다루는데, 새로운 장소에 성막을 설치하고 성막을 걷어 옮기는 일이 그들의 책임이다(1,48-54). 다른 지파 사람들이 하느님의 성막이나 기물에 실수로 접근하였다가 화를 당하는 일이 없도록 레위인들의 진영이 성막을 둘러쌌다. 일종의 보호막 구실을 한 셈이다.

레위인들을 대표하는 세 가문은 저마다 다른 임무를 맡는다. 먼저 크핫 자손들의 임무는 사제들이 천으로 가린 성막의 기물을 엘아자르의 감독 아래 조심스럽게 운반하는 것이다. 둘째, 게르손 자손들에게 맡겨진 임무는 천막과 천막의 덮개, 휘장 등을 이타마르의 감독 아래 운반하는 것이다. 마지막으로 므라리 자손들은 성막의 널빤지, 가로다지, 기둥, 말뚝과 줄 등을 관리하는 일을 한다.

레위인들은 25세에 직무를 시작하지만, 수습 기간 5년을 거쳐 30세가 되어서야 정식으로 성막과 기물들을 어깨에 메고 운반할 수 있었다.

은퇴 연령은 50세였다. 나중에 다윗이 성막을 한 곳에 고정시킨 뒤에는 짐 나르는 일의 적령기로 정한 30세까지 기다릴 필요가 없기 때문에 20세부터 직무를 시작할 수 있었다(1역대 23,24).

레위인들의 성소 봉사는 하느님을 직접 섬기는 일이었으므로 그에 걸맞는 특전과 책임이 따랐다(민수 18,23-24). 성소 봉사에만 전념해야 하는 레위인들과 사제들에게는 경작할 땅이 분배되지 않았다. 레위인들의 주요 수입원은 백성이 내는 십일조였다. 이와 달리 사제들에게는 제물의 일부(주관 사제에게는 짐승의 넓적다리 한 짝, 다른 사제들에게는 가슴 부위)와 레위인들의 십일조에서 다시 걷은 십일조가 주어졌다. 그 밖에 가끔 전리품의 일부가 레위인들과 사제들에게 돌아가기도 하였다. 레위인들은 48개 성읍 가운데서 마음에 드는 성읍을 골라 그곳에 자유롭게 거주할 수 있었고, 성읍에 딸린 목초지도 그들에게 주어졌다.

(4) 신약의 사제직

예수님은 성전과 사제직의 의미나 기능을 부정하지 않으셨다. 그러나 그분은 유다교의 옛 제도에 새로운 의미를 부여하셨다. "성전보다 더 큰 이가 여기에 있다"(마태 12,6). "사람의 아들은 섬김을 받으러 온 것이 아니라 섬기러 왔고, 또 많은 이들의 몸값으로 자기 목숨을 바치러 왔다"(마르 10,45).

신약성경 가운데 사제직에 대하여 가장 깊이 성찰한 책은 히브리서다. 신약의 그리스도교가 구약의 종교를 계승하면서도 그것을 뛰어넘는다고 확신한 히브리서 저자는, 예수님이야말로 하느님이 뽑으신(히브 5,5-10) 새롭고 진실한 대사제로서 유일하게 인간의 죄를 사해 주실 수 있는 분이라고 소개한다. 예수님의 사제직은 아론의 사제직을 뛰어넘어 멜키체덱의 사제직까지 거슬러 올라가며 옛 제사 제도에 결여된 완전함을 갖추고 있다고 주장한다(히브 7,15-19).

라. 제사 또는 제물

제사와 제물을 가리키는 히브리어는 완전히 하나로 고정되지 않았다. 그리고 제사와 제물의 의미가 우리말에서처럼 서로 구별되지 않는다. 이 때문에 성경 번역이나 전례문에서 두 낱말을 사용함에 혼란이 있다. 우리말에서는 제사가 제물을 바치는 행위이고 제물은 제사 때 바치는 음식을 뜻하는 것으로 두 낱말이 구별되지만, 히브리어에서는 제물의 종류와 바치는 방법이나 목적까지 모두 하나로 표현된다. 많은 경우 제사보다는 제물로 표현해야 문맥에 맞다.

인간이 신에게 찬미와 감사와 속죄와 청원의 뜻을 담아 바치는 제사 또는 제물은 고대 근동의 종교 예식에서 가장 중요한 요소로 꼽힌다. 이스라엘의 제사 제도는 개념과 세부 사항에서 이웃 나라 종교와 공통점이 많으면서도 그 나름대로의 고유한 규정들을 세워 놓았는데, 이 규정들은 전체적으로 시나이 계약의 틀에 속한다. 제물의 종류는 크게 짐승과 땅의 소출 둘로 나눈다. 짐승의 경우에는 소, 양, 염소, 산비둘기, 집비둘기를 제물로 삼고, 땅에서 나는 소출의 경우에는 밀, 보리, 올리브 기름, 포도주, 향을 제물로 삼는다. 모든 곡식 제물에는 정화와 양념의 기능을 하는 소금을 넣어야 한다. 소와 양과 염소 등 짐승을 잡아 제물로 바칠 때, 생명을 뜻하는 피는 제단을 정화하기 위하여 제단에 뿌리거나 제단의 뿔들에 바르고 또 제단 밑바닥에 쏟는다. 그리고 내장에 붙은 굳기름과 콩팥은 하느님께 속한 것이므로 제단 위에서 태운다(레위 3,14-16). 제물로 삼을 짐승은 흠이 있는 것, 곧 병들었거나 상했거나 거세된 것이어서는 안 된다(레위 22,18-25).

제물은 보통 세 가지 지향으로 바친다. 첫째 신에게 '예물'을 드리려고, 둘째 신과 '통교'를 이루려고, 셋째 신에게 '속죄'하고 용서를 얻으려고 제물을 바쳤다. 이스라엘의 경우 본디 번제물과 곡식 제물과 만물 봉헌은 '예물'을, 친교 제물은 '통교'를, 속죄 제물과 보상 제물은 '속죄'를 위해 봉헌하였다. 그러다가 세월이 흐르고 주변 상황이 바뀌면서 이스라엘은 갖가지 재앙과 저주가 자신들이 저지른 잘못과 죄악 때문에 닥치는 것으로 알고 제사에서 속죄와 용서의 목적을 더 강조하게 된다. 여기서는 제물의 종류와 의의를 간단하게 소개하겠다.

(1) **번제물**(레위 1장)

번제는 가장 흔하고 일반적인 제사로서 가죽만 빼고(가죽은 사제에게 돌아간다) 짐승 전체를 제단 위에서 완전히 살라 바치는 것이 특징이다. 번제물을 일컫는 히브리어 '올라'(עֹלָה)는 본디 '올라가다'(עָלָה 알라)라는 동사에서 나왔는데, 이 말에는 고기를 태울 때에 나는 연기와 냄새가 하늘로 올라가 그곳에 계시는 하느님의 마음을 풀어드리고 기쁘게 해 드린다는 뜻이 담겨 있다. 그래서 번제물에는 흔히 '주님을 위한 향기로운 화제물'이라는 표현이 붙어 다닌다. 제물을 남김없이 태워 바치는 번제는 바치는 이의 완전한 봉헌을 뜻하기 때문에 하느님께서 가장 좋아하시는 제사로 여겼다. 다른 제사에서는 제사가 끝난 다음 제물의 대부분을 봉헌하는 사람의 몫으로 되돌려 준다.

제물을 바치는 사람은 번제에 바칠 짐승과 자신을 동일시하는 뜻으로 그 짐승 위에 손을 얹는다. 제물로 쓸 짐승은 자기가 기른 양이나 소나 염소 가운데에서 고르되 가장 좋은 것, 곧 '흠이 없는 수컷'으로 준비해야 한다. 그러나 가난한 사람들은 산비둘기나 집비둘기 같은 날짐승을 바치기도 한다.

(2) **곡식 제물**(레위 2장)

곡식 제물도 제단 위에서 불에 살라 바친다. 곡식 제물은 가루로 만들어 날로 바칠 수도 있고, 굽거나 삶거나 지지는 등 여러 가지 방법으로 요리를 해서 바칠 수도 있다. 날로 바칠 때는 기름과 향을 첨가해야 하고, 요리해서 바칠 때는 발효시키거나 달게 해서는 안 된다. 날로 바치든 요리해서 바치든 곡식 제물에는 기름을 곁들인다. 곡식 제물로는 밀, 보리, 향을 바쳤다. 가난한 이가 속죄 제물로 짐승 대신 곡식을 바칠 경우에는 기름과 향을 곁들이지 않았다(레위 5,11; 민수 5,15). 곡식 제물은 보통 한 손 가득 떠서 향과 더불어 제단에서 태우고 나머지는 사제에게 돌아간다. 그러나 사제가 곡식 제물을 바칠 경우에는 자신의 예물에서 이득을 취할 수는 없으므로 모두 태워 바쳐야 한다(레위 6,15-16).

민수 15장에 따르면 번제물과 친교 제물에는 보통 기름을 섞은 곡식 제물과 포도주를 곁들였다. 이때에 곡식과 포도주의 양은 봉헌할 짐승의 종류에 따라 달랐다. 큰 짐승에게는 곡식 제물을 그만큼 많이 곁들였다.

(3) **친교 제물**(레위 3; 7장)

친교 제물은 사람들이 고기를 먹고자 할 때에 바쳤다. 제물로 쓰이는 짐승은 소, 양, 염소다. 제물 가운데 내장의 굳기름과 콩팥은 제단에서 하느님께 살라 바치고, 오른쪽 넓적다리는 제사를 주관한 사제에게, 가슴 부위는 모든 사제에게 돌아간다(레위 7,31-34). 나머지 부분은 제물을 가져온 사람 차지인데, 고기는 하루나 이틀 안에 친지들과 더불어 다 먹어치워야 한다(레위 7,15-16; 참조: 19,6-8). 친교 제물에 해당하는 히브리어 쉘렘שֶׁלֶם은 '평화, 안녕'을 뜻하는 샬롬שָׁלוֹם에서 나왔는데, 이 제물은 본디 하느님과 사람과 이웃 사이에 올바른 관계를 맺고 유지하기 위해 바쳤다.

친교 제물은 그 목적에 따라 감사(또는 찬미) 제물(레위 7,11-18)과 서원 제물과 자원 제물로 나눌 수 있다. 시편 107편에는 감사 제물을 바치기에 적합한 네 가지 경우를 언급한다. 곧 광야를 무사히 통과하였을 때, 감옥에서 풀려났을 때, 중병에서 나았을 때, 바다에서 폭풍우에 시달리다 그 위험에서 벗어났을 때다. 그다음 서원 제물은 서원한 사람이 서원을 채우고자 할 때 바쳤고(2사무 15,7-8), 자원 제물은 특정한 일 없이도 원하면 언제든지 바칠 수 있었다. 이 밖에 임직식 제물도 친교 제물에 속한다고 볼 수 있는데, 이 제물을 바칠 때 주례 사제는 짐승의 피를 사제 직무를 받는 사람의 몸과 옷에 발랐다(탈출 29,19-34; 레위 8,22-32).

(4) **속죄 제물**(레위 4,1—5,13)

속죄 제물과 보상 제물은 서로 비슷하여 구분하기가 쉽지 않다. 본디 다른 제물들이었는데 후대에 합쳐진 것인지, 한 제물인 것을 후대의 편집자가 인위적으로 나눈 것인지 분명하지 않다. 속죄 제물은 주로 하느님의 법이나 규정을 어긴 행위를 용서받기 위한 것인 반면, 보상 제물은 주님께 속한 봉헌물을 잘못 바친 행위나 다른 사람에게 끼친 손해를 갚기 위한 제물이었을 것이다. 보상 제물의 경우 잘못한 값에 오분의 일을 보태어 바친다. 그러나 이 두 제물은 다 고의적 범죄를 속죄하거나 보상하기 위한 것이 아니다. 하느님을 거슬러 고의로 저지른 죄악은 절대로 속죄받을 수 없으며, 이웃을 거슬러 고의로 저지른 죄악도 그에 합당한 징벌을 받아야지 제물로 보상할 수는 없다.

속죄 제물의 목적은 본의 아니게 또는 실수로 부정하게 된 사람을 다시 거룩한 공동체의 일원으로 받아들이는 것이다. 따라서 속죄 제물은 보통 정화 예식과 깊이 연관되고, 으레 공동체 전체가 거룩하게 참여해야 하는 축제 때에 바쳤다. 그리고 번제물과 속죄 제물을 함께 바칠 때에는 속죄 제물을 먼저 바쳐서, 다른 제물을 바치기 전에 공동체와 제단을 정화하였다. 속죄 제물로 바치는 짐승의 종류는 잘못을 저지른 사람의 지위에 따라 달랐다. 대사제나 공동체 전체가 잘못하였을 때는 황소를 바치고, 수장의 경우에는 숫염소를, 일반인의 경우에는 암염소나 암양을 바쳤다. 예식 자체에도 차이가 났는데, 공동체나 공동체를 대표하는 대사제가 잘못한 경우에는 제물을 바치는 장소인 성소 자체가 부정하게 되었으므로, 성소 휘장의 정면에 황소의 피를 뿌리고 분향 제단의 뿔에 그 피를 발랐으며 고기는 먹지 않고 진영 밖에서 태웠다. 수장이나 일반인 등 개인의 경우에는 바깥 제단만 더럽혀진 것이므로, 제단의 뿔에 염소나 암양의 피를 바르고 짐승의 고기는 사제가 차지하였다. 가난한 사람은 산비둘기나 집비둘기 두 마리를 주님께 바칠 수 있었고, 이것도 장만할 수 없는 형편이면 고운 곡식가루 십분의 일 에파로 대신할 수 있었다.

(5) **보상 제물**(레위 5,14—6,7)

위에서 말한 대로 주님께 속한 봉헌물(만물과 십일조)을 실수로 잘못 바치거나 다른 사람에게 손해를 끼쳤을 경우에 바치는 보상 제물은, 손상된 것을 회복하는 것이 그 목적이다. 만물과 십일조를 잘못 바치게 되는 사례는, 봉헌물을 실수로 바치지 않거나 규정된 양을 다 채우지 않거나 봉헌 예식을 잘못 거행한 경우 등이다. 다른 사람에게 손해를 끼치는 사례는 위탁물이나 담보물이나 약탈물과 관련하여 동족을 속이거나 착취함으로써 그의 권리를 침해한 경우다. 동족의 권리 침해는 이스라엘 백성의 권리를 당신의 권리로 여기시는 주 하느님의 주권을 훼손하는 것이나 마찬가지다.

주님께 속한 봉헌물을 잘못 바쳤든 다른 사람에게 손해를 끼쳤든, 보상 제물을 바칠 때에는 봉헌자가 먼저 무슨 잘못을 저질렀는지 고백해야 하고 숫양 한 마리와 더불어 보상해야 할 값을 성전 세켈로 환산하여 거기에 벌금으로 오분의 일을 덧붙여 바쳐야 한다. 이 제물만 유일하게 짐승 대신 돈으로 바칠 수 있었다(레위 5,15; 참조: 2열왕 12,17). 보상 제물은 언제나 개인적인 제물이므로 속죄 제물에서처럼 그것을 바치는 사제가 짐승의 고기를 차지한다.

(6) **성전의 제사**

성전의 일상적 전례는 다음과 같이 이루어진다. 전날 저녁에 바친 번제물은 아침까지 밤새도록 제단 위에서 타고 있어야 하고 제단의 불도 꺼지지 않아야 한다. 사제는 제단 위의 재를 청소하는 일로 아침 전례를 시작한다. 담당 사제는 장작을 새로 넣어 사그라드는 불을 다시 지피고

절기마다 바치는 제물

	황소	숫양	어린 숫양	숫염소	성경 근거
매일			2		민수 28,3-8
안식일			4		민수 28,9-10
초하룻날	2	1	7	1	민수 28,11-15
무교절(7일간)	14	7	49	7	민수 28,16-25
햇곡식 축일	2	1	7	1	민수 28,26-31
신년제	1	1	7	1	민수 29,1-6
속죄일	1	1	7	1	민수 29,7-11
초막절(7일간)	71	15	105	8	민수 29,12-39

곡식 제물과 제주를 곁들여 일 년 된 숫양을 번제물로 바친다. 그런 뒤에 대사제가 정장을 하고 성소에 들어가 기름 등잔을 손질하고 안쪽 분향 제단에서 향을 바친다. 대사제는 밖으로 나와 번철에 구운 밀가루 과자와 더불어 고운 밀가루 십분의 일 에파를 기름에 반죽하여 곡식 제물로 바친다. 저녁에는 두 번째 양을 아침처럼 바친다. 양 봉헌이 끝나면 대사제가 다시 성소에 들어가 기름 등잔을 손질하고 분향 제단에서 향을 태워 바치며 곡식 제물의 나머지 반을 마저 바친다.

안식일에는 양 두 마리를 더 바친다. 그리고 빵 열두 개를 구워 지성소 바로 앞에 놓인 순금 제사상 위에 언제나 여섯 개씩 두 줄로 쌓아 놓거나 차려 놓는다. 이 빵은 안식일마다 새것으로 바꾸고 오래된 빵은 사제들이 먹는다. 빵 위에는 순금으로 된 작은 그릇에 순수한 향을 담아 얹어 놓았다가 나중에 이 향을 기념 제물로 태워 주님께 바친다.

(7) 제사 제도의 남용

제사 제도는 곧잘 형식주의에 흘러 남용될 소지가 있었다. 구약의 예언자들은 당대의 세태에 비추어 이 같은 제사의 남용을 자주 비판하였다(이사 1,11-12; 예레 7,22; 아모 5,22). 사실 제물을 바치는 사람들은 하느님의 뜻을 실천해야 하는 윤리적 의무는 소홀히 하면서도 자신들이 바치는 제물은 하느님께서 기꺼이 받으실 것이라고 굳게 믿었다. 자신들의 죄를 단순히 외적인 요소로 여겨 그 부정적인 효력을 하느님께 바치는 제물로 정지시킬 수 있다고 착각하였다. 그러나 죄는 근본적으로 하느님과 이웃에 대한 내적 자세에 바탕을 둔다. 따라서 하느님께 제물을 바치는 것보다 그분의 뜻에 순명하는 것이 중요하다(1사무 15,22-23; 시편 40,6-8). 하느님께서 반기시는 제물은 겸손하게 뉘우치는 마음으로 바치는 의로운 제물이다(시편 50,19-23).

구약의 불완전한 제사는 신약에 와서야 완성된다. 짐승의 목숨이 아니라 당신 자신의 생명을 바쳐 죽기까지 아버지 하느님의 뜻에 순종하신 예수 그리스도의 삶, 그 가운데에서도 특히 십자가 위에서의 수난과 죽음이야말로 하느님의 마음에 드는 완전한 제사다.

3. 계약과 율법

가. **계약**

'계약'은 히브리어로 '브릿'בְּרִית이다. 브릿은 본디 '족쇄'나 '사슬'을 뜻하였지만, 성경에서는 두 주체 사이에 구속력을 지니는 온갖 협정을 가리키는 데에 쓰인다. 예를 들면 야곱과 라반 사이의 협약(창세 31,44), 다윗과 요나탄 사이의 우정어린 약조(1사무 18,3), 아브라함이 아모리족 전체와 맺은 평화조약(창세 14,13)과 임금들 사이의 협약(1열왕 5장; 20,34), 혼인 서약(잠언 2,17; 말라 2,14) 등이다. 그러나 성경에서 계약은 주 하느님과 이스라엘 백성 사이의 특별한 약조를 가리키는 데 가장 많이 쓰인다. 구약성경에서 하느님과 이스라엘 백성 사이의 계약을 소개하는 대표적인 대목으로는 탈출 19—24장과 신명기 전체를 들 수 있고, 짧은 언급으로는 여호 24; 1사무 12장을 꼽을 수 있다. 성경학자들은 이 대목에 나오는 하느님과 이스라엘 백성의 계약을 고대 근동 국가들 간의 조약과 비교·연구함으로써 계약에 관하여 좀 더 깊이 이해할 수 있었다. 이 대목들과 비교할 수 있는 고대 근동의 대표적 조약은 기원전 1400-1200년경에 히타이트 사람들이 다른 나라들과 맺은 주종조약과 기원전 700-600년경에 아시리아가 군소왕국들과 맺은 조약들이다. 이 조약문들이 작성된 시기는 구약성경의 형성 시기와 겹치므로 성경 저자들이 이 조약문들을 참조했으리라고 짐작할 수 있다.

(1) 고대 근동의 조약

고대 근동의 조약들은 두 가지로 구분할 수 있다. 하나는 평등조약이고 다른 하나는 주종조약이다. 평등조약에서는 조약의 두 당사자가 동등한 권리와 의무를 지니며 약속의 이행을 두고 상대방을 억압하거나 상대방에게 강요할 수 없다. 대표적 예가 기원전 1260년경에 이집트의 라메세스 2세와 히타이트 임금 하투실리스 3세가 시리아에서의 전쟁을 끝내려고 맺은 카데스 평화조약이다.

주종조약에서는 종주국 임금이 종속국 임금에게 충실히 실행해야 할 의무조항들을 일방적으로 나열한다. 그러면서 자신에 대해서는 자비심을 가지고 종속국을 보호하겠다는 약속 말고는 어떤 의무조항도 제시하지 않는다. 주님과 이스라엘 백성 사이에 맺어진 시나이 계약을 이해하는 데는 주종조약이 도움이 된다. 주종조약의 대표격인 히타이트 주종조약(기원전 1400-1200년경)은 대략 여섯 가지 요소로 이루어진다.

첫째, 조약 주체의 자기 소개: 종주국 임금이 자기 이름과 호칭을 장엄하게 소개한다.

둘째, 이전의 관계를 설명하는 역사적 서문: 종주국 임금이 과거 종속국 임금에게 베푼 은혜들을 나열한다. 이는 종속국 임금이 종주국 임금을 섬겨야 하는 이유다.

셋째, 종속국이 지켜야 할 의무와 규정들: 종주국 임금은 종속국 임금이 지켜야 할 의무조항들을 상세히 밝힌다.

넷째, 조약의 합의사항을 충실히 지킬 것을 공적으로 선포함: 종주국 임금은 종속국 임금이 조약문을 신전에 두고 정해진 때마다 그것을 공적으로 낭독할 것을 요구한다.

다섯째, 조약의 증인들에 관한 언급: 나라와 나라 사이에 맺는 장엄한 조약의 증인들은 두 나라의 신들이다.

여섯째, 저주와 축복: 증인으로 선정된 신들은 조약이 잘 지켜질 수 있도록 그것을 충실히 지키지 않는 임금에게는 저주를 내리고, 충실히 지키는 임금에게는 복을 내릴 것이다.

(2) 주종조약과 시나이 계약과 신명기의 비교

위 주종조약의 정식定式은 구약의 시나이 계약에서도 엿볼 수 있다.

첫째, 계약 주체의 자기 소개: "나는 너를 이집트 땅, 종살이하던 집에서 이끌어 낸 주 너의 하느님이다"(탈출 20,2).

둘째, 역사적 서문: "너희는 내가 이집트인들에게 무엇을 하고 어떻게 너희를 독수리 날개에 태워 나에게 데려왔는지 보았다. 이제 너희가 내 말을 듣고 내 계약을 지키면, 너희는 모든 민족들 가운데에서 나의 소유가 될 것이다. 온 세상이 나의 것이다. 그리고 너희는 나에게 사제들의 나라가 되고 거룩한 민족이 될 것이다"(탈출 19,4-6).

셋째, 의무 규정들: 시나이 계약에서 이 요소는 십계명(탈출 20,3-17)과 이어지는 계약의 책(탈출 20,22—23,19)에 나온다.

넷째, 계약의 공적 선포: 시나이 계약에서 모세는 백성에게 계약의 책을 읽어 주고(탈출 24,7-8), 주님께서 돌판에 새겨 주신(탈출 24,12; 34,29) 율법과 계명을 영구히 보존하게 하였다(탈출 40,20).

다섯/여섯째, 고대 근동의 조약에서는 증인들로 신들이 등장하지만, 시나이 계약에서는 유다인들이 유일신을 믿기 때문에 이런 다신교적 증인들이 나올 리 없다. 또 이런 신들이 내리는 저주와 축복도 없다.

그 대신 시나이 계약에서는 주 하느님께서 번개와 천둥과 먹구름을 몰고 와 당신의 현존을 강하게 드러내시면서 계약에 순종하도록 명하신다(탈출 19,16-19; 20,18-20).

주종조약의 정식은 모세가 죽기 전에 이스라엘에게 남긴 유언 형식의 설교인 신명기 전체의 내용과도 잘 맞는다.

첫째, 신명기의 머리말은 이 책의 내용을 누가 전해 주었는지 밝힌다. "이것은 모세가 요르단 건너편 아라바에 있는 광야에서, 온 이스라엘에게 한 말이다. 아라바는 숩을 마주 보고, 파란과 토펠, 라반, 하체롯, 디 자합 사이에 있다"(1,1).

둘째, 이어서 설교에 관한 역사적 배경을 서술한다. "사십 년째 되던 해 열한째 달 초하룻날, 모세는 주님께서 이스라엘 자손들을 두고 자기에게 명령하신 그대로 그들에게 일렀다. 그가 헤스본에 사는 아모리족의 임금 시혼을 쳐부수고, 아스타롯과 에드레이에 사는 바산 임금 옥을 쳐부순 다음이었다"(1,3-4).

셋째, 의무 규정들은 '이스라엘아, 잘 들어라'로 시작하는 4장 처음부터 하느님이 이스라엘 백성과 맺은 계약의 내용을 확인하는 26장 마지막까지에 나와 있다.

넷째, 모세는 이스라엘의 원로들과 백성에게 율법의 모든 말씀을 돌 위에 기록하기를 명한다. "너희가 요르단을 건너 주 너희 하느님께서 너희에게 주시는 땅에 들어가는 날, 너희는 큰 돌들을 세우고 거기에 석회를 발라야 한다. 그리고 너희가 건너가거든 이 율법의 모든 말씀을 그 돌들 위에 써야 한다"(27,2-3; 참조: 8절).

다섯째, 계약의 증인들은 신들이 아니라 주님께서 만드신 피조물이다. "내가 오늘 너희를 거슬러 하늘과 땅을 증인으로" 세운다(4,26; 참조: 30,19; 31,28). "하늘아, 귀를 기울여라. 내가 말하리라. 땅아, 내 입에서 나오는 말을 들어라"(32,1).

여섯째, 저주와 축복에 관한 말은 신명기 곳곳에 나오지만, 특히 28장에 몰려 있다. "너희가 주 너희 하느님의 말씀을 잘 듣고, 내가 오늘 너희에게 명령하는 그분의 모든 계명을 명심하여 실천하면, 주 너희 하느님께서 땅의 모든 민족들 위에 너희를 높이 세우실 것이다. 너희가 주 너희 하느님의 말씀을 잘 들으면, 이 모든 복이 내려 너희 위에 머무를 것이다"(28,1-2). "그러나 너희가 주 너희 하느님의 말씀을 듣지 않고, 내가 오늘 너희에게 명령하는 그분의 모든 계명과 규정을 명심하여 실천하지 않으면, 이 모든 저주가 내려 너희 위에 머무를 것이다"(28,15).

(3) 맹세 의식과 공동 식사

계약을 맺는 예식에는 보통 짐승을 둘로 가르는 의식과 공동 식사가 뒤따랐다. 고대 근동에서는 나라와 나라, 민족과 민족 사이의 조약이 깨졌을 때, 이를 중재해 줄 국제사법재판소 같은 기구가 없었다. 그들은 계약의 증인들인 신들이 조약을 깨뜨린 당사자들을 징벌할 것이라고 믿으면서 신들 앞에서 장엄한 맹세를 하였고, 이 맹세의 효력에 전적으로 의존하였다. 따라서 그들에게는 맹세 의식이 무척 중요하였다. 마리에서 발견된 기원전 18세기 토판문서에는 당나귀를 두 쪽으로 가르는 맹세 의식이 언급되어 있다. 시리아의 세피르에서 발견된 토판문서에 보면, 조약

당사자들은 짐승을 둘로 가를 때마다 '계약을 깨뜨리는 자는 황소가 둘로 갈라진 것처럼 갈라지리라'는 저주문을 함께 외웠던 것으로 되어 있다.

이 맹세 의식은 구약성경에서도 확인된다. 히브리어로 '계약을 맺다'는 '카랏 브릿' כָּרַת בְּרִית인데 본디 '계약을 가르다'라는 뜻이다. 창세 15장에 보면, 아브라함이 하느님과 계약을 맺을 때에 삼 년 된 암송아지와 암염소와 숫양을 반으로 갈라 놓자, 주 하느님께서 연기 뿜는 화덕과 타오르는 횃불 속에서 갈라 놓은 짐승들 사이로 지나가셨다. 예레미야는 이 의식을 더욱 명시적으로 언급한다. "나는 내 계약을 어긴 사람들을, 곧 내 앞에서 송아지를 두 토막으로 가르고 그 사이로 지나가면서 맺은 계약의 규정들을 지키지 않은 사람들을 그 송아지처럼 만들어 버리겠다. 유다의 대신들과 예루살렘의 대신들, 내시들과 사제들을 비롯하여 갈라놓은 송아지 사이로 지나간 나라 백성을 모두 원수들 손에, 그들의 목숨을 노리는 자들 손에 넘기겠다. 그렇게 되면 그들의 시체는 하늘의 새들과 땅의 짐승들의 먹이가 될 것이다"(예레 34,18-20).

또 고대 근동의 임금들은 조약을 맺을 때에 보통 만찬을 함께 나누었다. 이스라엘 백성도 하느님과 시나이 계약을 맺은 다음 음식을 함께 나누었다(탈출 24,11). 계약에 뒤따르는 공동 식사는 시나이 계약 말고도 다른 계약, 곧 이사악과 아비멜렉 사이의 계약(창세 26,26-31), 야곱과 라반 사이의 계약(창세 31,51-54)에서도 발견된다. 유다인들은 해마다 파스카 축제를 지낼 때, 파스카 만찬을 나누면서 시나이 계약을 기억한다. 그리스도인들도 성찬례를 거행하며 예수님이 최후만찬 때에 제자들과 맺으신 새로운 계약을 기념한다.

(4) 시나이 계약의 중요성

시나이 계약은 모세오경의 중심 사건이다. 탈출 1—18장은 이스라엘이 모세의 인도로 이집트의 종살이에서 벗어나 거룩한 시나이 산까지 가는 여정을 다루고, 탈출기의 나머지 장(19—40장)과 레위기 전체, 그리고 민수기 처음 열 장은 이스라엘이 시나이 산에 머물면서 하느님과 계약을 맺는 내용을 다룬다. 모세오경에서 시나이 계약이 차지하는 비중이 그만큼 크다는 것을 알 수 있다. 이 계약은 이미 창세기에서부터 준비된다. 야훼 전승과 엘로힘 전승에 따르면(두 전승에 관해서는 『하권』 셋째 마당, II, 1. 가 참조), 시나이 계약은 하느님께서 아브라함과 맺으신 계약에까지 거슬러 올라간다(창세 15장). 하느님께서 아브라함과 맺으신 계약은 이사악과의 계약(창세 26장)과 야곱과의 계약으로 갱신되며(창세 28장), 마침내 시나이 산 위에서 모세를 통하여 이스라엘과 맺으신 계약으로 봉인된다(탈출 24장).

사제계 전승은 시나이 계약의 원천을, 아브라함 시대보다 훨씬 더 이전인 천지창조로 거슬러 올라가 하느님께서 창조물을 대표하는 첫 남녀에게 내리신 번성의 복에 둔다(창세 1,28). 하느님께서는 이 번성의 복을, 홍수로 세상을 벌하신 뒤에 노아에게 내리신 복으로 갱신하시고(창세 9,1-7), 아브라함에게 하신 약속을 통하여 이 복의 실제 내용을 자손의 번성과 가나안 땅의 소유로 밝히신다(창세 17,1-8). 여기서 우리는 복을 내리시겠다는 하느님의 약속이 언제나 계약과 연결되고 계약의 중요한 내용이 된다는 것을 알 수 있다. 마침내 하느님께서는 이스라엘의 선조들에게 하신 당신의 약속을 모세를 통하여 장엄하게 선포하심으로써 새 계약을 맺을 수 있도록 그들을 준비시키신다. “나는 야훼다. 나는 아브라함과 이사악과 야곱에게 ‘전능한 하느님’으로 나타났으나, ‘야훼’라는 내 이름으로 나를 그들에게 알리지는 않았다. 또 나는 가나안 땅, 그들이 나그네살이하는 땅을 주기로 그들과 계약을 세웠다. 그리고 나는 이집트인들이 종으로 부리는 이스라엘 자손들의 신음 소리를 듣고, 나의 계약을 기억하였다. 그러므로 너는 이스라엘의 자손들에게 말하여라. '나는 주님이다. 나는 이집트의 강제 노동에서 너희를 빼내고, 그 종살이에서 너희를 구해 내겠다. 팔을 뻗어 큰 심판을 내려서 너희를 구원하겠다. 그리고 나서 나는 너희를 내 백성으로 삼고, 너희 하느님이 되어 주겠다. 그러면 너희는 내가 주님임을, 이집트의 강제 노동에서 너희를 빼낸 너희 하느님임을 알게 될 것이다. 그런 다음 나는 아브라함과 이사악과 야곱에게 주기로 손을 들어 맹세한 땅으로 너희를 데리고 가서, 그 땅을 너희 차지로 주겠다. 나는 주님이다'"(탈출 6,2-8).

자손의 번성과 땅의 소유에 관한 주님의 약속은 이스라엘인들이 가나안을 정복하고 큰 민족이 됨으로써 성취되었다. 신명기에서 열왕기에 이르는 신명기계 역사서는 시나이 계약과 더불어 하느님께서 다윗과 맺으신 계약을 부각시키는데, 두 계약은 서로 다른 계약이 아니라 연결된 계약이다. 다윗과의 계약은 왕정 제도라는 새로운 상황에서 꼭 필요한 것이었다. 하느님과 그분의 백성 사이에 임금이 중개자로 들어섰기 때문에, 시나이산에서 모세를 중개자로 내세워 이스라엘과 계약을 맺으신 하느님께서 이번에는 다윗을 중개자로 내세워 새로운 왕국의 백성들과 계약을 맺으셔야 했다. 다윗과의 계약 역시 아브라함과의 계약처럼 축복을 약속하신다. 다윗의 자손들이 왕좌에 앉아 영원히 이스라엘 왕국을 다스리고, 그의 나라는 영원히 굳건해질 것이다(2사무 7장). 그리고 하느님께서는 다윗의 후손을 당신의 아들로 삼으시겠다는 약속도 덧붙이신다. "나는 그의 아버지가 되고 그는 나의 아들이 될 것이다"(2사무 7,14). 이런 약속이 담긴 다윗과의 계약은 시편 2; 110편 등의 메시아 본문과, 예수 그리스도를 하느님의 아들과 메시아로 선포하는 신약성경에 아주 큰 영향을 미친다.

한편 신명기계 문헌은 이스라엘에게 약속된 땅에서 주님께 충성할 것을 강력히 요청한다. 약속된 땅에서 주님께 충성해야 한다는 주제는 여호 23—24장의 스켐 계약과 2열왕 22—23장에 나오는 요시야의 종교 개혁에도 반복된다. 그러나 이스라엘의 역사는 그들이 하느님께 충성하지 않고 자주 계약을 깨뜨렸음을 증언한다. 심지어 시나이 산에서 모세가 이스라엘을 대표하여 하느님과 계약을 맺는 순간에도 백성과 아론은 우상 숭배에 빠져 있었다(탈출 32장). 이스라엘의 불충으로 하느님과 그들 사이의 계약은 처음부터 깨질 위험을 안고 있었던 것이다. 시나이 계약의 경우, 계약이 깨진 뒤에 그 저주로 이스라엘 백성 가운데 삼천 명이 레위인들의 칼에 맞아 쓰러져 죽었다(탈출 32,26-28). 그리고 계약은 다시 맺어져야 했다(탈출 34장).

시나이 계약의 정신은 예언서에도 이어진다. 아모스와 호세아 예언서는 모세나 시나이 산을 직접 언급하지는 않지만 이 계약의 정신을 자주 반영한다. 후기 예언서인 예레미야서와 에제키엘서의 약속과 심판 신탁에는 시나이 계약이 언제나 중요한 요소로 등장한다.

이처럼 시나이 계약은 이스라엘 역사 전체를 관통하며 이스라엘 백성의 삶의 규범으로 자리 잡는다. 계약의 이행 여부는 이스라엘이 가나안 땅에 정착하기 시작한 여호수아와 판관 시대에 민족의 흥망성쇠를 판가름하는 기준이 되었으며, 왕정 시대를 다루는 사무엘기, 열왕기, 역대기에서는 이스라엘 임금들 한 사람 한 사람을 평가하는 잣대가 되었다. 바빌론 유배 이후 에즈라와 느헤미야 시대에는 시나이 계약을 바탕으로 유다교의 개혁과 쇄신이 이루어진다.

시나이 계약은 계약이 깨질 위험이 없을 때 확립될 것이다. 예레미야는 시나이 계약의 확립을 새 계약으로 묘사한다. “그날이 온다. 주님의 말씀이다. 그때에 나는 이스라엘 집안과 유다 집안과 새 계약을 맺겠다. 그것은 내가 그 조상들의 손을 잡고 이집트 땅에서 이끌고 나올 때에 그들과 맺었던 계약과는 다르다. 그들은 내가 저희 남편인데도 내 계약을 깨뜨렸다. 주님의 말씀이다. 그 시대가 지난 뒤에 내가 이스라엘 집안과 맺어 줄 계약은 이러하다. 주님의 말씀이다. 나는 그들의 가슴에 내 법을 넣어 주고, 그들의 마음에 그 법을 새겨 주겠다. 그리하여 나는 그들의 하느님이 되고 그들은 나의 백성이 될 것이다. 그때에는 더 이상 아무도 자기 이웃에게, 아무도 자기 형제에게 ‘주님을 알아라.’ 하고 가르치지 않을 것이다. 그들이 낮은 사람부터 높은 사람까지 모두 나를 알게 될 것이기 때문이다. 주님의 말씀이다. 나는 그들의 허물을 용서하고, 그들의 죄를 더 이상 기억하지 않겠다”(예레 31,31-34).

예레미야의 예언은 육백여 년이 지난 뒤에 예수 그리스도께서 당신의 제자들을 통하여 온 인류와 맺으신 새 계약에서 성취된다. 신약성경에서 계약의 개념은 예수 그리스도의 최후만찬과 밀접하게 연결된다. 예수님께서는 최후만찬 때에 성체성사를 세우시면서 빵을 당신의 몸으로, 포도주를 당신의 피로 내주신다. 이는 당신 자신을 파스카 축제에 바치는 양과 같게 보신 것이다. 실제로 예수님께서는 다음날(유다인 날짜 계산법으로는 같은 날) 골고타 언덕에서 십자가에 못 박혀 돌아가심으로써 당신의 목숨을 파스카 양으로 내주셨다. 복음서 저자들은 특히 십자가의 피흘림에 주목한다. 시나이 계약에서도 피는 중요한 구실을 한다. 모세는 짐승의 피 절반을 제단에 뿌려 제단을 정화한 다음, 계약의 내용을 백성에게 들려 주고 나머지 피는 백성에게 뿌리며 말하였다. "이는 주님께서 이 모든 말씀대로 너희와 맺으신 계약의 피다"(탈출 24,8). 레위기에서 짐승의 피는 속죄 예식에 쓰였다(레위 17,11). 곧 어떤 사람이 계약의 규정을 어겼을 때에 그는 짐승의 피로 자기 죄에 대한 대가를 치러야만 계약의 위반에 따르는 저주에서 벗어날 수 있었다. 짐승의 피와 관련된 탈출기와 레위기 두 대목은 성체성사를 제정하실 때 하시던 예수님의 말씀을 연상시킨다. "이는 죄를 용서해 주려고 많은 사람을 위하여 흘리는 내 계약의 피다"(마태 26,28 병행: 마르 14,24; 루카 22,20). 바오로 사도는 그리스도께서 인류를 구원하시기 위하여 십자가에서 돌아가실 때에 율법의 저주를 스스로 맡아 지셨다고 말한다(갈라 3,13). 그리스도께서 맺으신 새 계약이 옛 시나이 계약의 저주를 영원히 철회한 것이다.

마지막으로 계약과 관련하여 한 가지 의문이 남는다. 이스라엘의 거듭되는 계약 위반에도 하느님은 왜 당신의 계약을 파기하시고 이스라엘에게 배신의 죄를 물어 무자비하게 응징하지 않으셨을까? 우리는 위에서 시나이 계약이 고대 근동의 주종 조약 틀 안에서 이루어졌다고 밝혔는데, 실제 역사에서 종주국 임금은 계약을 위반한 종속국 임금을 무자비하게 응징하는 것이 상식이고 관례였다. 이에 비추어 보면 이스라엘의 하느님은 당신 백성과 계약을 맺으실 때 주종 조약의 틀을 이용하시지만 종주국 임금처럼 행세하지 않으셨음이 분명하다. 실제로 그분은 자주 당신 자신을, 자녀들에게 무한한 애정을 보여주시는 아버지나 어머니로, 정상적인 혼인 관계를 유지하기 위해 온갖 노력을 기울이는 충실한 남편으로 드러내신다. 그분은 불충한 자녀들이나 아내를 징벌하시지만 결코 포기하지 않으신다. 그분의 징벌은 멸망이 아니라 구원을 위한 잠정적 징벌이다. 그리스도께서 십자가 위에서 당신의 피로 온 인류와 맺으신 새 계약은 구약의 모든 계약을 수렴하고 완성한다.

나. **율법**

계약과 더불어 율법은 구약성경의 가장 중요한 개념 가운데 하나다. 모든 율법은 계약의 틀 안에 위치한다. 십계명과 계약의 책은 시나이 계약의 핵심을 이루고, 레위기의 사제계 법전과 성결 법전은 금송아지 사건 이후 시나이 계약을 갱신하면서 나온 것이다. 그리고 신명기 법전은 40여 년이 지난 뒤에 모압 광야에서 이 계약을 갱신한 것이다.

모세의 율법에 순종하는 것은 하느님의 총애를 얻는 한 방법이 아니라, 이스라엘을 이집트의 종살이에서 구해 내신 그분의 자비와 사랑에 대한 당연한 응답이다. 그런데 구약성경을 살펴보면, 이스라엘은 하느님을 배반하고 율법을 지키지 않았다. 주 이스라엘의 하느님께서는 율법에 충실하지 못한 당신 백성을 아시리아와 바빌론으로 유배하셨다. 그래서 유다의 지도자들은 민족의 구원과 하느님의 약속을 이루기 위해서는 율법을 반드시 지켜야 한다고 믿고 가르쳤다.

(1) **율법의 명칭**

구약성경에서 율법은 '지침, 규정, 말씀, 법령, 명령, 계명' 등 여러 가지 개념들에 포함된다. 그 가운데 우리가 통상 '율법'이라 부르는 히브리어 '토라'תּוֹרָה는 본디 '가르침'이라는 뜻이다. 토라는 유다인들과 신약성경 저자들이 구약성경의 처음 다섯 책, 곧 창세기·탈출기·레위기·민수기·신명기를 일컫는 말이기도 하다. 칠십인역에서는 오경Pentateuch이라 한다. 그런데 옛 전승에서 이스라엘의 법령을 제정하고 다섯 권의 책을 쓴 사람은 모세라는 위대한 지도자였다. 그래서 초기 그리스도인들은 이 책들을 모세오경이라고 불렀고, 그 뒤 이 명칭은 그리스도교 전통 안에서 그대로 굳어져 오늘에 이르렀다.

모세오경은 세상의 창조부터 이스라엘의 초기 역사를 다루면서도 곳곳에 율법의 규정들을 끼워 넣고 율법 준수의 중요성을 강조한다. 율법은 천 년 이상 이스라엘의 사회·종교적 발전 과정을 거쳐 탄생하였다. 실제로 모세가 죽은 지 한참 뒤인 기원전 6세기에 와서야 다양한 형태의 민법, 형법, 경신례 규정, 금령, 윤리적 명령, 소송 규칙 들을 통틀어 율법으로 보기 시작하였다. 결국 이스라엘의 역사는 율법을 태동시킨 틀이고, 율법은 역사의 방향과 흐름을 주도한 원리라 하겠다.

12세기 람밤Rabbi Moses ben Maimon으로 알려진 마이모니데스(Maimonides: Μαϊμωνίδης)는 모세오경 전체에서 명령으로 된 계명 248개와 금령으로 된 계명 365개를 뽑아내어 율법을 613조 정리하였다. 248이라는 수는 그 당시 사람의 몸을 구성하는 부분들의 총합으로 알려져 있었고 365라는 수는 1년의 날수다. 온몸으로 날마다 하느님의 계명을 실천해야 한다는 뜻일 수 있겠다.

문학비평은 율법을 다섯 가지 법전으로 구분한다. 십계명, 계약의 책 또는 계약 법전, 사제계 법전, 성결 법전, 신명기 법전이 그것이다.

(2) 조건법과 단정법

율법을 법전별로 고찰하기 전에 법 양식에 따라 나누어 살펴보자. 법에는 조건법과 단정법이 있다. 조건법은 일종의 판례법으로서 조건절과 주절의 문장 구조를 보인다. 앞의 조건절에는 '만일'로 시작하는 사례가 나오고, 뒤의 주절에는 '그때에는(또는 그는) … 될 것이다'로 이어지는 처벌 규정이 나온다. 이 조건법은 고대 근동의 일반적인 법 양식이다.

단정법은 이스라엘 종교법에서 주로 나타나는 무조건적인 법(신법)으로서 앞에 조건절 형태의 사례가 나오지 않는다. 이 법을 어기면 사형과 같은 중벌을 받는다.

(3) 십계명(탈출 20,1-17; 신명 5,6-21)

십계명 또는 열 말씀Decalogue은 구약성경 율법의 정수精髓로 알려져 있다. 이것은 구약성경 저자들과 예수 그리스도와 바오로의 견해이기도 하다. 모세오경의 저자들은 십계명을 두고 하느님의 직접적인 영감을 강조하기 위하여 그분께서 직접 당신의 손가락으로 그것을 쓰셨다고 말한다. 십계명이라는 말 자체는 탈출 34,28; 신명 4,13; 10,4에 나오고, 그 내용은 탈출 20,1-17; 신명 5,6-21에 있다. 또 열셋으로 늘어난 경신례적 십계명은 탈출 34,11 이하에, 다른 종류의 십계명 단편은 23,14-19에 나온다.

십계명은 조건법 또는 판례법이 아닌 단정법이다. 십계명에는 사람들끼리 벌을 주고 받는다는 내용은 없고, 그것을 어겼을 때에 하느님께서 내리실 징벌에 대한 무서운 경고나 그분께서 내리실 복의 약속이 덧붙여진다. 십계명은 종교적 또는 윤리적 원칙을 제시하는 선언이어서 일반 민사법이나 형사법과는 그 성격이 다르다.

십계명의 모든 항목이 하느님의 뜻을 반영하고 그것을 어겼을 경우 징벌을 불러들이게 되지만, 거기에는 우선 순위가 있다. 처음 다섯 계명을 어긴 자에게는 죽음의 벌이 주어진다. 여섯째, '간음해서는 안 된다'는 계명을 어기면 죽음의 벌이 선택적으로 주어진다. 거짓 증언과 도둑질은 어떤 경우라도 죽음으로 다스리지 않고, 남의 소유를 탐내는 것은 법리의 대상이 아니다. 따라서 십계명은 하느님께 대한 충성과 그분 이름의 존중과 안식일의 준수 등 하느님을 올바로 섬기는 일을 이스라엘의 첫째 의무로 앞세우고, 부모에 대한 공경과 생명 수호와 혼인 계약의 준수를 첫째 의무 다음으로 중요시한다. 그다음에 진실과 소유 문제를 다루고, 마지막으로 탐욕에 대하여 경고한다. 다음은 십계명의 본문이다(탈출 20,2-17).

[2]나는 너를 이집트 땅, 종살이하던 집에서 이끌어 낸 주 너의 하느님이
다. [3]너에게는 나 말고 다른 신이 있어서는 안 된다. [4]너는 위로 하늘에 있는 것
이든, 아래로 땅 위에 있는 것이든, 땅 아래로 물속에 있는 것이든 그 모습을 본
뜬 어떤 신상도 만들어서는 안 된다. [5]너는 그것들에게 경배하거나, 그것들을 섬
기지 못한다. 주 너의 하느님인 나는 질투하는 하느님이다. 나를 미워하는 자들
에게는 조상들의 죄악을 삼 대 사 대 자손들에게까지 갚는다. [6]그러나 나를 사랑
하고 내 계명을 지키는 이들에게는 천대에 이르기까지 자애를 베푼다. [7]주 너의
하느님의 이름을 부당하게 불러서는 안 된다. 주님은 자기 이름을 부당하게 부르
는 자를 벌하지 않은 채 내버려 두지 않는다. [8]안식일을 기억하여 거룩하게 지켜
라. [9]엿새 동안 일하면서 네 할 일을 다 하여라. [10]그러나 이렛날은 주 너의 하느
님을 위한 안식일이다. 그날 너와 너의 아들과 딸, 너의 남종과 여종, 그리고 너
의 집짐승과 네 동네에 사는 이방인은 어떤 일도 해서는 안 된다. [11]이는 주님이

엿새 동안 하늘과 땅과 바다와 그 안에 있는 모든 것을 만들고, 이렛날에는 쉬
었기 때문이다. 그러므로 주님이 안식일에 강복하고 그날을 거룩하게 한 것이다.
12 아버지와 어머니를 공경하여라. 그러면 너는 주 너의 하느님이 너에게 주는 땅
에서 오래 살 것이다. 13 살인해서는 안 된다. 14 간음해서는 안 된다. 15 도둑질해서
는 안 된다. 16 이웃에게 불리한 거짓 증언을 해서는 안 된다. 17 이웃의 집을 탐내
서는 안 된다. 이웃의 아내나 남종이나 여종, 소나 나귀 할 것 없이 이웃의 소유
는 무엇이든 탐내서는 안 된다.

한편 십계명의 분류는 유다교 라삐들, 가톨릭과 루터교, 정교회와 개혁교회 사이에서 서로 다르다. 십계명을 하느님의 말씀으로 이해하는지 계명으로 이해하는지에 따라 2절을 포함시키기도 빼기도 한다.

유다교 라삐들

2절, 3-6절, 7절, 8-11절, 12절, 13절, 14절, 15절, 16절, 17절.

가톨릭과 루터교(아우구스티누스 성인의 분류)

3-6절, 7절, 8-11절, 12절, 13절, 14절, 15절, 16절, 17ㄱ절, 17ㄴ절.

정교회와 개혁교회

3절, 4-6절, 7절, 8-11절, 12절, 13절, 14절, 15절, 16절, 17절.

(4) **계약의 책 또는 계약 법전**(탈출 20,22—23,33)

'계약의 책' 또는 '계약 법전'이라는 명칭은 탈출 24,7에서 소개되

고, 그 내용은 탈출 20,22—23,33에 나온다. 계약의 책은 십계명과 동시에 주어진 것으로 되어 있는데, 십계명을 일상의 삶에 적용한 것이라 할 수 있다. 실제로 이 법전의 삶의 자리는 목축 생활에서 농경 생활로 자리잡아 가는 과도기다. 이스라엘인들이 가나안 땅에 정착한 바로 뒤의 사회상을 떠올리면 될 것이다.

계약의 책에는 함무라비 법전과 같은 고대 근동의 법전에서 발견되는 내용이 들어 있다. 이 경우 법조문의 양식은 위에서 언급한 조건법 또는 판례법의 양식을 취한다. 대표적인 예가 동태복수법으로 알려진 '탈리온 법'Lex talionis이다. "다른 해가 뒤따르게 되면, 목숨은 목숨으로 갚아야 하고, 눈은 눈으로, 이는 이로, 손은 손으로, 발은 발로, 화상은 화상으로, 상처는 상처로, 멍은 멍으로 갚아야 한다"(탈출 21,23-25). 동태복수법의 목적은 무서운 복수를 부추기는 데에 있지 않고, 복수에 한계를 정해서 받아야 할 벌에 비하여 지나친 되갚음을 막으려는 데에 있었다. 이 법은 개인이 아니라 공동체가 집행하였다. 한편 계약의 책에는 탈출 22,17 이하에서처럼 십계명과 같은 단정법의 양식도 나온다.

계약의 책은 내용과 양식면에서 고대 근동의 법전과 비슷하지만, 그것을 그대로 옮겨 놓지는 않았다. 탈출기 저자는 성경의 우선 순위에 따라 근동의 법전 내용을 재편집하거나 거기에 새로운 요소를 덧붙였다. 예를 들어 근동의 법전에서는 경신례법을 비롯한 종교적 법조문이 매우 드물게 발견되지만, 계약의 책에는 처음(20,22-26)과 마지막(23,10-19)에 나온다. 또 메소포타미아 법전에는 노예들에 관한 법이 보통 맨 마지막에 나오는데, 계약의 책에는 경신례법 바로 다음에 나온다(21,1-11). 이는 노예들이 단순한 소유물이 아니라 인간이라는 것을 인정하는 구약성경의 생

함무라비 법전 돌기둥의 아래 부분이다.
쐐기 문자는 고개를 오른쪽으로 기울여 읽어야 한다.

각을 드러내며, 아울러 십계명 도입 부분에 나오는 주 하느님의 말씀을 되새기는 것이기도 하다. "나는 너를 이집트 땅, 종살이하던 집에서 이끌어 낸 주 너의 하느님이다"(탈출 20,2). 하느님께서 이스라엘에게 하신 것처럼 그들도 노예들에게 호의를 베풀어야 한다. 계약의 책은 언제나 인간 생명을 재산보다 우위에 두고 존중하였는데, 이것도 고대 근동의 법전과 다른 점이다.

(5) **사제계 법전**(레위 1—16장)**과 성결 법전**(레위 17—27장)

출전비평에서는 레위기를 둘로 나눈다. 앞부분 1—16장은 사제계 전승에 속한 본문으로 보고, 뒷부분 17—27장은 사제계 전승보다 더 오래된 문헌이지만 나중에 사제계 전승에 병합된 법전으로 본다. 성경학자들은 보통 전자를 사제계 법전, 후자를 성결 법전聖潔法典이라고 부른다. 1—16장은 사제들의 주요 관심사이기도 한 제사와 축제에 관한 규정을 포함한다. 본문 내용을 자세히 살펴보면, 이 규정들은 왕정 시대에 예루살렘 성전에서 바치던 제례祭禮를 반영한 것임을 알 수 있다.

17—27장의 성결 법전은 권유와 설교조의 형식에서 후대의 사제계 전승과 분명히 구별되며, 사상적으로는 에제키엘서(기원전 593-572년)에 가깝다. 성결 법전에서는 1인칭으로 소개된 하느님께서 모세를 통하여 이스라엘에게 윤리적 지침과 경신례적 정화의 규정들을 전달하신다. 이 법전은 19장과 21장에서 볼 수 있듯이 경신례 안에서 여러 단계를 거쳐 발전하다가, 마침내 사제들과 레위인들이 이것을 하나의 교리로 사람들에게 가르쳤을 것이다.

레위기의 저자는 이 책에 실린 모든 법과 규정이 계약의 책처럼 시나이 산에서 선포되었다고 말한다. “이것이 주님께서 시나이 산에서 모세를 통하여 당신과 이스라엘 자손들 사이에 세우신 규정과 법규와 법이다”(26,46; 참조: 27,34). 레위기의 법과 규정도 십계명이나 계약의 책에서처럼 성경의 우선 순위를 따른다. 곧 하느님께 대한 의무 규정을 먼저 소개하고, 그다음에 이웃에 대한 규정을 소개한다.

‘거룩함’은 레위기 전체에 흐르는 기본 주제다. “나, 주 너희 하느님이 거룩하니 너희도 거룩한 사람이 되어야 한다”(19,2; 참조: 20,26). 거룩해진다는 것은 이스라엘 백성이 개인으로든 공동체로든 하느님께 속해 있고 그분의 길을 따른다는 뜻이다. ‘거룩함’의 반대 개념은 하느님께 드리는 예배에서 제외시켜야 할 모든 ‘속됨’이다(레위 21—22장). 성소聖所가 거룩한 이유는 거룩하신 하느님께서 그곳에 계시기 때문이며, 사제들이 거룩한 이유도 거룩하신 하느님께 드리는 경신례를 주관하기 때문이다.

거룩함聖의 반대가 속됨俗이라면, 정결淨의 반대는 부정不淨이다. 정결은 거룩함의 조건이라 할 수 있다. 사람이 거룩해지기 위해서는 정결한 상태를 유지하고 자신을 부정한 것과 분리시켜야 한다. '거룩한'을 뜻하는 라틴어 '상투스'sanctus는 '분리하다, 가르다'라는 뜻의 동사 '상치레'sancire에서 나왔다. 몸을 깨끗이 씻어야 하고 부정한 것에 닿아서는 안 된다. 부정한 것은 거룩하신 하느님과 결코 혼동되어서는 안 될 주변의 우상이나 잡신들과 관계된 것, 그리고 생명이신 하느님과 반대되는 죽음과 관련된 것들이다. 특정한 짐승들의 고기를 먹지 못하게 한 것은(레위 11장; 신명 14,3-21) 단순히 미관상이나 위생상의 이유만이 아니라, 그것들이 우상 숭배나 인간을 위협하는 능력을 지닌 존재들과 관련되기 때문일 것이다. 예를 들어 돼지는 고대 가나안인들이 제물로 바치던 짐승이고, 이집트에서는 지하 세계의 신들과 접촉할 수 있는 존재였다. 낙타는 고대 아랍인들의 주요 제물이자 신성한 짐승이고, 이집트인들에게는 신적 능력을 지닌 존재였다. 개는 이집트, 이란, 북부 시리아에서 신성시되었고, 히타이트에서는 신들이 개 위에 서 있다. 이사 66,17을 보면 쥐도 먹어서는 안 되는 짐승인데, 실제로 하란에서는 생쥐들이 제물로 바쳐졌다. 토끼의 대가리와 발톱은 오늘날까지도 아랍인들 사이에서 부적으로 통하고, 아라비아에서는 올빼미를 죽은 자가 육화한 짐승으로 여겨 공경한다. 이 밖에도 많은 짐승들이 고대 근동에서 제물로 바쳐지거나 신성시되었다. 부정한 짐승들은 제물로 사용해서도 안 되고(창세 8,20), 맏물 봉헌이나(레위 27,26; 민수 18,15) 십일조로 바쳐서도 안 된다(레위 27,32).

생리학적 지식이 부족했던 고대 이스라엘인들은 자신의 의지와 상관 없이 사람 몸에서 나오는 각종 분비물(고름, 정액, 생리혈 등)도 초월적 힘을 지닌 존재들과 관련된 것으로 보고 사람이 이것들에 접촉했을 때 부정해진다고 믿었다(참조: 레위 12; 15장).

죽음과 연관된 것들과의 접촉도 사람을 부정하게 만든다. 그것들이 생명 자체이신 하느님과 분리되어 있기 때문이다. 따라서 사람의 시신(레위 21,1-3.11; 민수 6,6-7; 19,11-16), 짐승의 시체(레위 11장), 무덤(민수 19,16), 그리고 각종 전염성 피부병과 곰팡이와 접촉함은 사람을 부정하게 만든다(레위 13—14장). 이런 것들과 접촉해서 부정한 상태에 있는 사람이나 공동체는 하느님과 분리되어 있으므로, 정결례를 거쳐 깨끗해져야만 거룩하게 될 수 있다. 다른 한편 생명은 존귀하다. 모든 피조물의 생명은 피 안에 있고(레위 17,14), 생명을 뜻하는 피는 하느님께 바쳐야 한다. 따라서 이스라엘 백성은 생피를 마시거나(레위 17,10-12), 피가 아직 담겨 있는 목 졸라 죽인 짐승의 고기를 먹어서는 안 된다(사도 15,20 참조).

백성이나 개인이 거룩한 상태에 있다 할지라도 하느님과 직접 만나거나 접촉할 수 있는 것은 아니다. 모세 같은 몇몇 비범한 인물을 빼고 범속한 인간은 하느님을 뵙거나 그분과 직접 통교할 수 없다. 구약에서는 하느님과 인간 사이의 통교 수단으로 두 가지가 제시된다. 하나는 각종 제사를 중심으로 인간이 하느님께 드리는 경신례이고, 다른 하나는 성소, 만남의 천막, 계약 궤, 성전 등 하느님께서 인간 세상에 현존하시는 자리다. 이 둘의 관리는 모두 사제들에게 맡겨졌다.

창세기에 따르면 성조 시대에는 사제와 같은 특정 계층만이 제사를 거행한 것이 아니라 이스라엘의 성조들도 가문의 우두머리로서 제사를 지낸 것으로 되어 있다(창세 8,20; 15,9-10; 22,2-14). 그러나 후대에 내려와 일정한 장소, 곧 성소에서 정기적으로 경신례를 집전하면서 특정 계층이 사제직을 맡게 된다. 이처럼 경신례와 성소와 사제직은 처음부터 서로 밀접하게 연결되어 있었다. 그래서 사제들은 흔히 하느님과 백성 사이의 중개자로 인식되었다. 아무도, 한 나라의 최고 권력을 지닌 임금이라 하더라도 사제들을 대신하여 중개 임무를 할 수 없다. 이스라엘의 첫 임금 사울이 하느님께 버림받은 이유 가운데 하나도 사제가 아니면서 사제의 고유 영역을 침범했기 때문이다. 이스라엘은 필리스티아인들과 성전聖戰을 치르기 전에 고대 근동의 관습에 따라 주님께 제사를 드리게 되었는데, 당시 사제요 판관이던 사무엘이 나타나지 않자 사울이 직접 나서서 주님께 번제물을 바쳤다(1사무 13,7-14). 그러나 제사 집전은 전투의 우두머리인 임금의 소관이 아니라 사제의 몫이었으므로, 사울은 신성모독죄를 지은 것이다. 다윗 시대에 계약 궤를 옮기던 중 우짜라는 사람이 계약 궤가 흔들리는 것을 붙잡았다가 죽게 된 것도 같은 맥락이다(2사무 6,6-7). 하느님의 거룩한 현존이 머무르시는 계약 궤는 합당한 신분이나 마땅한 예로 정중하게 다루어야 한다는 것이다.

(6) **신명기 법전**(신명 12—26장)

신명기는 그리스어로 '율법의 사본'(δευτερονόμιον 두 번째 법: 신명 17,18) 이라는 뜻이다. 그러나 이 이름은, 12—26장에 일련의 법 규정들을 포함하고는 있지만, 이 책의 형식이나 내용에 썩 어울리지는 않는다. 신명기는 모세가 이제 막 가나안 땅으로 진입하려는 이스라엘 백성에게 율법을 준수하도록 촉구하는 일종의 설교 형식으로 쓰였다. 설교의 요지는 이스라엘 백성이 가나안에 들어가 행복과 번영을 누리고자 한다면, 주님께서 모세를 통하여 전해 주신 율법을 반드시 성실하게 지켜야 한다는 것이다. 탈출기와 레위기는 하느님께서 모세를 통하여 백성에게 선포하신 법을 전하는 데에 비해, 신명기는 율법에 대한 모세의 반성과, 이스라엘 백성에게 율법을 지키라고 권고하는 그의 노력을 보여 준다.

신명기 법전으로 분류되는 12—26장의 법 규정들은 십계명의 우선 순위를 따르고 십계명의 몇몇 조항과 뚜렷하게 연결된다. 12—13장은 제1계명 '나 말고 다른 신을 섬기지 마라'를, 15—16장은 제3계명 '안식일과 축일을 거룩하게 지켜라'를, 17—18장은 제4계명 '부모와 웃어른을 공경하라'를, 19—21장은 제5계명 '살인하지 마라'를, 22—23장은 제6계명 '간음하지 마라'를, 23—24장은 제7계명 '도둑질하지 마라'를, 25장은 제8계명 '거짓 증언을 하지 마라'를 저마다 다룬다. 여기서도 하느님께 대한 의무에 이어 이웃에 대한 의무가 뒤따른다.

(7) 율법의 완성

율법에 대한 유다인들의 반성과 태도는 가장 긴 시편인(176절) 시편 119편에 잘 나타나 있다. 그래서 이 시편을 율법 시편이라 부르기도 한다. 율법 시편은 대목마다 첫 글자가 히브리어 알파벳 22자로 시작하고, 여덟 절로 이루어진 한 대목은 매절 시작마다 같은 알파벳 글자가 되풀이되어 나타나는 '알파벳 노래'다. 이 시편에 나오는 중요한 통찰들을 몇 가지 열거하면 아래와 같다.

첫째, 율법은 하느님께 나아가는 길이요 그분의 가르침이다. "행복하여라, 그 길이 온전한 이들 / 주님의 가르침을 따라 걷는 이들!"(1절; 참

조: 26-27.33-35절 등). 둘째, 율법은 이스라엘인들에게 짐과 괴로움이 아니라 큰 재산이요 기쁨이다. "온갖 재산을 얻은 듯 / 당신 법의 길로 제가 기뻐합니다"(14절; 참조: 24.72.92.143절 등). 셋째, 이스라엘은 율법을 자랑스럽게 여기고 사랑한다. "저는 당신 계명으로 기꺼워하고 / 그것을 사랑합니다"(47절; 참조: 113.119.159.163절 등). 넷째, 율법을 실천하면 구원을 얻는다. "주님, 저는 당신의 구원을 바라며 / 당신의 계명을 실천합니다"(166절; 참조: 50-51.81.88.93-94.134.146절 등).

유다인들은 율법을 이렇게 긍정적으로 받아들이는데 왜 우리 그리스도인들은 부정적으로 생각하는가? 아마도 율법에 대해 예수님과 바오로 사도가 비판적으로 말씀하셨기 때문에 그렇게 생각하는지도 모른다. 그러나 예수님과 바오로 사도는 율법 자체를 문제시하거나 무시하지 않았다. 율법에는 분명 하느님의 뜻이 담겨 있다. 예수님은 언제나 율법에 담긴 하느님의 뜻을 알아보고 실천하라고 하셨다. "내가 율법이나 예언서들을 폐지하러 온 줄로 생각하지 마라. 폐지하러 온 것이 아니라 오히려 완성하러 왔다"(마태 5,17)고 하신 예수님의 선언은 바로 이를 두고 하신 말씀이다. 예수님과 바오로 사도가 비판한 것은, 율법의 시행세칙에 매달려 그 안에 담긴 하느님의 뜻을 보지 못하거나 일부러 지나치는 '율법주의'였다. 예수님은 율법에 담긴 하느님의 뜻을 사랑의 두 가지 중대한 계명인 하느님 사랑과 이웃 사랑으로 밝혀 주셨다(루카 10,25-28).

율법의 해석에서 바리사이들과 예수님이 서로 갈라서게 되는 것은 율법을 어느 관점에서 바라보느냐에 달려 있다. 거룩함의 주제를 가장 뚜렷하게 다루는 구약의 대목은 레위 19장일 것이다. 거기서 거룩하신 하느님을 닮아 인간이 거룩하게 되는 길은 두 가지다. 하나는 제의적 정결을 지키는 것이다. 제의적 정결은 제물을 바치러 하느님 앞에 나선 인간이 거룩한 상태를 유지하고 거룩한 제물을 바쳐야 한다는 것이다(5-7.19절). 제의적 정결은 바리사이들의 율법 해석에서 토대가 되는 관점이다. 다른 하나는 이웃 사랑의 실천이다. 부모를 경외하고(3절) 가난한 이와 이방인을 돌보며(9-10절) 약한 이웃을 억누르거나 괴롭혀서는 안 된다(13-14절). 레위기 저자는 이웃 사랑의 실천을 이렇게 요약한다. "네 이웃을 너 자신처럼 사랑해야 한다. 나는 주님이다"(18절). 예수님은 이웃 사랑의 관점에서 율법을 해석하셨다. 우선 하느님 나라의 윤리로 제시하신 그분의 산상 설교(마태 5—7장; 참조: 루카 6장)에서는 제의적 정결에 관한 규정을 전혀 언급하지 않으시고 그 대신 이웃 사랑의 실천을 강조하신다. 그리고 레위기의 이웃 개념은 동족의 한계 안에 머무르지만(레위 19,17-18) 예수님의 이웃 개념은 동족의 한계를 넘어서서 원수까지도 포함한다(마태 5,43-47; 참조: 루카 6,27-35). 고통받는 사람, 도움을 필요로 하는 사람은 누구나 이웃이다(착한 사마리아인의 비유: 루카 10,29-37). 원수까지도 사랑하는 것이 완전하신 아버지 하느님을 본받는 길이요(마태 5,48) 자비하신 아버지를 본받는 길이다(루카 6,36). 하느님이 바라시는 것은 희생 제물이 아니라 자비다(마태 9,13; 12,7). 사랑의 실천은 모든 번제물과 희생 제물보다 낫다(마르 12,33). 예수님은 바리사이들이 우선시하는 제의祭儀나 제의적 정결보다 사랑과 자비의 실천을 더 중요하게 여기셨다.

율법에 관해 부정적으로 생각하게 만드는 또 다른 원인은, 율법을 의무 규정으로만 여기기 때문이다. 그러나 율법을 동양 사상의 도道와 연관시켜 생각하면 이런 의무감에서 어느 정도 벗어날 수 있을 것이다. 율법은 하느님께 가는 길이요 가르침이다. 그것은 하느님께 대한 도리요 인간이 지켜야 할 도리인 것이다. 도를 닦고 안 닦고는 형법의 대상이 아니다. 그러나 도를 훌륭하게 닦는 사람은 올바른 인간이 되고, 자신뿐 아니라 주변의 다른 사람들까지도 편안하고 행복하게 해 줄 수 있다. 율법을 단순히 윤리 도덕의 지침과 규정으로만 생각하지 말고, 인간이 마땅히 닦아야 할 덕이요 지켜야 할 도리로 이해한다면, 형식적이고 경직된 율법주의에서 좀 더 자유로울 수 있을 것이다.

VI. 사고방식과 사상

1. 우주관
2. 인간관
3. 시간 개념
4. 수 개념
5. 유일신론
6. 유다이즘 또는 유다교
7. 유다의 파당

»

성경 저자들의 사고방식과 사상은 고대 근동과 그리스 문화에 뿌리를 내리고 있으면서도 야훼 신앙의 독특성 때문에 뚜렷이 드러난다. 그런데 성경의 세계는 시간·공간적으로 우리와 멀리 떨어져 있지만 지리적으로는 아시아에 자리 잡아서인지 사상과 문화에서 우리와 비슷한 점들이 많다. 자연과 세상, 신과 인간, 시간과 역사 등에 관한 그들의 생각을 간략하게 정리해 본다.

1. 우주관

히브리인들이 상상하던 우주는 우리가 생각하는 우주와 다르다. 히브리인들의 우주관은 하늘, 땅, 바다, 천체처럼 눈에 보이고 비, 구름, 바람처럼 감지할 수 있는 것에서 출발한다. 먼저 하늘에는 활처럼 휘어진 궁창이 윗물을 받치고 있는데, 윗물은 눈과 우박과 천둥과 번개와 비를 품고 있다. 윗물 위에는 하느님이 천사들을 거느리고 세상을 다스리시는 천상 조정이 있다. 궁창에는 해, 달, 별들이 붙박혀 있고 땅에는 바다, 강, 호수, 샘 등 아랫물이 자리 잡는다. 궁창과 땅 사이는 창공이라고 부른다.

우리가 사는 땅은 거대한 땅 기둥들이 떠받치고, 땅속 깊은 곳에는 죽은 이들의 나라인 스올이 들어서 있다. 스올은 우리말로 보통 '저승'이라 옮긴다. 사람이 죽으면 스올로 내려가 활동할 힘이 없는 상태로 조용히 머문다(욥 17,13; 시편 6,6; 139,8 참조). 스올은 무덤을 통해서만 들어갈 수 있는데, 구약성경 저자들은 사람이 한번 스올에 내려가면 다시는 살아날 수 없다고 믿었다(2사무 12,23). 구약성경에서 부활 개념은 다니엘서와 집회서에 나타나기 시작하고, 마카베오기에서 좀 더 뚜렷하게 드러난다(2마카 12,44). 이 때문에 구약성경 저자들은 자손의 번성과 함께 장수를 하느님의 축복으로 소중히 여겼다. 창세 5장에서 원조들의 나이가 팔백 세, 구백 세로 묘사된 것도 이 같은 흐름에서다. 그러나 구약성경과 달리 신약성경에서는 부활에 대한 예수님의 가르침과 그리스도의 발현을 목격한 사도들의 증언에 힘입어 부활이 가장 중요한 개념 가운데 하나로 자리 잡는다.

히브리인들의 우주관

하느님의 거처와 천상 조정
우박
윗물
눈
윗물
병기고 문
병기고 문
폭우와
뇌성
병기고 문
궁창
창공
아랫물
아랫물
땅기둥
스올
땅기둥

2. 인간관

창세기의 저자는 천지창조 이야기에서 인간을 창조의 중심에 놓는다. 다른 피조물과 더불어 하느님께서 창조하신 인간은 땅을 차지하고 다른 동물들을 지배한다. 인간은 하느님과의 관계에서 그분께 매인 존재이면서도 자유를 누리고, 다른 피조물과의 관계에서는 그들을 지배하고 다스린다. 또한 그들에게서 혜택을 받고 그들과 같은 운명을 겪기도 한다.

가. **인간과 하느님**

인간은 하느님과 떼려야 뗄 수 없는 관계에 있다. 창세 1장의 저자는 하느님께서 사람을 당신과 비슷하게 당신의 모습으로 만드시되, 남자와 여자로 창조하셨다고 말한다(1,26-27). '하느님과 비슷함'과 '하느님의 모습'은 무엇을 뜻하는가? 이 두 용어를 두고 교부 시대부터 많은 해석이 있었다. 초기 교부들은 물질의 세계와 영의 세계를 엄격하게 나누는 그리스 철학의 이원론에 근거하여, 인간의 육체는 제쳐 두고 '하느님의 불꽃'인 영혼의 속성들을 이 두 용어에 적용시키려는 경향을 보인다. 그들은 영혼의 주요 속성인 이성理性과 자유와 불사불멸을 바로 '하느님과 비슷함' 또는 '하느님의 모습'의 본질로 보았다. 이레네우스는 '하느님의 모습'을 인간이 이미 받은 속성으로 보지 않고 인간이 앞으로 성숙해 가고 완성해야 할 목표로 여긴다. 인간은 이 목표를 위하여 창조되었다는 것이다(『이단 논박』 4.38). 아우구스티누스는 "우리와 비슷하게 우리 모습으로"(창세 1,26)

라는 말씀에서 '우리'를 삼위일체이신 하느님을 가리키는 것으로 보고 인간 정신의 삼중 구조, 곧 기억과 지성과 의지를 하느님의 모습으로 제시한다(『삼위일체』).

한편 어떤 신학자들은 '비슷함'과 '모습'을 엄격하게 구분하여, '비슷함'은 하느님께서 인간을 창조하실 때 부여하신 '의로움'과 '자립 자존'과 같은 초자연적 속성으로, '모습'은 '자유의지'와 '이성'과 '동물 세계의 지배'와 같은 인간의 자연적 속성으로 본다. 나아가 그들은 아담과 하와가 죄를 지음으로써 '비슷함'의 속성인 초자연적 속성은 잃어버렸지만, '모습'의 속성인 자연적 속성은 범죄 이후에도 상실하지 않았다고 주장한다. 종교 개혁 시대에 와서 루터는 이 두 가지 개념의 엄격한 구분을 반대하고 '하느님의 모습'이라는 개념 안에 '비슷함'을 포함시켰다. 그러면서 그는 원조의 범죄가 인간에게 주어진 '하느님의 모습'을 극도로 손상하였으므로 인간은 이제 자유의지를 올바로 사용할 수 없게 되었고, 예수 그리스도의 은총 없이는 하느님과의 관계를 희미하게 유지할 뿐이라고 주장하였다. 종교 개혁 이후에도 이 두 개념의 구분은 후대의 신학에서 다시 나타나지만, 이에 대한 명확한 판단은 다음으로 미룬다.

그다음 창세 2장의 저자는 하느님께서 인간을 만드실 때, 진흙으로 된 형체에 당신의 숨을 불어넣으시어 그에게 생명을 주신 것으로 묘사한다. 이로써 인간의 생명은 동물의 생명과 달리 하느님의 생명을 직접 이어받아 세상의 어떤 피조물보다 하느님과 밀접하게 연결되었음을 강조한다. 원조의 범죄는, 인간이 자기 생명의 원천은 하느님이시며 자신의 행복과 불행도 그분과의 유대 관계에 직결되었음을 잊은 채, 하느님과의 연결 고리를 끊고 자존 자립해 보려는 시도라 하겠다.

신약성경 저자들은 예수 그리스도가 하느님의 참모습임을 증언한다(2코린 4,4; 콜로 1,15). 따라서 그분은 하느님께서 처음 창조하실 때의 본모습을 잃지 않은 참인간이시다. 우리는 그리스도 안에서, 그리고 그리스도를 통하여 하느님의 모습으로 바뀌고(2코린 4,16), 그 모습에 일치할 수 있으리라는 희망을 갖는다(로마 8,29).

나. **인간과 자연**

성경 저자들은 인간을 자연의 일부라고 생각한다. 인간은 땅의 먼지이며 먼지로 돌아간다(창세 18,27; 욥 10,8-9; 시편 103,14; 코헬 3,19-20). 인간의 생물학·신체적 특성은 대부분 동물과 비슷하다. 인간은 '몰락할 육체'를 가졌기 때문에 다른 피조물들처럼 하느님의 자비에 의존한다. 하느님께서는 인간이 자연을 지배하여 자연에서 혜택을 받게 하셨다. 그러나 이 혜택은 자동적으로 주어지는 것이 아니라 인간의 노력을 요구한다. 인간은 자연을 보호하고 효과적으로 관리함으로써 자연이 좋은 결실을 내도록 부단한 노력을 기울여야 한다. 이때 그의 모든 노력은 자연의 법칙 안에서 이루어져야 한다. 그 자신도 다른 피조물들처럼 자연의 법칙에 지배를 받기 때문이다. 이처럼 인간과 자연은 떼려야 뗄 수 없는 관계로 묶여 있다. 그래서 인간이 죄를 지었을 때, 자연도 인간과 더불어 죄의 저주를 받아 쉽사리 소출을 낼 수 없다. 또한 우리 인간이 고통과 죽음을 겪는 동안, 자연은 자체의 구원에 앞서 인간에게 완전한 구원이 내릴 날을 고대하며 인간과 더불어 다 같이 신음하며 진통을 겪는다(로마 8,19-23).

다. **인간에 대한 표현들**

하느님, 자연, 그리고 동료 인간들과 관계를 맺고 살아가는 인간을 성경 저자들은 여러 가지 용어로 묘사한다. 첫째, 인간의 존재 자체를 표현하는 용어로 영혼, 몸, 살肉, 영이 있다. 그런데 이 용어들은 한 가지 말로 고정시키거나 다른 용어와 분리시켜 사용하기가 어렵다.

'영혼'은 히브리어로는 '네페쉬'נֶפֶשׁ, 그리스어로는 '프시케'ψυχή다. 네페쉬는 본디 목구멍을 가리키는데 인간의 욕망이나 갈망을 상징하며 숨, 목숨, 생명, 생령 따위로 옮기기도 한다. 프시케는 감정 또는 정서의 본거지를 뜻하는 마음과 의식 등, 인간의 내적 속성을 가리킨다.

'몸'은 신약성경에만 나오는 용어다. 몸으로 옮긴 그리스어 '소마'σῶμα는 일정한 시간과 공간의 제약을 받으며 물질 세계와 관계를 맺고 생존을 이어 가는 인간의 외적 실존을 가리킨다. 그러나 영혼과 몸은 서로 분리시켜 이야기할 수 없다. 영혼은 몸의 영혼이고, 몸은 영혼의 몸이다. 성경 저자들은 인간을 영혼과 육신으로 나누는 그리스 철학의 이원론이나 중세 철학의 분리를 받아들이지 않는다.

'살'은 히브리어로 '바사르'בָּשָׂר, 그리스어로는 '사륵스'σάρξ다. 이 용어는 하느님께는 전혀 사용되지 않고 동물과 인간에게만 적용된다. 인간의 살은 몰락할 인간의 육체적 허약성(자연과의 연계)뿐 아니라 하느님을 거슬러 죄짓는 윤리적 허약성을 가리킨다.

'영'은 히브리어로 '루아'רוּחַ, 그리스어로는 '프네우마'πνεῦμα라고 하는데, 바람, 숨, 입김, 생명력, 얼 등으로도 옮길 수 있다. 이 용어는 인간과 동물과 우상들보다 하느님에게 더 자주 쓰인다. 영은 하느님에게서 나와 하느님에게 돌아가는 바람이요, 동시에 인간 생명의 숨결을 끌고 가는 힘이다. "주 하느님께서 흙의 먼지로 사람을 빚으시고, 그 코에 생명의 숨을 불어넣으시니, 사람이 생명체가 되었다"(창세 2,7). 하느님의 영과 연결되는 인격의 핵심을 우리는 영 또는 영혼이라고 표현할 수 있겠다. 그러나 인간은 영을 지닐 뿐 영 자체는 아니므로 그를 영이라 부를 수는 없다.

둘째, 이렇게 인간의 존재를 표현하는 용어와는 별도로 육체의 생명 자체를 가리키는 용어로 숨과 피가 있다. 구약성경 저자들은 인간의 육적 생명이 숨과 피 속에 있는 것으로 보았다. 히브리어로 인간의 숨 또는 호흡은 '느샤마'נְשָׁמָה이고 피는 '담'דָּם이다. 호흡은 인간의 생명을 유지하며 동시에 인간을 그의 원천이요 보존자이시며 그를 벌하시고 자비를 베푸시는 하느님과 연결한다(위에 인용한 창세 2,7 참조). 따라서 인간의 호흡이 수행해야 할 첫째 과제는 하느님을 찬양하는 일이다.

피는 현대 해부학에서 밝히듯 심장과 직결된 것이 아니라, '목숨'(네페쉬)과 직결된다. 사람 몸의 중요한 요소인 피는 생물학적 생명 자체가 머무는 곳이며, 흔히 생명과 동일시된다. 따라서 어떤 경우라도 고기를 먹으면서 피를 먹어서는 안 된다. 생명은 하느님께 속하므로 희생 제물을 바칠 때에 사제는 짐승의 피를 반드시 제단 위에 뿌려야 한다. 이를 어기는 것은 주님 앞에서 생명을 죽이는 것과 조금도 다를 바 없다. 여기서 피는 살과 엄밀하게 구분된다. 인간에게 속한 살은 흙에서 왔다가 흙으로 돌아가지만, 하느님에게 속한 생명인 피는 하느님께 돌아가야 한다.

셋째, 구약성경 저자들은 감정이나 정서를 표현하기 위하여 창자, 간, 심장, 콩팥, 쓸개 등 몸의 내부 기관들을 동원한다. 성경에서는 이 기관들을 해부학·생리학적 기능으로보다는 사람의 양심, 의식, 희로애락의 감정 등을 나타내는 기관으로 묘사한다. 이는 우리말에서도 마찬가지다. 예를 들어 "내 눈은 눈물로 멀어져 가고 내 속은 들끓으며 내 애간장은 땅바닥에 쏟아지는구나"(애가 2,11)의 말씀은 '애간장을 태운다'는 우리말 표현을 연상시킨다.

넷째, 내부 기관뿐 아니라 인간의 사지도 해부학·생리학적 기능을 넘어서서 인간의 능력과 자세와 지위를 표현한다. 제2이사야서 저자가 '기쁜 소식을 전하는 이의 발이 사랑스럽다'고 말한 것은 그 발 모양의 아름다움을 표현하기 위해서가 아니라 기쁜 소식을 빨리 전해 주는 전령의 능력을 높이 평가하기 위해서다. 팔과 손은 힘과 도움을, 손가락은 흔히 재주나 솜씨를 뜻한다. 머리는 인간 생명의 가장 중요한 부분일 뿐 아니라, 신분의 변화나 마음의 자세를 나타내기도 한다. 머리를 숙이는 것은 굴욕이나 겸손을 뜻하고, 머리를 드는 것은 신분의 상승이나 교만을 뜻한다.

마지막으로 얼굴에 관한 표현을 살펴보자. 얼굴은 다른 어떤 기관이나 지체보다 더 중요하다. 구약성경에서 얼굴은 언제나 복수형 '파님'פָּנִים으로 나온다. 인간이 혼자 살지 않고 얼굴을 매개체로 다른 대상과 늘 마주하고 있다 해서 복수로 쓰인 듯하다. 얼굴에는 가장 중요한 감각 기관인 눈과 입과 귀가 있다. 눈과 입과 귀는 사람들끼리의 의사소통을 위한 기관일 뿐 아니라, 하느님과 인간 사이의 친교 수단이다. 손과 더불어 하느님께 가장 많이 적용되는 신체가 바로 눈과 입과 귀일 것이다. 인간은 하느님의 말씀을 귀로 들음으로써 그분의 뜻에 순종하고, 그분께 입(입술이나 혀도 포함)을 벌려 말함으로써 감사와 찬양과 기도를 드린다. 또 그분을 직접 눈으로 뵈올 수는 없지만 그분이 만드신 자연과 위업을 보고 그분을 찬미한다. 하느님 편에서는 사람들의 간구하는 소리에 귀 기울이

시고 그들의 귀에 말씀하시며, 그들을 눈여겨보신다. 그분의 눈에서 벗어난 자는 벌을 받기 마련이다.

3. 시간 개념

성경의 시간 개념을 설명하는 데 가장 큰 어려움은 시간을 정확하게 표현할 만한 적당한 용어가 별로 없다는 것이다. 성경 저자들은 시·분·초로 나누는 현대식 시간 구분을 아직 모른다. 성경의 시간 개념에서 가장 중요한 요소는 인간이 흐르는 시간 속에서 살아간다는 사실이다. 인간은 태어날 때가 있고 죽을 때가 있으며 한번 흘러간 세월은 다시 돌아오지 않는다. 성경 저자들은 고대 근동의 순환적 시간 개념이나 만물의 윤회설, 또는 불교와 힌두교에서 말하는 환생설보다는 하느님의 계획이 실현되는 현장으로서의 역사적 시간 개념에 더 관심을 기울인다.

가. **때와 계절**

히브리인들이 가장 자주 쓰는 '때'와 '계절'이라는 용어들은 모두 정해진 시간을 가리킨다. 심판과 징벌의 때, 축제, 계절 등은 모두 정해져 있다. 그것들을 정하신 분은 물론 하느님이시다. 성경은 추상적인 시간 개념을 배제하고 언제나 역사의 현장에서 하느님이 이루시는 사건의 때를 강조한다. "주 하느님께서 땅과 하늘을 만드시던 날"(창세 2,4)은 달력에서 말하는 연월일시의 '날'이 아니라, 하느님이 일으키신 사건의 때를 말한다.

시간과 계절의 결정은 하느님의 절대 주권에 속한다. 하느님만이 홀로 시간을 정하신다. 계절은 저절로 생겨난 것이 아니라 그분께서 모두 정하셨다. "땅이 있는 한 씨뿌리기와 거두기, 추위와 더위, 여름과 겨울,

낮과 밤이 그치지 않으리라"(창세 8,22). 그분의 아들조차도 지상에 머무르는 동안 아버지께서 정하신 종말의 때를 알지 못하였다. "그 날과 그 시간은 아무도 모른다. 하늘의 천사들도 아들도 모르고 아버지만 아신다"(마르 13,32; 참조: 사도 1,7). 하느님은 세상의 종말뿐 아니라 개인의 시간까지도 결정하신다(시편 31,16).

나. 과거와 현재와 미래

히브리인들은 과거를 안고 살아간다. 과거는 기념 또는 기억으로 현재와 연결되어 있다. 그들에게 미래는 미지의 세계다. 뱃사공에 비유하면, 히브리인들은 현재라는 배를 타고 가면서 떠나온 과거를 앞에 두고 바라보며, 등 뒤에 있는 미래를 향하여 노를 저어간다. 이는 과거와 미래에 대한 우리말 표현 그대로다. 우리말에서 과거를 가리킬 때, '전에'라고 하면서 '앞 전前'자를 쓰고, 미래를 가리킬 때는 '후에'라고 하면서 '뒤 후後'자를 쓴다.

과거를 안고 살아가는 사람들에게는 기억은 매우 중요하다. 과거의 사건들을 기억하는 것은 단순히 추억에 잠기기 위해서가 아니라, 과거를 교훈 삼아 오늘의 삶을 반성하고 추스르자는 것이다. 이스라엘 백성은 하느님께서 과거 역사를 통하여 자신들을 어떻게 대하시고 이끌어 오셨는지 전례 안에서 끊임없이 기억함으로써 현재와 미래를 위한 방향과 목적을 재확인한다. 같은 맥락에서 예수님도 제자들에게 당신을 기억하며 성찬을 거행하라고 명하신다. "이는 너희를 위하여 내어 주는 내 몸이다. 너희는 나를 기억하여 이를 행하여라"(루카 22,19). 예수님이 제자들에게 보여 주신 사랑을 기억하며 성찬을 거행하고, 이렇게 성찬을 거행함으로써 서로 사랑을 나누라는 말씀이다.

다. **영원**永遠

'영원'은 히브리어로 '올람'עוֹלָם인데, 이는 철학적 개념인 '변하지 않는 시간', 곧 무시간적인 때나 현재로서는 도저히 파악할 수 없는 숨겨진 시간을 의미하지 않는다. 히브리어에서 올람은 과거로든 미래로든 현재에서 아주 멀리 떨어진 시간을 뜻한다. 또한 언덕들이 생겨나서 소멸되기까지의 긴 시간(창세 49,26)도 '영원하다'고 말한다. 인간을 두고 이야기할 때는 인생의 최후 시점인 죽음을 영원으로 볼 수도 있다. 이 경우 영원은 '마지막 때'를 뜻한다. 영원을 하느님께 적용할 때는 '시간에 제약받지 않음' 또는 '시간을 뛰어넘음'이라는 뜻으로 통한다. 이 말은 하느님이 시간과 공간에서 이루어지는 인간 역사에 전혀 개입하지 않으신다는 뜻이 아니다. 시간과 공간의 제약을 받지 않으시는 하느님은 인간의 구원을 위해서 기꺼이 피조물의 영역인 시간과 공간 안으로 들어오신다. 말씀이신 하느님의 아들이 살을 취해 세상에 들어오신 육화incarnatio가 그 가장 좋은 예다. 성경의 영원 개념은 시간의 세계인 현실과 영원의 세계인 이상을 완전히 구분하는 플라톤의 이원론과는 다르다.

라. **현재와 마지막**

신약성경 저자들은 하느님께서 정하신 '결정적인 때'를 언급한다.

그것은 세례자 요한의 설교에 제일 먼저 나온다. “때가 차서 하느님의 나라가 가까이 왔다”(마르 1,15). 이때는 예수님의 삶과 가르침, 특히 그분의 수난과 죽음과 부활로 드러나는 ‘하느님 나라의 도래到來’를 가리킨다. 모든 그리스도인에게 이때는 하느님의 사랑과 은총을 체험할 수 있는 가장 큰 기회다. “지금이 바로 매우 은혜로운 때입니다. 지금이 바로 구원의 날입니다”(2코린 6,2).

결정적인 때가 이미 도래하였다는 신약성경 저자들의 생각은 그때를 미래의 희망으로만 생각하는 유다인들의 생각과 사뭇 다르다. 유다인들은 아직도 하느님의 결정적 개입을 미래의 사건으로 기다리고 있는 데 반하여 그리스도인들은 나자렛 예수님의 삶과 가르침을 통하여 그 개입이 이미 과거에 일어났다고 여긴다. 물론 그리스도인들도 모든 것이 최종적으로 완성될 날을 아직도 기다리는 중이지만, 그 완성이 이미 시작되었다고 믿는다. 말하자면 우리 그리스도인들은 마지막 시대의 시작과 끝 사이에서 살고 있는 셈이다. “이 마지막 때에는 아드님을 통하여 우리에게 말씀하셨습니다. 하느님께서는 아드님을 만물의 상속자로 삼으셨을 뿐만 아니라, 그분을 통하여 온 세상을 만들기까지 하셨습니다”(히브 1,2; 참조: 사도 2,17; 1베드 1,20; 1요한 2,18).

구약의 시간 개념은 예수님의 하느님 나라 선포에서 새로운 의미를 얻게 된다. 하느님 나라의 선포는 과거와 현재와 미래를 하나로 묶어 하느님의 결정적인 때, 곧 마지막 시대에 일어나는 사건이다. 이 사건을 주도하시는 분은 물론 ‘세기의 임금’이신 하느님이시다(1티모 1,17).

4. 수 개념

성경에는 숫자가 많이 등장하는데, 단순한 정보일 수도 있고 신학적인 뜻을 내포할 수도 있다. 여기서는 신학적인 뜻을 내포하는 수 개념을 살펴보기로 한다.

창세 5장에 보면 홍수 이전 아담의 계보가 나오는데, 모두들 장수하였다. 아담은 930년, 셋은 912년, 에노스는 905년, 케난은 910년을 살다가 죽었다고 한다. 창세기 저자가 원조들을 이처럼 오래 장수한 것으로 묘사한 이유는 옛날 사람들이 장수를 하느님께서 베푸시는 큰 복으로 여겼기 때문이다. 곧 원조들은 하느님의 특별한 배려로 장수의 복을 누렸다는 것이다.

그러나 이런 포괄적 의미 말고도 성경에 나오는 숫자 하나하나에 상징적 또는 신학적 의미가 들어 있을 수도 있다. 에녹은 365년을 살았다(창세 5,22-23). 창세기 저자에 따르면 에녹은 하느님과 함께 걸은 사람이다. 여기서 하느님과 함께 걸었다는 표현은 그분의 뜻과 계획을 헤아리고 존중하며 의롭고 착하게 살았다는 뜻이다. 365는 일 년의 날수와 같은 완벽한 숫자다. 에녹은 하느님의 뜻에 따라 산 덕분에 완벽한 지상 생애를 마치고 죽음을 겪지 않고 하느님께로 올라갔다.

가. **완전한 숫자**

성경에 자주 등장하는 다음 숫자들은 완전한 숫자다.

7 음력 한 달의 4분의 1이다.

4 원래는 바람의 네 방향 동서남북, 곧 사방을 가리키는 데 사용한 숫자였다. 창세기에서는 낙원에 흐르는 강 하나가 네 줄기로 갈라져 땅에 물을 댄다(창세 2,10 이하). 고대 근동에서 메소포타미아의 임금들은 '사방의 임금'이라는 칭호를 사용하였다. 따라서 4는 온 세상을 뜻하는 숫자로 통한다.

10 역사의 한 주기를 뜻한다. 아담부터 노아까지가 10대, 셈부터 아브라함까지가 10대였다.

12 원래 이스라엘의 열두 부족을 가리키는 이 숫자는 족보에서 후손들의 수를 계산할 때 사용되었다.

성경에서 이상의 숫자들은 흔히, 하느님께서 우주 질서를 완벽하게 유지하실 뿐 아니라, 인간 역사의 질서까지도 가지런하게 주재하시고 지혜롭게 이끌어 가신다는 사실을 재천명하기 위하여 사용된다. 이 밖에 성경에 자주 나오는 3은 완전한 수는 아니지만, 교부 시대에 삼위일체를 가리키는 거룩한 숫자로 통하였다.

성조들의 나이와 관련하여 학자들은 재미있는 공식을 발견하였다. 이 공식을 보면, 고대 이스라엘인들이 수학적으로 우리가 상상하는 것보다는 훨씬 정교한 지식을 지니고 있었음을 알 수 있다.

아브라함 175=7×(5×5) 이사악 180=5×(6×6) 야곱 147=3×(7×7)*

* 레플레, 『성경과 오늘』, 66-67 참조.

여기서 특기할 만한 사항들은 둘씩 줄어드는 숫자 7, 5, 3, 하나씩 늘어나는 숫자 5, 6, 7, 이 세 나이의 펼친 숫자들을 가로로 더한 숫자 17(7+5+5; 5+6+6; 3+7+7이 모두 17이 된다) 등이다. 그리고 마지막으로 소개된 17이라는 숫자는 위에서 언급한 완전한 숫자 10+7로 구성되어 있다. 곧 세 성조는 저마다 완전한 수명을 누리며 산 분들임을 뜻한다.

성경에서 자주 등장하는 40이라는 숫자도 완전을 뜻하는 숫자에 속한다. 위에서 설명한 완전한 숫자 4에다 10을 곱하면 40이 되기 때문이다. 또한 이스라엘은 보통 40년을 한 세대로 계산하였다. 노아의 홍수는 40일 동안 계속되었고(창세 7,4), 이스라엘은 광야에서 40년 동안 떠돌아다녔으며(탈출 16,35; 민수 14,33; 신명 29,4), 다윗은 이스라엘 백성을 40년 동안 다스렸다(2사무 5,4). 엘리야는 40주야를 걸어 호렙 산에 도달하였다(1열왕 19,8). 예수님이 40일 동안 광야에서 단식 기도를 바치셨다는 공관 복음서의 기록(마태 4,2; 마르 1,13; 루카 4,2)은 이스라엘이 시나이 광야에서 지낸 40년을 반영한 것이다. 루카는 예수님이 부활하신 뒤 40일간 제자들과 함께 지상에 머무르셨다고 보고한다(사도 1,3).

40이라는 숫자 말고도 성경에 자주 등장하는 숫자는 70이다. 70 역시 완전한 숫자 7에 10을 곱한 완전한 수다. 이집트로 들어갈 때 이스라엘의 자손들은 70명이었고(창세 46,27; 탈출 1,5), 예레미야 예언자에 따르면 바빌론 유배 기간도 70년이었다(예레 25,11). 모세는 광야에서 이스라엘 백성을 다스릴 때 원로 70명의 도움을 받았는데(민수 11,24), 실제 원로 숫자는 성막에 가지 않고 진영에 남았던 두 원로까지 합하여 72명이었다(민수 11,26). 이 72는 예수님이 선교의 목적으로 파견하신 72명의 제자와 같은 숫자다(루카 10장). 시편의 저자는 사람의 수명을 70세로 보았다(시편 90,10).

나. 요한 복음의 숫자

완전한 숫자와는 관계없지만 요한 21,11에 나오는 153이라는 숫자도 고대부터 현대에 이르기까지 많은 주석가들의 특별한 주의를 끌었다. 이 숫자는 베드로와 그의 동료들이 부활하신 예수님의 말씀에 따라 그물을 던져 잡아낸 갈릴래아 호수의 물고기 수다. 요한 복음 저자가 성경의 다른 대목에 전혀 언급이 없는 이 숫자를 특별히 명시한 이유가 무엇일까? 일찍이 히에로니무스는 에제 47,6-12을 주석하면서 당대의 그리스 동물학자들이 물고기 종류를 153가지로 분류했다는 사실을 상기시킨다(『에제키엘서 주해』). 현대의 많은 주석가들이 이를 받아들여 요한 복음 저자가 세상의 물고기 종류가 다 잡힐 정도로 많은 물고기가 잡혔음을 강조하기 위하여 이 숫자를 명기한 것으로 여긴다.

반면 아우구스티누스 성인은 1에서 17까지의 숫자를 합하면 153이 되는 데 착안하여 17이라는 숫자를 상징적으로 해석한다(『요한 강해』 122). 17은 십계명을 가리키는 10과 일곱 갑절의 하느님의 영(묵시 1,4)을 가리키는 7을 합한 숫자라는 것이다. 다른 한편 153 = (3 × 50) + 3으로 풀어 이해한 뒤, 여기 나오는 숫자 3을 성삼위와 연결시켰다. 알렉산드리아의 치릴루스는 이방인들 100명과 이스라엘의 남은 자 50명에 성삼위 3을 더하여 153이라는 숫자를 만들었다(『요한 복음서 주해』 12). 그 밖에도 복잡한 해석들이 있지만, 어느 것 하나를 정확한 설명으로 내세우기가 어렵다. 여기서 유의할 점은 성경 시대에 통용되던 숫자 개념에서 벗어나면 큰 혼란이 일어날 수 있다는 것이다. 따라서 성경을 벗어나 임의로 숫자풀이를 시도하는 것은 위험하다. 해석이야 어떻든 이 숫자는 고기가 엄청나게 많이 잡혔다는 것을 강조하기 위하여 사용된 것만은 분명하다.

이상 세 예에서 본 것처럼 성경에 나오는 숫자들은 역사적 사실을 가리키기보다 상징적 의미를 드러내는 경우가 많다. 따라서 이를 글자 그대로 해석하여 오류에 빠지는 일이 없도록 주의해야 할 것이다.

다. 묵시록의 숫자

144,000이라는 숫자는 묵시 7,4 이하와 14,1 이하에 나오는데, 이스라엘 지파에서 나와 이마에 도장을 받은 사람들, 또는 선택된 사람들을 말한다. 이 숫자 역시 상징적이다. 144,000은 이스라엘의 지파수 12를 두 번 곱하고 여기에 고대 이스라엘 군대의 한 부대 단위인 1,000을 곱하여 얻은 숫자로서 이스라엘의 충만함을 가리킨다. 144,000 = 12 × 12 × 1,000을 약간 달리 해석할 수도 있다. 처음 12는 이스라엘의 지파수, 두 번째 12는 열두 사도단, 그리고 1,000은 하느님께 속한 무한한 숫자로 이해할 수도 있다. 어떻든 두 경우 다 144,000이라는 숫자는 엄청나게 많은 숫자를 가리킨다. 따라서 이 숫자를 근거로 구원받을 사람들의 수를 144,000명만으로 제한하려는 시도는 모두 잘못된 것이다.

오히려 이 숫자는 하느님의 구원에 초대된 이들이 무척 많으리라는 사실을 암시하는 것으로 보아야 한다. 묵시 7,9에 따르면 이스라엘인들 말고도 "아무도 수를 셀 수 없을 만큼" 많은 이방인들의 구원을 언급한다. 또 요한 묵시록과 같은 계열의 저서, 요한 복음은 온 세상을 구원하시려는 하느님의 의지를 분명하게 드러낸다. "하느님께서는 세상을 너무나 사랑하신 나머지 외아들을 내주시어, 그를 믿는 사람은 누구나 멸망하지 않고 영원한 생명을 얻게 하셨다. 하느님께서 아들을 세상에 보내신 것은, 세상을 심판하시려는 것이 아니라 세상이 아들을 통하여 구원을 받게 하시려는 것이다"(요한 3,16-17).

그다음 666은 완전한 숫자 7에서 하나가 부족한 6이 셋이 모였으니, 가장 부족한 또는 불길한 숫자로 통한다. 묵시 13장은 로마 제국 자체를 하느님을 모독하는 짐승으로 암시한다. 13,18에 따르면 이 짐승을 가리키는 숫자 666이 실제로는 사람의 이름을 표시하는 것이라고 한다. 말하자면, 다니 2,27-28에서 네부카드네자르가 바빌론 제국과 동일시되듯, 여기서도 로마 황제가 로마 제국을 뜻할 수 있다. 따라서 흉수凶數 666은 당시에 교회를 가장 심하게 박해하던 로마 제국, 특히 제국을 대표하는 로마 황제를 가리킨다고 볼 수 있다.

그러면 묵시록의 저자는 구체적으로 어떤 황제를 지목하는 것일까? 십중팔구 네로 황제를 염두에 둔 것 같다. 히브리어로 네로 황제는 네론 체사르Neron Caesar인데, 이 이름의 히브리어 알파벳 자음을 숫자로 환원시켜 그 수를 모두 더하면 666이 된다. 5세기의 한 묵시록 사본은 짐승의 숫자를 666 대신 616으로 바꾸어 놓았다. 이는 네로 황제의 라틴어식 이름Nero Caesar에 따라 N을 제외하고 계산한 결과다.

묵시록의 666과 네로 황제

히브리어식			라틴어식		
N	=	50	N	=	50
R	=	200	R	=	200
W(O)	=	6	O	=	6
N	=	50			
C	=	100	C	=	100
S	=	60	S	=	60
R	=	200	R	=	200
합계		666			616

이처럼 666이 흉수로서 초대 그리스도 교회의 원수 또는 적 그리스도Anti-Christ를 뜻한 데 반해, 한 그리스도교 구약 외경에 따르면, 888

은 예수 그리스도를 가리키는 길수吉數로 통하였다(시빌라의 신탁 1.324-329). 888은 완전한 숫자 7에서 하나를 더한 8이 세 개나 모였으니, 가장 좋은 숫자일 수밖에 없다.

이상의 숫자들을 묵시록의 문맥 밖으로 끌어 내어 아무 데나 함부로 적용하는 일은 삼가야 할 일이다. 또한 오늘의 그리스도인들은 사이비 신흥종교의 임의적인 숫자 해석에 현혹되는 일이 없도록 조심해야 할 것이다.

5. 유일신론

유일신론은 성경 전체를 관통하는 중심 사상 가운데 하나다. “이스라엘아, 들어라! 주 우리 하느님은 한 분이신 주님이시다”(신명 6,4). 이스라엘은 고대 근동의 대다수 민족들이 받아들인 다신교와 풍산신 숭배와는 구별되는 유일신 사상을 고집하였다. 이스라엘이 섬기는 하느님은 홀로 자존하는 분이시고 동시에 우리 인간이 체험할 수 있는 분이시다. 곧 그분은 당신이 만드신 모든 피조물을 초월하시면서도 스스로 계시를 통하여 자신을 알려 주는 분이시다.

가. **고대 근동의 신들**

이스라엘에 가장 큰 영향을 미친 가나안 신화의 기본 요소는 라스 샤므라에서 발견된 우가릿 신화에서 찾아볼 수 있다. 이 신화에 등장하는 신들 가운데 성경에 언급되는 신들은 다섯이다.

먼저 엘은 가나안 만신전에서 최고신이며 신들 사이에 분쟁이 있을 때 최종 판결을 내리는 신이다. 그는 신들의 아버지요 모든 피조물의 창조자다. 그는 신들의 회의를 주관하는 점잖고 자애로운 신이지만, 인간사에는 직접 개입하는 일이 드물다.

엘을 계승한 바알은 풍우신으로서 엘처럼 ‘임금’, ‘영원한 자’, ‘하늘과 땅의 주인’이라는 칭호로 불린다. 그가 해마다 땅에 비와 바람과 풍산을 가져다주기 때문에 한 해 농사의 성공 여부는 모두 그에게 달려 있다.

고대 근동의 신들

나라	신	지위	성경 구절
가나안	**엘**	최고신	
	바알	풍우신	1열왕 16,31-32; 18,18-40
	아세라	나무의 여신/기념기둥	판관 3,7; 1열왕 18,19; 2열왕 23,4; 2역대 15,16
	아스타롯	사랑의 여신/전투의 여신	판관 2,13; 10,6; 1사무 12,10; 1열왕 11,5.33; 예레 7,18; 44,17-25
바빌로니아	**므로닥(마르둑)**	풍우신/국가신	예레 50,2
	느보(나부)	므로닥의 아들	이사 46,1
	탐무즈	풍산신	에제 8,14
암몬	**몰록 (말감, 밀콤)**	국가신	1열왕 11,5.7.33; 예레 49,1.3
모압	**크모스**	전쟁의 신/국가신	민수 21,29; 판관 11,24; 1열왕 11,7.33
필리스티아	**다곤**	곡식의 신/국가신	판관 16,23; 1사무 5,2-7
이집트	**오시리스**	죽음의 신/저승의 임금	
	이시스	오시리스의 아내, 현명한 여신	
	하토르	생명의 여신	
	아문	테베의 최고신	
	레	태양신	
	아톤	태양신(유일신)	

고고학적 발굴에서 바알은 흔히 한 손에 번개를 상징하는 나뭇가지 다발 같은 것을 든 모습으로 묘사된다.

엘의 아내인 아세라는 나무의 여신이다. 우가릿 문서에서 아세라는 엘의 결정에 영향력을 행사하며, 특히 엘이 바알에게 이로운 결정을 내리도록 유도한다.

아낫은 바알의 하위신이다. 아낫은 바알을 위하여 혈투를 감행하는 전사로 등장하지만 동시에 성적 매력을 지닌 여신이다.

마지막으로 가나안의 여신 아스타롯이 있다. 바빌론의 여신 이쉬타르에 해당하는 아스타롯은 사랑과 전쟁의 여신이다. 이 여신의 숭배는 가나안 지역에 널리 퍼져 있었다. 아스타롯은 아낫과 공통점이 많다. 아세라와 아낫과 아스타롯은 가나안의 세 여신으로 여인들을 임신할 수 있게 하고 출산을 안전하게 지켜 준다. 또한 전쟁을 치를 때에는 그들을 섬기는 민족들이 승리하도록 돕는다.

한편 고대 근동의 중요한 신전에는 특정한 여사제들이 있어서 그들이 특정 의례에 풍산을 기원하기 위해 사제나 임금 등과 성행위를 했다는 추측이 존재한다. 일부 신전에는 남창도 있었다. 신명기의 저자는 풍산과 관련된 의례를 단호히 배척한다. "이스라엘의 딸은 신전 창녀가 되어서는 안 되고, 이스라엘의 아들은 신전 남창이 되어서는 안 된다. 너희는 창녀의 해웃값이나 남창(직역: 개)의 몸값을, 주 너희 하느님의 집에 어떤 서원 제물로도 가져와서는 안 된다. 주 너희 하느님께서는 둘 다 역겨워하신다"(신명 23,18-19). 고대인들은 경신례 안에서 이루어지는 이 같은 성행위가 풍산을 보장한다고 믿었을 수 있다. 가나안 종교에서는 땅이 생산력을 얻기 위해서 하늘 신과 관계를 해야 한다고 믿었다. 여기서 땅은 신전 창녀로, 풍산신은 그녀와 관계를 맺는 남성으로 상징화된다.

나. **이집트의 유일신적 종교 개혁**

이집트 신왕국에서 일어난 가장 획기적인 사건은 아멘호테프 4세(기원전 1363-1347년)의 종교 개혁과 수도 이전移轉이다. 옛부터 이집트에서는 도시와 지방마다 고유한 신들을 섬겨 왔기에 이집트인들은 다신교 신앙에 익숙하였다. 이집트의 수많은 신들은 종교적 중심지인 수도 테베의 신이자 최고신인 아문(또는 아몬) 밑에서 서로 유기적으로 연결되어 있었다. 중왕국과 신왕국의 파라오들은 아문과 고왕국부터 섬겨온 태양신 레를 결합한 아문-레를 섬겼다. 그러므로 아문-레의 사제들은 세력이 막강하여 이집트의 정치를 좌지우지할 지경이었다.

이런 상황에서 아멘호테프 4세가 종교 개혁을 단행하였다. 아멘호테프(아몬은 만족한다)라는 이름이 시사하듯 그 역시 처음에는 아문을 섬겼으나, 나중에는 둥근 태양 자체sun disc를 가리키는 아톤을 최고의 유일신으로

태양신 아래에 있는
아케나톤(아멘호테프 4세)과
왕비 네페르티티와 자녀들

떠받들었다. 나중에 아멘호테프는 이름도 아케나톤(아톤의 영광)이라고 바꾸었다. 아톤은 본디 이집트의 전통적 태양신인 레의 한 요소였다. 아멘호테프는 아문-레의 사제들과 대립하고 모든 석비에서 아문이라는 이름을 지우라고 명령하였다. 또 수도를 테베에서 아케타텐으로 옮겼다. 새 수도는 오늘날 텔 엘 아마르나라고 불리는데, 1887년 이집트의 한 농사꾼 아낙네가 마을 근처의 땅을 개간하다가 점토로 된 설형문자판들을 발견하였다. 이 토판문서에는 '하비루인들'에 관한 언급이 나온다. 이에 관해서는 다음 마당에서 더 자세히 살펴보겠다(둘째 마당, II. 1. 가.).

'하비루인들'에 대해 언급하고 있는 아마르나 문서 EA299

아멘호테프의 종교 개혁은 태양의 유일한 힘을 드러내는 데 집중되었다. 그러나 아멘호테프는 자신의 종교 개혁을 성공적으로 정착시킬 만큼 오래 살지 못하였고, 게다가 이 새로운 종교 형태는 기득권자인 아문-레 사제들의 저항 때문에 일반 백성들의 삶에 정착되지 못하였다. 이렇게 거의 실패로 끝나다시피한 종교 개혁이지만, 그 영향력은 그가 죽은 뒤에도 계속 이집트의 종교에 남게 되었다. 모든 기념비에서 아문의 이름과 '신들'이라는 복수 명칭이 사라지고 최고신인 아톤을 중심으로 한 유일신 개혁의 경험은 인상적으로 남았다. 비록 아멘호테프는 모세보다 한 세기 이전에 산 것으로 추정되지만, 이 파라오의 유일신적 종교 개혁은 모세의 영도로 이집트 북부 고센 지방에서 살다가 탈출하여 야훼 하느님만을 떠받들겠다고 선언한 이스라엘의 유일신 사상에 어떤 형태로든 영향을 미쳤을 것으로 볼 수 있다.

다. 하느님의 이름

히브리인들에게 이름은 인격 자체를 의미한다. 성경에서 이름은 한 사람의 탄생 상황을 설명하거나(창세 5,29) 그의 성격을 반영한다(창세 27,36). 또 어떤 사물이나 인물에게 이름을 붙여 주는 것은 그에 대한 영향력을 행사한다는 뜻으로도 통한다. 하느님의 이름은 그분의 존재 자체를 의미한다. 이름을 이렇게 중요시하는 것은 우리 풍습에서도 마찬가지다. 우리나라에서는 서양과 달리 어른의 함자를 함부로 부르지 않는다. 이름 대신 김 과장님, 이 선생님, 한 사장님 등 성에 직책을 붙여 부르는 게 관례다.

히브리인들은 하느님을 부르는 데 여러 가지 이름(별칭 포함)을 이용한다. 이 경우 야훼를 제외하고 고대 근동의 이민족들이 섬긴 신들의 이름을 차용한 경우가 많다. 여러 이름들 가운데 기본이 되는 이름은 엘과 엘로힘과 야훼다.

(1) 엘과 관련된 이름

'엘'אֵל은 앞에서 언급한 대로 가나안 만신전에서 최고신을 가리키지만, 본디 셈어에서 신神을 나타내는 이름이다. 엘에 다른 수식어를 붙여 하느님의 속성을 더 구체적으로 표현하는 이름들도 있다. '엘욘'עֶלְיוֹן

(민수 24,16), 또는 '엘 엘욘'(אֵל עֶלְיוֹן 창세 14,18-20.22; 시편 78,35)은 '지극히 높으신 하느님', '엘 올람'(אֵל עוֹלָם 창세 21,33)은 '영원하신 하느님'이라는 뜻이고, '엘 샷다이'(אֵל שַׁדַּי 창세 17,1; 참조: 창세 49,25)는 본디 '산들의 하느님'이었겠으나 '전능하신 하느님'이라는 뜻이다. 그 밖에 엘의 합성 호칭으로서 '베텔의 하느님'이라는 뜻의 '엘 베텔'(אֵל בֵּית־אֵל 창세 35,7), '(돌)보시는 하느님'이라는 뜻의 '엘 로이'(אֵל רֳאִי 창세 16,13), '계약의 하느님'이라는 뜻의 '엘 브릿'(אֵל בְּרִית 판관 9,46), 그리고 '이스라엘의 하느님 엘'이라는 뜻의 '엘 엘로헤 이스라엘'(אֵל אֱלֹהֵי יִשְׂרָאֵל 창세 33,19-20) 등이 있다.

(2) **엘로힘과 관련된 이름**

엘로힘אֱלֹהִים은 엘과 비슷한 이름인 '엘로아' אֱלוֹהַּ의 복수로 추정된다. 엘로아는 욥기에만 42번 나오고 그 밖의 성경 대목에서는 15번(신명 32,15.17; 시편 18,32 등) 나온다. 야훼와 더불어 하느님을 가리키는 데 가장 많이 쓰이는 엘로힘은 복수형이지만, 유일하신 절대자 하느님을 가리킨다. 단수를 복수로 바꿔서 초월성과 절대성을 부여하는 이런 예를 히브리어 문법에서는 '초월적 복수'라 한다. 그러나 엘로힘이 때로는 문맥에 따라 명백하게 복수의 본디 의미(신들)로 나오기도 한다(탈출 18,11; 판관 9,13).

(3) **야훼와 관련된 이름**

고대 근동의 다른 종교 전통에서 유래한 이상의 일반 호칭들과 달리, 성경에서 소개한 이스라엘 하느님의 고유한 이름은 신명사문자(神名四文字: יהוה YHWH)다. 엄밀하게 말하자면 여러 이름과 호칭들 가운데 신명사문자만이 이스라엘 하느님의 본 이름이다. 신명사문자는 보통 야훼로 옮기지만, 이스라엘인들은 세월이 지나면서 점차 지극한 존경심으로 이 이름을 직접 부르는 대신 아도나이('나의 주님'이란 뜻)로 고쳐 불렀다. 그러다 보니 원래 이름의 정확한 발음이 어떠하였는지 알 수 없게 되었다. 우리가 일반적으로 사용하는 야훼라는 이름은 히브리어 신명사문자에 모음을 붙인 형태인데, 초대 그리스도교의 전통에 따른 것이다. 3세기 초 알렉산드리아의 클레멘스는 이 이름을 '야웨' 'Ιαουέ로 음역하였고 4세기 키루스의 테오도레투스는 '야베' 'Ιαβέ로 옮겼다.

'야' יָהּ, '야후' יָהוּ, '요' יוֹ는 야훼의 축약형이다. 전례에서 자주 나오는 할렐루야는 '주님을 찬양하라'는 뜻이다. 야훼의 축약형은 이사야(주님은 구원이시다), 요엘(주님은 하느님이시다)처럼 사람 이름으로 많이 사용된다.

앞에서 지적한 대로 어른의 이름을 함부로 부르지 않는 것이 우리의 관습이다. 그러면서도 우리는 이름에 담긴 뜻을 매우 중요하게 여긴다. 이스라엘인들도 마찬가지다. 하느님의 고유한 이름은, 하느님께서 당신 이름을 이스라엘 백성에게 무엇이라고 소개할지를 묻는 모세에게 하신 대답, "나는 있는 나다"(탈출 3,14, 영어로는 I am who I am 또는 I will be what I will be)에서 유래한다. 이 이름은 두 가지 뜻이 있다. 먼저, '나는 스스로 있는 자, 곧 존재 그 자체'라는 뜻으로 이해할 수 있다. 그분은 누구에게 의존하지 않고 홀로 존재하시며, 모든 피조물을 존재하게 하시는 분이다. 이는 하느님의 초월성을 강조하는 해석이라 할 수 있다. 다른 한편 이 이름은 보어補語를 필요로 하는 '나는 (아무개에게 또는 아무개를 위하여) …이다'는 뜻도 있다. 곧 하느님은 우리에게 **생명**, **보호자**, **구원자** 등이시다. 신약성경에서는 이 이름을 예수님께 적용한다. 대표적인 예가 요한 14,6이다. "나는 길이요 진리요 생명이다." 이는 하느님의 내재성을 강조하는 해석이다.

한마디로 이 신명사문자에는, '그분께서는 우리와 완전히 다른 절대자이시고 초월자이신 동시에 우리를 위해서 우리와 함께 계시는 구원자이시다'라는 뜻이 담겨 있다고 하겠다.

이렇게 심오한 뜻이 담긴 하느님의 거룩한 이름을 어찌 함부로 부를 것인가? 그래서 유다인들뿐 아니라 그리스도인들도 칠십인역과 불가타(대중 라틴말 성경) 전통에 따라 하느님의 이름을 '주님'을 뜻하는 '키리오스'Κύριος나 '도미누스'Dominus로 고쳐 불렀다. 그리고 그 전통은 현대어 번역본들에도 그대로 이어지고 있으나(『성경』[cbck]은 굵은고딕체 **주님**으로 표시) 일부 현대어 번역본들과 공동번역에서는 신명사문자를 야훼로 옮긴다.

주로 개신교에서 사용하는 여호와, 더 정확하게는 예호봐Jehowah는 어떻게 나왔을까? '여호와'는 영어의 Jehovah('지호봐'로 발음된다)를 우리식으로 음역한 것이고, 이 Jehovah는 라틴식 이름 예호봐Jehowah를 음역한 것이다. 앞에서 지적하였듯이 이스라엘인들은 신명사문자를 아도나이로 고쳐 읽었다. 그리고 자음으로만 되어 있는 히브리어 성경에 모음을 붙이는 과정에서 유다인 성경학자들은 사람들이 성경을 봉독할 때에 하느님의 이름을 부르게 되는 실수를 저지르지 않도록 신명사문자에 아도나이אֲדֹנָי의 모음을 붙였다. 이 경우 아도나이의 끝 철자 '이'י는 반모음이기 때문에 신명사문자에 적용시킬 때 자연 탈락한다. 그렇게 되면 신명사문자는 표기상 '야호와'יֲהֹוָה가 되어야 하겠지만, 히브리어의 특성상 후음 א 때문에 딸려왔던 모음 복합슈바는 일반 자음인 י 밑에서 단순슈바로 바뀌므로 '예'יְ 곧 예호봐Jehowah가 되었다. 그런데 이런 사정을 전혀 모르는 일부 그리스도인들은 기원후 1100년경부터 모음을 붙여 적어 놓은 신명사문자를 있는 그대로 예호봐로 소리내어 발음하고, 한술 더 떠서 하느님 이름을 예호봐로 믿기 시작하였다. 그러다가 16세기 초반 레오 10세 교황의 고해신부였던 갈라티누스Petrus Galatinus가 이 잘못된 주님의 이름을 널리 퍼뜨렸다.

현재로서는 옛 히브리인들이 처음에 신명사문자를 어떻게 발음하였는지 정확하게 알 수 없다. 아마도 앞에서 밝힌 초대 교회의 전통적 발음, 야웨 또는 야베가 원래의 발음에 가장 가까운 듯하다. 공동번역의 음역인 야훼가 바로 이 범주에 속한다. 따라서 신명사문자를 히브리식 전통에 맞추어 '주님'으로 고쳐 부르는 것이 바람직하나, 어쩔 수 없이 주님의 이름을 지칭해야 할 경우에는 여호와가 아니라 '야훼' 또는 '야훼님'으로 불러야 할 것이다. 그리고 어떤 경우라도 이 이름을 주님을 직접 부르기 위한 호칭으로 사용하는 일은 삼가야 할 것이다. 자기 아버지 앞에서 그 이름을 직접 부르는 자식은 우리네 사고방식으로도 용납되지 않는다.

야훼와 함께 쓰이는 칭호로 가장 대표적 예는 '만군의 주님'으로 옮길 수 있는 '야훼 츠바옷'(יְהוָה צְבָאוֹת 1사무 17,45)이다. 그리고 엘과 엘로힘과 야훼가 한꺼번에 나오는 좋은 예는 신명 5,9이다. "주(야훼) 너의 하느님(엘로힘)인 나는 질투하는 하느님(엘)이다."

(4) **별칭**

성경에는 하느님을 직접 지칭하는 이름 말고도 그분을 가리키는 다른 별칭들이 나온다. '장사'라는 뜻의 '아비르'(אֲבִיר 창세 49,24; 이사 49,26 등), '공포'라는 뜻의 '파하드'(פַּחַד 창세 31,42.53)가 그 좋은 예다.

본디는 '주님' 또는 '주인'으로 옮길 수 있는 '바알'בַּעַל도 이스라엘의 초기 역사에서는 하느님께 적용한 것 같다. 예를 들어 스켐에서는 계약의 하느님을 엘 브릿אֵל בְּרִית이나 바알 브릿בַּל בְּרִית으로 불렀으며(판관 8,33;

9,4.46), 아이들 이름도 바알을 넣어 지었다. 사울의 아들은 에스바알(1역대 8,33)이고 손자는 므비 바알 또는 므립 바알(1역대 8,34)이며, 다윗의 아들은 브엘야다(בְּעֶלְיָדָע '바알이 안다' 1역대 14,7)이다. 그러나 바알 숭배에 대한 예언자들의 단호한 배척 때문에 이 이름들은 후대의 편집자들에 의해서 다른 이름, 이스 보셋(2사무 4,1.5), 므피보셋(2사무 4,4), 엘야다(2사무 5,16)로 바뀌고 바알을 하느님께 적용하는 것은 엄격하게 금지되었다.

한편 바알과 거의 같은 의미인 '아돈'אָדוֹן은 바알과는 달리 주님의 이름으로 안전하게 사용되었다(여호 3,11; 3,13; 시편 12,5; 96,5 등). 둘 다 엄밀한 의미에서 신성을 지칭하는 이름이라기보다 존경(주인님)을 표하는 호칭이지만 아돈이 바알보다 품위가 더 높게 인식되었기 때문일 것이다. 이 밖에도 성경에는 하느님을 가리키는 표상 언어들이 등장하는데, 바위, 용사, 전사, 성채, 아버지, 어머니, 후견인, 판관, 임금, 신랑, 목자 등이 그 예들이다. 이런 표상 언어들은 하느님의 속성을 부분적으로 드러내는 별칭이라 하겠다.

라. 하느님의 속성

(1) 자존·자립하시는 분

하느님은 홀로 존재하시며 만물의 원천이시다. 세상의 모든 피조물이 그분께 의존하지만 그분은 어느 것에서도 독립해 계신다. 그분은 생명을 지니셨을 뿐 아니라, 생명 그 자체로서 온 우주에 생기와 생명을 주는 분이시다. 그분의 이름인 야훼도 '존재하다'라는 뜻의 히브리어 동사 '하야'הָיָה에서 파생되었다.

(2) 무한하신 분

하느님은 순수한 영으로 모든 것을 뛰어넘는 분이시다. 그분의 무한성을 시간에 적용하면 '영원하시다', 공간에 적용하면 '무량無量하시다', 지식에 적용하면 '전지하시다', 능력에 적용하면 '전능하시다'고 할 수 있다. 그분의 무한성은 내재성을 동시에 포함한다. 그분은 만물을 초월하시면서도 만물 안에 현존하시며, 초월자로서 모든 것과 거리를 두시면서도 내재자로서 모든 것을 꿰뚫으신다. "나는 드높고 거룩한 곳에 좌정하여 있지만 겸손한 이들의 넋을 되살리고 뉘우치는 이들의 마음을 되살리려고 뉘우치는 이들과 겸손한 이들과 함께 있다"(이사 57,15). "세상과 그 안에 있는 모든 것을 만드신 하느님은 하늘과 땅의 주님으로서, 사람의 손으로 지은 신전에는 살지 않으십니다. 또 무엇이 부족하기라도 한 것처럼 사람들의 손으로 섬김을 받지도 않으십니다. 하느님은 오히려 모든 이에게 생명과 숨과 모든 것을 주시는 분이십니다. … 그분께서는 우리 각자에게서 멀리 떨어져 계시지 않습니다. 여러분의 시인 가운데 몇 사람이 '우리도 그분의 자녀다.' 하고 말하였듯이, 우리는 그분 안에서 살고 움직이며 존재합니다"(사도 17,24-28).

(3) 인격신

하느님은 인격신이시다. 곧 그분은 인간의 모든 능력과 속성을 뛰어넘는 초월자요 절대자이시지만 인간과 친교를 맺으실 때에는 충분히 이성적이시고 감성적이시며 윤리적이시다. 실제로 인간의 이성과 자의식과 자유와 윤리적 감각은 그분에게서 주어졌다.

무엇보다 구약성경의 사건들은 그분이 당신 자신을 인간에게 드러내 보이시며 사람들과 관계를 맺고자 하신다는 사실을 증언한다. 신약성경은 예수 그리스도와 아버지 하느님 사이의 인격적 만남, 그리고 그리스도의 중개로 하느님과 인간 사이의 통교를 증언한다. 예수님은 하느님을 당신의 아버지일 뿐 아니라 우리 모두의 아버지로 소개하셨다. 또한 아버지 하느님은 예수 그리스도를 통하여 우리를 창조하시고 우리를 다스리시며 우리를 당신의 자녀로 삼으신다. "모든 것이 그분을 통하여 생겨났고 그분 없이 생겨난 것은 하나도 없다. 그분 안에 생명이 있었으니 그 생명은 사람들의 빛이었다"(요한 1,3-4). "여러분은 모두 그리스도 예수님 안에서 믿음으로 하느님의 자녀가 되었습니다"(갈라 3,26).

하느님은 모든 인간이 예수 그리스도를 통하여 구원받기를 원하신다. 인간의 구원은 외적 차원에서는 하느님 나라(당신 백성에 대한 하느님의 자애로운 다스림)의 시민이 되는 것이요, 내적 차원에서는 영원한 생명을 얻는 것이다. "하느님께서는 세상을 너무나 사랑하신 나머지 외아들을 내주시어, 그를 믿는 사람은 누구나 멸망하지 않고 영원한 생명을 얻게 하셨다. 하느님께서 아들을 세상에 보내신 것은, 세상을 심판하시려는 것이 아니라 세상이 아들을 통하여 구원받게 하시려는 것이다"(요한 3,16-17).

(4) 자애와 공정

자애와 공정은 인격신의 대표적 품성이다. 자애로 옮긴 히브리어 헤세드 חֶסֶד는 '한없는 사랑', '한결같은 사랑', '성실한 사랑' 등을 가리킨다. 우리 인간에게는 이런 사랑을 찾아보기가 어렵고 어린아이에 대한 모성애가 이에 가장 가깝다고 할 수 있겠다. 공정(또는 정의)으로 옮긴 히브리어는 미쉬파트 מִשְׁפָּט인데 법정에서 시비를 가리는 사법적 정의라기보다는(그것을 전혀 배제하지는 않지만), 가난한 이들과 약자들의 부당하게 짓밟힌 권리를 되찾아 준다는 의미에서의 정의를 말한다. 두 단어는 구약성경에서 하느님께 오백 번 넘게 적용된다. 하느님에게 자애와 공정은 동전의 양면과 같다. 동전 자체는 인간에 대한 깊은 연민과 사랑이다. 인간을 사랑하시기 때문에 그에게 한결같은 사랑을 쏟으시고, 인간을 불쌍히 여기시기 때문에 고통 받는 사람들의 억울한 사정에 분노하시고 그 사정을 바로잡으려 하시는 것이다.

6. 유다이즘 또는 유다교

유다이즘은 '유다인들의 종교', 곧 유다인들의 믿음과 그 실천이라고 정의할 수 있다. 그래서 유다이즘을 보통 유다교라 한다. 다음 마당에서 자세히 다루겠지만 이스라엘의 역사는 성조시대, 시나이 계약과 광야 시대, 가나안 정착과 판관 시대, 왕정 시대, 유배와 유배 이후 제2성전 시대, 그리고 제2성전이 파괴된 뒤의 라삐 시대로 구분한다. 시대별로 저마다 이스라엘 종교의 특징을 보이지만, 그 가운데 유다교의 특징이 드러나기 시작한 때는 제2성전 시대부터다. 보통 학계에서는 유다이즘을 제2성전 유다이즘과 라삐 유다이즘 둘로 나눈다. 제2성전 유다이즘은 유배 이후 그리스-로마 시대, 곧 에즈라-느헤미야의 성전 재건부터 기원후 70년경 예루살렘 성전이 무너질 때까지의 유다이즘을 말하고, 라삐 유다이즘은 70년 성전의 파괴와 132-135년 제2차 유다 항쟁으로 유다 민족이 전 세계로 흩어질 때부터 오늘에 이르기까지의 유다이즘을 말한다.

가. 제2성전 유다이즘

기원전 587년에 있었던 남왕국 유다의 멸망과 바빌론 유배는 유다인들에게 커다란 충격이었다. 유다인들은 이 비극적인 사건으로 선민의식, 하느님과의 계약, 율법의 선물, 예루살렘 성전의 안전, 약속한 땅의 소유 등 자신들 신앙의 바탕이 뿌리째 뽑혀 나가는 것을 목격하고 비탄에 잠겼다(시편 137,1-4; 애가 5,20-22; 하까 2,3; 즈카 1,12). 그러면서 그들은 이 비극이 왜 자신들에게 닥쳤는지 그 이유를 따져 물었다. 그들이 내린 결론은 주님께서 내려 주신 율법을 어기고 그분이 제시한 길을 충실하게 따라 걷지 않았기 때문이라는 것이었다(에즈 5,12; 9,6-7.13; 느헤 9,26-30; 애가 1,8.18.22; 4,6; 즈카 7,12). 그리하여 유배 이후의 유다교는 새로운 열정으로 율법을 철저히 지키는 데에 전념하게 되었다.

유배 이후 유다인들은 이스라엘의 재건에 나섰다. 사제이면서 율법 학자인 에즈라와 총독 느헤미야의 주도로 예루살렘 성전과 성벽이 다시 세워지고, 율법의 말씀을 새롭게 읽으며 연구하게 되었다(느헤 8,1-18). 이제 선민의식, 계약, 성전, 땅 등 유다교의 근본 요소들은 율법의 철저한 준수와 직결되면서 새로운 의미로 그들에게 다가왔다. 이스라엘에게 주어진 약속은, 그들이 율법에 충실하지 않았기 때문에 아직 완전히 실현되지 못했다는 것이다. 따라서 그들은 약속의 실현, 곧 유다교의 완성을 볼 수 있을 때까지 율법에 충실한 생활을 계속해야 한다.

기원전 167년 바빌론 유배 못지않게 유다인들에게 충격을 준 사건이 발생하였다. 스스로를 에피파네스로 소개한 시리아 임금 안티오코스 4세가 예루살렘 성전의 제단에 올림포스의 제우스 신상을 세워 성전을 모독하고 유다교의 관습을 금지하는 명령을 내린 것이다. 유다인들을 철저하게 헬라화하기 위해서였다. 그러나 안티오코스 4세의 정책은 마카베오 항쟁을 불러일으켰고, 유다인들의 마음과 정신에 율법 준수의 중요성을 더욱 깊이 새기는 계기가 되었다.

한편 유배 이후 유다이즘에는 묵시론이라는 새로운 사상이 등장한다. 묵시론은 이스라엘 백성과의 약속을 지키지 않으신 하느님을 변호하는 구실을 한다. 하느님의 계획과 목적은 세속의 일반 역사를 통해서 점진적으로 실현되는 것이 아니라 역사의 단절을 거쳐 이루어진다. 미래는 분명 하느님의 손안에 놓여 있고, 약속의 실현은 하느님의 근본적인 개입을 통해서만 이루어질 것이다. 그런데 하느님께서 언제 이처럼 철저히 개입하실지는 오로지 미리 정해진 그분의 뜻에 따르며, 그 시기가 다가오면 하늘과 땅에 여러 가지 놀라운 징조가 나타날 것이다.

나. **라삐 유다이즘**

라삐 유다이즘은 후기 유다이즘으로도 불리는데, 제1·2차 유다 항쟁이 중요한 계기가 된다. 제1차 유다 항쟁(기원후 66-70년)의 결과는 예루살렘과 성전의 파괴였고, 이와 더불어 유다교의 사제직과 종교·정치 제도도 끝장났다. 제2차 유다 항쟁(132-135년)의 결과는 유다국의 종말이었고, 이제 유다인들은 팔레스티나를 떠나 이방인들의 땅으로 흩어져 살게 되었다.

두 항쟁의 역사적 배경과 상황 전개에 관해서는 둘째 마당에서 자세히 다룰 것이다. 라삐 유다이즘의 가장 두드러진 특징은 사두가이파의 몰락과 바리사이파의 득세다. 대사제와 사제들을 중심으로 위세를 떨치던 사두가이파는 제1차 유다 항쟁으로 성전이 파괴되었을 때 자연히 사라질 수밖에 없었고, 대신 율법의 연구와 실천을 언제나 강조해 온 바리사이들의 영향력이 커졌다. 이제 성전의 제사 대신 토라 중심의 믿음과 회당에서 거행하는 예배를 중요시하게 되었다. 바리사이파의 지주로 자처하는 위대한 스승 라삐들은 구약성경을 깊이 연구하고 가르치는 한편, 그 가르침을 현실에 적용할 수 있는 구체적 규정과 지침을 제시함으로써 이스라엘 민중의 믿음과 삶을 주도적으로 이끌었다.

다. **라삐 문헌**

70년 이후에 유다 라삐들이 남긴 문헌들은 세 가지로 구분할 수 있다. 법적 문헌, 성경 주석 문헌, 묵시/외경 문헌이 그것이다.

(1) **법적 문헌: 미쉬나와 탈무드**

미쉬나(מִשְׁנָה 반복)는 라삐 유다이즘의 기초가 되는 문헌으로서 할라카(הֲלָכָה, הלך[걷다]에서 파생한 명사로 법적인 내용을 가리킴)식 견해들을 모아 놓은 문헌인데, 기원후 3세기 초 유다 하나시 라삐가 정리·편찬하였다. 미쉬나는 토라의 권위 아래에서 유다인들의 삶을 통제하는 여섯 가지 규정(씨앗, 절기, 여성, 손해 배상, 성물聖物, 정결)을 큰 제목으로 삼고 그 밑에 63개의 소고를 포함한다. 미쉬나는 주로 사제적 거룩함을 강조하면서 율법에 순종할 것을 요구한다. 미쉬나가 편찬되고 몇 십 년 뒤에, 미쉬나와 유사한 구전 율법서인 토셉타(תּוֹסֶפְתָּא 첨가)가 나왔다. 토셉타는 미쉬나에 없는 오래된 규정들을 보충 설명하거나 비슷한 규정들을 전하면서 미쉬나의 규정과 논쟁을 벌이는, 미쉬나와 동등한 수준의 작품이다.

탈무드(תַּלְמוּד 배움)는 미쉬나와 그 주석인 게마라로 이루어진 문헌이다. 게마라는 미쉬나 본문을 철저히 해석했을 뿐 아니라 미쉬나의 내용들과 직·간접으로 연관된 다양한 자료들도 담고 있다. 탈무드는 5세기에 나온 예루살렘 탈무드와 6세기에 나온 바빌론 탈무드, 두 종류로 나뉜다. 예루살렘 탈무드는 편찬 장소가 티베리아스라서 팔레스티나 탈무드라고도 부른다. 오랜 세기 동안 두 탈무드 가운데 바빌론 탈무드가 더 권위 있는 문헌으로 자리 잡았다. 거의 육천 쪽에 달하는 바빌론 탈무드는 분량에서도 예루살렘 탈무드보다 네 배나 더 많다. 바빌론 탈무드는 미쉬나의 구조에 맞추어 여섯 항목으로 나뉘고 37개의 소고들을 담고 있다. 탈무드는 미쉬나를 담고 있으므로 당연히 대부분 법적 자료들로 되어 있지만, 삼분의 일 정도는 설교적 성격을 띤다. 풍부한 메시아 전승들과 더불어 예수와 그리스도인들을 비판하는 내용도 탈무드에서 발견된다.

(2) **성경 주석 문헌: 미드라쉬와 타르굼**

이 문헌은 주로 할라카הֲלָכָה와 하가다(הַגָּדָה 이야기)식 자료들을 모아 놓은 것이다. 미드라쉬(מִדְרָשׁ 해석 또는 주석, 복수는 מִדְרָשִׁים 미드라쉼)는 보통 성경의 주석과 해석을 말한다. 미드라쉬 할라카로는 탈출기 주석서인 '이스마엘의 메킬타'와 '시메온 벤 요하이의 메킬타', 레위기 주석서인 '시프라', 민수기 주석서인 '시프레 민수기'와 '시프레 주타 민수기', 신명기 주석서인 '시프레 신명기'와 '시프레 주타 신명기'와 '메킬타 신명기' 등이 대표적이다. 그 밖에 미드라쉬 하가다로는 '미드라쉬 랍바'와 '시편 미드라쉬', '잠언 미드라쉬'와 '미드라쉬 하가돌', '미드라쉬 탄후마' 등이 알려져 있다.

타르굼(תַּרְגּוּם 해석, 번역)은 히브리어 성경의 아람어 번역본이다. 바빌론 유배 시절 이후에 히브리어 대신 아람어가 유다인들의 일상 언어로 통용되자 유다교 회당에서는 히브리어를 모르는 일반인들을 위하여 누군가 성경을 아람어로 통역해야 했다. 아람어 통역은 히브리어 성경의 단순한 직역이 아니라 거기에 해석을 덧붙인 의역이었다. 회당에서 자유롭게 시도하던 아람어 성경 통역은 점차 일정한 틀을 갖추게 되고 나중에 문서로 고정되었다. 기원후 1세기경에 유다이즘은 바빌론과 팔레스티나 두 곳을 중심으로 발전하였다. 대부분의 타르굼은 팔레스티나에서 편찬되었지만, 후대에 널리 알려진 것은 바빌론에서 나온 타르굼이다. 타르굼에는 우선 세 가지 완전한 모세오경 타르굼이 있다. '옹켈로스'는 바빌론 유다인들의 공식 타르굼으로서 가장 자구적 번역이고, 팔레스티나 타르굼의 대표격인 '네오피티'는 가장 오래된 전승을 보존하는 번역으로 알려져 있으며, 또 다른 팔레스티나 타르굼에 속하는 '차명 요나탄'은 가장 후대에 나온 것이면서 가장 많이 의역한 번역이다. 이 밖에도 타르굼의 몇몇 구절이나 대목들을 포함한 수사본인 '단편 타르굼', 카이로 게니자에서 발견된 '모세오경 단편 타르굼'이 있다. 예언서 타르굼으로는 바빌론에서 편찬된 '요나탄 벤 우찌엘 타르굼'이 널리 알려져 있고, '성문서 타르굼'도 있다. 가장 오래된 타르굼의 편찬 연대는 쿰란에서 발견된 몇몇 수사본 단편들로 미루어 기원전 2세기까지 거슬러 올라가지만, 마지막 편집 연대는 기원후 7세기경으로 보아야 할 것이다.

라. **묵시 문학과 외경 문헌**

제2성전기 후반에 구약성경과 관련한 수많은 묵시 문헌과 외경(또는 차명) 문헌이 쏟아져 나왔다. 이 문헌들 가운데 가톨릭에서 외경(구약성경 정경과 제2경전에 포함되지 않은 책)으로, 개신교와 학계에서 위경(차명 문헌)으로 부르는 문헌들은 100여 개가 넘는다. 외경 연구의 권위자로 알려진 찰스워드J.H. Charlesworth의 기준에 따르면 구약 외경은 첫째, 대개 유다적 특성을 지닌다. 둘째, 대략 기원전 200년에서 기원후 200년 사이에 만들어진 작품이다. 셋째, 천상에서 또는 초월적 존재한테서 영감을 받았다고 내세운다. 넷째, 형식이나 내용이 구약성경과 연관된다. 다섯째, 구약성경의 특정 인물을 이상적 인간으로 표현하는 경우가 많다.*

이 외경 문헌들은 크게 묵시 문학, 유언 문학, 구약성경의 연장, 지혜·철학 문학, 기도와 시편 등으로 분류한다. 묵시 문학에 속하는 중요한 작품으로는, '에녹 1·2·3서', '에즈라 4서', '바룩 2·3서', '아브라함 묵시록' 등이 있다. 유언 문학으로는 '열두 성조의 유언', '욥의 유언', '모세의 유언' 등이 특히 중요하다. 구약성경의 연장으로 분류되는 문헌으로 중요한 것은 '희년서', '요셉과 아세넷', '예언자들의 생애', '차명 필론의 성경고대사' 등이다. 지혜·철학 문학 가운데에서는 '마카베오기 3·4권'이, 기도와 시편으로는 '솔로몬의 시편'이 중요한 작품으로 꼽힌다.

외경 문헌의 주요 주제는 '신정'神政과 '마지막 시대'다. 성전 파괴와 주권 상실을 목격한 유다인들은 구약성경의 하느님에 대하여 회의를 품기 시작하였다. 하느님이 이스라엘을 버리신 것이 아닐까? 그분은 과연 정의로우신가? 미래는 어떻게 전개될 것인가? 이제 유다인들은 어떤 믿음을 가지고 살아야 하는가? 이런 질문들 앞에서 외경 저자들은 성경의 하느님과 그 통치권을 적극적으로 변호하고 새로운 상황에 대처하여 믿음의 지표를 세워야 했다. 따라서 외경은 구약성경의 메시지를 후대의 독자들에게 더 직접적이고 효과적으로 전하는 일을 가장 중요한 목적으로 삼는다.**

---

* Charlesworth (ed.), *The Old Testament Pseudepigrapha Vol.1*, xxv.

** 구약 외경과는 별도로 신약 외경도 있다. 1945-1946년 상부 이집트 룩소르에서 75킬로미터 정도 떨어진 나일 강 유역 나그 함마디 읍 근처에서 콥트어로 쓰인 다량의 수사본들이 발견되었는데, 이것이 바로 나그 함마디 사본이다. 이 사본에 담긴 작품들은 주로 영지주의 경향을 띠고 있다. 가장 유명한 작품은 예수님의 비유 연구에 큰 도움을 준 토마 복음서다.

마. **다양한 라삐 학파와 권위**

라삐 전승은 의로운 시메온, 요하난 대사제, 샴마이, 힐렐 등 옛 스승들의 이름을 자주 거론한다. 복음서에서 예수님의 반대 세력으로 나타나는 바리사이들의 가르침과 관습 가운데에는 라삐 전승과 연관된 것이 많다. 그러나 라삐 전승과 바리사이 전통 사이의 상호 관계를 정확하게 규명하는 일은 매우 어렵다.

라삐 학파와 전승은 시대에 따라 넷으로 구분할 수 있다. 탄나임 시대, 아모라임 시대, 사보라임 시대, 게오님 시대가 그것이다. 각 시대별로 문헌 작업들이 다양하게 이루어졌다.

(1) **탄나임 시대**(기원후 10년-220년)

탄나임 시대는 힐렐과 샴마이 이후 그들의 학파(벳 샴마이와 벳 힐렐)가 활동한 기원후 1세기부터 3세기 초 유다 하나시의 지휘 아래 미쉬나가 편찬될 때까지를 말한다. 이 시대의 교사들과 현인들을 탄나임(תַּנָּאִים 교사들: 아람어로 '반복하다'는 뜻의 동사 תְּנָא에서 나옴)이라고 불렀다. 교사들에게 라삐(רַבִּי 나의 선생님)라는 정식 칭호를 부여한 것도 바로 이 시대였다. 그러나 이스라엘의 뛰어난 교사들이 수여식을 거쳐 라삐라는 공적 직책을 받게 된 때는, 적어도 85년의 야브네(또는 얌니아) 종교회의 이후인 것 같다. 따라서 복음서에 나오는 라삐 칭호는 초기의 비공식적 관행에 따른 것이다. 이 시대의 라삐들이 미쉬나와 위에서 언급한 미드라쉬 할라카(탄나임 미드라쉬라고도 함)를 편찬하였다. 그들 가운데 가믈리엘 라삐, 가믈리엘 2세 라삐, 엘리에제르 벤 후르카누스, 아키바 벤 요셉, 이스마엘, 유다 벤 바티라, 메이르, 갈릴래아인 요세 등이 유명하다.

(2) **아모라임 시대**(200-500년)

이 시대의 라삐들을 아모라임(אֲמוֹרָאִים 해설자들, 대변인들)이라고 부르는데, 이들이 토셉타와 탈무드를 편찬하였다. 아모라임 시대가 끝나갈 무렵에 예루살렘 탈무드가 완성되었고 바빌론 탈무드가 집대성되었다. 아모라임 라삐들은 이 밖에도 많은 미드라쉬 문헌들을 편찬하였다. 이 시대의 주요 인물로는 하니나 벤 하마, 여호수아 벤 레위, 라브, 시메온 벤 라키쉬, 아바후를 꼽을 수 있다.

(3) **사보라임 시대**(500-600년)

사보라임(סָבוֹרָאִים 이론가들) 시대의 라삐들은 상대적으로 수가 적다. 바빌론 탈무드가 그들의 손에서 마무리되었다. 그 밖에 사보라임은 미드라쉬 문헌 약간과 할라카식 논고들을 많이 남겼다. 사마 벤 유다, 아하 벤 후나, 사무엘 벤 유다, 에나, 시무나 등이 이 시대의 주요 인물들이다.

(4) **게오님 시대**(600-1040년)

이 시대에 수석 라삐들에게 주어진 명예 칭호가 가온(גָּאוֹן 지존)이고, 이것의 복수 형태가 게오님(גְּאוֹנִים 빼어난 이들)이다. 게오님 시대의 라삐들은 가장 후대의 미드라쉬 문헌들을 편찬하였다. 그들은 특히 탈무드의 뛰어난 연구가들로서 철학과 세속 학문에도 밝았다. 그들 가운데 가장 널리 알려진 인물은 히브리어 성경을 유다-아랍어로 번역하고 주석한 사아디아 가온(사아디아 벤 요셉, 892-942년)이다.

바. **회당**

70년 예루살렘 성전이 파괴되자 유다인들은 회당에 모여 성전에서 하던 기도와 전례를 계속하였다. 회당은 그리스어로 '시나고게'συναγωγή인데 '한데 모임'이라는 뜻이다. 회당의 기원은 아마도 바빌론 유배 시대로 거슬러 올라가야 할 것 같다. 예루살렘에서 멀리 떨어진 곳에서 유배살이를 한 유다인들은 그곳의 성전을 그리며 서로 모여 기도와 예배를 바칠 수 있는 장소를 마련하였다. 이것이 유다교 회당의 기원이 된 듯하다. 제2성전 시대에 시나고게는 예배와 기도를 드리러 모인 사람들을 가리키기도 하고 그들이 모인 집을 가리키기도 하였다. 그러나 회당은 성전과 구별된다. 성전은 제사와 순례의 장소이지만 회당은 성경을 읽고 해석하는 집회와 연구의 장소다. 성전은 로마 시대 이전에 이집트의 엘레판틴과 레온토폴리스, 사마리아의 그리짐 산에도 있었으나, 공식적으로는 예루살렘 성전 한 곳만 인정한다. 그 반면 회당은 유다인들이 사는 곳이면 어디에나 세울 수 있었다. 나중에 시나고게는 예배와 기도를 위한 건물을 지칭하는 것으로 굳어졌다. 유다교 회당을 '유다인들의 기도처'(사도 16,13)라고 부르기도 하였다.

예루살렘 성전이 파괴된 뒤에, 회당 전례는 점차 틀이 짜여지고 형식이 갖추어졌다. 독서집들이 편찬되고 옛 기도문과 축복문에 새로운 기도와 축복이 덧붙었다. 가장 유명한 기도문이 카디쉬(קָדִישׁ 거룩한)로 알려진 아람어 기도문이다. "하느님께서는 당신의 거룩한 뜻에 따라 친히 창조하신 세상을 통하여 영광을 받으시고 거룩하게 되소서. 그분께서 여러분 생애에, 여러분의 날수 동안, 그리고 이스라엘 집안의 삶 전체 안에서 당신의 나라를 어서 빨리 이룩하소서. 아멘."

축복문으로는 아미다(עֲמִידָה 서 있기) 또는 '18축복문'(שְׁמוֹנֶה עֶשְׂרֵה 스모네 에스레)가 가장 유명하다. 아미다는 유다인들이 회당에서 하루에 세 번 서서 바치는 기도문이다. 카디쉬와 아미다의 내용은 마태 6,9-13에 나오는 '주님의 기도'와 비슷하여 곧잘 비교된다. 특이한 것은 18축복문 가운데 12번째 축복문(이단의 배척)에 덧붙인 저주가 그리스도인들을 겨냥한다는 사실이다. 본디 축문은 "변절자들에게는 아무런 희망이 없고 교만의 왕국은 빨리 뽑혀져 나갈지어다!"인데, 여기에 "나자렛 파당과 이단자들은 순식간에 파멸될지어다. 그들은 생명의 책에서 지워지고 의인들과 함께 기록되지 말지어다!"라는 내용을 덧붙였다. 아마도 이에 대한 그리스도인들의 반응이 묵시 21,27의 내용인 것으로 보인다. "오직 어린양의 생명의 책에 기록된 이들만 들어갈 수 있습니다."

회당에서는 히브리어 성경이 아람어로 동시 통역되면서 여기에 자연스럽게 해석을 덧붙였다. 앞서 지적한 대로 해석을 곁들인 이 아람어 통역이 아람어 성경 타르굼을 탄생시켰다. 현재 전하는 타르굼은 중세 초기의 유다교 전승을 반영하지만, 타르굼 본문들을 히브리어 성경과 자세히 비교 분석해 보면 1세기 유다교 전승 요소들을 가려 낼 수 있다. 그리고 이 전승 요소들은 신약성경 해석에도 큰 도움이 된다.

사. **산헤드린**(최고 의회)

산헤드린은 종교와 관습에 관한 사항들을 결정하는 유다의 최고 의결기구다. 이 이름은 그리스어로 '함께 앉음' 또는 '집회'라는 뜻을 지닌 '시네드리온'συνέδριον에서 나왔다. 라삐 문헌, 특히 미쉬나에 포함된 산헤드린

항목은 일흔한 명(민수 11,16 참조)으로 구성된 산헤드린에 관해서 상세히 묘사한다. 산헤드린은 예루살렘 성전에서 열렸고, 이 의결기구의 의장은 대사제이며 의원들은 사두가이와 바리사이와 원로들로 구성되었다. 요세푸스에 따르면 산헤드린은 대사제가 소집할 때마다 수시로 열려 그가 중대 사안에 대해 결정을 내리도록 도와주었다(『유다 고대사』 20.200 참조).

헤로데 대왕 시절에 산헤드린은 아무런 힘을 발휘하지 못하였다. 헤로데가 자신이 한때 산헤드린에서 수모를 당한 것을 기억하여 산헤드린에 여러 가지 제약을 가하면서 이 기구를 약화시켰기 때문이다. 그의 통치 시절에 나온 문헌에서 산헤드린이 활동한 기록이 남아 있지 않다. 헤로데 대왕뿐 아니라 그의 아들들이 팔레스티나를 다스리던 시절에도 산헤드린은 별 힘을 얻지 못하였다. 그러나 로마의 직접 통치 아래에서는 유다 종교와 관습에 관한 한 막강한 영향력을 행사할 수 있었다. 산헤드린은 율법의 규정들을 농사와 장사에 적용하는 일은 물론, 로마의 권위와 지방 행정관과 협력하면서 질서와 평화를 유지하는 일에도 앞장섰다. 로마와 산헤드린 양쪽이 다 서로를 필요로 하였다. 요한 복음에서 예수님을 평화와 안정을 위협하는 자로 여겨 제거해야 한다고 주장하는 대사제 카야파의 말이 이를 입증한다. "온 민족이 멸망하는 것보다 한 사람이 백성을 위하여 죽는 것이 여러분에게 더 낫다는 사실을 여러분은 헤아리지 못하고 있소"(요한 11,50). 카야파는 히르카누스 2세의 통치(기원전 63-40년)와 예루살렘 성전의 파괴(기원후 70년) 사이에 대사제직을 수행한 스물여덟 명 가운데 가장 오래 봉직한 인물이다(기원후 18-36년). 로마는 팔레스티나 지역에서 반란을 미리 차단하고 이 지역의 질서와 안정을 유지하기 위하여 대사제 임명권을 유다인들이나 헤로데 가문에게 넘기지 않고 직접 행사하였다.

7. 유다의 파당

유다의 파당들은 크게 다섯으로 분류한다. 바리사이파, 사두가이파, 에세네파, 젤롯파, 그리고 헤로데파다. 이들은 모두 하스모네아 가문의 통치와 관련 있는데, 헤로데파를 제외한 네 파당은 하스모네아 가문의 통치를 반대하여 일어섰다. 유다의 파당들에 관해서는 요세푸스(『유다 전쟁사』 2.119-166; 『유다 고대사』 13.171-173; 13.297-298; 18.11-25)와 복음서의 기록으로 알 수 있다. 이들은 나자렛 예수의 생애와 가르침을 이해하는 데 큰 도움을 준다. 그러나 실제로 이들이 예수 당대의 팔레스티나 유다인들에게 그다지 큰 영향을 미치지는 못하였다. 당시 유다 전체의 인구가 350만 명 정도인데 비하여, 이들의 숫자는 그리 많지 않았다. 제일 큰 파당인 바리사이들이 대략 6천여 명이고(『유다 고대사』 17.42), 에세네인들은 4천여 명이었으며(대大 플리니우스 『박물지』 5.73; 필론 『선한 사람은 모두 자유롭다』 12.75), 다른 파당들은 이들보다 훨씬 적었다.

가. 바리사이파

(1) 기원과 발전 과정

'바리사이'라는 말의 어원은 분명하지 않지만, 추측컨대 '분리하다, 구별하다'는 뜻의 히브리어(פָּרַשׁ 파라스)나 아람어(פְּרַשׁ 프라스)에서 나왔을 것이다. 무엇에서 분리하며 어떤 사람들에게서 스스로를 구별한다는 뜻인가? 율법에서 규정한 온갖 부정함에서 분리하고, 율법을 모르는 서민 대중(요한 7,49 참조)과 헬라 문화와 관습에 젖어 있는 이방인들이나 유다인들에게서 자신들을 구별한다는 것이다.

요세푸스는 요나탄 마카베오의 통치 시대(기원전 160-143년)를 다루면서 바리사이파가 이미 형성된 것처럼 이야기한다. 어떤 이들은 바리사이파의 기원을 에즈라 시대에, 또 다른 이들은 하시드인들(하시딤 חֲסִידִים 경건주의자들) 시대에 둔다. 따라서 바리사이파는 마카베오 이전 시대에 생겨난 한 혁신적 사조라 할 수 있다. 바리사이파는 유다교의 내적 본질을 중요시하면서 문서로 된 율법이나 구전으로 전해 오는 율법에 다 같이 충실한 학파라는 것이다. 어쨌든 바리사이파는 유배 이후 급변하는 정치·종교 상황에서 유다교의 본질을 순수하게 보존하고 구현하려 한 사람들을 가리킨다고 하겠다.

바리사이파는 마카베오 시대에 하스모네아 가문과 사이가 좋지 않았다. 시몬 마카베오(기원전 143-134년 통치)의 아들인 요한 히르카누스(134-104년)는 처음에 바리사이파의 제자였으나, 나중에 그들과 사이가 멀어졌다. 바리사이파는 드러내 놓고 하스모네아 가문의 통치에 반대하였고, 그 결과 정치적으로 극심한 박해를 받았다. 한 예로 알렉산드로스 얀내우스(103-76년)는 800명의 유다인들을 십자가형에 처하였는데, 그들 대부분이 바리사이들이었던 것 같다(『유다 고대사』 13.380). 바리사이파와 하스모네아 가문 사이의 적대 관계에 예외가 있었다면, 그것은 유다인 여왕 살로메 알렉산드라(76-67년)의 통치 때였다. 살로메는 얀내우스의 아내였는데, 얀내우스가 죽자 그의 통치권을 이어받았다. 살로메가 통치하는 동안 바리사이들은 점차 영향력을 키워 마침내 살로메의 권력을 완전히 통제하기에 이르렀다. 이를 두고 요세푸스는 "그녀(살로메)가 나라를 다스렸지만, 바리사이들은 그녀를 다스렸다"고 기록하였다(『유다 전쟁사』 1.112).

바리사이들은 율법에 관한 해석과 열정으로 대중 사이에서 인정을 받았고 존경의 대상이 되었다. 실제로 그들 가운데에는 모세오경을 비롯한 성경 전체에 정통한 학자들이 많았다. 이들을 '율법 학자' 또는 '율법 교사'라고 불렀는데, 유다의 라삐들은 이들의 참다운 후계자로 자처하면서 이들에 관한 긍정적인 글을 많이 남겼다.

바리사이파가 거의 독점적인 정치 세력으로 부상한 것은 기원후 70년 예루살렘과 성전이 파괴된 뒤부터다. 성전의 파괴로 그들의 적수인 사제 계급 사두가이파가 설 자리를 잃고 몰락하자 율법 중심의 바리사이파가 유다교 내에서 독점적 지위를 차지하였다. 바리사이파는 로마 당국으로부터도 그 권위를 인정받았다. 그들은 구두 전승을 계속 발전시켰고 200년경엔 기록으로 남겼다. 이것이 나중에 유다교의 거룩한 문헌집 탈무드로 발전한 미쉬나다.

(2) 교리

마카베오 시대에 많은 유다인이 변절하여 그리스의 문화와 종교를 받아들였다. 이런 상황에서 바리사이파는 하느님께서 이스라엘 백성에게 귀한 선물로 주신 율법을 무엇보다 중요하게 여기며 철저히 지키려고 애썼다. 그들은 다소 일반적이고 때로는 애매하기까지 한 모세의 율법을 더 효과적이고 확실하게 지키기 위하여, 구두로 전해 오는 율법의 해석들과 수많은 시행 세칙들을 한데 모아 '구전 율법'(이런 용어를 직접 사용하지는 않았지만)으로 체계화하고 모세오경으로 전수된 '문서 율법' 못지않게 중요시하였다. 구전 율법을 제대로 지키는 사람들은 반드시 문서 율법도 지킨다는 것이 그들의 확신이었다.

바리사이들이 폭넓게 받아들인 구두 전승 안에는 제2성전 후반기에 두드러진 몇 가지 교리나 믿음도 포함되어 있었다. 영혼의 불사불멸과 육신의 부활, 천사와 마귀, 영의 존재, 하느님의 절대 주권에 대한 교리가 바로 그것이다(『유다 고대사』 13.172). 그리고 이 교리들에서 다른 교리들이 갈라져 나왔다. 곧 영혼의 불사불멸은 죽은 이들의 부활로 이어졌다. 부활에 대한 바리사이파의 믿음은 마카베오 시대에 발전한 전승에 기초한다. 탈무드의 바탕이 된 미쉬나는 "죽은 이들의 부활이 율법에 바탕을 두지 않는다고 말하는 이에게는 다가올 세상에서 주어질 몫이 없다"(『미쉬나』 산헤드린 10.1; 『바빌론 탈무드』 산헤드린 90a)고 분명히 밝힌다. 영혼의 불사불멸은 하느님의 절대 주권과 함께 메시아와 종말에 관한 교리로 발전하였다. 한편 메시아와 종말에 관한 이 교리는 바리사이파의 정치·사회적 입지를 결정지었다. 그들은 이 세상 모든 피조물이 하느님의 법 아래에 있어야 한다는 기본 원칙에 따라, 율법을 거스르는 모든 체제에 반대하였다. 그들은 하스모네아 가문이 율법을 거슬러 왕직과 사제직을 통합하였으므로 이에 항거하였고, 로마 권력이 하느님의 주권을 대신하자 이를 배척하였다.

(3) 신약성경의 증언

신약성경의 저자들은 바리사이파를 두고 흔히 부정적 견해를 드러내면서, 바리사이들을 위선적이고 형식적이며 비정한 율법주의자들로 묘사한다. 이런 묘사는 저자들 당대에 널리 퍼져 있던 그리스도인들과 유다인들 사이의 적대감과 갈등을 반영한 것으로 보인다. 신약성경의 기록과는 달리 요세푸스의 기록과 미쉬나에서는 바리사이들이 결코 위선적이거나 편협하지 않고, 오히려 일반 대중이 성경의 깊은 뜻을 헤아려 현실에서 무리 없이 실천하도록 이끈다. 물론 자신이 바리사이였던 요세푸스와 바리사이파의 후계자들로 알려진 유다 라삐들의 이런 평가가 전혀 편파성이 없다고 말할 수는 없을 것이다. 그렇지만 신약성경 자체에도 여기저기 바리사이파에 대한 긍정적 묘사가 눈에 띈다. 그들은 예수님을 식탁에 초대하고(루카 7,36-50; 14,1), 예수님께 헤로데 안티파스가 당신의 생명을 노린다고 미리 귀띔해 주며(루카 13,31), 그들 가운데 몇몇은 예수님께 마음이 끌리고 그분을 믿기까지 한다(요한 3,1-21; 7,45-52; 9,13-16). 사도행전에서는 바리사이들이 사도들과 바오로로 대표되는 초대 그리스도인들을 변호하기도 한다(사도 5,34-39; 23,6-9). 바오로는 자신이 회심하기 전에 바리사이였다고 스스럼없이 고백한다(필리 3,5).

이상의 서술을 종합하여 바리사이파를 이렇게 평가할 수 있다. 하느님의 주권과 율법을 향한 그들의 순수한 열정은 마땅히 인정받아야 한다. 그러나 그들이 지나치게 율법에 매달려, 인간과 하느님 사이의 사랑, 인간 상호 간의 사랑을 강조한 율법의 근본 뜻을 제대로 받들지 못한 것은 잘못이다. 바리사이들이 예수님과 초대 그리스도인들과 정면으로 대립한 것도 바로 이 때문이다. 한편 그들의 교리 가운데 천사와 영의 존재, 죽은 이들의 부활에 대한 교리는 그리스도인들도 받아들이며, 특히 부활 교리는 그리스도교의 핵심인 예수님 부활 사건과 직결되는 중요한 유다교 전승이기도 하다. 사도행전의 저자는 둘 사이의 공통점을 바오로의 산헤드린 변호 연설에서 밝힌다(사도 23,1-9).

바리사이파를 다른 파당들과 비교하면, 종교적으로 그들은 에세네파보다는 덜 엄격하고 일반인들다는 더 엄격하였으며, 정치적으로 로마 권력에 맞서 항거한 젤롯파보다는 덜 적극적이고 에세네파보다는 더 적극적인 편이다. 종교적으로 이들을 사두가이파와 비교할 때는 좀 더 세심한 주의가 필요하다. 구전 율법을 배척하고 오로지 모세오경에 쓰인 율법만을 고집한다는 점에서, 이론상으로는 사두가이들이 바리사이들보다 더 보수적이고 원칙적이지만, 율법의 세칙까지 철저하게 실천한다는 점에서는 바리사이들이 사두가이들보다 더 보수적이고 엄격하였다.

나. 사두가이파

(1) 기원과 발전 과정

'사두가이'는 구약성경의 차독 가문과 관련 있는 것으로 추정한다. 차독은 '의로운'이라는 뜻의 히브리어 차딕צַדִּיק에서 나왔다. 구약성경에 따르면 사제직은 다윗과 솔로몬 시대의 대사제 차독의 가문에서 이어받아야 한다(2사무 8,17; 1열왕 2,35; 1역대 29,22; 에제 44,15-16). 그러나 마카베오 시대나 예수님 시대의 사두가이파가 차독 가문의 직계 후손들인가는 불확실하다. 그리고 예수님 시대의 사제들이 모두 사두가이파에 속하거나 사두가이들이 모두 사제였던 것은 아니다.

마카베오 시대에 사두가이파는 사제직과 왕권을 겸한 하스모네아 가문의 통치와 밀접한 관계를 맺고 지배 계층을 형성하면서 종교를 제외한 그리스 문화의 제반 요소들을 받아들였다. 나중에 팔레스티나의 통치권이 로마에 돌아가자 그들은 곧바로 로마의 정치 권력을 인정하면서 여전히 서민 대중과는 동떨어진 특권층의 부와 권력을 누렸다.

예수님 시대에 사두가이파는 예루살렘 성전과 유다 최고 의회인 산헤드린을 통해 부를 축적하고 세도를 과시하였다. 그러다가 기원후 70년 유다와 예루살렘 성전이 파괴되면서 사두가이들은 역사의 뒤편으로 사라졌다. 유다와 성전의 몰락은 그곳에서 세속적 부와 권력을 누려 온 사두가이파의 기득권도 함께 앗아가 버렸던 것이다. 사두가이들과 적대 관계에 있던 라삐들은 그들을 '사마리아파' 또는 '보에투스파'Boethusians라고 불렀다. 전자는 '적대자들'이라는 의미로 통하고, 후자는 헤로데 대왕 때부터 신약시대에 여러 대사제를 배출한 보에투스Boethus 가문의 사람들을 가리킨다(『유다 고대사』 15.317-322).

(2) **교리**

사두가이파가 현세의 기득권에 매달린 것은 그들이 견지한 교리와 믿음의 당연한 귀결이었다. 바리사이들과는 달리 그들은 구두로 전승된 율법을 배척하고 기록된 율법만을 받아들였다. 기록된 율법은 물론 모세오경에 담겨 있다. 따라서 그들은 유다교 후기에 나온 구약성경의 다른 책들에는 흥미와 관심을 보이지 않았으며, 후대에 기록된 책들이 전하는 천사의 존재나 영혼의 불사불멸과 죽은 이들의 부활을 믿지 않았다(『유다 고대사』 18.16; 사도 23,8). 그들은 철저하게 하느님의 영역과 인간의 영역을 분리하였으며, 이 세상 너머에는 아무것도 존재하지 않고 기대할 것도 없다고 생각하였다. 그래서 그들은 언제나 지배 계층을 지원하거나 대표하였고 근본적으로 세속주의자들이라 할 수 있다.

사두가이들은 자신들의 기득권을 확인하는 데에도 모세오경을 이용하였다. 그들 대부분은 사제로서 예루살렘 성전과 불가분의 관계를 맺고 있었다. 그들은 모세오경의 규정대로 하느님께 합당한 경신례와 제사를 바칠 것을 철저히 요구하였다. 로마 권력의 비호 아래 예루살렘에서 제사와 경신례가 안전하게 지속되는 한 그들에게는 부와 권력이 보장되었다. 사두가이파는 바리사이파와는 달리 개인의 정결과 부정, 음식과 여행과 노동과 같은 일상 행위에는 관심이 없고(『유다 고대사』 13.173), 오로지 성전에서의 제사와 기득권의 향유에만 관심을 두었다.

(3) **신약성경의 증언**

예수님이 선포하신 영원한 생명의 약속과 부활 사상은 사두가이파의 교리와 정면으로 대립한다(마르 12,18-27; 요한 11,47-50). 더구나 성전에서 장사치들을 쫓아내신 일(마르 11,15-19)과 성전이 완전히 파괴될 것이라는 예언(마르 13,1-2)은, 성전의 권위에 대한 명백한 도전인 동시에 자신들의 기득권에 대한 커다란 위협이었다. 사두가이파는 초대 그리스도인들과도 좋은 관계를 맺을 수 없었다. 그리스도인들이 자신들의 적수인 바리사이들처럼 영과 천사의 존재, 그리고 죽은 이들의 부활을 믿었기 때문이다(사도 23,8). 예수님 부활이야말로 그리스도인들의 가장 핵심적인 믿음 가운데 하나가 아닌가!

다. **에세네파**

(1) **기원과 발전 과정**

에세네파의 기원은 명확하게 밝혀지지 않았다. 그리스어로 이 이름이 무엇을 뜻하는지도 알려지지 않았다. 아마도 '에세네'는 '경건한' 또는 '치유자'라는 뜻의 아람어(אָסָיָא 아스야)에서 나왔을 것으로 추측하기도 한다. 어떤 이들은 그들의 기원을 기원전 200년경의 묵시론적 종교 분위기에까지 끌어올리지만, 일반 견해로는 기원전 150년경으로 본다. 그들은 본디 마카베오 항쟁에 가담한 경건한 무리, 곧 하시드인들의 일부였을 것이다(1마카 2,42). 그들이 마카베오 혁명에 가담한 이유는 시리아 임금들이 차독 가문의 대사제들을 마음대로 바꾸었기 때문이다. 그러다가 기원전 152년 유다 마카베오의 두 형제 요나탄과 시몬이 차독 가문 출신이 아닌데도 시리아 임금들에게서 대사제직을 부여받는 것을 보고 배신감을 느껴, 마카베오 가문과 결별한 것 같다.

일반적으로 에세네파는 제2성전기 후반 시대의 유다교 안에서 일종의 수덕적 또는 금욕적 생활을 추구하는 무리를 대표한다고 할 수 있다. 필론에 따르면 에세네인들은 대략 4,000명 정도로, 대부분 성읍이나 마을에서 집단 거주지를 형성하고 살았으며, 쿰란 공동체처럼 광야에 거주지를 정하기도 하였다(필론 『권고』 11.1). 에세네인들은 재산과 소유지, 금전과 품삯을 공동 재산으로 하고 무엇이든 함께 나누었다. 그들 대부분은 농업에 종사하였지만 상업에 종사하는 이들도 더러 있었다. 이런 에세네파의 삶은 원칙적으로 모든 성인 남자에게 열려 있었다. 그들이 완전한 독신을 지켰는지(필론의 증언) 아니면 혼인할 수 있었는지 또는 공동체에 여자도 들어와 살 수 있었는지는(요세푸스의 증언) 사료마다 달리 전하기 때문에 학자들 사이에 의견이 분분하다. 어떤 사료를 보면 혼인한 이들은 자녀들을 공동체 안에 받아들여 자신들의 전통에 따라 양육한 것으로 되어 있다. 고고학적 발굴도 이를 지지한다. 쿰란 동굴 인근에서 발굴된 묘터에서 성인 남성뿐 아니라 소수이기는 하지만 여자와 아이들의 유골도 발견되었다. 그들 가운데는 아무도 종이나 노예 신분인 자가 없었다.

에세네파는 신약성경에 명확히 언급된 적이 없다. 그러나 그들은 쿰란 공동체가 남긴 문헌들로 세상에 널리 알려지게 되었다. 이 공동체는 어떤 기존의 정치 체계나 종교 체계를 거부하고 '정의의 스승'이라는 한 출중한 사제의 지도를 받으며 사해 북서부 연안에 은거하여 공동 생활을 하던 집단이다.

쿰란 공동체의 기원과 발전 과정에 대한 연구를 종합하면 아래와 같다. 기원전 134-105년에 사해 북서부 옛 요새 자리에 50명이 공동생활을 할 수 있을 정도의 건물이 하나 세워졌다. 105년 이후 이 공동체는 인원이 늘어 수도 시설까지 갖출 정도로 크게 확장되었으나 31년에 갑자기 사라졌다. 여러 가지 추측이 난무한데, 그들을 배척하는 동족 유다인들이나 파르티아인들에게서(40년) 공격을 받았을 수도 있고, 아니면 31년에 이 지역을 강타한 지진으로 건물이 무너졌을 수도 있다. 어떻든 31년부터 헤로데 대왕 말년까지 이곳은 폐허로 버려져 있었다. 그러다가 에세네인들에게 호의적인 헤로데 대왕이 죽기 직전에, 건물이 재건되어 이 공동체는 제2의 부흥기를 맞는다. 이 시기에 쿰란 공동체의 회원은 약 200명 정도였던 것으로 추정한다. 기원후 67년 제1차 유다 항쟁이 일어났을 때, 쿰란 공동체는 이를 성전聖戰으로 보고 로마에 저항하다 68년 로마 제10군단의 공격으로 완전히 패망하고 말았다. 그들이 로마 군인들에게 모두 학살당하였는지 아니면 로마인들이 도착하기 전에 도망을 갔는지는 알 수 없으나, 동굴에 숨겨 놓은 그들의 귀중한 문서들만은 우리에게 확실히 남아 전해졌다.

(2) 교리

에세네인들이 기원전 150년경부터 기원후 70년경까지 작성한 것으로 추정하는 문헌들은 1947년부터 발견되기 시작하였다. 오늘날 사해 문서라 부르는 이 문헌들은 800여 개의 수사본 두루마리 또는 단편들이다. 문서 대부분이 히브리어로 쓰였으나, 96개는 아람어로, 7개는 그리스어로 쓰였다. 사해 문서는 크게 네 가지로 분류할 수 있다. 첫째 에스테르기를 제외한 히브리어 구약성경 각 권의 수사본 단편들, 둘째 제2경전과 외경들, 셋째 쿰란 공동체 자체의 기록들, 넷째 쿰란 공동체에 속하지 않은 사람들이나 단체가 작성한 편지, 보고서, 성경과 종교에 관련된 문서, 전쟁과 상업에 관련된 문서와 계약 문서 등이다. 이 가운데 그들의 교리를 파악하기 위하여 가장 도움이 되는 것은 셋째 문서, 곧 그 공동체 자체의 기록들이다. 그들은 이 문서에 공동체의 조직과 기능을 소개하고, 성경에 대한 해석은 물론, 찬미가와 기도문과 축복과 묵상 등 전례와 관련된 글을 기록해 두었으며, 미래에 대한 예측과 더불어 마지막 전쟁에서 그들이 담당할 역할, 메시아, 새 성전 등에 관한 자신들의 견해와 믿음을 자세히 밝혔다.

에세네파의 조직은 사제들과 거수로 뽑은 책임자들을 중심으로 위계 질서에 따라 움직였다. 입회자들은 지원기 1년과 수련기 2년을 거치면 공동체에 받아들여져 다른 회원들과 공동식사를 할 수 있다. 그리고 같은 회원이라 할지라도 선후배 사이에 위계 질서가 뚜렷하다(『유다 전쟁사』 2,137-138; 1QS 6).

에세네인들은 성경과 다른 옛 문헌들에 대한 연구에 몰두하였다. 그들이 연구로 얻고자 한 것은 사변적 철학이 아니라 윤리·도덕적 삶에 관한 가르침이었다. 그들은 하느님 다음으로 율법 전수자 모세를 경외하였고, 율법의 철저한 준수에 역점을 두었다. 율법의 엄격한 해석과 철저한 실천에서는 유다의 어느 파당도 이들과 비교할 수 없다. 그들은 안식일에 불을 피우거나 밥그릇을 씻는 일조차 금하였고, 바리사이들보다 더 철저하게 레위기에서 명하는 정결함을 유지하려고 애썼다. 그들은 자주 찬물에 목욕하였고 몸에 기름을 바르는 일을 금하였으며, 단순한 모양의 흰옷만을 고집하고 극도로 절제된 생활을 하였다(필론 『선한 사람은 모두 자유롭다』 12.75-87).

에세네파의 믿음은 근본적으로 유다교의 전통에 바탕을 둔다. 그들은 하느님만이 모든 것을 완전하게 통제하시는 분이라고 믿는 예정론적인 사고방식을 지녔다(『유다 고대사』 13.172). 그들의 주장에 따르면 육신은 파괴되지만 영혼은 불사불멸한다. 그들은 예루살렘 성전을 관장하는 이들의 합법적 권위를 인정하지 않고, 오로지 차독 가문만이 그곳에서 사제직을 수행할 수 있다고 믿었다. 성전에 예물은 보내면서도 성전의 제사에 직접 참여하지는 않았다. 그 대신 자기들이 만든 달력에 따라 그들 나름대로 예배와 전례를 거행하였다. 필론에 따르면 에세네인들은 자기 방어 말고는 전쟁에 가담하려 하지 않았다(『선한 사람은 모두 자유롭다』 12.78). 그러나 요세푸스는 요한이라는 이름의 한 에세네인이 장교로 로마 항쟁에 참여한 사실을 전한다(『유다 전쟁사』 2.566). 적어도 제1차 유다 항쟁 때에는 쿰란 공동체의 에세네인들이 로마에 대항하여 싸운 것으로 추정한다.

이 같은 일반적 특성 말고도 에세네파의 주류를 이루는 쿰란 공동체는 어떤 고유한 교리와 믿음을 가지고 있었는가? 학자들은 쿰란 공동체를 규정할 때 흔히 묵시문학과 연결한다. 실제로 사해 문서에는 묵시문학

쿰란 공동체가 살았던 주거지터

의 범주에 속하는 문헌들이 다수 포함되어 있고, 그들에 관한 기록에도 묵시적 요소들이 많이 드러난다. '다마스쿠스 문헌'(CD 1.5-12)은, 쿰란 공동체의 시작을 네부카드네자르가 예루살렘을 함락한 지 390년이 지난 때(기원전 196년)로 보고, 이로부터 20년이 지난 기원전 176년에 하느님께서 '정의의 스승'을 파견하시어 이 공동체를 돌보게 하셨다고 한다. 쿰란 공동체는 이스라엘을 포함하여 세상을 선과 악으로 갈라 놓았다(1QS 3.18-21). 그들의 목적은 자기네와 같은 빛의 아들들을 악에서 분리하고, 진리와 정의를 실천하며 오로지 선한 가치에만 매달리는 것이었다. 이 목적을 위해서 그들은 하느님의 법을 알고 정결함 속에서만 살고자 하였다. 그들은 이제 곧 선과 악, 빛의 자녀들과 어둠의 자녀들 사이에 최후의 결전이 다가올 것이라고 믿었다(1QM 13.10-18). 여기서 빛의 자녀들은 자신들을, 어둠의 자녀들은 예루살렘 성전의 사제들을 가리킨다. 또 자신들은 마지막 때의 공동체이며, 이 공동체를 통하여 '아론의 메시아', 곧 사제적 메시아와 '이스라엘의 메시아', 곧 정치적 메시아(1QS 9.9-11; CD 12.22—13.2), 그리고 (모세와 같은) 예언자가 배출될 것이라고 믿었다(1QS 9.9-11). 이 세 인물 가운데 마지막 전투에서 악의 세력을 쳐부수고 빛의 자녀들에게 승리를 안겨 줄 이는 사제적 메시아라고 믿었다(참조: 1QSa 2.11-14; 2.17-22). 그들은 자신들을 전투가 계속되는 동안에 이스라엘 민족을 위하여 대신 고통을 받을 의인들로 보았다. 이 마지막 시기에 하느님의 자녀들은 마땅히 이 세상의 부정함, 특히 예루살렘의 성전에 만연된 부정함에서 멀리 떨어져 정결한 상태를 유지해야 한다고 생각하였다. 그래서 그들은 광야에 물러가 엄격한 규율 속에서 금욕 생활을 하였던 것이다.

그러면 쿰란 공동체를 에세네파와 동일시할 수 있는가? 한마디로 쿰란 공동체는 에세네파의 한 부류 또는 주요 부류라 할 수 있다. 다만 두 주체를 어느 관점에서 보느냐에 따라 차이가 있을 수 있다. 요세푸스와 필론은 에세네파를 그리스 철학 안에서 규정하려고 한 반면, 사해 문서는 쿰란 공동체를 철저하게 유다적 배경에서 묘사한다.

(3) 사해 문서와 성경

성경은 에세네파에 대해서 아무런 언급이 없다. 그러나 그들이 남긴 문서 덕분에 그들에 관하여 유다교의 다른 어느 파당보다 더 자세한 정보를 얻을 수 있다. 첫째, 그들이 남긴 사해 문서는 구약성경의 본문을 연구하는 데 큰 도움을 준다. 사해 문서의 히브리어 성경 두루마리가 발견됨으로써 구약성경의 원전 비평가들은 그때까지 현존하던 수사본보다 무려 천여 년이나 앞서 쓰인 수사본을 대할 수 있게 되었다. 물론 사해 성경

사해 문서가 발견된 쿰란 동굴들

두루마리들은 전반적으로 다른 수사본들처럼 마소라 전통을 반영하고 있으나 항상 그런 것은 아니다. 현재 여러 나라에서 자국어로 번역할 때 구약성경의 대본으로 삼는 BHS(Biblia Hebraica Stuttgartensia)는 1009년에 쓰인 레닌그라드 사본이다. 이 사본의 마소라 본문을, 천여 년 앞서 쓰인 사해 성경 두루마리와 비교하는 일은 원전 비평의 매우 중요한 작업으로 꼽히고 있다.* 또한 사해 두루마리들은 구약성경 언어의 발전 과정을 연구

* Biblia Hebraica 시리즈의 다섯 번째 판 BHQ(Biblia Hebraica Quinta)의 비평 각주(critical apparatus)에는 성경 이문(異文)들에 대한 정보가 대거 실려 있는데 특히 쿰란 (성경) 필사본의 경우 거의 빠짐없이 등장한다. 히브리어 성경의 원전을 재구성하는 작업에 쿰란 필사본이 큰 역할을 할 것은 자명하다. 실제로 Biblia Hebraica 시리즈와 별개로 히브리어 구약성경에 대한 진정한 의미의 비평 본문이 준비되고 있다. 곧 SBL press가 발간하는 히브리어 구약성경 비평본

하는 데에도 좋은 자료가 된다.

둘째, 사해 문서는 제2성전기 후반의 유다교 이해에 큰 도움을 준다. 사해 문서 덕분에 이 시기의 유다교가 결코 일관적이거나 단순하지 않았음을 알게 되었다. 사해 문서의 제2경전과 외경은 특히 이 시기에 번창한 묵시문학에 관한 중요한 자료들을 제공하며, 신약성경에 나오는 묵시적 표현들의 배경을 더 쉽게 이해하도록 돕는다.

셋째, 신약성경과 초기 그리스도교의 유다교적 배경을 연구하는 데에 상상할 수 없을 정도로 중요한 구실을 한다. 예수님이나 세례자 요한을 '정의의 스승'이나 적어도 쿰란 공동체의 일원으로 보려는 시도들이 심심치 않게 있어 왔다. 물론 이런 시도는 신뢰할 만한 학자들의 연구 결과가 나오면서 철저하게 배척되었다. 그러나 사해 문서가 분명하게 증언하는 한 가지 사실은, 종말이 임박했다고 믿으며 악의 세력과 싸우면서 종말론적 안목으로 성경을 재해석한 유다교의 한 공동체가 초기 그리스도교 공동체와 많이 비슷하다는 점이다.

라. **젤롯파**

(1) **기원과 발전 과정**

요세푸스는 바리사이파와 사두가이파와 에세네파에 이어 유다이즘의

문 HBCE(*The Hebrew Bible: A Critical Edition*) 시리즈가 그것이다. 이 시리즈는 단일 사본을 전사한 전사본문(diplomatic edition)이 아니라 여러 성경 사본들을 절충하여 만든 절충본문(eclectic edition)이다. 이 시리즈 첫 번째 책이 2015년에 발간되었다: M.V. Fox, *Proverbs: An Eclectic Edition with Introduction and Textual Commentary (Hebrew Bible: A Critical Edition)* (Oxford 2015).

'넷째 사조'The Fourth Philosophy를 자세히 소개하는데, 이것이 바로 젤롯(ζηλωτής 젤로테스, 열성분자, 열혈당원)파다. 요세푸스에 따르면, 넷째 사조는 기원후 6년 시리아의 총독 퀴리니우스가 유다인들의 재산을 정확하게 파악하려고 인구조사를 실시하자 갈릴래아의 유다(또는 가말라의 유다)가* 반란을 일으키면서 세상에 알려졌다(『유다 고대사』 18.1-10; 18.23-25; 참조: 사도 5,37). 인구조사는 유다인들에게 하느님의 고유한 통치 영역에 속한다. 민수 1; 26장에 보면 하느님께서는 광야에서 이스라엘의 인구를 조사하셨다. 다윗도 인구조사를 지시했다가 하느님의 분노를 샀는데(2사무 24장 참조) 하물며 이방인 총독이 어떻게 감히 하느님 백성의 인구수를 조사할 수 있겠는가. 이런 분위기에서 시행된 퀴리니우스의 인구조사는 처음에는 평온하게 진행되었지만, 나중에 가말라의 유다와 바리사이파 사람 차독이 이끄는 민중의 반란을 불러일으켰다. 유다와 차독의 눈에 퀴리니우스는 신성모독자였다. 따라서 그들의 반란은 단순한 민중 봉기가 아니라 종교 항쟁이었다.

요세푸스는 전쟁과 요인要人들의 암살과 강도짓 등 '온갖 불행의 씨앗'이 이 넷째 사조에서 비롯했다고 비난하였다. 이런 무질서와 반란은 결국 유다 항쟁으로 이어지고 마침내 예루살렘의 함락으로 끝났다는 것이다(『유다 고대사』 18.6-10). 사실 가말라 유다의 정신과 모범은 이어지는 모든 항쟁에 영향을 미쳤다. 특히 66-70년 항쟁의 투사들 가운데는 그의 집안 사람들이 큰 구실을 하였다. 이 넷째 사조는 안티오코스 에피파네스의 신성모독에 대항하여 일어난 마카베오 항쟁의 기본 정신과 비교할 수 있다. 넷

* 같은 사람을 두고 요세푸스는 '갈릴래아 사람 유다'(『유다 고대사』 18.23; 『유다 전쟁사』 2.118; 참조: 사도 5,37)라고도, '가말라(Γάμαλα)의 유다'(『유다 고대사』 18.4)라고도 일컫는다. 가말라의 히브리어 지명은 가믈라(גַּמְלָא)다.

째 사조에 붙여진 이름 '젤롯'은 아마도 마타티아스가 항전을 독려하며 거리에서 외치던 말에서 유래한 것 같다. "율법에 대한 열정이 뜨겁고 계약을 지지하는 이는 모두 나를 따라나서시오"(1마카 2,27).

사실 요세푸스가 넷째 사조로 분류한 젤롯파의 개념 정립은 그리 간단하지 않다. 그동안의 연구 결과를 종합하자면 젤롯파를 크게 셋으로 정의한다. 첫째는 하느님의 율법에 열성적인 태도를 보이는 사람들(참조: 집회 45,23-24; 48,1-2; 희년서 30,18-20)이고, 둘째는 기원후 6년 시리아 총독 퀴리니우스의 인구조사 때 가말라의 유다와 차독이 일으킨 반란에 가담한 이들이다. 유다와 차독은 반란에 나선 동지들에게 "천국은 열성적인 협력자들의 차지가 될 것이다"(『유다 고대사』 18.5)라고 약속하였다. 셋째는 기스칼라Giscala의 요한(또는 구시 할라브의 요하난)에게 지휘를 받으며 66-70년에 로마의 통치를 반대하여 일어난 유다 항쟁의 투사들(요세푸스는 이들을 강도 떼와 악당들의 연합이라고 부른다)이다. 그들은 갈릴래아에서 예루살렘으로 도망쳐 들어와 사두가이 중심의 귀족 사회를 유혈 혁명으로 뒤엎고, 시민들에게 무력을 갖추어 로마 군대에 저항할 것을 촉구하였다(『유다 전쟁사』 4).

(2) **젤롯파**(열혈당)**와 시카르**(자객)

젤롯파와 시카르는 서로 구별된다. 모든 젤롯파가 다 시카르는 아니지만, 모든 시카르는 자신을 드러내지 않는 젤롯파다.* 시카르는 '살인자, 암살자'라는 뜻의 라틴어 '시카리우스'Sicarius에서 유래한다. 그리고 시카리우스는 다시 굽어진 단도를 뜻하는 라틴어 '시카'Sica에서 나왔다(『유다 고대

* 젤롯파와 시카르를 별개의 집단으로 보아야 한다는 견해도 있다.

사』 20.186). 시카르는 예루살렘 시내의 광장이나 길거리처럼 사람들이 많이 모이는 장소에서 로마의 지배를 옹호하는 유다교 인사들을 단도로 찌르고 유유히 사라지는 테러리스트다(『유다 전쟁사』 2.254-257). 사도행전에서 성전의 파견대장이 바오로를 이 테러리스트로 혼동한다(사도 21,38). 한편 요세푸스는 이들을 퀴리니우스 총독 시절에 소요를 일으킨 자들에게서 유래했다고 보았다. 이들은 펠릭스 총독 시절(52-60년)부터 알비누스 총독 시절(62-64년)까지 예루살렘과 그 주변에서 활약하였으며, 나중에 마싸다 요새에 끝까지 남아 로마에 항전하였다(72-73년). 마싸다에서 항전하던 시카르들의 지도자는 갈릴래아 사람 유다의 친척인 야이로의 아들 엘아자르다. 마싸다 항전은 시카르들의 자결로 끝이 났고, 1세기에 이스라엘 땅에서 로마인들을 거슬러 조직적으로 벌인 온갖 저항도 종말을 고하였다(『유다 전쟁사』 7.252-406).

(3) 교리

젤롯파의 기본 교리는 하느님 말고는 아무도 자신들의 주인이 될 수 없다는 믿음에 바탕을 둔다. 이 교리는 로마의 유다 통치에 정면으로 대치한다. 그들은 하느님께서 이스라엘의 자손들에게 넘겨 주신 땅은 어떤 외국 세력의 지배에서도 지켜야 하며, 그들에게 하사된 하느님의 율법은 어떤 경우에도 준수해야 한다고 믿었다(『유다 고대사』 18.23). 그런데 현실은 이 같은 그들의 믿음과는 거리가 멀었다. 하느님에게서 상속받은 가나안 땅이 로마인들의 손에 넘어가고, 하느님의 발판인 예루살렘 도성과 성전이 황제 숭배로 더럽혀졌다. 이런 상황은 이스라엘 민족의 번영과 자유를 심각하게 위협하는 것이었다.

누군가 과감히 일어서서 이스라엘을 압제하는 로마인들을 심판하고 이스라엘에 대한 하느님의 주권을 회복해야 했다. 젤롯파가 이 일을 자임하고 나섰다. 게다가 유다교 안에서는 성경의 말씀을 실현할 예언자들과 메시아가 출현하리라는 묵시적 기대가 있었다. 묵시론자들은 상황이 점점 더 악화됨에 따라 하느님의 결정적인 중재가 임박하였다고 믿었다. 이 같은 묵시론적 믿음은 항쟁의 분위기를 더욱 부채질하였다. 때마침 항쟁에 유리한 정치적 상황들이 여기저기서 일어났다. 당시 로마는 네로 황제가 자결한 뒤 후계자 자리를 놓고 정쟁에 휩싸였으며, 갈리아인들과 켈트인들도 로마의 통치에 대항하여 소요를 일으키고 있었다. 또 로마 군대는 갈릴래아의 반군 요새들을 공격하느라 성채 공격용 축대와 무기들을 거의 다 써버린 상태였고, 겨울이 닥치자 예루살렘 성벽을 공격하던 시리아 총독 체스티우스Cestius Gallus가 군대를 철수하였다. 많은 유다인들은 체스티우스의 철수와 로마에서 일어난 정쟁을 하느님께서 승리하실 확실한 징표로 해석하였다.

하느님의 주권을 회복하고 율법을 충실하게 지키려는 젤롯파의 기본 교리는 바리사이파를 항쟁에 가담하게 하였고, 묵시론적 전망과 메시아 사상으로 쿰란의 에세네파를 끌어들였다. 사두가이파와 헤로데파 등 기득권층을 제외한 이스라엘의 모든 파당이 항쟁에 참여한 것이다.

(4) **예수님과 젤롯파**

역사가들은 종종 나자렛 예수님이 젤롯파이거나 적어도 젤롯파의 동조자였다는 주장을 편다. 그것은 그분이 로마인들에게 처형될 때의 죄목 '유다인들의 임금 나자렛 예수'가 정치적이고 혁명적이었다는 사실에서 비롯한다. 그 밖에도 그분은 젤롯파 시몬을 열두 제자단에 들어오게 하고(루카 6,15), 제자들에게 칼을 사 두라고 명하였다는 것이다(루카 22,36; 참조: 12,5). 다른 역사가들은 예수님이 생각으로만 혁명적이었지 실제로는 젤롯파의 행동을 거절하셨다고 주장한다. 그 근거로 그분이 폭력을 거부하시고(마태 26,52), 로마인들에게 세금을 걷어 바치는 세리들을 받아들이셨으며(마르 2,15-17), 원수를 사랑하라고 가르치신(마태 5,44; 루카 6,27-31.35) 사실을 열거한다.

그러나 예수님이 젤롯파에 속하느냐 속하지 않느냐를 따지는 것은 무리가 있다. 젤롯파가 한창 활동한 시기는 그분이 살던 당시가 아니라 그로부터 30여 년이 지난 다음이기 때문이다. 그분은 바리사이파나 에세네파에 속하지 않듯이 젤롯파에도 속하지 않으신다. 다만 젤롯파가 견지한 몇 가지 사상과 태도는 예수님에게서도 찾아볼 수 있다. 예를 들면 하느님의 주권 인정과 그분의 뜻에 대한 완전한 복종, 부와 권력의 올바른 사용, 성전 정화 행동 등이다.

마. **헤로데파**

(1) **기원과 발전 과정**

헤로데파Herodians는 라틴어로 '헤로디아누스'Herodianus, 곧 헤로데 가문에 속한 사람을 말한다. 어떤 이들은 헤로데 집안의 종을 가리키는 것으로 보고, 다른 사람들은 헤로데의 관리로 여긴다. 그러나 신약성경에서 헤로데파는 헤로데의 종들이나 관리들이 아니라 헤로데의 통치에 우호적인 세도가들로 드러난다. 말하자면 헤로데파는 헤로데 왕조의 통치를 지지하고 그 권력의 혜택을 나누어 가진 사람들을 말한다. 그런데 헤로데 대왕은 유다인 지지자들을 곁에 두려 하지 않았으므로, 헤로데파는 헤로데 안티파스 통치 때에 발전한 파당으로 볼 수 있다. 이들은 권력의 속성상 더 큰 권력이자 자기들의 기득권을 보장해 주는 로마의 통치권을 인정하고 지지한다.

(2) 사두가이파와의 관계

헤로데파는 사두가이파와 긴밀한 관계를 이룬다. 아래에서 그 실례를 들어 설명하겠지만, 때로는 이 두 파가 동일시되기도 한다. 언뜻 보기에는 이 두 파를 연결하는 것이 불가능해 보인다. 헤로데 대왕은 하스모네아 가문을 배척하였으며, 그와 그의 손자 아그리파스 1세는 하스모네아 가문을 지지하는 사두가이파에서가 아니라 보에투스 가문에서 대사제를 선택하였기 때문이다. 그러다가 헤로데의 아들 아르켈라오스의 폐위(기원후 6년)와 아그리파스 1세의 유다 통치권 획득(41년) 사이에 상황이 반전되었다. 이 시기에 헤로데 가문이 아니라 로마 총독이 직접 유다를 통치한 덕분에 대사제들은 대부분 사두가이파에 속한 한나스 가문에서 나오게 된 것이다. 그리고 갈릴래아와 페래아를 다스린 헤로데 안티파스는 모계쪽으로 하스모네아 가문의 혈통을 타고난 헤로디아와 혼인함으로써 사두가이파의 지지를 얻어 냈다. 그리하여 헤로데파와 사두가이파는 로마의 비호 아래 이루어지는 헤로데 가문의 통치를 인정하며 정치적으로 한통속이 되었지만, 하스모네아 가문과 헤로데 가문과 로마의 지배를 배척하는 바리사이파와는 적대 관계가 되었다.

(3) 예수님과의 관계

신약성경에서 헤로데파에 대한 언급은 세 번 나온다. 첫 번째 예는 예수님이 갈릴래아에서 손이 오그라든 사람을 고쳐 주시는 이야기에 나온다(마르 3,6). 이때 헤로데파와 바리사이파는 예수님을 없애 버릴 방법을 찾았다. 두 번째 예는 세금 논쟁에 나오는데(마태 22,15-22; 마르 12,13-17), 이때에도 헤로데파는 바리사이파와 함께 카이사르에게 세금을 바치는 문제로 예수님께 올가미를 씌우려 하였다. 세 번째 예는 예수님이 제자들에게 하신 경고 말씀에 나온다. 그런데 마르 8,15의 "바리사이들의 누룩과 헤로데의 누룩을 조심하여라"는 말씀이 병행절 마태 16,6에서는 "바리사이들과 사두가이들의 누룩을 조심하여라"로 바뀐다. 마르코 복음에서는 '헤로데의 누룩'인데, 마태오 복음에서는 '사두가이의 누룩'이 된 것이다. 그런데 마르코 복음의 많은 수사본들에는 '헤로데의 누룩'이 '헤로데파의 누룩'으로 나온다. 따라서 예수님 당시에 사두가이파와 헤로데파를 같게 보거나 쉽게 혼동하였다는 것을 미루어 짐작할 수 있다. 또한 이 사실은 위에서 살펴본 헤로데파와 사두가이파의 밀접한 관계를 잘 설명해 준다.

이처럼 정치적으로 한통속이 된 헤로데파와 사두가이파는 예수님을 제거하는 일을 두고는 바리사이들과 협력하였다. 그들 가운데 아무도 예수님이 선포하신 하느님 나라를 이해하지도 받아들이지도 원하지도 않았기 때문이다.

둘째 마당

이스라엘의 역사

》

성경은 이스라엘의 역사를 바탕으로 하느님과 인간의 관계를 풀어 놓은 이야기라 할 수 있다. 우리는 성경을 읽을 때 사건으로서의 역사가 아니라 기록으로서의 역사를 먼저 대하게 된다. 그렇지만 사건과 기록을 따로따로 생각해서는 안 된다. 사건이 먼저 일어나고 그 사건의 의미를 밝혀 후세에 전달하기 위하여 기록하였으므로 성경의 기록에는 언제나 사건을 내포하고 있음을 마음에 두어야 한다.

이스라엘의 역사를 공부하는 목적은 성경의 역사 기록을 학문적으로만 탐구하는 데에 있지 않다. 이스라엘의 역사를 공부하는 것은 성경에 소개된 사건들의 뜻을 깨닫고 그 뜻을 오늘의 현실 안에서 되새기기 위해 필요하다. 현대인들과 달리 고대인들은 역사의 첫째 기능을, 사건의 사실fact을 확인하고 정확하게 알리는 것으로 여기지 않았다. 그들은 무슨 일이 있었는가보다 왜 그런 일이 일어났는가, 또는 그 일이 주는 교훈은 무엇인가에 더 관심이 많았다. 그들에게 역사는 사건의 참뜻, 곧 사건의 진실truth을 전달하는 수단이었다. 그들은 진실을 올바로 전하기 위해서 사실을 다소 과장하거나 수정하기도 하였다. 이 점은 성경 저자들도 예외가 아니다.

현재 이스라엘의 역사는 고문서학, 고고학, 언어학, 인류학, 사회학, 해석학 등 다양한 학문의 도움을 받아 가며 폭넓게 연구되고 있다. 엄청난 양의 논문과 글들이 쏟아져 나오지만, 학자들 사이에서 완전한 의견 일치를 본 내용들은 그리 많지 않다. 의견의 불일치는 흔히 이스라엘의 역사를 전해 주는 사료史料들의 진위 여부나 다양함 때문이 아니라, 사료들에 대한 해석의 차이 때문에 일어난다.

이스라엘의 역사를 다루면서 우리가 내세우는 원칙은 다음과 같다. 첫째, 성경 저자가 역사 기록으로 제시한 내용을 첫째 사료로 삼는다. 이는 성경 외적 증언인 고대 근동의 문헌과 고고학적 발굴에 힘입어 역사적 사실이 아닌 것으로 확실히 드러나고 판명되지 않는 한, 이스라엘 역사와 관련된 성경의 증언을 참된 것으로 받아들인다는 뜻이기도 하다.

둘째, 가능한 한 성경 외적 증언을 폭넓게 수용하되 성경의 역사 기록을 보완하고 배경을 밝히는 데에 그 증언을 이용한다. 성경 외적 증언을 다룰 때 한 가지 주의할 점은 성경 외적 사료들도 성경의 기록들처럼 서로 상충할 수 있다는 사실이다. 따라서 성경 외적 사료와 성경 기록이 서로 맞지 않을 때에, 무조건 전자가 후자보다 더 신빙성 있다고 생각하는 것은 큰 잘못이다. 역사적 사료로 인정받기 위해서는 둘 다 정당한 비판과 학문적 검증을 거쳐야 한다.

셋째, 성경 본문에 나오지 않아서 이스라엘 역사의 흐름에 공백이 생긴 부분은 필요한 대로 성경 외적 증언과 일반 역사 문헌의 도움을 받아 재구성한다.

이스라엘 역사의 범위는 어떻게 정할 것인가? 성경학자들 가운데에는 이스라엘 역사의 시

간략한 고대 근동사 연표

선사 시대	
구석기 시대	기원전 18000-8500년
신석기 시대	8500-4500년
동석기 시대	4500-3300년
초기 청동기 시대	3300-1900년
중기 청동기 시대	1900-1550년
말기 청동기 시대	1550-1200년
초기 철기 시대	1200-1030년
후기 철기 시대	1030-586년
신바빌론 시대	587-539년
페르시아 시대	539-330년
헬라 시대	330-63년
로마 시대	63-기원후 330년

작을 이집트 탈출로 보는 이들도 있으나, 우리는 성경 본문에 따라 성조 시대로 삼는다. 그리고 이 역사의 끝은 기원후 2세기 유다인들과 유다교의 상황으로까지 넓힌다. 한편 창세 1—11장의 내용은 비록 사람들의 구체적 삶이 그 뒤에 깔려 있기는 하지만 역사적 사건에 바탕을 두지 않기 때문에 이스라엘 역사에서 제외한다. 그 대신 성조들이 등장하기 이전의 고대 근동사를 뭉뚱그려 살펴보겠다.

I. 이스라엘 민족 탄생 이전의 역사

1. 고대 근동의 상고사
2. 성조 시대 직전의 고대 근동
3. 성조 시대

»

고대 근동의 민족들은 자기네 민족의 기원을 우주의 창조와 연결시킨다. 예를 들어 바빌론의 창조 서사시 '에누마 엘리쉬'를 보면, 신들의 신이요 임금인 마르둑이 우주 창조를 마감할 즈음에 메소포타미아의 모든 나라 가운데 가장 강력한 바빌론을 세웠다고 되어 있다. 이와 달리 이스라엘인들은 자신들이 고대 근동의 역사에서 다른 민족들보다 훨씬 뒤에 나타났음을 잘 알고 있었다. 그래서 그들은 자기네 민족의 태동을 우주의 창조를 전하는 신화의 세계에 연결시키지 않고 인간 역사의 틀 안에 두었다.

1. 고대 근동의 상고사上古史

성경 저자들은 이스라엘의 원초적 역사가 아브라함이 가족들을 데리고 메소포타미아에서 팔레스티나로 이주하면서 시작된다고 본다. 그런데 성경 밖의 이집트와 메소포타미아에서 발견된 비문들은 기원전 3천년기 이전에 상당한 수준의 문화 유산이 이곳에 자리 잡고 있었음을 증언한다. 이 문화 유산은 창세기에 등장하는 성조들의 삶에 지대한 영향을 미쳤던 것으로 짐작할 수 있기에, 성조 시대 이전의 고대 근동사를 간략하게 살펴볼 필요가 있다.

가. **성읍의 탄생**

고대 근동의 가장 오래된 원시 정착부락은 구석기 시대 말기인 기원전 8천년대에 생겨난 것으로 추정한다. 이집트와 메소포타미아 지역에서 인류 최초의 주거지가 확인되고, 팔레스티나의 티베리아스 호숫가에서도 사람들의 주거 흔적이 발견되었다. 그 전에는 사람들이 거친 석기를 사용하며 동굴 속에서 가족 단위로 살았을 것이다. 예리코의 가장 오래된 주거지는 늦잡아도 기원전 7천 년 무렵에 이미 생겨난 것 같다. 예리코의 나툽 와디에서 발견된 돌낫과 그 밖의 원시 농기구들은 이 지역 주민들이 곡식을 재배하고 야생동물을 가축으로 기르기 시작하였음을 알려 주는 증거다.

예리코의 정착부락은 처음에는 오두막들로 이루어졌으나 나중에 진흙 벽돌집들과 돌로 된 방벽으로 둘러싸인 성읍으로 발전하였다. 이곳에서 점토로 빚은 여인상과 가축상들이 발굴되었는데 풍산신 숭배와 관련 있는 것으로 보인다. 또한 갈대의 질긴 줄기에 점토를 입힌 가족상들도 발견되었다. 이것은 아버지·어머니·아들이 한 조가 되는 고대의 삼위일조 숭배를 시사한다. 예리코 외에도 북부 이라크의 고원 지대에 있는 야르모, 지중해 연안의 라스 샤므라와 레바논의 비블로스, 킬리키아와 북부 시리아, 키프로스, 티그리스 강 상류지대, 나일 강의 델타 지역 등지에서 이런 소도시들이 기원전 7천년기에서 5천년기까지 신석기 시대의 문화를 꽃피웠다. 5천년기 말부터 이 지역 주민들은 금속 가운데 맨 먼저 구리를 사용하였다. 이 시기에 늘어나는 인구 수에 맞추어 농사기술이 급속도로 발달하였고 배수 시설과 관개 시설이 원시적 형태로나마 자리를 잡아 갔다. 또한 더욱 활발한 물자 교류와 문화 생활을 위해 최초의 도시 국가들도 생겨나기 시작한다.

나. **문자의 발명**

기원전 4천년기 말에 들어서면서 메소포타미아 문화는 획기적 전기를 맞는데 그것은 문자의 발견 덕분이었다. 가장 오래된 문헌은 수메르인들이 발명한 쐐기 문자로 쓰였다. 최초의 문헌은 재산목록이나 상업과 관련이 있는 것으로 보인다. 이 시기에 벌써 경제 생활이 상당한 수준에 이르렀던 것 같다. 고고학적 발굴에 따르면 4천년기를 마감하기 전에 메소포타미아는, 왕조 이전의 이집트를 비롯하여 그 밖의 다른 고대 근동 지역들을 상대로 무역을 통해 문화를 교환하였음이 확실하다. 그 기원이 수수께끼에 쌓여 있는 수메르인들은 남부 메소포타미아 문화의 창시자들이다.

메소포타미아 남부는, 티그리스 강과 유프라테스 강의 물을 끌어들여 농사를 지을 수 있었는데 이 강들이 자주 범람하기 때문에, 제방과 운하를 만드는 기술이 개발되었다. 이런 치수 기술의 발전이 가속화되면서 기원전 3천년기에는 이 지역에 지구라트라고 불리는 거대한 신전을 중심으로 도시 국가들이 들어서게 되었다.

기원전 24세기경 키쉬의 사르곤이 수메르 지역은 물론 메소포타미아의 전 지역과 지중해 연안, 소아시아의 고원 지대, 아라비아 지방에까지 세력을 넓혀 세계 최초의 본격적인 제국을 창건하였다. 사르곤은 수도를 아카드로 정하고 아카드 왕국(기원전 2360-2180년경)의 시조가 되었다. 아카드 왕국은 셈어의 일종인 아카드어를 널리 퍼트렸다. 현대의 고문서학은 아카드어가 고대 임금들의 비문碑文과 찬양시와 서사시, 조약문서 등에 쓰였고 훗날 고대 근동 전역에서 소통되는 국제 공용어lingua franca로 자리 잡았음을 밝혀냈다.

다. **이집트의 고왕국**

이집트 전체의 역사는 첫째 마당에서 대충 살펴보았는데, 여기서는 고왕국 시대만을 좀 더 상세하게 다루겠다. 기원전 3150년경 이전의 이집트는 나일 강을 따라 상부 지역과 하부(델타) 지역으로 나뉘어 있었다. 그러다가 상 이집트의 통치자 나르메르(그리스식 이름은 메네스)가 하 이집트를 통합하여 통일 이집트 제국을 건설하고 이집트 제1왕조의 시조가 되었다. 통일 제국의 수도는 하 이집트의 멤피스였다. 이집트는 메소포타미아와 달리 처음부터 도시 국가 체제가 아니라 임금이 나라 전체를 다스리는 강력한 중앙 집권 체제로 발전하였다. 그 뒤 이집트는 언제나 상 이집트와 하 이집트가 통합된 실체로 이해되었다.

국가의 기반을 다진 초기 두 왕조 시대에 이어 제3-6왕조가 다스린 고왕국(2700-2100년경)이 들어서면서 이집트의 임금들은 거대한 제국을 효과적으로 다스리기 위하여 자신들의 신적 권위를 높이는 데 더욱 힘을 쏟았다. 상 이집트에 있던 임금들의 무덤을 멤피스로 옮겼고 피라미드 건축이 본격화되었다. 기원전 2600년부터 축조하기 시작한 피라미드는 고왕국의 가장 두드러진 특징이라 할 수 있다. 규모로는 제4왕조 시대(26-25세기)의 것들이 압도적으로 우세하다. 제5-6왕조 시대(25-23세기)의 피라미드 내벽에는 파라오가 신들의 세계에 안전하게 건너갈 수 있도록 돕는 주문과 축문들이 적여 있다(피라미드 텍스트). 왕권이 신에게서 주어진다는, 메소포타미아 임금들의 믿음과는 달리 이집트의 임금 파라오는 사람의 형체를 빌려 자기 백성들을 다스리러 나타난 신 자체였다. 죽은 뒤에 그는 다시 신들의 세계에 건너가 살게 되고 역시 신인 그의 아들이 왕위를 계승하였다. 피라미드는 파라오가 죽은 다음에 하늘과 땅의 신들 대열에 끼어 영원히 거주할 수 있는 궁전이요, 후대 사람들에게 예배와 제사를 받을 수 있는 성소였다. 고왕국 시대부터 이집트는 다양한 금광과 시나이의 구리 광산을 개발하였고 레바논 목재의 집산지인 비블로스와의 교역도 활발하게 전개했던 것으로 보인다.

한편 팔레스티나에서는 도시 국가들이 소박하지만 그 나름대로의 문화를 꽃피워 가고 있었다.

2. 성조 시대 직전의 고대 근동

기원전 2천년기부터 고대 근동은 혼란의 시기를 맞는다. 특히 시리아-팔레스티나 지방의 파괴와 변혁이 극심하였다.

가. 메소포타미아

기원전 2200년 무렵 메소포타미아의 아카드 왕국이 자그로스 산맥을 본거지로 하는 구트족에게 무너졌다. 그 뒤 약 백 년간 메소포타미아는 문화의 암흑 시대를 맞는다. 이 시기에 후르족이 동부 티그리스 지역으로, 아무르족이 상부 메소포타미아로 세력을 넓혀 갔다. 아울러 느슨한 구트족의 통치를 틈타 수메르의 도시들이 남부에서 독립을 쟁취하기 시작하고 잃어버린 문화를 되살렸다. 곧 우르-남무가 메소포타미아 온 지역을 통합하고 우르 제3왕조(2060-1950년)를 창건한 것이다. 우르의 임금들은 '수메르와 아카드의 임금'이라는 사르곤의 칭호를 계승하여 그의 후계자로 자처하였다. 우르 제3왕조는 많은 비문과 건축물을 남겼다. 그 가운데 특히 이 왕조의 창시자인 우르-남무의 법전이 두드러진다. 그러나 1500년 이상 지속되던 수메르 문화는 기원전 2천년기가 시작되면서 퇴락했다. 기원전 18세기에 이르러 수메르어는 학문이나 경신례의 언어로만 쓰이고 일상회화에서는 사용되지 않았다. 이 무렵에 수메르인들과 셈족은 완전히 뒤섞여 오히려 셈족의 세력이 강해지기 시작하였다. 우르 제3왕조가 무너진 뒤 메소포타미아는 군웅할거 시대를 맞아 불안정한 세월을 보낸다.

나. **이집트**

이집트는 고왕조의 세력이 지방 제후들의 손에 넘어가면서 왕조의 중앙집권 통제력이 점차 약화되어 갔다. 여러 파라오들이 나타나 서로 자기가 진짜 임금이라고 주장하는 바람에 왕위의 정통성이 무너지고 지방 제후들 가운데서도 임금처럼 행세하는 이들이 생겨났다. 게다가 아시아의 셈족 유목민들이 나일 강의 삼각주 지역에 침입해 들어와 왕조의 세력을 더욱 약화시켰다. 혼란과 무질서, 관개수리시설의 미흡한 통제 탓에 흉년이 들자 이집트인들은 기아로 절망 속에서 살아갈 수밖에 없었다. 이 시대에 왕조의 비운과 인생의 비참함, 그리고 불의한 사회에 대한 고발 따위를 그대로 묘사한 빼어난 문학 작품들이 오늘날까지 전해지고 있다. 이

우르의 깃발(standard of Ur). 가로 약 22센티미터, 세로 약 50센티미터의 속이 빈 나무 상자로, 수메르 시대의 도시 우르에서 발굴되었다. 전쟁에서 승리하여(아래) 획득한 포로와 전리품을(중간) 가운데 가장 큰 인물인 임금 앞으로 데려간다(위). 전형적인 수메르 양식을 보여주는 작품으로 평가된다.

문학가들의 눈에는 자기네들이 속한 사회가 말세인 것처럼 보였을 것이다. 그러나 비관적 판단과는 달리 기원전 21세기 중엽 테베 출신의 군주 멘투호텝Mentuhotep을 중심으로 이집트는 다시 통일국가를 이루고 제2의 번영기와 안정기를 맞는다.

다. 팔레스티나

한편 기원전 13세기에 지중해 연안의 가나안 일대는 대혼란을 겪었다. 해양민족들Sea Peoples이라 불리는 침입자들이 이곳의 견고한 성읍들을 차례로 무너뜨렸다. 그러면서 이 지역의 도시국가 문화도 몰락하였다. 이 시기에 페니키아인, 아람인, 필리스티아인 등 새로운 이주자들이 이 지역으로 들어와 새로운 도시국가들을 건설하였다. 남서쪽 해안에 자리잡은 필리스티아인들이 바로 해양민족들 가운데 하나다. 이스라엘의 선조들도 이 민족이동과 관련되어 있다. 나중에 이집트에서 탈출한 이스라엘인들이 가나안을 점령할 즈음(기원전 13세기)이 바로 이 시기다. 이 지역이 팔레스티나라는 이름을 얻게 된 것은 필리스티아인들 때문이다(첫째 마당, I. 3. 가. 참조).

3. 성조 시대

이스라엘의 거룩한 조상, 곧 성조는 이스라엘의 공통 조상 아브라함을 비롯하여 이사악, 야곱, 그리고 이스라엘 열두 지파의 선조인 야곱의 열두 아들을 말하고, 이들이 살던 시대를 성조 시대라 한다.

가. **이스라엘 민족의 기원**

정확히 알기는 힘들지만 이스라엘의 기원은 대략 중기 청동기 시대(기원전 1900-1550년)로 잡는다. 이스라엘인들의 자랑인 성조 아브라함이 우르 지방에서 하느님의 부르심을 받고 팔레스티나로 옮겨 온 시기(18세기)도 이 시대에 속할 것으로 추측한다. 그러나 엄밀한 의미에서 이때는 아직 이스라엘이라는 민족이 존재하기 전이었다. 성경학자들은 이스라엘 민족의 시작을 이집트 탈출과 연결한다. 기원전 13세기 라메세스 2세 때에 이집트 북부 고센 지방에 살던 히브리인들이 고된 노예살이를 청산하고 이집트를 빠져나와 시나이 광야를 떠돌다가 팔레스티나에 정착하게 되면서 이스라엘이라 불리는 한 민족 공동체가 탄생하게 되었다는 것이다.

창세기 저자는 이스라엘의 역사를 인류의 역사 또는 세계사와 연결한다. 창세 10장에 보면 세상의 민족은 노아의 아들들인 셈과 함과 야펫을 원조로 하여 그 후손들에게서 갈라진다. 첫째, 이스라엘이 속한 셈의 후손들은 팔레스티나에서 북동쪽으로 떨어진 메소포타미아의 아람인들과 아시리아인들, 그리고 아라비아 반도의 아랍인들을 가리킨다. 둘째, 함족은 가나안인들, 아프리카 북부의 이집트인들과 리비아인들과 수단인들, 에티오피아인들을 포함하여 남부 셈어를 사용하는 근동의 모든 남서부 민족을 가리킨다. 마지막으로 야펫족은 셈어를 사용하지 않으며 메소포타미아에서 서쪽과 북쪽으로 떨어져 사는 북방 민족들이다. 이들은 그리스인들과 소아시아 동부의 고메르인들, 소아시아 서부의 리디아인들(마곡인들), 페르시아의 메디아인들, 이오니아의 그리스인들(야완의 후손), 흑해 주변의 투발과 메섹인들, 서부 아르메니아(티라스), 키프로스, 스페인 지중해 동쪽 해변, 에게해의 로도스 등에 사는 주민들을 포함한다. 그러나 창세기의 이 분류는 종족 계보나 언어 계보에 정확하게 바탕을 둔 분류가 아니다. 예를 들어 가나안인들은 이스라엘처럼 북서 셈어를 사용하지만 남부 셈어를 쓰는 함의 자손으로 분류되지 않는다. 또 함의 자손으로 분류된 이집트인들의 언어는 남부 셈어에 속하지 않고 야펫에게서 유래된 민족들은 하나의 범주로 묶을 수 없다. 이 창세 10장의 분류에 따라 오랫동안 유럽의 여러 그리스도교 국가에서 인종 차별을 벌여온 일은 정말 어처구니없는 짓이다.

어떻든 이 족보는 이스라엘의 선조들이 셈족에 속하며, 가나안의 원주민이 아님을 확인해 준다. 셈족 이스라엘은 기원전 2천년기 말에 약속의 땅 가나안에 정착한 다음에도 주변 민족들에게서 끊임없이 생존의 위협을 겪어야 했다.

나. **이스라엘과 히브리**

구약성경에서 이스라엘이라는 명칭은 세 가지로 쓰인다. 첫째, 이스라엘은 성조 야곱의 다른 이름이다. 히브리어로 '이스라엘'יִשְׂרָאֵל은 '하느님께서 싸우신다' 또는 '하느님께서 싸워 주시기를'이라는 뜻이다. 이를 칠십인역과 불가타에서는 '하느님께서 당신 자신을 강하게 드러내시기를!'로 옮긴다. 야곱이 야뽁 강 가에서 하느님이 보낸 사람과 겨루어 이겼다 해서(창세 32,29) 이런 이름이 붙은 것이다. 둘째, 이스라엘은 야곱의 자손들이 가나안에 정착한 뒤 스켐에서 맺은 열두 지파의 동맹체와 그들이 살던 땅 전체를 가리킨다. 말하자면 하느님 백성으로서의 이스라엘 민족 전체와 그들이 차지한 영토를 뜻한다. 셋째, 솔로몬 통치 직후 이스라엘 왕국은 남과 북으로 갈라지는데, 이때 북쪽 왕국을 남쪽 왕국 유다와 구별하여 이스라엘이라 불렀다. 이 책에서 이스라엘을 거론할 때는, 일부러 밝히지 않는 한 언제나 둘째 의미로 사용할 것이다.

그다음 이스라엘 민족의 기원과 관련하여 언급되는 또 다른 이름은 '히브리'다. 성경에서 히브리라는 이름은 두 가지 용도로 쓰인다. 첫째, 히브리는 이스라엘과 함께 하느님 백성을 가리키는 또 다른 종족 이름이다. 탈출 5,1-3(3,18 참조)에서는 히브리인과 이스라엘인을 동일시한다. 이스라엘의 조상 아브라함에게도 히브리인이라는 이름이 붙여졌다(창세 14,13). 히브리는 유다인들에게 영예로운 이름으로서, 오늘날 유다인들이 사용하는 언어도 히브리어라 한다. 신약성경에서 히브리인은 헬레니즘에 영향을 받지 않은 순수한 유다인들을 가리키기도 하고(사도 6,1) 유다인들을 이방인들과 구별하기 위해서도 사용한다(2코린 11,22; 필리 3,5). 둘째, 히브리는 노예처럼 사회적으로 낮은 신분을 지칭하는 용어로 쓰인다(탈출 2,11). 이와 관련하여 기원전 2천년기의 고대 근동 문헌에 많이 나오는 '하비루' 또는 '하피루'라는 용어가 눈길을 끈다. 하비루는 노예, 천민, 용병처럼 소외된 집단이나 심지어 범법자들을 가리키는 용어였다. 아마르나 문서에 따

야뽁 강. 이 강의 지도상 위치는 첫째 마당, I. 3. 다. '팔레스티나 지형도'를 보라.

르면 가나안에도 하비루인들이 살고 있었다. 학계에서는 이 하비루가 이집트에서 빠져 나와 가나안을 정복한 성경의 히브리인들과 관련이 있는 것으로 추정한다. 하비루에 관해서는 이집트 탈출의 역사에서 더 자세히 다루겠다.

다. **아브라함의 순례**

성조설화가 역사적 사실의 정확한 기록이 아니라 하더라도 창세 12—50장을 황당무계한 기록 또는 아무 쓸모 없는 문헌으로 생각해서는 안 된다. 성조 이야기의 바탕에는 역사에 발자취를 남긴 신앙인들의 진실한 삶이 자리 잡고 있다. 그들 가운데 으뜸은 역시 아브라함이다. 아브라함의 고향에 관해서 성경은 두 가지로 증언한다.

첫째, 창세기 저자는 아브라함의 고향을 하란으로 제시한다. "네 고향과 친족과 아버지의 집을 떠나, 내가 너에게 보여 줄 땅으로 가거라"(창세 12,1) 하는 주님의 말씀을 듣고 아브라함은 하란을 떠난다(창세 12,4). 메소포타미아 북쪽에 있는 이 성읍 하란은 다른 곳에서 아람 나하라임(두 강 사이, 곧 메소포타미아: 창세 24,10; 신명 23,5; 시편 60,2)과 파딴 아람(창세 25,20; 28,2.5-7)으로 불린다. 두 이름 다 '아람'을 포함하는데, 이로써 아브라함과 그의 씨족이 아람족과 동질감을 느끼면서 가까이 지냈을 것으로 추정할 수 있다. 실제로 이스라엘인들이 맏물을 봉헌하기 전에 주님의 제단 앞에서 고백하도록 명한 신명 26,5의 내용은 이 추측을 더욱 뒷받침해 준다. "저희 조상은 떠돌아다니는 아람인이었습니다. 그는 몇 안 되는 사람들과 이집트로 내려가 이방인으로 살다가, 거기에서 크고 강하고 수가 많은 민족이 되었습니다." 그러나 창세 12; 24장에서 말하는 '고향'은 아브라함의 출생지라기보다 그의 친족이 머물던 곳을 의미할 수 있다. 우리 풍습에서도 고향은 곧잘 자기의 출생지보다 친척들이 많이 모여 사는 곳을 뜻한다. 이곳 하란에 사는 셈족들은 달 신 '신'을 섬겼다.

둘째, 같은 창세기 저자가 다른 곳에서는 우르를 아브라함의 고향으로 소개한다(창세 11,28.31). 이 전승에 따르면 하란은 아브라함이 우르에서 가나안으로 가는 도중에 머무른 임시 정착지일 뿐이다. 1930년대에 메소포타미아 남쪽의 옛 도시 우르의 유적지가 대대적으로 탐사되기 전까지 이 우르는 하란에서 북서쪽으로 30킬로미터 정도 떨어진 시리아의 우르파 또는 히타이트족 영토의 우라로 여겼었다. 그러나 고고학과 고문서학의 공헌으로 우르라는 이름의 도시들이 아나톨리아의 여러 곳에 있었음을 알게 되었다. 게다가 우르에 덧붙여진 칼데아(창세 11,31; 15,7)는 메소포타미아 남쪽의 바빌론을 가리킬 뿐, 메소포타미아 북쪽과 같은 곳으로 보는 예가 없었다.

우르가 메소포타미아 남쪽의 옛 도시 우르와 같다면, 아브라함의 믿음과 관련하여 시사하는 바가 크다. 옛부터 우르가 속한 수메르 지역에는 찬란한 수메르 문화가 꽃을 피웠다. 이 지역은 세계에서 최초로 문자를 만들어 사용하였고, 창세 1—11장의 이야기에 영감을 불어넣은 것으로 보이는 '길가메쉬 서사시'도 이곳에서 나왔다. 또 이곳의 유적지에서 바벨탑 이야기의 배경이 된 거대한 신전, 지구라트가 발견되었다. 이 지역에서는 셈족의 달 신인 신에 해당하는 난나르를 섬겼다. 이스라엘인들은 아브라함을 혈통상 자신들의 선조로 내세우는 것은 물론, 믿음 면에서도 그를 참다운 조상으로 고백한다. 그가 하느님의 명령을 받들어 그 당시 종교와 문화의 중심지인 대도시 우르를 미련 없이 떠나 떠돌이 유목민의 신세를 기꺼이 택하였기 때문이다.

라. **성조들의 이름**

창세기 저자가 전하는 성조의 역사는 가나안을 향한 아브라함의 순례에서 시작하여 요셉과 그의 형제들이 이집트에 진출하는 이야기로 끝난다. 고대 근동 문헌에도 성조의 이름과 풍습이 비슷한 반유목민 족장들의 이야기가 나온다. 이들은 기원전 2000년대 전반기에 비옥한 초승달을 주름잡던 인물들이었다. 성조들의 이름은 주로 그 시대에 메소포타미아와 팔레스티나 지역에 널리 퍼져 살던 아무르족의 인명과 일치한다. 예를 들면 야곱은 메소포타미아의 샤가르 바자르에서 발견된 기원전 18세기의 문서, 힉소스족이 남긴 문헌(족장의 이름으로 등장), 마리에서 발견된 토판 문서 등에 나타난다. 아브람이라는 이름은 바빌론 제1왕조(1850-1530년경)의 문헌과 마리 문서에 나온다. 또 야곱의 아들 가운데 벤야민은 마리 문서에서 어느 큰 부족의 이름으로 등장한다. 그 밖에 즈불룬, 단, 레위, 이스마엘 등의 이름들도 마리 문서에 나온다. 따라서 고대 근동의 문헌들은 이 이름들이 셈어에 흔하게 등장한다는 사실에 비추어 이스라엘의 조상들이 셈족의 일원이었음을 보여준다.

성조들의 이름뿐만 아니라 창세기의 성조설화의 여러 사건들도 고대 근동 문헌에 잘 반영되어 있다. 누지 문서는 기원전 15세기 동부 티그리스 강 유역에 가장 널리 분포되어 살던 후르족의 혼인 계약, 법률전승, 생활습관 등을 비교적 상세하게 보고하는데, 성조들의 관습과 유사점이 많다. 예를 들어 사라가 임신을 못하자 몸종 하가르를 아브라함의 첩으로 들어앉힌 이야기(창세 16,1-4)는 부부 사이에 아이가 없으면 아내가 남편에게 자기를 대신할 첩을 얻어 주도록 규정한 누지 문서의 혼인계약과 일치한다.

그러나 이런 산발적인 문헌 고증들에 의지하여 창세 12—50장의 내용을 역사적 문헌으로 착각해서는 안 된다. 아브라함, 이사악, 야곱, 그리고 그의 열두 아들로 이어지는 성조 이야기는 무엇보다 모험담과 전설의 성격을 띤다. 이 이야기를 쓴 목적은 정확한 역사적 기록을 남기려는 것이 아니라, 민족의 기원을 밝히고 후손들에게 민족적 단결과 정기를 굳게 지켜나가도록 하기 위해서였다. 동시에 성조설화는 이스라엘과 이민족들 사이의 관계를 설명한다. 아람족 곧 시리아는 아브라함의 동생 나호르의 손자가 그 원조다(창세 22,20-24). 미디안족은 아브라함의 다른 아내 크투라가 낳은 자식에게서 유래한다(창세 25,1-4). 열두 부족으로 갈라진 이스마엘인들은 아브라함이 사라의 몸종 하가르에게서 얻은 이스마엘의 자손들인데(창세 25,12-16), 오늘날 이스라엘인들은 이들을 아랍인들로 간주한다. 이런 식의 설명은 물론 타민족의 입장에서 볼 때 다분히 인위적이요 자기본위적이다.

성조설화의 메시지는 분명하다. 성조들은, 이스라엘 민족을 탄생시키시려고 자신들을 선택하고 방문하시어 복된 계약을 맺으신 하느님께 충실한 삶으로 응답하였다. 성조 아브라함은 안정적 삶을 포기하고 주님께서 가라고 명하신 순례의 길에 나섰으며 외아들을 번제물로 바치라는 그분의 명령에도 주저함 없이 따르는 믿음을 보였다. 야곱은 형 에사우에게서 장자권과 축복을 가로채고 그의 분노를 사서 가나안을 떠나 방랑의 길에 들어섰지만, 하느님을 충실히 섬기며 자기에게 닥친 역경을 슬기롭고 용감하게 헤쳐 나갔다. 요셉은 형들에게서 질시와 미움을 받고 이집트로 팔려가는 신세가 되었으나, 늘 하느님을 경외하고 의롭게 살려고 노력한 결과 이집트의 재상이 되어, 팔레스티나에서 기근으로 생명을 위협받는 아버지 야곱과 다른 형제들을 구출해 냈다.

성조 이야기의 일관된 주제는 하느님께서 순례의 길로 이스라엘의 선조들을 친절하게 이끄셨다는 것이다. 선조들은 인간적인 약점과 잘못 때문에 자칫 안주나 방황에 떨어질 수 있었으나, 그들이 하느님께 대한 믿음을 저버리지 않고 의롭고 용기 있게 처신하는 한, 그들에게 복을 내려 주시고 당신과 올바른 관계를 맺게 해 주셨다. 이리하여 성조 이야기는 그 세부 사항들의 역사적 사실 여부와 관계 없이 이스라엘의 기원을 밝힌다는 본디 의도를 뛰어넘어 온 인류에게 하느님을 향한 순례 여정의 기본 방향을 제시하면서 구세사의 초석으로 자리 잡게 되었다.

II. 이스라엘 민족의 형성과 가나안 정착

1. 이집트 탈출
2. 광야 시절
3. 가나안 정착
4. 판관 시대

》

한 부족 집단이 민족으로 발돋움하기 위해서는 두 가지 요소가 필요하다. 첫째, 역사적으로 중대한 사건을 함께 체험하고 주체 의식을 지녀야 한다. 둘째, 그들이 모여 살 수 있는 땅을 소유해야 한다. 이스라엘 민족도 예외가 아니다. 그들은 이집트 노예살이와 해방을 함께 체험하면서 신앙 공동체로서의 주체 의식을 품게 되었고, 가나안에 정착함으로써 한데 모여 살 수 있는 땅을 마련하였다.

1. 이집트 탈출

이집트 탈출은 이스라엘 민족의 종교사에서 가장 깊은 흔적을 남긴 체험이다. 그래서 많은 성경학자들은 이스라엘의 역사가 성조 시대가 아니라 이집트 탈출에서 시작되었다고 본다.

가. **하비루인들**

성경은 이집트 탈출이 이집트의 북부 고센 지방에서 종살이하며 파라오의 건설작업에 동원된 한 무리에게 일어난 사건으로 전한다. 1887년 상 이집트에서 발굴된 아마르나 문서(기원전 14세기에 쓰인 것으로 추정됨)에서는 고대의 시리아-팔레스티나와 그 인근 지방에서 평화를 위협하던 자들을 하비루 또는 하피루라고 불렀다. 또 마리(기원전 18세기)와 알랄라크(기원전 17세기와 15세기)에서 출토된 문서들은 하비루인들이 상부 메소포타미아에 살고 있었음을 증언한다. 이처럼 상부 메소포타미아에서 시리아-팔레스티나를 거쳐 이집트에 이르기까지 기원전 2천년기에 고대 근동 곳곳에 흩어져 살던 하비루인들은 안정된 사회에 뿌리를 내리지 못하고 떠돌던 하층민들로 볼 수 있다. 범법자들, 용병들, 노예들, 반란자들이 이 부류에 속하였다. 학자들은 이들과 같은 자음으로 표기되는 성경의 히브리인들 사이에 어떤 연관성이 있을 것으로 추정한다.

그러면 멀리는 기원전 20세기 무렵부터 가까이는 11세기 무렵까지 메소포타미아, 시리아, 팔레스티나, 이집트 전역에 흩어져 살던 하비루인들을 이스라엘의 선조로 볼 수 있을까? 성경에서는 히브리라는 말을 두 가지 의미로 사용한다. 이스라엘 민족을 가리키기도 하고 소외 집단이나 천민들을 가리키기도 한다. 첫째 의미로는 하비루인들과 이스라엘 선조들을 같게 볼 수 없다. 하비루인들이 모두 다 이스라엘의 선조들은 아니기 때문이다. 그러나 둘째 의미로는 서로 연결이 된다. 하비루인들이 어떤 한 종족이 아니라 종족과 언어를 달리하는 잡다한 사람들로 이루어진 사회의 소외 계층을 일컫는 말이라면, 이집트 북부 고센 지방에서 살던 히브리인들(탈출 1—5장)도 이런 소외 계층에 속하였다고 할 수 있다. 공민권이 없는 이 소외 계층은 용병으로 고용되어 비정규군으로 전쟁에 가담하기도 하였고(아마르나 문서), 지체 높은 사람들의 피보호민으로 몸 붙여 살거나 노예로 팔려가기도 하였다(누지 문서). 한편 하비루인들 가운데 능력이 있는 자들은 높은 지위에 오르기도 하였다(기원전 12-11세기 바빌론 문헌). 창세 37장 이하에 나오는 요셉의 이야기도 이런 배경에서 나왔음 직하다.

나. **이집트 탈출 연대**

현재 전하는 문헌으로는 이집트 탈출 사건을 정확하게 재구성할 수 없다. 사건 자체에 대한 직접적 언급이 전혀 없기 때문이다. 그러나 성경이 제공하는 연대기적 기록과 고대 문헌들에서 끌어 낸 약간의 암시적 정보를 면밀하게 비교·연구한 결과 몇 가지 중대한 역사적 질문들에 답변할 수 있게 되었다.

언제 이 사건이 일어났는가? 1열왕 6,1은 이집트 탈출부터 솔로몬 치세 제4년(968년)까지를 480년이라고 명백히 밝히고 있다. 이 기록대로라면 이집트 탈출이 기원전 1448년에 일어나야 한다. 그러나 이 추정은 이집트 역사에 관한 고문헌과 고고학 증거자료들과 상충하기에 오늘날 성경학계에서는 거의 받아들이지 않는다. 아마도 480년은, 거룩하고 완전한 숫자인 40을 한 세대로 보고 여기에 열두 세대를 뜻하는 다른 완전한 숫자 12를 곱하여 인위적으로 만들어 낸 숫자일 가능성이 높다. 성경의 연대 측정과 달리, 라메세스 2세(1304-1238년)의 치적을 기록한 이집트 문헌에 따르면 하비루인들이 도시의 요새들을 건설하기 위해 벽돌 나르는 일에 강제로 징집되었다고 한다. 이 기록은 히브리인들이 이집트에서 파라오의 식량을 저장하는 성읍 피톰과 라메세스를 짓는 데 동원되었다는 성경의 증언(탈출 1,8-14; 5,6-19)과 비슷하게 맞아떨어진다. 피톰과 라메세스는 이집트 제19-20왕조의 파라오들이 히타이트족과 가나안의 침략을 방어하기 위해 하이집트에 세운 도성들로서 고센 지방에 있었다. 창세기 저자는 야곱과 그의 아들들이 파라오의 배려로 이집트의 가장 좋은 땅 라메세스 지방을 차지하였다고 전한다(창세 47,11). 전에는 라메세스를 타니스나 부바스티스와 같은 곳으로 여겼으나 최근 연구 자료에 따라 제19-20왕조 때 주 거주지인 피라메세스로 본다. 피라메세스는 델타 북동쪽에 있는 콴티르에 세워졌다.

한편 라메세스 2세의 다음 통치자인 메렌프타(Merenptah, 1238-1209년)가 세운 승전비를 보면 그가 무찌른 민족들 가운데 이스라엘도 포함되어 있다. 그런 까닭에 이 승전비를 '이스라엘 석비'라고도 부른다. 이 석비는 상 이집트 룩소르 유적지에 건설된 도시 테베(노 아몬이라고도 함) 서쪽에서 1896년 발견되었으며, 이스라엘을 언급한 최초의 문헌이다. 이스라엘 석비의 내용을 그림으로 묘사한 것으로 보이는 부조가 테베의 카르낙 신전에서 발견되었는데, 한때는 이 부조를 라메세스 2세의 업적을 그린 것으로 여겼으나 최근에는 메렌프타 승전비와 연결된 것으로 본다. 메렌프타 승전비는 높이가 3.18미터이고 28줄이 쓰여 있으며, 그 내용은 대부분 메렌프타의 승리에 관한 찬양이다. 이스라엘의 이름이 나오는 마지막 부분을 인용하면 아래와 같다(ANET 378).

> 제후들은 땅에 엎드려 '자비를 베푸소서!' 하고 말하고
> 머리를 조아린 아홉 가운데 아무도 머리를 들지 못한다.
> 테헤누(리비아)가 폐허가 되고 하티가 평정되며
> 온갖 악을 저지른 가나안이 약탈당하였다.
> 아스클론이 포로로 잡혀 가고 게제르가 포위되었으며
> 야노암이 존재하지 않은 듯이 되어 버렸다.
> 이스라엘이 황폐해지고 그의 씨앗이 사라지며
> 후루(시리아)가 이집트 때문에 과부가 되었다.
> 온 땅 전체가 평정되고
> 소란을 일으키던 자들이 모두 묶였다.

학자들은 이 승전비를 메렌프타 치세 제5년, 곧 기원전 1234년경에 세워진 것으로 본다. 따라서 이스라엘의 이집트 탈출은 이보다 더 앞서야 할 것이다. 이상의

메렌프타 승전비(이스라엘 석비)

성경과 고문헌 사료를 바탕으로 이집트 탈출 연대를 라메세스 2세의 통치 때인 기원전 13세기 초로 추정할 수 있다.

다. **탈출자**

얼마나 많은 사람들이 이집트를 빠져 나왔겠는가? 탈출 12,37을 보면 장정만 60만 명이 이집트에서 탈출한 것으로 되어 있다. 여기에 어린이, 여자, 십대, 노인 등 딸린 식구들까지 합하면 200만 명도 더 되었을 것이다. 이 같은 숫자는 후대의 이스라엘 인구수를 보아서도 불가능하고, 파라오에게서 히브리 여인의 사내아이를 모두 죽이도록 명령을 받은 산파들이 단지 둘 뿐이라는 기록(탈출 1,15)과도 모순된다. 학자들은 그 당시 이집트 전체의 인구가 약 280만 명 정도였을 것으로 추정한다. 더구나 현실적으로 시나이 광야는 그 십분의 일(가축 수까지 합하여)을 먹여 살릴 만한 초원과 물도 제공할 수 없었을 것이다. 오늘날 시나이 반도에서 살고 있는 베두인족들을 보더라도 모두 합해 봐야 4만 명을 넘지 못하고, 19세기에는 5천 명도 안 되었다.

따라서 소수의 단체가 이집트를 탈출한 것으로 추측되는데, 기껏해야 일이천 명 정도의 노예집단이었을 것이다.

라. **탈출 경로**

실제로 어떤 길을 통해서 이집트를 탈출하였는가? 아홉 가지 재앙 설화에서 모세가 파라오에게 사흘 길의 광야에 나가 야훼께 제사를 지내게 해달라고 청했을 때(탈출 5,3; 7,16.26 등), 파라오는 고센 땅(8,21)이나 가까운 이집트 변방(8,24)에서는 제사를 드려도 좋다고 허락한다. 그러나 모세는 파라오의 제안을 거절한다. 그는 야훼께 대한 제사를 구실로 이스라엘 백성과 더불어 파라오 밑에서의 종살이를 청산하고 자유를 쟁취하고 싶었던 것이다. 그러기 위해서는 파라오의 권력에서 벗어날 수 있는 시나이 광야로 나가야 했다.

시나이 광야로 나가는 가장 가까운 탈출로는 북쪽 길(라메세스에서 오늘날의 엘 콴타라 근처를 지나 가자로 가는 길), 곧 "필리스티아인들의 땅을 지나는 길"이었다(탈출 13,17). 그러나 하느님께서는 이 길로 이스라엘 백성을 인도하지 않으셨다. 그곳 국경 수비대와 맞닥뜨려 전투라도 벌어지는 날이면 그들이 마음을 바꾸어 이집트로 되돌아갈지도 모른다고 생각하셨기 때문이다. 실제로 기원전 13세기에, 지중해변을 따라 팔레스티나로 뻗은 이 길에는 아시아인들이 들어오는 것을 막기 위하여 이집트 요새들이 설치되어 있었다.

하느님은 이 노예 집단의 지도자로서 앞장서시며 시나이 광야로 가는 험난한 여정을 친히 인도하셨다. 그들은 수르 광야의 관문인 수콧을 떠나 에탐에 진을 쳤다. "주님께서는 그들이 밤낮으로 행진할 수 있도록 그들 앞에 서서 가시며, 낮에는 구름 기둥 속에서 길을 인도하시고, 밤에는 불기둥 속에서 그들을 비추어 주셨다. 낮에는 구름 기둥이, 밤에는 불기둥이 백성 앞을 떠나지 않았다"(탈출 13,21-22). 여기서 불기둥과 구름 기둥은 사막의 더운 바람(시로코) 때문에 자주 일어난 모래 구름, 천둥과 번개 같은 기상현상을 말하는지도 모르겠다.

하느님의 뜻에 따라 북쪽 길을 버리고 남쪽 길을 택한 모세와 이스라엘 백성은 갈대 바다에 이르렀다. 갈대 바다의 위치를 두고 여러 가지 의견이 있다. 우선 칠십인역에 따라 전통적으로 홍해가 제시되었다. 홍해는 시나이 반도 동쪽 바다인 아카바 만(참조: 1열왕 9,26; 예레 49,21)을 가리킬 수도 있지만, 일반적으로는 서쪽 바다인 수에즈 만을 가리킨다. 탈출 14,21에서는 거센 샛바람이 바다를 밀어붙여 이스라엘인들이 마른 땅을 걸어가도록 했다고 하고, 22절에서는 더 극적으로 물이 양쪽으로 갈라지면서 벽을 만들어 이스라엘 사람들의 바다 횡단을 도왔다고 한다. 그러나 학자들은 이스라엘 백성이 이처럼 갈라진 홍해를 마른 발로 건넜다는 기록을 역사적 사실로 받아들이지 않는다. 슬기로운 지도자인 모세가 백성을 드넓은 바다로 이끌지는 않았을 것이다.

오늘날 대부분의 성경학자들은 갈대 바다로 옮긴 히브리 원전의 얌 수프(탈출 10,19; 15,4)를 홍해로 보는 것은 잘못이라는 데에 동의한다. 왜냐하면 홍해에는 담수 지역의 식물인 갈대가 자라지 않기 때문이다. 그래서 지중해로 흘러드는 나일 강 하류 삼각주에 있는 타니스의 북쪽 멘잘레 호나 북동쪽 시르보니스 호, 아니면 좀 더 남쪽의 팀샤 호나 '쓴물 호수'(참조: 탈출 15,22-25)를 이집트 탈출의 무대로 미루어 짐작한다. 이들 지역에는 갈대가 자라고, 홍수로 자주 범람하지만 평상시에는 마른 발로 건널 수 있는 얕은 늪지대가 넓게 퍼져 있었다. 그런데 위에서 언급한 대로 하느님께서는 북쪽 길을 원하지 않으셨기 때문에 남쪽 길, 팀샤 호나 '쓴물 호수'로 난 길이 더 유력하다 하겠다.

모세가 이런 늪지대를 탈출로로 택한 것은 전략적 이유에서일 것이다. 도망가는 이스라엘 백성은 행장이 가벼운 반면, 그들을 뒤쫓는 이집트 군사들은 무거운 병거로 무장한 탓에 늪지대를 통과하기 어려웠을 것이다. 또 갈대 바다가 갈라졌다는 성경의 기록을 자연 현상으로 설명할 수도 있다. 이런 늪지대에 동쪽에서 사막의 더운 바람이 불어닥치면 일시적으로 물이 마르거나 갈라질 수도 있을 것이다. 하느님께서 자연 현상을 거슬러서 기적을 행하시기보다 그것을 이용하여 하시는 것이 더 자연스러울 것이다. 그러나 이집트 탈출에 관한 이 같은 설명은 어디까지나 추정일 뿐이지 성경 외에는 이를 증명할 만한 역사적 또는 고고학적 증거는 없다. 또 그런 일이 실제로 일어났다 할지라도 자존심이 강한 이집트의 파라오들이 자신들의 실패담을 굳이 기록해 놓거나, 한 무리의 노예 집단의 탈출에 큰 의미를 부여하고 관심을 기울여 문헌으로 남겨 놓았을 리도 없다.

이상 세 가지 물음에 대한 답변은 적어도 이집트 탈출이 고대 근동의 역사에 분명히 자리 잡고 있음을 증언한다. 그러나 탈출기 저자의 역사적 관심은 세부 사항에 이르기까지 사실fact을 충실히 묘사하고 전달하려는 데에 그 목적이 있지 않다. 저자의 관심은 단지 하느님께서 역사 안에서 활동하신다는 진실truth을 보여 주려는 데에 있다. 곧 이스라엘의 억압과 해방이 역사 안에서 일어났고, 하느님께서 모세를 통하여 실제 역사 안에서 이스라엘 백성과 계약을 맺으셨으며, 이 계약이 역사 안에서 성취되었다는 것이다. 이 같은 진실이 올바로 전달되는 한, 얼마나 많은 사람이 언제 어디를 거쳐서 이집트를 빠져 나갔느냐 하는 문제는 그리 중요하지 않다. 때로는 역사적 진실을 부각시키기 위하여 사실을 과장하거나 각색할 수도 있다. 이 점에서 고대인들의 역사 개념이 우리와 다르다는 앞에서 한 지적을 다시 기억해야 한다.

2. 광야 시절

이집트를 탈출한 히브리인들은 시나이 광야를 떠돌며 가나안에 들어가기까지 40여 년 동안 방랑 생활을 하였다. 이 기간 중에 가장 중요한 사건이 시나이 산에서 일어난다. 그것은 주 하느님께서 이스라엘 백성과 계약을 맺으시고 계약의 조항으로 그들에게 생명의 법을 하사하신 사건이다. 이로써 이집트에서 탈출한 오합지졸의 무리가 강력한 신앙 공동체로 발돋움하게 될 발판이 마련되었다. 히브리인들이 시나이 산에서 머문 기간은 한 해 동안이었지만 탈출기 후반부(19—40장)와 레위기 전체(1—27장), 그리고 민수 1—10장은 이곳에서 무슨 일이 있었는지를 다룬다. 무려 59장이나 되는 이 부분은 주로 율법의 제정 과정과 그 내용을 언급한다. 먼저 율법의 근간이 되는 '열 말씀' 또는 십계명(탈출 20장)을 다루고, 이어 십계명을 일상의 삶에 연결한 '계약의 책' 또는 '계약 법전'(탈출 20,22—23,33)을 소개한다. 그다음 성막과 성막에서 봉직하는 사제들에 관한 규정들(탈출 25—31; 35—40장)과 제사, 축제일, 예배에 관한 규정을 다룬다(레위 1—27장). 민수 1—10장도 성막과 계약 궤를 포함하여 성소에 관한 규정과 성소에서 봉직하는 레위인들과 사제들에 관한 규정을 소개한다. 말하자면 광야 시절의 대부분은 이스라엘 백성이 한 해 남짓 체류하며 겪은 시나이 산에서의 하느님 체험에 집중되어 있다고 하겠다. 그만큼 시나이 계약과 그 계약의 중심 요소로 자리 잡은 율법은 이스라엘 역사에서 큰 비중을 차지하는 셈이다.

가. **광야 또는 사막의 상반된 두 개념**

보통 사막과 관련하여 연상되는 것은 더운 바람과 모래, 신기루와 오아시스 등이다. 그러나 성경에 나오는 사막은 메마른 토양인데도 가축을 먹일 수 있는 물과 목초지가 어느 정도 있는 곳이다. 이런 지역은 사막보다는 광야라 부르는 것이 옳다.

고대 근동에서 광야는 결코 긍정적 의미를 지닌 땅이 아니라, 죽음과 저주의 땅이었다. 그곳에는 맹수와 독사가 돌아다니고 악신들이나 싸움에서 패배한 신들이 쫓겨나 살았다. 성경에서도 광야는 '젖과 꿀이 흐르는 땅'의 반대 개념으로 드러난다. 그러나 이스라엘의 시나이 광야 체험으로 죽음과 저주의 땅은 긍정적 의미를 지니게 되었다. 이스라엘 백성은 시나이 광야에서 하느님의 자비와 사랑을 한껏 체험하였다. 그들이 그곳에서 온갖 불평과 배신으로 그분의 계약을 자주 저버렸으나, 광야는 이스라엘 역사 전체를 놓고 볼 때 그래도 믿음의 순수성을 간직한 곳이다.

나. **시나이 산**

시나이 산은 모세가 이스라엘 백성을 대표하여 율법의 바탕인 십계명을 받은 곳이다. 이 산을 호렙 산이라고도 부르고 '하느님의 산' 또는 그저 '산'이라고도 불렀다. 그런데 이 산의 위치가 맹랑하다. 세 가지 설이 있다.

첫째는 전통적으로 믿고 있는, 시나이 반도 남쪽 끝에 위치한 해발 2500미터의 시나이 반도 최고봉 예벨 무사를 가리킨다. 기원후 6세기 중엽

유스티누스회 수사들이 이 산기슭에 수도원과 성 카타리나 대성당을 세우고 수도 생활을 시작하였는데, 이 수도원은 가장 오래되고 질 좋은 그리스어 성경(신약성경과 칠십인역 구약성경)의 수사본으로 알려진 시나이 사본을 보관하고 있는 것으로도 유명하다. 적어도 기원후 4세기부터 사람들이 이곳을 시나이 산으로 믿은 것 같다.

둘째, 아라비아 북서쪽 또는 아카바 만 동쪽의 미디안 땅에 시나이 산의 위치를 선정한 학자들도 있다. 성경은 시나이 산을 화산처럼 묘사하기 때문이다. 탈출 19,18에서 이 산은 불과 연기로 뒤덮이고 산 전체가 지진으로 뒤흔들렸다고 되어 있다. 아라비아 반도 북서쪽 미디안 땅에 화산이 있었고 이는 불타는 떨기나무 이야기(탈출 3,1)로 입증된다는 것이다. 그러나 성경에는 화산의 결정적 요소인 용암이 흘러내렸다는 묘사가 없다.

마지막으로 신명 33,2; 판관 5,4-5의 서술을 바탕으로 시나이 산의 위치를 브에르 세바 남쪽 에돔 땅으로 보는 학자들도 있다. 그러나 위의 두 성경 대목이 시나이 산을 명백하게 에돔 땅에 있는 것으로 묘사한다고 보기가 어렵다.

어떤 학자들은 이상 소개된 세 산들 가운데 어느 것을 진짜 시나이 산으로 볼 것인지 판단을 유보하며, 광야를 횡단한 무리가 하나가 아니라 여럿이었고 나중에 이들이 저마다 다른 전통을 가지고 가나안 땅에 들어왔을 것이라고 추정하기도 한다. 이 경우 후대에 서로 다른 전승들을 수렴하는 과정에서 복합적인 시나이 산의 모습이 나오게 된 것으로 생각할 수 있다. 그러나 성경에서 소개하는 이스라엘의 광야 여정을 보면, 시나이 산의 위치는 시나이 반도와 떼려야 뗄 수 없다. 따라서 전통적으로 믿어온 예벨 무사를 시나이 산으로 받아들인다.

다. 광야 생활

시나이 광야의 생활은 이스라엘의 종교사와 정신 문화에 깊은 흔적을 남겼다. 40여 년의 광야 생활은 하느님과 이스라엘 사이의 신혼여행과 같다. 광야에서는 모래와 더운 바람과 뜨거운 햇볕만 있을 뿐, 이스라엘의 주의를 하느님에게서 돌리게 할 만한 분심거리가 없었다. 불안과 고생의 연속인 이 생활에서 그들이 의지할 데라고는 하느님뿐이었고, 하느님 편에서도 그들을 기꺼이 도와주시기로 작정하셨다. 물이 없어 쩔쩔매는 그들에게 샘물을 주시고, 배고프다고 아우성치는 그들을 만나로 먹이셨으며, 광야에서의 자유보다는 이집트 종살이에서의 고기 냄비를 더 그리워하는 백성을 달래시기 위하여 메추라기 떼를 보내셨다.

학자들은 만나와 메추라기에 대하여 그 지역의 자연을 바탕으로 설명하기도 한다. 만나(탈출 16,14.31)는 광야에서 자라는 식물의 즙을 빨아먹고 사는 곤충의 분비물이었다는 것이다. 이 달콤하고 끈적끈적한 분비물은 곤충의 몸에서 빠져 나오자마자 광야의 더운 공기 때문에 수분이 증발하면서 굳어진다. 이것을 개미들이 물어다 한 곳에 쌓아 놓으면 사람들이 아침 일찍 일어나 그것을 거두어 모아서 음식의 재료로 삼는다. 지금도 아랍인들은 식물의 즙을 먹고 사는 이런 곤충을 '만'이라 부르고 이 곤충의 분비물을 '만 에씨마'(하늘에서 내려온 만나)라고 부른다. 메추라기(탈출 16,13; 민수 11,31-34)는 봄에 홍해에서 시나이 반도로 떼지어 날아오는 철새 종류로서 바다를 가로질러 이 지역에 이르렀을 때는 힘이 빠져 비슬비슬 주저앉는다. 이것들을 이스라엘 사람들이 손쉽게 잡아서 요리해 먹을 수 있었을 것이다. 이 같은 설명은 하느님께서 자연의 질서를 존중하시며 기적을 행하신다는 사실을 증언하려는 시도로 볼 수 있다. 고대의 이스라엘인들이 보기에 자연은 어차피 만물을 창조하시고 섭리하시는 하느님의 손 안에 있고 그분께 순종하도록 되어 있었다. 중요한 사실은 하느님께서 광야에서 굶주린 이스라엘 백성에게 먹을 것을 직접 마련해 주셨다는 것이다.

라. **계약과 율법**

광야 생활의 정점은 주님께서 시나이 산에서 당신 백성과 계약을 맺으시고 그들에게 생명의 법을 주신 사건이다. 이것은 이스라엘이 자자손손 끊임없이 반복하여 노래로 부를 수 있도록 마련한 찬가에 잘 나와 있다. "너희는 내가 이집트인들에게 무엇을 하고 어떻게 너희를 독수리 날개에 태워 나에게 데려왔는지 보았다. 이제 너희가 내 말을 듣고 내 계약을 지키면, 너희는 모든 민족들 가운데에서 나의 소유가 될 것이다. 온 세상이 나의 것이다. 그리고 너희는 나에게 사제들의 나라가 되고 거룩한 민족이 될 것이다"(탈출 19,4-6).

주 하느님께서 독수리가 자기 새끼를 낚아채 오듯 당신 백성을 어떤 반대와 역경도 무릅쓰고 친히 시나이 산까지 인도하신 것은, 그들과 계약을 맺어 뭇 민족 가운데서 그들을 당신 백성으로 삼으시기 위해서다. 이 계약 안에는 이스라엘 백성이 지켜야 할 법과 규정이 포함되어 있다. 하느님의 백성과 이방인들의 차이는 무엇보다 전자가 하느님으로부터 '생명의 법'을 직접 하사받았다는 사실이다. 그리하여 이스라엘이 타민족의 침입과 내부의 부패로 위기를 맞을 때마다 예언자들은 생명의 법 정신으로 돌아가도록 촉구한다.

히브리어로 율법은 '토라'תּוֹרָה, 곧 '가르침'이다. 토라는 또 모세오경을 가리키는 명칭도 된다. 율법 전체가 모세오경 안에 담겨 있기 때문이다. 율법을 가르침이라고 하는데, 무엇에 대한 가르침인가? 그것은 하느님께로 나아가는 길, 하느님의 마음에 꼭 드는 인간이 되는 길에 대한 가르침이다. 이 법은 사람을 구속하기 위한 올가미가 아니라 자유롭게 풀어주는 구실을 한다. 그래서 이스라엘 사람들은 율법을 자신들이 하느님을 향하여 나아가야 할 길道로 보고 기쁘게 이 길을 걷고자 하였다. 율법의 바탕인 십계명의 문장이 직설법 미완료형(미래 시제)으로 된 명령문임을 알아둘 필요가 있다. 하느님의 길을 따르다 보면 결국 그분의 이름을 존중하고 안식일을 지키며, 부모에게 효도하고 사람을 죽이지 못하며, 거짓말과 도둑질, 간음도 하지 않으며 남의 아내나 소유물을 탐내지 못하게 될 것이라는 뜻이다.

야훼의 법은 신약성경에서 예수님이 걸어가신 길이기도 하다. 야훼의 법을 지킨다는 말은, 곧 예수님이 걸어가신 발자취를 따름으로써 그분을 본받는다는 뜻이다. 그분은 아버지께 가는 길을 한 치의 오차도 없이 정확하게 걸어가셨고, 우리에게도 그 길을 따라 걷도록 요구하신다. 이 길은 세상 마칠 때까지 교회가 걸어갈 순례의 길이기도 하다. 거룩한 어머니인 교회는 주님이 모든 것을 완성하러 오실 때까지 자녀들과 함께 생명의 법에 힘입어 하느님을 향한 순례의 길을 성실하게 걸을 것이다.

율법과 계약은 성경의 중심 주제 가운데 하나로서 첫째 마당에서 따로 자세히 다루었으니 참조하기 바란다.

3. 가나안 정착

기원전 13-12세기는 이집트 탈출, 시나이 광야에서의 방랑 생활, 가나안 정착 등 이스라엘의 기원이 된 중요한 시기다. 이 시기에 고대 근동의 두 큰 세력, 곧 이집트와 메소포타미아가 처한 상황을 살펴보면, 이스라엘처럼 작은 민족이 어떻게 이처럼 큰 사건들을 일으킬 수 있었는지 이해하게 된다. 당시에 메소포타미아는 사분오열되어 패권국이 없었다. 이집트도 카데스 전투(1275-1258년경)에서 북쪽에서 밀고 내려온 히타이트족의 공격을 힘겹게 막아 낸 다음 또다시 크레타와 그리스와 소아시아 서쪽 해안 등지에서 배를 타고 쳐들어온 해양민족들의 공격에 시달리고 있었다. 이런 힘의 공백을 틈타 팔레스티나의 도시 국가들은 한편으로 자기네들끼리 세력 다툼을 벌였고, 다른 한편으로 하피루인들이 일으키는 소요에 끊임없이 휩싸였다. 이 시기에 팔레스티나 소왕국의 제후들이 이집트의 파라오에게 써 보낸 아마르나 문서들은 이 같은 상황을 잘 묘사한다.

이스라엘은 시리아-팔레스티나 지역에 발생한 힘의 공백 상태를 절묘하게 이용했다. 그런데 이스라엘의 가나안 정착은 한 번의 무력 정복으로 이루어진 것일까 아니면 점진적인 진입으로 이루어진 것일까? 여호수아기는 가나안 땅이 야훼의 도움을 받아 순식간에 정복되었고, 그 뒤에 열두 부족에게 나누어졌다고 전한다. 반면에 판관 1장은 여러 무리가 오랜 세월 동안 가나안 땅에 조금씩 진입해 들어간 것으로 제시한다. 과연 실제 역사에서는 무슨 일이 일어났는가? 이 질문에 대답하기 전에, 먼저 같은 계열인 두 책의 저자가 한 사건을 두고 왜 이처럼 서로 다르게 설명하였는지 살펴보자.

가. 신명기계 역사와 역대기계 역사

구약성경은 이스라엘 민족의 태동에서 바빌론 유배까지의 사건들을 다루면서 두 가지 서로 다른 역사적 관점을 드러낸다. 하나는 하느님께서 모세를 통하여 이스라엘 백성과 맺으신 시나이 계약을 중요시하는 관점이다. 이 관점은 모세오경의 마지막 책인 신명기의 신학 사조를 반영하는 것이므로, 성경학자들은 이를 신명기계 역사(Deuteronomic History 또는 DH)라고 부른다. 신명기계 역사는 히브리어 성경에서 여호수아기, 판관기, 사무엘기 상·하권, 열왕기 상·하권에 반영되어 있고, 예레미야서를 비롯한 일부 예언서에서도 찾아볼 수 있다. 신명기계 역사는 이스라엘 최초의 역사라 할 수 있다. 신명기계 역사서의 저자들은 오랜 구두 전승과 더불어 유다나 이스라엘의 왕조실록 등, 다른 책들과 문헌들을 참조하였다. 예를 들면 '야사르의 책'(여호 10,13; 2사무 1,18)이나 '왕위 계승 설화'(2사무 9—20장; 1열왕 1—2장) 같은 문헌들이다. 그런데 옛 사료들은 같은 사건을 두고 세부사항에서 서로 다르거나 심지어 상충하는 서술도 많다. 신명기계 역사서의 저자들은 이렇게 내용이 서로 다른 사료들을 다루면서 경직된 태도를 보이지 않고, 그 내용이 시나이 계약을 중요하게 드러낸다면 상이한 서술과 다양한 묘사들을 너그럽게 그대로 수용한다.

다른 또 하나의 역사적 관점은 역대기계 역사라 부르는데, 역대기 상·하, 에즈라기와 느헤미야기에 담겨 있기 때문이다. 역대기계 역사서는 하느님께서 다윗과 맺으신 계약을 중요시하며, 다윗 왕국의 역사를 가장 길게 다룬다. 후대에 나온 역대기계 역사서 저자는 신명기계와 달리 다양한 사료에 대하여 매우 치밀하고 경직된 태도를 보인다. 입수한 다양한 사료에서 자기의 고유한 신학 사조에 조금이라도 어울리지 않거나 모순되는 내용을 발견하면 과감히 그것을 삭제하거나 수정한다.

앞에서 제기한 질문, '가나안 정착을 두고 같은 계열의 역사서인 여호수아기와 판관기의 묘사가 왜 서로 다른가?'에 관해서는 이렇게 대답할 수 있다. 신명기계 역사가는 역대기계 역사가와 달리 사료들 사이의 다양한 전통을 존중하였기 때문이라고. 곧 그는 사료들의 다양성이 자신의 신학 사조에 크게 모순되지 않는 한 그대로 수용하였다.

나. 가나안 정착에 관한 다양한 전승

가나안 정착에 관한 성경 서술과 묘사를 보면 크게 네 가지 전승 또는 가설을 제시해 볼 수 있다. 첫째, 이집트에서 탈출한 이스라엘이 여호수아의 지휘 아래 요르단 동쪽부터 가나안 성읍들을 차례로 점령하기 시작하여 오래지 않아 팔레스티나 전체를 장악하였다는 것이다. 이때 이스라엘은 이중의 도움을 받았다. 하나는 필리스티아인들 덕을 봤는데, 그들은 팔레스티나 남서쪽 해안에 상륙하여 에크론, 아스돗, 아스클론, 갓, 가자 다섯 성읍을 세우고 서로 동맹을 맺어 가나안의 큰 성읍들을 약화시켰다. 다른 하나는 지정학적 도움이다. 곧 가나안인들은 주로 농사 짓기 좋은 땅을 찾아 서쪽 해안에 모여 살았고, 요르단 동쪽에 가까운 산악 지대에는 돌투성이의 메마른 땅에 강우량도 적어서 주민들이 별로 많이 살지 않았다. 가나안 정복 초기에 이스라엘이 공략한 예리코와 베텔과 아이와 같은 성읍들

(참조: 여호 6—8장)은 모두 요르단 계곡 가까이에 자리 잡은 곳이었는데, 이곳을 정복한 다음 그들은 매우 쉽고 빠르게 내륙으로 진출할 수 있었다.

둘째, 이스라엘인들은 양과 염소를 키우는 유목민이므로 처음부터 가나안 토착민들과 자연스럽고 평화롭게 어울려 살았다는 것이다. 그들은 가나안의 왕국들과 이집트에 충성하는 제후들의 지배에서 벗어나 팔레스티나의 산악 지대나 건조한 초원 지대에서 목축을 하다가 점차 마을을 이루어 농사도 짓고 나중에는 성읍을 건설하게 되었을 것이다. 고고학적 용어를 빌려 이 같은 발전 단계를 표현하자면 '천막-오두막-주택'이라 할 수 있다.

셋째, 이스라엘인들은 많은 수가 가나안의 농부들이었는데, 이들이 도시에서 안락하게 살아가는 자기네 주인들에게 반란을 일으켜 팔레스티나의 주인이 되었다는 것이다. 이 농부들은 앞에서 자주 언급한 아마르나 문서에 나오는 하피루 계층에 속한다고 할 수 있다. 하피루들은 고향 땅에서 떠나 일정한 토지와 택지가 없이 떠도는 방랑인들로서 자기 자신과 가족들을 먹여 살리려고 여러 형태로 다른 이들에게 예속될 수밖에 없는 소외 계층이었다. 경제적으로 어려운 상황이 닥치거나 사회적으로 불안한 사태가 벌어지면 그들은 어떤 힘센 용사를 중심으로 약탈대를 조직하여 도시의 소수 지배 계층을 공격하며 강도짓을 일삼았다. 이스라엘의 판관이 되기 전 입타의 경우(판관 11장)나 임금이 되기 전 다윗의 경우(1사무 22장)가 그 좋은 예일 것이다.

마지막 가설은 셋째 가설과 비슷하지만, 농부들이 반란이 아니라 스스로 선택했다는 점에서 다르다. 기원전 1200년경 팔레스티나 고원 지대에는 상당수 주민들이 모여 사는 마을들이 많이 생겨났는데, 이는 소수 토지 소유자와 다수 소작인들의 관계를 바탕으로 유지되던 도시 국가의 봉건 제도가 약화되면서 빚어진 현상이었다. 주인들의 횡포와 억압에서 벗어나고 싶은 소작인들은 도시를 떠나 산악 지대로 옮겨가 농사와 목축을 하였다. 그들은 경작하기에 알맞은 농토와 가축을 기를 수 있는 초원, 그리고 외세를 쉽게 막아낼 수 있는 천연 요새를 두루 갖춘 고원 지대에 주거지를 마련하였다.

다. **실제 역사와 성경 기록**

이상의 다양한 가설들을 성경의 기록과 어떻게 조화시킬 것인가? 그리고 실제 역사에서는 무슨 일이 일어났는가? 위의 네 가설들 가운데 어느 하나만 굳이 선택할 필요는 없다. 네 가설들이 부분적으로는 모두 실제 상황을 반영한 것일 수 있기 때문이다. 그리고 이 실제 상황을 이스라엘의 여러 지파가 저마다 달리 체험하고 다양한 전승으로 엮어 다음 세대에 전하였을 것이다. 이 다양한 전승은 신명기계 역사가의 손을 거쳐 여호수아기와 판관기에 나오는 형태의 이야기로 발전한 것으로 보인다.

20세기에 들어와서 사람들은 이스라엘의 가나안 정착과 관련하여 고고학의 발굴에 큰 주의를 기울여 왔다. 그런데 많은 고고학의 증거 자료들이 팔레스티나 도시들의 파괴를 시사하고 있지만, 이 사실을 곧바로 가나안 정복에 관한 성경 본문의 기록과 연결하려 할 때는 무리가 없지 않다. 먼저 예리코의 파괴는, 1930-1936년 영국의 고고학자들이 조사한 바에 따르면, 기원전 1385년에 일어난 지진 때문이라고 한다. 그리고 이 지역의 흙무덤Tel을 탐사한 결과 그동안 여호수아 시대에 무너졌으리라고 짐작했던 예리코 성벽은 이미 기원전 3천년기에 무너졌음이 밝혀졌다. 또 여호 8장에서 여호수아가 파괴한 것으로 되어 있는 견고한 성읍 아이도 이미 기원전 2200년경에 파괴되었음을 고고학의 발굴로 확인할 수 있었다.

다른 한편, 기원전 13세기 말에 이스라엘인들이 가나안의 고원 지대를 정복했다는 전승을 신빙성 있는 것으로 입증하는 고고학적 증거들도 여기저기서 나타났다. 여호 10,31-33에 나오는 라키스는 기원전 1220년경에, 그 밖에 여호수아가 정복했다고 하는 하초르, 에글론 등의 성읍들도 기원전 13세기에 심하게 파괴된 것으로 밝혀졌다. 그렇다면 판관 1장의 기록대로 여호수아의 지휘를 받은 이스라엘인들이 평원의 성읍들이 아니라 주로 산악 지대의 성읍들을 공격했을 가능성도 고려해봄 직하다. 이는 판관기의 증언과도 일치한다. "주님께서 유다 지파와 함께 계셨으므로 그들은 산악 지방을 차지할 수 있었다. 그러나 평야의 주민들은 쫓아내지 못하였다. 그들이 철 병거들을 가지고 있었기 때문이다"(판관 1,19). 앞에서 지적한 것처럼 이집트에서 탈출한 히브리인들의 무리는 그 수효가 그리 많지 않았다. 이처럼 적은 수의 무리가 무장도 제대로 갖추지 못한 채, 튼튼한 성벽으로 둘러싸이고 조직적으로 훈련받은 군사들이 있는 가나안 평지의 도시들을 쉽사리 공략할 수는 없었을 것이다. 그래서 호전적인 요셉 지파와 벤야민 지파를 중심으로 이스라엘인들은 주로 게릴라 전법으로 인구가 적은 산악 지대의 성읍들부터 공격하였을 것이다. 그리고 성곽도시들 내에 흩어져 살던 소외 계층인 하피루들이 새로운 침략자인 히브리인들에게 유리하도록 안에서 동조 반란을 일으켰을 수도 있다. 하피루들은 이스라엘의 하느님인 야훼가 이집트에서 노예살이하던 천민들을 해방시키셨다는 사실에 큰 자극을 받았을 것이다. 따라서 그분이 이집트에서 몇몇 부족들에게 하신 위대한 일들을 지금 이 자리에서 그분을 믿는 다른 모든 이에게도 하실 수 있으리라고 기대하였을 것이다.

이제 우리는 단순하게 압축되고 과장된 요소들이 많기는 하지만 여호수아기의 기본 주장, 곧 하느님의 도우심과 여호수아의 지도에 힘입어 가나안을 정복할 수 있었음을 신빙성 있는 것으로 받아들이는 동시에, 이 가나안 정복이 상당한 기간을 거쳐 점진적으로 이루어졌다는 판관 1장의 보고도 근거 있는 것으로 인정하게 되었다. 여기서 중요한 사실은, 이스라엘인들이 가나안을 단순한 군사력이나 전략이 아니라 이집트의 종살이에서 자신들을 구출해 주신 야훼 하느님의 적극적인 개입으로 정복하였다고 믿었다는 점이다.

정복사업이 일단 마무리되자 이스라엘을 구성하는 모든 부족의 대표들이 한자리에 모였다. 광야에서 방랑하던 무리들과 이미 오래 전에 팔레스티나에 정착한 히브리인들이 스켐에 모인 것이다(여호 24,11-28). 여호수아는 스켐에 모인 모든 부족에게 가나안 땅의 신들을 섬길 것인가 야훼를 섬길 것인가를 결정하도록 하였다. 그들은 야훼를 선택하고 야훼와 장엄한 서약을 맺는다. 이리하여 가나안 정착 이전에 야훼를 믿지 않던 부족들도 야훼의 신앙인들이 되었다.

그러나 이 장엄서약에도 아랑곳없이 히브리인들의 후손들은 가나안 땅에 뿌리내린 토속 종교들, 곧 바알 신앙을 비롯하여 다른 풍산신 숭배 사조들의 영향력에서 완전히 자유롭지 못하였다.

성경의 기록대로라면 이스라엘인들이 가나안을 정복할 때 잔인한 살상과 약탈로 그곳 원주민들을 궤멸한 것처럼 되어 있으나, 실제로는 몇

몇 저항 세력들만 응징하였을 것이다. 오히려 문화적으로 수준이 낮은 히브리인들로서는 비교적 높은 수준의 농경 문화를 누리는 가나안 원주민들에게 지대한 영향을 받으면서 서서히 그들과 동화되었을 것이다. 그리고 이 과정에는 가나안의 풍산신 숭배의 위험이 도사리고 있었다.

4. 판관 시대

앞에서 살펴보았듯이 이스라엘의 가나안 정착은 순탄치 않았다. 주변의 민족들, 곧 에돔과 암몬과 모압과 미디안족 등이 이스라엘의 평화로운 정착을 위협했다. 특히 필리스티아인들은 초기 왕정 시대까지 이스라엘을 괴롭혔다. 판관 시대에 관한 정보는 세 가지 사료에 바탕을 둔다. 첫째 사료는 성경 본문으로서 판관기와 사무엘기 상권이고, 둘째 사료는 가나안 유적지의 고고학적 발굴이며, 셋째 사료는 이스라엘 주변 민족들, 곧 필리스티아, 요르단 강 동부의 모압과 암몬과 에돔, 그리고 페니키아 도시들의 문헌과 유적지에서 나온 증거들이다.

가. 판관이란 누구인가?

'판관'(쇼펫 שֹׁפֵט)이라는 말은 히브리어로 '심판하다', '판결하다', '둘 사이의 시비를 가리다'라는 뜻의 '샤팟' שָׁפַט에서 나왔다. 히브리어 성경에서 심판이나 판결은 악인들에게 징벌을 선언하고 의인들에게 무죄를 선언하는 행위를 포함한다. 여기서 한 걸음 더 나아가 힘없는 이들의 권익을 보호하는 행위를 뜻하기도 한다. 이사이의 그루터기에서 햇순처럼 돋아난 메시아는, "힘없는 이들을 정의로 재판하고 이 땅의 가련한 이들을 정당하게 심판"하는 이다(이사 11,4). 임금이 백성을 다스리는 데 필요한 덕을 하느님께 요청하는 시편 72,2에도 이 동사가 나온다. "그가 당신의 백성을 정의로, 당신의 가련한 이들을 공정으로 통치하게 하소서"(시편 72,2; 참조: 10,18;

82,3). 이로써 샤팟을 가난한 이들에게 적용할 경우 '(공정으로) 통치하다' 라는 의미로 발전했음을 알 수 있다.

이는 유프라테스 강 가의 마리에서 나온 문서와 시리아 해안가 도시 우가릿(오늘날의 라스 샤므라)에서 발굴된 문서로도 확인된다. 마리 문서에서는 판관이 임금 부재시에 일상적 통치 임무를 그대로 수행하는 것으로 되어 있고, 우가릿 문서에서는 왕직과 판관직의 통치 기능이 같은 것으로 되어 있다. 이 통치 기능은 히브리어 성경에서처럼 힘없는 이들의 권익을 보호하는 것을 뜻한다. 따라서 판관직에는 단순히 재판하는 일뿐 아니라, 백성을 다스리고 특히 힘없는 이들의 권익을 공정하게 보호하는 통치 행위까지도 포함한다. 실제로 판관기에 나오는 판관들은 대부분 판결을 내리는 직책보다는 오히려 임금이 아니면서도 임금처럼 백성을 다스리는 임무를 수행하였다.

판관직은 일정한 선출 제도나 세습으로 주어지는 것이 아니라 그때 그 자리에서 특별한 영도력을 가진 이에게 주어졌다. 대개는 훌륭한 혈통이나 세도 있는 집안과 관계없이 힘센 전사가 판관으로 추대되었다. 미디안족에서 이스라엘을 구원할 소명을 받은 기드온의 씨족은 므나쎄 지파에서 가장 약하였고, 그 자신도 자기 집안에서 가장 보잘것없는 이였다(판관 6,15). 암몬인들을 막아 낼 소명을 받은 입타의 처지는 더 한심하였다. 그는 창녀의 아들로 집안에서 쫓겨나 노략질을 일삼았다(판관 11,1-3). 이스라엘에서 소외 계층이었던 여성들이 판관 시대에는 큰 몫을 한다. 판관 드보라와 적장 시스라를 죽인 야엘이 그 좋은 예다(판관 5장). 여성이 전쟁에서 주도적 구실을 한다는 것은 왕정 시대에는 상상조차 할 수 없는 일이었다.

판관기 저자는 열두 판관들을 소개한다. 이들을 대판관과 소판관으로 나누는데, 인물의 이름과 출신, 그리고 판관직의 수행 기간을 일정한 연대기적 정식만으로 간략하게 전하는 판관을 소판관이라고 하고, 전쟁 영웅담으로 소개하는 판관을 대판관이라고 한다. 톨라, 야이르, 입찬, 엘론, 압돈 이렇게 다섯이 소판관이고, 그 밖의 일곱, 곧 오트니엘, 에훗, 삼가르, 드보라, 기드온, 입타, 삼손이 대판관이다. 이들 가운데 입타는 특이하게 영웅담으로 기억되는 대판관이면서 소판관 특유의 연대기적 정식定式으로도 소개된다. "입타는 여섯 해 동안 이스라엘의 판관으로 일하였다. 그러고 나서 길앗 사람 입타는 죽어 길앗에 있는 자기 성읍에 묻혔다"(판관 12,7). 소판관들은 톨라를 빼고 모두 '판관'이라 불린 데 반하여, 대판관들의 경우 드보라를 제외하고 모두 '구원자'라 불렸다. 오트니엘과 삼손에게는 '판관'과 '구원자' 두 칭호가 다 적용되었다.

나. **성경이 묘사하는 판관 시대**

판관기 저자가 제시하는 연대로 계산하면 이집트 탈출에서 왕정이 서기까지의 판관 시대는 400년이 넘는다. 그러나 성경학자 대부분은 판관 시대를 이렇게 길게 잡지 않고, 대략 사울이 이스라엘의 첫 임금으로 추대되는 기원전 1030년 이전의 200년 동안으로 추정한다. 게다가 판관기 저자가 제시하는 바로는, 대판관들의 활약으로 이스라엘이 구원되어 안정을 누린 연대가 삼가르와 입타를 빼고는 모두 40의 배수여서 상징수일 가능성이 높다. 오트니엘이 쿠산 리스아타임을 패배시킨 다음에 이스라엘이 안정과 평화를 누린 기간이 40년(판관 3,11), 에훗 다음에 80년(3,30), 드보라 다음에 40년(5,31), 기드온 다음에 또 40년(8,28)이다. 삼손은 40의 절반인

20년간 판관으로 활약하였다고 전한다(15,20; 16,31). 삼가르의 경우는 활동 기간에 관해 아무런 언급이 없고 입타는 6년 동안 판관직을 수행한 것으로 되어 있다. 입타는 앞에서 살펴보았듯이 연대기적 정식과 영웅담으로 소개하는 소판관과 대판관의 판별 기준을 모두 갖고 있었는데, 여기서는 불규칙적인 판관 연대를 보이는 소판관의 특징을 드러낸다. 이런 점에서 입타는 대판관과 소판관을 잇는 구실을 한다. 나머지 소판관들의 활동 기간을 보면, 톨라가 23년(10,2), 야이르가 22년(10,3), 입찬이 7년(12,9), 엘론이 10년(12,11), 압돈이 8년(12,14)이다.

판관 시대에는 일정한 종교적 현상이 이스라엘 사회 안에서 되풀이되었다.

1. 이스라엘이 주님을 버리고 바알과 아세라 등 가나안 신을 섬긴다.
2. 그러자 주님께서 이민족을 보내시어 이스라엘을 억압하신다.
3. 이스라엘은 주님께 도와 달라고 호소하고, 그 응답으로 주님께서 판관을 세우시어 이스라엘을 이민족의 손아귀에서 구원하신다.
4. → 1. 판관이 죽자 이스라엘은 다시 우상 숭배에 빠진다.

이런 현상의 좋은 예가 바로 오트니엘 판관의 경우다. "이스라엘 자손들은 주 저희 하느님을 잊어버리고 바알들과 아세라들을 섬겨, 주님의 눈에 거슬리는 악한 짓을 저질렀다. 그래서 주님께서는 이스라엘에게 진노하시어, 그들을 아람 나하라임 임금 쿠산 리스아타임의 손에 팔아 넘기셨다. 그리하여 이스라엘의 자손들이 여덟 해 동안 쿠산 리스아타임을 섬겼다. 그러나 이스라엘 자손들이 주님께 부르짖자, 주님께서는 이스라엘 자손들을 위하여 구원자를 세우시어 그들을 구원하게 하셨다. 그가 곧 칼렙의 아우인 크나즈의 아들 오트니엘이다. 주님의 영이 오트니엘에게 내리니, 그는 이스라엘의 판관이 되어 싸우러 나갔다. 주님께서 아람 임금 쿠산 리스아타임을 그의 손에 넘겨주셨으므로, 그의 세력이 쿠산 리스아타임을 억눌렀다. 그리하여 이 땅은 크나즈의 아들 오트니엘이 죽기까지 마흔 해 동안 평온하였다. 이스라엘의 자손들이 다시 주님의 눈에 거슬리는 악한 짓을 저질렀다. 그래서 주님께서는 모압 임금 에글론을 이스라엘보다 우세하게 하셨다. 그들이 주님의 눈에 거슬리는 악한 짓을 저질렀기 때문이다. 에글론은 암몬과 아말렉의 자손들을 모아 진군해 와서, 이스라엘을 치고 '야자나무 성읍'(예리코)을 차지하였다. 그리하여 이스라엘의 자손들이 열여덟 해 동안 모압 임금 에글론을 섬겼다"(3,7-14).

이처럼 판관기 저자는 이스라엘의 정치적 안정이 온전히 주님께 대한 충성스러운 믿음에 달려 있는 것으로 보았다. 이는 시나이 계약을 강조하는 신명기 정신과도 일치하며, 신명기계 역사서의 고유한 관점이기도 하다.

판관기 저자는 판관 시대를 중앙집권 체제가 아직 자리 잡히지 않은 시기, 항구적 군대와 더불어 일관되고 안정된 행정이 결여된 시기로 묘사한다. "그 시대에는 이스라엘에 임금이 없었다. 그래서 사람들은 저마다 제 눈에 옳게 보이는 대로 하였다"(17,6; 21,25). 이 시대에 이스라엘 지파들은 자기들끼리도 서로 싸웠다. 판관기 전체에서 이스라엘 지파들이 일치단결하여 전투에 임한 유일한 예는, 외부의 적을 막아 내기 위해서가 아니라 자기네 동족의 한 지파, 벤야민을 치기 위해서였다(19—20장). 이런 난세에는 머리를 쓰는 지략가보다 힘센 전쟁 용사가 더 대접을 받는 법이다. 실제로 판관들에 관한 서술은 전쟁 영웅담이 핵심이고 여기에 이스라엘 지파나 특정 지역의 이름을 덧붙여 편집한 것이다.

한편 판관기의 저자는 다른 대목에서, 영험을 지닌 지도자가 다스린 판관 시대를 이상적 시절로 그리면서 임금의 직책을 깎아내린다. 미디안족을 물리치고 이스라엘에 안정과 평화를 가져다 준 기드온에게 백성들이 세습 통치 제도를 세워 달라고 요청하자, 기드온은 그 청을 단호하게 거절한다. "내가 여러분을 다스릴 것도 아니고 내 아들이 여러분을 다스릴 것도 아닙니다. 여러분을 다스리실 분은 주님이십니다"(8,23). 이스라엘은 지도자를 둘 수 있고, 지도자는 일생 동안 권력과 특권을 유지할 수 있다. 그러나 그들은 주님 말고 어느 임금도 모실 수 없다. 이스라엘은 다른 민족들과 달리 한 사람에게 온갖 권력과 특권이 집중된 통치를 허용하지 않는다. 오직 주님만이 이스라엘을 다스리는 최종 판관이요 구원자요 임금이시다. 필요할 때 이스라엘에 구원자들을 일으키시어 백성을 구하고 다스리게 하시는 분도 주님이시다. 주님께서 판관들과 함께 계시고(2,18; 6,12.16) 주님의 영이 그들 위에 내린다(3,10; 6,34; 13,25 등). 전쟁에서 판관들의 지휘 아래 이스라엘이 거둔 승리는 주 하느님의 승리다. 원수들을 이스라엘의 손에 넘기시며 적의 진영을 혼란에 빠지게 하시고 천상 군대를 동원하시어 이스라엘의 전투를 도우신 분도 주님이시다.

성경의 증언에 따르면 이스라엘 지파들은 판관 시대 동안 외부의 적이 침략해 왔을 때만 일시적으로 한 지도자 밑에서 동맹을 맺어 힘과 지혜를 모았다. 그러다가 전쟁이 끝나면 또다시 분열되었다. 이렇게 미흡한 동맹 체제로 강한 임금의 지휘 아래 일사분란하게 전쟁을 치르는 주변 나라들을 대적하기란 역부족이었다. 그래서 점차 항구적인 통치 체제의 필요성을 절감하게 되었다. 사무엘기 상권의 저자는 엘리와 사무엘이 이스라엘을 다스리던 시대에 이미 사제직과 판관직이 세습되고 있었음을 시사한다(1사무 4장; 8,1-3). 그러나 이런 사제직과 판관직의 세습도 그다지 도움이 되지 않고 부작용만 낳자 백성들은 강력한 중앙 집권 체제를 갖춘 왕정을 요구하게 되었다. 그런데 고고학적 발굴로 위와 같은 정치·군사적 이유만이 아니라 다른 사회·경제적 이유에서도 왕정 제도가 필요하였음이 밝혀졌다.

III. 왕정 시대

1. 왕정을 탄생시킨 배경
2. 임금의 권한과 역할
3. 초기 왕정 시대의 인물들
4. 분열된 왕국
5. 홀로 남은 유다 왕국

》

구약성경은 이스라엘의 왕정 시대에 관하여 비교적 상세한 정보들을 제공한다. 이 정보들이 어느 정도까지 역사적 사실을 반영하는지 판가름하는 것은 쉽지 않다. 성경 저자들이 이용한 문헌들이 신명기계 역사서나 역대기계 역사서처럼 특정한 역사관에 따라 편집되었을 가능성이 높기 때문이다. 게다가 이 시기에 쓰인 다른 고대 근동 문헌에 이스라엘과 관련된 언급이 거의 나오지 않아서, 성경의 기록을 다른 문헌들과 비교·분석할 수도 없다. 물론 다른 문헌에 이스라엘이 언급되지 않는다는 이유만으로 이 시대에 관한 성경의 기록을 역사성이 없는 문헌으로 간주할 수는 없다. 아래에서 밝히겠지만 다른 문헌에 이 시기의 이스라엘의 역사를 재구성하기에 도움이 될 만한 기록들이 나오지 않은 데에는 그럴 만한 이유가 있다.

왕정을 다루는 구약성경의 저자들은 왕정에 대하여 긍정과 부정의 상반된 태도를 보인다. 이는 특히 초기 왕정 시대를 다루는 사무엘기에서 두드러지게 나타난다. 먼저 왕정이 나오게 된 시대적 배경과 왕정을 두고 성경 저자들이 상반된 태도를 보이는 이유를 설명한 다음, 왕정 시대를 크게 셋으로 나누어 살펴보겠다. 곧 왕정의 기초를 놓은 사무엘에서 솔로몬 임금까지의 초기 왕정 시대, 솔로몬 사후에 남북으로 갈라져 이어가는 분열 왕국 시대, 그리고 북왕국 이스라엘이 사라진 뒤에 홀로 남은 유다 왕국 시대로 나누어 고찰한다.

1. 왕정을 탄생시킨 배경

이스라엘의 왕정은 단순히 정치·군사적으로만 필요해서 나온 것은 아니다. 그 당시의 국제 정세와 팔레스티나의 사회·경제적 상황도 왕정이 생겨나도록 한 원인이다.

가. **필리스티아인들의 위협**

이스라엘 부족들이 팔레스티나의 고원 지대를 장악하는 동안, 해양 민족 필리스티아인들은 팔레스티나 남쪽 지중해 연안에 정착하였다. 필리스티아인들의 이 정착은 앞에서 밝힌 대로 이스라엘이 가나안을 정복하는 데에 도움을 주었다. 그러나 성경에서 필리스티아인들은 이스라엘을 괴롭힌 민족으로 등장한다(판관 10,7; 13,1; 14,4; 15,9.11.20 참조). 그들은 이스라엘 부족의 주요 성읍들을 공격하고 실로의 중요한 성소를 파괴하였다. 게다가 이스라엘 백성에게서 하느님의 현존을 상징하는 계약 궤를 탈취해 갔다(1사무 4,2-11.17). 사무엘기 상권의 저자는 필리스티아인들의 영토 확장과 군사적 위협을 이스라엘에 왕정이 들어서게 된 주된 원인으로 내세운다. 백성이 보기에 사무엘은 필리스티아인들의 공격을 막아 내기에 너무 늙었고, 마땅한 후계자도 없었다. 사무엘에게서 판관직을 이어받은 두 아들은 아버지의 길을 따라 걷지 않고, 뇌물에 눈이 어두워 그릇된 판결을 내렸다(1사무 8,1-3).

임금을 세워 달라는 백성의 요구를 못마땅해하는 사무엘에게 주님께서는 그들의 요구를 들어 주라고 하시며 이렇게 말씀하셨다. "내일 이맘때에 벤야민 땅에서 온 사람을 너에게 보낼 터이니, 그에게 기름을 부어 내 백성 이스라엘의 영도자로 세워라. 그가 내 백성을 필리스티아인들의 손에서 구해 낼 것이다. 나는 내 백성이 고생하는 것을 보았고, 그들이 울부짖는 소리를 들었다"(1사무 9,16). 그러나 이스라엘의 왕정을 탄생시킨 여건이나 동기는 필리스티아인들의 위협만이 아니었다.

나. **고대 근동의 상황**

당시의 국제 정세는 팔레스티나에 왕정이 들어설 수 있도록 최적의 조건을 만들어 주었다. 앞에서 밝힌 대로 이스라엘의 왕정에 관하여 구약성경은 매우 풍부한 자료들을 제공한다. 그러나 이 시대에 나온 것으로 추정되는 다른 고대 근동 문헌들에는 남왕국 유다든 북왕국 이스라엘이든 이스라엘 자체에 대한 언급이 아주 드물다. 기원전 925년경 이집트의 파라오 시삭(쇼셍크 1세)이 팔레스티나 원정을 마치고 돌아와서 카르낙의 아몬 신전 벽에 승전 기록을 남겼는데, 이 기록을 보면 팔레스티나의 성읍들을 폐허로 만들었다고 한다. 이 사건의 역사적 사실성을 증명하기라도 하듯 므기또에서 발견된, 승전비로 추정되는 한 돌기둥 조각에서 시삭의 이름이 나왔다. 그러나 아쉽게도 이 기록에는 시삭이 정복한 민족과 성읍들의 이름이 나오지 않는다.

이 기록들보다 당대의 이스라엘 역사를 밝히는 데 더 가치가 있는 두 가지 기록이 있다. 하나는 이스라엘 최북단 텔 단에서 발견된 아람어 승전 기록인데(텔 단 비문), 단의 정복자는 여기에서 '이스라엘의 임금'과 '다윗 가문의 임금'을 언급한다. 다른 하나는 모압 임금 메사가 이스라엘에 승리하였다고 자랑하는 승전비(메사 석비)로서(아래 사진), 이스라엘의 임금 오므리의 이름을 명시적으로 거론한다. 학자들은 이 장문의 비문이 다윗 가문도 언급한다고 주장한다. 그러나 이런 기록들은 어디까지나 예외이고 이 시대의 고대 근동 문헌들은 이스라엘의 존재를 모르는 듯이 침묵을 지키고 있다. 그렇다면 성경의 기록들은 꾸며 낸 이야기란 말인가?

그렇지는 않다. 당대 근동의 문헌들이 이스라엘에 관하여 침묵하는 데에는 정치적 이유가 있다. 이 시기의 팔레스티나는 권력의 공백기에 놓여 있었다. 이집트에서는 제20왕조가 무너지고 델타의 타니스에 수도를 정한 제21왕조가 들어섰는데, 이 왕조의 임금들은 테베의 사제들과 권력 다툼에 휘말려 정치·경제적으로 매우 약한 상태를 백 년 이상(기원전 1085-945년)이나 지속하였다. 이처럼 어지러운 상황에서 이집트의 파라오들은 아시아의 관통로인 팔레스티나를 효과적으로 지배하지 못하였고, 이 지역에 대하여 이렇다 할 정복 사업도 펼치지 못하였다. 같은 상황이 메소포타미아의 강대국 아시리아에서도 일어났다. 아시리아는 티글랏 필에세르 1세가 죽은(1077년) 뒤에 세력이 점차 약화되어 시리아-팔레스티나 지역을 전혀 장악하지 못하였다. 그 결과 이 지역에서는 이스라엘을 비롯하여 초바, 티로, 아람 시리아 등 소왕국들이 세력을 펼칠 수 있게 되었다. 853년에는 이 소왕국들이 카르카르 전투에서 신아시리

아의 살만에세르 3세의 침공을 막아 내기까지 하였다. 바빌론도 1081년 아시리아를 공격한 이래 수세기 동안 국경 밖으로 전혀 진출할 수 없었다. 고대 근동의 이런 정치적 상황이 이스라엘에 왕정이 들어설 수 있는 여건을 마련해 준 것이다. 또한 성경 이외의 다른 고대 근동의 문헌에 이스라엘이 언급되지 않은 이유도 강대국들의 침공이 실제로 없었기 때문이다.

다. 왕정의 고고학적 증명

이스라엘이 왕정을 채택하게 된 데에는 정치적 여건 말고도 또 다른 여건이 있었다. 최근의 고고학적 발굴은 당대의 사회·경제적 상황이 이스라엘의 왕정 수용에 큰 구실을 하였음을 밝혀냈다. 철기 시대 이전에 수천 년 동안 팔레스티나의 주거지역은 주로 해안가와 골짜기 아래의 평지에 몰려 있었다. 그러나 이스라엘이 팔레스티나에 정착하게 되면서 팔레스티나의 고원 지대에 농촌 마을들이 생겨나기 시작하였다. 판관 시대 말기에 들어서면서 유다의 고원 지대에는 다른 성읍의 씨족 사회에서 경작지를 상속받지 못한 이주자들이 몰려들어 인구가 갑자기 두 배 이상으로 불어났다. 이런 인구 급증에 대처하기 위해 새로운 통치체제가 불가피하게 되었다. 먼저 식량 부족을 해결하기 위하여 농지를 개발하고, 40년에 평균 두 번씩 닥쳐 3년간 지속되는 가뭄(1열왕 17—18장 참조)을 해결하기 위하여 관개시설을 마련해야 했다. 또 여러 도시와 마을 사이에 자원을 효과적으로 분배하고 각 지역의 고유한 생산품을 교환할 필요도 있었다. 이제 이런 일들을 해결하기 위해 왕정이라는 강력한 중앙 집권 체제가 불가피해진 것이다.

2. 임금의 권한과 역할

고대 근동에서 임금의 권한과 역할은 막강하였다. 이스라엘 주변 민족들의 왕권을 먼저 살펴보고 그들의 왕권과 이스라엘의 왕권을 비교하겠다. 그리고 이스라엘의 왕정에 대한 성경 저자들의 상반된 견해도 함께 소개한다.

가. **고대 근동의 왕권**

고대 근동의 왕권은 여러 형태를 보인다. 첫째, 아시리아, 바빌론, 이집트, 히타이트 왕국과 같은 큰 민족들의 임금들은 자신들을 풍우신이나 태양신과 같은, 자연의 위대한 권능 자체와 거의 동일시하였다. 둘째, 이런 대제국의 속국 임금들은 자신들을 자기네 지역만을 돌보는 특정 신의 종으로 여겼다. 속국 임금들이나 지방 제후들은 토착민들을 무력으로 다스리던 군대의 장수들이었다. 가나안 도시 국가의 많은 임금들이 이 부류에 속한다. 셋째, 씨족이나 부족 사회를 중심으로 이루어진 나라의 임금들은 선출될 수도 있고 세습될 수도 있었다. 그러나 어떤 경우든지 백성의 뜻이 왕권에 어느 정도 반영되었다. 이 부류의 왕권은 이스라엘을 비롯한 모압, 에돔, 암몬과 같은 주변 나라에서 시행되었다.

임금은 보통 군사와 외교를 책임지고 송사를 관장하며 중요한 축제에서 대사제의 직무도 수행하였다. 또한 세금 징수와 공공 시설의 건축과 설비와 같은 주요 경제 정책을 통제하였다. 임금은 이 모든 일을 수행하면서 언제나 왕국과 백성을 위하여 신의 상징이나 현존으로 드러났다. 이집트에서는 파라오가 신 자체였다. 그래서 그는 온 백성에게 생명과 법을 하사하는 절대자로 행동하였다. 이와는 달리 메소포타미아와 가나안 임금은 신들의 사절일 뿐이었다. 메소포타미아의 임금들이 때때로 비문에서 자신들을 신으로 부르기도 하지만, 일반적으로 그곳 사람들은 임금을 신의 종, 신을 위하여 신적 질서를 유지하는 자, 신의 아들로 뽑힌 자로 묘사한다.

나. **이스라엘의 왕권**

초기 이스라엘에 대한 성경 증언에 따르면, 주님 홀로 이스라엘의 임금이시다(탈출 15장; 시편 18편). 이는 계약의 개념에서 이미 확인할 수 있다. 이스라엘은 계약을, 위대한 임금이신 하느님과 그분의 신하인 자신들 사이의 협약으로 이해하였다. 비교적 후대의 시편인 시편 93; 95—98편은 임금님으로서의 하느님에 관해 특별한 언급을 한다. 이스라엘 백성은 새해 축제에서 주님의 왕권을 선포하고 그때마다 하느님과 맺은 계약을 갱신하였던 것 같다.

다른 한편 여러 시편에서 이스라엘의 임금들은 하느님의 아들로 일컬어진다. 임금은 하느님의 선택된 자이므로 시편 저자는 하느님께서 오시어 그를 도와주시라고 기도한다. 임금의 인격은 신성하고 아무에게도 침해받아서는 안 된다. 그는 나라에 축복과 조화를 가져오는 자이기에 모든 이가 그의 안녕을 빌어 주어야 한다(시편 20,1-5; 72,15). 그는 하느님께 뽑힌 양자(시편 2,7)요 그분 백성의 보호자(시편 89,18)로서 온 땅에 풍성한 결실을 가져다 주고(시편 72,16) 만민을 위해 정의를 확립한다(시편 72,1-4). 이스라엘의 임금은 경신례에서도 중요한 구실을 한다. 그는 사제처럼 직접 제사를 지낼 수는 없었지만 백성을 대표하여 제물을 바치고 중요한 순간에 겨레를 위하여 기도하였다. 솔로몬은 성전을 기도로 봉헌하였다(1열왕 8장). 예언자들과 사제들은 나탄 예언자와 가드 예언자, 차독 사제와 에브야타르 사제처럼 임금에게 예속된 궁정 관리로 여겨졌다. 임금에게는 경신례를 개혁할 책임도 있었다. 아사(1열왕 15,12-15), 히즈키야(2열왕 18,1-8), 요시야(2열왕 23,4-27)의 경우가 그런 책임을 훌륭히 실행하였다.

그러나 이스라엘의 왕권은 언제나 주님께 예속되었다. 이스라엘 임금들은 결코 자신들을 신으로 내세우는 일 없이 주님의 특별한 사절로 만족하였다(시편 89; 132편).

다. 왕정에 대한 성경의 상반된 견해

왕정에 대하여 성경 저자들은 긍정적 견해와 부정적 견해를 다같이 드러낸다. 왕정 수립을 전하는 사무엘기 저자는 왕정 제도의 모호함을 굳이 숨기지 않는다. 위에서 밝힌 대로 이스라엘은 언제나 주님을 임금으로 모셔 왔으니 특정한 사람을 임금으로 내세운다는 것이 무슨 의미가 있겠는가? 왕정 제도는 주님과 그분의 중개자인 사무엘이 주도하였으므로 이 제도의 도입 자체가 잘못된 것은 아니었다. 그러면서도 이 제도를 요구하는 백성의 주장은 단호하게 단죄를 받았다.

사무엘기에서 왕정 제도를 긍정적으로 묘사하는 대목은 두 곳이다. 1사무 9,1—10,6을 보면 사무엘이 주님의 지시를 받아 키가 크고 젊고

잘생긴 사울을 임금으로 세운다. 사무엘은 사울의 머리에 기름을 붓고 그를 축복하며 “주님께서 당신에게 기름을 부으시어, 그분의 소유인 이스라엘의 영도자로 세우셨소”(10,1) 하고 말한다. 다른 대목은 11,1-15인데, 여기서 사울은 야베스 길앗을 암몬족에게서 구한 위대한 전사가 되어 백성의 절대적 신망을 얻는다. 그를 임금으로 세워 달라는 백성의 요청을 받은 사무엘은 흔쾌히 “자, 길갈로 가서 왕정을 새롭게 다집시다”(11,14) 하고 말한 뒤 백성과 함께 길갈로 가 주님 앞에서 사울을 임금으로 세운다.

반면에 사무엘기 저자는 세 곳에서 왕정 제도를 부정적으로 묘사한다. 먼저 1사무 8,11-18에서 사무엘은 왕정을 요구하는 백성에게 임금의 권한을 설명하면서 부정적인 면을 부각시킨다. “그는 여러분의 아들들을 데려다가 자기 병거와 말 다루는 일을 시키고, 병거 앞에서 달리게 할 것이오. 천인대장이나 오십인대장으로 삼기도 하고, 그의 밭을 갈고 수확하게 할 것이며, 무기와 병거의 장비를 만들게도 할 것이오. 또한 그는 여러분의 딸들을 데려다가, 향 제조사와 요리사와 제빵 기술자로 삼을 것이오. 그는 여러분의 가장 좋은 밭과 포도원과 올리브 밭을 빼앗아 자기 신하들에게 주고, 여러분의 곡식과 포도밭에서도 십일조를 거두어, 자기 내시들과 신하들에게 줄 것이오. 여러분의 남종과 여종과 가장 뛰어난 젊은이들, 그리고 여러분의 나귀들을 끌어다가 자기 일을 시킬 것이오. 여러분의 양 떼에서도 십일조를 거두어 갈 것이며, 여러분마저 그의 종이 될 것이오. 그제야 여러분은 스스로 뽑은 임금 때문에 울부짖겠지만, 그때에 주님께서는 응답하지 않으실 것이오.” 왕정에 부정적인 견해를 드러내는 두 번째 대목은 1사무 10,17-19이다. 사무엘은 사울을 임금으로 뽑기 전에 백성을 미츠파로 불러 모아 놓고서 주님의 말씀을 전하며 이렇게 덧붙인다. “주 이스라엘의 하느님께서 이렇게 말씀하셨소. ‘나는 이스라엘을 이집트에서 데리고 올라왔다. 내가 이집트인들의 손에서, 그리고 너희를 억누르던 모든 나라의 손에서 너희를 빼내었다.’ 그런데도 오늘 여러분은, 온갖 재앙과 재난에서 여러분을 구해 주신 여러분의 하느님을 배척하면서, ‘안 되겠습니다. 우리에게 임금을 세워 주십시오.’ 하고 청하였소.” 백성의 이 마지막 말은 사무엘의 고별사를 전하는 1사무 12,1-25에서도 반복된다. 사무엘의 고별사는 특히 주님의 말씀에 순종하지 않고 그분의 명령을 거역하면 임금도 백성과 똑같이 하느님께 벌을 받을 것임을 온 백성에게 분명히 알린다(12,15).

왕정에 대한 이 같은 부정적 견해는, 백성이 그토록 원하고 시대적 요청에 따라 도입되었지만 별로 만족스럽지 못한 모습으로 드러난 후대의 왕정 현실을 반영한 것으로 보인다.

3. 초기 왕정 시대의 인물들

초기 왕정 시대는 기원전 1030년에서 933년 사이이다. 이 시대의 첫 임금은 사울이고 마지막 임금은 솔로몬이다. 사울이 다스릴 때 이스라엘은 아직 외세의 침략과 압박에서 자유롭지 못한 상태였지만, 솔로몬의 치세 때에는 그의 정치적 수완과 탁월한 상술 덕분에 그 어느 때보다 넓은 영토를 차지하고 번영을 누리게 되었다. 이 세 임금의 치세를 소개하기에 앞서 먼저 판관 시대와 왕정 시대를 잇는 인물인 사무엘의 생애에 대해서 다루기로 한다.

가. **사무엘**

사무엘은 예언자, 환시가, 중개자, 사제로서 사울과 다윗을 임금으로 추대하였다. 그에 관한 기록은 1사무 1,11—25,1에 잘 보존되어 있다. 이 자료 가운데 일부는 전설적인 이야기다.

사무엘기 상권은 실로 성소 이야기로 시작한다. 때는 예루살렘에 성전이 세워지기 훨씬 전이었다. 이스라엘 사람들은 예루살렘에서 북쪽으로 29킬로미터 정도 떨어진 실로에 만남의 천막을 세우고 그곳에서 하느님께 제사와 예배를 드렸다. 하느님의 계약 궤도 실로에 있었다. 그 시절 실로의 사제는 엘리였고, 소년 사무엘은 어머니 한나의 서원에 따라 엘리 사제 앞에서 주님을 섬기고 있었다. 실로 성소에서 어린 사무엘은 잠을 자다가 주님의 부르심을 받고 스승 엘리가 죽은 뒤에 이스라엘 전체의 최고 종교 지도자가 되었다. 주님께서는 늘 사무엘 곁에 머무르시면서 그가 한 말이 한 마디도 헛되이 땅에 떨어지지 않게 하셨다. 저 멀리 북쪽 끝 단에서부터 남쪽 끝 브에르 세바에 이르기까지, 온 이스라엘 백성은 사무엘이 주님의 믿음직한 예언자라는 사실을 깨닫게 되었다.

사무엘은 평생 이스라엘을 위하여 판관직을 청렴결백하게 수행하였다(1사무 12,1-4). 그러나 사무엘이 말년에 자기 후계자로 내세운 아들들은 그와 달랐다. 그들은 엘리의 아들들처럼 주님을 직접 모독하는 일은 없었지만, 아버지의 올바른 길을 따라 걷지 않고 잇속에만 치우쳐 뇌물을 받고 불공정한 판결을 내렸다. 본디 판관직은 세습하지 않는 법인데, 사무엘이 자기 아들들을 이스라엘의 판관으로 내세운 것이 잘못이었던 것 같다.

마침내 이스라엘의 원로들은 고향 라마에 머무르고 있던 사무엘에게 찾아가 다른 민족들처럼 자신들을 다스려 줄 임금을 세워 달라고 청하였다. 사무엘이 판관으로 재직하는 동안에도 내내 이스라엘이 필리스티아인들에게 시달림을 받았으니, 외세를 물리치고 정치적 안정을 얻기 위해서는 일시적 부족 동맹에 지나지 않은 판관 제도로는 역부족이고 임금의 지도력과 상비군에 바탕을 둔 왕정 제도가 어쩔 수 없이 필요하였던 것이다. 하느님께서 직접 백성을 다스려야 한다는 신정神政 사상의 신봉자인 사무엘은 백성의 왕정 요구를 몹시 못마땅하게 여겼다. 그러나 주님께서는 사무엘에게 백성의 요구를 들어 주라고 하신다. 이렇게 해서 사무엘의 손을 거쳐, 부역과 병역의 의무, 토지 몰수와 사유 재산의 포기 등의 부작용을 낳는 왕정 제도가 탄생하였다.

나. **사울**

벤야민 지파 출신 키스의 아들 사울은 용감한 전사로서 야베스 길앗의 이스라엘인들을 암몬 군대한테서 구출하는 데 성공하였다. 또 필리스티아인들과의 전투에서 여러 차례 승리를 거두기도 하였다. 그러나 그는 이스라엘을 통일시킬 수 있을 만큼 강력한 지도력을 발휘하지는 못하였다. 변덕스럽고 급한 성격과 조직력 부족이 그를 파멸시킨 주 원인이었다. 그는 성급한 맹세 때문에 자기 아들 요나탄을 처형시킬 뻔하였다. 더구나 전쟁터에서는 무기당번으로, 궁중에서는 악사로 가장 가까이에서 자기에게 충성을 바친 다윗을 시기하여 박해하였는데, 이것이 그의 가장 큰 실책이었다. 이 때문에 다윗과 쓸데없는 전투를 치러야 했던 것이다.

사울은 두 가지 잘못으로 사무엘과 하느님의 눈에서 벗어났다. 하나는 사울이 사제도 아니면서 제사를 바친 잘못이다(1사무 13,8-14). 다른 하나는 아말렉인들과 성전聖戰을 치르면서 저지른 잘못으로, 주님께서는 아말렉을 완전히 쳐부수고 아무것도 남겨 놓지 말라고 명령하셨는데 사울과 그의 군대는 아말렉인들의 임금 아각과 기름지고 튼튼한 양과 소들을 살려 두었다. 그 때문에 주님께서 사울을 저버리시고, 사무엘도 사울에게 실망하여 다시는 그의 얼굴을 보려 하지 않았다(1사무 15장).

사울은 이스라엘의 첫째 임금으로 추대되었지만 진정한 의미에서 임금의 권한을 행사하지 못했다. 왕좌나 왕홀이 없이 필리스티아인들과의 싸움터에서 생의 대부분을 보낸 전사에 지나지 않았다. 그는 결국 필리스티아인들과 싸우다 비극적인 최후를 맞는다. 그에 관한 이야기는 1사무 9—31장에 잘 나와 있다.

다. **다윗**

사무엘기 저자는 유다 지파 이사이의 아들 다윗에 관하여 수많은 이야기들을 들려 준다. 그 가운데 가장 널리 알려진 것으로 둘을 고른다면, 다윗이 아직 임금이 되기 전에 필리스티아인들의 장수 골리앗과 싸워 이긴 이야기와, 임금이 된 뒤에 히타이트 사람 우리야의 아내와 간통을 저지르고 우리야를 살해한 이야기다.

온 이스라엘군의 사기를 꺾고 그들을 공포에 떨게 한 필리스티아 장수 골리앗은 엄청난 거인이다. 키는 2미터 80센티미터, 그가 입은 갑옷의 무게는 60킬로그램이요 창대는 베틀 용두머리만큼이나 굵었으며 쇠로 된 창날의 무게만도 7킬로그램이 넘었다. 이런 거인에게 맞서 나온 소년 다윗은 갑옷도 입지 않고 무기도 갖추지 않았다. 그는 개울가에서 매끈한 돌멩이 다섯 개를 골라 양치기 가방에 넣은 다음, 한 손에 양치기 막대를 들고 다른 손에는 무릿매끈을 든 채 골리앗과 맞섰다. 다윗은 골리앗을 향하여 날쌔게 달려가면서 개울의 돌멩이를 양치기 가방에서 하나 꺼낸 다음, 무릿매에 매어 골리앗의 이마에 쏘았다. 돌이 정확하게 골리앗의 이마에 박히자, 그의 거대한 몸집은 얼굴을 땅바닥에 처박고 그대로 쓰러진다. 그것으로 상황은 끝이다. 베들레헴 촌구석의 양치기 소년이 온 이스라엘군을 위협하던 필리스티아 거인을 간단히 처치한 것이다.

그런데 다윗이 골리앗을 물리친 이야기를 전하는 1사무 17장에서 골리앗은 29번이나 그저 '필리스티아인'이라고 소개되고, '골리앗'이라는 정식 이름은 두 번(4절과 23절)만 나온다. 그리고 2사무 21,19에서는 다윗의 용사들 가운데 하나인, 베들레헴 사람 야아레 오르김의 아들 엘하난이 곱에서 갓 사람 골리앗을 죽였다고 전한다. 그렇다면 골리앗은 필리스티아 사람인가 갓 사람인가? 또 골리앗이라는 장수는 다윗이 죽였는가 엘하난이 죽였는가? 주석가들은 1사무 17,4.23의 골리앗은 후대에 덧붙인 것이 아닐까 의심한다. 후대의 편집자가 다윗이 일 대 일 전투에서 죽인 이름 모를 필리스티아 사람을 엘하난이 죽인 갓 사람 골리앗과 혼동하였을 수도 있다는 것이다. 아니면 아예 엘하난이 세운 공적을 다윗에게 돌린 것인지도 모른다. 한편 이런 추측과는 상관없이 역대기 저자는 야이르의 아들 엘하난이 죽인 거인은 골리앗이 아니라 골리앗의 아우 라흐마라고 밝힌다 (1역대 20,5). 역대기의 기록은 서로 다른 전승을 조화시키려는 의도로 볼 수 있다.

어떻든 1사무 17장에 나오는 다윗과 골리앗 이야기는, 작고 보잘것 없는 한 인간이 하느님의 크신 능력을 믿으면서 자기의 모든 능력을 총동원하여 최선을 다할 때 상상을 초월하는 큰 결실을 얻을 수 있다는 진리를 깨우쳐 준다. 또한 이 이야기는 초라한 목동의 신분에서 이스라엘 임금이라는 드높은 신분에 오르게 된 다윗의 초년기 삶을 잘 대변한다.

사무엘기 저자는 하느님께 의지하여 큰 힘을 발휘하던 다윗이, 임금이 된 뒤에 하느님을 무시하고 절대 권력을 휘두르다 어떻게 죄악의 깊은 늪에 빠져들었는지도 숨김없이 전한다. 사울 가문과의 오랜 싸움을 끝내고 이스라엘의 왕권을 손에 넣은 다윗은 외부의 적들도 대충 평정한 다음, 모처럼 예루살렘에서 한가로운 시간을 보내고 있었다. 유혹은 언제나 한가한 틈을 노리기 마련이다. 어느 날 저녁 다윗은 왕궁의 옥상을 거닐다가 아름다운 여인이 목욕하는 광경을 내려다보게 된다. 다윗은 사람을 보내어 그 아름다운 여인이 히타이트 사람 우리야의 아내 밧 세바라는 것을 알아내고는 데려다 함께 잔다. 그러고 나서 자신의 부정을 감추기 위해 이런저런 방법을 쓰다가 다윗은 마침내 밧 세바의 남편 우리야를 살해하기에 이른다. 우리야가 죽고 애도 기간이 끝나자마자, 다윗은 아예 여인을 궁으로 불러들여 아내로 삼고 부정의 씨앗을 정식 아들로 둔갑시킨다. 일은 감쪽같이 잘 처리되었다. 하지만 성경 저자는 치밀하고 은밀하게 이루어진 다윗의 부정을 짧은 한 마디 말로 날카롭게 고발한다. "그러나 다윗이 한 짓이 주님의 눈에 거슬렸다"(2사무 11,27).

이어 나탄 예언자가 나서서, 부자가 가난한 이의 하나밖에 없는 암양을 가로챈 이야기를 다윗에게 들려 준다. 다윗은 그 부자에 대하여 몹시 화를 내며 그런 짓을 한 자는 죽어 마땅하다고 선언한다. 그러자 나탄은 다윗에게 "임금님이 바로 그 사람입니다"(2사무 12,7) 하고 지적한다. 내가 저질렀을 때는 아무렇지도 않던 잘못이 남이 저질렀을 때는 죽어 마땅한 큰 죄악이 된다. 다윗이 지은 죄, 곧 하찮은 외국인 용병의 아내와 간통하고, 나아가 그 사실을 숨기기 위하여 그 용병을 죽이기까지 하고 그의 아내를 자기 아내로 삼은 행위는 '주님을 무시하고'(12,10) '주님을 몹시 업신여긴'(12,14) 큰 죄였다. 주님께서는 다윗과 다윗 집안에게 재앙을 내리겠다고 선언하신다. 또 다윗이 은밀하게 저지른 일을 모든 백성 앞에서 태양이 지켜보는 가운데 되갚으시겠다고 하신다. 이 말을 들은 다윗은 나탄에게 "내가 주님께 죄를 지었소"(12,13) 하고 고백한다. 구차한 변명이나 남에게 책임을 떠넘기지 않은 깔끔한 고백이다. 이런 다윗의 태도를 보시고 하느님께서는 다윗의 목숨만은 치지 않기로 하신다. 그러나 주님의 말씀대로 죄악의 씨앗인 아들이 죽고, 다윗의 살붙이들 사이에서 왕위를 둘러싼 칼부림이 일어나며, 친자식 압살롬이 밝은 대낮에 백성이 지켜보는 가운데 그의 소실들을 욕보인다.

다윗은 성경에서 가장 훌륭한 전사요 뛰어난 정치가로 기억된다. 실제 역사에서 그는 기원전 1000년경, 한 무리의 떠돌이 군대(마적단과 비슷함: 1사무 22,1-2)를 만들어 경쟁자 사울에 대항하였던 것 같다. 사울을 꺾고 왕위를 차지한 그는 주위의 큰 나라들의 세력이 약화되는 틈을 타 농업을 기반으로 하는 독립 국가를 세우는 데 성공하였다. 다윗은 1사무 16장에 처음 등장하여 사무엘기 하권 전편에 걸쳐 그 활약상이 소개된다. 그의 죽음에 대한 기록은 1열왕 2장에 수록되어 있다.

라. 솔로몬

솔로몬은 다윗이 불의한 방법으로 맞아들인 밧 세바에게서 얻은 아들이다. 솔로몬의 왕위 계승은 결코 평탄치 않았다. 그에게 왕위가 돌아가기 전에 두 형이 아버지 다윗에게 반기를 들었다. 먼저 압살롬이 반란을 일으켜 다윗의 왕위를 찬탈하려다 요압의 창에 찔려 죽는다. 압살롬의 반역은 솔로몬이 아직 어렸기 때문에 그와는 관련이 없었다. 그러나 아도니야가, 다윗이 군대의 수장 자리에서 면직시킨 요압과 사제 에브야타르와 작당하여 말년에 허약해진 다윗의 왕권에 도전하였을 때에는 사정이 달랐다. 솔로몬의 어머니 밧 세바는 아들을 다윗의 후계자로 앉히기 위하여 발빠르게 움직였다. 차독 사제와 다윗에게 신임을 받던 나탄 예언자, 그리고 여호야다의 아들 브나야가 밧 세바 주변에 모여 다윗으로 하여금 솔로몬을 후계자로 지명하게 하였다. 다윗이 죽고 그 뒤를 이어 왕위에 오른 솔로몬은 정적들을 무자비하게 제거하였다. 형 아도니야를 죽이고 에브야타르는 사제직을 박탈하여 고향 아나톳으로 쫓아냈으며 브나야를 시켜 요압을 살해하였다.

솔로몬은 자기 손 안에서 왕권이 튼튼해지자(1열왕 2,46), 주변 정세로 눈을 돌렸다. 그는 이집트 임금 파라오의 딸을 아내로 맞아들였다. 당시 고대 근동의 패권 다툼에서 막대한 영향력을 행사하던 이집트 임금 파라오와 혼인 관계를 맺는다는 것은 커다란 특전이었다. 솔로몬도 이를 잘 알고 있었기 때문에 파라오의 딸에게 별궁(밀로 궁)을 지어 주고 다른 아내들에 비해 특별 대우를 하였다. 그때에는 아직 예루살렘에 성전이 세워지지 않았으므로 임금과 백성은 여러 산당에서 제사를 바쳤다. 산당들 가운데 기브온의 산당이 매우 컸다. 솔로몬은 이곳에 가서 하느님의 백성 이스라엘을 올바로 다스리기 위하여 그분께 도움을 청하였다.

하느님께서는 꿈에 솔로몬에게 나타나시어 무엇을 원하느냐고 물으셨다. 솔로몬은 먼저 선왕 다윗에게 베풀어 주신 하느님의 큰 자비에 감사를 드리며 다윗의 공덕을 기렸다. 그는 다윗이 하느님께 큰 자비를 얻은 이유를 제대로 파악하였다. 그것은 다윗이 하느님 앞에서 진실과 정의와 정직한 마음으로 하느님과 함께 걸었기 때문이다(1열왕 3,6). 하느님과 함께 걷는다는 것은 하느님보다 앞서 나가지도 않고 하느님보다 뒤처지지도 않으면서 하느님의 계획과 뜻에 순종하며 걷는다는 뜻이다. 그것은 진실과 정의를 실천하며 언제나 정직한 마음으로 산다는 뜻이기도 하다.

이어 솔로몬은 자신이 다윗의 공덕으로 왕위에는 올랐지만 아직 어린아이라서 백성을 이끄는 법을 알지 못한다고 겸손하게 고백한다. 그는 하느님께서 선택하신 이 위대한 백성을 올바르게 다스리기 위하여 무엇이 가장 필요한지 잘 알고 있었다. 그것은 부와 권력이 아니라, 백성의 말을 듣고 헤아릴 줄 아는 마음과, 선과 악을 분별할 줄 아는 지혜였다. 한 나라의 통치자로서 딱하고 억울한 처지에 놓인 백성의 말을 귀담아 듣는 마음과, 사리를 정확하게 분별할 줄 아는 지혜보다 더 귀중한 덕이 무엇이겠는가!

하느님께서는 솔로몬이 장수나 부, 또는 원수들의 목숨을 청하지 않고 옳은 것을 가려 내는 분별력과 지혜를 청하는 것을 기특하게 여기시어 그가 청하지 않은 부와 명예까지 주셨다. 아울러 "네가 만일 네 아버지 다윗이 걸었듯이 내 길을 걸으며, 내 규정과 내 계명을 지키면 네 수명도 늘려 주겠다"(1열왕 3,14) 하고 약속하셨다. 과연 솔로몬은 그가 태어났을 때 주님의 분부로 나탄 예언자가 붙여준 이름, 여디드야처럼 '주님의 사랑받는 이'가 되었다.

그런데 하느님께 사랑을 받던 솔로몬이 어쩌다가 주님에게서 돌아서서 그분의 진노를 사게 되었는가? 한마디로 하느님께 받은 지혜와 분별력을 이용하여 백성을 현명하게 다스리는 데에 힘을 쏟지 않고, 그분께서 덤으로 얹어 주신 부와 권력과 명예에 집착했기 때문이다. 그가 저지른 실정을 나열하자면, 우선 그의 궁정 생활이 지나치게 호화로웠다는 것이다. 궁정 식구들의 하루치 식사를 준비하려면 고운 밀가루 5천 리터, 밀 1만 리터, 집에서 기른 살진 소 10마리, 목장에서 기른 살진 소 20마리, 양 100마리, 그 밖에도 사슴, 영양, 닭 들이 많이 필요하였다. 무역이나 상업만으로는 이런 과대한 지출을 다 충당할 수 없었으므로 솔로몬은 백성에게 무거운 세금을 부과해야 했다. 그는 왕국을 열두 구역으로 나누어 세금을 징수하고, 구역마다 지방장관을 두어 돌아가면서 일 년에 한 달씩 궁정에 식량을 조달하도록 하였다. 이 밖에도 지방장관은 솔로몬의 막강한 군사력을 유지하는 데에 필요한 재정과 물품도 조달해야 했으며, 심지어 병거마 1,400마리와 기마 12,000마리를 먹이기 위한 보리와 밀짚까지 공급하였다.

둘째, 솔로몬은 엄청난 규모의 건축 사업을 무리하게 추진하였다. 주님을 위한 성전과 자기 왕궁과 부인들의 별궁을 웅장하고 화려하게 짓기 위하여 티로 임금 히람과 거래하였다. 그는 히람에게서 좋은 레바논 목재와 건축 기술을 얻어 내는 대가로 갈릴래아의 성읍 스무 개를 넘겨 주어 그곳에 사는 사람들의 원성을 샀다. 또 산에 가서 돌을 떠내고 그것을 운반하는 강제 노역에 수많은 양민들을 동원하였다. 그런데 문제는 솔로몬의 편파적인 세금 부과와 강제 노역이었다. 솔로몬은 자기 부족인 유다 지파에게는 세금을 징수하지 않고 강제 노역에서도 이 지파를 제외시켰는데, 나머지 북쪽 지파들이 이 사실을 곧 알아차리게 되었다. 그들의 불만과 분노는 결국 솔로몬이 죽은 뒤에 왕국의 분열로 이어지게 된다.

셋째, 솔로몬은 수많은 외국 여자들을 이스라엘 궁정으로 끌어들이고 그들의 우상 숭배를 허용하였다. 솔로몬에게는 아내가 700명, 후궁이 300명이나 있었다(1열왕 11,3). 외국 여자들과 정략 혼인을 하여 정치적 안정과 무역의 성공을 보장받을 수 있었지만, 대가를 지불해야 했다. 외국 여자들은 이방신들을 솔로몬 궁정에 들여왔고, 그가 당연히 이 신들을 섬기는 장소와 여건을 마련해 줄 것으로 기대하였다. 나이가 들어 판단력이 흐려진 솔로몬은 한 분이신 주 이스라엘의 하느님을 저버리고 외국 부인들과 함께 온갖 우상 숭배에 빠져들었다. 암몬 신 몰록을 숭배할 산당을 짓고, 모압 신 크모스를 위해서도 예루살렘 동쪽 '멸망의 산'에 산당을 지었다. 또 시돈의 여신 아스타롯과 암몬인들의 우상 밀곰을 섬겼다. 솔로몬이 지은 산당들은 나중에 요시야 임금이 모두 파괴하였다.

이스라엘 역사에서 가장 넓은 영토와 강력한 중앙정부를 가졌던 솔로몬 왕국은, 그가 죽은 뒤 오래지 않아 남북으로 두 동강 나고 지파 간 분쟁의 소용돌이에 휩싸이게 되었다. 솔로몬의 파란만장한 일생은 아무리 현명한 임금이더라도 하느님을 경외하고 바르게 살지 않으면 그분의 분노를 사고 백성을 불행하게 한다는 사실을 일깨워 준다.

다윗이 이스라엘 왕정을 확립한 임금이라면, 그의 아들 솔로몬은 안정된 왕정 아래에서 하느님께 받은 지혜를 바탕으로 왕국에 부와 명예를 가져다 준 임금이라 할 수 있다. 이는 히브리어로 '평화로운, 안정된'이라는 뜻을 지닌 그의 이름에 걸맞다. 그러나 1열왕 1—11장에 나오는 솔로몬에 대한 기록은 부와 명예를 가져다 준 그의 지혜보다 그가 전제 군주로서 누린 온갖 영화와 행적을 더 강조한다.

솔로몬 임금 시절의 가장 중요한 종교적 성과는 계약 궤를 시온 산에 옮기고 그곳에 성전을 지음으로써 시온을 야훼 신앙의 핵심지로 부각시킨 일이다.

4. 분열된 왕국

이 시기는 솔로몬의 죽음(기원전 933년)에서부터 북왕국의 멸망(기원전 722년)에 이르기까지 200여 년 동안이다. 이 기간의 역사는 1열왕 12—2열왕 17장에 기록되어 있는데 12명의 남쪽 유다 임금들과 19명의 북쪽 이스라엘 임금들의 치적을 전한다. 2역대 10—28장도 같은 시기의 역사를 다루고 있으나 북왕국 이스라엘보다는 유다 왕국, 특히 그 임금들에 집중하여 기록하였다.

남북 왕국 임금들의 이름과 통치 연대는 매우 혼란스럽다. 두 왕국에 같은 이름의 임금들이 나오기도 하고, 통치 연대가 겹치기도 한다. 통치 연대가 겹치는 것은 솔로몬(1열왕 1장)과 요탐(2열왕 15,5)의 경우처럼 세자가 선왕과 함께 나라를 통치하였기 때문이다. 더구나 열왕기 저자는 유다 임금들의 통치 연대와 이스라엘 임금들의 통치 연대를 서로 연결하면서 언급하는데, 이는 모순되는 연대 체계를 끌어들이는 원인이 된다. 또 열왕기와 역대기 저자가 저마다 다른 사료들에 근거하였기 때문에 다양한 연대 체계가 나오게 되었다. 여기서는 『성경』(cbck)에 따른 연대표 하나만 제시한다(다음 쪽).

가. 남북의 분단

마흔 해 동안의 긴 통치를 마감하고 솔로몬이 죽자 그의 왕국은 곧바로 갈등과 대립에 휩싸였다. 솔로몬의 방대한 건축 사업들은 무거운 세

유다와 이스라엘의 임금 연대

사울	1030-1010년경
다윗	1010-970년경
솔로몬	972-933년경

남 유다		북 이스라엘	
르하브암	933-916	예로보암 1세	933-911
아비얌	915-913		
아사	912-871		
		나답	911-910
		바아사	910-887
		엘라	887-886
		지므리	7일간
		오므리	886-875
		아합	875-853
여호사팟	870-846		
		아하즈야	853-852
		요람	852-841
여호람	848-841		
아하즈야	841	예후	841-814
아탈야	841-835		
요아스	835-796		
		여호아하즈	820-803
아마츠야	811-782		
		여호아스	803-787
		예로보암 2세	787-747
아자르야(우찌야)	781-740		
		즈카르야	747
		살룸	747-746
		므나헴	746-737
요탐	740-735		
		프카흐야	736-735
아하즈	735-716?	페카	735-732
		호세아	732-724
히즈키야	716-687		
므나쎄	687-642		
아몬	642-640		
요시야	640-609		
여호아하즈	609		
여호야킴	609-598		
여호야킨	598-597		
치드키야	597-587		

금과 부역을 요구하였으며, 수많은 일꾼들과 기술자들이 강제로 건축 현장에 동원되었다. 또한 다윗이 정복한 주변의 소왕국들을 계속 장악하고 통제하기 위해서는 크고 강한 군대를 양성하고 유지해야 했는데, 이 역시 엄청난 경비가 들었다. 더구나 백성들의 눈에 솔로몬은 이제 야훼 신앙과 부족 전통을 존중하는 임금이 아니었다. 솔로몬의 외국 부인들과 이방신들은 신심 깊은 유다인들을 분노하게 하였고, 그가 실시한 행정과 세제稅制의 편리에 따라 재편성한 열두 행정 구역은 이스라엘 열두 지파의 전통을 완전히 무시하는 것이었다. 또한 지방장관들을 모두 임금의 관할권에 직접 편입시킨 중앙 집권 체제는 지파들의 지역적 특성을 무시하고 그들 사이의 일치를 막는 통치 형태였다.

특히 다윗과 솔로몬의 통치 아래 푸대접을 받은 북쪽의 열 지파 사이에 불평과 반감이 고조되었다. 상황이 심각해지자 솔로몬의 아들 르하브암은 스켐으로 가서 지파의 우두머리들과 협상을 벌여야 했다. 그런데 르하브암은 나이 많은 신하들의 충고를 듣지 않고 젊은 신하들의 의견을 따라 부왕의 정책을 바꾸기를 거절한다. 그러자 북쪽의 열 지파가 르하브암과 유다 지파에서 떨어져 나가 반기를 들었다. 생명의 위협을 느낀 임금은 급히 남쪽 예루살렘으로 내려갔고, 북쪽 지파들의 우두머리들은 솔로몬의 부역 책임자였다가 반기를 들고 이집트로 피신해 있던 예로보암을 불러다 자신들의 임금으로 내세웠다. 이렇게 해서 이스라엘 백성은 남왕국 유다와 북왕국 이스라엘로 갈라지게 되었다. 남왕국 유다는 다윗 왕조에 충성을 바치는 유다 지파와 벤야민 지파의 일부 또는 시메온 지파의 일부로, 북왕국 이스라엘은 나머지 열 지파로 구성되었다. 북왕국 이스라엘의 임금 예로보암은 에프라임 산악 지대의 스켐을 수도로 세웠다. 북왕국의 수도는 예로보암 시절에 이미 스켐에서 티르차로 바뀌었다가 오므리 임금 시절에 다시 사마리아로 바뀌어 정착되었다.

예로보암은 백성이 예루살렘 성전에 가서 제물을 바치게 되면 민심이 남왕국으로 쏠릴까봐 금송아지 둘을 만들어 남쪽 베텔과 북쪽 단에 저마다 하나씩 두었다. 고대 근동의 기념 기둥에 보면 풍우의 신, 풍산과 파종의 신인 바알이나 하닷이 젊은 황소 위에 서 있는 모습으로 나타난다. 가나안과 이집트에서 송아지나 황소는 풍산과 힘을 상징하였다. 게다가 가나안의 최고신 엘의 상징이 황소였다. 탈출 32,4에 나오는 금송아지도 엘의 상징으로 오해될 가능성이 컸다. 그런데 1열왕 12,28에서 예로보암은 "이집트 땅에서 데리고 올라오신"이라는 전통적 표현을 사용하며, 자신이 이스라엘 백성을 노예살이에서 해방시키신 주님께 여전히 충실한 자임을 드러낸다. 그는 다만 이스라엘 백성에게 예루살렘처럼 주님께 예배드릴 장소를 제공하고자 했을 따름이다. 문제는 예로보암의 의도와는 달리 세월이 가면서 점차 일반 백성들이 베텔과 단에 세워진 금송아지를 보고 야훼 신앙과 가나안의 종교를 혼동하게 되었다는 사실이다. 나중에 북왕국이 멸망하고 난 다음 후대의 대예언자들, 곧 이사야, 예레미야, 에제키엘은 과거를 돌아보며, 예로보암이 금송아지를 베텔과 단에 만들어 세운 것이 결국 북왕국에 우상 숭배를 만연시킨 계기가 되었고 이것 때문에 하느님의 징벌이 북왕국에 내리게 되었다고 해석하였다. 이렇게 해서 남왕국 유다와 북왕국 이스라엘은 정치·종교적으로 완전히 분열되었다.

나. 분열 이후 초기의 남북 상황

남왕국과 북왕국은 강대국의 위협 앞에서 때로는 연합하고 때로는 대립하면서 경쟁 관계를 유지하였다. 두 왕국의 경계는 예루살렘에서 북쪽으로 겨우 16킬로미터 정도밖에 떨어져 있지 않았다. 이 경계 지역은 벤야민 땅이었는데, 이곳에서 두 왕국 사이의 분쟁이 끊임없이 일어났다. 유다는 이스라엘에 비하여 인구가 매우 적고 척박한 광야로 둘러싸여 있었다. 그러나 유다의 백성은 다윗 왕조에 대한 충성심으로 똘똘 뭉쳤고, 이스라엘보다 메소포타미아 강대국들의 침략 위협을 덜 받는 지역에서 살았다. 특히 야훼 신앙의 바탕인 예루살렘 성전과 계약 궤를 소유한 덕분에 온 백성의 일치를 더욱 공고히 할 수 있었다.

북왕국 이스라엘은 이즈르엘의 숲이 우거진 골짜기와 갈릴래아의 푸른 언덕을 비롯하여 팔레스티나에서 남왕국 유다에 비해 상대적으로 부유하고 비옥한 땅을 차지하였다. 또한 유다보다 인구가 훨씬 많았다. 정치적으로나 경제적으로 앞선 북왕국은 남북 협상에서 언제나 유다보다 우위에 있었다. 북왕국 이스라엘을 중심으로 남북 분단(기원전 933년)부터 북왕국의 멸망(722년)까지를 대략 살펴보자.

예로보암 1세는 스켐을 수도로 정하고, 프누엘을 요새로 만들어 그곳에 요르단 강 동부 지역의 사령부를 두었다(1열왕 12,25). 그러나 그는 곧 수도를 스켐보다 약간 북쪽에 위치한 티르차로 옮겼다(1열왕 14,17). 한편 남왕국 유다에는 르하브암 통치 제5년에 이집트의 시삭 임금이 쳐들어와 예루살렘을 짓밟았다(1열왕 14,25-26). 쇼셍크 1세라고도 불리는 시삭이 남긴 문헌에 보면 그가 정복한 유다의 여러 지역, 곧 라피아, 아얄론, 벳 아낫, 아둠밈, 벳 호론, 소코, 기브온, 므기또, 수넴, 라빠, 마하나임 등이 열거된다. 르하브암의 아들 아비얌(2역대 13,1에서는 아비야) 임금은 예로보암에게서 베텔과 여사나와 에프론을 빼앗는다(2역대 13,19).

북왕국 이스라엘은 남왕국보다 왕위 계승 분쟁이 잦았다. 이스라엘 왕국에는 서로 다른 왕조가 여럿 들어서서 그 수가 아홉에까지 이른다. 아홉 왕조 가운데 네 왕조는 한 임금만으로 끝났다. 이에 반하여 유다 임금들은 모두 다윗 왕조에 속하였다. 북왕국에서는 많은 임금이 암살되었는데, 심지어 이레짜리 임금(지므리)도 있다. 예로보암의 아들 나답은 2년을 다스리고 이사카르 집안 출신 아히야의 아들 바아사에게 살해되었다. 바아사는 예루살렘에서 북쪽으로 8킬로미터 정도 떨어진 라마를 요새로 만들고 통치 기간 내내 유다 임금 아사와 전쟁을 벌였다. 수세에 몰린 아사는 다마스쿠스의 아람 임금 벤 하닷을 끌어들여 북왕국을 치게 하였다. 벤 하닷은 이욘, 단, 아벨 벳 마아카, 킨네렛, 납탈리 전역을 점령하였다. 벤 하닷이 북왕국을 치는 동안 유다는 미츠파와 게바의 요새를 재건하고 국경의 경계와 수비를 강화하였다.

바아사는 스물네 해 동안 다스리고 아들 엘라에게 왕위를 물려 주었으나, 엘라는 왕위에 오른 지 두 해도 못되어 그의 신하이며 병거대 장수인 지므리에게 술에 취한 채 살해되었다. 이 소식이 이스라엘 군대 전체에 전해지자, 필리스티아인들이 차지한 기브톤을 공격하던 총사령관 오므리는 기브톤에서 곧바로 티르차로 올라와 왕궁에 불을 질렀다. 그 불 속에서 지므리는 타 죽었다. 지므리가 죽자 이스라엘 백성은 둘로 갈라져서 한 쪽은 티브니를, 다른 쪽은 오므리를 임금으로 내세워 따랐다. 그러다가 오므리를 따르는 쪽이 우세하여 결국 오므리가 이스라엘의 제6대 임금이 된다. 이스라엘 아홉 왕조 가운데 그래도 가장 번듯한 왕조는 오므리 왕조와 예후 왕조뿐이다. 그리고 두 왕조 가운데 오므리 왕조 때가 북왕국의 전성 시대다.

다. 오므리 왕조

아시리아 문서에 보면 이스라엘은 '오므리의 나라'로 나온다. 이 이름은 오므리 왕조가 통치를 그만둔 후대에도 계속 사용되었다. 티르차에서 6년을 다스린 뒤에 오므리는 사마리아를 세우고 수도를 이곳으로 옮겼다(1열왕 16,24). 그의 아들 아합은 시돈(페니키아) 임금 엣바알의 딸 이제벨을 아내로 맞아들이고 사마리아에 바알 신전을 지었다. 그리고 아세라 목상도 만들었다. 이 시절에 티스베 사람 엘리야가 길앗에서 이제벨의 우상 숭배에 맞서 일어섰다. 그는 이스라엘에 기근이 든 동안 크릿 시냇가와 사렙타 성읍에서 살다가 카르멜 산에서 이제벨의 예언자들과 대결한다. 바알 숭배의 허구성과 야훼 신앙의 참됨을 증명하고 바알 예언자들을 키손 시냇가로 끌고 가 거기에서 모두 죽였다.

아합 임금은 이즈르엘을 제2의 수도로 삼았다. 이곳에 나봇이라는 사람이 조상에게서 물려받은 포도밭을 가지고 있었는데, 그 포도밭은 아합의 궁전 곁에 있었다. 아합은 이즈르엘에 호화로운 궁전을 가지고 있으면서도 나봇의 작은 포도밭에 욕심을 내고 그것을 차지하여 자기 정원으로 삼으려 한다(1열왕 21장). 그러나 나봇은 자기 포도밭을 더 좋은 포도밭과 바꾸거나 좋은 값으로 팔라는 임금의 청을 거절한다. 나봇의 태도는 단순히 자기 땅에 집착하는 것이 아니라, 주님께서 나봇 가문에 주신 땅에 대한 '신학적' 의미를 충실히 받드는 것이었다(참조: 레위 25,13; 민수 36,7). 게다가 이 땅을 소유하고 있으면 자기 재산에 관한 권리를 언제든지 행사할 수 있지만, 임금에게서 다른 땅을 받게 되면 그 땅의 주인 행세를 못하는 상황에 빠질 수도 있다. 이때 아합의 외국인 아내 이제벨이 나서서 나봇을 죽이고 그의 포도밭을 남편 아합의 소유로 만든다. 이제벨의 고향인 페니키아에서는 온 땅이 본디 임금에게 속하였기 때문에, 임금이 땅을 경작하고 있는 백성이나 신하에게 적당한 값을 치르고 마음에 드는 땅을 차지하는 것은 당연하였다. 이방인들의 이런 왕권 개념을 엘리야가 나서서 이스라엘의 전통적 믿음을 토대로 비판하였다. 땅은 주님께서 각 가문에 나누어 주신 것이므로 한 가문의 테두리 밖에서 사고 팔아서는 안 된다는 것이다.

아합 시대에 아람 임금 벤 하닷이 사마리아와 아펙을 공격해 왔으나 두 번 다 이스라엘군에게 격퇴되었다. 그래도 라못 길앗 성읍만은 아람인들이 점령하였다. 아합은 당시 이스라엘의 속국이나 다름없던 유다 임금 여호사팟의 도움을 받아 이 라못 길앗을 되찾으려 하였지만 오히려 전투에서 아람 병사가 우연히 쏜 화살에 맞아 전사하였다(1열왕 22장). 미카야 예언자가 예언한 그대로였다. 아합이 죽은 뒤에 그의 아들 아하즈야가 왕위에 올랐다. 아하즈야는 사마리아 궁전의 옥상 방 격자 난간에서 떨어져 다쳤는데 이방신에게 문의한 탓으로 병에서 회복하지 못하고 즉위한 지 이태 만에 죽었다. 아하즈야는 아들이 없었으므로 그의 아우 요람이 이스라엘의 왕위에 올랐다.

모압은 오므리와 아합의 통치 아래에서는 이스라엘의 지배를 받다가 아합이 죽고 나자 반란을 일으켜 그 지배에서 벗어났다(2열왕 3장). 디본

북왕국 시대의 사마리아 성터

의 흙무덤에서 발견된, 모압 임금 메사의 비문에는 그가 아타롯과 야하츠를 함락시키고, 아로에르, 베젤, 메드바, 벳 바알므온, 벳 바못 등의 성읍들을 세웠으며, 아르논 골짜기에 도로를 냈다는 기록이 나온다. 모압의 독립과 관련된 말을 메사의 비문에서 인용하면 이렇다. "이스라엘 임금 오므리는 오랜 세월 동안 모압을 굴복시켰다. 크모스 신이 자기 나라(모압)에 분노하였기 때문이다. 그(오므리)의 아들이 뒤를 이었는데, 그 역시 '나도 모압을 굴복시키겠다'고 말하였다. 나의 치세 동안에 그가 이런 말을 하였지만, 나는 그와 그의 가문을 무찌르고 승리하였다. 이제 이스라엘은 영원히 멸망하였다"(ANET 320).

구약성경이 전하는 역사는 이보다 더 극적이다. 아합의 아들 요람과 유다 임금 여호사팟은 동맹을 맺고 에돔의 광야 길을 따라 모압을 정벌하러 나섰다(2열왕 3,6-27). 이스라엘과 유다의 원정군은 모압의 성읍 키르하레셋을 함락하였으나, 모압 임금이 왕위에 오를 자기 맏아들을 성벽 위에서 번제물로 바치자 이방신의 무서운 분노가 이스라엘군에 내려 철수하게 되었다. 전투가 이스라엘군에게 유리했는데도 갑자기 철수한 이유를 2열왕 3장의 저자는, 모압인들의 국가 신인 크모스의 노여움 앞에서 이스라엘군이 종교적 두려움에 사로잡혔기 때문인 것으로 풀이한다(참조: 민수 21,29; 1열왕 11,7; 예레 48,46). 이스라엘은 이미 오래 전부터 이방신들의 존재와 능력을 믿어 왔고, 이스라엘의 하느님께서는 이스라엘 영토 안에서만 당신의 권능을 절대적으로 행사하신다고 여겼다(참조: 창세 31,53; 판관 11,24; 1사무 26,19). 그러나 아펙의 승리(1열왕 20,23-30)와 아래에서 살펴볼 엘리야의 카르멜 산 제사(1열왕 18장)는 이런 믿음을 정면으로 부정한다.

에돔은 여호사팟 임금 시절에 유다의 속국이 되었으나, 그의 아들 여호람의 통치 때에 반란을 일으키고 자기네 임금을 세웠다. 유다 남서쪽 성읍으로 추정되는 리브나가 반란을 일으킨 것도 이때였다(2열왕 8,20-22).

아람 임금 벤 하닷이 앓고 있을 때 엘리사는 다마스쿠스에 있었다. 그는 벤 하닷이 보낸 사신 하자엘을 부추겨 자기 상전을 죽이고 아람 임금이 되게 하였다. 하자엘이 이끄는 아람 군대는 라못 길앗 전투에서 이스라엘 임금 요람에게 상처를 입혔다. 상처를 치료하려고 이즈르엘에 와 있던 요람을 유다 임금 아하즈야가 방문하였는데, 이때 엘리사가 보낸 예언자에게 기름 부음 받은 이스라엘의 군사령관 예후가 자기 상전 요람을 죽이고 유다 임금 아하즈야에게도 중상을 입혔다. 아하즈야는 므기또로 도망쳐 거기에서 죽었다.

예후 왕조의 역사에 들어가기 전에 여기서 잠시 이스라엘 왕국의 가장 위대했던 두 예언자, 엘리야와 엘리사의 생애를 살펴보자. 엘리야와 엘리사는 오므리 왕조와 부정적으로든 긍정적으로든 떼려야 뗄 수 없는 관계를 맺은 인물들이요, 신약성경 시대에까지 영향을 미친 예언자들이다. 열왕기 저자는 이 두 예언자의 활동에 많은 지면을 할애하고 그들을 오므리 왕조의 역사와 연관시킨다. 따라서 그들의 이야기는 오므리 왕조의 역사이며 이 시대의 이스라엘 역사라 할 수 있다.

라. **엘리야 예언자**

엘리야 예언자의 이야기는 1열왕 17—19; 21; 2열왕 1—2장에 나오는데, 이야기의 중심 주제는 바알 숭배를 둘러싸고 일어난 엘리야와 이스라엘의 오므리 왕조(기원전 9세기) 사이의 갈등이다. 엘리야는 특히 페니키아 출신 이제벨 왕비의 조종을 받는 아합(오므리의 아들)과 정면으로 부딪쳤다. 오므리 왕조 시대에 북왕국 이스라엘은 전성기를 맞았다. 그러나 상대적으로 정치적 안정과 평화를 이룬 이 시기에 왕실 안에서는 바알 숭배가 성행하였고, 이제벨 왕비의 주도 아래 야훼 신앙을 뿌리 뽑으려는 움직임이 일어났다. 주님을 섬기는 수많은 예언자들이 살해되고 주님의 제단 대신 바알의 제단들이 세워졌다. 이스라엘의 전통적인 신앙이 절대절명의 위기에 부닥친 것이다.

이때 티스베 사람 엘리야가 나타나 아합에게 이스라엘에 몇 해 동안 가뭄이 들 것이라고 예언한다. 아합은 엘리야가 풍우의 신 바알을 부인하기 때문에 가뭄이 닥치는 것이라고 오히려 엘리야를 비난한다. 그러자 엘리야는 아합 집안이 바알을 따랐기 때문에 이스라엘이 불행에 빠졌다고 반박한다. 누구 말이 옳은가? 엘리야는 아합에게 이스라엘 온 백성과 이제벨에게서 녹을 먹고 사는 바알의 예언자 사백오십 명과 아세라의 예언자 사백 명을 페니키아 근처 카르멜 산에 모아 달라고 요청한다. 그 당시 카르멜 산은 팔레스티나에서 유행하던 온갖 종류의 우상 숭배, 특히 바알 숭배가 성행한 곳이다. 카르멜이라는 이름 자체가 바알처럼 풍우의 신을 가리킨다.

먼저 바알의 예언자들이 황소를 잡아 장작 위에 놓았다. 그들은 온몸에 상처를 내고 절뚝거리는 춤을 추며 바알을 불렀지만, 제단과 제물에 아무런 반응이 일어나지 않았다. 이번에는 엘리야 차례다. 그는 온 백성을 가까이 부른 다음, 야곱 자손들의 지파 수대로 돌을 열두 개 가져와 그 돌로 그들이 무너뜨린 주님의 제단을 고쳐 세우고 그 위에 장작을 쌓아올렸다. 이 돌 열두 개는 모세가 세운 기념 기둥 열둘을 상기시킨다(탈출 24,4). 왕국이 남북으로 분리되었다 하더라도, 종교적 전통은 언제나 이스라엘 백성을 열두 부족의 통합체로 보았다(이사 8,14; 예레 31,1.31; 에제 37,16-19 등). 제단을 다 쌓은 엘리야는 황소를 토막내어 장작 위에 올려놓고 번제물과 장작에 마음껏 물을 붓게 하였다. 물이 제단 둘레에 흘러 넘쳐 큰 도랑을 이루었다. 엘리야가 부르짖었다. "아브라함과 이사악과 이스라엘의 하느님이신 주님, 당신께서 이스라엘의 하느님이시고 제가 당신의 종이며, 당신의 말씀에 따라 제가 이 모든 일을 하였음을 오늘 저들이 알게 해 주십시오"(1열왕 18,36). 그러자 주님의 불길이 내려와 물에 흠뻑 젖은 제물과 장작은 물론 돌과 먼지와 도랑에 흐르던 물까지 다 삼켜버렸다. 이것을 본 이스라엘 백성은 얼굴을 땅에 대고 엎드려 주님께 경배하고, 엘리야의 지시에 따라 바알의 예언자들을 키손 시냇가로 끌고 가 살해하였다. 그런 다음 엘리야는 아합에게 가서 이스라엘에 가뭄이 그치고 큰비가 내릴 것을 예고하는데, 과연 그의 말대로 이스라엘에 큰비가 내렸다.

카르멜 산에서 극적인 성공을 거두었는데도 엘리야는 다시 쫓기는 신세가 된다(1열왕 19,3 참조). 이교도 출신 이제벨 왕비가 자기 밑의 예언자들을 죽인 것에 앙심을 품고 그를 죽이기로 작정하였기 때문이다. 엘리야는 시종을 브에르 세바에 남겨 두고 자신은 광야로 나가 하느님과 대면한다. 광야는 고독 속에서 하느님을 만나는 장소다. 엘리야는 지금 지쳐 있고 자신의 소명에서 벗어나고 싶은 생각뿐이다. "주님, 이것으로 충분하니 저의 목숨을 거두어 주십시오. 저는 제 조상들보다 나을 것이 없습니다"(1열왕 19,4). 그때 하느님의 천사가 나타나 구운 빵과 물 한 병을 머리맡에 갖다 놓았다. 그는 음식을 먹고 기운을 차려 사십 주야를 걸어 하느님의 산 호렙에 도착하였다. 모세도 사십 주야를 이 산 위에서 지냈다. 이 '하느님의 산'은 이미 엘리야 시대에 순례 장소가 되었던 것 같다. 엘리야가 이곳을 찾은 것은 주님께서 모세를 통하여 이스라엘 백성에게 계시하신 곳에서 자기 믿음을 단련하기 위해서다.

호렙 산에 이른 엘리야는 그곳의 한 동굴에서 밤을 지내게 되었다. 같은 산에서 계시를 받은 모세도 동굴에 머물렀었다(탈출 33,21-23 참조). 주님께서는 엘리야에게 "엘리야야, 여기에서 무엇을 하고 있느냐?"(1열왕 19,9) 하고 물으신다. 그는 주님께 자신의 딱한 처지를 하소연한다. "저는 주 만군의 하느님을 위하여 열정을 다해 일해 왔습니다. 이스라엘 자손들은 당신의 계약을 저버리고 당신의 제단들을 헐었을 뿐 아니라, 당신의 예언자들을 칼로 쳐 죽였습니다. 이제 저 혼자 남았는데, 저들은 제 목숨마저 없애려고 저를 찾고 있습니다"(19,10). 그러자 주님께서 엘리야에게 동굴에서 나와 산 위에 서라고 하셨다. 때마침 강풍이 산을 할퀴고 바위를 부수며 지나갔다. 그러나 주님께서는 바람 가운데 계시지 않았다. 바람이 지나간 뒤에 지진이 일어났다. 주님께서는 지진 가운데에도 계시지 않았다. 지진이 지나간 뒤에 불이 일어났다. 그러나 그 불 속에도 계시지 않았다. 그 뒤에 조용하고 부드러운 소리가 들려왔다. 주님께서는 그 작은 침묵의 소리 가운데에 계셨다.

이제껏 급변하는 상황 속에서 주님께 대한 큰 열정으로 숨가쁘게 살아온 엘리야에게 이런 침묵의 소리는 생소한 것일 수 있다. 그러나 주님께서는 언제나 폭풍과 지진과 불처럼 강한 자연현상 속에서만 나타나시는 것은 아니다. 폭풍과 지진과 불은 하느님 편에서 볼 때 파괴적인 행동을 알리는 것이고, 조용하고 부드러운 소리는 주님의 창조적인 구원 행위와 연관된다. 주님께서는 폭풍우만을 관장하는 바알과 달리, 가장 작고 연약한 바람을 이용해서도 당신께서 하고자 하시는 일을 얼마든지 하실 수 있다. 엘리야는 이 침묵의 소리에서 주님의 현존을 알아보고 겉옷 자락으로 얼굴을 가린 채 동굴 어귀로 나와 섰다. 어떤 피조물도 하느님을 직접 뵈올 수 없기 때문이다. 모세도 주님 앞에서 얼굴을 가려야 했다(탈출 33,20-23).

주님께서 그 작은 소리 가운데에서 첫 번째와 똑같은 말씀으로 엘리야에게 다시 물으시고, 엘리야도 같은 대답을 주님께 드린다(1열왕 19,13-14). 엘리야는 고독과 침묵 한가운데에서 자신의 신분과 소명을 다시 확인한다. 주님께서는 지치고 절망한 그의 영혼을 폭풍과 지진과 불로 몰아붙이지 않으시고, 조용하고 부드러운 소리로 달래시듯 그에게 말씀을 건네신다. 주님께서는 엘리야의 하소연을 들으시고 오므리 왕조에 맞서 대적할 사람이 그 혼자가 아님을 확인시켜 주신다. 사팟의 아들 엘리사, 아람 임금이 된 하자엘, 님시의 아들 예후가 그의 뒤를 따를 것이다.

구약의 예언자들 가운데 가장 선이 굵은 인물 둘을 꼽으라면, 주저 없이 모세와 엘리야를 꼽겠다. 위에서 살펴본 대로 두 예언자에 대한 구약의 기록들을 비교해 보면 비슷한 점이 많다. 엘리야는 죽음을 겪지 않고 하늘로 올라갔고, 모세도 유다 전승에 따르면 승천하였다고 한다. 신약에서도 예수님의 거룩한 변모 때에 모세와 엘리야가 함께 나타난다(마르 9,2-8). 묵시 11,3-6에 보면 이름 모를 '두 증인'이 나타나 천이백육십 일 동안 예언을 한다는 내용이 있다. 묵시록 연구가들에 따르면 이 표현에서 묵시록 저자가 마음에 둔 인물은 종말에 나타날 모세와 엘리야다. 묵시문학에는 마지막 때에 나타날 사람의 아들이나 메시아는 모세와 엘리야를 동반할 것이라는 믿음이 있었다. 신약성경 저자들은 엘리야를 예수님과 곧잘 비교하는데 정작 예수님은 그를 세례자 요한과 비교하신다.

열왕기의 엘리야 이야기는 소명을 받은 사람이 지치고 절망에 빠졌을 때 어떻게 원기를 회복하고 다시 소명에 충실하게 살아갈 수 있는지 잘 가르쳐 준다. 유다교 전승에서 엘리야는 억압받는 이들의 수호성인이다(마르 15,35 참조).

마. 엘리사 예언자

엘리사는 하느님께서 엘리야를 위로하러 호렙 산에 나타나셨을 때, 엘리야의 후계자로 점지해 주신 예언자다. 엘리사는 히브리어로 '하느님은 구원이시다'는 뜻이다. 그는 갈릴래아 호수 남쪽의 요르단 계곡에 위치한 아벨 므홀라의 농부 사팟의 아들이다. 1열왕 19장에 따르면 엘리사는 어느 날 쟁기로 밭을 갈다가 엘리야를 만난다. 엘리사는 '열두 겨릿소를 앞세우고 밭을 갈고 있었다'(1열왕 19,19)고 하는데, 아마도 그의 집안 사람들이 품앗이로 그를 도우러 왔던 모양이다. 열한 쌍의 소는 다른 사람들이 부리고 열두 번째 겨릿소는 자신이 부리고 있었다. 그때 엘리야가 그에게 자기 겉옷을 던져 주었다. 이 행위로써 엘리야는 엘리사에게 자신의 능력과 예언 소명을 넘겨 주려 한 것이다. 그러자 엘리사는 밭갈던 소를 버려 두고 엘리야에게 달려와 부모에게 작별인사를 할 수 있게 해 달라고 부탁하였다. 엘리야는 엘리사가 부르심에 선뜻 응답하지 못하고 뜸을 들이려는 줄 알고 "내가 너에게 무엇을 하였다고 그러느냐?"(19,20) 하며 모든 것이 엘리사의 결단에 달려 있음을 넌지시 알린다. 예수님도 "쟁기에 손을 대고 뒤를 돌아보는 자는 하느님 나라에 합당하지 않다"(루카 9,61-62)고 하셨다.

엘리야의 우려와는 달리 엘리사는 집으로 가서 새로운 소명을 받아들이는 표시로 겨릿소를 잡아 제물로 바쳤다. 그리고 쟁기를 부수어 그것으로 고기를 구워 집안 사람들에게 먹게 한 다음 엘리야를 따라 나섰다. 엘리사는 이렇게 모든 것을 깔끔하게 정리하고 예언자의 소명을 받아들인 것이다. 엘리사가 스승을 충실하게 섬긴 몇 해가 지난 뒤, 엘리야는 자기 생애가 끝나가고 있음을 깨닫는다. 엘리야는 요르단 계곡에 있는 길갈에서 베텔 성소로 올라갔다가 예리코로 내려가고 거기서 다시 요르단 강으로 갔다. 이 여정에서 엘리야는 세 번씩이나 엘리사에게 뒤에 남아 있으라고 하지만, 충실한 젊은 제자는 스승을 결코 떠나지 않겠다며 스승의 부탁을 거절한다. 요르단 강에 이른 엘리야가 겉옷을 들어 말아서 그것으로 강물을 치니, 물이 두 쪽으로 갈라졌다. 엘리야와 엘리사 두 사람은 마른 땅을 밟고 강을 건넜다.

요르단 강을 다 건너자 엘리야는 엘리사에게 하느님께서 자신을 데려가시기 전에 자기가 그에게 해 줄 수 있는 것을 청하라고 한다. 엘리사는 엘리야가 가진 영의 두 몫을 받게 해 달라고 청한다. 여기서 엘리야가 가진 영은 예언의 영을 말하며, 이 영의 두 몫을 청하는 것은 엘리야의 후계자가 되게 해 달라는 청이다. 엘리사의 청에 엘리야는 "주님께서 나를 데려가시는 것을 네가 보면 그대로 되겠지만, 보지 못하면 그렇게 되지 않을 것이다"(2열왕 2,10) 하고 대답한다. 이로써 엘리야는 자신에게는 엘리사를 예언자로 만들 능력이 없음을 분명히 한다. 그는 다만 엘리사가 예언자가 되었는지를 알 수 있는 징표만 가르쳐 줄 뿐이다.

그들이 이야기하면서 걸어가는데 갑자기 불병거와 불말이 나타나고, 엘리야가 그 병거에 오르자 큰 회오리바람이 그를 휩싸 하늘로 데려가 버렸다. 엘리사는 슬픔을 이기지 못하여 자기 겉옷을 찢으면서 "나의 아버지, 나의 아버지! 이스라엘의 병거이시며 기병이시여!" 하고 부르짖었다(2열왕 2,12). 나중에 엘리사가 죽어갈 때에 이스라엘의 임금 여호아스도 같은 말로 외친다(2열왕 13,14). 여기서 이스라엘의 병거와 기병은 이스라엘을 지키는 보이지 않는 힘을 말한다. 그 힘은 처음에는 엘리야에게, 엘리야가 떠난 다음에는 엘리사에게 머물렀다. 엘리사는 스승이 남겨 준 겉옷을 집어 들고 되돌아와 요르단 강 가에 섰다. 그가 이 겉옷으로 강물을 치니 물이 갈라졌다. 예리코에서 온 예언자 무리가 이 광경을 지켜보고는, "엘리야의 영이 엘리사에게 내렸구나"(2열왕 2,15) 하고 엘리사를 엘리야의 정식 후계자로 맞아들인다.

엘리야의 영과 겉옷을 전수받은 엘리사는 엘리야 못지않게 훌륭한 업적을 많이 남겼다. 특히 그가 행한 기적들은 종류와 양에서 다른 예언자들을 압도한다. 죽은 예언자의 아내로서 빚으로 팔려 갈 두 아들을 둔 여인을 위하여 기름을 많게 한 기적(2열왕 4,1-7)과 수넴 여자의 죽은 아들을 살린 기적(4,8-37)은, 사렙타 과부에게 행한 엘리야의 기적과 비교할 수 있다(1열왕 17,8-24). 또 어떤 사람이 가져온 보리 빵 스무 개와 햇곡식 이삭을 많게 하여 백 명이나 되는 사람들을 배불리 먹인 기적(2열왕 4,42-44)은, 예수님의 빵과 물고기를 많게 하신 기적과 비교할 수 있다.

엘리사는 스승 엘리야한테서 하느님께 대한 확고한 열정과 큰 기적들을 행할 능력을 그대로 물려받았으면서도, 스승과 다른 면모를 보인다. 엘리야가 언제나 엄격하고 강직하며 독자적인 성격을 드러낸 데 비해, 엘리사는 필요할 때는 단호하였으나 보통은 예언자들의 무리와 잘 어울리며 더 융통성이 있고 사목적인 인물이었다. 이 같은 그의 성격을 잘 보여 주는 예가 아람 사람 나아만의 나병을 고쳐 준 이야기다(2열왕 5장).

아람 임금의 군대 총사령관으로 나아만이라는 장수가 있었다. 그는 임금의 신임을 받는 힘센 용사였으나 불행히도 나병에 걸렸다. 어느 날 이스라엘에서 데려온 여종이 나아만의 부인에게 사마리아의 한 예언자가 주인 어른의 병을 고칠 수 있을 것이라고 말한다. 그 말을 아람 임금에게 전한 나아만은 임금에게서 이스라엘 임금 요람에게 나아만의 나병을 고쳐 달라고 부탁하는 친서를 얻어서 이스라엘의 수도 사마리아에 도착한다. 아람 임금의 친서를 받아든 요람은 '내가 사람을 죽이고 살리는 하느님이란 말인가? 이는 아람 임금이 나와 싸울 기회를 찾고 있는 것이다' 하면서 자기 옷을 찢었다. 이 소식을 들은 엘리사는 나아만에게 사람을 보내어 요르단 강에 가서 일곱 번 몸을 씻으라고 이른다. 나아만이 엘리사가 일러 준 대로 요르단 강에 내려가 일곱 번 몸을 담그자 온몸이 깨끗해졌다.

나병에서 치유된 나아만은 엘리사에게 되돌아와 받은 은혜에 보답하는 뜻으로 큰 선물을 주려고 하지만, 엘리사는 단호히 거절한다. 그러자 나아만은 엘리사에게 나귀 두 마리에 실을 만큼의 흙을 가져가게 해 달라고 청하고는 '이제부터 이스라엘의 주님 말고는 다른 어떤 신에게도 번제물이나 희생 제물을 드리지 않겠다'고 다짐한다. 주님께서 사시는 땅의 깨끗한 흙을 제물을 바칠 제단을 세울 때 쓰려는 것이었다. 이민족 땅의 흙은 우상들 때문에 더럽혀져 부정하다(참조: 호세 9,3-4; 아모 7,17). 그 밖에 나아만은 엘리사에게 한 가지 용서를 청한다. 그는 아람 임금이 다마스쿠스의 신인 림몬의 신전에 예배하러 갈 때에 임금을 수행하고 함께 예배에 참석해야 하는데, 이를 용서해 달라는 것이다. 엘리사는 이 개종자의 신분과 처지를 이해하여 그에게 우상 숭배의 외적 예식에 참여하는 것을 허락한다. 이런 관용은 유배 이후 시대에 유다인들이 이방 종교와 풍습에 대하여 보인 강경한 태도(토빗 1,10-12; 1마카 1,62-63)와 대조를 이룬다. 나아만에게 취한 엘리사의 태도에서 그의 사목적 관심과 배려를 엿볼 수 있다.

엘리사는 밭에서 쟁기질을 하다가 엘리야에게 부름받은 이래 하느님의 사람으로서 쉰 해 동안 북왕국 이스라엘의 평화와 안녕을 위하여 헌신하였다. 그는 죽으면서도 이스라엘의 임금, 예후의 손자 여호아스가 눈물을 흘리는 가운데 나라를 걱정하며 숨을 거두었다. 부르심을 받았을 때 신속하고 단호하게 주변을 정리한 엘리사의 깔끔한 태도, 스승 엘리야에 대한 변함없는 충성과 존경, 예언자들의 무리를 훌륭하게 이끈 그의 지도력, 사목적 관심과 배려, 그리고 조국에 대한 사심없는 봉사 등은 모든 지도자의 귀감이다.

바. **예후 왕조**

이스라엘 임금 요람을 살해한 예후는 내친김에 요람의 어머니이자 아합의 아내인 이제벨을 죽여 땅에 묻지 않고 이즈르엘 들판에 버렸다. 그러자 이즈르엘 들판의 개들이 달려들어 이제벨의 살을 뜯어 먹고 두개골과 발과 손바닥만을 남겼다. 엘리야 예언자가 예언한 대로였다. "개들이 이즈르엘 들판에서 이제벨을 뜯어 먹을 것이다"(1열왕 21,23). 예후는 아마도 주님께 대한 충성 덕분에 엘리사 예언자에게 임금으로 추대된 것으로 추정된다. 그러나 그는 자기 방식의 개혁을 관철시키느라 너무 많은 사람을 죽여 백성의 원성을 샀다(2열왕 10,18-31).

예후 통치 시대에 사마리아를 비롯한 요르단 강 서쪽은 이스라엘 땅이었으나, 요르단 강 동쪽 아르논 계곡 곁에 있는 아로에르에서 길앗과 바산에 이르는 지역은 아람 임금 하자엘에게 넘어갔다(2열왕 10,32-33). 하자엘은 남왕국 유다에도 쳐들어왔다. 그는 필리스티아인들의 다섯 성읍 가운데 하나였으나(1열왕 2,39) 르하브암 통치 때 유다에 병합되어 전방 요새가 된 갓을 치고, 예루살렘을 공격하기 위하여 방향을 돌렸다. 그러자 유다 임금 요아스는 성전 창고와 왕궁 창고에 있는 모든 금을 하자엘에게 바쳐 재앙을 모면하였다(2열왕 12,18-19).

하자엘이 죽고 난 뒤에야 예후의 손자인 여호아스가 요르단 강 동쪽 지역을 이스라엘 영토로 되돌려 놓았다(2열왕 13,25). 그 무렵 소금 골짜기에서 에돔인들을 치고 셀라를 점령한 유다 임금 아마츠야가 이스라엘 임금 여호아스에게 싸움을 걸어왔다. 그러나 아마츠야는 벳 세메스에서 여호아스에게 패하고, 오히려 여호아스가 예루살렘을 치고 성전과 왕궁에서 온갖 보물을 약탈하였으며 사람들을 볼모로 잡아 사마리아로 데려갔다(2열왕 14,11-14).

여호아스의 아들 예로보암 2세는 하맛 어귀에서 아라바 해, 곧 사해에 이르기까지 아람에게 빼앗긴 옛 이스라엘 영토를 되찾았다. 예로보암 2세는 왕국이 멸망하기 전 이삼십 년 동안 북왕국 이스라엘에 최대의 전성기를 가져다 주었다. 트코아의 농부 아모스가 이스라엘에서 예언을 하고 호세아가 막 예언을 시작한 시기도 바로 이 임금 통치 때다.

그 무렵 유다에서는 우찌야라고도 불리는 아자르야가 아마츠야의 뒤를 이어 임금이 되었다. 그는 열여섯 살에 왕위에 올라 예루살렘에서 쉰두 해 동안 다스렸다(2열왕 15,1-2). 아자르야는 홍해의 관문이자 솔로몬의 무역로로 널리 알려진 에츠욘 게베르(엘랏이라고도 함)를 차지하고, 필리스티아인들과 싸워 갓, 야브네, 아스돗을 정복하였으며 암몬을 쳐 이겼다(2역대 26,6-10; 27,5). 그러나 그는 산당들을 없애지 않았기 때문에 하느님께 벌을 받아 죽을 때까지 나병 환자로 별궁에서 살아야 했다. 그리고 그를 대신하여 요탐 왕자가 궁전을 관리하며 백성을 다스렸다. 아자르야가 죽던 날 이사야 예언자가 소명을 받았다.

예로보암 2세의 아들 즈카르야는 겨우 여섯 달을 다스리고 이블르암에서 살룸에게 살해되었다. 이로써 예후 왕조는 끝이 난다.

사. **이스라엘 왕국의 최후**

예후 왕조를 무너뜨린 살룸은 겨우 한 달을 다스리고 사마리아에서 므나헴에게 살해되었다(2열왕 15,14). 므나헴은 팁사와 티르차를 치고, 그 성읍 주민들이 성문을 열어 주지 않았다 해서 임신한 모든 여자의 배를 가르기까지 하였다. 므나헴의 통치 시절에 아시리아 임금 풀이 이스라엘에 쳐들어왔다. 풀은 아시리아 임금 티글랏 필에세르 3세(기원전 747-727년)가 통치 영역을 바빌론까지 넓힐 때 지닌 이름이다. 티글랏 필에세르 3세의 실록에 보면, 사마리아의 므나헴은 다마스쿠스의 르친과 티로의 히람과 더불어 아시리아의 속국 임금들 명단에 끼어 있다(ANET 283). 므나헴이 아시리아 임금 풀에게 은 천 탈렌트를 주자, 풀은 이스라엘 땅에서 물러갔다. 이때부터 아시리아의 영향력이 이스라엘 왕국에 점점 커갔다.

므나헴의 아들 프카흐야는 두 해를 다스리고(기원전 736-735년), 그의 무관 페카에게 살해되었다. 2열왕 15,27에는 페카가 사마리아에서 스무 해 동안 다스린 것으로 되어 있으나 실제 통치 연대는 기원전 735-732년이었던 것으로 보인다. 페카와 아람 임금 르친이 반아시리아 동맹 제의를 거절한 유다 임금 아하즈를 공격하자(시리아(아람)-에프라엠(북이스라엘) 전쟁, 734-732년), 수세에 몰린 아하즈는 아시리아 임금 티글랏 필에세르에게 도움을 청하였다. 아시리아 임금은 다마스쿠스에 진격하여 르친을 죽이고 이어 남쪽으로 내려와 이욘, 아벨 벳 마아카, 야노아, 케데스, 하초르, 길앗, 갈릴래아와 납탈리 전역을 점령하고 이 지역을 아시리아의 영토에 편입시킨 다음, 이스라엘 백성을 아시리아로 끌고 갔다(2열왕 15,29; 16,9). 이것이 기원전 732년에 있었던 북왕국 이스라엘의 첫 번째 아시리아 유배다.

이스라엘의 마지막 임금은 엘라의 아들 호세아(기원전 732-724년)다. 그는 아시리아 임금 티글랏 필에세르 3세의 꼭두각시로서 아시리아에 조공을 바치면서 이스라엘의 한정된 땅, 곧 사마리아와 에프라임 산악 지대만을 다스렸다. 그러다가 티글랏 필에세르가 죽자, 호세아는 아시리아의 멍에에

님루드(Nimrud)에서 발견된 티글랏
필에세르 3세 실록 일부. 대영박물관 소장.

서 벗어나려고 이집트 임금 소와 결탁하여 아시리아에 반기를 들었다. 기원전 724년 티글랏 필에세르의 아들 살만에세르 5세(726-722년)는 호세아의 모반을 응징하기 위하여 사마리아로 쳐들어와 호세아를 잡아 감옥에 가두었다. 그러고 나서 722년 겨울에 사마리아를 함락하였다. 그러나 사마리아의 반군과 통치 세력이 완전히 진압된 것은 그로부터 2년 뒤인 사르곤 2세(722-705년) 때였다. 그래서 아시리아 연대기에서는 사마리아의 함락과 이스라엘의 아시리아 유배를 사르곤 2세의 치적으로 내세우며, 이때의 유배자 수를 27,290명으로 기록하였다(ANET 284). 보통 북왕국 이스라엘의 아시리아 유배를 언급할 때는 바로 이 두 번째 유배를 가리킨다. 아시리아 임금은 호세아가 다스리던 땅을 제국이 직접 통치하는 속주로 만들고 이곳에 다른 지역의 민족들을 이주시켜 살게 하였다. 이 이방 민족들과 이스라엘 민족이 섞여서 사마리아인들의 조상이 되었다. 이렇게 해서 북왕국 이스라엘은 역사의 무대에서 사라지게 되었다.

5. 홀로 남은 유다 왕국

이 시기의 연대는, 북왕국 이스라엘이 멸망한 기원전 722년부터 예루살렘이 함락된 기원전 587년까지로 비교적 상세하게 밝힐 수 있다. 2열왕 18—25; 2역대 29—36장이 이때의 역사를 전해 준다.

가. 아시리아의 식민 통치 정책

아시리아 제국은 티글랏 필에세르 3세 때부터 식민지를 효과적으로 다스리기 위하여 특별 정책을 썼다. 이 정책은 다음 세 가지 유형으로 나눌 수 있다.

첫째 유형은 아시리아 군대의 무력 시위를 본 나라들이 저항을 포기한 채 자진해서 아시리아에 예속되는 경우다. 이런 경우 아시리아 제국은 그 나라들을 위성 국가나 꼭두각시 국가로 만든다. 그런 국가들은 아시리아의 권위를 인정하고 선물을 보내며 해마다 세금을 바쳐야 한다. 그리고 아시리아의 군대에 병력을 충원해 주고 부역에도 협력해야 한다. 이에 대한 대가로 아시리아 제국은 정치적 동맹 관계를 유지하며 제국의 이익을 해치지 않는 한, 위성국의 사회·종교·내정에 거의 간섭하지 않는다. 물론 염탐꾼들을 시켜 위성국의 충성도를 점검하거나 그 동향을 감시하는 일은 게을리하지 않았다.

둘째 유형은 왕국이나 도시 국가 또는 부족들이 아시리아의 권위에 자진해서 복종하기를 거부하는 경우다. 이런 경우에는 아시리아 군대가 그들을 무력으로 정복하고 조공과 기타 의무 조항을 이행하도록 강요하며, 그들의 정치·군사·외교 정책에 깊숙이 관여한다. 아시리아 제국은 반기를 들었다 패배한 민족의 임금이나 족장에게서 제국에 충성하겠다는 약속을 받아 내고, 그들이 계속 권좌에 머무르는 것을 허락한다. 이때 아시리아는 주종조약을 통하여 정복한 나라의 종주국이 되고, 정복당한 나라는 종속국이 된다. 아시리아 관리들은 종속국에 상주하면서 종속국이 제국의 이익을 보장하는 조약을 제대로 이행하는지 감시하고 종속국의 동향을 정기적으로 아시리아 왕궁에 보고한다.

셋째 유형은 종속국이 주종조약을 파기하고 조공과 기타 의무 조항의 이행을 거부한 경우다. 이때 아시리아 제국은 곧바로 군대를 파견하여 반란군들을 무자비하게 진압하고 그들의 땅을 아시리아의 속주로 편입시켜 아시리아 군대 장수와 관리가 직접 통제하게 한다. 그리고 제국에서는 정기적으로 순찰관을 파견하여 지방 장관들이 속주를 제대로 다스리는지 살핀다. 아시리아 임금들은 속주로 편입한 나라를 효과적으로 통제하기 위하여 속주의 왕족과 귀족 등 지식인들과 백성의 일부를 제국의 다른 지역에 유배시키고, 반대로 새로 편입된 속주에는 다른 나라의 외국인들을 정착시킨다. 이는 민족주의에 바탕을 둔 반란의 움직임을 미리 차단하려는 것이다.

하지만 이상의 정책은 정확하고 일관되게 적용되지 않았다. 실제로 아시리아는 이 식민 정책을 상황과 이익에 따라 제멋대로 운영하였다. 예를 들어 북왕국 이스라엘의 경우 이 정책의 세 가지 유형을 연달아 매우 빠르게 적용하였다. 아시리아는 북왕국 이스라엘이 제국에 자진해서 복종하였는데도(기원전 738년), 강제로 종속국으로 만들고(732년), 곧이어 아시리아의 속주로 편입시켰다(722-720년). 이와는 달리 비옥한 초승달의 남서쪽 지역, 곧 페니키아와 필리스티아 도시 국가들, 유다, 암몬, 모압, 에돔, 아랍 등은 속주로 편입시키는 것을 꺼렸다. 먼저 경제적으로 이 지역은 고대 근동의 무역 중심지여서 그곳과 원만한 동맹 관계를 유지할 필요가 있었다. 그다음 정치적으로 그곳은 계속 경쟁 관계에 있던 이집트의 침입을 막는 완충 역할을 해 주었다.

아시리아의 지배와 억압과 착취는 속국이나 속주가 된 나라들에게 엄청난 부담과 고통을 주었다. 그래서 그들은 제국의 감시나 군사력이 느슨해지는 낌새가 보이면 곧잘 서로 연합하여 반기를 들었고 남쪽의 강대국 이집트가 도와주기를 기대하였다. 이런 사정을 잘 아는 이집트는 이런 소왕국들에게 끊임없이 아시리아에 대한 반란을 부추겼다. 그러나 반란은 대부분 실패로 끝났고 그때마다 반란 주체들은 감당하기 힘든 대가를 지불해야 했지만, 반란을 부추긴 이집트는 결과에 그다지 큰 영향을 받지 않았다. 한편 아시리아가 근동의 최강자로 군림하는 동안 지배를 받는 소왕국들 내부에서는 여러 파당이 생겨나게 되었다. 크게는 아시리아의 지배를 벗어나 주권을 도로 찾자는 민족주의자들과, 더 큰 고통과 억압을 불러들이지 않도록 아시리아의 지배에 순응하자는 현실주의자들 사이에서 친아시리아파, 독립파, 친이집트파, 그리고 나중에는 친바빌론파로 국론이 분열되었다. 이런 국론 분열 양상은 홀로 남은 유다 왕국에서도 예외가 아니었다.

나. 아하즈에서 아몬까지

이 시기는 아하즈, 히즈키야, 므나쎄, 아몬이 유다를 다스리던 때다.

(1) 아하즈와 반아시리아 동맹

유다는 아하즈가 다스린 시대(기원전 735-716?년)에 반아시리아 동맹을 주도한 아람 임금 르친과 그의 지지자들에게 압박을 받았다. 아하즈가 왕위에 오른 해부터 르친과 이스라엘 임금 페카는 유다의 영역을 넘보기 시작하였다(2열왕 15,37). 게다가 에돔인들이 르친의 도움으로 아라바와 네겝에서 세력을 확장하고 항구 도시 엘랏을 점령했으며(2열왕 16,6; 2역대 28,17), 필리스티아인들이 유다 남쪽 평원 지대와 네겝을 공격하여 여러 성읍을 차지하였다(2역대 28,18). 이런 외부 정세와 더불어 아하즈는 반아시리아 동맹에 동조하는 내부 세력의 압력도 받았다. 아하즈는 이사야 예언자와 예루살렘 주민들의 지원을 받으며 가까스로 버티고 있는 상태였다.

아하즈가 왕위에 오른 이듬해인 734년에 이스라엘 임금 페카는 아람 임금 르친과 결탁하여 아시리아에 반기를 들면서 아하즈에게도 반아시리아 동맹에 가담할 것을 요구하였다. 아하즈는 이사야의 충고를 받아들여 반아시리아 동맹에 가담하지 않았다. 오므리 왕조 이래 북왕국 이스라엘의 정책에 반대하기는 아하즈가 처음일 것이다. 동맹 제의를 거절당한 페카와 르친은 아시리아를 치기 전에 유다부터 먼저 공격한다(시리아-에프라임 전쟁). 아람-에프라임 동맹군이 예루살렘에 쳐들어오는 목적은, 반아시리아 동맹을 반대하는 아하즈를 폐위시키고 대신 티로의 왕실에 속하는 타브엘의 아들(이사 7,6)을 왕위에 앉히려는 것이었다. 당시에 티로 임금은 반아시리아 동맹의 열렬한 지지자였다. 역대기 저자는 이 시기에 유다 내부에서 아하즈를 암살하려던 시도가 실패로 끝났음을 알려 준다(2역대 28,7).

이사야 예언서는 아하즈의 목숨뿐 아니라 다윗 왕조의 운명 자체가 위기에 처했다고 증언한다. "아람이 에프라임에 진주하였다는 소식이 다윗 왕실에 전해지자, 숲의 나무들이 바람 앞에 떨듯 임금의 마음과 그 백성의 마음이 떨렸다"(이사 7,2). 이때 이사야 예언자가 저 유명한 임마누엘의 징표를 아하즈에게 알린다. 한 젊은 여인이 아들을 낳을 터인데, 그는 임마누엘(하느님께서 우리와 함께!)이라 불릴 것이며 어떠한 세력도 그의 생명을 위협하거나 빼앗지 못할 것이다. 이사야는 이 아이가 아직 모태에 있는 동안, 에프라임과 시리아 땅이 폐허가 되리라는 하느님의 약속을 전한다(7,10-17). 이 임마누엘 신탁은 나중에 메시아 사상의 바탕이 된다.

페카와 르친의 공격 앞에서 다급해진 아하즈는 아시리아에 원병을 요청하고 그곳의 이교 신앙도 받아들이기로 결정한다. 이사야는 아하즈의 결정에 반대하였다. 이사야가 이스라엘과 아람의 반아시리아 동맹 제의를 거절하라고 한 것은, 근동의 강대국인 아시리아에 무모한 대항을 하지 말라는 것이지 아시리아에 전적으로 매달리라는 말은 아니었다. 이사야가 염려한 대로, 유다는 이스라엘과 아람의 동맹군을 패배시키고 아하즈를 구해 준 아시리아 임금 티글랏 필에세르 3세에게 엄청난 대가를 치러야 했다. 아하즈는 예루살렘 성전의 값진 보물들을 아시리아 임금에게 바친 것은 물론, 스스로 솔로몬의 청동 제단을 치우고 다마스쿠스에서 본 아시리아식 제단을 세우며 아시리아의 종교와 경신례를 야훼 신앙에 끌어들였다(2열왕 16,7-18 참조).

티글랏 필에세르 3세는 이스라엘을 셋으로 나누어 아시리아의 지방장관이 니네베에서 직접 다스리도록 조처하고, 페카를 살해한 뒤 북왕국 이스라엘의 마지막 임금이 된 호세아에게는 사마리아와 그 주변 지역만 남겨 주면서 무거운 조공을 바치게 하였다. 그러고 나서 아시리아 임금은 유다 왕국도 자신의 종속국으로 삼고, 매년 엄청난 양의 조공과 아시리아 제국에 대한 충성을 강요하였다. 티글랏 필에세르가 죽고 그의 아들 살만에세르 5세가 들어섰을 때, 북왕국 이스라엘의 마지막 임금 호세아가 아시리아에 다시 반기를 들었다가 자신뿐 아니라 이스라엘 왕국 전체를 몰락의 길로 이끈 역사는 위에서 살펴보았다.

(2) **히즈키야와 산헤립**

북왕국 이스라엘이 멸망한 다음, 유다에서는 아하즈의 뒤를 이어 그의 아들 히즈키야가 임금이 되었다. 열왕기와 역대기 저자는 히즈키야를 유다와 이스라엘의 몇 안 되는 좋은 임금들 대열에 놓는다. 그는 왕위에 오르자 북쪽 사마리아에서 내려온 사제들과 예언자들의 지지를 받으며 모든 공적 예배를 예루살렘 성전에 집중시키는 일부터 시작하였다. 2역대 30장을 보면 히즈키야는 브에르 세바에서 단에 이르기까지 온 이스라엘을 불러 모아 예루살렘에서 파스카를 성대하게 지냈다. 이러한 조치는 나라를 잃어버린 북왕국 주민들의 민심을 예루살렘과 유다 왕국으로 돌리는 데에도 큰 도움이 되었다.

히즈키야는 왕국 전체에 흩어져 있는 지방 성소들, 곧 오래 전부터 지역 경신례의 중심이 되어 온 산당들을 모두 철거하였다. 오랫동안 이스라엘의 종교 전통과 연결되었던 이방 요소들도 빠짐없이 제거하였다. 제단 옆에 세워 놓았던 기념 기둥들과 아세라 목상들은 물론, 모세의 구리뱀을 본따 예루살렘 성전에 만들어 세운 느후스탄까지 뽑아 산산조각을 내었다(2열왕 18,4). 이 모든 개혁은 북왕국의 멸망을 중요한 교훈으로 삼으려는 정신에 힘입어 이루어졌다. 곧 북왕국의 전철을 밟지 않기 위해서는 모세의 규정을 충실히 지켜 정해진 곳에서만 주님께 예배를 드려야 한다는 것이다. 그래야만 유다의 장래가 보장된다고 여겼다.

열왕기 저자는 히즈키야를 다음과 같이 높이 평가한다. "그는 주 이스라엘의 하느님을 신뢰하였다. 그의 뒤를 이은 유다의 모든 임금 가운데 그만 한 임금이 없었고, 그보다 앞서 있던 임금들 가운데에서도 그만 한 임금이 없었다"(2열왕 18,5).

이렇게 히즈키야는 안으로 종교 개혁을 통하여 민심을 수습하는 한편, 밖으로도 안정된 외교를 펼쳐 나갔다. 처음에 그는 부왕 아하즈처럼 아시리아 통치자들 편에 서서 반아시리아 동맹에 가담하지 않았다. 그래서 사르곤 2세의 서쪽과 남쪽 정벌 사업을 기록한 비문에 보면 히즈키야의 이름이 모반자들 명단에서 빠져 있다(ANET 285). 아시리아 제국과의 주종 관계는 그에게 무거운 조공을 바쳐야 하는 부담을 안겨 주었지만, 제국의 보호 아래에서 그는 국가 재정을 전쟁에 쏟아 붓지 않아도 되었고 외국과의 활발한 무역으로 큰 부를 축적할 수도 있었다. 고고학의 발굴로 손잡이에 '임금에게 속함'이라는 글자가 새겨진 수많은 질그릇들이 히즈키야 시대의 것으로 확인되었다. 또 이 시기의 것으로 추정되는 산악 지대의 새 정착지들이 여럿 발견되었는데, 이는 그 당시 유다의 인구가 갑자기 불어난 이유를 설명해 준다.

그러나 기원전 712년 필리스티아인들의 도시 국가 아스돗이 근처의 여러 성읍과 마을을 규합하여 아시리아에 반기를 들면서 히즈키야의 마음이 바뀌기 시작하였다. 그는 715년부터 이집트를 다스리기 시작한 에티오피아 왕조(제25왕조)의 임금 샤바카(715-696년)가 반아시리아 동맹을 강력하게 지원할 것으로 잔뜩 기대하였다. 그러나 막상 전쟁이 일어나자 이집트는 도와주지 않았다. 아시리아는 반란의 주체 세력인 아스돗을 점령하고 그곳을 아시리아의 속주로 만들어 버렸다. 히즈키야는 가까스로 살아남았지만, 아시리아 임금 사르곤의 충직한 종이 될 것을 약속하고 자신을 한껏 낮추었다.

705년 아시리아 임금 사르곤 2세가 저멀리 아나톨리아 정복에 나섰다가 전장에서 죽고 산헤립(기원전 704-681년)이 그 뒤를 잇자, 제국의 동쪽에서는 바빌론에서 페르시아 만까지, 서쪽에서는 지중해 연안을 따라 이집트 경계에 이르기까지 아시리아의 멍에에서 벗어나 자유와 독립을 찾으려는 반란 세력들이 대대적으로 일어났다. 산헤립이 칼데아의 반군들과 그들의 동맹군인 엘람인들에 맞서 아시리아 남쪽에서 싸우는 동안, 히즈키야는 시리아 남쪽의 국가들과 연합하여 산헤립에 반기를 들었다. 유다를 중심으로 페니키아의 항구 도시 시돈과, 시돈이 장악한 아코까지의 해안지역, 필리스티아인들의 도시 아스클론과 에크론 등이 이 반란 세력에 가담하였다. 이번에도 아시아 서쪽 지중해 연안의 패권을 놓고 아시리아와 경쟁 관계에 있던 이집트가 지원을 약속하였다. 반란을 주도한 히즈키야는 필리스티아인들의 도시 에크론으로 쳐들어가, 친아시리아 임금인 파디를 폐위시키고 그를 포로로 잡아 와 예루살렘에 감금하였다.

701년 국내의 모반 세력을 잠재우고 왕위를 튼튼히 다진 산헤립은, 제국의 서쪽에서 일어난 반란을 진압하러 나섰다. 아스돗, 암몬, 모압, 에돔과 같은 소왕국들은 처음에 히즈키야와 더불어 반아시리아 동맹을 맺었지만, 산헤립이 쳐들어오니까 곧바로 동맹에서 떨어져 나갔다. 아시리아군은 지중해 연안을 쳐내려가는 동안 그다지 큰 저항을 받지 않았다. 시돈의 반란군을 진압하자 그곳 임금은 자기 식민지 구석진 곳으로 피신하였다. 산헤립은 그곳에 친아시리아 임금을 왕위에 앉힌 다음 필리스티아인들의 도시 아스클론으로 내려가 그곳에서도 반란을 일으킨 임금의 가문을 멸하고 그의 경쟁자를 새 임금으로 내세웠다. 산헤립은 평원 지대에 있는 엘트케, 에크론, 팀나를 차례로 함락하고 유다 고원 지대를 향하여 진군하였다.

산헤립의 저 유명한 육각기둥 승전비(왼쪽 사진)에 보면(ANET 287-288) 그는 세 번째 정벌에서 히타이트족의 땅, 곧 아람과 팔레스티나 지역에 진격하여 수많은 성읍을 공략하고 점령한 것으로 되어 있다. 이어서 산헤립은 엘트케 근처에서 벌인 전쟁에 대해 언급하는데, 그는 이 전쟁에서 이집트인들과 동맹군들을 격퇴시켰다고 한다. 그리고 에크론을 비롯한 다른 성읍들을 유다에서 해방시켰으나 예루살렘을 함락했다는 보고는 없다. 이는 2열왕 18,13—19,37; 2역대 32,1-22; 이사 36—37장의 기록과 맞아 떨어진다.

이 성경 대목들을 보면 이사야 예언자가 나서서 히즈키야를 돕는다. 반란군을 진압하는 아시리아의 주력부대는 가자 동쪽에 있는 라키스에 진을 치고 있었다. 반아시리아 봉기가 실패로 끝났다고 판단한 히즈키야는 라키스에 있는 산헤립에게 전갈을 보낸다. "제가 잘못하였습니다. 돌아가 주십시오. 그러면 임금님께서 부과하시는 것을 그대로 받아들이겠습니다"(2열왕 18,14). 산헤립은 은 삼백 탈렌트와 금 삼십 탈렌트를 요구하였다. 이 조공은 왕궁과 성전의 금고를 바닥나게 하였다. 그런데 산헤립은 이 조공만으로 만족하지 못하고 자기 장수들을 보내어 예루살렘을 완전히 장악하고 히즈키야의 항복을 받아내려 하였다. 다급해진 히즈키야와 대신들은 이사야에게 조언을 구하였다. 전에 아시리아에 반기를 들지 말라고 충고한 이사야가 이번에는 아시리아 군대에게 성문을 열어 주지 말고 용감히 저항하라고 독려하였다. "그(아시리아 임금)는 이 도성에 들어오지 못하고 이곳으로 활을 쏘지도 못하리라. 방패를 앞세워 접근하지도 못하고 공격 축대를 쌓지도 못하리라. 자기가 왔던 그 길로 되돌아가고 이 도성에는 들어오지 못하리라. 주님의 말씀이다. 나는 이 도성을 보호하여 구원하리니 이는 나 자신 때문이며 나의 종 다윗 때문이다"(2열왕 19,32-34).

히즈키야가 아시리아 군대의 오랜 포위를 막아 낼 수 있었던 것은 실로암 지하터널 덕분이었다. 그는 이사야의 조언을 받아들여 유다의 우물들을 모두 틀어막아 아시리아 대군이 물을 얻지 못하게 한 다음, 예루살렘 주민들을 위해서는 533미터나 되는 지하터널을 파고 예루살렘 성 밖에 있는 기혼 샘의 물을 실로암 못에까지 끌어들였다(2역대 32,1-8). 히즈키야가 판 지하터널은 오늘날 관광명소로 널리 알려져 있다. 2열왕 19,35; 이사 37,36에 보면 주님의 천사가 흑사병으로 아시리아 진영을 치니, 아시리아 병사 십팔만 오천 명이 쓰러졌다. 산헤립은 예루살렘에서 군대를 철수하여 니네베로 돌아갔다. 이렇게 하여 아시리아의 예루살렘 공격은 무위로 끝났다. 주님께서 히즈키야와 이사야의 기도를 들어 주신 것이다.

한편 유다는 아시리아의 침략으로 잃은 것이 많았다. 예루살렘을 제외한 유다의 모든 성읍이 파괴되었고, 히즈키야는 자신의 왕좌를 유지하고 아시리아의 재침을 막기 위하여 엄청난 조공을 아시리아에 바쳐야 했으며, 유다의 백성은 예루살렘/성전/유다가 하느님의 특별한 보호를 받아 결코 멸망하지 않으리라는 잘못된 생각을 갖게 되었다. 나중에 예레미야와 에제키엘은 불의와 악을 저지르면서도 이런 헛된 믿음에 안주하는 유다의 지도자들과 백성을 단죄한다.

(3) 므나쎄와 아시리아

히즈키야의 종교 개혁은 그의 아들 므나쎄의 친아시리아 정책 탓에 순식간에 물거품으로 돌아갔다. 므나쎄는 열두 살에 임금이 되어 마흔여섯 해 동안 다스렸다(687-642년). 유다와 이스라엘의 임금들 가운데 통치 기간이 가장 길다. 므나쎄가 어린 나이에 임금이 된 것은 아시리아가 개입하였기 때문이다. 므나쎄가 왕위에 오른 지 처음 십여 년 동안은 아시리아 관리들의 조종을 받는 친아시리아파가 섭정을 하였을 것이다. 이 시기에 아시리아 제국은 전성기를 맞는다(Pax Assyriaca). 므나쎄는 온갖 외국 종교 관습을 끌어들였다. 아시리아와 가나안의 종교 관습에 따라 바알 제단을 다시 세우고 아세라 목상을 만들었으며 해신, 달신, 별신을 숭배하였다. 또한 영아 제사, 점술, 마술, 영매가 다시 나타났다(2열왕 21,3-7). 므나쎄 치하에서 전통적인 야훼 신앙을 따르는 자들은 극심한 박해를 받았다.

유다는 아하즈 시절에 자진해서 아시리아의 위성국이 되었고, 히즈키야 시대 말년에 종속국이 되어 므나쎄에까지 이어졌다. 므나쎄는 아시리아의 세 임금, 산헤립, 에사르 하똔(기원전 680-669년), 아수르바니팔(668-627년)

의 통치를 겪었다. 그 가운데 에사르 하똔과 아수르바니팔의 연대기에 그의 이름이 등장한다. 역대기 저자는 므나쎄가 예루살렘과 그 부근에 많은 요새와 건물을 지었다고 열왕기 저자보다 더 자세하게 보고하는데, 이는 에사르 하똔이 이집트를 치기 위하여 예루살렘을 전진 기지로 삼았기 때문인 것 같다. 에사르 하똔의 연대기에 보면 아시리아의 이집트 원정을 도운 종속국 임금들의 명단에 므나쎄의 이름이 나온다(ANET 291).

므나쎄가 죽자 스물두 살의 아들 아몬이 왕위를 넘겨받았다. 아몬은 아버지의 종교혼합주의 정책을 그대로 따랐다. 그는 이태 뒤에 신하들에게 암살되었다. 그가 죽자 예루살렘 밖의 지방 백성들이 모여 암살자들을 처형하고 여덟 살짜리 요시야를 임금으로 내세웠다.

다. **요시야에서 바빌론 유배까지**

기원전 650년 이후 아시리아에는 내란이 잦았고 대제국은 서서히 붕괴되어 갔다. 아시리아의 수도 니네베는 612년 메디아와 바빌론의 연합군에게 함락되었고, 아시리아 왕국의 남은 지역도 이집트의 지원에도 아랑곳없이 605년 카르크미스 전투를 끝으로 바빌론의 수중에 떨어졌다. 이로써 바빌론 임금 네부카드네자르는 자기 왕국의 서쪽 변경을 완전히 평정하였다. 한편 유다 임금 여호야킴은 현명하지 못하게도 바빌론에게 패배하게 될 이집트와 동맹함으로써 네부카드네자르 임금의 미움을 샀다. 마침내 예루살렘이 함락되고 젊은 새 임금 여호야킨을 비롯하여 모든 왕족과 귀족이 직위를 박탈당하였다. 여호야킨의 삼촌 치드키야가 바빌론의 꼭두각시로 왕위에 올랐으나, 반란을 시도하다 587년의 전투에서 완전히 패하여 두 눈이 뽑힌 채 바빌론에 포로로 끌려갔다. 이 시대의 역사를 좀 더 상세히 살펴보자.

(1) **요시야**(640-609년)**와 종교 개혁**

요시야 임금은 고대 근동 지방의 격변기 한복판에서 외세로부터 정치적 독립 운동과 신명기 정신에 입각한 종교 개혁을 주도하였다. 아시리아의 아수르바니팔 임금은 부왕 에사르 하똔에게서 거대한 영토를 물려받았지만, 안으로는 왕위를 찬탈하려는 모반 세력과 끊임없이 맞서야 했고 밖으로는 종주와 신하의 관계에서 벗어나려는 속국들에 맞서 전쟁의 소용돌이에 휘말렸다. 먼저 이집트가 665년경에 아시리아로부터 독립을 선언하고 나섰다. 대제국의 동쪽과 북쪽에서도 메디아와 그 동맹국 리디아와 킴메리아(성경의 고메르)가 줄기찬 독립 항쟁을 벌였다. 652년에는 바빌론이 반란을 일으켜 아시리아는 그것을 평정하는 데 무려 4년이라는 세월을 보내야 했다. 왕위를 둘러싼 내부의 정쟁과 외부의 독립 항쟁은 아시리아의 인적·물적 자원을 고갈시켰고 마침내 대제국은 서서히 붕괴하기 시작하였다.

아시리아가 안팎으로 고전을 겪는 틈을 타 요시야 임금은 종교·정치적 개혁을 단행함으로써 이스라엘 민족의 부흥을 꾀하였다. 요시야 임금의 개혁에 관하여 두 가지 다른 기록이 있다. 역대기 하권에 보면, 개혁은 628년 이방신들의 산당과 이교적 경신례를 제거하면서 시작된다(2역대 34,3-7). 이 같은 종교 개혁 조치는 일찍이 선왕들도 시도한 적이 있지만 요시야처럼 전반적이고 지속적으로 진행하지는 못하였다. 개혁은 622년 예루살렘 성전을 재건하던 도중 신명기 법전의 두루마리를 발견하면서 새로운 국면을 맞게 되는데, 요시야 임금은 법전에 기록된 대로 정확하게 예루살렘의 경신례를 준수할 것을 명하고 특히 파스카 축제를 철저하게 지킬 것을 강조한다(2역대 34,8—35,19).

이와는 달리 열왕기 하권에서는 요시야의 종교 개혁이 622년 신명기 법전의 발견으로 시작되고 이 법전의 내용에 따라 개혁이 진행되었다는 인상을 준다(2열왕 22,3—23,25). 아마도 627년 아시리아 임금 아수르바니팔이 죽으면서 생긴 정치적 공백을 이용하여 요시야가 평소에 생각하던 개혁을 단행하기 시작하였고, 622년 법전의 발견으로 그의 개혁이 전면적이고 조직적인 양상으로 확산되었다고 보면 무리가 없다.

요시야가 개혁을 한창 진행시키는 동안에도 근동의 정치 판도는 급속도로 바뀌고 있었다. 아수르바니팔이 죽은 다음 해인 626년 나보폴라사르는 바빌론을 아시리아의 세력권에서 완전히 해방시키고 자신을 신바빌론 임금으로 선언하였다. 이어 614년에는 메디아가 아시리아의 옛 수도 아수르를 점령했고, 612년에는 수도 니네베가 바빌론과 메디아의 동맹군에게 함락되었다. 나훔 예언서는 니네베의 함락을 직접 목격하고 기뻐하는 한 유다인의 증언을 전한다. 한편 하란으로 도망친 아시리아의 잔여 군대는 610년에 패하였다.

이렇게 되자 바빌론의 세력이 급속도로 부상하는 것을 두려워한 이집트 임금 느코(610-595년)가, 하란을 탈환하기 위하여 바빌론에 대항하는 아시리아의 마지막 군대를 도우려고 북쪽으로 진격해 올라왔다. 609년 요시야는 군대를 이끌고 므기또에 나가 북진한 이집트의 군대와 싸우다 적군이 쏜 화살에 맞아 전사하였다(2열왕 23,29-30; 2역대 35,20-24). 요시야 임금 이후 유다의 통치자들은 이집트와 바빌론 사이를 오락가락하면서 22년 동안 한 나라에 대한 충성을 여섯 번이나 뒤집는다. 이는 당시 근동의 국제 정세가 무척 불안하고 예측하기 어려웠다는 것을 단적으로 증명한다.

요시야의 치세와 관련된 예레미야의 신탁들을 정확하게 가려내기란 그리 쉬운 일이 아니지만 일반적으로 예레 1—6; 8—9; 14—16; 18; 23장들을 이에 해당하는 대목으로 볼 수 있다.

(2) **여호야킴**(609-598년)**과 바빌론**

요시야 임금이 므기또에서 전사한 다음 4년간(609-605년)은 이집트가 팔레스티나와 시리아를 장악하였다. 이집트의 파라오 느코는 아시리아 동맹군과 함께 하란을 탈환하려다 바빌론에게 패했지만 이집트의 국경을 시리아까지 넓히는 소득을 얻었다. 유다인들은 요시야의 후계자로 그의 아들 여호아하즈를 왕위에 앉혔으나 석 달 뒤 느코가 리블라에 자리 잡은 자신의 진지로 그를 불러 그 자리에서 그를 폐위시키고 이집트로 압송하였다. 느코는 여호아하즈의 후계자로 그의 형 여호야킴을 이집트의 꼭두각시 임금으로 내세웠다. 여호야킴은 이집트의 종속국 군주 구실을 충실하게 수행하면서 책임 있는 통치보다는 자신의 지위를 강화하는 데에 더 골몰하였다(예레 22,13-19). 여호야킴의 치세 때 다시 우상 숭배와 갖가지 이교도 풍습이 판을 쳐 요시야의 개혁은 물거품이 되고 말았다.

605년 바빌론의 네부카드네자르는 카르크미스에서 이집트를 대파하고 남쪽 시리아의 하맛까지 이집트 군대를 추격해 내려왔다. 이집트 임금 느코는 본국으로 군대를 후퇴시켰다. 네부카드네자르가 604년 바빌론의 왕권을 이어받은 뒤 아스클론을 치자 이집트에게 조공을 바치던 여호야킴을 비롯한 팔레스티나 지방의 군주들은 모두 바빌론과 계약을 맺고 네부카드네자르의 신하가 되었다. 네부카드네자르는 그들에게서 조공을 받으면서 제국의 세력을 급속도로 키워갔다.

601년 네부카드네자르와 느코는 이집트 국경 근처에서 다시 맞서 치열한 공방전을 벌였지만 어느 쪽도 승산이 없자 본국에서 멀리 떠나온 네부카드네자르가 군대를 재충전하기 위하여 먼저 바빌론으로 철수하였다. 이때를 포착하여 여호야킴이 네부카드네자르에게 반기를 들었다. 여호야킴의 반역에 네부카드네자르는 곧바로 보복 조치를 내리지는 않았지만 속국인 아람과 모압과 암몬을 부추겨 유다를 괴롭혔다.

597년 네부카드네자르는 반란을 일으킨 예루살렘을 공략하기 위해서 다시 팔레스티나로 진격해 왔다. 바빌론 군대가 예루살렘을 포위 공략하던 중 여호야킴이 죽고(아마도 살해된 것으로 추정됨), 그의 아들 여호야킨(예레미야서에서 여콘야로도 불린다)이 도성이 함락되기까지 예루살렘에서 석 달 가량 유다를 다스렸다. 네부카드네자르가 예루살렘을 점령한 뒤 첫 번째 취한 조치는 여호야킨을 왕위에서 내려앉히고 대신 그의 삼촌 치드키야를 임금으로 내세운 것이었다. 폐위된 여호야킨은 칠천 명에서 만 명에 이르는 종교·정치 지도자들과 장인들과 함께 바빌론에 포로로 끌려갔다. 이것이 첫 번째 바빌론 유배 사건이다.

이 시기에 해당하는 예레미야서의 본문으로는, 살룸(여호아하즈)이 이집트로 귀양갈 것이라는 내용의 예레미야 신탁(예레 22,10-12), 여호야킴의 왕궁 건축에 대한 예레미야의 부정적 신탁(22,14-19), 예레미야의 저 유명한 '성전 설교'(7,1-15; 26,1-24), 깨진 질그릇의 상징(19,1-15), 성전 대문간 문설주에 묶였다 풀려난 예레미야의 항변(20,1-6), 네부카드네자르의 침략에 대비한 여호야킴의 단식 요청(36,9), 예레미야의 신탁을 기록하는 바룩(36,1-31; 참

조: 25,1-12), 바룩에 대한 소개(45,1-5), 아람인들을 피해 도피 중인 레캅인들에 대한 예레미야의 가르침(35,1-19), 여호야킨에 관한 기록(22,24-30), 무화과 두 광주리의 환시(24,1-10) 등을 들 수 있다.

(3) **치드키야**(597-587년)**와 바빌론 유배**

치드키야는 심성은 바르나 의지가 약한 임금이었다. 더구나 아직도 많은 사람들이 바빌론에 붙들려 간 여호야킨을 합법적 유다 임금으로 여기고 있었기 때문에 치드키야는 왕족이나 귀족들, 그리고 일반 여론을 몹시 두려워하며 살았다. 치드키야의 치세 동안 유다 내부에서는 저마다 다른 정치 성향을 띤 집단들이 서로 세력 확장을 위해 살벌한 경쟁을 벌이고 있었다. 친이집트파, 친바빌론파, 독립파 등으로 갈라진 이들의 당쟁은 치드키야가 올바른 판단을 내리고 슬기로운 정치를 펴나가는 데 큰 걸림돌이 되었다.

595/4년 바빌론 제국 안에 내란이 일어나고 동쪽에서 엘람인들이 쳐들어 오는 바람에 네부카드네자르는 시리아-팔레스티나 지역에 대한 경계를 다소 늦추게 되었다. 이 기회를 놓칠세라 에돔과 모압과 암몬과 티로와 시돈의 대표들이 예루살렘에 모여 바빌론의 멍에를 벗어버리고자 모의를 꾸몄으나 별다른 결정을 내리지 못하고 헤어졌다. 그러나 589년 드디어 치드키야는 독립을 쟁취하기로 결심하고 이집트의 설득과 지원에 힘입어 티로와 시돈을 반란에 가담시키는 데 성공한다.

588년 정월 네부카드네자르는 유다에 진격해 들어와 예루살렘을 완전히 포위한 채 다른 도시와 성읍들을 차례로 파괴하였다. 여름이 되면서 이집트의 원정군이 예루살렘을 향하여 오고 있다는 희망찬 소식이 전해지면서 바빌론이 한때 포위를 풀기도 하였다(예레 37,5). 그러나 이집트 원정군은 바빌론군에 쉽게 격퇴되고 예루살렘의 공략은 계속되었다. 그해가 저물어 갈 무렵 유다의 성읍들 가운데 남은 곳은 예루살렘과 라키스와 아제카뿐이었다(예레 34,7). 587년 치드키야는 항복하려 했으나 신하들이 두려워 결단을 내리지 못하였다. 그해 7월 마침내 바빌론 군대는 예루살렘 성벽을 부수고 성 안으로 들어왔다. 치드키야는 가까스로 성을 탈출하여 유다 광야로 피신하려고 요르단 강으로 도망쳤으나 예리코 근처에서 붙잡혀 시리아의 리블라에 진을 친 네부카드네자르 앞에까지 도보 행진을 강요당하였다. 거기서 치드키야는 눈앞에서 자신의 두 아들이 살해당하는 끔찍한 현장을 목격해야 했고, 그런 다음 두 눈이 뽑힌 채 바빌론에 포로로 끌려갔다(2열왕 25,5-7). 8월에 네부카드네자르는 친위대를 직접 이끌고 예루살렘에 입성하여 성전을 약탈하고 도시를 완전히 불태워 폐허로 만들었다. 그러고는 종교 지도자들과 행정 관리들을 다수 죽이고 나머지 왕족과 사제와 관리와 장인들을 포로로 붙잡아 바빌론으로 끌고 갔다. 이것이 두 번째 바빌론 유배 사건이다.

이 시기와 관련된 예레미야서의 대목은, 속국 대표들의 방문에 즈음하여 멍에를 걸머진 예레미야의 상징적 행위(예레 27,1-22), 예레미야와 하난야의 대결(28,1-17), 바빌론과 관련하여 물에 가라앉는 돌을 매단 책의 상징(51,59-64), 바빌론 포로들에게 보내는 예레미야의 편지(29,1-32), 치드키야 임금의 운명(34,1-7), 노예들의 해방과 재속박(34,8-22), 이집트 군대의 진격과 바빌론의 예루살렘 포위 해제(37,5-10), 예레미야의 수감(37,11-21), 웅덩이에서 구제된 예레미야(38,1-28), 밭을 사는 예레미야의 상징적 행위(32,1-15) 등이다.

(4) 예루살렘 함락 이후

예루살렘을 폐허로 만든 네부카드네자르는 유다를 바빌론 제국의 한 지방으로 편입하고 예루살렘에서 약간 북쪽에 있는 미츠파를 새 수도로 정한 뒤, 유다의 귀족 가문 출신이요 치드키야 왕궁의 의전관儀典官이었던 그달야를 유다 총독으로 임명하였다(2열왕 25,22-23; 예레 40,5). 그달야는 유다 지방의 남은 자들에게 비극을 더 당하지 않으려면 바빌론의 예속을 받아들이라고 권고한다(2열왕 25,24). 그러자 요르단 강을 건너 도피한 많은 유다인들이 그달야를 믿고 다시 돌아왔다(예레 40,11-12). 그러나 옛 왕족의 후손인 이스마엘이 몇몇 유다인 관리와 더불어 그달야의 통치를 배척하고 그를 배신자로 규정하여 살해하였다. 그들은 그달야뿐 아니라 그 측근의 바빌론 경비병들과 무죄한 미츠파 주민들까지 살해하고 바빌론 수비대의 요새를 파괴한 뒤 암몬으로 도망쳤다(2열왕 25,25; 예레 40,13—41,15). 그달야의 친구들과 미츠파의 남은 주민들은 네부카드네자르의 보복이 두려워 이집트로 도망쳤다. 이때 그들은 네부카드네자르의 복수를 피하기 위한 한 방법으로 그가 아끼던 예레미야를 바룩과 더불어 인질로 삼아 데리고 갔다(예레 42,1—43,7; 참조: 2열왕 25,26). 예레미야의 최후에 대한 기록이 구약성경에 전해지지 않은 것으로 보아, 예레미야의 전기를 기록한 사람으로 알려진 바룩이 그보다 먼저 사망한 것으로 추측된다.

예레 52,30에 보면 582년 네부카드네자르 치세 23년에 유다인들이 또다시 포로가 되어 바빌론에 끌려간 것으로 되어 있다. 이 세 번째 귀양은, 다소 늦은 감이 없지 않으나 그달야를 살해하고 미츠파를 파괴한 유다인들에 대한 네부카드네자르의 복수가 아닌가 싶다.

IV. 바빌론 유배와 페르시아 시대

1. 유배 시절의 사료
2. 유배
3. 페르시아 시대
4. 위기와 해소

»

바빌론 유배는 이스라엘 민족의 종교사에서 이집트 탈출 못지않게 중대한 사건이다. 예루살렘 함락과 유배살이로 이스라엘은 민족의 정체성을 재확인하고 창조와 역사의 주인이신 하느님을 새롭게 인식하였다. 또한 유배는 선민 이스라엘에게 민족주의적 선민의식에서 벗어나 구원의 보편주의에 눈을 뜨게 하는 계기가 되었다. 유배에서의 귀환과 회복을 예레미야는 제2의 이집트 탈출로 보았다.

1. 유배 시절의 사료史料

가. **성경의 사료**

유배 시대를 언급하는 성경 본문은 예레미야서와 에제키엘서, 그리고 제2이사야서(이사 40—55장)다. 앞에서 살펴보았듯이 예레미야는 두 번에 걸친 바빌론의 예루살렘 함락을 목격하였고(597년과 587년), 예루살렘이 함락된 뒤 그달야가 다스린 유다 공동체의 삶도 체험하였다. 또 그달야가 살해된 뒤에는 자기 의사와 상관없이 이집트로 끌려갔다(예레 43—44장). 예레미야는 597년에 바빌론으로 유배를 떠난 이들과 편지를 주고 받으면서 그곳에서의 삶이 어떤지 보고를 받은 것으로 보인다(예레 28—29장; 50—51장). 이상 몇 가지 사실만으로도 예레미야서가 바빌론과 이집트 유배에 대한 상당히 중요한 정보를 담고 있음을 알 수 있다.

예레미야의 예언직이 유배로 끝난 데 비하여, 에제키엘의 예언직은 유배 기간 동안 지속되었다. 그가 예언직을 수행한 기간은 여호야킨 임금의 유배 제5년(에제 1,2)인 593년부터 적어도 마지막 예언이 선포된 571년(29,17)까지다. 따라서 에제키엘서에 나오는 설교들과 이야기들은 바빌론 유배살이에 관한 많은 정보를 제공한다.

제2이사야서는 바빌론 유배의 거의 마지막 시기에 나온 것으로 추정한다. 이 시기에는 페르시아인들이 키루스 대왕의 영도 아래 고대 근동의 신흥 강자로 군림하기 시작하였다. 제2이사야서의 저자가 볼 때 페르시아의 급부상은 고대 근동의 판도를 새롭게 재편하고 유배자들에게 희망을 불러일으키는 사건이다. 제2이사야서에 묘사된 역사적 상황을 바탕으로, 바빌론 시대에서 페르시아 시대로 넘어가는 동안에 바빌론 유배자들이 어떤 삶을 살았는지 알 수 있다.

나. **성경 외적 사료**

바빌론과 이집트에서 발굴된 성경 외적 문헌도 디아스포라 유다인들의 삶과 지위에 관한 정보를 어느 정도 제공한다. 바빌론 문헌 가운데에는 여호야킨의 이름과 유배살이를 언급하는, 쐐기문자 토판들이 일부 남아 있다. 더구나 1893년 바빌론 도읍의 남동쪽 니푸르에서 발견된 토판에는 유다인들의 이름과 더불어 당대의 상업 활동과 토지 임대에 관한 정보가 실려 있다. 이 토판들은 기원전 5세기 후반(455-403년경), 곧 페르시아 시대의 것으로 추정되며 이 시기에 유다인들이 그 지역의 경제 활동에 깊이 관여했다는 사실을 알려 준다.

그다음 이집트에서 발굴된 수많은 아람어 문헌들은 이집트의 디아스포라 유다인들에 관한 정보를 전한다. 이 문헌들 가운데 가장 중요한 것으로 엘레판틴 파피루스를 들 수 있다. 법적 문서(결혼/이혼, 상속, 상거래 문서)와 편지로 되어 있는 이 문헌들은 20세기 초 이집트 아스완 건너편 엘레판틴 섬의 요새에서 발굴되었다. 엘레판틴 파피루스들은 이 지역의 유다인 군대 주둔지에서 나온 것으로 당대의 법적·종교적 조건과 상황들을 꽤 상세히 전해 준다. 이 문헌 역시 페르시아 시대 중간(495-399년)에 쓰였지만 바빌론 시대에 이집트에서 살던 유다인들의 삶을 짐작하는 데 도움이 된다.

가장 흥미로운 문헌은 '바고아스(에게 보내는) 탄원서'Petition to Bagoas라 알려진 예다니아(Yedaniah = Jedoniah)의 편지로, 당시 엘레판틴 유다인 공동체의 지도자였던 예다니아가 여후드(유다) 속주 총독 바고아스에게 쓴 것이다. 이 편지에서 예다니아는 3년 전 이집트 군대가 파괴한 자기네 성전의 재건을 허용해 달라고 청한다. 기원전 410년 이집트인들이 페르시아를 거슬러 반란을 일으켰을 때 그들이 유다인들의 성전을 불태우고 기물을 탈취해갔다는 것이다. 이 편지는 기원전 525년 페르시아 임금 캄비세스 2세가 이집트를 정복하기 전에 이곳에 유다교 성전이 세워져 있었음을 전한다. 그곳에서 자기들이 하늘의 주님 야후(יהו/יהה YHW=야훼)께 곡식 예물과 향 예물과 번제물을 바쳤다는 것이다. 그리고 캄비세스가 다른 이집트 신전들은 파괴하면서도 유다교 성전은 손대지 못하게 했다고 한다. 그러면서 이집트인들이 파괴한 자기네 성전을 재건하게 허락해 달라는 것이다. 또한 예다니아는 예루살렘의 대사제와 사마리아 총독에게도 지원을 요청했지만 아무 답변을 받지 못했다고 전한다. 예다니아의 편지와 함께 발견된 짧은 비망록에는 바고아스와 사마리아 총독의 아들이 보낸 답변이 요약되어 있다. 성전을 재건하여 그곳에서 곡식 예물과 향 예물을 바치라고 허락한 것이다(번제물에 관한 언급은 없다). 어떻든 이 편지 내용이 사실이라면, 엘레판틴 유다인 공동체는 페르시아 시대 이전, 바빌론 시대 또는 그보다 앞선 아시리아 시대부터 존재했을 가능성이 높다. 엘레판틴 문서에 대해서는 아래에서 좀 더 상세히 다루겠다(둘째 마당, IV. 2. 나).

2. 유배

가. 바빌론 유배

바빌론 유배는 두 차례에 걸쳐 일어났다. 597년 제1차 유배 때에는 네부카드네자르가 여호야킨을, 587년 제2차 유배 때에는 치드키야를 바빌론으로 잡아 갔다. 보통 바빌론 유배라 하면 제2차 유배를 가리킨다. 바빌론인들은 점령한 민족을 약화시키려고 왕족과 귀족과 장인들, 그 밖의 민족 지도자들을 바빌론 제국으로 끌고 갔다. 여호야킨(2열왕 24,15)과 치드키야(2열왕 25,7)의 경우에는 쇠사슬에 묶여 끌려가 감옥에 갇혔다. 그러나 561년 바빌론 임금 에윌 므로닥('마르둑신의 사람'이라는 뜻)은 여호야킨을 풀어주고 "그와 함께 바빌론에 있는 다른 임금들의 자리보다 더 높은 곳에 그의 자리를 마련해 주었다"(2열왕 25,28). 이 당시 바빌론의 행정 문서를 보면 여호야킨 임금의 이름이 식량 배급을 받는 사람들의 명단에 나오는데(ANET 308), 이는 다른 민족의 임금들이나 왕족에게 베푼 바빌론 유화 정책을 반영한다.

바빌론 유배살이 동안 왕족 외에 다른 유배자들도 비인간적인 대우를 받지는 않았다. 또 종교나 출신 때문에 다른 민족들과 비교하여 불이익을 당하는 일도 적었던 것 같다. 예레미야는 597년에 끌려간 첫 번째 바빌론 유배자들에게 충고하는 하느님의 말씀을 이렇게 전한다. "너희는 그곳에 집을 지어 정착하고, 과수원도 만들어 그 열매를 따 먹어라. 아내를 맞아들여 아들딸을 낳고, 너희 아들들을 장가보내고 너희 딸들을 시집보내어, 그들도 아들딸을 낳고 그곳에서 번성하여 줄어들지 않게 하여라. 또한 너희는 내가 너희를 유배 보낸 그곳에서 그 성읍의 평화를 구하고, 그 성읍을 위하여 주님에게 기도하여라. 너희의 평화가 그 성읍의 평화에 달려 있다"(예레 29,5-7; 참조: 2열왕 18,31-32).

유배자들은 재건이 필요한 폐허나 농사를 짓는 시골에만 정착한 것이 아니라 제국의 수도 바빌론과 다른 행정 중심지에도 이주하였다. 폐허에 정착한 경우는 많은 유다인 정착지 이름에 흙무덤을 뜻하는 '텔'이 포함된 것에서 알아볼 수 있다. 텔 멜라, 텔 하르사, 텔 아비브가 그 좋은 예들이다. 에제키엘은 크바르 강 가의 텔 아비브에 거주하였다(에제 1,3; 3,15). 크바르 강은 바빌론 남동쪽 성읍 니푸르 부근에 흐르는 유프라테스 강의 지류 가운데 하나다. 또한 무라슈Murashu라는 상업 중심지에서 나온 문서를 보면 상인들의 명단에 유다 유배자들의 이름이 8퍼센트나 차지한다. 성경 본문은 유배자들이 사유 재산(예레 29,5)은 물론 종(에즈 2,65)까지 두었으며, 그들 가운데에는 부자나 유력자도 꽤 있었던 것으로 시사한다(에즈 1,6; 2,68-69). 게다가 바빌론의 행정 관리가 될 수 있는 기회도 유다인 및 다른 민족의 유배자에게 열려 있었다.

이처럼 유배자들은 그런 대로 자유로운 생활을 하였으며 노예 신분이 아니었다. 또한 자신들의 정체성을 상실하거나 다른 민족에 동화될 압력도 받지 않았다. 다른 유배 민족들처럼 유다인들도 그들만의 공동체성과 민족적 주체성을 지킬 수 있었다. '유다/이스라엘의 원로들'(에제 8,1; 14,1; 20,1.3)과 '유배자들의 원로들'(예레 29,1)이라는 표현을 보면, 그들이 제한적이긴 하지만 어느 정도 자치권을 행사하며 전통적 관습에 따라 자기네 공동체를 통제하였음을 알 수 있다. 특히 다윗 왕손의 존재는 주체성을 회복하고 미래에 대한 희망을 잃지 않도록 해 주는 구심점이 되었을 것이다. 그들은 유배 기간 중에도 여호야킨의 통치 연호를 사용하였다(2열왕 25,27; 에제 1,2; 참조: 에제 33,21; 40,1).

이주민들은 유배 땅에서 자기네 민족 종교를 계속 믿을 수 있었다. 물론 이주민들 가운데에는 그 지역의 주민들이 섬기는 신들을 자기네 신과 혼합하여 섬기기도 하였다. 예를 들어 사마리아에 이주한 외국인들은 이스라엘의 하느님을 함께 섬기면서 자기네 신들을 계속 섬겼다(2열왕 17,24-33). 유다인들의 경우에도 이런 혼합주의 경향이 전혀 없는 것은 아니었지만(참조: 신명 4,27-28; 28,36.64; 에제 14; 20; 31장), 강력한 유일신 사상Monotheism이 유배 시절의 종교관을 주도하였다. 실제로 학자들은 고대 이스라엘에 진정한 의미의 유일신 사상이 확립된 시기를 유배 시절(또는 제2이사야 시대)로 본다. 유배지에서 유다인들은 할례, 정결례, 안식일을 철저히 준수하였으며, 일정한 장소에 모여 희생 제사를 지내지는 않았어도 주님께 기도와 찬미를 드리고 율법을 낭독하고 해석하였다. 이 모임 장소를 그리스어로 '시나고게'συναγωγή라 하는데, 신약성경에 자주 나오는 '유다교 회당'은 바로 이렇게 해서 생겨났다는 의견이 많다.

유배 시기에 가장 활발하게 예언직을 수행한 예언자로는 에제키엘과 제2이사야를 꼽을 수 있다. 에제키엘은 '유배자들'을 이스라엘 백성의 희망으로 내세웠다(에제 11,15-18). 그들은 이스라엘과 유다가 다시 하나가 될 때에 새로운 땅에서 새로운 백성으로 살아가게 될 것이다. "나는 그들에게 다른 마음을 넣어 주고, 그들 안에 새 영을 넣어 주겠다. 그들의 몸에서 돌로 된 마음을 치워 버리고 살로 된 마음을 넣어 주어, 그들이 나의 규정들을 따르고 나의 법규들을 준수하여 그대로 지키게 하겠다. 그리하여 그들은 나의 백성이 되고 나는 그들의 하느님이 될 것이다"(에제 11,19-20). 그리고 에제 40—48장에서 예언자는 변화할 팔레스티나에서 전개될 이상적 삶에 대한 청사진을 제시한다. 제2이사야는 '주님의 종'에 대한 노래 네 개로 주님께 충실한 무리나 개인이 어떻게 고통을 이겨 내고 만인에게 희망의 빛으로 떠오르게 되는지 알려 준다. 이는 바빌론 유배자들에게 걸었던 에제키엘의 기대와 희망과도 부합한다(문맥상 이 '주님의 종'이 누구인가에 대해서는 이스라엘 백성 전체, 소수의 남은 자들, 제2이사야 자신, 키루스 등 여러 가지로 생각할 수 있다). 제2이사야는 또 유배 중에 바빌론에서 겪은 종교혼합주의에 반대하여 주 하느님 말고 다른 신은 모두 무능한 우상일 뿐이며 다른 종교들은 모두 거짓이라고 단호히 선언한다. "주 이스라엘의 임금님, 이스라엘의 구원자이신 만군의 주님께서 이렇게 말씀하신다. '나는 처음이며 나는 마지막이다. 나 말고 다른 신은 없다"(이사 44,6).

나. **이집트 유배**

바빌론 유배와 비교해 볼 때, 이집트 유배는 유다인들의 운명과 역사에 별다른 영향을 미치지 못하였다. 유다인들의 이집트 유배에 관한 성경의 사료는 예레미야서(43—44; 46장) 말고는 없다. 그러나 후대 페르시아 시대에 작성된 것이긴 하지만, 성경 밖 사료로 엘레판틴 문서고의 법적 문서와 편지들이 이집트 디아스포라 공동체의 삶을 비교적 상세하게 묘사한다. 엘레판틴 문서에서 밝혀진 몇 가지 중요한 사실들을 열거하면 아래와 같다.

첫째, 엘레판틴 유다인 공동체의 기원과 기능을 밝혀준다. 이 공동체는 여자와 어린이들을 포함한 하나의 작은 군사 식민지Jewish military colony였다. 누비아와 인접한 이집트 남쪽 변방의 요새 섬 엘레판틴은 이집트 고왕국 시대부터 군사, 행정 및 무역요충지 구실을 했다. 기원전 525년 페르시아 시대부터는 이곳이 이집트에 주둔한 페르시아 군대의 중심기지가 되었다. 엘레판틴 아람어 문서는, 엘레판틴에 페르시아 시대 전부터 유다인 공동체가 발달하여 자기네 고유의 성전을 소유하고 있었음을 증언한다. 위에서 말한 대로 엘레판틴 문서 자체는 페르시아 시대 것이지만 유다인들의 성전은 그 이전부터 있었음이 확실하다. 유다인들이 정확히 언제 어떤 경로로 이집트에 들어왔는지는 분명하지 않다. 적어도 페르시아 시대에는 유다인 용병들과 그 가족들이 엘레판틴 유다인 공동체의 중심부를 차지한 것 같다. 용병들은 페르시아 임금에게서 임금을 지급받았다. 엘레판틴 유다인 공동체를 보통 '군사 식민지'라 표현하지만 그 공동체에는 용병들뿐 아니라 상업과 무역에 종사하는 민간인들도 있었다. 그리고 유다인들이 게토를 형성하며 산 것은 아니었으며 이집트인, 아람인, 바빌론인들 등과 섞여 살면서 서로 상거래도 했다.

둘째, 유다인들 가운데는 이집트인들과 혼인하여 그들을 유다 공동체로 끌어들이거나 반대로 이집트의 공동체로 넘어가는 사람들이 있었다.

셋째, 몇몇 유다인들은 지역 행정부서의 중요한 위치에 오르고 재산도 축적하였다.

넷째, 이곳의 유다인 공동체는 예루살렘이나 사마리아의 정치·종교적 권위에 연결되었다.

다섯째, 이 식민지는 제한된 범위 안에서 자치권이 허용되었으므로 유다인들은 자기네 조상들의 관습에 따라 살 수 있었다. 그리고 안식일 준수, 파스카 축제와 무교절 축제 거행과 같은 유다교의 전통을 보존하였다.

여섯째, 이 공동체는 성전을 보유하고* 이곳에서 조상들의 하느님을 섬기며 그분께 제사를 드렸다. 엘레판틴 유다인들은 예루살렘 성전 외에 다른 성전을 갖고 있는 데 대해 아무 죄책감이 없었다. 그래서 예루살렘 대사제에게 거리낌 없이 성전 재건을 도와 달라고 요청할 수 있었다.

마지막으로 엘레판틴 유다인들의 종교에는 혼합주의 요소들이 발견된다. 그들의 맹세 정식定式과 축복 정식을 보면 엘레판틴과 그 주변의 아람어 공동체에서 섬긴 시리아-팔레스티나 신들과 연관된 것들이 많다.

그런데 예레미야서는 이집트 디아스포라 공동체에 대해 매우 부정적 견해를 드러낸다. "이집트 땅에 있는 모든 유다인이여, 주님의 말씀을 들으시오. 만군의 주 이스라엘의 하느님께서 이렇게 말씀하십니다. '너희와 너희 아내들은 입으로 말한 것을 행동으로 다 이루었다. 너희는 하늘 여왕에게 향을 피우고 그 여신에게 술을 부어 바쳐, 너희가 한 서약을 반드시 실천하겠다고 하는구나. 너희 서약을 채울 테면 채워 보고, 너희 서약을 실천할 테면 실천해 보아라!' 그러므로 이집트 땅에 사는 모든 유다인이여, 주님의 말씀을 들으시오. '내가 나의 위대한 이름을 걸고 맹세한다. ― 주님께서 말씀하신다. ― 온 이집트 땅에서 어떤 유다 사람이라도, '주 하느님께서 살아 계시는 한!'이라고 하면서 입으로 내 이름을 더 이상 부르지

* 엘레판틴의 성전은 탈출기에 묘사된 만남의 천막과 비슷한 모양으로 추정된다. Rosenberg, "The Jewish Temple at Elephantine", 4-13 참조.

못하게 하겠다. 이제 나는 그들에게 복이 아니라 재앙을 내리려고 지켜본다. 이집트 땅에 있는 모든 유다 사람들은, 칼과 굶주림으로 그들 가운데 마지막 사람까지 전멸할 것이다. 칼을 피하여 이집트 땅에서 유다 땅으로 돌아갈 사람들은, 그 수가 얼마 되지 않을 것이다. 그리하여 이집트 땅에 정착하려 들어온 유다의 남은 자들은 모두, 나와 그들 가운데 누구 말이 들어맞는지 알게 될 것이다'"(예레 44,24-28).

유다 포로민들이 바빌론이나 이집트에서 상당한 지위와 부를 차지하면서 점차 안정을 찾아갔다 할지라도, 망국의 한과 타향살이의 서러움은 그들 마음을 무겁게 짓눌렀다. 시편 저자가 이를 잘 표현하였다.

> 바빌론 강 기슭
> 거기에 앉아
> 시온을 생각하며 우네.
> 거기 버드나무에
> 우리 비파를 걸었네.
> 우리를 포로로 잡아간 자들이
> 노래를 부르라,
> 우리의 압제자들이 흥을 돋우라 하는구나.
> "자, 시온의 노래를 한 가락
> 우리에게 불러 보아라."
> 우리 어찌 주님의 노래를
> 남의 나라 땅에서 부를 수 있으랴?

예루살렘아, 내가 만일 너를 잊는다면
내 오른손이 말라 버리리라.
내가 만일 너를 생각 않는다면
내가 만일 예루살렘을
내 가장 큰 기쁨 위에 두지 않는다면
내 혀가 입천장에 붙어 버리리라(시편 137,1-6).

유배 시절은 문필 활동이 활발했던 때다. 새로운 법전이 출간되었고 옛 문헌들이 수정·보완되었다. 이 시기에 편집 활동을 벌인 문필가들은 주로 사제계급 출신이다. 나중에 예루살렘 성전에 대한 그들의 사제적 열정이 귀향길에 선 유다 포로민들을 끌어 모으는 원동력이 되었다. 이 시기의 신명기계 역사가들의 문필 활동도 주목해야 한다. 이들은 신명기를 비롯한 모세오경의 편집뿐 아니라 신명기계 역사서(여호수아기에서 열왕기 하권까지)와 예레미야서 등의 편집에 관여한 것으로 추정된다.

3. 페르시아 시대(기원전 539-330년)

가. 귀향

바빌론 대제국은 처음에 '비옥한 초승달'과 함께 메디아 왕국을 차지하고 있었고, 아나톨리아에는 리디아 왕국이 자리 잡고 있었다. 기원전 550년 메디아 왕국에 조공을 바치던 페르시아 소왕국의 통치자 키루스는 자기가 섬기던 메디아 임금 아스티아게스를 꺾고 그의 왕국을 차지하였다. 키루스는 계속해서 서쪽으로 진군해 들어가 리디아도 굴복시켰다. 이쯤되자 왕위 계승 분쟁으로 허약해진 바빌론 제국은 싸우지도 못하고 광대한 영토를 키루스에게 고스란히 넘겨 주었다. 539년 수도 바빌론에 입성한 키루스는 거대한 제국의 대왕으로 군림한다. 525년 그의 아들 캄비세스 2세는 펠루시움Pelusium에서 이집트 프삼메티쿠스 3세의 군대를 격파하고 헬리오폴리스와 멤피스를 점령한 다음 나일 강 상류로 쳐올라갔다. 페르시아 제국의 정치와 행정구조를 확립한 임금은 다리우스 1세 대왕이다. 그는 키루스의 후손이 아니라 파르티아의 태수 히스타스페스의 아들이었다. 그래서 그는 자기 왕위의 정통성을 조로아스터교의 가장 위대한 신 아후라 마즈다에게 인정받았다는 것을 드러내려고 521년 베히스툰 성산의 지상 100미터 절벽면에 가로 25미터, 세로 15미터로 비문과 부조를 새겨 놓았다. 이것이 이른바 베히스툰 비문Behistun Inscription이다. 이 비문에서 다리우스 임금은, 자신이 왕좌에 오른 뒤 일어난 반란자들을 물리치고 왕권을 확립한 과정을 묘사하고 있다. 승리를 아후라 마즈다 덕분으로 풀이함으로

다리우스 임금이 왕좌에 오르게 된 경위를 기록한 베히스툰 비문. 비문 중앙 상단에 조로아스터교의 핵심 상징인 '파라바하르'(Faravahar)가 있다.

써 자신의 왕권을 정당화한다. 한편 이 비문은 고대 쐐기 문자의 해독에 결정적 구실을 하였다. 같은 내용을 고대 페르시아어, 엘람어, 바빌로니아어 세 가지 언어로 새겨놓았기에 각 쐐기 문자의 비교 연구를 가능케 했기 때문이다. 다리우스 대왕은 키루스 시대의 수도 파사르가데를 제쳐두고 페르세폴리스를 제1수도로, 수사를 제2수도(겨울 궁)로, 엑바타나를 제3수도(여름 궁)로 정하였다. 또한 그는 통화 체계를 단일화하고 아람어를 제국의 공식 언어로 확립하였다.

페르시아 왕국은 두 가지 점에서 '비옥한 초승달' 내의 다른 왕국들과 달랐다. 첫째, 페르시아는 그 당시 성경 저자들에게 알려진 세계를 완전히 장악한 초강대국이었다. 둘째, 이 왕국은 탁월한 행정력과 현명한 정책으로 여러 식민지 민족들을 원만하게 다스려 나갔다. 우선 제국을 주(州, Satrapy 또는 속주Province)들로 나누고 각 주에는 지방관(사트라프Satrap 또는 총독)을 두어 감독하게 하였으며 정복민들에게 어느 정도의 자치권을 인정해 주었다. 페르시아 제국에서는 지배층을 다른 나라로 유배 보내는 일도, 정복민들을 분열시키려는 시도도 없었다. 아시리아와 바빌론의 유배 정책은 자기네가 정복한 민족들을 분산시키거나(아시리아) 집단 이주시킴으로써(이집트) 반역을 원천적으로 봉쇄하는 것이었다. 그러나 바빌론을 점령한 키루스 대왕은 이 정책을 완전히 바꾸었다. 페르시아인들은 자기네가 정복한 민족들이 제 고장에서 그들의 종교를 믿고 살 수 있도록 허락해 주면 더 쉽게 식민 통치에 협조할 것으로 여겼다. 그리하여 키루스는 고국을 떠나온 유배자들에게 원하기만 하면 언제든지 고향으로 돌아가 자기네 도성과 성전을 다시 세울 수 있도록 허락하였다. 히브리인 유배자들도 예외가 아니었다. 이러한 관용 전책은 '키루스의 원통형 인장'Cyrus Cylinder에서 확인된다.

539년 가을 바빌론을 정복하고 '바빌론의 임금'이라는 칭호를 얻은 키루스는 538년 바빌론에서 유배살이하는 모든 유다인에게 고향으로 돌아가도 좋다는 칙령을 반포하였다고 성경은 전한다(2역대 36,22-23; 에즈 1,1-4). 그런데 많은 유다인들이 폐허가 된 유다로 돌아가기보다 바빌론에 남아 있기를 원하였고 고향으로 발길을 옮긴 사람들 무리는 소수였다.

바빌론에서 예루살렘으로 돌아감은 유다인들에게 제2의 이집트 탈출과 같았다. 모세의 영도 아래 이루어진 첫 번째 이집트 탈출은 하느님께서 이스라엘 민족의 역사를 시작하시고 그 역사에 개입하신 사건이다. 하느님께서는 히브리인들을 이집트의 종살이에서 해방시키시어 그들을 한 민족으로 만드시고 광야에서 그들을 먹여 살리셨으며 약속의 땅으로 인도하셨다. 그들은 시나이 산에서 하느님을 올바로 예배하고 약속된 땅에

키루스의 원통형 인장 앞면
길이 22cm x 최대 직경 10cm
런던 브리티시 뮤지엄 소장

서 축복의 삶을 누리는 데에 필요한 계약과 율법을 하느님한테서 받았다. 제2의 이집트 탈출인 예루살렘으로의 귀환도 하느님께서 이스라엘을 해방시키시고 그들을 돌보시며 새로운 민족으로 다시 나게 하신 사건이다. 그분께서는 예루살렘으로 돌아오는 이스라엘 집안과 새 계약을 맺으신다(예레 31,31-34).

유다 제후 세스바차르와 더불어 바빌론을 떠나 예루살렘에 도착한 소수의 유다인들이 제일 먼저 착수한 일은 성전 재건이었다(에즈 1,11; 5,14-16). 키루스 대왕이 건축 허가를 내주었고, 바빌론에 남아 있는 유다인들이 재정적 뒷받침을 해 주었다. 또한 예언자 하까이와 즈카르야가 정신적 지주 역할을 했다. 팔레스티나에 남아서 다른 종족들과 어울려 살던 '그 땅의 백성'이 예루살렘으로 돌아와 성전 재건에 힘을 쏟는 유다인들을 방해하였지만 성전은 마침내 완공되어 515년 봉헌식을 올렸다.

나. 에즈라와 느헤미야

페르시아 시대는 구약성경의 마지막 시대인 동시에 제2성전 시대로 들어서는 관문이다. 19세기 말까지만 해도 이 시대에 관하여 별로 알려진 바가 없었으나, 20세기에 들어와서 이집트의 엘레판틴 문서와 예리코 근처의 '와디 달리예 문서'(Wadi Daliyeh Manuscript = Samaria Papyri)를 비롯하여 여러 가지 문헌과 유적 등, 페르시아 지배 아래 놓인 히브리인들의 삶을 밝혀 주는 새로운 자료들이 상당수 발굴되었다. 페르시아 시대에 관한 정보를 전해 주는 구약성경 본문은 2역대 36장, 에즈라기와 느헤미야기, 몇몇 시편, 그리고 유배 이후 시대의 예언서(하까이서, 즈카르야서, 말라키서)와 에스테르기다. 성경 밖 사료와 성경 본문을 바탕으로 페르시아 시대의 왕정 연대기를 표와 같이 밝힐 수 있다.

페르시아 아케메니드 왕조 임금 연대

키루스 대왕	기원전 551-529년
캄비세스 2세	530-522년
가우마타	522년
다리우스 1세 (히스타스페스)	522-486년
크세르크세스 1세 (아하스에로스 1세)	486-464년
아르타크세르크세스 1세 (론지마누스)	464-424년
크세르크세스 2세 (아하스에로스 2세)	423년
다리우스 2세 (노투스)	423-404년
아르타크세르크세스 2세 (므네몬)	404-359년
아르타크세르크세스 3세 (오쿠스)	359-338년
아르세스	338-336년
다리우스 3세 (코도만누스)	336-330년
(330년에 알렉산드로스 대왕에게 정복당함)	

이 시대의 주역은 느헤미야와 에즈라다. 이 두 사람이 이룬 업적들을 중심으로 이 시대의 이스라엘 역사를 성경 본문의 증언에 따라 살펴보면 아래와 같다.

키루스 대왕의 칙령이 반포되자 제후 세스바차르, 여콘야의 손자로서 다윗 왕조의 계승권이 있는 즈루빠벨, 대사제 스라야의 손자로서 그 역시

대사제인 예수아 등 출중한 지도자들이 이끄는 여러 무리의 유다인들이, 아마도 서로 다른 시기에 바빌론에서 예루살렘으로 돌아왔을 것이다(에즈 1—2장). 예루살렘에 도착한 그들은 제사 제도를 다시 부활시키고 성전 재건에 착수하였다(3,1-13).

유배에서 돌아온 유다인들은, 그 옛날 북왕국에 속했던 사마리아의 주민들이 찾아와서 예루살렘 성전을 재건하는 일을 돕겠다고 나섰으나 거절하였다. 그러자 사마리아 주민들은 돌아온 유배자들과 원수가 되어 성전 재건을 방해하였다. 그들은 성전 재건에 비협조적인 유다 동족과 공모하여 성전 건축을 일시적으로 중단시켰다(에즈 4장). 십여 년이 지난 뒤에 예언자 하까이와 즈카르야가 백성을 독려하여 다시 일을 시작하도록 하는 한편, 페르시아 임금 다리우스 1세에게서 성전 공사 허가를 얻어 냈다. 마침내 515년 성전 건축은 마무리되고 예루살렘 성전에서 예배가 재개되었다(에즈 5—6장).

그 뒤 사제이자 율법 학자인 차독 가문 출신 에즈라가 아르타크세르크세스 1세 임금의 칙령을 가지고 예루살렘에 도착한다(에즈 7,2). 에즈라는 종교 제도·전례·윤리와 관련된 개혁을 강력하게 추진한다. 특히 이민족과의 혼인을 단죄하고 이방인 여자들과 헤어질 것을 요구한다. 백성들은 에즈라의 요구를 받아들여 이방인 아내와 자식들을 내보낸다(에즈 7—10장). 에즈라는 느헤미야기의 처음 일곱 장에는 나오지 않으나 8장에 다시 나온다. 아마도 그가 유다를 떠나 수사에 있던 페르시아 임금에게 갔다가 나중에 돌아온 것 같다.

445년경(느헤 1—2장) 느헤미야가 유다 지방의 총독으로 임명받아 예루살렘에 도착한다. 호론 사람 산발랏과 암몬 사람 관료 토비야가 계속 반대하고 방해해도(느헤 2,10.19; 4; 6장), 느헤미야는 예루살렘 도성의 성벽을 다시 쌓고 경제를 부흥시키며 전례 개혁을 추진한다. 느헤미야기에서 중요한 대목은 8장으로, 유일하게 이 대목에서 에즈라와 느헤미야가 함께 활동한다. 느헤미야와 온 백성이 '물 문' 앞 광장에 모여 있을 때 에즈라가 율법서를 봉독하고 레위인들이 백성에게 봉독된 율법의 내용을 풀어 설명한다. 이 예식 바로 다음에 율법을 개인과 공동체의 삶에 연결하는 쇄신 서약이 이어진다(느헤 10장).

느헤미야는 아르타크세르크세스를 방문하고 432년 예루살렘에 돌아왔다(느헤 13장). 그의 부재 중에 느헤미야의 최대 적수 토비야를 포함한 여러 이방인들이 성전에 들어가는 허락을 받았다. 대사제 엘야십의 손자가 토비야와 한통속인 산발랏의 딸과 혼인하는 바람에(느헤 13,28) 엘야십은 토비야와 가까운 사이가 되었고, 그에게 성전 경내에 거주할 방을 내주기까지 하였다. 페르시아에서 돌아온 느헤미야는 곧바로 이방인들을 성전에서 추방하고, 레위인들을 지원하기 위한 십일조 제도와 안식일 규정을 철저히 지키도록 조처하였으며, 이방인들과의 혼인도 다시 금지하였다(느헤 13,4-31). 어떤 전승에서는 느헤미야가 예루살렘 성전에서 토비야를 추방한 사건을 사마리아인들이 그리짐 산에 성전을 건립한 계기로 본다. 14세기 사마리아 출신의 연대기 작가 아불파트Abu'l-Fath는 자신이 쓴 『사마리아 연대기』에서 그리짐 성전의 건축 시기를 페르시아 시대로 잡고 있다. 저자가 이전 전승들을 모아서 썼다는 이 연대기는, 아담부터 무함마드 시대에 이르는 사마리아 역사를 개관한다. 그러나 요세푸스는 사마리아 성전 건립을 알렉산드로스 대왕 시대에 있었던 사건으로 본다(『유다 고대사』 11.304-310; 11.322-324). 최근의 고고학적 발굴 결과는 그리짐 산에 사마리아인들의 성전이 있었음을 보여주는데 그 건축 시기에 대해서는 정확히 알 수 없다. 발굴 터가 전반적으로 헬레니즘 시대 것으로 추정되지만 페르시아 시대에 유래한 유물과 지층이 발견되어 그 성전이 페르시아 시대에 처음 세워졌을 가능성을 시사한다. 적어도 페르시아 또는 헬레니즘 시대에 사마리아에도 예루살렘 성전과 비슷한 야훼 성전이 있었음은 거의 확실하다.*

예배 장소를 비롯하여 그 밖의 종교 문제를 두고 사마리아인들과 유다인들이 겪은 갈등과 불화는, 사마리아와 유다가 둘 다 '강 건너 지방'(유프라테스 강 서부)이라 불리는 페르시아의 속주에 속하면서 더욱 심화되었다.

에즈라 시대에 페르시아에서 살던 유다인들에게 일어난 일에 관해서는 에스테르기가 전한다. 에스테르는 사촌 모르도카이와 함께 수사에 사는 유다 처녀였다. 에스테르와 모르도카이는 둘 다 이방신의 이름에서 유래한다. 에스테르는 아스타롯, 모르도카이는 마르둑의 히브리식 음역이다. 이 같은 개명은 아마도 자신들의 유다 신분을 박해의 위험에 노출시키지 않으려는 의도에서 비롯되었을 것이다. 아름다운 유다 처녀 에스테르는 아하스에로스라 불리는 크세르크세스 1세(칠십인역 에스테르기에서는 아르타크세르크세스 1세)의 왕비가 되어, 유다인들을 말살하려는 총리 대신 하만을 제거하고 페르시아에서 박해를 받으며 사는 동족 유다인들의 삶을 보호한다. 그러나 에스테르의 이야기는 실제 역사와는 거리가 있다. 에스테르기는 이 시대의 유다인 말살 정책 앞에서 아무 대항도 해보지 못한 유다인들의 소망을 이야기 형태로 표현한 것이라 할 수 있다.

---

* Minnick, "A Samaritan Temple to Rival Jerusalem on Mount Gerizim", 21-29.

페르세폴리스의 아하스에로스 궁

페르시아 시대를 마감하는 시기에 이스라엘 영토에서 무슨 사건이 있었는지를 알려 주는 사료는 별로 남아 있지 않다.

페르시아 시대의 이스라엘 역사에서 특기할 만한 사항을 정리해 보면 아래와 같다. 첫째, 이 시대에는 히즈키야 치세에 이미 유다인들에게 알려진 아람어가 히브리어 대신 일상어로 자리 잡았다(2열왕 18,26 참조). 둘째, 정치적으로 페르시아의 속주로 편입된 유다 공동체는 예루살렘 성전을 중심으로 민족의 명맥을 유지하는 일종의 작은 성전 국가였다. 셋째, 그러나 종교적으로는 성전 예배와 율법 준수를 강조하며 민족적 정체성과 전통을 확고히 다졌다. 넷째, 이 시대의 유다 공동체는 북쪽의 이웃인 사마리아인들과 앞으로 수세기 동안 지속될 긴장과 갈등 관계에 들어섰다.

다섯째, 미쉬나(아봇 1-2)와 탈무드에 따르면 '대회당'the Great Synagogue또는 '대집회'the Great Assembly라 불리는 정치·종교적 기구가 있어 유다 공동체를 통제하였다. 학자들은 '대집회'의 시작을 에즈라와 그 동료들이 온 백성을 소집하여 모세의 율법서를 낭독하고 가르친 '거룩한 집회'(느헤 8—10장)에서 찾는다. 이 기구의 회원은 85명 또는 120명 정도로 구성되었으며, 450-200년경 유다 사회의 여러 가지 일들, 특히 종교와 관련된 사항들을 통제하였다고 한다. 대회당의 실체와 성격에 관해서는 학자들 사이에 논란이 있지만, 적어도 이 같은 통제 기구의 필요성과 실존 가능성은 후대의 유다교 최고 의회인 산헤드린을 준비한다고 할 수 있다. 마지막으로 이 시대의 유다 공동체는 외부의 종교와 문화에 영향을 받았다. 페르시아인들의 지배 아래에서 적어도 몇몇 유다인들은 조로아스터교로 알려진 페르시아 고대 종교와 접촉한 것으로 보인다. 또 고고학자들은 알렉산드로스 이전의 그리스식 토기들을 이스라엘 땅에서 발굴해 냈다. 특히 팔레스티나 해변가의 도시들에서 이 시대의 것으로 확인된 그리스 유물이 많이 나왔다.

4. 위기와 해소

가. 유배와 페르시아 지배로 유다인들에게 닥친 위기

바빌론 유배 이전에 이스라엘 민족의 주체성과 종교를 대표하는 세 가지 상징은 땅과 왕정과 예루살렘 성전이다. 기원전 587년 바빌론의 예루살렘 침략과 파괴로 유다인들은 이 세 가지를 한꺼번에 잃어버렸다. 먼저 땅은 하느님께서 이스라엘 신앙의 선조 아브라함과 계약을 맺으실 때 약속하신 첫째 내용이다. "나는 네가 나그네살이하는 이 땅, 곧 가나안 땅 전체를 너와 네 뒤에 오는 후손들에게 영원한 소유로 주고, 그들에게 하느님이 되어 주겠다"(창세 17,8; 참조: 12,1; 13,15). 따라서 땅의 상실은 하느님의 약속이 취소되는 것을 뜻하였다.

그다음 왕정은 민족·종교적 중요성을 담고 있다. 이스라엘에게 하느님은 언제나 유일한 참임금으로 남아 계시지만, 현실에서는 다윗 가문의 임금들이 그분을 대표한다. 하느님은 다윗에게 그의 후손들이 이스라엘을 영원히 다스릴 것이라고 약속하셨다(2사무 7,12-16). 그런데 다윗 왕조의 통치는 바빌론인들의 침입으로 맥이 끊겼다. 이스라엘 백성은 충격과 당황 속에서 하느님의 약속을 믿어야 하는지, '너희는 내 백성이고 나는 너희의 하느님'이라고 하신 그분과의 관계가 아직도 유효한지 깊은 회의에 빠지게 되었다. 다윗 왕조의 멸망을 두고 그들이 받은 충격이 시편 89편에 잘 드러난다. "당신 종과 맺으신 계약을 파기하시고 그의 왕관을 땅바닥에 내던져 더럽히셨으며 그의 성벽들을 모두 헐어 버리시고 그의 성채들을 폐허로 만드셨습니다. … 그의 영광에 끝을 내시고 그의 왕좌를 땅바닥에 내던지셨으며 그의 젊은 날들을 짧게 하시고 그를 수치로 덮으셨습니다. 주님, 언제까지나 영영 숨어 계시렵니까? 언제까지나 당신의 진노를 불태우시렵니까?"(시편 89,40-47)

마지막으로 예루살렘 도성과 그 성전은 백성 가운데 자리 잡은 그분의 현존이다. 시편 48편은 거룩한 산에서 하느님이 당신 백성과 함께 누리시는 복된 현존을 노래한다. "아름답게 솟아오른 그 산은 온 누리의 기쁨이요 북녘의 맨 끝 시온 산은 대왕님의 도읍이라네. 하느님께서 그 궁궐 안에 계시며 당신을 성채로 드러내신다"(시편 48,3-4). 그런데 이제 예루살렘 성전이 파괴되고 도성 전체가 폐허로 변하였다. 하느님께 찬미와 예배를 드리고 사제들이 임금과 나라와 백성을 위하여 제사를 바치던 곳, 사람들이 모여 큰 축제와 잔치를 벌이던 하느님의 집이 무너진 것이다. 이처럼 중요한 성전이 없어졌으니 이스라엘은 이제 어떻게 그분 앞에 나와 그분을 섬길 수 있단 말인가.

폐허가 된 도성과 성전을 뒤로 하고 멀리 이국으로 떠나온 유다인들은 하느님에 관하여 깊은 회의에 빠진다. 하느님은 과연 당신 백성을 돌보시고 사랑하시는 선한 분이신가? 그분이 그렇게 선한 분이시더라도 백성을 이민족에게서 보호하실 능력이 있는 분이신가? 그분의 계약과 약속은 아직도 유효한가?

더구나 디아스포라 유다인들은 이방인들의 땅에 살면서 그 땅의 종교와 관습을 받아들이는 종교혼합주의의 위협에 부닥친다. 어떤 사람들은 전통적 믿음 안에 여러 가지 이방 관습을 받아들이고, 또 어떤 사람들은 주 하느님을 버리고 다른 신들을 숭배하였다.

종교혼합주의의 위협 말고도 디아스포라 유다인들에게 닥친 어려움은 한두 가지가 아니다. 먼저 이방인들과 이교도 문화와의 접촉은 성과 속, 정결과 부정을 엄격하게 구별하는 유다인들에게 큰 문제를 일으켰다. 그들은 속되고 부정한 곳에 무방비 상태로 노출되었고, 부정을 씻어 줄 성전과 사제가 곁에 없는 탓으로 결국 하느님 앞에 부정한 상태로 남을 수밖에 없었다. 그리고 그들에게 하느님의 말씀을 들려 주고 삶의 길을 제시하는 성경이 히브리어로 되어 있는데, 그 말을 이해하는 사람들이 점점 사라지게 된 것도 큰 문제였다. 그렇다고 하느님의 거룩한 책을 속된 이교도의 언어로 옮길 수는 없었다.

마지막으로 유배 시대 직후만 해도 하까이, 즈카르야, 말라키와 같은 예언자들이 활동하였지만, 그 이후에는 전반적으로 예언이 끊기게 되었다는 사실도 유다인들을 당혹하게 만들었다. "이제 저희의 표지는 볼 수 없고 예언자도 더 이상 없으며 언제까지일지 아는 이도 저희 가운데는 없습니다"(시편 74,9). 제2성전기 후반 시대에 수많은 구전 율법과 외경 문헌이 생겨난 것도 이 같은 예언의 중단을 보충하기 위한 것으로 풀이된다.

나. **위기 상황 극복**

이런 위기 상황을 유다인들은 어떻게 극복하였는가? 그들은 신앙 생활의 방향을 예배에서 윤리와 율법 준수로 옮긴다. 이를 다른 말로 바꾸면 신앙 생활의 초점을 제도적 기반에서 신학적 기반으로 옮긴다는 뜻이다. 유다교의 제도적 기반은 땅과 왕정과 성전이고, 신학적 기반은 유일신 사상과 계약과 율법이다. 이스라엘의 신앙 생활은 이 두 기반 위에 서 있다. 이제까지 이스라엘 백성은 약속한 땅에서 왕정의 든든한 보호 아래 성전의 경신례로 하느님께 찬미와 예배를 드리는 일에 특별한 관심과 주의를 기울였다. 그러다 보니 개인과 공동체의 삶에서 상대적으로 불의와 비도덕적 행위가 드러나고, 율법에 대해 소홀하였다. 그러나 땅과 왕정과 성전이 사라진 지금 그들의 주의와 관심은 자연히 율법과 정의와 윤리적 실천으로 기울어진다.

그렇다고 해서 유다인들이 제도적 기반을 회복하려는 희망과 노력을 포기한 것은 결코 아니다. 에즈라기와 느헤미야기가 증언하듯 유배에서 돌아온 포로민들은 성전의 재건과 사제 제도의 부활에 힘썼다. 그들은 성전을 다시 봉헌하고 아론의 후손인 차독 가문의 사제 에즈라가 회복한 전례에 모두 기쁘게 참여하였다. 그리고 그들은 이 험난한 시기에 예루살렘 성전을 재건한 즈루빠벨이 다윗 왕조를 이어갈 인물임을 내비친다. 에즈라기에는 즈루빠벨의 혈통에 관하여 아무런 언급이 없고, 다만 그를 '스알티엘의 아들'(에즈 3,2; 5,2; 느헤 12,1)이라고만 밝힌다. 그런데 1역대 3,16-17에 보면 스알티엘은 여콘야(여호야킨) 임금의 아들이다. 그가 다윗의 후손이라는 것이다.

V. 헬라 시대에서 하스모네아 가문의 통치까지

1. 헬라 시대
2. 마카베오 항쟁
3. 하스모네아 독립 왕국
4. 제2의 위기

》

유배에서 돌아온 유다인들이 황폐해진 팔레스티나를 복구하기 위해 안간힘을 쓰는 동안 그리스인들은 문화의 황금기를 맞는다. 기원전 525년부터 200여 년 동안 쟁쟁한 철학자, 극작가, 과학자, 조각가, 웅변가 들이 지중해 연안의 도시 국가들을 세계 문화의 중심지로 만들었다. 그 이름이 익숙한 소크라테스, 플라톤, 아리스토텔레스, 소포클레스, 에우리피데스, 미론, 히포크라테스, 데모스테네스 등이 이 시대에 속한다.

세기의 영웅 알렉산드로스 대왕은 아리스토텔레스에게 교육을 받은 문무를 고루 갖춘 명장이었다. 그는 부와 영광을 위해 세계를 정복했을 뿐 아니라 그리스 문화를 전 세계에 퍼뜨리는 데에도 크게 기여하였다. 헬레니즘은 고대 그리스 문화가 알렉산드로스 대왕의 정복 사업으로 지중해 연안과 아시아와 아프리카까지 퍼져 나가 다양한 지역 문화/종교와 만나 이루어진 일종의 혼합주의 문화를 가리킨다. 따라서 헬레니즘은 고대 그리스 본토에 뿌리를 둔 순수한 그리스 문화와 어느 정도 구별된다.

헬라 문화와 히브리적 믿음은 쉽사리 융화할 수 없었다. 그래서 헬레니즘과 유다이즘의 대결과 갈등은 처음부터 예견되고 피할 수 없었다. 구약성경 가운데 마카베오기 상권과 하권이 이를 다루고 있다.

1. 헬라 시대

가. 세기의 영웅 알렉산드로스 대왕

기원전 539년부터 200년이 넘게 메소포타미아를 비롯하여 소아시아(오늘날의 터키), 이집트, 인도 변방에 이르는 거대한 영토를 차지한 페르시아 대제국은 왕위 계승을 둘러싼 극심한 내분과 갖가지 부패로 서서히 몰락해 갔다. 그러는 사이에 그리스에서는 마케도니아 사람 필리포스가 스파르타를 제외한 모든 그리스 도시 국가와 속주들을 통합하여 하나의 동맹 체제로 만드는 데 성공하였다. 필리포스 이전에는 그곳에서 이 같은 통일국가를 한 번도 이룬 적이 없었다. 통일국가의 첫 임금이 된 필리포스는 336년에 살해되고 아들 알렉산드로스가 뒤를 이었다. 알렉산드로스는 마케도니아에서 출생하였지만 앞에서 말한 대로 아리스토텔레스에게 교육을 받아 문화적으로는 완벽한 그리스인이었다.

334년 알렉산드로스는 역사가, 지리학자, 식물학자 등과 함께 주로 마케도니아인들로 구성된 군대를 이끌고 동방 정복에 나섰다. 이에 페르시아 임금 다리우스 3세 코도만누스(Codomannus, 336-330년)는 곧바로 페르시아 기병대와 그리스 용병들과 몇몇 지방 군대들을 출정시키면서 알렉산드로스를 수사로 끌고 오라고 명령하였다. 그러나 다리우스가 알렉산드로스를 너무 과소평가했다는 것이 곧 드러났다. 소아시아의 관문 그라니쿠스 강에서 벌어진 전투에서 알렉산드로스는 목숨을 잃을 뻔했으나 페르시아의 장군들을 격퇴하였다. 그는 페르시아인들은 도망가도록 내버려 두고 조국을 배반한 그리스 용병들은 모조리 학살하였다. 그라니쿠스 전투 승리는 알렉산드로스에게 소아시아로 가는 통로를 열어 주었다. 그는 소아시아를 가로질러 가며 페르시아의 지배 아래 있던 그리스 도시들을 해방시킨 다음 이 도시들을 재정비하여 동방 진출을 위한 교두보로 삼았다.

332년 알렉산드로스는 '킬리키아 관문' 근처 이수스에서 다리우스 3세와 맞서 격렬한 전투를 벌인 끝에 그의 군대를 대파하고 시리아로 진군하였다. 다마스쿠스를 점령한 그는 이어 지중해 동쪽 연안을 거쳐 이스라엘 땅으로 쳐 내려왔다. 이렇게 되자 티로를 제외한 모든 지중해 연안 국가들, 그리고 사마리아인들과 유다인들이 자진해서 페르시아와의 관계를 청산하고 알렉산드로스에게 충성하기로 한다. 그 결과 그들은 알렉산드로스 군대의 침략을 받지 않고 무사할 수 있었다. 한편 형세가 불리해진 것을 깨달은 다리우스는 알렉산드로스에게 엄청난 돈과 영토와 딸까지 내어 주기로 약속하며 두 번이나 화평을 청하였다. 그러나 온 세상을 정복하기로 마음먹은 이 야심가에게 이런 선물이 양에 찰 리가 없었다. 알렉산드로스는 일곱 달 동안이나 버티며 사투를 벌인 티로와 그보다는 적게 두 달 동안 버틴 가자를 함락하고 지중해 동쪽 연안 전체를 평정하였다. 이로써 페니키아의 무역 도시 티로는 오랫동안 지중해의 상권을 장악하며 부와 영화를 누리던 독점적 위치를 다시는 유지할 수 없게 되었다.

331년 알렉산드로스는 이집트로 진군하였다. 페르시아인들을 증오하던 이집트인들은 그를 해방자로 영접하고, 그에게 카르낙 신전의 한 경당을 바치며 그를 아문Amun 신의 아들로 선포하였다. 이집트인들은 그를 정식 파라오로 인정하여 이집트 내정은 자신들이 맡고 군대의 통수권은 마케도니아인들에게 넘겨 주었다. 알렉산드로스가 이집트에서 이룬 가장 길이 남을 업적은 알렉산드리아의 건설이다. 그의 이름을 따서 세운 이 마케도니아식 대도시는 티로를 대신하여 수세기 동안 지중해 연안의 문화·경제·정치 중심지로 자리 잡는다.

유다 역사가 요세푸스는 알렉산드로스를 유다의 친구로 묘사하였다. 별로 믿을 만한 증언이라고 할 수는 없지만, 그는 알렉산드로스가 유다교 대사제의 뜻을 받아들여 예루살렘 성전에서 제물을 바쳤다고 전한다(『유다 고대사』 11.336-339). 그런데 요세푸스의 기록에 따르면 알렉산드로스가 사마리아에게는 호의적 정책을 펴지 않았다. 처음에는 사마리아인들에게 그리짐 산에 성전을 지어도 좋다고 허락하였으나(『유다 고대사』 11.322-324), 사마리아인들이 자신이 임명한 총독 안드로마쿠스를 거슬러 반란을 일으키자 도시의 자치권을 박탈하고 식민지로 만들어 버렸다.* 이 식민지의 지위는 셀레우코스 가문의 통치 때까지 계속되었다. 와디 달리예Wadi Daliyeh에서 발굴된 아람어 파피루스와 유해들도(기원전 375-335년) 같은 증언을 한다.

330년 알렉산드로스는 티그리스 강 상류의 가우가멜라Gaugamela에서 페르시아군과 전면전을 펼쳤다. 이 전쟁에서 페르시아군은 완전히 패배하고 다리우스 3세는 간신히 도망쳤다. 알렉산드로스는 페르시아의 수도 바빌론을 포함하여 페르시아 제국 전체를 손쉽게 차지하였다. 수사, 페르세폴리스, 엑바타나 등 가는 곳마다 알렉산드로스는 정복자로서보다 해방자로서 환영을 받았다. 페르시아의 옛 수도 수사와 당시 세상에서 가장 부유한 도시로 알려진 페르세폴리스를 차지함으로써 페르시아 제국의 모든 부가 알렉산드로스의 손아귀에 들어왔다. 그는 '바실레우스'(βασιλεύς 대왕)라

* 쿠르티우스 루푸스 『알렉산드로스 대왕의 역사』 IV.8.9-11.

기둥만 남은 페르세폴리스 궁

는 칭호를 얻은 다음 페르시아 임금의 복장을 하고 동방 군주처럼 행세하였다. 그는 계속해서 동쪽으로 박트리아와 소그디아나(오늘날의 러시아 투르키스탄)까지 진군하였다. 알렉산드로스는 이곳에서 삼 년 동안이나 벌인 전투를 끝내기 위하여 박트리아의 공주 록사나와 정략 혼인을 하고, 멀리 인더스 강을 건너 인도의 판잡 지방까지 정복하였다. 그런 다음 324년 새로 조직한 해군의 군함을 타고 페르시아 만을 거쳐 수사로 돌아왔다. 수사에서 그는 자신부터 동방의 관습을 받아들이는 한편, 부하들에게 페르시아 여자들과 혼인하고 페르시아의 문화를 받아들이라고 명령하였다. 그리고 이에 불만을 품고 반란을 일으킨 부하들을 단호히 응징하였다.

323년 알렉산드로스는 아라비아 정복 여행을 계획하였으나 여행을 시작하기 전에 열병에 걸려 서른세 살에 요절하고 만다. 록사나에게서 태어난 그의 유일한 아들은 그가 죽은 뒤에 태어났다. 그리스 문화를 온 세상에 전하는 사절로 시작한 그의 생애는 그 자신이 동방 문화를 받아들이는 것으로 끝이 났지만, 13년뿐인 정복 활동과 통치는 세계를 완전히 바꾸어 놓았다. 그가 전파한 그리스 문화의 영향력은 그때까지의 역사와 전통을 송두리째 뒤흔들어 놓을 만큼 대단한 것이었다. 그의 정복 사업은 고대 근동의 판도를 완전히 바꾸어 옛 문화와 정치의 경계들을 지워 버렸다. 헬라식 실내 체육관, 경기장, 극장, 음악당, 학교, 시장 등은 그리스 식민지들만이 아니라 다른 많은 고대 근동의 도시에서도 볼 수 있었다. 또한 조각가, 시인, 음악가, 극작가, 철학자, 이론가들의 모습과 활동도 어느 도시에서나 쉽게 만날 수 있었다. 이제 그리스어는 지중해 세계의 통상어ligua franca가 되었고, 그리스식 사고와 표현이 옛 개념과 사상을 새롭게 정리하는 데 이용되었다. 그리스어가 아닌 다른 언어를 사용하는 이는 야만인 취급을 받았다.

'야만인'을 뜻하는 영어 바베리언barbarian은 그리스어로 '외국어'를 가리키는 바르바로스βάρβαρος에서 나왔다.

유다도 헬라 문화의 영향력에서 제외될 수 없었다. 처음에는 이집트 프톨레마이오스 왕조의 통치를 받으면서, 그다음에는 시리아의 셀레우코스 왕조의 지배를 받으면서 헬레니즘의 새 물결에 휩쓸리게 되었다.

나. 프톨레마이오스 왕조의 유다 통치

기원전 323년 알렉산드로스 대왕이 갑자기 죽자 그의 뒤를 이을 후계자 문제가 크게 떠올랐다. 앞에서 말한 대로 그의 유일한 아들은 그가 죽은 다음 록사나에게서 태어났다. 7년 동안의 갈등 끝에 그의 영토는 315년 네 장군들이 나누어 맡았다. 안티고누스는 헬라스(그리스)와 소아시아, 시리아와 팔레스티나 등 지중해 연안에서 중앙 아시아까지, 카산데르는 마케도니아를, 프톨레마이오스 라기는 이집트와 지중해 연안의 큰 섬들을, 그리고 리시마쿠스는 트라키아 지방을 차지하였다. 그러나 안티고누스가 가장 넓은 영토를 차지하며 알렉산드로스 대왕의 후계자가 되려는 야심을 드러내자 다른 세 장군이 그에 맞서 동맹을 맺었다. 프톨레마이오스는 안티고누스에게, 바빌론과 중앙 아시아 지역을 자기 휘하 장수인 셀레우코스에게 넘겨 줄 것을 요구하였다. 본디 바빌론은 안티고누스의 수중에 들어가기 전에 셀레우코스가 관리하고 있었던 것이다. 안티고누스는 프톨레마이오스의 요구를 거절하고 자기 아들 데메트리오스에게 군대를 맡겨, 가자에서 프톨레마이오스와 셀레우코스의 동맹군과 맞붙었으나 313년 패배하고 바빌론을 셀레우코스에게 넘겨 주었다.

프톨레마이오스와 셀레우코스는 안티고누스를 계속 압박하며 시돈을 비롯한 많은 시리아 도시들을 빼앗았다. 이어서 프톨레마이오스는 유다인들이 율법을 지키느라 안식일에는 전투를 벌이지 않는 것을 알고 안식일에 예루살렘을 공격하여 점령하였다(『유다 고대사』 12,4-6). 아리스테아스의 편지에 그가 유다 땅에 들어와서 무슨 일을 했는지 상세히 나와 있다. "사실 선왕(프톨레마이오스)께서는 코일레 시리아와 페니키아 전역을 침공하셨습니다. 그리고 행운과 용맹을 결합하여 그들을 이주시키기도, 포로로 삼기도 하셨습니다. 모든 이를 공포로 굴복시키시며 말입니다. 이 과정에서 선왕께서는 십만 명가량을 유다인들의 땅에서 이집트로 데려오셨습니다. 그리고 그들 가운데 삼만 명쯤 뽑아 무장시키신 다음 지역 요새에 정착시키셨습니다"(12-13). 여기에서 말하는 코일레 시리아는 본디 시리아 남쪽 레바논과 안티레바논 사이에 자리 잡은 '아웬 골짜기'(아모 1,5), 오늘날의 엘 비카를 가리키지만, 헬라 시대의 지정학적 의미로는 북쪽의 다마스쿠스, 서쪽의 페니키아, 남쪽의 유다를 모두 포함한 더 넓은 지역을 가리킨다.

315년에서 301년 사이에 코일레 시리아의 주도권은 알렉산드로스의 장군들 사이에서 여러 번 바뀌었다. 301년 입수스에서 셀레우코스, 카산데르, 리시마코스가 알렉산드로스의 가장 강력한 장군인 안티고누스를 거슬러 결전을 벌였고, 이 전투에서 안티고누스는 전사하였다. 그의 아들 데메트리오스가 아직 마케도니아와 시리아의 페니키아 해안을 차지하고 있었으나 안티고누스의 아시아 대제국은 종말을 고하게 되었다. 입수스 결전이 끝난 다음 이 전투에 참여한 장군들이 코일레 시리아를 셀레우코스에게 넘겨 주려 하였지만, 반안티고누스 동맹에 가담하지도 않은 프톨레마이오스가 이 지역을 차지해 버렸다. 그러나 동맹군 장군들은 프톨레마이오스의 위세에 눌려 제대로 항의도 못한 채 이 지역의 패권을 프톨레마이오스에게 넘겨 주고 말았다.

코일레 시리아의 남부 지역인 팔레스티나는 315년부터 이미 프톨레마이오스의 지배를 받고 있었다. 그런데 팔레스티나는 이집트를 차지한 남쪽의 프톨레마이오스 왕국과, 시리아를 비롯하여 옛 페르시아 제국의 북쪽과 동쪽을 다스린 셀레우코스 왕국 사이에 자리 잡은 탓으로 두 제국의 패권 경쟁에서 자유로울 수 없었다. 수세기 동안 이스라엘 땅은 두 왕국이 벌이는 전쟁의 주요 격전지가 되었다.

프톨레마이오스 1세 라기 때에 많은 유다인들이 알렉산드리아에 정착하여 그곳에 유다구區를 만들었다. 이 유다구는 알렉산드리아의 다섯 구 가운데 하나였는데, 이어지는 헬라 시대의 역사에서도 유다 문화와 종교를 보존하는 데에 중요한 구실을 하였다. 사도행전에 나오는 에페소의 출중한 선교사 아폴로가 바로 이곳 출신 유다인이다(사도 18,24-28). 아리스테아스의 편지에 따르면 프톨레마이오스 2세 필라델포스가 알렉산드리아의 유다 원로들에게 히브리어 성경을 그리스어로 번역하도록 명령했다고 한다. 이렇게 해서 나온 그리스어역 성경이 초기 그리스도교 구약성경으로 자리 잡은 칠십인역이다.

이 시대의 유다 사정에 관해서는 별로 알려진 것이 없다. 다만 정치적 영향력과 사제직의 쟁취를 둘러싸고 경쟁을 벌인 오니아스 가문과 토비야 가문의 갈등이 특기할 만하다. 두 가문의 갈등은 '제논 파피루스'Zenon Papyri라는 기원전 3세기 문서(1915년에 발견됨)에 잘 나와 있다. 제논은 프톨레마이오스 2세의 재무관 아폴로니우스 밑에서 일하던 행정 관리였다. 그가 기원전 259-258년에 팔레스티나와 페니키아를 시찰하면서 편지 형태로 보낸 이 파피루스는 4분의 1 가량이 팔레스티나와 그 부근의 당시 상황을 언급한다. 토비야 가문은 느헤미야 시대에 유다 지방의 관료로 느헤미야의 일을 방해한 암몬 사람 토비야의 후손들일 것이다(느헤 6,17-19; 13,4-9). 토비야 가문의 적수 오니아스 가문은 다윗의 통치 때에 사제직을 수행하였고 솔로몬의 왕위 계승을 지지한 차독의 후손이다. 헬라 시대에 예루살렘 사제직을 장악하며 막강한 세력을 행사한 오니아스 가문의 이름은 저 유명한 '의로운 시몬'의 아버지 오니아스 2세에게서 비롯한다. 집회 50장에는 이 시몬 대사제에 대한 찬사가 장황하게 나온다(참조: 『미쉬나』 아봇 1,2; 『유다 고대사』 12,43; 12,157).

여기서 잠깐 오니아스 가문에 관한 혼란을 막기 위해 헬라 시대에 활약한 이 가문 인물들의 족보를 소개한다. 야두아의 아들 오니아스 1세는 알렉산드로스 대왕 때에 예루살렘에서 대사제직을 수행하였는데, 스파르타 임금 아리오스와 서신을 교환한 인물로 추정한다(1마카 12,7.19-23). 오니아스 1세가 시몬 1세를 낳고 시몬 1세가 오니아스 가문의 수장인 오니아스 2세를 낳았으며, 오니아스 2세가 의로운 시몬이라 불리는 시몬 2세를, 시몬 2세가 오니아스 3세를 낳았다.

오니아스 2세가 예루살렘 성전의 대사제로 있을 당시 그와 사촌지간인 토비야는 요르단 동부 지역의 지방 영주를 지내면서 프톨레마이오스 왕가에 충성을 바쳤다. 그러나 오니아스 2세는 사촌 토비야와는 달리 정규 세금을 바치기를 거절하면서 프톨레마이오스 2세의 유다 통치에 맞섰다. 이는 토비야 가문에 재앙을 가져올 수 있는 중대한 상황이었다. 그래서 토비야의 아들이자 오니아스의 조카인 요셉이 예루살렘으로 와서 오니아스에게 반역을 중지하고 임금에게 사과할 것을 요청하였다. 오니아스는 요셉의 중재를 받아들여 프톨레마이오스의 통치에 다시 순응하기로 하였으나, 정치적 기반을 잃게 되었다. 그 대신 요셉이 이집트 임금 앞에서 백성의 대표 구실을 하는 '프로스타시아'(prostasia, 또는 프로스타테스 prostates)가 되었다. 그러나 요셉은 막내 아들 히르카누스와 프로스타시아 자리를 놓고 서로 싸우다가 이집트 임금이 아들을 더 총애하는 것을 알고 셀레우코스 가문에게 넘어간다. 198년 요르단 강의 수원지 부근 파네아스(후대 카이사리아 필리피)에서 프톨레마이오스 왕조의 장수 스코파스와 셀레우코스 왕조의 안티오코스 3세가 맞붙었다. 이 전쟁에서 안티오코스가 대승을 거두고 팔레스티나를 프톨레마이오스 5세 에피파네스에게서 넘겨받았다. 이제 팔레스티나의 주인은 프톨레마이오스 왕조에서 셀레우코스 왕조로 바뀌게 된 것이다(『유다 고대사』 12,129-133; 12,156-222; 12,228-236 참조).

제논 파피루스는 헬라 문화가 예루살렘 밖의 온 유다 지방에 두루 퍼졌음을 증언한다. 한편 어떤 학자들은 집회서와 에녹 1서의 일부에서 마카베오 항쟁 이전에 반헬레니즘 경향이 있었음을 엿볼 수 있다고 한다.

다. **셀레우코스 왕조의 유다 통치**

바빌론과 코일레 시리아 북부를 차지한 셀레우코스와 그의 후계자들은 점차 세력을 넓혀 동쪽으로 멀리 인도까지 영토를 확장하고, 서쪽으로는 소아시아까지 차지하였다. 시리아 북쪽 오론테스 강 가 도시 안티오키아가 그들의 수도가 되었다. 셀레우코스 왕국을 시리아라 부르는 이유도 여기에 있다. 안티오키아는 신약 시대에 주요 그리스계 그리스도교 공동체들 가운데 하나였다(사도 11,19-26). 바오로 사도는 이곳을 지중해 이방인 선교의 교두보로 삼고 세 차례에 걸친 선교 여행을 여기에서 시작하고 여기에서 끝마친다.

앞에서 밝힌 대로 기원전 198년 안티오코스 3세 대왕은 파네아스에서 프톨레마이오스 5세의 군대를 물리치고 팔레스티나의 주도권을 차지하였다. 일부 유다인들은 셀레우코스 왕조의 통치를 환영하였다(『유다 고대사』 12.138). 안티오코스 대왕은 유다인들에게 호의적인 정책을 폈다. 그는 토라를 유다인들의 국법으로 인정하고 내정內政에 관한 한 유다 백성에게 자치권을 부여하였다. 또 예루살렘 주민들에게 3년 동안의 세금을 면제하고, 3년이 지난 다음에는 모든 세금에서 3분의 1을 감면해 주었다. 성전에서 봉직하는 사람들에게는 완전 면세의 혜택을 주었으며, 예루살렘 도성과 성전의 재건을 위한 재정적 후원도 넉넉하게 하였다(『유다 고대사』 12.140-144; 12.150).

그러나 셀레우코스 왕조와 유다인들 사이의 우호적 관계는 그리 오

이집트 프톨레마이오스 왕조 연대		시리아 셀레우코스 왕조 연대	
프톨레마이오스 1세(라기 또는 소테르)	323-282년		
프톨레마이오스 2세(필라델포스)	282-246년		
프톨레마이오스 3세(에우에르게테스)	246-222년		
프톨레마이오스 4세(필로파토르)	222-205년	안티오코스 3세(대왕)	223-187년
프톨레마이오스 5세(에피파네스)	204-180년	셀레우코스 4세	187-175년
프톨레마이오스 6세(필로메토르)	180-170년	안티오코스 4세(에피파네스)	175-164년
		안티오코스 5세(에우파토르)	164-162년
		데메트리오스 1세(소테르)	162-150년
		알렉산드로스 발라스	150-145년
		데메트리오스 2세(니카토르)	145-138년
		(안티오코스 6세 에피파네스 디오니수스 145-142년, 트리폰 142-138년)	
		안티오코스 7세(시데테스)	138-129년
		데메트리오스 2세(니카토르) 재즉위	129-125년

래 가지 않았다. 스스로 '신의 현현'顯現이라는 이름, '에피파네스'ἐπιφανής를 붙인 안티오코스 4세가 왕위에 올라 왕국 전체에 헬라 문화와 제도를 강입직으로 심기 시작한 것이다. 유다인들은 안티오코스 4세를 에피파네스라 부르지 않고, '미치광이의 출현'라는 뜻의 '에피마네스'ἐπιμανής라는 별명으로 부르며 경멸하였다. 그 당시 예루살렘은 대사제 오니아스 3세가 다스리고 있었다. 오니아스 3세는 차독 집안의 대사제 '의로운 시몬'의 아들로서 유다교 전통에 충실한 유다인이었다. 그러나 오니아스 3세의 동생 야손이 셀레우코스 가문에 많은 세금을 거두어 바치겠다고 약속하면서 안티오코스 4세에게서 대사제직을 받아 낸다(2마카 4,8). 야손은 헬라주의자들에게 호의적 태도를 보이고 그에 따른 정책을 폈다. 그는 예루살렘에 그리스

식 실내 체육관을 세우고 그곳에서 유다인 청년들이 알몸으로 운동을 즐길 수 있게 하였다(2마카 4,7-22; 『유다 고대사』 12.237-241). 또한 자기의 권한으로 체육관과 청년 학교를 설립하고 예루살렘 주민들을 안티오키아 시민으로 등록하도록 임금이 승낙해 준다면 그에게 많은 돈을 바치겠다고 언약하였다. 임금의 허락을 받은 야손은 대사제직에 오르자마자 동족의 생활방식을 그리스식으로 바꾸었다(2마카 4,9-10). 마카베오기의 기록을 보면 에피파네스 임금이 대사제 야손을 이용하여 헬라식 생활 방식을 받아들인 유다인들을 '안티오키아 시민'으로 받아들였음을 짐작할 수 있다. 그러나 히브리어로 '하시드인들'(경건주의자들)이라 일컫는 유다교의 전통주의자들은 이 같은 유다의 헬라화에 큰 충격을 받고 정통 유다이즘을 보호하기 위하여 저항 운동을 벌였다(1마카 2,42; 2마카 14,6).

그러는 동안 예루살렘에서는 대사제 야손과 그의 측근 메넬라오스 사이에 대사제직을 둘러싼 싸움이 벌어진다. 안티오코스는 유다 백성 전체를 '헬라화하는' 또는 그의 표현을 빌리자면 '문화인으로 만드는' 원대한 계획을 실현하는 데 이 기회를 이용한다. 메넬라오스는 안티오코스에게 야손보다 더 많은 세금을 거두어 주겠다고 제안하여, 레위 지파가 아닌 벤야민 지파 출신인데도 대사제직을 얻는다. 더구나 메넬라오스는 안티오코스가 예루살렘 성전의 보물들을 탈취하는 데 협조하기까지 한다(2마카 4,7-29). 이를 지켜본 하시드인들은 격분하고 야손 역시 조용히 물러서지 않는다. 야손은 안티오코스가 이집트와 싸우러 나간 틈을 타 군대를 조직하여 예루살렘을 공격하지만 그의 군대는 메넬라오스에게 격퇴당하고 만다(2마카 5,5-10).

안티오코스 4세는 메넬라오스에게서 사제직을 되찾으려 한 야손의 시도를 반란으로 규정하고, 167년 헬라 종교와 문화를 전파하는 데에 유다교를 가장 큰 장애거리로 여겨 완전히 없애 버리기로 마음먹는다. 그래서 그는 장수 아폴로니우스를 보내어 예루살렘을 점령한다(1마카 1,16-28 참조). 아폴로니우스는 정통 유다인들이 안식일에는 아무런 저항도 하지 않으리라는 것을 알고 그날을 골라 예루살렘을 공격하여 메넬라오스의 반대자들을 무수히 학살하고 도성의 성벽을 허물었다(2마카 5,11-27). 그런 다음 아크라라 하는 성채에 새 요새를 짓고 대규모 병사들을 주둔시켰다.

이때부터 조직적인 헬라화가 유다 전역에 걸쳐 시행되었다. 온 백성이 그리스 신들을 숭배하도록 강요당하였다. 아테네의 한 철학자가 예루살렘에 파견되어 백성을 온전한 헬라인으로 만드는 사업을 총괄하였다. 그는 올림포스의 제우스 신을 이스라엘의 신과 동일시하였다(2마카 6,1-2). 유다인들이 '황폐를 부르는 혐오스러운 것'이라고 부른(1마카 1,54) 그 신상을 예루살렘 성전의 제단 위에 세우고 그 위에서 부정한 짐승인 돼지들을 제물로 바치게 하였다. 그리스의 병사와 장교 들은 성전 뜰에서 방종한 짓들을 저질렀다. 히브리어 성경의 수사본들을 찢어 불태웠으며, 할례와 안식일 준수와 축제 거행을 금지하였는데 이를 어기면 사형이었다. 모든 유다인에게 주신酒神 디오니소스(로마신 바쿠스와 같음)의 향연에 참여하도록 강요하였다(2마카 6,4-11). 돼지고기 먹기를 거부한 원로 율법 학자 엘아자르가 모진 매를 맞아 숨지고(2마카 6,18-31), 일곱 아들을 둔 어머니가 아들들과 더불어 유다교 관습과 신앙을 지키려다 사지가 잘려 나가는 극도의 고문을 받고 목숨을 잃었다(2마카 7장).

이 시대에 이스라엘은 프톨레마이오스의 통치 밑에서 한 명의 대사제를 중심으로 율법과 그 밖의 여러 가지 종교 준칙들을 지키던 조그만 성전 국가에 지나지 않았다. 그런데 이 공동체의 내부는 크게 둘로 갈라져 있었다. 그리스 문화를 숭배하고 그리스 세계와의 교역을 시도하며 그리스식 오락을 즐기는 친그리스파와, 그리스적인 모든 것을 끊고 그리스 통치자들과의 타협을 철저히 거부하는 수구파가 극심하게 대립한 것이다. 속국 민족들에게 호의적 정책을 편 프톨레마이오스 가문의 통치 아래에서는 이 분열이 내부의 작은 문제일 뿐이었으나 셀레우코스 가문이 팔레스티나를 지배하면서는 상황이 달라졌다. 198년 파네아스 전투에서 안티오코스 3세 대왕은 이집트를 패배시키고 팔레스티나의 패권을 넘겨받았다. 그는 현명치 못하게도 로마인들을 공략했다가 패배의 대가로 큰 세금을 물어야 했는데 이를 속국 민족들에게 부담시켰다. 더구나 안티오코스 4세는 자신을 에피파네스라고 불러 수구파 유다인들을 자극하였고, 167년 예루살렘 성전을 모독하여 유다인들을 격분시켰다. 수구파 유다인들에게 주어진 유일한 선택은 항쟁뿐이었다. 이것이 바로 그 유명한 마카베오 항쟁이다.

2. 마카베오 항쟁

강요된 헬라주의는 유다인들의 거국적 반발을 불러일으켰다. 안티오코스 4세가 보낸 사절이 예루살렘 북서쪽 벳 호론과 리따 사이의 성읍 모데인에 도착하여 그리스 신들에게 제사를 바치라고 명령하자, 하스모네아 가문 출신 마타티아스가 이를 거부하였다. 어떤 유다인이 임금의 명령에 따라 이교 제사를 바치려 하자, 마타티아스는 칼로 그를 쳐 제단 위에서 죽이고 임금의 사절도 살해하였다. 마타티아스는 "율법에 대한 열정"(1마카 2,26; 참조: 민수 25,6-15) 때문에 이런 일을 감행하였다. 그러고 나서 그와 다섯 아들은 유다의 산악 지대를 근거지로 삼아 게릴라전을 폈다. 대부분 평민들로 구성된 이 게릴라 부대에 '경건한 이들' 또는 율법 전문가로 알려진 하시드인들이 가담하면서(1마카 2,42), 명실공히 유다 백성을 대표하는 군대가 되었다. 그들은 셀레우코스 가문이 헬레니즘을 전파할 목적으로 세운 이교 제단들과 시설들을 파괴하고 시리아 관리들과 헬라화한 유다인들을 살해하였다(마타티아스와 다섯 아들의 봉기는 1마카 2,1-70; 『유다 고대사』 12,265-286; 『유다 전쟁사』 1,31-36 참조).

가. **유다 마카베오**(기원전 166-160년)

항쟁이 일어난 이듬해인 166년 마타티아스가 죽자, 가장 용감한 셋째 아들 유다가 군대의 지휘관이 되어 시리아군과 대적하였다. 유다의 별명은 '망치'라는 뜻의 마카베오였다. 여기서 마카베오 가문, 마카베오 항쟁이라는 이름들이 생겨났다(유다 마카베오와 관련된 내용은 1마카 3,1—9,22; 『유다 고대사』 12.287-434; 『유다 전쟁사』 1.38-47 참조). 처음에 안티오코스 4세는 마카베오 항쟁을 대수롭지 않게 생각하고 그들을 진압하는 데 낮은 계급의 장수들과 적은 수의 군대를 파견하였다가 모두 마카베오군에게 격퇴당하고 말았다. 그러자 다시 코일레 시리아의 사령관 세론과 리시아스 총독의 장군 고르기아스를 보냈으나 이들도 유다군에게 패하였다. 안티오코스는 리시아스에게 직접 군대를 이끌고 나가 반란을 진압하라고 명령하였다. 리시아스는 니카노르와 고르기아스가 지휘하는 정예부대를 이끌고 유다군을 공격하지만 역시 패배하고 말았다(1마카 4,26-35).

잇따른 승전에 힘입은 유다는 예루살렘을 공격하여 아크라 요새만 빼고 도성 전체를 장악하였다. 그동안에 대사제로 있던 메넬라오스와 그의 군대는 예루살렘에서 도망쳤다. 3년 동안의 힘겨운 투쟁 끝에 유다인들은, 기원전 164년 키슬레우 달(음력 11월) 25일에 마침내 예루살렘을 되찾고 성전을 정화하였다. 유다와 그의 형제들은 제우스에게 바친 제단을 비롯하여 모든 이교 시설과 기물들을 성전에서 깨끗이 치웠다. 제우스와 안티오코스의 흉상은 깨뜨려 부수고 가루로 만들었다. 그러고는 주님께 새 제단을 세워 바치고 복구된 성전을 봉헌하였다. 이를 기념하여 성전 봉헌 축일, 곧 하누카 또는 여드레 동안 계속되는 '빛의 축제'가 생겨나게 된다(1마카 4,36-61; 『유다 고대사』 12.323-325).

163년 셀레우코스 가문은 유다군과 협약을 맺고 유다인들에게 종교의 자유를 허락한다. 그러나 그들은 유다의 주권을 인정하지 않고 여전히 유다의 주인으로 행세하였다(1마카 6,55-63; 『유다 고대사』 12.382-383). 메넬라오스는 계속 대사제로 남아 있었고 예루살렘 밖의 유다인들은 언제든 시리아군에게 공격받을 위험에 노출되어 있었다. 종교의 자유를 얻는 데 만족한 일부 하시드인들과는 달리 유다 마카베오와 추종자들은 종교적 독립에 이어 정치적으로도 완전히 독립하고자 하였다. 시리아군과 유다군 사이에 전쟁과 평화와 타협이 계속되던 중, 유다의 바로 밑 동생 엘아자르가 전사한다.

유다군을 포위 공략한 리시아스는 정적 필리포스가 시리아의 정권을 장악하려 한다는 소식을 듣고 유다인들과 평화 협정을 맺는다. 이 협정에 따라 메넬라오스가 쫓겨나고 아론의 가문이긴 하나 차독 오니아스 가문은 아닌 알키모스가 대사제직에 오른다(『유다 고대사』 12.385; 참조: 1마카 7.9). 한편 이즈음 오니아스 4세가 이집트로 피신하여 프톨레마이오스 6세 필로메토르(기원전 180-145년)에게서 이집트의 나일 강 삼각주 남동쪽 레온토폴리스(Leontopolis = 헬리오폴리스 Heliopolis)에 유다 성전을 세울 수 있는 허락을 받는다. 그 뒤 기원후 73년 로마인들이 이 성전을 폐쇄할 때까지 240여 년 동안* 차독 가문의 사제들이 레온토폴리스 성전을 관리하며, 이집트의 또 다른 유다교 성전인 엘레판틴 성전에서 그랬던 것처럼 예루살렘 성전의 전례를 그대로 되풀이하였다(『유다 고대사』 12.387-388; 13.67-79; 『유다 전쟁사』 1.33; 7.426-435).

한편 오니아스 가문과 경쟁 관계에 있던 친-헬라파 토비야 가문도**

* 『유다 전쟁사』 7.435에 레온토폴리스 성전의 존속 기간이 343년으로 제시되어 있지만 학자들은 이를 243년으로 고쳐 읽는다.

** 요세푸스에 따르면, 토비야 가문은 그리스식 생활을 받아들인 친-헬라파로서 (『유다 고대사』 12.240-241) 오니아스 가문과의 권력투쟁에서 밀린 뒤 예루살렘을 떠나 요르단 강 동부에 자리 잡았다(『유다 고대사』 12.229-234).

요르단 강 동부 지역에 성전을 지은 것으로 추정된다. 1960년대에 발굴된 아락 엘 에미르(Araq el-Emir = 'Iraq al-Amir)의 고고학 유적이 이를 뒷받침한다.* 그렇다면 유다 백성에게는 예루살렘 성전 말고도 이집트 엘레판틴 성전, 레온토폴리스 성전, 사마리아의 그리짐 성전, 요르단 강 동부의 토비야 성전이 더 있었다는 뜻이 된다.

새 대사제가 된 알키모스가 많은 하시드인들을 사로잡아 처형하자 유다군은 다시 전의를 불태웠다. 그러나 다음 여러 전투에서 유다는 많은 부하를 잃고, 자신도 160년 벳 호론 요충지에서 전사하고 만다(1마카 9,1-22).

나. **요나탄**(기원전 160-143년)

유다가 죽은 뒤에 마타티아스의 막내 아들 요나탄이 그의 후계자가 되었다(요나탄의 행적에 관해서는 1마카 9,23—12,53; 『유다 고대사』 13.1-61; 13.80-193 참조). 요나탄은 현명하고 작전에 능숙한 지휘관이었다. 요나탄이 유다를 승계한 지 얼마 되지 않아 맏형 요한이 요르단 강 동부 지역에서 강도들에게 살해되었다. 요나탄이 유다군을 지휘하는 동안 셀레우코스 가문은 내부 정쟁에 휘말려 유다인들을 효과적으로 지배할 수 없었다. 요나탄은 이 기회를 이용하여 본디 유다인들이 차지한 땅을 되찾고 정치적 독립을 쟁취

* 이곳에서 발굴된 헬라식 직각 건물('노예의 성')을 학자들은 대개, 히르카누스가 세우고 '티로'라는 이름을 붙였다는 요새 또는 성채(『유다 고대사』 12.230)와 연결짓는다. 이 건물은 성전(신전 또는 사당), 궁, 묘 가운데 하나였을 것으로 추정되는데 성전이었을 가능성이 가장 크다.

하는 데 주력하였다. 기원전 159년 예루살렘의 대사제 알키모스가 죽고 그 후계 자리가 비게 되었다(1마카 9,54-56). 157년 시리아는 요나탄과 평화 조약을 맺고 그가 요르단 서쪽 미크마스에 들어와 정착하는 것을 허락하였다. 예루살렘에서 13킬로미터 정도 떨어진 미크마스에서 요나탄은 판관 또는 지방 행정관으로 지냈다(『유다 고대사』 13,34; 1마카 9,53-73 특히 73절 참조).*

153년 요나탄은 데메트리오스 1세와, 그의 정적이자 안티오코스 4세의 아들이라고 스스로 주장하며 왕권을 쟁취하려는 알렉산드로스 발라스와 동시에 평화 조약을 맺는다(1마카 10장). 요나탄은 그 둘을 대동하고 예루살렘에 들어가 성전이 있는 언덕을 차지하고 시리아 주둔군을 아크라 요새에서 물러가게 한다. 알렉산드로스 발라스는 152년 요나탄에게 대사제직을 부여하고 데메트리오스 1세를 제거한 뒤, 요나탄을 유다 백성의 총독(스트라테고스)과 지방 장관(메리드아르케스)으로 임명한다. 이렇게 하스모네아 가문이 이어받게 된 대사제직은 로마가 팔레스티나를 점령할 때까지 내내 계속되었다. 그런데 차독의 후손이 아닌 하스모네아 가문에게 일반 사제직은 허용되었으나 대사제직은 격에 맞지 않았다. 그래서 하스모네아 가문의 대사제직을 둘러싸고 유다인들 내부에서는 의견 대립이 일어났다. 요세푸스의 기록에 따르면 요나탄 재임 기간에 바리사이파, 사두가이파, 에세네파가 이미 확고한 자리를 차지한 것으로 나타난다(1마카 10장; 『유다 고대사』 13,45; 13,85; 13,171-173 참조).

요나탄과 가깝게 지낸 알렉산드로스 발라스는 데메트리오스 2세를

* 1마카 9,73의 "미크마스에 자리를 잡고 백성을 다스리기 시작한 요나탄은"에서 '다스리다'로 옮긴 그리스어는 재판하다는 뜻의 κρίνειν이다. 마카베오 상권 저자가 요나탄을 유다 백성의 '판관'(판관 2,16 등)으로 내세웠음을 알 수 있다.

지원하는 이집트의 프톨레마이오스 6세에게 축출되어 아라비아로 망명한 다(1마카 11,16). 처음에 요나탄은 알렉산드로스 발라스의 뒤를 이어 시리아의 임금이 된 데메트리오스 2세 니카토르와 불편한 관계에 있었으나, 나중에 평화 조약을 맺고 데메트리오스가 예루살렘의 아크라에서 시리아군을 철수하도록 만든다(1마카 11,20-37). 데메트리오스 2세는 디오도로스 트리폰에게 쫓겨나고 어린 왕자 안티오코스 6세가 왕위에 오른다. 트리폰은 안티오코스 6세의 섭정으로 들어서서 시리아의 정권을 차지하려 하지만, 요나탄이 여기에 걸림돌로 등장한다. 그 당시 국제 정세에도 눈을 뜬 요나탄은 스파르타인들뿐 아니라 로마인들과도 두터운 친분 관계를 유지하여 자신의 팔레스티나 통치를 국제적으로 확약받았다. 그러나 이처럼 현명한 요나탄도 트리폰의 간계를 당해 내지는 못하였다. 트리폰은 많은 선물을 요나탄에게 보내며 성대한 연회를 베풀어 주겠다고 하면서 프톨레마이스로 그를 초청한 다음, 방심한 그가 적은 수의 군대와 함께 성문 안으로 들어오자마자 그를 체포하고 그의 부하들을 쳐죽였다. 요나탄의 형 시몬은 예루살렘에 돌아와 전열을 갖추고 트리폰에게 사로잡힌 동생 요나탄을 구출하러 나섰으나 끝내 구해 내지 못하였다. 트리폰은 요나탄을 시몬과의 전투 중에도 끌고 다니다가 바스카마(어디인지 모름)라는 곳에서 살해하고 시리아로 철수하였다. 시몬은 요나탄의 유골을 선조들의 도시 모데인으로 가져와 그곳에 묻어 주었다(1마카 12,39-53; 13,12-30; 『유다 고대사』 13.187-193 참조).

3. 하스모네아 독립 왕국

요나탄이 죽은 뒤 그 지휘권은 곧바로 마카베오 형제 가운데 유일한 생존자인 시몬에게 넘어갔다(시몬의 행적과 관련해서는 1마카 13,1—16,22; 『유다 고대사』 13.201-228 참조). 그때 트리폰은 비非셀레우코스 가문 출신으로는 처음으로 시리아 임금이 되었다. 그러나 시몬은 트리폰을 무시하고 데메트리오스 2세 니카토르를 시리아의 합법적 임금으로 인정하였다. 시몬의 지지에 데메트리오스는 유다인들의 공동체에 완전 면세의 특혜를 베푸는 것으로 화답하였는데, 이는 곧 유다인들의 정치적 독립을 의미하였다. 마침내 유다인들은 이방인들의 멍에를 벗어버리게 되었다(1마카 13,41). 시몬은 야포와 벳 추르와 가자라(Gazara=게제르)를 점령하고, 이어 예루살렘에 입성하여 예루살렘에서 시리아 주둔 요새 아크라를 접수하고 시리아군을 철수시켰다(1마카 13,43-53). 시몬의 가문과 유다인들에게 새 시대가 열린 것이다. 이름하여 하스모네아 독립 왕국 시대다.

하스모네아 왕조는 마카베오 다섯 형제의 마지막 인물 시몬에게서 시작한다. 요세푸스에 따르면 하스모네아는 마카베오 형제의 아버지인 마타티아스의 증조부다(『유다 고대사』 12.263). 본디 이 이름은 헤스몬 또는 하쉬모나라

하스모네아 왕조 연대

시몬	142-134년
요한 히르카누스 1세	134-104년
아리스토불로스 1세	104-103년
알렉산드로스 얀내우스	103-76년
살로메 알렉산드라	76-67년
히르카누스 2세	67-66년
아리스토불로스 2세	66-63년
[로마군 점령기]	63-40년
안티고누스 마타티아스	40-37년

는 지명이었던 것으로 보인다. 하스모네아는 마카베오기에는 한 번도 나오지 않지만, 요세푸스의 책과 탈무드에서는 자주 눈에 띈다. 하스모네아 가문은 예루살렘의 사제 여호야립(1역대 24,7) 또는 요야립(느헤 11,5)에게서 비롯하였다. 마타티아스 시절에 이 가문은 예루살렘 북서쪽 28킬로미터의 모데인에 자리 잡았다(1마카 2,1).

가. **시몬**(기원전 142-134년)

시몬과 유다인들에게 자치권을 허락한(1마카 13,36-40) 시리아의 데메트리오스 2세는 파르티아인들에게 포로로 잡히고, 138년 동생 안티오코스 7세 시데테스가 왕위에 오른다. 안티오코스 7세는 카르멜 산 남쪽에 있는 옛 항구 도시 도르(도라)에서 트리폰을 포위 공략한다. 트리폰은 뱃길로 간신히 도망치는 데 성공하지만, 나중에 중부 시리아의 아파메아에서 살해된다. 안티오코스 7세는 처음에는 유다인들의 도움을 받아들이다가 도르를 공략하면서부터 도움을 거절하고, 시몬이 점령한 야포, 가자라, 예루살렘의 성채 등을 넘겨 달라고 요구한다. 시몬이 거절하자 안티오코스는 켄데배오스를 파견하여 얌니아 부근에 진을 친 시몬의 군대와 맞선다. 그러나 시몬과 아들 유다스와 요한이 모데인 근처에서 켄데배오스 군대를 격퇴하고 유다의 자유와 독립을 더욱 공고히 하였다(1마카 15,25—16,10).

시몬은 명실공히 유다의 정치·종교 지도자가 되었다. "유다인들과 사제들은 이러한 내용에 동의하였다. '참된 예언자가 나올 때까지 시몬이 계속 그들의 지도자와 대사제가 된다. 그는 백성의 총독과 성소의 책임자가 되어, 업무를 담당할 이들과 이 지방과 무기와 요새를 관리할 이들을 임명할 권리를 갖는다.* 시몬은 성소의 책임자가 되어, 모든 이는 그에게 복종하고 이 지방의 모든 문서는 그의 이름으로 작성한다. 그는 자주색 옷을 입고 금 죔쇠를 찬다'"(1마카 14,41-43). 시몬의 통치 기간 동안 이따금 유다 내정에 관하여 시리아가 간섭하기는 하였지만, 더 이상 셀레우코스 가문이 유다를 크게 위협하지는 못하였다. 더구나 시몬은 스파르타와 로마와 맺은 협약을 갱신함으로써 유다의 안전을 확보하였다(1마카 14,16-24).

그러나 이렇게 모처럼 얻은 자유와 독립을 위협하는 사건이 일어났다. 시몬의 사위이자 예리코의 지방관인 프톨레마이오스가 134년 예리코 북서쪽 독의 작은 요새를 순찰하던 시몬과 그의 아들 마타티아스와 유다스를 살해한 것이다. 시몬을 살해하고 이 요새를 접수한 프톨레마이오스는 가자라에 있는 시몬의 다른 아들 요한도 죽이려 하였으나 요한이 먼저 이 소식을 듣고 예루살렘으로 피신한다. 예루살렘 주민들은 요한을 반갑게 맞으며 그의 아버지 시몬에게 속한 모든 권리와 지위를 그에게 넘겨 준다(『유다 고대사』 13.227-228). 이렇게 되자 프톨레마이오스는 시몬과 그의 두 아들을 죽이고 차지한 독 요새로 후퇴한다. 요한은 이 요새를 공략하려다 자기 어머니가 그곳에 있었기 때문에 어머니의 안전을 위하여 그곳을 점령하기를 망설인다. 그러는 사이에 프톨레마이오스는 요한의 어머니와 다른 친척들을 살해하고 그곳을 빠져 나간다(1마카 16,11-22; 『유다 고대사』 13.225-235).

* 시몬이 '총독'(στρατηγός)과 '대사제'(ἀρχιερεύς)(1마카 14,41-42), 또는 '총독'과 '영주'(ἐθνάρχης = 히브리어 나시) 및 '대사제'(14,47)로 소개되는 점을 주목하라. 시몬이 시리아에서 독립한 유다 백성의 최고 정치·종교 지도자로 올라서지만 '임금'이라고 불리지는 않는다. 시몬을 이은 요한 히르카누스는 '대사제', '영주', '예언자'를 자임한다(『유다 고대사』 13.299). 그 뒤 아리스토불로스는 스스로 '임금'이라 칭한다(『유다 고대사』 13.301).

나. **요한 히르카누스 1세**(기원전 134-104년)

시몬의 아들 요한은 요한 히르카누스라는 이름으로 유다를 다스렸다(요한 히르카누스 1세의 행적과 관련해서는 『유다 고대사』 13.230-300 참조). 그의 통치는 처음부터 여러 가지 위협에 노출되었다. 요르단 건너 지방으로 도망친 프톨레마이오스는 안티오코스 7세에게 히르카누스를 공격하라고 부추긴다. 부하 장수 켄데배오스의 패배에 자존심이 상해 있던 안티오코스는 곧바로 이 제안을 받아들여 예루살렘을 공격한다. 그의 공격은 예루살렘을 무너뜨리지는 못하고 성벽을 허무는 데 그쳤으나, 유다인들은 시리아에 다시 세금을 바치고 야포를 되돌려 주어야 했다. 이리하여 유다는 다시 외세에 굴복할 처지에 놓이게 된다.

129년 안티오코스 7세가 파르티아인들과 싸우다 전사하고 파르티아인의 포로인 데메트리오스 2세가 재즉위하면서 상황이 달라졌다. 데메트리오스는 히르카누스를 유다의 자주적 통치자로 인정한 것이다. 더구나 셀레우코스 가문이 왕위를 둘러싼 갈등에 휩싸인 틈을 타서, 히르카누스는 예루살렘 북쪽에 있는 성채들을 재건하고, 성전 북서쪽에도 '바리스'라 불리는 성채를 건설하였다. 이것이 '안토니아 성채'의 전신이다(『유다 전쟁사』 1.118).

히르카누스는 유다 군인들과 함께 용병을 이용하여 정복사업을 벌였다. 그는 요르단 동쪽 지역, 남쪽으로는 이두매아, 북쪽으로는 스키토폴리스(벳 스안)까지 사마리아 땅을 정복하였다. 이두매아인들은 할례를 강요받고 유다 율법을 지켜야 했다. 108년경 히르카누스는 그리짐 산 위에 세워진 사마리아 성전을 파괴하고 이듬해에 사마리아 도성도 폐허로 만들었다

(『유다 고대사』 13.254-258; 13.275-283). 104년 그는 죽으면서 자기 부인을 후계자로 지명한다. 그러나 그의 아들 아리스토불로스가 이 계획을 뒤집는다.

히르카누스는 자신에게 임금이라는 칭호를 부여하지는 않았지만 임금처럼 행세하였다. 영토의 확장과 나라의 안정에 힘쓴 결과, 그의 통치 아래에서 히브리인들은 남북이 분단된 이래 가장 넓은 지역과 놀랄 만한 국력을 회복하였다. 몇몇 사해 문서를 제외하고 대부분의 후대 기록들은 그의 통치에 관하여 호의적으로 평가한다. 이를테면 요세푸스는, 하느님께서 요한 히르카누스와 함께 계셨으며 백성의 영도자이자 대사제이자 예언자로서 인정받았다고 한다(『유다 고대사』 13.299-300).

다. **아리스토불로스 1세**(104-103년)

히르카누스는 하시드인들을 이해하고 통치 초기에는 하시드 출신 바리사이들과 가까이 지내며 그들의 지지를 받았다. 그러나 그의 아들들은 전혀 달랐다. 그들은 궁중에서 히브리식이 아닌 그리스식 교육을 받고 자란 귀족들이었다. 요한 히르카누스의 장남은 히브리식 이름이 유다였으나 이를 버리고 그리스식 이름 아리스토불로스를 택한다(아리토불로스와 관련해서는 『유다 고대사』 13.301-319 참조). 요세푸스는 아리스토불로스에게 '필헬레네'(그리스인들의 친구)라는 별칭을 붙였다(『유다 고대사』 13.318). 아리스토불로스는 어머니를 후계자로 내세우려 한 아버지의 뜻을 어기고 자기가 대신 유다의 통치자가 된다. 그는 정권을 잡은 뒤 경쟁자들을 잔혹하게 제거한다. 그는 어머니와 형제들 가운데 셋을 감옥에 가둔 다음, 그 가운데 둘을 굶겨 죽였다(『유다 고대사』 13.301-313).

아리스토불로스 통치에서 두 가지 특기할 만한 사항이 있다. 하나는 처음 하스모네아 가문이 채택한 대사제 중심 통치 구조가 '왕국'βασιλεία으로 바뀌었다는 것이다. 아리스토불로스는 권력을 잡은 즉시 자신을 임금으로 내세웠다(『유다 고대사』 13.301; 『유다 전쟁사』 1.70). 대사제로서 하스모네아 왕국의 첫 번째 임금, 곧 대사제직과 왕직을 겸한 첫 번째 임금이 된 것이다.* 다른 하나는 서쪽 페니키아와 동쪽 다마스쿠스 사이에 자리 잡은 이투래아인들의 영토를 차지했다는 것이다. 그는 이투래아인들(셈족 원주민)이 자기 땅에 살려면 할례를 받고 유다의 율법을 지켜야 한다고 선언하였다(『유다 고대사』 13.318-319). 상부 갈릴래아가 하스모네아 가문의 통치 아래에 들어가고 이 지역 전체가 유다교를 받아들이게 된 것은 아리스토불로스의 공헌이다.

아리스토불로스는 한 해 남짓 권좌를 차지하였다. 폭음, 질병, 음모와 반란에 대한 끊임없는 두려움은 죽음을 앞당겼다. 그러나 대부분의 유다인들은 그의 때이른 죽음을 애석해하지 않았다(『유다 고대사』 13.316-317; 『유다 전쟁사』 1.84).

라. **알렉산드로스 얀내우스**(103-76년)

아리스토불로스가 죽은 뒤, 그의 아내 살로메 알렉산드라는 남편의

* 다윗 가문이 아닌 아리스토불로스가 자신을 임금으로 내세운 사실에는 중요한 의미가 내포되어 있다. 마카베오 일가가 자신들을 영주(ἐθνάρχης 나시)로 내세우는 것과 '임금'으로 내세우는 것은 차원이 다른 문제다. 다윗 왕조의 영원성을 믿는 이들에게는 이 일이 왕권 찬탈로 비쳤을 법하다.

형제 알렉산드로스 얀내우스를 감옥에서 풀어 주고 그를 임금으로 내세운다(『유다 고대사』 13.320-404). 얀내우스는 하스모네아 왕조의 두 번째 임금이 된 것이다. 요세푸스는 분명히 밝히지는 않지만 수숙혼법에 따라 살로메와 얀내우스가 혼인한 것처럼 암시한다(『유다 고대사』 13.320; 참조: 레위 21,13-14; 에제 44,22).* 알렉산드로스 얀내우스도 헬라 문화에 호의적이었다. 그는 그리스식 이름 알렉산드로스와 히브리식 이름 얀내우스(=얀내=요나탄)를 함께 사용하고, 그리스어와 아람어 두 가지 언어로 된 동전을 유통시켰다.

얀내우스는 왕위에 오르자마자 외정과 내정에서 위협을 받았다. 통치 초기에 이집트인들과 나바태아인들에게 패배하고, 종교적 문제로 바리사이파를 비롯하여 유다의 여러 파당과 반목하였다. 그는 외정과 내정의 위협에 맞서기 위하여 피시디아인들과 킬리키아인들을 용병으로 고용하였다. 한번은 초막절에 성전에서 대사제직을 수행하다가 규정에 따라 물을 제단에 부어야 하는데 자기 발에 붓는 바람에 예배자들에게서 시트론(감귤류) 세례를 받았다(『유다 고대사』 13.372). 이 일을 계기로 유다인들은 심각한 내전에 휩싸인다. 얀내우스는 특히 바리사이들과 심하게 반목하였다. 그 결과 바리사이파의 일부가 시리아 임금 데메트리오스 3세 에우캐로스를 끌어들이게 되었다. 그러나 자기네 임금이 시리아군에 쫓기는 것을 목격한 유다인들은 반대자들까지 그를 도우러 나섰고 시리아군은 끝내 격퇴되었다. 이 사건은 수세에 몰리던 얀내우스의 운명을 바꿔 놓았다. 그는 반대자들의 저항 의지를 꺾겠다는 취지로 예루살렘에서 사두가이파 우두머리들을

* 얀내우스는 살로메와의 사이에서 히르카누스 2세와 아리스토불로스 2세를 두었다.

초청하여 연회를 베풀고, 그들이 지켜보는 데서 바리사이들을 8백 명이나 붙잡아 그들의 처자식들을 눈앞에서 죽인 다음 바리사이들도 십자가형에 처하였다. 이 사건이 있은 뒤 얀내우스의 반대 세력 8천 명은 유다를 떠나 다른 곳으로 피신하였다(『유다 고대사』 13.377-383).

이렇게 내부 혼란을 잠재운 다음, 얀내우스는 영토 확장에 주력하였다. 그는 요르단 강 서부와 동부 지역을 모두 평정하고 이집트에서 카르멜 산에 이르는 해안 지역의 모든 도시(아스클론만 빼고)를 점령하였다. 명실공히 팔레스티나 전체, 곧 유다와 갈릴래아와 사마리아와 요르단 건너 동쪽 지역이 하스모네아 통치 영역에 속하게 된 것이다(『유다 고대사』 13.395-397).

알렉산드로스 얀내우스는 76년 야뽁 강 바로 위 북쪽에 있는 한 성채를 공략하다 죽었다. 그의 나이 마흔아홉, 요세푸스의 증언에 따르면 그는 죽을 때에 알콜 중독자였고 자기 죽음을 예견하였다고 한다(『유다 고대사』 13.398-404).

마. **살로메 알렉산드라**(76-67년)

기원전 76년 알렉산드로스 얀내우스의 아내 살로메 알렉산드라가 왕위를 이어받았다(살로메의 행적에 관해서는 『유다 고대사』 13.405-432 참조). 이 여인은 선임 두 통치자, 곧 아리스토불로스와 얀내우스와 차례로 혼인하면서 그들 뒤에서 막대한 영향력을 행사하였다. 살로메는 왕좌에 오르자마자 내정 정책을 바꾸었다. 일흔에 가까운 고령에도 행정과 관련된 국사를 빈틈없이 수행하였다. 먼저 자신이 여자이기에 대사제직은 조용한 성격의 장남 히르카누스 2세에게 넘기고, 군대 지휘권은 야심 많은 작은 아들 아리스토불로스 2세에게 맡겼다. 살로메는 이 두 아들을 언제나 서로 떼어 놓음으로써 둘 사이에 반목과 갈등이 일어나지 않도록 세심하게 조처하였다.

알렉산드라는 바리사이들과의 반목을 청산하고 그들을 후원하였을 뿐 아니라 그들을 조언자로 삼았다. 알렉산드라의 형제이자 바리사이들의 지도자인 시몬 벤 세타Simeon ben Shetach가 하스모네아 가문과 바리사이파 사이에서 중재 역할을 하였다. 그의 주도 아래 유다 최고 의회 산헤드린은 모든 젊은이가 히브리어 성경에 바탕을 둔 종교 교육을 받아야 한다고 선언하였다. 이 선언에 따라 유다의 마을과 성읍과 큰 도시마다 기초 교육 제도가 신설되었다(『예루살렘 탈무드』 케투봇 8.11).

선임자들에 비하여 알렉산드라의 통치는 겉으로 보기에 평화로웠다. 그러나 외세의 큰 위협은 없었다 해도 내부의 분쟁이나 갈등이 전혀 없었던 것은 아니다. 모처럼 집권 세력에 가담한 바리사이들은 자신들을 박해한 자들에 대한 대대적 숙청에 나섰다. 이에 맞서 권력 투쟁에서 바리사이들에게 밀린 사두가이들은 아리스토불로스 2세에게 접근하여 새로운 연합 세력을 구축하였다. 67년 바리사이들이 여왕의 허락을 얻어 이 연합 세력을 제거하려는 움직임을 보이자, 아리스토불로스와 그의 측근들은 자신들을 방어하는 선에서 그치지 않고 권력을 잡기 위하여 재빠르게 움직였다. 그때 알렉산드라가 일흔세 살의 나이로 죽었다. 이제 내란은 불가피해졌고, 설상가상으로 남쪽에서는 나바태아인들이, 북쪽과 서쪽에서는 로마인들이 이 내란을 이용하여 이 지역의 패권을 장악하려고 접근해 오고 있었다. 특히 로마는 오랜 기간의 내분을 끝내고 동방 진출에 대한 관심을 높여가는 중이었다.

바. **히르카누스 2세와 아리스토불로스 2세**(67-63년)

살로메 알렉산드라의 뒤를 이어 히르카누스 2세가 유다의 임금이 되었다. 그러나 그의 동생 아리스토불로스 2세가 이를 그냥 두고 볼 리가 없었다. 아리스토불로스는 사두가이파의 도움을 받아 예루살렘을 공략하고 히르카누스에게서 대사제직과 왕직을 넘겨받았다(『유다 고대사』 20,243). 히르카누스는 이미 허약해진 바리사이들에게 도움을 청하는 대신 유다 남쪽 이두매아의 영주 안티파테르에게 피신하였다. 본디 안티파테르의 아버지(역시 안티파테르)는 알렉산드로스 얀내우스에게서 이두매아의 지방 장관직을 부여받았는데(『유다 고대사』 14,10), 아들 안티파테르는 얀내우스의 두 아들 히르카누스와 아리스토불로스가 유다의 통치권을 놓고 싸우는 틈을 타, 이 지역을 하스모네아 가문의 영향력에서 독립시켜 다스리고 있었다. 안티파테르는 히르카누스에게, 나바태아인들에게 도움을 청하라고 권하였다. 나바태아 임금 아레타스 3세는 히르카누스를 도와주는 대가로 모압 지방의 통치를 약속받았다(『유다 고대사』 14,8-18).

65년 히르카누스는 아레타스의 도움을 받아 예루살렘에서 다스리던 아리스토불로스를 공격하였다. 예루살렘 주민들은 히르카누스에게 더 호의적이었다. 아리스토불로스는 성전 경내로 들어가 그곳을 요새화하고 거기에서 그의 형 히르카누스와 나바태아인들의 공격을 막아 내었다. 그때 북쪽에서는 폼페이우스가 보낸 로마 장수 에밀리우스 스카우루스가 소아시아와 시리아를 정복하고 셀레우코스 가문의 옛 영토를 정리하고 있었다(『유다 고대사』 14,19-33). 이 소식을 들은 히르카누스와 아리스토불로스는 둘 다 로마인들의 환심을 사기 위하여 64/63년 시리아에서 겨울을 보내던 폼페이우스에게 많은 돈을 바쳤다. 로마는 아리스토불로스의 편을 들어, 나바태아 인들에게 포위를 풀고 본국으로 돌아가도록 지시하였다. 그들이 물러가고 아리스토불로스가 예루살렘을 재탈환하였지만, 이번에는 폼페이우스가 아리스토불로스의 불순한 행동을 문제 삼아 예루살렘에 쳐들어 왔다. 아리스토불로스는 다시 성전으로 물러가 그곳에서 버텼으나 63년 어느 안식일에 성전 외곽 요새가 함락되고 성전을 포함한 예루살렘 전체가 로마인들에게 넘어갔다. 폼페이우스는 성전 경내, 그것도 대사제만 출입할 수 있는 지성소에까지 들어갔다(『유다 고대사』 14.34-72). 정복자로서 당연한 이 행동이 유다인들에게는 엄청난 신성모독이었다. 그러나 폼페이우스와 그의 군대가 다녀간 뒤에 성전은 아무것도 파괴되지 않았고, 다음날부터 히르카누스가 대사제로서 제사를 계속 바쳤다(『유다 전쟁사』 1.152-154; 『유다 고대사』 14.73).

기원전 63년부터 예루살렘은 로마의 지배 아래 들어가고 유다는 로마에 세금을 바치는 식민지가 되었다. 히르카누스는 예루살렘에서 대사제로 제한된 권한이나마 행사할 수 있었으나, 그의 동생 아리스토불로스는 포로가 되어 로마로 압송되고 61년 폼페이우스가 로마에서 개선 행진을 할 때 적국의 포로로 끌려다녀야 했다(『유다 고대사』 14.74-79).

4. 제2의 위기

가. 헬레니즘

바빌론 유배가 유다인들의 신앙을 떠받치는 두 개의 기반 가운데 하나인 제도적 기반(땅, 왕정, 예루살렘/성전)을 무너뜨리는 위기였다면, 헬레니즘은 신학적(또는 영성적) 기반(유일신 사상, 계약, 율법)을 무너뜨리는 위기라 할 수 있다. 알렉산드로스 대왕의 정복은 세상을 바꾸어 놓았다. 비옥한 초승달 안의 유다 공동체도 이 변화에서 제외될 수 없었다. 알렉산드로스는 호메로스, 헤로도토스, 페리클레스, 소크라테스, 플라톤, 그리고 자기 스승인 아리스토텔레스 시대의 고전 그리스 문화를 전파하려고 작정했을지 모른다. 그러나 그가 전파한 그리스 문화는 다른 문화들을 흡수하여 새로운 것으로 바꾸었다. 이 새롭게 바뀐 그리스 문화를 고전 그리스 문화와 대비하여 헬레니즘이라 한다. 헬레니즘의 좋은 예는 고전 그리스어를 단순화한 코이네(대중) 그리스어다. 서양에서는 한동안 코이네 그리스어를 널리 사용하였고 신약성경도 이 그리스어로 쓰였다. 헬레니즘의 특성을 세 가지 영역으로 나누어 고찰해 보자.

첫째, 헬라식 행정 제도는 형식이 일정하지 않다. 고대 그리스는 도시 국가들로 나뉘어 있었다. 도시(πόλις 폴리스)에는 저마다 임금과 주민들의 대표 구실을 하는 의회(βουλή 불레)가 있었다. 임금과 의회의 관계는 미묘하여 서로 자주 충돌하였다. 임금은 보통 절대 권력을 행사하였다. 알렉산드로스가 그랬던 것처럼 거대한 영토를 장악할 때는 도시 국가가 제국으로 발전한다. 임금에게 가장 가까운 관리들과 왕궁 인사들은 '임금의 친구'라 불렸다. 왕궁 바깥의 관리들 가운데 높은 지위에 오른 사람들은 영주(στρατηγός 스트라테고스)라 불리고 행정과 군사를 책임졌다. 의회는 시민의 대표들로 짜여졌다.

둘째, 헬라 시대에 법적 보호와 문화의 갖가지 혜택을 누린 시민은, 그리스에서 이주한 사람들을 포함하여 그리스 본토인들과, 그리스인들은 아니지만 헬라 문화를 포용한 식민지 민족의 상류층 인사들, 이를테면 임금과 가족, '임금의 친구들', 부자, 고위직 관리들, 부유한 상인들이었다. 그 밖의 대다수 주민들은 시민 자격이 없으며 따라서 헬라 문명의 혜택을 누릴 수 없는 사람들이다. 장인과 수공업자들을 비롯한 노동자 계층, 농부들, 관청에 고용된 사람들, 날품팔이, 종과 노예(아리스토텔레스의 표현을 빌리자면 '인간 도구')들이 이 부류에 속한다. 그리고 여인들의 사회적 신분은 그들의 아버지나 남편의 신분에 따라 결정되었다. 여자들 대부분은 전문직에 종사할 길이 애당초 막혀 있었다. 그들은 제한된 범위 안에서 교육을 받고 사회 생활을 했으며, 매우 한정된 법적 권리를 누릴 수 있었고 가정을 돌볼 의무와 가사에만 충실해야 했다. 그리스 도시들은 시민들의 정치·사회·경제 생활에 초점을 맞추어 건설되었다. 도시 중앙에는 그리스어로 '아고라' ἀγορά라 하는 시장이 자리 잡았는데, 이곳에서는 행정·예술·종교·상업 활동과 사상의 교환(토론)이 활발하게 이루어졌다. 아고라와 그 주변에는 극장, 신전, 실내 체육관, 경기장, 전차 경주장 등 시민들의 몸과 마음과 정신을 단련시키고 고양시킬 여러 가지 시설들이 들어서 있었다.

셋째, 헬라 정신 또는 헬라 사상은 조화, 덕, 지혜, 용기, 절제, 인내, 현명, 그리고 정의와 같은 원리들을 추구하면서 얻어진다. 헬라 시대의 철학에 따르면 인간의 삶은 운명의 지배를 받으며 인간은 이 운명에 순응함으로써 삶의 의미를 찾는다. 그러면서 고통과 불행은 피해야 할 대상으로 여겼다. 이 시대의 두 가지 철학 사조가 사도 17,18에 소개된다. 에피쿠로스 학파와 스토아 학파다. 에피쿠로스(기원전 341-270년)는 초자연적 실체나 죽음 이후의 인간 실존을 받아들이지 않으며 근본적으로 무신론자다. 현세에서 자유와 쾌락을 누리며 마음과 영혼이 흔들리지 않는 평화를 얻고자 노력한다. 그래서 에피쿠로스 학파를 쾌락주의Hedonism라고도 하는데 이는 후대에 발전된 개념이다. 본디 에피쿠로스가 말하는 '쾌락'은 감각적 향락이 아니라, 우정, 정신적 고요, 두려움과 고통이 없는 상태를 뜻한다. 이 쾌락을 좀 더 물질적이고 감각적인 것으로 이해한 것은 그의 추종자들에게 와서다.

스토아 학파는 '자연에 따라 사는 삶'을 이상으로 삼은 제논(기원전 335-265년)이 창시하였다. 스토아라는 말은 그리스어로 '회랑'이라는 뜻인데, 제논이 제자들을 회랑에서 가르친 데서 유래했다. 제논은 자연계를 두 가지 요소, 곧 눈에 보이는 외적 실재와 실재에 스며들어 보이지 않는 정신(λόγος 로고스)으로 이루어져 있다고 보았다. 만물은 로고스를 통하여 존재하고 그 의미를 찾는데, 이 로고스는 우주의 활동 원리인 이성을 포함한다. 말하자면 일종의 물질주의적 범신론이라 할 수 있다.

스토아 학파는 자연의 질서가 일정한 주기에 따라 전개된다고 보고, 인간의 행복과 덕행은 로고스에 순응하면서 질서와 조화의 삶을 살므로써 얻어진다고 주장하였다. 그리고 질서와 조화의 삶은 절제와 명상으로 이르게 되는 정신의 고요함에 바탕을 둔다. 스토아 학파를 수덕주의Asceticism라 부르는 이유도 여기에 있다. 스토아 학파의 수덕주의 요소는 성적으로 방종한 생활을 한 코린토인들을 비판하는 바오로 사도에게 동지 구실을 한다. 에피쿠로스 학파와 스토아 학파 말고도 빼놓을 수 없는 중요한 그리스 철학 사조는 플라톤의 관념론Idealism이다. 플라톤은 세계를 이데아 세계와 현실 세계로 나누었다. 현실 세계는 이데아/관념 세계의 반영이요 그림자다. 신과 영혼은 이데아 세계에 속하고, 피조물과 물질은 현실 세계에 속한다. 이처럼 관념 세계와 현실 세계를 엄격히 구분하는 플라톤의 이원론은 헬라 시대의 종교관과 밀접하게 이어져 있다.

나. 그리스의 신들과 헬라 시대의 종교

고대 그리스 역사가 헤로도토스(기원전 484-425년)는, 그리스 신들의 족보를 처음으로 확정하고 그 기능을 밝힌 저자는 호메로스와 헤시오도스라고 하였다. 주도적 역할을 하는 그리스의 신들은 올림포스 산에 거처를 정한 신들이다. 이 신들은 가족 관계로 묶여 있다. 먼저 최상신 제우스는 신들의 아버지이고 헤라는 그의 아내이며, 바다와 지진의 신 포세이돈은 제우스의 동생이다. 제우스의 자녀로는 헤라에게서 태어난 전쟁의 신 아레스와 공예의 신 헤파에스토스가 있다. 제우스의 머리에서 생겨난 전쟁의 여신 아테나, 나중에 입양된 지성의 신 아폴론과 쌍둥이 누이인 사냥의 여신 아르테미스도 제우스의 자녀들이다. 사랑의 여신인 아프로디테도 후대에 발전된 제우스 신화에 따르면 제우스와 디오네 여신 사이에서 난 딸로 되어 있다.

호메로스는 올림포스의 신들이 처음부터 존재한 것처럼 묘사한 반면 헤시오도스는 이 신들이 나중에 생겨난 것으로 보았다. 헤시오도스는 다른 문화권의 창조 신화를 빌려 올림포스 신들의 탄생을 설명하였다. 맨 처음에는 하늘의 신 우라노스와 땅의 여신 가이아가 있었다는 것이다. 그런데 둘 사이의 관계가 좋지 않아 서로 싸우다가 그들의 아들 크로노스가 자기 아버지의 생식기를 잘라 내자 그것이 바다에 떨어져 떠돈다. 그것에서 나온 피와 정액이 혼합되어 사랑의 여신 아프로디테가 태어난다. 한편 크로노스는 올림포스 신들을 낳았는데, 올림포스 신들은 세상의 통치권을 장악하기에 앞서 제우스의 지휘 아래 우라노스와 가이아의 자식들인 타이탄들과 싸워야 했다.

크로노스의 자식들이라는 헤시오도스의 단순한 설명과는 달리 올림포스 신들의 기원은 복잡하다. 제우스는 그리스 이전 인도-유럽 문화권에서 발견된다. 그 밖의 그리스 신들은 고대 근동 신들과 곧잘 비교된다. 사랑의 여신 아프로디테는 수메르의 여신 이난나와 가나안의 여신 아스타롯에 해당한다. 이 신은 아마도 근동에서 키프로스 섬을 거쳐 그리스에 전해졌을 것이다. 아폴론 신도 본디 그리스에서 유래한 것 같지 않다.

이상 열거한 신들 외에도 후대에까지 널리 알려진 그리스 신들이 있다. 혼돈의 신 카오스와 지하세계의 신 하데스는 어둡고 음울한 인상을 풍긴다. 술의 신 디오니소스는 술과 성性에 탐닉한 자들의 수호자다. 신들과 인간 사이의 중간 위치에는 영웅들이 자리한다. 사람들은 그들의 위업을 기리고 그들의 사당에 특별한 경의를 표한다. 그리스 최대의 영웅 헤라클레스는 제우스의 아들로서 힘이 장사였다. 영웅 외에도 신들과 인간 사이의 또 다른 중간 존재가 있는데, 주로 인적이 드문 산골이나 벌판에 출몰하는 요정과 정령精靈이다. 요정이나 정령은 인간에게 도움을 주기도 하고 해를 입히기도 한다.

그리스 신들의 계보

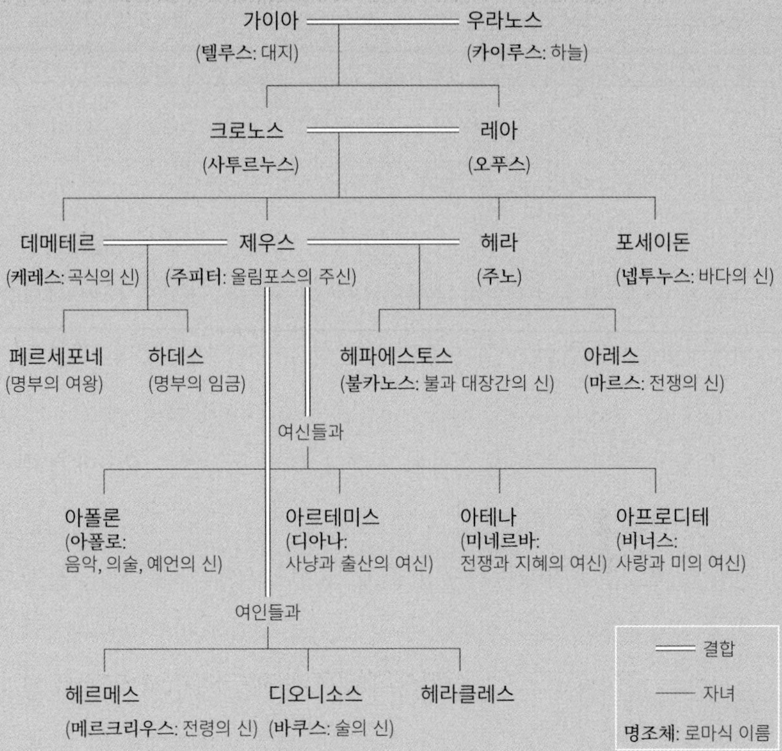

그리스 신들은 인간의 안녕이나 행복에 관심을 기울이기보다 자기네들끼리의 투쟁과 활동에 골몰하는 것으로 나타난다. 그들은 인류의 수호자 구실을 하기도 하지만 반대로 적대적으로 행동하기도 한다. 그리스인들은 자기네 신들이 인류의 삶에 깊이 개입하지 않는다고 믿으면서도 그 신들이 인간의 올바른 행동에는 지지를 표명하고 그릇된 행동에는 벌을 내릴 것이라고 막연히 생각하였다. 예를 들어 헤시오도스에 따르면 제우스는 '디케'(δίκη 정의로운 판결)의 수호자다. 그리스 신들이 특별히 싫어하는 악습으로는 '히브리스'(ὕβρις 방자함, 오만불손)와 '아테'(ἄτη 고집불통)를, 반기는 덕으로는 '아레테'(ἀρετή 고귀함)와 '카리스'(χάρις 호의, 친절)를 들 수 있다.

그리스인들은 신전을 도시와 그곳의 특정한 수호신들을 이어 주는 상징적 건물로 여길 뿐, 신들이 그 안에 산다고 믿거나 그곳에서 신들을 위한 예배 의식을 정기적으로 거행하지는 않았다. 신전은 많은 사람들을 수용할 만큼 크지 않았으며 축제와 더불어 올리는 제사도 거의 언제나 야외에서 또는 가끔 신전 부근에 마련된 성소에서 거행되었다. 제물로는 포도주와 물, 그리고 집에서 기른 소와 양과 염소를 바쳤다. 제물로 바칠 짐승을 잡을 때에는 엄격한 절차를 지켰다. 먼저 보리쌀을 짐승에게 뿌리고 거룩한 칼로 짐승 머리의 털을 몇 가닥 잘라 낸 다음 짐승의 목을 딴다. 짐승이 죽으면 부위별로 나누고 불에 굽는다. 사랑과 미움의 원천인 내장은 축제에 참석한 모든 이에게 돌려 고기를 먹기에 앞서 맛보게 한다. 신들에게는 나머지 부분, 곧 넓적다리 뼈와 꼬리를 바친다. 이 제사 관습을 설명하는 신화가 있다. 불의 신 프로메테우스가 제우스에게 첫 번째 제사를 바칠 때에 제일 좋은 고기를 빼돌리고 기름으로 가린 뼈를 바쳤다. 제우스는 속아 넘어가지 않았다. 그는 뼈가 감추어진 기름을 받기는 하였지만 자기 아들 헤파에스토스를 시켜 판도라라는 여자를 창조하게 한다. 이 여자는 인간에게 해로운 온갖 악과 질병을 담은 상자를 가지고 지상에 내려왔다. 그 뒤부터 제물을 바치는 인간은 고기를 취하는 대신 고통스러운 삶을 감수하게 되었다.

그리스인들에게 제사는 여러 가지 의미가 있다. 제사는 사람들이 짐승을 잡아 먹는 데 대하여 신에게 용서를 비는 예식으로 통한다. 제사는 또 신들을 먹여 살리는 의미도 있다. 제우스와 헤라와 포세이돈은 인간의 음식을 필요로 하지 않지만 다른 신들은 인간이 바치는 제물로 영양을 섭취한다. 아리스토파네스의 『새』라는 작품에 보면 새들이 제물이 타서 그 연기가 신에게 올라가는 것을 애써 막는다. 그것은 새들이 신들을 굶주리게 하여 자기네에게 유리한 협상을 진행시키기 위해서였다. 그러나 제사는 무엇보다 축제 때의 잔치 음식을 마련하기 위한 예식이다. 중요한 축제가 벌어질 때면 잔치는 보통 운동경기로 이어졌다. 예를 들어 올림픽 경기는 본디 제우스 신의 축제와 연결되어 생겨났다. 고대 그리스에서 가장 널리 퍼져 거행된 축제는 테스모포리아θεσμοφόρια 축제다. 테스모포리아는 옥수수 또는 곡식의 여신 데메테르의 옛 이름 테스모포로스(θεσμοφόρος 법을 주는)에서 유래한다. 이 축제는 해마다 옥수수를 수확하는 9월에 열리는데 데메테르의 딸 페르세포네가 지하 세계에서 자기 어머니에게 돌아오는 것으로 상징화한다. 그리스 축제들은 주로 농사와 절기에 관련되지만 히브리 축제들처럼 나중에는 고정된 날짜에 거행되었다.

제사 외에도 인간과 신을 연결해 주는 것은 기도와 신탁이다. 그리스인들은 신들이 인간의 기도에 응답하거나 신탁으로 자신들의 뜻을 분명하게 전달한다고 믿지 않은 것 같다. 신탁 가운데에는 델피에서 주어지는 아폴론의 신탁을 가장 높이 평가하였다. 델피는 코린토 만을 굽어보는 파르나수스 산의 높은 곳에 서 있던 성소다. 신탁의 청원자들은 전국 곳곳에서 몰려들어 해변가에서 산 위 성소로 올라왔다.

이상 소개한 그리스인들의 신관과 종교관을 보면 그들의 삶 곳곳에서 영적인 면을 찾아볼 수 있다. 그러나 그리스 신들은 인간사에 관심을 두고 인간 역사에 깊이 개입하시는 히브리인들의 하느님과는 근본적으로 다르다. 히브리인들의 하느님과 비교할 때, 그들을 결코 인격신이라고 부를 수 없다. 그리스 신은 자신들의 뜻을 인간에게 분명히 계시하지 않는다. 그리스 종교에도 신전과 성소와 제사가 있었으나 종교 집회를 관장할 수 있는 중앙 조직이나 교회, 교리를 끌어 낼 만한 경전 같은 것은 없었다.

헬라 시대의 종교는 올림포스 신들을 숭배하는 고전 그리스 종교, 주로 동방에 기원을 둔 새로운 종교, 점성술, 마술 등이 혼합된 형태였다. 고전 그리스 종교는 생명력이 길다. 실제로 그리스인들에 이어 지중해 전 지역을 정복한 로마인들은, 그리스 신들에게 라틴식 이름을 붙이고 그 신들을 그대로 섬겼다. 그러나 전통 종교는 일반 대중의 삶에서 하나의 의식 절차일 뿐 별다른 의미는 없었다. 또한 삶에 대한 불안과 죽음의 공포, 고독감과 숙명론 등은, 현세와 내세의 행복을 보장받으려는 사람들이 신들과의 친교와 동료 인간들과의 교제를 추구하는 밀교密教를 포함한 온갖 종교 집단에 빠져들게 하였다.

그리스 신들은 신약성경에도 이따금씩 언급된다. 루카 복음에 나오는 부자와 라자로의 이야기에서 하데스는 신의 이름을 넘어서서 이 신과 악인들이 거처하는 '죽음의 세계'(루카 16,23)를 가리킨다. 사도행전에 보면 리스트라의 주민들은 풍모가 좋았던지 바르나바를 올림포스의 최상신 제우스로, 언변이 뛰어나다 해서 바오로를 전령의 신 헤르메스로 부르며 황소를 잡아 두 선교사에게 바치려 하였다(사도 14,8-18). 사냥의 신이자 풍산신인 아르테미스 여신을 섬기는 에페소의 시민들은 데메트리오스라는 은장이의 사주를 받아 바오로를 거슬러 온 도시에 소요를 일으켰다(19,21-40).

다. 헬라 문화와 유다교의 충돌

헬라 문화와 유다인들의 셈족 문화는 여러 면에서 서로 대립한다. 유다인들이 히브리어나 아람어를 쓴 반면, 헬라주의자는 그리스어를 사용하였다. 셈족의 경제 기반은 근본적으로 시골의 전원 생활과 농업에 바탕을 두지만, 헬라주의자들의 경제 기반은 도시에 바탕을 두었다. 유다인들의 종교관은 유일신 숭배를 절대시하며 윤리적이고 실천적인 데 반하여, 헬라주의자들의 종교관은 위에서 살펴본 대로 다신론이나 범신론에 바탕을 두면서 형이상학적이고 사변적이다. 유다 종교는 야훼 하느님께 대한 공경과 그분과 인간 사이의 관계에 초점을 맞추지만, 헬라 종교는 여러 신들을 섬기며 잡다한 인간사와 인간의 물질적 행복에 관심을 두는 세속 종교다. 셈족의 삶은 특권주의와 배타주의에 바탕을 둔다. 이에 반해 헬라주의자는 보편적이고 통합적으로 사고하였다. 셈족은 공동체를 강조하고 헬라주의자는 개인을 중시한다. 이렇게 상반된 성격의 두 문화가 충돌하는 것은 피할 수 없었다.

처음에 유다인들은 그리스 문화에 적대적이지 않았다. 알렉산드로스의 정복 이후, 유다인들은 팔레스티나에 들어온 상인들과 군인들을 통하여 헬라 문화와 접촉하게 되었다. 또 알렉산드로스가 정복한 다른 나라들을 여행하면서 헬라식 도시와 행정과 삶의 양식을 보았다. 그러면서 그들은 점차 헬라 문화의 가치와 장점과 매력을 인정하게 되었다. 처음 프톨레마이오스 왕조가 통치하던 시절에는 통치자들의 관용정책으로 헬라 문화와 유다교가 충돌을 일으키지 않았으며, 예루살렘에서는 친헬라주의를 표방하는 유다인들이 자연스럽게 활동하였다. 그러나 셀레우코스 왕조의 통치 중반 이후부터 상황이 완전히 바뀌었다. 특히 유다 전체를 강제로 헬라화하고자 한 안티오코스 4세 에피파네스는 유다인들의 전통 문화, 유다교의 신학적 기반인 유일신 사상과 계약과 율법을 위협하였다. 마카베오 항쟁은 헬라 문화의 일반적 가치들에 대한 반발이 아니라, 근본적으로 유다교를 포기하고 이교 풍습과 신앙을 받아들이라는 강요에 대한 저항이었다. 오랜 항쟁 끝에 들어선 하스모네아 가문이 헬라 문화를 상당 부분 수용하였다는 사실이 이를 반영한다. 특히 팔레스티나의 해안가와 '이민족들의 땅'(마태 4,15)이라 불리던 갈릴래아에 헬라 문화의 요소들이 널리 퍼져 있었다. 헤로데 대왕이 성전을 비롯하여 예루살렘을 재건할 때에도 헬라식 도시를 모델로 삼았다. 예수님 시대에 팔레스티나에서 주로 어떤 언어가 사용되었는가 하는 문제는 학자들 사이의 큰 논란거리다. 이와 관련하여 한 가지 특기할 만한 사항은 기원후 70년경 예루살렘의 묘비에 적힌 글을 보면 40퍼센트가 그리스어로 쓰여 있다는 사실이다.

헬라 문화와 종교에 대한 견해와 반응은 크게 두 가지로 갈라진다. 하나는 하시드인들(경건주의자들)의 견해와 반응이다. 그들은 헬라 문화를 유다교의 신학적(영성적) 기반을 위협하는 실체로 간주하였다. 헬라화를 강요함은 유다교의 유일신 사상과 계약과 율법을 전적으로 어기라는 것이다. 제도적 기반을 무너뜨린 바빌론 유배가 제1의 위기이고, 신학적 기반을 위협하는 이 헬라화가 제2의 위기인 셈이다. 하시드인들이 헬라화에 반발한 이유로 세 가지를 생각해 볼 수 있다. 첫째, 구약의 율법은 언제나 유다인들의 문화와 관습을 하느님과 맺은 계약의 가시적 결과로 규정하였다. 따라서 하느님의 계약과 무관한 헬라 문화를 합당한 것으로 인정할 수 없었다. 둘째, 모세 이래 예언자들은 이스라엘이 민족으로든 개인으로든 안녕을 누리기 위해서는 하느님께 충성하고 순종해야 한다고 끊임없이 가르쳤다. 셋째, 유다인들은 역사를 통하여 많은 종족과 민족과 문화와 종교가 초강대국들의 정복 사업으로 사라지는 것을 수없이 목격하였다. 이런 이유들로 하시드인들은 특권의식, 배타주의, 고립주의, 그리고 율법주의에 빠져들었다.

그러나 하시드인들과는 달리 헬라 문화를 수용하고 지지하는 유다인들도 있었다. 그들은 알렉산드로스 대왕 시절부터 안티오코스 에피파네스의 통치 초기까지 유다인들이 누린 종교의 자유를 지적하면서, 헬라 문화를 받아들이고 그리스인들과 사이좋게 지내는 것이 유다인들에게 큰 이득이 된다고 주장하였다. 이들은 헬라 문화의 위협을 대수롭지 않게 여겼다.

나중에 이스라엘 안에는 이 두 상반된 견해와 반응 사이에서 여러 파당이 생겨난다. 첫째 마당에서 다룬 바리사이파, 사두가이파, 에세네파, 젤롯파 등이 그 좋은 예들이다.

VI. 로마 시대

1. 로마의 역사와 팔레스티나 통치
2. 헤로데 가문의 통치
3. 기원후 1-2세기의 로마 황제들
4. 로마의 강압 통치와 유다 항쟁
5. 새 이스라엘인 그리스도교

》

팔레스티나에서 로마의 영향력은 마카베오 시대 말기부터 점차 커져 갔다. 하스모네아 가문의 통치를 마감하는 두 인물 아리스토불로스 2세와 히르카누스 2세, 그리고 이두매아 사람 안티파테르와 그의 아들들은 모두 이스라엘의 통치를 보장받기 위하여 로마의 환심을 사는 데 주력하였다. 로마는 이 상황을 적극 활용하여 팔레스티나의 맹주로 서서히 떠오른다.

1. 로마의 역사와 팔레스티나 통치

가. 로마 제국의 탄생

로마는 추측컨대 기원전 753년에 창건되었다. 이스라엘 역사와 비교하면 아모스 예언자 시대다. 로마의 정치 체제는 크게 셋으로 나눌 수 있다. 처음에는 군주국이었고 510년 공화국이 되었다가 기원전 27년 황제 중심의 제국이 되었다. 로마는 서서히 영토를 넓혀갔다. 510년부터 203년까지 이탈리아와 지중해 서부 지역을 장악하고, 203년부터 27년까지 지중해 동쪽 연안의 헬라 제국들을 점령하였다. 로마를 가장 괴롭힌 나라는 한니발이 맹활약한 북아프리카의 카르타고였으나, 기원전 150년 로마는 카르타고를 지구상에서 완전히 사라지게 하였다. 기원전 67년 로마의 원로원은 스페인 원정을 성공리에 마친 폼페이우스 장군을 지중해 동부 지방의 통치자로 임명한다. 그의 주요 임무는 이 지역의 해적들을 물리치고 로마의 해상 무역을 수월하게 하는 것이었다. 폼페이우스는 기원전 63년 시리아에 이어 예루살렘을 점령하고 급속도로 세력을 넓혀갔다. 이때 서쪽에서는 문무를 고루 갖춘 명장 율리우스 카이사르가 갈리아(오늘날의 프랑스, 기원전 58-51년)와 영국(기원전 55-54년)을 정복하면서 급부상하고 있었다.

기원전 27년까지 로마는 공화국이었다. 이때는 원로원Senatus과 집정관Consul들이 나라를 다스렸는데, 로마 시민들은 세 계층으로 나뉘었다. 귀족 계급Patricii은 정치에 직접 참여하며 법적 권리를 완전하게 누리는 상류층이다. 그러나 중류층인 기사 계급Equestres과 하류층인 서민 계급Plebes은 시민권이 제한적이었고, 외국인들과 노예들은 아무런 권리도 없었다. 로마의 시민권을 두고 귀족 계급에 비해 상대적으로 소외감을 느낀 이 두 계층은 자연히 특권층을 몰아낼 강력한 중앙 정부를 갈망하였다. 이런 분위기가 무르익어 가던 49년, 율리우스 카이사르는 자신을 로마의 유일한 통치자로 내세웠다. 카이사르는 48년 마케도니아의 파르살루스 전투에서 경쟁자 폼페이우스를 물리치고 이집트로 쫓아낸다. 폼페이우스가 알렉산드리아에서 살해되자, 카이사르는 이집트 원정에 나서 48년 이집트군을 물리치고 클레오파트라 7세를 여왕으로 임명한다. 카이사르는 44년 공화주의자들인 귀족 계급이 지원하는 자신의 양아들 브루투스와 카시우스에게 살해되고, 브루투스와 카시우스는 42년 필리피에서 카이사르를 따르던 안토니우스와 옥타비아누스의 연합군에 패배한다. 이제 로마 제국의 서쪽은 카이사르의 손자뻘(형제의 손자)이지만 그의 양자가 된 옥타비아누스가, 동쪽은 안토니우스가 차지한다. 안토니우스는 프톨레마이오스 가문의 마지막 임금 클레오파트라와 사랑에 빠지는데, 이 여왕은 198년 시리아의 셀레우코스 왕국으로 넘어간 유다를 몹시 탐냈다.

기원전 31년 옥타비아누스는 마케도니아 서남부 악티움 앞바다에서 안토니우스와 클레오파트라의 연합군에게 승리하고 대권을 쥐었다. 그는 기원전 27년 아우구스투스(지존至尊이라는 뜻)를 자신의 칭호로 삼고 로마의 황제가 된다. 이후 아우구스투스의 후계자들은 그에 대한 존경심에서 자신들을 이 칭호로 불렀다. 로마 제국은 이렇게 탄생하였다.

나. 로마의 팔레스티나 지배

기원전 67년 폼페이우스는 지중해의 해적들을 소탕한다는 명목으로 군대를 동쪽으로 이동하여 안티오키아와 다마스쿠스를 점령하였다. 거기서부터 예루살렘까지는 별로 먼 거리가 아니었다. 63년 폼페이우스는 석 달 간 공략하여 마침내 예루살렘에 들어와 대량학살을 자행하고(요세푸스에 따르면 단 하루에 만 이천 명이 살해됨), 팔레스티나의 통치영역을 재편하였다(『유다 고대사』 14.70-76). 그는 남쪽의 나바태아인들에게는 부드럽게, 북쪽의 이투래아인들에게는 조금 엄격하게, 그리고 유다인들에게는 매우 엄격하게 정책을 폈다. 폼페이우스는 그 당시 안티오코스의 감독을 받으며 예루살렘을 다스린 유다 임금 아리스토불로스 2세를 로마로 쫓아내고 그의 경쟁자 히르카누스 2세를 그 자리에 앉혔다(『유다 고대사』 20.244). 히르카누스는 유다인들이 주로 사는 유다, 이두매아, 갈릴래아, 페래아를 다스렸고, 사마리아는 새로 임명된 시리아 주재 로마 총독이 직접 통치하였으며, 요르단 강 동부(스키토폴리스는 제외)에서는 자치권이 있는 열 개의 도시들, 곧 데카폴리스가 새롭게 태어났다. 데카폴리스는 셈족에 맞서 무역의 자유를 누리고 자체 방어망을 구축할 목적으로 결속된 도시 동맹체로서, 로마의 역사가 대大 플리니우스에 따르면, 스키토폴리스, 펠라, 디온, 게라사, 필라델피아, 가다라, 라파나, 카나타, 히포스, 그리고 다마스쿠스가 여기에 속한다(『박물지』 5.16.74).

48년 카이사르가 폼페이우스를 몰아내고 대권을 쥐자, 히르카누스와 이두매아 사람 안티파테르는 곧바로 카이사르에게 돌아섰다. 특히 이집트와 페르가몬에서 카이사르에게 군사적 도움을 준 안티파테르는 카이사르의 신

데카폴리스의 하나인 게라사 지방

임을 얻어 유다의 통치권을 장악하기 시작하였다. 47년 카이사르는 히르카누스 2세를 대사제이자 유다의 민족영주Ethnarchon로, 안티파테르를 행정관Procurator으로 임명하였다(『유다 고대사』 14.143). 안티파테르는 외형상 히르카누스와 권력을 공유하였지만, 임금이 되기에는 자질이 부족하고 무능한 히르카누스를 마음대로 주무르면서 점차 유다 지역의 통치권을 독점해 갔다. 그는 자신의 두 아들, 파사엘과 헤로데를 영주로 임명하였다. 파사엘은 예루살렘과 그 부근의 영주로, 당시 아직 소년이었던 헤로데는 갈릴래아의 영주로 내세웠다(『유다 고대사』 14.143-200).

카이사르가 살해된 다음 해인 기원전 43년 안티파테르가 히르카누스의 심복 말리쿠스에게 독살된다. 그러나 말리쿠스도 헤로데의 지시로 티로에서 살해된다. 말리쿠스가 죽자 유다와 갈릴래아에서 폭동이 일어나는데, 갈릴래아의 폭동은 아리스토불로스 2세의 아들인 안티고누스 마타티아스가 주도하였다. 이곳 영주 헤로데는 안토니우스에게 군사적 개입을 요청하였고, 반헤로데파의 반란을 진압한 안토니우스는 파사엘과 헤로데의 통치권을 인정한다. 40년 안토니우스가 유다를 이집트의 클레오파트라 여왕에게 넘겨 주기 직전에 안티고누스가 로마에서 예루살렘에 도착하여 히르카누스를 쫓아내고 팔레스티나의 통치권을 차지한다. 그러자 파사엘은 자결하고 헤로데는 도망쳤으며 히르카누스는 수족이 절단되었다(『유다 고대사』 14.292-369).

안티고누스는 하스모네아 왕조의 마지막 임금으로 유다인들한테서 폭넓은 지지를 받았다. 그는 하스모네아 가문의 합법적 상속자일뿐더러, 히르카누스의 정치 고문인 이두매아인들을 없애 버렸기 때문이다. 이두매아인들은 유다인들한테 미움을 받았다. 갈릴래아의 영주 헤로데도 히르카누스의 고문이었으나 안티고누스의 숙청에서 살아남아 로마로 건너가 로마인들의 지지를 얻었다(『유다 전쟁사』 1.282-285). 기원전 37년 그는 로마 군대의 도움으로 예루살렘을 장악한 뒤 하스모네아 왕조의 마지막 임금 안티고누스를 처형한다. 이어 헤로데는 로마인들의 후광을 업고 유다와 사마리아의 임금이 된다. 헤로데는 그 한 해 전에 사마리아에서 하스모네아 공주 마리암네와 혼인하였다. 이로써 하스모네아 왕조는 끝이 나고 헤로데 왕조가 시작된다(『유다 고대사』 14.463—15.10).

한편 클레오파트라의 성화에 못 이겨 안토니우스는 헤로데에게 압력을 가하려고 했으나 번번이 헤로데의 책략에 말려들어 뜻을 이루지 못한다. 기원전 31년 안토니우스가 악티움 해전에서 옥타비아누스에게 패배하자, 연인 안토니우스와 클레오파트라는 자살로 비극적 죽음을 맞는다. 헤로데는 곧바로 옥타비아누스에게 돌아서서 유다의 통치를 확약받는다. 옥타비아누스는 기원전 27년 아우구스투스 황제로 선포된다.

다. 로마의 군사·행정 체제

아우구스투스 황제 통치부터 기원후 4세기 로마가 동서로 갈리기 전까지 제국은 전성기를 맞았다. 이 시기를 가리켜 '로마의 평화'Pax Romana라 한다. 로마의 평화는 근본적으로 강력한 군사력에 바탕을 둔다. 로마 군대의 장교는 로마 시민권자여야 하고, 병사들은 노예 신분에서 풀려난 자들과 용병들로 구성된다. 로마 군대의 편성을 보면 백인대장centurion이 백 명의 보병을 거느린 백인 부대 첸투리오centurio, 그 위에 6명의 백인대장이 소속된 육백인 부대 코호르스cohors, 그리고 그 위에 육백인 부대 열 개가 모인 육천인 부대 레지오legio가 있다.* 백인 부대보다 더 낮은 단위로 십인 부대 데쿠리오decurio도 있다. 이 부대의 장은 십인대장decurion이다.

아우구스투스는 로마 제국을 32속주Provincia로 나누었다. 오래되고 안정된 속주는 원로원 직속령으로 정하고 집정관이 다스리게 하였다(예: 소아시아, 마케도니아, 아카이아). 집정관은 군대의 통수권은 없었고 자기가 맡은 속주의 행정을 원로원 앞에서 책임져야 했다. 그 밖의 속주들은 황제가 직접 총독Legatus이나 지방장관Praefectus을 임명하여 다스리게 하였다(예: 시리아, 갈라티아). 황제의 권한을 받아 총독은 큰 속주를, 지방장관은 작은 속주를 다스렸으며, 총독과 지방장관 밑에는 행정관Procurator이 있어 그들의 감독 아래 한정된 지역을 다스렸다. 우리말 성경에서는 이 셋을 명확히 구분하지 않고 보통 총독이라 옮기는 경우가 많다.

---

* 마리아의 군단이라고 부르는 가톨릭의 신심 단체 레지오 마리애는 바로 이 로마 군조직에서 유래한다.

황제는 지역에 따라 토착민들이 임금을 두고 반-독립semi-independent 소왕국들을 이루어 사는 것을 허락하였는데, 이런 나라들의 임금은 군사와 외교에 관한 권한은 없고 민사와 행정에 관한 권한을 제한적으로 행사하며, 주로 세금을 걷어 황제에게 바치는 꼭두각시에 지나지 않았다. 이런 임금들 가운데 작은 지방을 다스리는 통치자는 사분영주Tetrarchon,* 좀 더 큰 지방을 다스리는 통치자는 민족영주Ethnarchon, 그리고 작은 특정 지역만을 다스리는 통치자는 지역영주Toparchon라 하였다. 헤로데 대왕은 민족영주였지만, 그의 아들들은 사분영주, 얌니아와 그 주변을 다스린, 헤로데의 누이 살로메는 지역영주에 속하였다.

지방마다 행정은 로마 법에 따라 엄격하게 통제를 받았다. 그러나 로마의 법 규정들은 지방의 개별 통치자들의 해석에 따라 매우 다르게 적용되었다. 출생 자체로, 특별한 은덕으로, 또는 돈으로 로마 시민권을 얻은 자들은 누구나 특권과 특전을 누렸다. 로마 시민들의 권리가 정확히 무엇인지는 알려지지 않았으나 적어도 다음 사항은 포함하는 것으로 보인다. 로마 시민은 군대의 징집에서 면제를 받고, 세금 감면 혜택을 누리며, 체포되더라도 매를 맞거나 고문을 당하지 않고, 황제의 법정에서 재판을 받을 권리가 있으며, 군대에서는 탈영을 제외하고 어떤 범법 행위를 하더라도 십자가형을 받지 않는다.

---

* 한 나라의 4분의 1에 해당하는 지역을 다스린다는 뜻이다.

2. 헤로데 가문의 통치

헤로데 가문의 족보는 가까운 친인척끼리 맺는 근친혼近親婚과 배다른 형제의 부인들과 맺는 수숙혼嫂叔婚으로 매우 복잡하다. 게다가 동명이인이 많은 만큼 주의 깊게 살펴야 혼동이 없을 것이다.

가. **헤로데 대왕**

기원전 37년부터 4년까지 온 이스라엘을 다스린 헤로데는 긍정적으로든 부정적으로든 대왕이라고 불리는 데 조금도 손색이 없다. 그는 타고난 건강과 지략을 바탕으로 정적을 제거하는 데 빈틈없고 잔인하였으며, 자기가 지배하는 자들 앞에서는 권위와 오만을 마음껏 드러낸 반면, 로마의 권력자들 앞에서는 맹종과 충성을 약속하였다. 의심 많고 잔인한 그의 성격은 동방박사들의 방문과 베들레헴의 영아 살해를 전하는 마태오 복음의 기록에서도 확연히 드러난다.

헤로데는 이두매아인이기 때문에 유다인들에게 이방인으로 비쳤다.* 그래서 그는 유다적인 것이면 무엇에나 관심을 보이는 체하였으나 실제로는 철저한 헬라주의자요 이교도였다. 그의 생활 양식과 활동, 예루살렘 성전을 비롯한 그의 건축 사업이 이를 잘 반영한다.

* 요한 히르카누스는 이두매아를 정벌한 뒤 그곳 주민들을 유다교로 강제 개종시켰다(『유다 고대사』 13.257-258). 따라서 이두매아인들은 유다인들에게 반-이방인, 반-유다인으로 여겨졌을 것이다(『유다 고대사』 14.403).

그의 통치는 세 시기로 나누어 생각할 수 있다. 권좌의 확립(37-25년), 번영(25-13년), 그리고 내정 갈등(13-4년)이 그것이다. 전체적으로 그는 능력 있는 통치자였으며 놀랄 만한 업적도 많이 남겼다. 로마와의 친분과 협력 관계에서 드러난 탁월한 정치적 수완은 온 이스라엘 땅에 안정과 번영을 가져다 주었다.

헤로데는 위대한 건축가였다. 그의 건축 사업은 오늘날까지도 그 흔적이 여기저기 남아 있다. 그는 자신을 지지해 준 사마리아인들에게 보답하고 아우구스투스에게 충성을 표시하는 뜻으로 황폐한 사마리아를 세바스테(아우구스투스 황제의 다른 이름)로 바꾸어 재건하였다. 또 아름다운 부두를 갖춘 항구도시 카이사리아를 건설하여 로마 황제에게 바쳤다. 그 밖의 많은 도시에 이교 신전과 헬라식 체육시설들을 세우고 여느 헬라 도시에서 쉽게 볼 수 있는 건축물들로 예루살렘을 다시 건설하였다. 특히 재건된 예루살렘 성전은 헤로데의 걸작 가운데 하나다. 즈루빠벨이 세운 성전은 낡고 잇따른 전쟁으로 곳곳이 파괴되었으며, 순례 축제 때마다 모여드는 군중을 수용하기에는 턱없이 비좁았다. 성전 재건은 기원전 20년 또는 19년에 시작되었다. 여기에는 천여 명의 레위인들이 참여하였다. 먼저 성전 경내를 넓히고 기본 구조물을 세우는 데는 1년 반이 걸렸지만 후속 작업은 성전이 로마인들에게 파괴되는 기원후 70년까지 계속되었다("이 성전을 마흔여섯 해나 걸려 지었는데": 요한 2,20). 예루살렘 성전을 재건하면서도 헤로데는 로마에 대한 충성을 드러내려고 성전 정문에 로마 군대의 표상인 황금 독수리 부조를 새겨 넣었다(『유다 고대사』 15.246-425).

헤로데는 정적이 많았다. 유다인 신하들이 그를 완전한 유다 임금으로 받아들이려 하지 않았으며, 로마의 불안정한 정치 판도는 언제나 그를 긴장시키고 끊임없이 정책의 방향을 바꾸게 만들었다. 또 이집트의 여왕 클레오파트라 7세는 권력을 잡은 여러 로마인들의 정부가 되어 헤로데가 다스리는 이스라엘을 자기 영토에 병합시키려고 호시탐탐 노리고 있었다. 헤로데는 의심이 많은 인물이었다. 자기 자리를 탐낸다는 이유로 수많은 귀족과 관리 들을 처형하였다. 그들 가운데에는 헤로데가 잠시 병을 앓을 때 그를 제거하려 했다가 극심한 고문을 당하고 처형된 유다스와 마티아스도 있었다. 헤로데의 사생활과 가족 생활은 상상을 초월할 만큼 비극적이었다. 그는 자신을 제거할 음모를 꾸민다고 의심하여 가족과 친척과 친구들을 유배하고 감옥에 가두거나 심지어 처형하기까지 하였다. 첫 부인 도리스에게서 난 안티파테르, 마리암네 1세에게서 난 알렉산드로스와 아리스토불로스도 모반 혐의로 헤로데에게 처형되었다. 아우구스투스는 헤로데의 이런 행동과 유다인들의 음식 규정을 연관시켜 "헤로데의 아들이 되기보다는 그의 돼지가 되는 것이 더 안전하다" 하고 말하였다(마크로비우스 『사투르날리아』 2.4.11). 기원전 4년 그는 그토록 애지중지하던 예리코 궁전에서 생을 마쳤다. 전승에 따르면 그는 유다인들 가운데 아무도 자기 죽음을 애도하지 않을 줄 알고 감옥에 있는 유다인 남자 수백 명을 자기 죽음과 때를 맞추어 살해하라는 명령을 미리 내렸다고 한다. 그래야 자기가 죽고 나서 유다 땅에 곡소리가 들릴 터이니까!(『유다 고대사』 16—17)

헤로데가 죽자마자 예루살렘 주민들은 서기관 유다스와 마티아스의 처형을 빌미로 반란을 일으켰다. 이에 그의 아들 아르켈라오스가 군대를 풀어 대대적인 학살을 자행하였다. 아르켈라오스가 동생들과 함께 헤로데의 왕권을 이어 받으려고 로마로 떠났을 때 유다에서는 또 다른 반란이 일어났다. 이번에는 시리아의 총독 바루스가 반란을 진압하고 또다시 소요

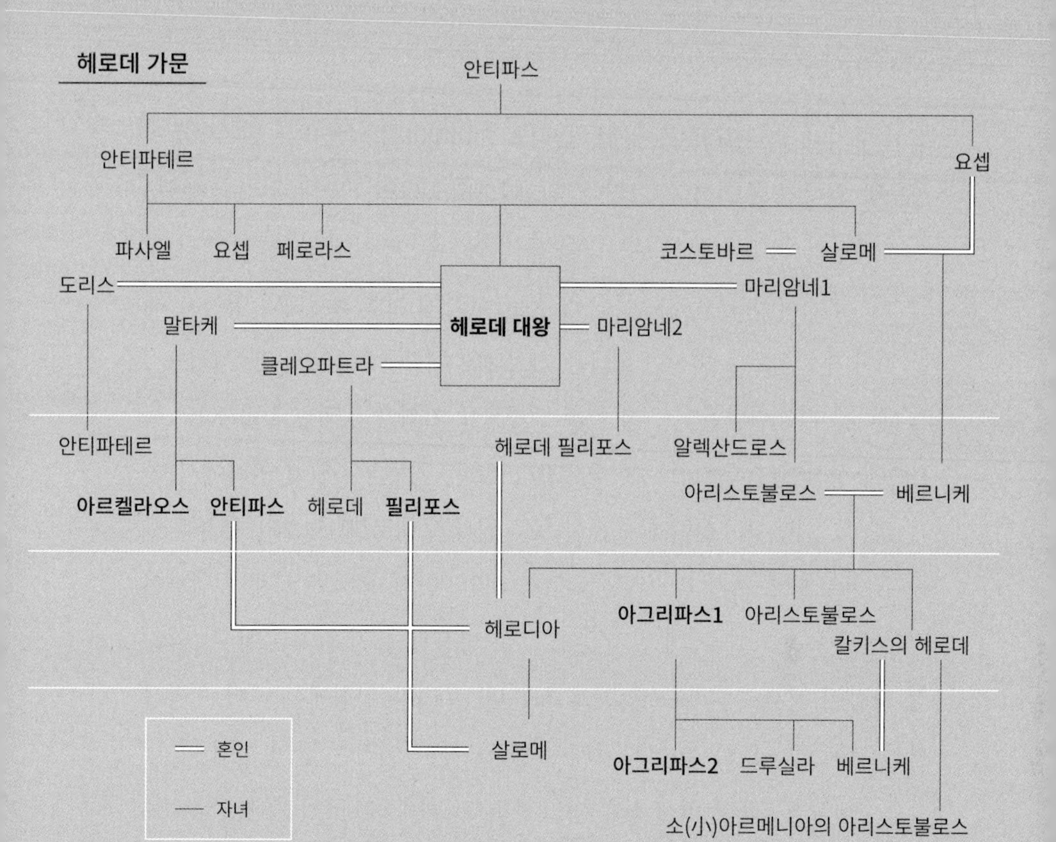

가 일어나지 않도록 예루살렘에 로마 군단 레지오를 남겨 놓았다. 그러나 그 뒤에도 작은 소요가 계속 되다가 갈릴래아와 페래아에서 큰 반란이 터져 나왔다. 바루스는 또 반란을 진압하고 이천 명이 넘는 반도들을 십자가에 못 박았다(『유다 고대사』 17.295).

나. **헤로데의 아들들**

로마는 헤로데가 죽은 뒤 그의 뜻에 따라 왕국을 세 아들에게 나누어 주었다. 아르켈라오스에게는 유다와 사마리아를 다스리는 민족영주의 칭호와 임무가 주어졌다. 그러나 유다와 사마리아의 관리들은 아르켈라오스의 폭정과 국정 수행의 무능력을 들어 아우구스투스에게 그를 폐위시켜 달라고 호소하였다. 마태오 복음의 유년 사화에 보면 헤로데의 영아 살해를 피하여 이집트로 피신한 요셉은, 헤로데의 뒤를 이어 아들 아르켈라오스가 유다를 다스린다는 소식을 듣고 그곳으로 가기가 두려워 갈릴래아의 나자렛에 정착한다(마태 2,22-23). 아르켈라오스는 기원후 6년에 권좌에서 쫓겨났는데, 이때 예루살렘에 주둔한 로마 군대가 아르켈라오스의 폐위를 도왔다. 아르켈라오스가 다스리던 유다와 사마리아의 통치는 황제가 임명한 지방장관praefectus들에게 맡겨졌다. 그 지방장관들 가운데 가장 잘 알려진 사람이 본시오 빌라도(기원후 26-36년)다. 우리말 성경에서는 이 지방장관을 보통 총독으로 옮긴다. 그래서 '빌라도 총독'이라는 말이 귀에 익다.

신약성경에서 역시 사분영주(『성경』cbck 마태 14,1; 루카 3,1에는 '영주')로 소개하는 헤로데 안티파스는 갈릴래아와 요르단 강 동부 페래아의 통치권을 넘겨받았다. 마르 6,14에 "헤로데 임금"으로 소개되는 이도 헤로데 안티파스다. 실제로 그는 '임금'이었던 적이 없다. 그는 교활하고 야심 많은 통치자였고 그의 아버지처럼 건축 사업에 열정을 보였다. 갈릴래아에 세운 세포리스와 티베리아스(티베리우스 황제에게 바침)가 그의 대표적인 공적이다. 어느 날 안티파스가 이복 형제 헤로데 필리포스를 방문하였는데, 이때 그의 아내 헤로디아와 눈이 맞았다(『유다 고대사』 18.110; 마르 6,17 참조). 이 헤로데 필리포스는 아래에 언급할 또 다른 사분영주 필리포스와는 다른 인물이다. 사분영주 필리포스는 헤로디아가 아니라 그녀의 딸 살로메와 혼인하였다. 한편 헤로디아는 안티파스의 다른 이복 형제 아리스토불로스의 딸이다. 형제가 아직 살아 있는데도 그의 아내와 혼인한 안티파스의 행위는 명백하게 레위기 법을 거스르는 것이었다. "어떤 사람이 자기 형제의 아내를 데리고 살면, 그것은 불결한 짓이다. 그가 제 형제의 치부를 드러낸 것이므로, 그들은 자손을 보지 못할 것이다"(레위 20,21; 참조: 18,16). 안티파스는 이 혼인을 위하여 나바태아 임금 아레타스 4세의 딸인 본처와 이혼하였다. 나중에 나바태아 임금은 이에 대한 보복으로 안티파스를 공격하여 패배시킨다. 공관 복음서에 따르면 세례자 요한이 나서서 안티파스와 헤로디아의 혼인을 부당하다고 고발한다. 이 때문에 요한은 체포되어 헤로데가 지은 요르단 동쪽 요새에 갇히고 그곳에서 죽음을 맞는다(『유다 고대사』 18.116-119; 마르 6,18-27).

예수님은 안티파스를 가리켜 "그 여우"(루카 13,32)라 하셨다. 안티파스는 예수님을 한번 만나고 싶어 하였는데(9,7-9), 실제로 예수님이 심문을 받으실 때 그의 원의가 이루어졌다(23,7-12). 안티파스는 선왕의 바람직하지 못한 성격은 타고났으나 그의 통치 능력은 갖추지 못했다. 기원후 37년 로마 황제가 된 칼리굴라는 자기 친구이자 헤로디아의 오빠인 아그리파스 1세에게 필리푸스의 영토와 사분영주 칭호를 그대로 넘겨 주었다. 이것을 본 헤로디아는 황제에게 같은 칭호를 청하라고 자기 남편 안티파스를 부추겼다. 그러나 아그리파스가 먼저 선수를 쳐, 안티파스가 황제를 거슬러 반란을 꾀하였다고 칼리굴라에게 고발하였다. 그 결과 39년에 안티파스는 자기 아내 헤로디아와 함께 갈리아로 귀양을 가게 되었다(『유다 고대사』 18.240-252).

헤로데 대왕과 클레오파트라 사이에서 태어난 아들 필리포스는 갈릴래아 호수의 북동쪽 땅, 이투래아와 트라코니티스 지방의 통치권과 사분영주의 칭호를 받는다(루카 3,1; 『유다 고대사』 17.189). 그는 비교적 온화하고 의로운 통치자였다. 더구나 그가 다스리게 된 영토는 비유다인들이 사는 지역이어서 아르켈라오스나 안티파스의 영토에서 볼 수 있는 로마인들과의 문화적이고 종교적인 갈등이나 충돌이 없었다. 필리포스도 건설 사업에 손을 대었다. 그는 요르단 강 상류 근처에 있는 도시 파네아스를 재건하고 로마 황제를 기리기 위하여 카이사리아 필리피라는 이름을 새로 붙였다(『유다 고대사』 18,28). 베드로가 예수님께 메시아 고백을 한 바로 그곳이다(마르 8,27-30). 34년 필리포스가 죽은 뒤에 그의 영토는 잠시 시리아 지방에 귀속되었다가 37년 헤로데 아그리파스 1세에게 넘어갔다.

다. **헤로데 아그리파스 1세**

헤로데 아그리파스 1세는 헤로데 대왕의 손자로서 기원후 44년 그가 죽을 무렵에는 이스라엘 전역의 임금이 되어 있었다(『유다 고대사』 19,351). 앞에서 언급한 대로 37년 그의 친구 칼리굴라가 로마 황제가 되었을 때 그는 사분영주 필리포스의 영토(이투래아와 트라코니티스)를 물려받고, 39년에는 갈리아로 귀양간 안티파스의 영토(갈릴래아와 페래아)도 넘겨받았다. 41년 칼리굴라가 암살된 뒤에 로마 황제가 된 클라우디우스는 아그리파스의 왕권을 인정하고 빌라도가 통치한 유다와 사마리아도 그의 영토에 귀속시켜 주었다. 이제 아그리파스는 자기 할아버지 헤로데 대왕이 소유한 것과 똑같은 영토와 칭호(임금 βασιλεύς)를 얻게 되었다(『유다 고대사』 18,142; 사도 12,1 참조).

아그리파스는 유다인들의 환심을 사려고 노력하였다. 칼리굴라가 자기 동상을 예루살렘 성전에 세우라고 지시했을 때도 그는 그 명령을 취소해 달라는 유다인들의 청원을 황제에게 전달하였다. 그는 사두가이들의 친구이면서도 바리사이들의 호감을 샀다. 별로 현실성 없는 계획이었지만, 예루살렘의 북쪽 경계를 방어하기 위하여 세 번째 성벽을 쌓기 시작한 것도 유다인 신하들의 신뢰를 얻어 내기 위한 방책이었다. 사도 12장에 묘사된 그리스도인들의 박해도 유다교에 대한 아그리파스의 열정을 반영하는 것이라 하겠다. 요세푸스와 사도행전의 저자 둘 다 헤로데 아그리파스 1세가 카이사리아에서 갑자기 죽음을 맞이한 것으로 전한다(사도 12,21-23; 『유다 고대사』 19.343-350). 아그리파스는 나중에 아그리파스 2세가 된 아들 하나와 딸 셋을 남겼다. 세 딸 가운데 둘은 사도행전에 나오는 베르니케(사도 25,13.23; 26,30)와 로마 행정관 펠릭스와 혼인한 드루실라(24,24)다.

라. **헤로데 아그리파스 2세**

유다와 사마리아와 이두매아는 44년부터 66년까지 계속해서 로마 지방장관들 통치 아래 있었던 반면, 이투래아와 트라코니티스(옛 필리포스의 영토)와 아빌레네(옛 리사니아스의 영토: 루카 3,1 참조)는 53년에 아그리파스 2세에게 넘어갔다.* 이 영토는 그가 클라우디우스 황제에게 칼키스 지방을 주고 넘겨받은 곳이다(『유다 고대사』 20.137). 아그리파스 2세는 이어 56년에 네로 황제에게서 갈릴래아와 페래아까지 넘겨받는다. 아그리파스의 여동생 베르니케는 복잡한 혼인 생활을 하였다. 첫 남편이 죽은 뒤에 그녀는 삼촌과 혼인하였으나 두 번째 남편도 죽어 오빠 아그리파스에게 와서 함께 살

* 아그리파스 2세는 처음에 칼키스 사분영주직과 함께 예루살렘 성전을 관리 감독하고 대사제를 임명하는 권한도 받았다.

았다. 아그리파스와 베르니케의 근친상간에 대한 소문은 고대 세계에 널리 알려졌다. 베르니케는 다시 킬리키아 임금 폴레몬과 혼인하였으나 남편을 버리고 오빠에게 다시 돌아왔다(『유다 고대사』 20.145-146). 둘이서 로마 행정관 페스투스를 방문하였다가 바오로의 변호 연설을 들은 것은(사도 25,13—26,32) 바로 이 시기다.

제1차 유다 항쟁이 일어났을 때 아그리파스 2세는 철저히 로마인들 편에 섰다. 로마 군대에 군인들을 지원하고 티투스 장군과 함께 몸소 출정하기도 했다. 그 덕에 항쟁이 끝난 뒤 그의 왕직은 보장되었고 통치 영역도 더 넓어졌다. 75년 그는 베르니케와 함께 로마를 방문하여 그곳에서 프래토르(praetor 법무관)라는 명예 직함을 받는다. 아그리파스 2세는 죽을 때까지 유다 북쪽 시리아 지역의 임금으로 있었다(유다는 로마 관리 레가투스가 다스렸다). 그의 죽음과 더불어 헤로데 왕조도 막을 내렸다.

3. 기원후 1-2세기의 로마 황제들

신약성경에서 거론하는 로마 황제는 셋이다. 예수님이 탄생하실 때는 아우구스투스가(루카 2,1), 선교 활동을 벌이실 때는 티베리우스가 로마 제국을 다스렸다(루카 3,1). 초대 교회의 역사를 다루는 사도행전에서는 클라우디우스 치세 때에 제국 전체에 큰 기근이 들었다고 전하고(11,28), 유다인들을 로마에서 내쫓으라는 클라우디우스의 칙령 때문에 유다계 그리스도인인 아퀼라와 프리스킬라도 로마를 떠났다고 보고한다(18,2).

신약성경에 직접 언급되지는 않지만 그 밖의 다른 황제들도 유다인들과 그리스도인들에게 큰 영향을 미쳤다. '예수님의 형제' 야고보가 유다인들에 의해 예루살렘에서 처형된(62년) 것은 네로 치세 때였다. 네로는 공식적으로 그리스도인들을 박해한 첫 황제였다. 바로 이 박해 중에 베드로 사도가 순교하였고, 바오로 사도가 순교한 것도 아마 이때였을 것이다.

네로 황제의 말년에 제1차 유다 항쟁이 일어났으나 베스파시아누스와 티투스가 진압하였다. 도미티아누스 황제와 트라야누스 황제는 유다인들과 그리스도인

기원후 1-2세기의 로마 황제 연대

아우구스투스	기원전 27-기원후 14년
티베리우스	14-37년
칼리굴라	37-41년
클라우디우스	41-54년
네로	54-68년
베스파시아누스	69-79년
티투스	79-81년
도미티아누스	81-96년
네르바	96-98년
트라야누스	98-117년
하드리아누스	117-138년

들을 모두 박해하였다. 제2차 유다 항쟁이 일어났다가 진압된 것은 하드리아누스 황제 때였다. 제1·2차 유다 항쟁에 관해서는 아래에서 더 자세히 다루겠다.

유다교와 그리스도교가 다 같이 로마와 갈등을 빚은 요인 가운데 가장 큰 것은 황제의 신격화다. 로마 황제의 신격화는 율리우스 카이사르에게서 기원한다. 기원전 50년대 갈리아 전투를 승리로 이끈 카이사르는, 49년에 원로원과 집정관을 중심으로 한 공화국의 정치 체제를 중지시키고 자신을 종신 통치자로 세우라고 원로원에 요청하는 한편, 주위 사람들에게 자신을 신으로 떠받들게 하였다. 이는 그가 왕정으로 회귀하려 했음을 보여준다. 기원전 44년 3월 15일 브루투스를 비롯한 공화주의자들은 카이사르의 독재 정치와 신격화에 식상하여 그를 살해하였다. 그런데 한 가지 흥미로운 사실은 카이사르의 신격화 이래 황제의 신격화는 그리스도교나 유다교에서 반대의 표적이 되기 전에 로마에서 언제나 논란 거리였다는 것이다. 대부분의 경우 황제의 신격화는 그의 통치 능력과 반비례 관계다. 무능하고 인기 없는 황제일수록 생전에 신격화를 무리하게 추진하고, 훌륭한 통치자로 평가받은 황제일수록 신격화를 꺼리거나 거부하였다.

가. **아우구스투스**

왕정을 꿈꾸던 카이사르가 살해된 다음 로마에는 공화국 체제가 다시 들어섰다. 그러나 기원전 27년 카이사르의 손자이자 양자가 된 옥타비아누스가 정적들을 제거하고 지중해 연안의 패권을 장악하면서 로마는 황제가 다스리는 제국이 되었다. 옥타비아누스는 로마의 종교 전통을 존중하는 뜻에서 '지존'이라는 의미의 종교적 칭호 아우구스투스Augustus를 자신의 칭호로 채택하고 기원후 14년까지 41년이라는 긴 세월을 다스리면서 로마 제국에 안정과 번영을 가져다 주었다(아우구스투스에 관해서는 카시우스 디오 『로마사』 52—56; 수에토니우스 『열두 황제들의 생애』 「아우구스투스」 참조).

그가 이룬 '아우구스투스의 평화'(Pax Augusta = Pax Romana)는 축제, 동전, 기념상과 기념비 등으로 경축되었고, 그의 업적을 기리기 위하여 '평화의 제단'Ara Pacis이 로마에 세워졌다. 그런데 아우구스투스는 원로원이 황제의 신격화에 거부감을 품고 있다는 것을 알고, 자신에게 열광적 칭호를 붙이거나 자신을 직접 신격화하는 것을 피하였다. 그래서 그는 원로원의 대표에게 주어진 전통적 칭호 '프린켑스'(Princeps 원수)로 만족하였다.* 그러나 이런 초기의 뜻과는 달리 아우구스투스는 동전과 비문에 새겨진 자신의 이름에 '신의 아들'(divi filius 또는 '신성한 율리우스의 아들' divi Julii filius)이라는 칭호를 덧붙이는 것을 허용하였다. 두 가지 이유 때문이다. 첫째는 자신의 양부 카이사르가 죽은 지 얼마 안 되어(기원전 42년) 원로원에 의해 신으로 선포되었기 때문이고, 둘째는 제국의 시민과 식민지 주민들에게 자신이 다스리는 로마 제국이 신들의 강력한 지원을 받고 있다는 사실을 드러내기 위해서였다. 또한 그는 로마 밖의 지방에서 자신을 숭배하는 것을 허용하였는데, 여기서 황제 숭배는 신격화한 로마에 대한 경배의 한 요소로 여겼기 때문이다. 로마 제국 곳곳에는 로마와 아우구스투스를 위한 새 신전들이 건립되었다.

---

* 로마의 통치체제는 서기 282년까지 원수정(元首政 Principate), 그 이후는 전제정(專制政 Dominate)이라 부른다.

기원전 12년에 아우구스투스는 '폰티펙스 막시무스'Pontifex Maximus라는 대사제장 직책을 수락하고 로마의 안녕을 위하여 바치는 예배 의식을 주관하였다. 이로써 그의 통치권은 정치적으로나 종교적으로 아무도 도전할 수 없는 최고 권위임을 인정받게 된 것이다. 그 뒤 기원후 4세기까지 로마의 모든 황제는 이 대사제장직을 수행하였다. 또한 기원전 2년에는 원로원에서 '국부'(國父, Pater Patriae)의 칭호를 받았다. 국부는 기원전 4세기 로마 장군 마르쿠스 카밀루스와 가장 위대한 로마의 웅변가 치체로, 그리고 율리우스 카이사르에게 주어진 칭호로서, 로마를 큰 가정으로 보았을 때 로마의 가족법에 따라 그곳에서 가족의 생사를 결정할 정도로 절대적 부권(父權, patria potesta)을 행사할 수 있다는 뜻이다.

나. 티베리우스

아우구스투스는 로마의 번영이 시민들의 수가 불어나는 것에 달려 있다고 믿고 출산을 장려하였으나 정작 자신에게는 아들이 없었다. 기원후 14년 아우구스투스가 죽자 원로원은 그가 양자요 후계자로 삼은 티베리우스 장군을 황제로 선포하였다. 아우구스투스와 더불어 승전의 기쁨을 나누었고, 아우구스투스의 딸 율리에게서 난 아들의 죽음 앞에서 슬픔도 함께 나눈 티베리우스는 아우구스투스가 아직 살아 있을 때부터 그의 절대 통치권에 참여하였다(티베리우스에 관해서는 수에토니우스 『열두 황제들의 생애』 「티베리우스」; 카시우스 디오 『로마사』 참조).

아우구스투스가 위대한 업적을 수없이 남기고 죽었으므로 로마 제국 전체에는 그의 적법한 후임자 티베리우스에 대한 기대가 매우 컸다. 아테네 시민들은 중앙 시장 아고라에 커다란 기념비를 세워 새 황제에게 바쳤는데, 그 기념비 아랫단에는 그를 '신성한(신적인) [카이사르] 티베리우스'와 '이 도시의 은인'이라는 문구를 새겨 넣었다(Τιβερίωι [Καίσαρι] Θεῶι … [εὐεργ]έτηι τῆς πόλεως). 한편 티베리우스는 자기 이름으로 발행된 동전에 자신을 '신의 아들'(더 정확히는 '신이 된[신성한] 아우구스투스의 아들' Tiberius Caesar Divi Augusti Filius Augustus)로 소개하는 것을 허용하였다. 그러나 티베리우스는 원로원과 시민들과 식민지 백성들의 기대에 미치지 못하였다. 로마는 그의 능력에 비해 너무 거대하였다. 그는 로마의 문화와 종교에서 비켜난 타 종교들을 극심하게 박해하였다(수에토니우스 『열두 황제들의 생애』 「티베리우스」 36). 2세기 로마의 역사가 수에토니우스에 따르면, 티베리우스는 이집트 종교의 신비적 예배와 유다교를 오랫동안 억압하였다. 그러다가 나중에 다신교적 요소를 많이 지닌 이집트 종교는 용인하였지만 유일신 사상을 고집하는 유다교는 계속해서 박해하였다. 한편 그 당시 티베리우스와 그의 행정관들은 유다교와 거기에서 이제 막 파생한 신생 그리스도교를 구별할 수 없었으므로 그 둘은 같은 운명을 겪을 수밖에 없었다.

티베리우스는 만년에 헤로데처럼 왕위 찬탈과 모반에 대한 공포에 끊임없이 시달리면서 자기 가족들을 비롯하여 후계자가 될 만한 인물들을 모두 제거하려고 하였다. 결국 그는 카프리 섬에 은거하다시피하며 죽을 때까지 그곳에서 지냈다.

다. **칼리굴라**

37년 티베리우스가 죽자 원로원은 게르마니쿠스의 아들 가이우스 율리우스 카이사르를 황제로 선포하였다. 가이우스는 '칼리굴라'(caligula 장화)라는 별명으로 더 잘 알려졌는데, 이 별명은 그가 어릴 때 장화를 즐겨 신은 데에서 유래한다. 25세에 권좌에 오른 칼리굴라는 오만함과 잔인함으로 악명이 높은 인물이다. 그는 지도 체제의 대표라는 뜻의 '프린첩스'(원수元首) 칭호를 '절대 군주'로 해석하였다(칼리굴라에 대해서는 수에토니우스 『열두 황제들의 생애』 「칼리굴라」 참조, 특히 22를 보라).

칼리굴라는 로마인들에게 자신을 신으로 떠받들도록 강요하였다. 그는 외국에서 유명한 신상들을 수입하여, 신상들의 머리를 자기 머리 모양으로 바꾸어 자신의 신령한 영에게 바쳐진 새 신전에 세웠다. 이 신전들에서는 사제들이 온갖 기이한 제물을 바쳤다. 칼리굴라의 신격화는 원로원과 일부 로마 시민의 반발을 샀다. 칼리굴라의 선임자 아우구스투스와 티베리우스는 열광적 황제 숭배자들과 신중론자들 사이에서 중립을 지켰는데, 칼리굴라는 이런 노력을 전혀 기울이지 않았다(수에토니우스 『열두 황제들의 생애』 「칼리굴라」 22; 카시우스 디오 『로마사』 59.26-28).

칼리굴라가 요구하는 신적 예배와 공경을 거부하는 자들은 모두 박해의 대상이었다. 야훼 하느님 말고는 어떤 신도 섬기기를 거부하는 유다인들은 당연히 그의 분노의 표적이었다. 칼리굴라는 예루살렘에 자기 동상을 세우라고 지시하여 유다 사회 전체가 반발하였다(필론 『가이우스 사절단』 30.203). 필론이 이끄는 단체를 비롯하여 여러 유다 단체들이 황제의 명령을 취소해 달라고 아그리파스 1세를 내세워 청원하였지만 아무 소용이 없었다. 다행히 시리아 총독 페트로니우스가 명령의 집행을 지체하는 사이에 황제가 친위대 병사들에게 살해됨으로써 큰 소요 없이 위기를 넘겼다(『유다 고대사』 18.257-309; 필론 『가이우스 사절단』 31.213).

라. 클라우디우스

41년 칼리굴라가 살해되자 원로원은 다시 공화국 체제를 회복하려고 하였으나, 칼리굴라를 제거한 친위대가 꼭두각시 황제를 하나 내세워 그 배후에서 계속 영향력을 행사하는 바람에 그 노력이 수포로 돌아갔다. 친위대는 병영에서 칼리굴라의 삼촌 클라우디우스Tiberius Claudius Nero Germanicus를 황제로 추대하였다. 원로원 의원들도 깊이 논의한 끝에 그를 황제로 인정하는 데 찬성하였다.

클라우디우스는 13년 동안 통치하면서 친위대나 원로원이 전혀 예상치 못한 훌륭한 정치를 폈다. 새 황제에게 합당한 칭호와 존경을 바치기로 결정한 원로원은 곧바로 클라우디우스의 전임자 칼리굴라를 불명예스럽게 할 조치를 취하려고 하였다. 그러자 클라우디우스가 이를 만류하고 그 대신 칼리굴라의 이름과 업적을 모든 공식 기록에서 삭제시켰다. 클라우디우스는 의례적이면서도 적절한 몇몇 칭호, 자신의 생일을 축하하는 예식, 자기 가문과 제국의 평화를 위한 제사 말고는 원로원과 시민들의 심기를 불편하게 할 만한 어떤 칭호나 영예도 받아들이지 않았다. 그는 자신을 위해 신전을 짓고 (황제에게 제사를 바칠) 대사제를 두겠다는 알렉산드리아인들의 제안을 받아들이지 않는다. 자기 신전과 대사제를 갖는 것은 신들에게만 유보된 특권이라는 이유에서다. 클라우디우스는 자신의 인간적 한계를 똑바로 인식한 동시에 과도한 영예를 요구한 뒤에 닥칠 결과를 올바로 내다보았다.

클라우디우스의 가장 큰 업적은 제국의 질서와 안정을 되찾은 것이다. 클라우디우스 황제가 『알렉산드리아인들에게 보낸 편지』를 보면 그가 로마 제국의 평화를 위하여 큰 관심과 노력을 기울음을 알 수 있다. 그 당시 알렉산드리아에는 유다교의 전통과 관습을 고수하는 유다인들과 그 밖의 다른 민족들 사이에 긴장과 갈등이 고조되고 있었다. 양쪽에서 황제에게 대표들을 파견하여 자신들의 입장과 이익을 알렸다. 클라우디우스는 한편으로 오래 전부터 이 도시에 자리 잡아온 유다인들의 권리를 인정하고 그들이 고유한 종교 전통을 지키는 것을 허락하였다. 그러나 다른 한편으로는 유다인들에게 그들이 이 지역에서 이방인들임을 상기시키면서 그들을 환영하지 않는 다른 민족들의 모임이나 행사에 공적으로 참여하는 것을 자제하라고 경고하였다(『유다 고대사』 19.278-291 참조).

수에토니우스는 크레스투스Chrestus 때문에 계속 소요가 일어나자 클라우디우스가 유다인들을 로마에서 추방하였다고 기술한다(『열두 황제들의 생애』「클라우디우스」 25). 여기서 말하는 크레스투스는 크리스투스일 가능성이 높고, 결국 로마에서 일어난 이 소요는 나자렛 예수를 '기름부음받은 이'Christus, 곧 메시아로 인정하는 그리스도인들과 이를 부인하는 유다인들 사이의 갈등에서 나온 것으로 추정할 수 있다.

로마의 질서와 안정을 위하여 놀랄 만한 업적을 많이 남긴 클라우디우스는 불행하게도 자신의 아내이자 네로 황제의 어머니인 아그리피나에게 독살되었다. 로마 역사가들은 아그리피나가 독버섯을 먹여 남편을 살해하였다고 증언한다(타키투스 『연대기』 12.66-67). 원로원은 그가 죽은 다음 곧바로 그를 신으로 선포하였다(수에토니우스 『열두 황제들의 생애』「네로」 9).

마. 네로

겉으로 보기에 네로의 황제 계승은 평화로웠다(네로에 관해서는 수에토니우스 『열두 황제들의 생애』 「네로」 참조). 클라우디우스의 죽음이 자연사로 처리되고 그의 양아들이 자연스럽게 황제직을 물려받았기 때문이다. 사람들은 클라우디우스가 이룬 안정 속에서 네로가 제국을 더욱 번영시킬 것으로 기대하였다. 열일곱의 나이로 황제직에 오른 네로는 아버지를 신격화하는 예식을 거행하고 기념 주화를 발행함으로써 그에 대한 경의를 표하였다. 황제 즉위식에서 클라우디우스는 '가시적 신'(ἐμφανής θεός 눈에 보이는 신)으로, 네로는 '세상의 좋은 영Agathos Daimon이자 모든 좋은 것들의 원천'δαίμων ἀγαθὸς τής οἰκουμένης ἀρχὴ πάτων ἀγαθῶν으로 선포되었다(P.Oxy. VII 1021). 여기서 '영'은 그리스어로 '다이몬'δαίμων을 옮긴 것인데, 세상에 현존하는 신적 존재들을 폭넓게 이르는 말이다. 특히 '아가토스 다이몬'은 알렉산드리아의 수호신을 가리킨다.

새 황제에 대한 기대는 오래지 않아 무너졌다. 네로는 국사를 돌보는 대신 음악, 연극, 스포츠에 사로잡혀 거기에 시간과 돈과 열정을 쏟아부었다. 그리스를 자주 방문한 이유도 그곳에서 당대 최고의 연주가들과 운동 선수들과 겨루기 위해서였다. 그리스인들은 새 황제를 즐겁게 하기 위하여 그가 방문할 때에 맞추어 올림픽을 비롯한 많은 경기를 열었다. 한번은 황제가 전차 경기에 참가했다가 전차에서 떨어져 골인점에 이르지 못했는데도 우승 월계관이 그에게 돌아갔다. 아테네의 파르테논 신전 동쪽 벽에는 "위대한 황제이자 신의 아들인 네로 카이사르 클라우디우스 아우구스투스 게르마니쿠스"라는 문구가 새겨져 있다.

로마의 역사가 카시우스 디오는, 64년 여름 로마 시민들을 격분하게 만든 아흐레 동안의 방화는 네로가 저지른 짓이라고 밝혔다. 네로는 궁전 지붕에 서서 불타는 로마 시내를 바라보며 노래를 부르고 수금을 연주하였다고 한다. 네로가 로마를 불태운 이유는 새 궁전을 지을 공터를 확보하기 위해서였다. 그는 이른바 '황금 궁전'이라고 이름 붙인 거대한 저택을 시내 한복판의 주거지역 50헥타르에 지을 계획이었다. 로마 역사가 타키투스에 따르면, 방화에 대한 시민들의 분노가 끓어오르자 네로는 그 소문(네로가 방화를 지시했다는 소문)을 잠재우기 위해, 수치스런 행동 때문에 미움을 받고 있던 자들을 범죄자로 몰아 가혹한 형벌을 가하였다. 군중은 그들을 '그리스도인'이라 불렀다. 이 명칭의 기원이 되는 '그리스도'는 티베리우스 재임 때 재정 대리인procurator 본시오 빌라도에 의해 극형에 처해졌다. 그리하여 이 치명적인 미신은 얼마간 잠잠해졌지만, 그 악의 근원지인 유다에서뿐만 아니라, 온갖 끔찍하고 수치스러운 것들이 세계로부터 몰려들어 유행하는 로마에서 다시 일어나고 있었다(타키투스『연대기』15.44). 타키투스가 그리스도인들이 미신에 빠져 있다고 비난한 까닭은 그들이 로마의 전통 신들을 섬기기를 거부하였기 때문이다. 로마를 보호해 주는 신들을 공경하지 않는다는 것은 로마 사회의 안녕과 번영을 바라지 않는다는 뜻으로 해석할 수 있었다. 따라서 로마의 적으로 여기던 그리스도인들을 방화의 주범으로 지목한 것은 로마인들에게 설득력 있는 음모였다.

방화범으로 체포된 그리스도인들은 네로의 궁전 뜰과 원형경기장에서 맹수들이나 개들에게 찢겨 죽고 십자가에 처형되었으며 불에 타 죽었다. 그러나 이 사건으로 미루어 1세기 후반에 그리스도인들에 대한 조직적인 박해가 대대적으로 일어났다고 추측해서는 안 된다. 1세기 말엽에 있

아테네의 파르테논 신전

었던 안티오키아의 주교 이냐시우스의 순교와 요한 묵시록의 배경이 된 박해는, 제국 전체에서 일어난 사건이라기보다는 지엽적이고 간헐적으로 일어난 사건을 반영한 것이라고 볼 수 있다. 로마의 정치적 권위와 세금 징수 같은 통상적 요구에 복종하라는 바오로의 권고(로마 13,1-7)나 로마 관리들의 호의를 얻어 내려는 사도행전 저자의 호교론적 태도는, 대대적이고 조직적인 박해 상황에서는 상상하기 어려운 일이다.

네로 황제의 만년은 주색잡기와 온갖 범죄로 얼룩졌다. 그는 자신의 자리를 노린다는 이유로 수많은 친지들을 살해하거나 자살을 지시하였다. 그 가운데에는 올바른 정치를 펴라고 충고한 그의 스승 세네카도 포함되었다. 68년 여름 한때 그의 황제 등극을 열렬히 환영한 군중이 그의 목을 요구하자 네로는 스스로 목숨을 끊었다(타키투스 『연대기』 15.60-64). 카시우스 디오가 기록한 네로의 마지막 말은 "오 제우스 신이여, 이토록 훌륭한 예술가가 멸망하게 되다니!"(카시우스 디오 『로마사』 63)였다. 원로원은 네로가 죽기도 전에 이미 그를 배신자요 민중의 적으로 선언하였다. 이에 대한 징계는 로마의 모든 공적 기록에서 그에 관한 기록을 완전히 삭제하는 것이었다.

바. **베스파시아누스**

네로의 죽음으로 한 세기 넘게 절대 권좌에 있던 율리우스-클라우디우스 가문의 통치가 끝났다. 이는 가족과 친척들 가운데 경쟁자가 될 만한 인물들을 모조리 죽인 당연한 결과다. 이제 로마 제국 전체는 후계자 문제로 혼란과 갈등에 휩싸이게 되었다. 로마의 군단들이 황제의 지명을 둘러싸고 발빠르게 움직이기 시작하였다. 68년에 갈바Servius Sulpicius Galba는 동부 스페인의 총독으로 8년째 재직하고 있었다. 갈바의 군대는 네로가 죽기도 전에 벌써 그를 원로원의 특별 대표로 선언하였다. 네로가 죽자 다른 군단들도 그를 지지하고 나서며 황제로 추대하였다. 갈바는 여섯 달 동안 다스리다 자기 측근 오토에게 암살되었다. 오토는 로마 친위대와 다른 군단들의 지지를 받아 황제가 되었다. 그러나 같은 시기에 비텔리우스에게 충성하는 게르만 지역의 군대가 그를 황제로 선포하면서 로마는 극심한 내전에 휩싸였다. 석 달 뒤에 비텔리우스가 오토를 자결하게 만들고 승리를 쟁취하지만 그 승리도 오래 가지는 못하였다(카시우스 디오 『로마사』 64).

한편 제국의 동쪽에서는 베스파시아누스Titus Flavius Vespasianus가 서서히 부상하고 있었다. 로마가 한창 내란에 휩싸일 때에 그는 대권 경쟁에 뛰어들기를 꺼리면서 관망만 하고 있었다. 때마침 모에시아(오늘날의 불가리아) 지역의 군대 2천 명이 그를 지지하고 나섰다. 그들의 도움으로 66

년에 시작된 유다 항쟁을 거의 다 진압한 베스파시아누스는, 마지막 예루살렘의 점령을 자기 아들 티투스에게 맡기고 로마로 입성하였다. 로마로 오는 길에 들른 알렉산드리아에서는 이집트 주둔 로마군이 그를 지지하고 충성을 약속하였다.

베스파시아누스는 본디 기사 계급 출신었으므로 로마 행정 관리가 되거나 황제가 될 가능성이 희박하였다. 그러나 그의 삼촌이 원로원에 연줄이 있던 덕에 그는 군단의 지휘관이 될 수 있었다. 네로는 유다 항쟁을 진압하도록 그를 시리아-팔레스티나 지역의 군단 사령관으로 임명하여 보내면서 그가 황제직에 접근하리라고는 전혀 예상하지 못했을 것이다. 사람들의 예상을 뒤엎고 황제직에 오른 베스파시아누스는 네로가 어지럽힌 로마의 질서를 신속하게 회복하는 데 심혈을 기울였다. 로마의 역사가들은 그의 인품과 업적을 한결같이 긍정적으로 평가하였다. 수에토니우스는 그의 외교 정책과 로마인들을 위한 내정이 훌륭하였다고 서술한다(수에토니우스 『열두 황제들의 생애』「베스파시아누스」 참조). 특히 베스파시아누스의 겸허한 자세에 깊은 인상을 받은 이 역사가는 베스파시아누스가 통치 초기부터 마지막까지 정중하고 관대하였다고 증언한다. 카시우스 디오의 평가도 긍정적이다. "그는 공적 업무에서는 황제였지만 그 밖의 다른 모든 일에서는 백성과 평등하고 평범하게 살았다"(카시우스 디오 『로마사』 65.11.1).

베스파시아누스의 업적 가운데 특별히 기려야 할 것은 네로의 통치 때에 황폐해진 로마를 복구한 일이다. '평화의 신전'Templum Pacis과 더불어 나중에 콜로세움으로 알려진 원형극장의 건립은 그의 가장 큰 업적이다. 네 층으로 된 이 거대한 원형극장은 관객 오만 명을 수용할 수 있었다. 이 건물은 베스파시아누스가 시작하여 80년에 그의 아들 티투스가 완성하

로마의 콜로세움 내부

고 도미티아누스 치세 때에 새롭게 정비되었다. 2세기 초 이 원형극장에서 안티오키아의 주교 이냐시우스가 순교하였다. 그는 순교를 그리스도의 수난을 본받는 것으로 여겼다. "나를 짐승들에게 먹히게 하여라. 그들을 통하여 나는 하느님께 나아갈 수 있다. 나는 하느님의 밀이다. 야수들의 이빨로 갈아져 그리스도의 빵이 될 것이다"(이냐시우스 『로마인들에게 보낸 편지』 4,1). 79년 베스파시아누스는 매우 평범한 죽음을 맞았다. 그는 죽어가면서 이런 농담을 남겼다. "아아 슬프도다! 내가 이제 신이 되려나 보다"(수에토니우스 『열두 황제들의 생애』 「베스파시아누스」 23,4). 이 농담은 황제가 죽은 다음에 신으로 추대하는 당대의 관습을 풍자한 말이다.

사. 티투스

베스파시아누스가 황제가 되기 위하여 로마로 돌아간 다음에 그의 아들 티투스는 팔레스티나에서 유다 반군과 맞서 계속 전쟁을 치렀다. 요세푸스는 티투스가 유다인들의 성전에 대한 존경심 때문에 예루살렘의 공격을 몹시 주저했다고 진술한다(『유다 전쟁사』 6.126-128). 요세푸스의 진술에는 약간의 과장이 있었을 것이다. 실제로 티투스는 예루살렘 성전을 파괴하고 기물들을 탈취해간다. 한편 로마의 역사가들은 티투스를 사려 깊은 통치자로 기억한다. 70년 말 또는 71년 초에 티투스가 로마로 돌아오자 베스파시아누스는 그를 성대히 환영하고 공동 통치자로 내세웠다.

여러 세기에 걸쳐 개선행진은 외국의 적들을 무찌른 로마 지도자들을 영예롭게 하는 방법으로 이용하였다. 정복자의 입장에서 볼 때 개선행진은 포로들과 전리품을 비롯한 전투의 결실을 보여 줌으로써 자신의 무용을 한껏 과시하는 기회였다. 이 행진에는 원로원 의원들과 로마 관리들과 시민들이 함께 참여하여 제국의 위대함을 경축하였다. 영광의 순간을 영원히 기념하기 위하여 제국 곳곳에 개선문이 세워졌다. 아직도 로마에 남아 있는 티투스의 개선문은 그가 죽은 81년에 세워졌다. 이 개선문에 새겨진 부조는 그가 예루살렘 성전에서 탈취한 기물들을 들고 개선 행진을 하는 모습을 묘사한다.

79년 베스파시아누스의 서거에 이은 티투스의 황제 승계는 미리 예견된 것인 만큼 매우 자연스러웠다. 짧게 끝난 그의 통치는 두 가지 큰 사건으로 기억에 남는다. 하나는 화산 폭발이라는 자연 대재앙이고, 다른 하나는 예루살렘 성전 파괴다. 79년에 베수비우스 화산이 폭발하여 폼페이와 헤르쿨라네움을 중심으로 한 인근 마을들이 용암과 화산재로 뒤덮였다. 티투스는 생존자들에게 국가가 당연히 해야 할 지원을 해 주었을 따름이지만, 수에토니우스는 그가 통치자로서의 의례적 관심뿐 아니라 아버지로서의 사랑도 보여 주었다고 칭찬하였다. 티투스에 대한 역사가들의 이 같은 긍정적 평가는 그의 통치 전반에 걸쳐 적용되었다(수에토니우스 『열두 황제들의 생애』 「티투스」 참조). 그리고 81년 그가 죽은 다음 원로원이 곧바로 그를 신격화하는 절차를 밟은 사실만 보아도 이 평가는 정당한 것이라 할 수 있다.

티투스의 이름을 기억하게 한 다른 사건은 황제 즉위 전 로마 장군으로서 실행한 예루살렘 성전의 파괴다(70년). 이 한 가지 사건으로 유다교는 엄청난 변화를 겪게 되었고, 유다교인들과 그리스도인들 사이에는 돌이킬 수 없는 분열이 생겨났다. 유다인들에게 성전의 파괴는 유다교의 치명적인 손실이지만, 그리스도인들이 보기에는 예수님을 메시아로 받아들이기를 거부한 유다인들에 대한 하나의 징벌이었다. 공관 복음서 저자들은 모두 예수님께서 예루살렘 성전의 파괴를 예언하신 것으로 전한다. 적어도 예루살렘 성전이 현존했을 때는 유다인들과 그리스도인들이 다 같이 이곳에서 예배를 보았지만, 성전이 파괴된 뒤에는 둘 사이를 묶어 줄 중요한 가시적 공통 제도가 사라진 셈이다.

예루살렘 성전 파괴 이후에 유다교와 그리스도교는 서로 다른 방향으로 발전해 갔다. 유다교는 라삐들의 활약에 힘입어 율법의 새로운 해석과 실천에 주력하였고, 그리스도교는 할례와 율법이라는 유다교의 굴레에서 벗어나 이방인 선교에 주력하였다. 그러나 이 둘은 81년 티투스가 죽고 난 뒤에 황제직을 이어받은 베스파시아누스의 작은 아들 도미티아누스의 통치 아래에서 새로운 도전에 부딪힌다.

아. 도미티아누스

69년 베스파시아누스가 황제직에 오르기 전부터 그의 작은 아들 도미티아누스는 로마에서 대권 장악의 꿈을 키워 왔다. 그러나 아버지가 팔레스티나에서 돌아와 황제로 추대되면서 제2인자 자리로 밀리더니 티투스가 개선하여 로마로 들어오자 후계자 자리마저도 양보해야 했다. 아버지가 죽고 난 다음 티투스를 없애려는 음모를 꾸미기도 했으나 당시 인기 절정에 이른 그를 어찌할 수는 없었다(카시우스 디오 『로마사』 66.26). 81년 티투스의 통치가 짧게 끝나자 도미티아누스는 대권을 이어받았다. 권좌에 오른 그는 민심을 사로잡기 위하여 먼저 자기 선임자들에 대한 경의를 정중하게 표하였다. 자기 고향집을 신전으로 만들어 플라비우스 가문에 바치고 형 티투스의 개선문을 세웠다.

도미티아누스의 치세에 대한 역사가들의 평가는 매우 부정적이다. 그러나 현대의 역사가들은 그의 문화·경제·정치적 정책 덕분에 2세기 로마에 평화를 위한 기반이 다져졌다고 평가한다. 그는 원로원 의원들과 다른 지도층 인사들과 자주 충돌하였다. 수에토니우스는 특별히 도미티아누스가 유다인들에게 보인 적대적이고 모욕적인 정책을 보고한다. 황제는 유다인들에게 무거운 세금을 부과하고 세금 징수 대상자를 가려 내기 위하여 공개적으로 할례 검사를 실시한 적도 있다고 한다(『열두 황제들의 생애』 「도미티아누스」 12). 카시우스 디오는 도미티아누스가 유다인들의 종교와 관습을 받아들였다는 이유로 많은 로마인까지 처형하였는데, 자신의 사촌이자 집정관인 플라비우스 클레멘스를 처형한 것도 그 한 예라고 증언한다(『로마사』 67.14.1-3).

그리스도인들도 도미티아누스 치세에서 박해를 받았다. 주석가들은 요한 묵시록이 전제하는 박해 상황을 이 박해와 관련 있는 것으로 본다. 요한 묵시록 처음에 나오는 편지들은 모두 소아시아 서쪽의 일곱 도시들을 수신인으로 삼는데, 초세기 말엽에 이 지역에서는 황제 숭배와 관련하여 특수한 상황이 벌어지고 있었다. 일곱 도시, 곧 에페소, 스미르나, 페르가몬, 티아티라, 사르디스, 필라델피아, 라오디케이아 가운데 세 도시 스미르나와 페르가몬과 에페소가 황제 숭배 경쟁을 주도하였다. 한 세기도 더 전에 페르가몬은 로마와 아우구스투스를 위한 신전을 건립함으로써 다른 두 도시를 앞질렀다. 그러나 에페소가 도미티아누스와 플라비우스 가문에 신전을 지어 바침으로써 페르가몬과 스미르나에 강력하게 도전하였다. 이런 분위기 속에서 시민들은 신격화한 황제의 숭배에 열성을 보였고 이를 거부하면 로마의 적이기 전에 도시의 적으로 간주되어 박해를 받았다. 묵시 13장에 나오는 바다와 땅에서 올라온 짐승들은 황제 또는 황제 숭배를 강요하는 지방 관리들을 표상한다. 지방 관리들이 황제 숭배에 그토록 열을 올린 것은 종교적 이유라기보다 정치적 이유에서였다. 황제 숭배를 통하여 식민지 백성들을 효과적으로 통제할 수 있었기 때문이다. 이는 황제 숭배가 로마에서 멀리 떨어진 동방에서 더 극성을 부린 이유 가운데 하나이기도 하다. 게다가 동방에서는 임금을 신격화하는 전통이 일찍부터 자리잡고 있어서 황제 숭배가 자연스럽게 다가왔을 것이다.

도미티아누스는 로마에서조차 자기를 신으로 떠받들게 하였다. 수에토니우스는 도미티아누스가 자신을 '주님이요 신'dominus et deus으로 내세우고 사제들에게 유피테르, 유노, 미네르바 신상들 곁에 자기 초상도 함께 새겨진 관을 쓰도록 지시하였다고 보고한다(수에토니우스 『열두 황제들의 생애』 「도미티아누스」 13.2). 소小 플리니우스는 도미티아누스가 전통적 종교 예식을 유린하였다고 탄식하였다. 그에게 충성하는 사제들이 유피테르 최상신에게 돌아갈 희생 제물 가운데 많은 몫을 중간에서 가로채어 황제의 상에 바쳤다는 것이다(『찬양연설』 52.7).

도미티아누스는 칼리굴라처럼 자기 부하와 친구들의 손에 살해되었다. 96년 그가 죽자, 그에게서 봉급을 올려 받고 특별대우를 받던 일부 군인들을 제외한 로마 시민 전체가 안도의 한숨을 내쉬었다. 황제의 상들은 거리에서 파괴되었다(수에토니우스 『열두 황제들의 생애』 「도미티아누스」 17-23). 소小 플리니우스의 표현을 빌린다면 그것은 '대중의 기쁨에 바쳐진 제사'였다(『찬양연설』 52). 그리스도인들은 도미티아누스의 박해를 그런 대로 잘 버텨 냈다. 그러나 로마 제국은 이제 그들의 실체를 좀 더 분명히 확인하게 되었고 그들을 로마식 삶의 방식에 통합시키기 위하여 더 큰 압력을 가해 왔다. 묵시록이 예견한 극적인 변화는 일어나지 않았다. 오히려 신생 교회는 다가오는 두 세기 동안 갈수록 심해지는 박해와 맞서야 했다.

자. **네르바**

도미티아누스를 살해한 자들은 살해 당일 곧바로 자신들의 연로한 대변인 네르바를 적절한 후계자로 내세웠다. 도미티아누스가 아직 살아 있을 때 한 점성가는 네르바를 차기 황제로 지목하는 예언을 하였으나 다른 점성가는 그가 얼마 살지 못하고 병사하리라는 정반대 예언을 하였다. 도미티아누스는 다른 점성가의 말을 믿고 네르바를 살려두었다. 그런데 네르바의 병사病死보다 도미티아누스의 죽음이 더 앞서 찾아왔다.

황제직에 오른 네르바는 도미티아누스가 제국에 입힌 피해를 신속하게 복구하는 일에 심혈을 기울였다. 부당하게 몰수한 재산을 개인들에게 돌려 주고 전임자에게 바치던 지나친 황제 숭배 예식들을 철폐하였다. 무엇보다 네르바의 가장 큰 업적으로 꼽히는 것은 도미티아누스가 원로원과 측근들을 감시하고 통제할 목적으로 즐겨 이용한 첩보 정치의 폐지였다. 그는 밀고자들을 엄한 벌로 다스렸다. 도미티아누스의 치세 때에는 종이나 노예가 자기 주인을 배반하고 밀고하는 것이 관례처럼 되어 있었다.* 카시우스 디오는 네르바 시대에 아무도 불경스럽거나 유다식 생활방식을 따랐다는 이유로 다른 사람을 고발할 수 없었다고 증언한다(카시우스 디오 『로마사』 68.1). 그의 증언은 이 시기에 앞에서 언급한 플라비우스 클레멘스를 비롯하여 상당수의 로마 고관들이 유다교의 가르침과 유다식 생활방식을 받아들였을 것이라는 추측을 불러일으킨다. 그런데 여기서 말하는 유다식 생활방식은 그리스도교 믿음을 뜻할 수도 있다. 디오 카시우스가 이 글을 쓸 당시는 2세기 말엽이지만 그가 다루는 역사의 연대는 한 세기 전이고, 1세기 말엽에는 로마인들 사이에서 아직 유다교와 그리스도교의 구분이 뚜렷하지 않았기 때문이다. 어쨌든 1세기 말엽에 로마 원로원 의원들의 가족들이 로마 교회에 연루된 경우가 있었을 법하다.

---

* 소 플리니우스는 나중에 네르바의 후임인 트라야누스가 네르바보다 더 엄격하게 밀고자들을 다룬 데 대해 찬사를 보냈다. 트라야누스는 밀고자들을 뱃집에 태워 바다로 떠나보냄으로써 그들의 밀고로 황폐해진 조국에서 그들을 영원히 잘라냈다는 것이다(『찬양연설』 34-35).

네르바의 통치는 로마인들에게 신뢰를 주었지만 너무 짧았다. 그는 노령에다 건강이 좋지 않아 도미티아누스가 살해된 뒤의 혼란기에 대권을 장악하려는 자들의 손쉬운 표적이 되었다. 네르바는 자신의 입지를 견고히 하고 정치적 안정을 유지하기 위하여 트라야누스Marcus Ulpius Trajanus를 공동 통치자로 내세웠다(카시우스 디오 『로마사』 68.3-4). 트라야누스는 스페인에서 출생하였으나 게르만족을 물리치고 로마 시민들의 신망을 얻었다. 네르바는 강력한 경쟁자로 떠오른 그를 공동 통치자로 삼음으로써 내란을 미리 막고자 하였다(카시우스 디오 『로마사』 68.3-4).

차. **트라야누스**

트라야누스는 97년 네르바에게 공동 통치자로 지명을 받고서도 게르만 부대에 머물러 있었다. 98년 네르바가 죽었을 때에도 트라야누스는 북쪽 국경의 군대를 완전히 사열할 때까지 로마 입성을 미루었다. 마침내 99년 그가 로마에 입성하자 시민들은 열렬히 그를 환영하였다.

트라야누스의 통치는 고대 역사가들에게 대체로 제국에 안정과 번영을 다시 가져온 긍정적 시기로 평가되었다. 특히 소小 플리니우스는 그에게 온갖 찬사의 말을 아끼지 않았다. 100년, 자신을 콘술(집정관)로 임명한 황제에게 감사의 연설을 바치면서 플리니우스는, 관용·절제·겸손·공평무사 등 트라야누스의 여러 가지 덕목들을 나열했다. 특히 트라야누스의 시민다운 태도civitas에 찬사를 보냈다. 그가 좋은 황제이자 좋은 시민이라는 것이다. “그분을 신이나 신적 존재라는 과한 칭호로 부르지는 말도록 합시다. 우리는 지금 독재자가 아니라 동료 시민을 두고, 지배자가 아니라 아버지를 두고 이야기하고 있습니다. 그분께서는 자신을 우리들 가운데 한 사람으로 여기시고 인류의 지배자인 동시에 한 명의 인간이기도 하다는 점을 기억하고 계시기 때문에 그 위광이 점점 커집니다"(『찬양연설』 2.3-4).

트라야누스의 통치에 관한 정보는 플리니우스가 그의 총독Legatus 자격으로 흑해 남쪽 연안의 폰투스와 비티니아 지방을 다스리면서 보낸 편지들을 통해서도 밝혀졌다. 플리니우스의 주요 임무는 이 지방의 재정과 세금 징수를 점검하고 잘못된 점을 시정하는 것이었다. 그런데 플리니우스는 본연의 임무 말고도 이 지방의 여러 가지 사정을 트라야누스에게 보고하였다. 그 가운데 하나가 그리스도인으로 고발된 사람들과 관련 있다. 플리니우스는 110년경에 트라야누스에게 보낸 편지에서 이렇게 적었다. "그들은 정해진 날 해뜨기 전에 습관적으로 한데 모여 신에게 하듯이 그리스도에게 노래를 차례로 부른 다음 굳게 서약하였습니다. 그러나 그것은 범죄를 위한 서약이 아니었습니다 … 그러고 나서 그들은 헤어졌다가 다시 모여 음식을 들었는데, 이 음식은 해롭지 않은 보통 식사였습니다. 그러나 그들은 폐하의 명령에 따라 내린 제 칙서를 받고 이런 일들을 자진해서 중단하였습니다"(소 플리니우스 『트라야누스 황제에게 보낸 편지』 10.96). 플리니우스의 편지에는 트라야누스의 치세 아래에서 그리스도교가 조직적인 박해를 받았다는 어떤 증거도 엿보이지 않는다. 다만 당대의 사회에서 그리스도인이라는 이름은, 어떤 범죄와 관련 없더라도 부정적 의미로 통했음을 알려 준다. 플리니우스는 황제에게 보낸 같은 서신에서, 그리스도를 섬기기 위하여 로마의 신들에게 기도하지 않고 황제의 상에 포도주와 향을 바치기를 거부하는 자들은 누구나 총독의 권한으로 처벌하였다고 보고한다.

트라야누스 황제는 두 전쟁으로도 유명하다. 그는 다키아와 파르티아를 정벌하여 제국의 영토를 확장시켰다. 다뉴브 강 연안의 다키안족을 106년에 완전히 굴복시켰고, 동방으로 건너가 로마의 오랜 숙적 파르티아 제국을 정벌하였다. 둘 다 성공적인 전쟁이었지만 황제 자신은 117년 파르티아인들과의 전투에서 돌아오는 길에 목숨을 잃었다. 다키아와 파르티아 그리고 나바태아의 방어력을 약화시킨 트라야누스의 조치는 미래의 로마 제국에 재앙이 되었다. 취약한 로마의 국경선을 뚫고 들어올 고트족, 다른 여러 게르만족들, 아리아족의 대규모 침공을 막아줄 완충국들이 없어졌기 때문이다.

카. 하드리아누스

하드리아누스도 전임자처럼 스페인 출신으로 지방 군단의 지휘관이었다가 로마의 권좌에 오른 인물이다(하드리아누스에 관해서는 『황제 실록』「하드리아누스」를 참조하라). 트라야누스가 사망했을 당시 하드리아누스는 시리아의 총독으로 재직하고 있었다. 트라야누스가 죽은 뒤에 곧바로 로마에서 황제가 죽기 직전에 하드리아누스를 후임자로 지명하였다는 보고가 그에게 들어왔다. 그러나 한편에서는 하드리아누스의 지명이 트라야누스의 아내 플로티나의 작품이라는 소문도 나돌았다. 소문이야 어떻든 하드리아누스는 황제직에 오르자마자 자기 계획을 빈틈없고 신속하게 추진해 나갔다(카시우스 디오 『로마사』 69).

그는 지방에서 군 지휘관과 총독으로 지낸 경험을 바탕으로 제국을 재편하는 작업을 시작하였다. 로마에서 황제가 보내는 칙령으로 제국을 다스리기에는 제국이 너무 크고 복잡하였던 것이다. 그래서 하드리아누스는 트라야누스가 파르티아 정벌에서 얻어 낸 아르메니아와 메소포타미아를 포기하고, 제국의 경계를 다시 정하고 강화하였다.

그는 통치 기간의 반 이상을 수도에서 떠나 제국의 구석구석을 순시하는 데에 보냈다. 갈리아를 거쳐 게르만 지역을 순시하면서 로마 군단의 지휘관과 병사들을 격려하고 휴가와 복무 연령에 관한 규정을 새로 만들었다. 하드리아누스는 게르만 지역에서 영국으로 건너갔다. 영국은 카이사르가 기원전 55-54년에 처음으로 쳐들어갔고 기원후 43년 클라우디우스 통치 때에 로마인들이 상당 부분을 차지한 지역이었다. 하드리아누스는 제국의 동부 지역에서처럼 먼저 로마 제국이 감당할 만한 경계까지 군대를 철수시키고 경계 지역에 방벽을 쌓아 북부의 호전적인 종족들이 침입하는 것을 막았다. 117.5킬로미터에 걸쳐 잉글랜드 북쪽을 가로지르는 하드리아누스 성벽의 일부가 오늘날까지 남아 있다.

영국에서 대륙으로 돌아오는 길에 하드리아누스는 갈리아 남부를 거쳐 스페인에 이르러 그곳에서 한동안 머물렀다. 그런 다음 배로 지중해를 가로질러 시리아로 가서 파르티아인들과 협상을 벌여 동부 지역에서의 갈등 요소를 없앴다. 시리아에서 소아시아를 거쳐 그리스로, 그리스에서 다시 로마로 돌아오면서 하드리아누스는 새로운 도시와 기념비와 신전 들을 수없이 세웠다. 특히 그리스 문화에 애정을 갖고 아테네에 올림포스 제우스 신전을 비롯한 많은 신전을 세워 그리스 신들에게 바치는 한편, 131-132년에는 그리스 도시들과 그리스 식민 도시들을 연합하여 범그리스 동맹 체제Panhellenion를 만들었다.

그런데 하드리아누스는 유다인들에 대해서는 몰이해한 태도를 보였다. 예루살렘을 앨리아 카피톨리나라고 하는 로마 식민시로 만들고 성전 터에 유피테르 카피톨리누스에게 바치는 성소를 세우기로 한 것이다.* 이 계획이 바르 코크바 항쟁이라고도 알려진 제2차 유다 항쟁을 촉발했다. 이에 대해서는 뒤에서 자세히 다룰 것이다.

하드리아누스 치세 때에 그리스도교는 눈에 띄게 성장하여 로마 사회에서 자리를 잡았고 그에 따라 교회에 대한 경계와 반대의 목소리도 점점 커졌다. 본디 그리스도인들의 유일신 신앙은 유다인들과 더불어 그리스-로마 사회에서 따돌림을 받았는데, 제2차 유다 항쟁(132-135년)이 끝난 2세기 중엽에는 유다교와도 완전히 결별하였다. 로마인들이 보기에 그리스도인들은 오랜 전통에서 벗어난 길들여지지 않은 자들이요 언제 위험한 행동을 저지를지 모르는 자들이었다. 2세기 로마의 연설가 프론토(Fronto, 100-166년)는 그리스도인들의 모임을 엽기적인 단체처럼 묘사하였다. 모임에 참석한 자들은 어린이를 잡아먹고 욕정에 이끌려 변태적 성행위를 일삼는다는 것이다.** 이런 터무니없는 비난과 낭설에 몇몇 그리스도인들은 자신들의 믿음을 논리적으로 변호하려고 하였다. 4세기 교회 역사가 에우세비우스의 증언에 따르면, 콰드라투스Quadratus라는 그리스도인이 하드리아누스 황제에게 그리스도교 신앙을 변호하였다(에우세비우스 『교회사』 4.3). 165년경에 순교한 유스티누스는 당시의 로마 황제 안토니우스 피우스(138-161년)와 그의 양아들이자 후계자가 될 마르쿠스 아우렐리우스에게 보낸 『호교론』에서, 하드리아누스가 아시아의 집정관에게 보낸 답변 칙서를 인용한다. 이

* 앨리아는 하드리아누스의 성(姓) 앨리우스(Aelius), 카피톨리나는 로마의 유피테르 카피톨리움(Capitolium)에서 따왔다. 카시우스 디오는 130년에 하드리아누스가 유피테르 성소를 세웠다고 하며 이것을 유다 항쟁의 이유로 본다(『로마사』 69.2).

** 프론토의 말은 미누키우스 펠릭스의 『옥타비우스』 31.1-2에 언급되어 있다.

에 따르면 하드리아누스는 이 칙서에서 그리스도인들에 대한 근거 없는 고발에 신중히 대처하라고 경고하였다(유스티누스 『호교론』 1.69).*

2세기 그리스도 교회는 외부의 박해뿐 아니라 내부의 혼란도 이겨내야 했다. 하드리아누스의 죽음(138년)이 임박할 즈음, 로마의 교회 지도자들은 구약성경과 신약성경을 엄격히 분리하고 신약의 가르침과 사랑의 하느님만을 그리스도교의 근본으로 내세우는 마르치온(85-160년)의 이단과 싸워야 했다. 이런 어려운 상황에서도 교회는 2세기 중엽에 이미 교계 제도와 공통 교의를 확립해 가기 시작했다. 그러면서 아직도 한 세기 반을 더 기다려야 오게 될 종교의 자유를 준비하고 있었다. 그리스도인들에게 신앙의 자유를 보장한 칙령은, 콘스탄티누스 대제가 서로마의 황제가 되기 바로 전 해인 311년에 갈레리우스 황제가 반포하였다.

* 트라야누스 황제도 그리스도인들을 부정적으로 보기는 했지만 그들을 처벌하는 데는 신중한 태도를 취한 듯하다. 로마 제국 안에서 그리스도인들에 대한 박해는 제국 전체에 걸쳐 조직적으로 일어난 것은 아니고 황제에 따라, 그리고 지엽적으로 일어난 것으로 볼 수 있다. 로마 황제들은 일반적으로 그리스도인들을 주시하다가 법에 저촉된다고 판단될 경우에는 법에 따라 정당하게 처벌하도록 조처하였던 것 같다.

4. 로마의 강압 통치와 유다 항쟁

앞에서 언급한 대로 아우구스투스 황제가 이룬 로마의 평화Pax Romana는 강력한 군사력에 바탕을 둔다. 로마의 황제와 식민지의 총독들은 제국의 정책과 안정에 협조하는 민족과 시민들에게는 관용을 베풀었으나, 협조하지 않거나 항거하는 무리를 보면 군대를 풀어 무자비하게 응징하였다. 팔레스티나의 경우 로마와 유다인들 사이에서 완충 구실을 한 헤로데 가문의 임금들이 통치할 때에는 그런대로 유다인들의 종교 관습과 지역 경제의 상황을 고려한 정책을 펼쳤다. 하지만 로마가 파견한 속주 관리들이 직접 통치할 때에는 주민들의 종교 관습과 경제 사정을 무시한 채 각종 정책을 펴 나갔다. 특히 세금 정책이 문제였다. 그래서 로마 관리들은 때로 유다인들에게서 격렬한 저항을 받았고 이를 진압하기 위하여 로마 주둔군의 무력을 이용해야 했다.

가. **로마 행정관들과 유다인들의 항거**

로마 제국의 속주 관리들도 우리말 성경에서 구분 없이 총독이라고 옮긴다.* 헤로데 가문의 통치자들과 달리 로마의 관리들은 유다 백성의 경제 사정이나 종교 관습에 둔감하였다. 그들은 재임 중에 식민지 주

* 6-41년에는 지방장관(Praefectus), 44-66년에는 행정관(Procurator), 70-130년에는 총독(Legatus)이 사마리아, 유다, 이두매아 지역을 다스렸다(둘째 마당, VI. 1. 다. 참조).

민들에게서 되도록 많은 세금을 거두어 로마에 바치는 일과 반란과 소요를 미리 막는 일에만 관심을 기울였다. 그뿐만 아니라 로마식 삶의 양식과 기준을 예루살렘 주민들에게 무리하게 적용하려 했고 기회 있을 때마다 성전을 약탈하려고 하였다. 그들의 이런 행동은 로마에 대한 유다인들의 적대감을 부채질하였다(제1차 유다 항쟁 전반에 대해서는 요세푸스 『유다 전쟁사』 2—7장을 보라).

로마에 대한 반감은, 아우구스투스 황제가 토지세와 물품세와 인두세를 좀 더 정확하게 부과하기 위하여 식민지 전체에 인구 조사령을 내렸을 때 더욱 높아져 반란으로 이어졌다. 요세푸스의 기록에서 악티움 해전(기원전 31년)이 끝난 뒤 37년(기원후 6년) 만에 시리아 총독 술피치우스 퀴리니우스Sulpicius Quirinius의 통치 아래에서 인구 조사가 실시되었음을 알 수 있다(『유다 고대사』 18,1-2). 인구 조사에 관한 언급은 루카 복음에도 나온다. "그 무렵 아우구스투스 황제에게서 칙령이 내려, 온 세상이 호적 등록을 하게 되었다. 이 첫 번째 호적 등록은 퀴리니우스가 시리아 총독으로 있을 때에 실시되었다"(루카 2,1-2). 이로써 루카는 왜 요셉이 임신 중인 마리아와 함께 갈릴래아에서 베들레헴으로 여행을 하였는지, 그리고 어떻게 예수님이 다윗의 고향 베들레헴에서 탄생하시어 미카 5,2의 예언을 성취하셨는지를 설명한다. 그러나 요세푸스와 루카의 연대는 서로 양립할 수 없다. 루카의 기록은 역사적 기록이라기보다 예수님의 출생을 다윗 임금의 출생과 연결하려는 신학적 기록이라 할 수 있다. '첫 번째 호구 조사령'이라는 루카의 표현부터 잘못이다. 이미 헤로데 대왕 때에 호구 조사가 있었기 때문이다.

인구 조사는 유다인들에게 매우 민감한 사안이었다. 하느님 백성의 수를 헤아리는 것은 그 백성의 주인이요 임금이신 하느님께만 유보된 권한이다. 사무엘기 하권의 저자는 다윗이 인구 조사를 실시하였다가 하느님의 진노를 산 이야기를 전한다(2사무 24장). 사도행전에 보면 율법학자 가말리엘 1세가 나서서 사도들을 죽이려는 산헤드린 의원들을 진정시키며 퀴리니우스의 인구조사에 반발한 갈릴래아 사람 유다에 대해 말한다. "이스라엘인 여러분, 저 사람들을 어떻게 다룰 것인지 잘 생각하십시오. … 그 뒤 호적 등록을 할 때에 갈릴래아 사람 유다가 나서서 백성을 선동하여 자기를 따르게 하였습니다. 그러나 그가 죽게 되자 그의 추종자들이 모두 흩어져 버렸습니다"(사도 5,35.36). 요세푸스도 가말라의 유다(갈릴래아의 유다)가 바리사이파 사람 차독과 함께 퀴리니우스 때에 실시한 호구 조사에 항거하였다고 전한다(『유다 고대사』 18.1-4). 유다와 그의 추종자들은 하느님 말고 어떤 임금도 섬겨서는 안 되며, 로마 황제에 대한 복종은 십계명에서 가장 중요한 첫째 계명을 어기는 행위라고 믿었다(『유다 고대사』 18.23). 유다의 이런 신념은 유다 행정관 티베리우스 율리우스 알렉산드로스(46-48년)에게 처형당한 그의 두 아들 야고보와 시몬에게 이어지고(『유다 고대사』 20.102), 제1차 유다 항쟁 직전에 예루살렘에서 폭동을 일으킨 므나헴에게 이어졌다(『유다 고대사』 18.24-25; 『유다 전쟁사』 2.433).*

헤로데 대왕처럼 팔레스티나 전체의 민족영주인 아그리파스 1세가 죽었을 때(44년), 그의 아들 아그리파스 2세는 겨우 열일곱 살이었다. 이 때문

* 마싸다의 최후 항쟁을 주도한 엘아자르도 유다의 후손으로 소개된다(요세푸스 『유다 전쟁사』 7.253). 항쟁 최후의 날 반군들은 로마인들이 요새에 진입하기 직전에 집단 자결한다. 로마인들의 노예로 잡혀가느니 자유인의 죽음을 택한 것이다. 엘아자르의 조상인 유다가 그러했듯, 엘아자르도 자기들의 주님은 오직 하느님 한 분뿐이심을 고백하면서 동료 반군들과 그 가족들에게 자결을 독려한다(『유다 전쟁사』 7.323-336).

에 로마의 행정관들이 다시 유다와 사마리아와 이두매아를 다스리게 되었다. 그러나 이들은 자격이 부족한 통치자들이었고 그들의 억압과 폭정에 이스라엘 땅은 소요와 혼란에 휩싸였다. 쿠스피우스 파두스(44-46년)는 자칭 메시아 튜다Theudas의 반란과 부딪쳤고(『유다 고대사』 20.97-98), 필론의 조카이자 로마의 관직을 위하여 유다교를 버린 유다의 행정관 티베리우스 율리우스 알렉산드로스(46-48년)는 위에서 언급한 갈릴래아의 가말라 출신 유다의 두 아들 야고보와 시몬이 일으킨 반란을 진압해야 했다. 벤티디우스 쿠마누스가 재직하는 동안(48-52년)에는 로마의 지배에 대한 유다인들의 반감이 고조되고(『유다 고대사』 20.105), 유다인들과 사마리아인들 사이의 갈등이 노골적으로 드러나 끊임없이 소요가 일어났다(『유다 고대사』 20.118). 유다인들과 사마리아인들의 갈등은 그 역사가 오래되었다. 기원전 128년 요한 히르카누스가 사마리아인들의 그리짐 성전을 파괴했는데, 이 사건이 둘 사이를 결정적으로 갈라놓았을 것으로 여겨진다. 그리고 기원후 6년경 유다의 행정관 코포니우스(6-8년) 치하에서 일어난 한 사건으로 둘 사이의 갈등은 한층 증폭되었다. 요세푸스에 따르면 파스카 축제 기간에 한 무리의 사마리아인들이 예루살렘 성전에 들어가 성전 경내에 사람의 뼈들을 흩뿌려 성소를 모독하였다고 한다(『유다 고대사』 18.29-30).

사도행전에서는 바오로의 재판과 관련하여 두 명의 로마 행정관이 소개된다(사도 23,23—26,32). 아그리파스 1세의 딸 드루실라를 세 번째 아내로 맞이한 안토니우스 펠릭스(52-60년)는 시카르(자객)의 잦은 출현으로 골머리를 앓았다. 바오로는, 이 자객들 가운데 하나로서 예루살렘 성벽이 무너져 입성할 길을 열어줄 것이라고 예언한 '어떤 이집트인'으로 오해를 받았다(사도 21,38). 포르키우스 페스투스(60-62년)는 바오로가 아직 카이사리아 감옥에 갇혀 있을 때에 펠릭스의 뒤를 이어 행정관이 되었다(사도 24,27). 유다와 사마리아의 두 행정관 류체유스 알비누스(62-64년)와 제시우스 플로루스(64-66년)의 부패와 불의와 잔인함은 제1차 유다 항쟁(66-70년)을 불러일으키는 도화선이 되었다(『유다 전쟁사』 2.271-279).

나. **항쟁 직전의 상황**

유다 행정관 플로루스에 대한 유다인들의 반감은 시리아에 주재하는 체스티우스 갈루스 총독이 66년 파스카 축제 동안 예루살렘을 방문하였을 때 집단 항의로 표출되었다. 유다인 순례자 무리는 플로루스를 대동하고 나타난 체스티우스에게 플로루스를 사임시킬 것과 억압 정책을 완화시켜 줄 것을 요구하였다. 유다 행정관 플로루스는 유다인들의 요구에 코웃음을 쳤지만 체스티우스 총독은 노련한 정치인답게 그들의 요구를 들어주겠다고 약속하였다. 그러나 시리아로 돌아간 체스티우스가 상황을 반전시킬 아무런 조치도 취하지 않자 유다는 점점 항쟁의 상황으로 빠져 들어갔다(『유다 전쟁사』 2.280-283).

먼저 카이사리아에서 유다인들과 그리스계 이방인들 사이에 분쟁이 일어났다. 카이사리아에는 유다교 회당이 이방인들이 사는 구역 바로 곁에 있었는데, 유다인들이 이 구역을 매입하려고 했으나 실패하였다. 반유다 감정에 젖어 있던 이방인들은 이 구역에 상점들을 빼곡히 지어 유다인들이 회당에 다니는 길목을 비좁게 만들었다. 유다 청년들이 계속해서 상점을 지으려는 이방인들을 제지하려다가 폭력 사태가 일어났다. 유다교 지도자들은 플로루스에게 뇌물로 8탈렌트를 주며 중재에 나서 달라고 호소하였다. 그런데 그다음 날 안식일 예배를 드리기 위하여 유다인들이 모였을 때, 회당 정문 앞에서 카이사리아 지방의 이방인 한 사람이 옹기그릇에 새를 담아 제사를 바치는 시늉을 하였다(『유다 전쟁사』 2.289). 이 의식은 유다인들을 나병환자로 취급한다는 뜻이다(레위 14,4-5 참조). 드디어 이방인들과 유다인들 두 진영이 맞붙어 싸우게 되었다. 유다인 지도자들은 율법 두루마리를 안고 급히 카이사리아를 빠져 나가 세바스테에 머물고 있던 플로루스에게 갔다. 그러나 플로루스는 율법 두루마리를 회당 밖으로 옮겼다는 죄목으로 그들을 모두 체포하고 차꼬를 채워 감옥에 가두었다. 카이사리아에서는 이방인들과 유다인들 사이에 긴장이 더욱 고조되고 플로루스에 대한 유다인들의 증오심이 들끓어 플로루스는 그곳에 감히 나타날 수 없을 정도가 되었다(『유다 전쟁사』 2.284-292).

플로루스의 또 다른 실정은 예루살렘 성전 금고에서 거금 17탈렌트를 갈취한 행위다(『유다 전쟁사』 2.293). 그는 이 돈으로 유다인들이 황제에게 바쳐야 할 밀린 세금을 낼 심산이었다. 예루살렘 성전 금고가 탈취되었다는 소식을 듣고 예루살렘 유다인들이 폭동을 일으키자 플로루스는 예루살렘에 나타나 자기를 모욕한 주민들을 공개 처형하고 로마 군인들을 풀어 도시의 상가지역을 약탈하게 하였다. 수많은 유다인이 체포되어 채찍질을 당하고 십자가형에 처해졌다(『유다 전쟁사』 2.294-308). 이렇게 되자 아그리파스 2세의 누이 동생 베르니케가 중재에 나섰다. 베르니케는 로마 관리와 군인들에게 무력 사용을 자제해 줄 것을 요청하고 예루살렘의 지도자들과 대사제들에게는 폭동을 일으키지 않도록 유다 군중을 만류하라고 충고하였다(『유다 전쟁사』 2.310-316). 그러나 플로루스는 어리석게도 예루살렘 주민들에게 카이사리아에서 새로 예루살렘에 파견되는 두 코호르스(육백인 부대)를 환영하는 행사에 참석하라고 지시하였다가 또다시 유다인들이 폭동을 일으켰다. 이번에는 로마 군인들이 폭도들에게 밀려 자기네 진영으로 물러갔다. 폭도들은 군인들이 예루살렘 성전에 진입하지 못하도록 성전과 연결된 주랑과 안토니아 성채를 파괴하였다. 상황이 불리해진 것을 깨달은 플로루스는 유다 지도자들에게 도시의 치안과 질서를 맡기고 자기는 도시를 떠나겠다고 알렸다(『유다 전쟁사』 2.318-332).

시리아 주재 체스티우스 총독은 예루살렘 사태에 대한 보고를 플로루스와 예루살렘 관리들에게서 들었다. 체스티우스의 고문단은 곧바로 군사를 풀어 사태를 수습하라고 충고하였으나, 그는 이 충고를 무시하고 예루살렘의 상황을 파악하기 위하여 조사관만 파견하는 소극적인 자세를 취하였다. 조사관은 이집트 방문을 마치고 막 귀국한 아그리파스 2세를 얌니아에서 만난 다음 예루살렘을 둘러보고 피해 상황을 확인하였다. 그러나 겉으로 보기에 예루살렘은 안정을 찾은 듯 평온하였고 성전에서는 제사가 올려지고 있었다. 체스티우스는 안티오키아로 돌아온 조사관에게서 안심하라는 보고를 받고 아무런 조처도 취하지 않았다(『유다 전쟁사』 2.333-341).

이제 체스티우스에게 더 기대하지 않게 된 유다인들은 아그리파스 2세와 사제단 대표들을 찾아가 네로 황제에게 직접 상소하여 플로루스를 물러나게 하라고 요구하였다(『유다 전쟁사』 2.342). 그러나 아그리파스 2세는 유다인들에게, 플로루스는 막강한 권력을 행사하는 황제를 대표하는 사람이니 그를 반대하는 것은 황제를 반대하는 것과 같은 위험한 발상이라면서 오히려 그들이 파괴한 주랑을 재건하고 부과된 세금을 바쳐야 사태가 해결된다고 충고하였다(『유다 전쟁사』 2.403-404). 유다인들은 아그리파스의 충고를 받아들여 예루살렘과 그 주변에서 40탈렌트를 거두어 세금으로 바쳤다. 그러나 플로루스가 여전히 권좌에서 물러날 기미를 보이지 않자 많은 유다인들이 들고 일어나 아그리파스에게 예루살렘에서 떠나라고 요구하였다. 이제 예루살렘 시가지 전체는 폭동의 분위기에 휩싸이게 되었다(『유다 전쟁사』 2.405-407).*

다. **제1차 유다 항쟁**(66-70년)

열혈당원들(젤롯파)을 중심으로 한 유다 반군은 유다 지방의 중요한 요새 성읍들을 장악하면서 점점 세력이 커졌다. 유다 반군이 제일 먼저 점령한 요새는 헤로데 대왕이 세운 철옹성 마싸다다(『유다 전쟁사』 2.408). 그곳에 무기창고가 있었기 때문에 마싸다의 점령은 반군에게 전략적으로 매우 중요하였다(『유다 전쟁사』 7.299 참조). 요세푸스에 따르면 마싸다는 한동안, 시리아의 총독 퀴리니우스가 호구 조사를 실시할 때에 폭동을 일으킨 갈릴래아인 유다(가말라의 유다)의 아들, 므나헴의 항전 본부였다(『유다 전쟁사』 2.433). 그러나 므나헴은 요세푸스의 기록과는 달리 유다의 아들이 아니라 손자일 가능성이 더 높다. 유다가 폭동을 일으키게 된 원인인 퀴리니우스의 호구 조사는 므나헴의 반란보다 60년이나 앞서 실시되었기 때문이다. 제1차 유다 항쟁의 시발점이자 마지막 보루인 마싸다 외에도 여러 요새들이 차례로 유다인들의 손에 넘어갔다. 반군들은 예리코 지역을 보호하던 키프로스 요새를 점령하고 그곳의 로마 주둔군을 학살하였다. 사해 동쪽 연안에 있

* 제1차 유다 항쟁 전반에 관해서는 타키투스 『역사』 5.10-13도 참조. 타키투스는 플로루스의 실정이 유다 항쟁을 촉발했다고 전한다.

아래에서 올려다 본 마싸다 요새

는 마캐루스에서는 로마 군대를 안전하게 내보내 주는 대신 반군이 요새를 차지하고 성읍의 통제와 관리는 지역 주민들이 맡았다.

예루살렘에서는 하나니아스의 아들 엘아자르라고 하는 성전 경비대장의 지휘 아래 젊은 사제들의 모임이 결성되어, 성전에서 로마 제국과 황제를 위하여 바치던 제사를 중단하였다. 그동안 아우구스투스 황제의 칙령으로 성전에서는 매일 두 번씩 숫양 두 마리와 황소 한 마리를 황제를 위하여 바쳤는데, 이런 관습은 이미 페르시아 시대까지 거슬러 올라간다(에즈 6,9-10). 그러나 부유하고 나이 많은 사제들은 로마인들을 위한 제사를 중단하는 것에 반발하였다. 로마인들의 심기를 불편하게 하여 전쟁이 일어나면 공들여 얻은 기득권을 포기할 수밖에 없기 때문이다. 안정된 지위를 확보한 바리사이들을 비롯하여 평화를 바라는 대부분의 시민들도 이들에게 동조하였다. 아그리파스 2세는 이들의 지지를 얻어 예루살렘에 2천 명의 군대를 파견하였다. 평화주의자들이 지원하는 아그리파스 군대와 엘아자르가 지휘하는 반군 사이에 성전을 쟁탈하려는 전투가 치열하게 벌어졌다. 이 전투는 이레 동안 어느 쪽도 우열을 가릴 수 없다가, 여드레째 되는 날 평민으로 가장한 자객(시카르)들이 성전 경내에 잠입하는 데 성공함으로써 반군쪽이 승리한다. 반군들은 대사제 하나니아스의 저택, 아그리파스와 베르니케의 궁전, 각종 행정 문서와 빚문서가 쌓인 문서고를 불태웠다. 성전을 점령한 반군들은 안토니아 성채를 탈환하고 사로잡은 로마 주둔군을 처형한 뒤, 헤로데 궁전에 갇힌 친로마 시민들과 헤로데 군대를 포위하였다(『유다 전쟁사』 2.409-432).

므나헴과 그의 부하들이 마싸다에서 예루살렘에 도착하면서 새로운 상황이 전개되었다. 헤로데 궁전의 포위·작전권을 넘겨받은 므나헴이 궁전 방어벽의 일부를 무너뜨리자 궁전 안에 있던 아그리파스 군대와 친로마 유다인들이 궁전을 빠져나가게 해 달라고 므나헴에게 요청하였다. 한편 로마 군대는 예루살렘 윗도시 북서쪽 구석에 위치한 헤로데 궁전의 세 탑으로 피신하였다. 적은 숫자의 로마 군대가 자신들을 공격하지 않을 것을 안 반군은 그들과 잠시 휴전하고 친로마 성향을 띤 동료 유다인들을 찾아 내어 학살하였다. 엘아자르의 아버지 하나니아스와 삼촌 에제키아스도 므나헴과 그의 부하들에게 잡혀 처형되었다. 이에 격분한 엘아자르는 므나헴과 그 부하들을 공격하기 시작하였다. 엘아자르군에 쫓겨 오펠로 피신한 므나헴은 결국 엘아자르에게 사로잡혀 심한 고문을 당하고 살해되었다(『유다 전쟁사』 2.433-449).

지방에서는 유다인들과 이방인들 사이에 대대적인 복수극이 펼쳐졌다. 요세푸스의 증언에 따르면, 카이사리아의 이방인들은 유다인들을 공격하여 단 한 시간 만에 2만 명을 학살하였다고 한다. 카이사리아 학살은 마싸다와 예루살렘에서 처형된 로마 군인들의 죽음에 대한 보복이었다. 이 로마 군인들은 주로 카이사리아와 세바스테에서 모집된 지원군이었다. 피의 복수는 유다인들과 이방인들이 모여 사는 여러 도시로 번졌다. 요르단 동부 지역의 성읍들과 해변가의 성읍에서는 유다인들이 이방인들을 공격하여 죽였고, 아스칼론(아스클론의 그리스식 이름)과 프톨레마이스, 히포, 가다라 같은 성읍에서는 이방인들이 유다인들을 학살하였다. 유다인들과 이방인들 사이에서 벌어지는 약탈과 방화와 살인은 이제 팔레스티나의 경계를 넘어 다른 지역에까지 퍼져 나갔다(『유다 전쟁사』 2.457-498).

드디어 66년 9월 시리아 총독 체스티우스가 사태 수습에 나섰다. 그 당시 체스티우스는 로마의 25개 군단 가운데 네 군단, 곧 3군단 갈리카, 6군단 페라타, 10군단 프레텐시스, 12군단 풀미나타를 지휘할 수 있는 권한이 있었다. 그는 12군단을 비롯 나머지 세 군단에서 2천 명씩을 차출하고 보조 보병 부대와 기병 부대를 더하여 두 개 군단 규모로 만들었다. 여기에 세 임금이 보낸 지원군이 가세하였다. 콤마게네의 안티오코스와 북부 시리아 에메사의 소에무스, 그리고 아그리파스 2세가 15,000명 가량의 병사를 지원한 것이다. 다른 여러 도시에서도 지원군과 자원군이 모여들었다. 아그리파스 2세는 체스티우스와 함께 전투에 참가한다(『유다 전쟁사』 2.499-502).

체스티우스가 이끄는 로마 군대는 해안가를 따라 내려가며 차례로 프톨레마이스 근처의 카불, 야포, 카이사리아를 탈환하고 예루살렘을 포위·공격하였다. 그러나 유다인들의 저항도 만만치 않았다. 유다 반군은 기브온에 진영을 차린 로마 군대를 북쪽과 남쪽에서 공격하였다. 예루살렘 성벽을 공격하던 체스티우스는 군대를 철수하기 시작하였다. 예루살렘의 친로마 유다인들도 급히 도성을 빠져 나갔다. 체스티우스는 대표 두 사람을 네로에게 보내어 유다 상황을 알리면서 유다의 행정관 플로루스를 유다 항쟁을 불러일으킨 범죄자로 고발하였다. 그 사이에 예루살렘에는 임시 정부가 들어섰다. 군중은 비교적 온건파인 고리온의 아들 요셉과 아나누스의 아들 아나누스(아버지와 아들의 이름이 같음)를 최고 지도자로 뽑았다. 그리고 팔레스티나를 일곱 구역, 곧 이두매아, 예리코, 페레아, 유다 서부, 유다 북동부, 갈릴래아, 요르단 동부 가말라로 나누었다. 여기에는 유다인들과 적대 관계에 있던 사마리아와 시리아 총독의 감독을 받으며 자치권을 행사한 그리스인들의 열 도시 데카폴리스가 빠졌고, 그 밖에 아그리파스의 영역에 속한 몇몇 성읍들도 포함되지 않았다(『유다 전쟁사』 2.503-568).

갈릴래아에서는 요세푸스와 기스칼라의 요한이 반군의 지휘권을 놓고 서로 경쟁을 벌였다. 요한은 요세푸스를 죽이려고 그가 로마인들에게 나라를 넘겨 줄 계획을 세워 놓았다는 악소문을 퍼뜨렸다. 급기야 예루살렘에서 조사관이 파견되어 요세푸스를 심문하게 되었고, 그 사이에 갈릴래아의 여러 성읍들이 요세푸스의 지휘 아래에서 빠져 나갔다. 데카폴리스 지방의 게라사 출신 기오라스의 아들 시몬(Simon son of Gioras = Simon bar Giora)은* 자신을 지도자로 자처하고 나서서 유다 북동부를 공격하고 약탈하였다. 예루살렘 지도부가 군대를 보내어 그를 통제하려 하자 그는 부하들을 데리고 마싸다로 피신하였다가 거기서 이두매아를 치러 나갔다. 이상

* '기오라스의 아들 시몬'은 보통 '시몬 바르 기오라'라고 불린다. '바르 기오라'라는 이름 형태는 타키투스와 카시우스 디오가 전한다. 먼저 타키투스는 『역사』 5.12.3에서 제1차 유다 항쟁 당시 예루살렘 반군이 세 부류로 나뉘어 있었다고 하면서 '바르 기오라'를 언급한다. 카시우스 디오는 '바르기오라스'(ὁ Βαργιορᾶς)라고 부른다: 『로마사』 66.7. 예루살렘을 정복한 티투스 장군은 포로들을 끌고 갔으며 반군 지도자 바르기오라스를 처형했다고 한다.

유다 항쟁 반군이 발행한 동전.
옛 히브리 글자로 이렇게 새겨져 있다.
앞면(위): '이스라엘의 세켈, 셋째 해'
뒷면(아래): '거룩한 예루살렘'

두 가지 예만 보아도 유다 반군들이 강력한 지도체제 아래에서 일사분란하게 움직이지 못하고 내분이 잦았다는 것을 알 수 있다(『유다 전쟁사』 2.585-654).

예루살렘 주민들은 신속하게 복구 작업을 벌였다. 무너진 성벽을 보수하고 전쟁에 필요한 도구와 무기를 만들었다. 예루살렘 임시정부는 67년 니산 달부터 한 세켈, 반 세켈, 4분의 1세켈짜리 은전들을 찍어 내기 시작하였다. 그전까지 유다인들은 성전 세를 '티로 은전'Tyrian Shekel으로 냈지만 66/67년부터는 임시정부가 발행한 '유다 은전'으로 대체했다. 기원전 20년 아우구스투스 황제가 티로 조폐소를 폐쇄조치했을 때(카시우스 디오 『로마사』 54.7.6), 유다인들은 제국의 허락을 받고 자기들이 '티로 은전'을 (티로 또는 예루살렘에서) 발행하던 터였다. 순도 92-95%의 티로 은전만이 일 년에 반 세켈이라는 성전 세 규정에 부합했기 때문이다. 그러다가 66/67년부터 예루살렘 임시정부가 자주 독립을 선언하는 의미로, '티로 은전'이 아닌 자기네 고유의 '유다 은전'을 발행하기 시작한 것이다. 임시정부가 발행한 유다 은전에는 이교신과 그리스어 대신 고대 히브리어와 성배가 새겨져 있다(위 그림 참조). 유다 은전의 발행은 70년 니산 달까지 이어졌다.

한편 아카이아에서 체스티우스의 군대가 유다인들에게 패배하였다는 소식을 들은 네로는 그를 직위 해제하고 노련한 전사 베스파시아누스를 유다에 파견하였다. 베스파시아누스는 아들 티투스를 알렉산드리아로 보내어 15군단 아폴리나리스를 데려오게 하였다(『유다 전쟁사』 3.1-8). 베스파시아누스는 아그리파스 2세가 기다리는 안티오키아에 자기 군대를 집결시켰다(『유다 전쟁사』 3.29). 시리아에 주둔한 5군단 마케도니카와 10군단 프레텐시스, 그 수가 10분의 1이 줄어든 안티오키아의 12군단 풀미나타, 그리고 체스티우스의 지휘를 받던 다른 두 군단인 3군단 갈리카와 6군단 페라타가 주력 부대였다. 여기에 시리아의 지원군 23개 코호르스(13,800여 명)와, 전처럼 아그리파스와 안티오코스와 소에무스가 지원해 준 부대가 가세하였다. 게다가 이번 전투에는 나바태아 임금 말쿠스 2세(40-70년)가 1,500명의 군사를 보내 주었고 카이사리아의 반유다 세력에서도 상당수의 군대를 파견하였다. 이렇게 해서 베스파시아누스가 지휘하는 군사는 모두 6만여 명이나 되었다(『유다 전쟁사』 3.65-69).

갈릴래아 최대의 도시 세포리스 시민들이 프톨레마이스에 도착하여 진영을 차린 베스파시아누스에게, 갈릴래아의 반군들에게 넘어간 그곳에 로마 군대를 파견하면 지원을 아끼지 않겠다는 약속을 하였다. 베스파시아누스는 곧바로 군대를 이끌고 세포리스로 출동하였다. 그러고는 이미 그 도시에 들어와 있는 로마 파견대와 합세하여 세포리스를 손쉽게 탈환하고 갈릴래아의 반군들을 압박하기 시작하였다. 때마침 티투스가 알렉산드리아의 15군단 아폴리나리스를 이끌고 나타나자 병사들의 사기는 충천하였다(『유다 전쟁사』 3.64).

한편 기스칼라의 요한이 퍼뜨린 악소문으로 한때 궁지에 몰렸다가 다시 갈릴래아 여러 성읍의 지휘권을 회복한 요세푸스는 로마군에게 넘어간 세포리스를 되찾으려 했지만 실패하였다. 그 뒤 요세푸스는 요타파타로 돌아가 그곳에서 결사 항전을 벌이다가 도성이 함락되자 유다 항전의 규정에 따라 자결하려 하였다. 그러나 생각을 고쳐 먹고 동굴에 숨어 있다가 로마 군대에게 체포되었다. 이때 요세푸스는 베스파시아누스와 티투스가 장차 로마의 황제가 될 것이라고 예언하였고 두 장군이 그의 예언을 믿은 덕분에 요세푸스 자신은 반군의 장수로 네로에게 끌려가 심문을 받는 것을 면하였다(『유다 전쟁사』 3.350-408). 오히려 요세푸스는 유다 항전이 계속되는 동안 내내 베스파시아누스와 티투스 곁에 머물러 있다가 전쟁이 끝난 뒤에 로마에 가서 여생을 보내며 유다의 역사와 전쟁사를 집필하는 데 몰두하였다. 그가 집필한 『유다 고대사』와 『유다 전쟁사』는 이스라엘 역사에 관한 성경 대목을 폭넓게 보충하고 이해시켜 주는 가장 귀중한 사료로 꼽힌다.

갈릴래아를 평정한 베스파시아누스는 67년 11월 겨울을 보낼 진영을 차리기 시작하였다. 전쟁하기 좋은 봄을 기다리며 10군단이 스키토폴리스에서, 나머지 군단들이 카이사리아에서 겨울을 보내는 동안, 유다 반군들은 예루살렘에서 권력 다툼으로 서로를 찢고 할퀴는 데에 몰두하고 있었다. 그때까지 도성을 주도한 양대 세력은 아나누스의 아들 아나누스 대사제를 중심으로 모인 온건파와 시몬의 아들 엘아자르를 중심으로 모인 젤롯파였는데, 지방에서 로마군에게 패한 반군의 장수와 사병들이 예루살렘에 모여들면서 상황이 복잡하게 얽히게 되었다. 소수의 군대를 이끌고 들어온 기스칼라의 요한은 처음에 아나누스 편에 서서 젤롯파와 중재를 벌이는 척하다가, 아나누스를 배신하고 이두매아인들을 성으로 끌어들여 젤롯파와 함께 온건파들을 학살하였다. 이렇게 온건파를 제거한 요한은 경쟁자 시몬의 아들 엘아자르를 살해하고 동맹 세력으로 끌어들인 이두매아인들을 쫓아낸 다음 젤롯파의 지도자가 되었다(『유다 전쟁사』 4.84–352).

68년 3월 베스파시아누스는 예루살렘을 포위하기에 앞서 지방부터 정벌하러 나섰다. 마캐루스 요새를 제외하고 페래아 전체가 로마군의 손에 들어갔다. 베스파시아누스는 유다 서부와 이두매아도 점령한 다음 북쪽으로 올라가 사마리아 지방에서 스켐을 거쳐 요르단 평야로 내려와 그해 6월에 예리코로 진격하였다(『유다 전쟁사』 4.450). 쿰란 공동체를 점령한 것도 이때였을 것이다. 이제 예루살렘은 사방으로 로마군에게 완전히 포위되었다. 예루살렘 외에 유다군이 장악한 곳은 유다 동부 지역 일부와 마캐루스와 마싸다 그리고 헤로디움뿐이었다.

예루살렘 함락이 초읽기에 들어갔을 때, 로마에서 정변이 일어났다. 68년 6월 9일 친위대와 로마 시민들의 퇴위 압력을 받던 네로가 자살했다는 소식을 베스파시아누스가 들었다(『유다 전쟁사』 4.491). 베스파시아누스는 예루살렘 공격을 중단하고 아들 티투스와 아그리파스를 보내어 친위대가 뽑은 새 황제 갈바에게 문안하게 하였다. 그러나 로마에 도착하기도 전에 티투스는 갈바가 69년 1월 15일 로마 포룸(집회용 광장)에서 암살당하였다는 소식을 듣고 중도에 카이사리아로 돌아왔다. '네 황제의 해'로 불린 69년에 로마는 극도의 혼란에 휩싸였다. 갈바의 암살에 이어 원로원과 로마 군단들의 지지 속에서 황제로 추대된 오토는, 게르만 지역 군단의 지휘관 비텔리우스의 압력을 받아 자살하였다. 오토에 이어 황제가 된 비텔리우스에 대한 반감이 고조되자, 베스파시아누스는 모에시아 지역의 군대와 시리아 총독 리치누스 무치아누스의 지지를 받아 황제로 추대되었다. 베스파시아누스는 로마를 평정하기 위하여 서서히 움직이기 시작하였다. 그는 먼저 제국의 '빵바구니'라 불리는 이집트를 장악하는 데 성공하였는데, 여기에는 로마의 두 군단이 자리 잡은 알렉산드리아의 행정관 티베리우스 알렉산드로스의 도움이 컸다. 베스파시아누스가 황제직에 오를 것이라고 예언한 요세푸스는 풀려나고(『유다 전쟁사』 4.627), 시리아 총독 무치아누스가 베스파시아누스의 황제직 승계를 준비하러 군대를 이끌고 이탈리아로 떠났다. 69년 12월 21일 비텔리우스가 살해되자 로마는 알렉산드리아에서 떠난 베스파시아누스를 맞이할 준비를 갖추었다. 베스파시아누스는 알렉산드리아를 떠나면서 아들 티투스에게 예루살렘을 공격하라는 명령을 내렸다(『유다 전쟁사』 4.658; 타키투스 『역사』 5.1).

황제 계승 문제로 로마 군대가 공격을 중단한 시기에 예루살렘 도성 안에서는 유다인들 사이에 또다시 내분이 일어났다. 예루살렘을 장악한 반군은 주로 젤롯파였다. 온건파는 거의 살해되었거나 살해되기 전에 젤롯파로 넘어간 상태였다. 그런데 같은 젤롯파면서도 반군은 둘로 갈라졌다. 한쪽은 기스칼라의 요한이 이끄는 젤롯파이고, 다른 한쪽은 요한에게 살해되었지만 처음부터 예루살렘의 젤롯파를 이끈 시몬의 아들 엘아자르의 부하들이다. 여기에 69년 봄 체스티우스를 격퇴하는 데 큰 공헌을 한 기오라스의 아들 시몬이 군대를 끌고 성 안으로 들어오면서 반군은 세 파로 나뉘었다. 엘아자르의 부하들은 2,400여 명밖에 되지 않았지만 튼튼한 요새로 된 성전 내부를 장악하고 있었고, 기스칼라의 요한이 이끄는 반군 6,000여 명은 그보다 전략적으로 열악한 성전 외부 뜰과 오펠 언덕 위에 선 '아랫도시' 일부를 차지하고 있었다. 마지막으로 지오라스의 아들 시몬이 이끄는 부대는 수가 가장 많아 15,000여 명이나 되었는데 '윗도시' 전체와 '아랫도시' 일부를 장악하였다. 이 세 부대끼리 벌인 전투로 도성 곳곳이 파괴되고 식량 창고가 불에 탔다. 특히 식량 창고를 잃은 것은 큰 문제였다. 68년 10월부터 69년 10월까지는 안식년이어서 농부들이 농사를 짓지 않은 것이다. 70년 파스카 때에 요한의 부하들이 일반 신자들인 것처럼 가장하고 성전 안으로 들어가 성전 내부를 장악하여 엘아자르의 추종자들까지 지휘하게 되었지만 반군끼리의 갈등이 완전히 해소되지는 않았다(『유다 전쟁사』 5.5-12; 5.21-26; 타키투스 『역사』 5.12).

이런 상황에서 70년 4월까지 예루살렘을 포위하고 있던 로마군은 드디어 총공격을 개시하였다. 5군단은 엠마오에서, 10군단은 예리코에서, 티투스의 지휘를 받는 12군단과 15군단은 카이사리아에서 예루살렘을 향하여 진격해 들어왔다. 로마 군대는 티투스가 이집트에서 끌고 온 군대와 엄청난 수의 지원부대까지 합하여 모두 8만여 명인 데 비하여, 유다 반군은 2만 5천 명에도 미치지 못하였다. 5월 25일에 로마 군대는 앞쪽이 양의 머리 모양을 했다 해서 '양 머리 철퇴'라 불리는 방벽 파괴용 기구의 도움으로 기오라스의 아들 시몬이 장악한 예루살렘 북쪽의 제3방벽을 뚫고 닷새 뒤에는 제2방벽을 뚫었다. 그해 8월 마침내 성전 벽이 뚫리고 성전 전체가 불길에 휩싸였다. 승전을 축하하는 뜻에서 로마 군단들은 자기네 황금 독수리 깃발들을 성전 동문의 맞은편에 꽂아 세우고 거기에서 제사를 바쳤다. 병사들은 함성을 올리며 티투스를 임페라토르Imperator로 선포하였다.* 성전이 함락된 다음에도 '윗도시'와 헤로데 궁전에서 항복을 거부하고

* 임페라토르(Imperator)는 본디 승리한 군대의 최고 사령관에게 부여하는 칭호였다. 명령권자, 지휘권자라는 뜻이다. 승전 사령관들은 전쟁이 끝난 뒤에도 줄곧 그 칭호를 간직했다. 임페라토르는 베스파시아누스 때부터 모든 로마 군주들의 표준 칭호가 되어 '황제'라는 의미로 사용되었다. 영어 emperor는 이 단어에서 유래한다.

버틴 반군은 한 달도 채 못 되어 모두 죽거나 사로잡히고 말았다. 살아남은 예루살렘 주민들 가운데 노인과 병약한 이는 살해되고 반군에 가담한 자들은 처형되었다. 잘생긴 청년 700명은 로마의 개선 행진에 끌고 가기 위하여 따로 세워졌다. 활동할 수 있는 17세 이상의 남자들 가운데 일부는 사슬에 묶여 이집트 강제 노역에 동원되었고, 다른 일부는 목숨을 걸고 서로 싸우는 검투사나 야수들과 싸우는 투사가 되었다. 여자들과 17세 이하의 아이들은 노예로 싼값에 팔렸다. 티투스의 명령에 따라 예루살렘 시내의 모든 건물은 깡그리 무너졌고, 10군단의 진영으로 쓰일 탑 세 곳만 남아 이곳에서 10군단이 예루살렘과 그 부근을 통제하였다. 티투스는 12군단을 유프라테스로 올려보내고 5군단과 15군단은 자기가 직접 이끌고 카이사리아로 갔다.*

71년 봄 베스파시아누스는 팔레스티나에서 로마로 돌아온 티투스를 맞아 대대적인 개선 행진을 벌였다. 기오라스의 아들 시몬과 기스칼라의 요한을 비롯하여 700명의 유다 포로가 이 행사에 끌려와 구경거리가 되었다(『유다 전쟁사』 7.118). 예루살렘 성전에서 탈취한 황금 제사상, 황금 등잔대, 두루마리 유다 성경들이 전리품으로 로마 시민들에게 공개되었다(『유다 전쟁사』 7.148-150). 유피테르 신전Jupiter Capitolina에서 행진이 멈추자 로마 병사들은 시몬에게 채찍질을 가하고, 사로잡힌 적군 장수를 처벌하는 로마의 규정대로 처형하였다(『유다 전쟁사』 7.153-154). 그리고 다른 장수 요한은 종신 징역형에 처하였다(『유다 전쟁사』 6.433-434).

* 티투스에 의한 예루살렘 함락에 관해서는 『유다 전쟁사』 5—7; 카시우스 디오 『로마사』 66.4-7을 참조하라.

한편 예루살렘에서 빠져 나간 반군 패잔병들은 사해 동쪽의 성읍 마캐루스로 도망가서 싸우다가 72년 여름에 그곳이 무너지자 다시 사해 남서쪽의 철옹성 마싸다로 몰려가 최후의 항전을 준비하였다. 로마 군대는 마싸다 요새의 방벽보다 6미터 더 높이 공격용 탑을 설치하고 '양 머리 철퇴'로 73년 5월 요새의 방벽을 뚫었다. 유다 반군은 황급히 나무로 된 장애물을 설치하였고, 로마 병사들은 거기에 불을 붙여 태우려 하였으나 처음에는 바람이 장애물 쪽으로 불지 않아서 실패하였다. 오후 들어 바람이 장애물 쪽으로 불면서 장애물에 불이 붙었다. 로마인들은 승리를 확신하면서 공격을 멈추고 날이 밝기를 기다렸다. 그러나 다음날 로마인들이 아무런 저항도 받지 않고 요새 안으로 들어가보니, 어린이를 포함하여 남자와 여자 960명의 주검만이 그들을 기다리고 있을 뿐이었다. 마싸다 요새 안에서 저항하던 최후의 반군은 밤 사이에 모두 자결한 것이다. 우물에 숨어 있던 어린이 다섯과 여자 둘만이 살아남았다(『유다 전쟁사』 7.252-399).* 이상은 요세푸스의 기록에 따른 것인데, 실제 역사적 사실과는 거리가 있다. 역사학자들은 요세푸스가 유다인들의 애국심을 드러내고 로마인들이 유다 반군의 가족들까지 학살하였다는 비난을 받지 않게 하려고 이런 기록을 남긴 것으로 본다. 실제로는 포위된 반군들이 굶어죽거나 로마군에 의해 죽임을 당했을 가능성이 높다. 그리고 그 숫자도 요세푸스의 기록

---

* 요세푸스에 따르면 집단 자결은 반군 지도자 엘아자르의 설득으로 이루어졌다. 로마군의 손에 죽거나 로마의 노예가 되느니 하느님의 종으로서 죽음을 택한 것이다. 먼저 남자들은 각자의 아내와 자녀들을 죽인 다음 제비로 열 명을 뽑아 나머지 남자들을 죽였다. 그리고 남은 열 명은 다시 한 명을 뽑아서 나머지 아홉을 죽이고 마지막에 남은 한 명은 스스로 목을 베었다고 한다(『유다 전쟁사』 7.397-398).

과는 큰 차이가 난다. 외진 동굴에서 발견된 해골들이 이를 입증한다.*

라. 제1차 유다 항쟁과 관련된 두 가지 의문

밖에서 언뜻 보기에 유다 항쟁은 이해할 수 없는 부분이 많다. 대표적인 예를 두 가지만 들면 첫째, 막강한 로마의 군사력에 대항하여 어떻게 그토록 무모한 반란을 일으킬 수 있었는가? 둘째, 로마인들과의 극한적 대치 상황에서 유다인들은 왜 그렇게 심각한 내분을 겪어야 했는가?

첫째 의문에 대한 대답으로 정치적 요인과 종교적 요인 두 가지를 지적할 수 있다. 하스모네아 왕조가 막을 내린 이후 유다 사회는 진정한 의미에서 민족의 자주권과 유다교의 자유를 보장해 줄 뛰어난 지도자를 배출하지 못하였다. 헤로데 대왕은 디아스포라의 유다인들을 본국으로 불러들이는 정책을 폈다. 헤로데 시대에 본국으로 돌아온 유다인들 가운데 유명한 인물로는 바빌론에서 돌아와 나중에 샴마이와 더불어 유명한 라삐 학파를 이룬 힐렐과,** 알렉산드리아에서 돌아와 대사제직을 맡은 보에투스 가

---

* 고고학자들이 마싸다 요새에서 발굴한 유해는 28구에 지나지 않는다. 그 가운데 3구만 요새 안에서 발견되고 나머지 25구는 남쪽 절벽 경사면에 있는 한 동굴에서 발견되었다. 이들은 로마군을 피해 동굴에 숨었다가 로마군에 발각되어 죽임을 당했을 가능성이 있다. 이들의 자결 가능성도 배제할 수 없지만 요세푸스가 말한 960명에는 크게 미치지 못한다: Cohen, "Masada: Literary Tradition, Archaeological Remains, and the Credibility of Josephus", 385-405 참조. https://www.haaretz.com/israel-news/MAGAZINE-is-the-masada-tradition-true-1.5472686도 참조하라.

** 힐렐은 예루살렘의 대 산헤드린 의장직(나시)에도 오른다. 헤로데가 세속 사회를 다스리는 정치지도자였다면 힐렐은 유다인들의 신앙을 이끄는 종교 지도자였다. 나중에 힐렐 학파와 샴마이 학파는 예루살렘 멸망 이후 유다인들의 삶을 이끄는

문을 들 수 있다(『유다 고대사』 15.320; 17.78; 『유다 전쟁사』 5.527).* 그러나 헤로데가 죽은 뒤에 대사제직은 완전히 정치 바람을 타게 되었다. 기원후 6-66년 동안에만 자그마치 스무 번이나 대사제가 바뀌었고 때로는 한 시기에 여러 대사제가 공존하기도 하였다. 대사제의 임명은 특히 칼키스의 헤로데와 아그리파스 2세 치하에서 더 자주 있었다. 이런 상황에서 임명된 대사제들은 헤로데 가문과 로마 관리들의 눈치를 보며 직무를 수행하였고, 자연히 유다 민중의 삶과 거리가 생겼다. 유다 지도층이 모든 계층을 아우를 만한 올바른 지도자를 내놓지 못하자 폭력에 폭력으로 맞서는 젤롯파의 우두머리들이 민심을 사로잡았다. 예루살렘의 항쟁을 주도한 므나헴, 기스칼라의 요한과 엘아자르가 그 좋은 예다.

이상의 정치적 요인에 종교적 요인이 가세하였다. 자칭 타칭 유다의 지도자로 나선 젤롯파의 우두머리들 가운데는 하느님께서 로마를 멸망시키고 이스라엘의 주권을 회복하실 마지막 시대가 도래했으며 자신들이 하느님의 뜻을 이룰 구원의 메시아라고 주장한 이도 있었다. 제1차 유다 항쟁 초기에 마싸다를 점령한 므나헴도 자신을 메시아(임금)로 내세웠을 가능성이 크다. 요세푸스에 따르면 그는 폭군에 다름없었으며 왕의 의복을 입고 다녔다(『유다 전쟁사』 2.442-444). 젤롯파는 아니지만 다른 반군지도자 시몬 바르 기오라도 왕권을 노리고 있었던 것 같다. 그를 따르는 사람들이 그를 임금처럼 대하며 복종했고 그를 구원자로 선포하기도 했다고 한다(『유

진정한 지도자들로 자리매김한다.

* 보에투스 가문의 대사제직은 보에투스의 아들 시몬으로 시작된다.

다 전쟁사』 4.510; 4.575).*

그 다음, 항쟁에 가담한 유다인들이 왜 그런 내분을 겪어야 했는가 하는 둘째 의문에는 여러 가지로 답변할 수 있다. 내분의 첫째 요인은 지역주의다. 팔레스티나는 갈릴래아, 사마리아, 유다, 이두매아, 요르단 동부 지역, 해안 지역이 자연 조건과 생활 환경에서 서로 구별되었다. 게다가 유다인들의 전통에서 완전히 벗어난 자유 도시들과 이방인들이 주도하는 도시들이 이들 지역 곳곳에 자리 잡고 있었다. 예루살렘에서 반란을 주도한 세력들도 유다 밖의 지역에서 온 이들이 많았다. 기스칼라의 요한은 갈릴래아에서 왔고 기오라스의 아들 시몬은 요르단 동부 데카폴리스 게라사에서 왔다. 여기에 유다인이 아닌 이두매아인들이 끼어들어 항쟁에 깊이 관여하였다. 따라서 전세가 기울자 그들은 모두 예루살렘을 버리고 달아났다. 도성 안에서 싸우긴 했어도 그들이 도성 자체의 운명에 깊은 관심과 애착을 가질 리 없었다. 둘째 요인은 종교적 파당이다. 서로 다른 교리와 입장을 취하는 사두가이파, 바리사이파, 에세네파, 젤롯파가 한데 모였으니 일사분란한 지도 체제를 마련하기가 결코 쉽지 않았을 것이다. 셋째 요인은 사회적 요인으로서 계층 간의 갈등이다. 낮은 위치의 사제들과 실권을 쥔 사제들, 채권자와 채무자, 시골 출신과 도시인들, 로마 권력의 지원 속에서 특권을 누리는 이들과 로마 관리들에게 착취를 당하거나 비협조적인 이들 사이의 갈등이 내분을 더욱 부추겼다. 지도자로 자처하는 이들

* 민심을 움직일 수 있는 힘은 유다인들에게 최상의 권위를 지닌 성경 말씀을 얼마나 그럴 듯하게 해석하느냐에 온전히 달렸다. 그 해석이 존경받는 율법 학자에게서 나온 것이라면 신뢰감을 더 줄 것이다. 제2차 유다 항쟁 때에 바르 코크바를 메시아로 믿게 하는 데 결정적인 구실을 한 아키바 라삐의 해석이 바로 그 경우다.

이 등장하면서 내분은 유혈사태로 이어졌다. 그들은 주 하느님에 대한 열정에서 변절자들을 찔러 죽인 피느하스(민수 25장)나 유다교 신앙을 버리고 헬라 관습을 받아들인 혼합주의자들을 살해한 마카베오 형제들을 모범으로 내세워 자신들이 저지르는 동족의 살해를 정당화하였다.

마. **제1차 유다 항쟁 이후의 변화**

제1차 유다 항쟁이 끝나자 곧바로 로마는 항쟁의 원인이 된 이전의 잘못을 되풀이하지 않기 위하여 팔레스티나에 두 가지 행정 조치를 취하였다. 첫째, 팔레스티나 전체를 하나의 독립된 속주(유다 속주)로 만들어 시리아에서 독립시켰다. 그리고 그곳의 통치는 기사 출신의 행정관Procurator이 아니라 귀족 출신의 총독Legatus에게 맡겼다. 그는 이제 시리아 총독의 감독을 받지 않고 황제에게 직접 권한을 받아 이 지방을 다스렸다. 둘째, 이 지역의 로마 군단을 강화하였다. 팔레스티나에 주둔하는 로마 군대는 이제 그 지방 출신의 장정들로 충당하지 못하게 하였다. 세바스테와 카이사리아의 군대는 다른 지역으로 이동되었다. 몇 개의 지원 부대로 구성된 팔레스티나의 상비군은 베스파시아누스의 군단 재편 계획에 따라 군단 규모로 격상되었고, 행정 수도 카이사리아에 주둔한 10군단이 소요의 가능성이 높은 예루살렘으로 이동하였다.

베스파시아누스는 획기적인 군사·행정 조치에 이어 유다인들의 삶에 영향을 미칠 다른 조치들도 취했다. 첫째, 팔레스티나 전체를 자기의 사유 재산처럼 관리하였다. 항쟁에 가담한 이들의 토지를 몰수한 다음 세를 받고 빌려 주었다. 이제 가나안 복지의 주인은 하느님이 아니라 로마 황제였다. 둘째, 지방의 도시화가 본격적으로 추진되었다. 얌니아, 아조투스, 안티파트리스, 아폴로니아, 가바가 행정자치 지구로서 그 자격을 되찾고 여기에 야포와 세포리스가 새로 가담하였다. 또 스켐에서 가까운 곳에 새 도시 플라비아 네아폴리스를 건설하였다. 셋째, 할례받은 유다인들이 해마다 성전에 바치던 전통적 성전 세 두 드라크마는 이제 로마에 바쳐야 했다(『유다 전쟁사』 7.218; 카시우스 디오 『로마사』 66.7). '조상들의 관습을 지키는 특전'에 따르는 이 세금은 디아스포라의 유다인들도 물었다. 그러나 모든 유다인이 아니라 오로지 할례받은 유다인들에게만 부과된 세금이다. 여기에는 유다인들의 마음을 로마의 국가신 유피테르에게 돌리려는 의도가 깔려 있었다. 성전 세로 내던 티로 은전 대신 베스파시아누스의 승리와 유다의 패망을 기념하는 은전을 세금으로 걷었다. 티로 은전은 기원전 126년—기원후 66년 200여 년 동안 유다인들이 성전 세 반 세켈(두 드라크마, 탈출 30,13)을 낼 때 사용한 유일한 돈이었다. 앞면에는 월계관을 쓴 헤라클레스의 모습이, 뒷면에는 독수리의 모습과 '거룩하고 신성한 티로'라는 문구가 새겨진 이 은전은 순은(92-95% 이상의 순도)이라는 이유 때문에 이교적 표상에도 아랑곳없이 성전 세로 통용된 것이다. 베스파시아누스가 새로 주조한 동전 앞면에는 월계관을 쓴 그의 모습과 '황제 베스파시아누스 아우구

황제 베스파시아누스
아우구스투스

정복당한 유대아

스투스'IMP CAES VESPASIAN AVG라는 문구가, 뒷면에는 종려나무(전승 기념물) 아래에 앉아 울고 있는 여인과 '정복당한 유대아'IVDAEA CAPTA라는 문구가 새겨져 있다. 앞면은 같지만 뒷면이 다른 동전도 있는데, 거기에는 두 손이 묶여 있는 여인의 모습이 나온다. 전쟁에 '패배한 유다'IVDAEA DEVICTA를 뜻하는 이 여인은 예루살렘의 패망을 노래한 이사야서의 한 신탁을 떠오르게 한다. "너의 남편들은 칼에 쓰러지고 너의 용사들은 전쟁터에서 넘어지리라. 시온의 성문들이 슬피 통곡하고 시온은 황폐해져 땅바닥에 주저앉으리라"(이사 3,25-26).

항쟁의 결과는 유다인들의 종교 생활에 커다란 변화를 가져왔다. 성전이 파괴되어 예루살렘에서 동물 제사가 끊기고 성전의 사제 조직을 관장하는 사두가이파가 몰락하였다. 제사 중심의 예배를 회당에서의 기도와 성경 공부로 대체하고, 제사의 의미를 일상생활에서 찾으려고 하였다. 애덕과 자선 행위가 제물로, 집안의 식탁이 제단으로 재해석되었다. 사제들 대신 율법을 가르치는 라삐들이 종교적 권위로 하느님의 뜻과 말씀을 사람들에게 알려 주었다. 베스파시아누스가 로마에 투항한 유다인들을 위하여 주거지역으로 만들어 준 도시 얌니아에는 라삐 학원이 설립되었는데, 그 창설자는 요하난 벤 자카이 라삐(1-80년경)였다. 라삐 전승(『바빌론 탈무드』 기틴 56)에 따르면 요하난은 로마인들이 예루살렘을 포위하였을 때 시체로 가장하여 예루살렘을 탈출하였다고 한다. 그는 로마인들에게서 학원을 세워도 좋다는 허락을 얻어 냈는데, 이 학원은 종교와 유다 전통에 관한 최상의 권위를 행사하던 산헤드린을 대체하는 기관으로 발전하여 예배와 축제의 규정, 전례력의 준수 등을 관장하였다. 그곳의 책임자에게는 '나시'(נָשִׂיא: 지도자)라는 칭호가 주어졌다.

바. **제2차 유다 항쟁**(132-135년)

베스파시아누스 이후 티투스, 도미티아누스, 네르바, 트라야누스의 치세 때에는 유다인들의 삶과 관련된 정보가 별로 없다. 다만 트라야누스 시절에 세 해(115-117년) 동안 로마의 권위에 도전하는 디아스포라 유다인들의 반란이 광범위한 지역에서 일어났다. 이집트 알렉산드리아와 키레네에서 시작된 이 반란은 키프로스, 메소포타미아에까지 번졌는데 정확한 원인은 알려지지 않고 있다.* 에우세비우스에 따르면 키레네의 반군 지도자는 스스로를 임금이라 불렀다(『교회사』 4.2.1-5). 카시우스 디오는 그의 이름을 안드레아스라 하고(『로마사』 68.32) 에우세비우스는 루쿠아스Lukuas라 한다.**

트라야누스 시절의 반란에 이어 또 다른 유다 항쟁이 하드리아누스 치세 때에 시몬 바르 코시바를 우두머리로 하여 예루살렘 근처 북쪽 지역에서 일어났다. 132-135년에 일어난 이 항쟁을 보통 제2차 유다 항쟁 또는 바르 코크바Bar Kokhba 항쟁이라고 한다. 그러나 어떤 이들은 트라야누스 시절의 유다인들 반란을 제2차 유다 항쟁으로 보고 하드리아누스 시절의 반란을 제3차 유다 항쟁으로 부르기도 한다. 이 시대를 다룬 역사 문헌은 하드리아누스 황제 치세에 일어난 제2차 유다 항쟁의 원인을 두 가지로 지적한다. 첫째, 카시우스 디오에 따르면 유다 항쟁의 주 원인은 하드리

---

* 디아스포라 반란이라고 알려진 이 항쟁은 반란을 진압한 로마 장군 루시우스 퀴에투스(Lusius Quietus)의 이름을 따서 '키토스 전쟁'(Kitos War)이라고도 불린다.

** 반란의 소용돌이가 팔레스티나를 비켜갔을 리 없다. 디아스포라 반란의 여파로 로드(Lod) 또는 릿다(Lydda)에서 파푸스와 율리아누스가 이끄는 반란이 트라야누스 시절에 일어났다고 전해진다(『바빌론 탈무드』 페사힘 50a; 타아닛 18b).

아누스가 예루살렘 폐허 자리에 앨리아 카피톨리나Aelia Capitolina라고* 이름 붙인 새 도시를 세우고 성전 자리에 유피테르 신전을 지었기(혹은 지으려 했기) 때문이다. 항쟁의 또 다른 원인은 로마 황제들의 전기를 다룬 4세기의 문헌 『황제 실록』Historia Augusta이 제시한다.** 이 문헌에 따르면 유다 항쟁의 원인은 로마인들이 할례 의식을 금지하였기 때문이라고 한다(『황제 실록』「하드리아누스」 14.2). 하드리아누스는 거세를 금지하는 로마법을 강화하였는데, 이 법에 유다인들의 할례도 저촉되었다. 거세는 로마 제국의 시민 수를 늘리려는 아우구스투스 황제의 통치 때부터 금지되었다. 유다인들의 할례는 로마인들에게 거세와 동일시되었다. 나중에 하드리아누스의 후계자 안토니우스 피우스(138-161년)는 유다인들에게만 예외적으로 할례를 허용하였지만, 이방인이 할례를 받게 되면 거세한 것으로 간주하여 사형으로 다스렸다.

이상 두 가지 원인에 경제적 이유를 덧붙일 수 있다. 제1차 항쟁에 가담한 많은 유다인은 토지를 몰수당하고 소작인으로 전락하였다. 이는 유다 농민들의 빈곤화를 더욱 부채질하였는데 제2차 항쟁에 지방의 농민들이 대거 참여한 동기가 되기도 하였다.

하드리아누스가 변방 순찰을 목적으로 이집트와 시리아에 머무른 130-131년에는 팔레스티나에 아무런 항쟁의 조짐도 없었다. 그러나 그가 이 지역을 떠나자마자 곧바로 유다인들의 무장 봉기가 일어났다. 반란군

---

* 영어식으로 아일리아 카피톨리나로도 알려져 있다.

** 『황제 실록』은 둘로 나뉘는데 전작은 하드리아누스부터 고르디아누스 3세까지(117-244년) 네 명의 저자들에 의해서, 후작은 발레리아수스부터 카리누스까지(253-285년) 두 명의 저자들에 의해서 기록되었다.

지도자는 시몬 바르 코시바였는데, 그 당시 수많은 구전 율법을 정리한 대표적 석학 아키바 라삐의 성경 해석에 힘입어 바르 코크바(בַּר כֹּכְבָא 아람어로 '별의 아들')라는 별명으로 더 잘 알려졌다. 민수기에 나오는 발라암의 신탁 한 구절을 보면 "야곱에게서 별 하나가 솟고 이스라엘에게서 왕홀이 일어난다"(24,17)는 말이 나온다. 아람어 역본 타르굼은 이 구절에서 명백하게 메시아 희망을 드러낸다. "한 임금이 야곱에게서 일어나고 기름부음받은 메시아가 이스라엘에서 나오리라"(『타르굼 옹켈로스』 민수 24,17). 아키바 라삐는 이 신탁을 메시아의 출현과 연계시키면서, 바르 코시바가 발라암이 예언한 메시아라고 선포하였다(『미쉬네 토라』「임금들과 전쟁들」 11.3). 그러나 후대 아키바의 제자인 요세 벤 할라프타는 유다 민중을 속인 거짓 메시아라는 뜻으로 그를 바르 코지바(בַּר כּוֹזִיבָא 아람어로 '거짓의 아들')라고 불렀다. 나중에 반군이 주조한 동전에서 시몬은 이스라엘의 나시(지도자)로 소개되었다. 본디 나시는 앞에서 언급한 대로 얌니아에 학원을 세운 요하난 벤 자카이 라삐와 그의 후계자들에게 붙여진 칭호였는데, 시몬은 자기를 이 칭호로 부르게 함으로써 자신이 그들을 대신하여 유다 민족을 이끄는 지도자임을 자처하고 나섰다.

항쟁 기간 동안에 만들어진 동전과 문헌에는 '자유'와 '예루살렘의 해방' 또는 '이스라엘의 속량' 같은 문구가 새겨졌다. 유다 반군과 그들에게 동조하는 세력은, 마침내 새로운 시대가 밝아왔고 그 시대는 시몬의 통치 연도로 헤아려진다고 믿었다. 로마인들과의 전쟁은 단순한 반란이 아니라 자주 독립을 쟁취하고 유다국을 건설하기 위한 민족 해방 전쟁이었다. 반군들은 제1차 항쟁의 실패를 교훈 삼아 예루살렘이나 몇몇 큰 성읍에서 투쟁하지 않고 산악 지대에 진영을 차리고 게릴라전을 폈다. 로마인

바르 코크바가 주조한 동전
위: 예루살렘 성전과 가운데 계약 궤와 토라가 새겨져 있다.
아래: 대추야자나무 가지와 '이스라엘의 속량' 이라는 글귀가 보인다.

들은 제1차 항쟁 때처럼 반란 초기에는 대수롭지 않게 여기다가 50여 개의 요새와 950여 개의 마을을 빼앗기고 나서야 뛰어난 장군들이 지휘하는 정예 군단들과 수많은 지원 부대를 투입하여 게릴라 소탕 작전에 나섰다. 하드리아누스 자신도 한동안 팔레스티나에 머물면서 전투를 지휘한 것 같다(카시우스 디오 『로마사』 69.12-13).

시몬이 이끄는 반군이 마지막까지 버틴 장소는 예루살렘에서 남서쪽으로 11킬로미터쯤 떨어진 베타르 산악 요새였다. 지금까지도 남아 있는 로마군의 광활한 진영터에서 얼마나 많은 로마 병사들이 이 전투에 참가했는지를 가늠할 수 있다. 베타르 요새가 함락됨으로써 제2차 유다 항쟁은 끝이 났다. 시몬은 이 전투에서 전사하였다. 제2차 유다 항쟁에 적극적으로 가담한 아키바 라삐도 135년에 로마군에게 처형당하였다(카시우스 디오 『로마사』 69.14; 『바빌론 탈무드』 페사힘 50a).*

* 라삐 아키바의 죽음에 대해서는 『바빌론 탈무드』 버라콧 61b; 므나홋 29b를 참조하라.

전쟁이 끝나자 하드리아누스는 예루살렘 폐허 위에 앨리아 카피톨리나를 건설하고, 무너진 성전 자리에 유피테르 신과 로마 황제를 위한 이교도 신전을 세우는 계획을 완수하였다. 황제는 칙령을 내려 유다인들이 이 도시는 물론 그 부근에도 접근하지 못하게 하였다. 이를 어기는 자는 사형에 처하였다. 다만 압 달 9일(티스아 베압 תִּשְׁעָה בְּאָב, 로마인들에 의한 성전 파괴일)에만 그곳에 들어가 옛 헤로데 성의 서쪽 벽 앞에서 예루살렘의 운명을 두고 슬피 통곡할 수 있었다. 이방인들이 새 도시 앨리아 카피톨리나에 정착하였고, 유다 속주는 시리아 속주에 편입되어 시리아-팔레스티나 속주가 되었다. 시리아-팔레스티나는 이미 기원전 5세기에 헤로도토스의 『역사』에 나온 이름이다. 이제 로마 제국의 지도에서 유대아 또는 유다라는 말은 완전히 사라지고 유다인들은 세계 곳곳으로 흩어졌다.

5. 새 이스라엘인 그리스도교

가. **그리스도교의 탄생**

루카는 예수님이 공생활을 시작하신 때를 이렇게 밝힌다. "티베리우스 황제의 치세 제십오년, 본시오 빌라도가 유다 총독으로, 헤로데가 갈릴래아의 영주로, 그의 동생 필리포스가 이투래아와 트라코니티스 지방의 영주로, 리사니아스가 아빌레네의 영주로 있을 때, 또 한나스와 카야파가 대사제로 있을 때, 하느님의 말씀이 광야에 있는 즈카르야의 아들 요한에게 내렸다"(루카 3,1-2).*

예수님의 공생활을 예수 사건이라고 부르고, 이 사건을 바탕으로 생겨난 공동체의 움직임을 예수 운동이라고 한다. 루카가 예수 사건의 시작으로 밝힌 연대, 로마 황제 티베리우스 치세(14-37년) 15년은 기원후 29년이다. 이는 예루살렘 성전을 짓는 데 사십육 년이나 걸렸다는 요한 2,20의 증언과 대체로 일치한다. 헤로데 대왕이 성전을 짓기 시작한 때는 기원전 19년이었으니, 사십육 년 되는 해는 기원후 27년경이다. 빌라도는 26-36년에 유다와 사마리아의 총독Praefectus이었고 헤로데 안티파스는 기원전 4-기원후 39년에 갈릴래아와 요르단 강 동부 페래아의 사분영주였다. 안티파

* 그리스어 본문에는 본시오 빌라도에 대해서는 ἡγεμονεύω 동사(다스리다)의 분사형이, 헤로데·필리포스·리사니아스에 대해서는 τετρααρχέω 동사의 분사형이 사용되었다. 참고로 루카 3,19; 9,7에는 헤로데가 τετράρχης(사분영주)라 소개되어 있다.

스의 이복 동기인 필리포스는 기원전 4-기원후 34년에 갈릴래아 호수 동북쪽 골란 고원과 헤르몬 산 남쪽 사이에 있는 이투래아와 트라코니티스 지방을 다스렸다. 리사니아스는 기원후 37년까지 아빌레네 지방의 사분 영주였다. 이 리사니아스는 요세푸스가 언급한(『유다 고대사』 14.13.3; 15.4.1) 기원전 36년에 죽은 영주 리사니아스와 다른 인물이다(『유다 고대사』 14.330; 15.92). 한나스는 기원후 6-15년에 대사제로 있었고, 카야파는 한나스의 사위로서 18-37년에 대사제직을 수행하였다. 이상 루카의 기록을 바탕으로 예수 사건의 연대를 27-32년경으로 추정할 수 있다.

예수 사건은 그분의 지상 생애를 마감하는 십자가 처형과 죽음으로 끝나지 않았다. 그분의 제자들과 추종자들은 그분이 죽음을 이기고 부활하셨다고 증언하며, 그분을 하느님의 아들이요 온 인류에게 구원을 가져다 준 참메시아로 고백하였다. 그들의 증언과 고백으로 일어난 예수 운동은 유다교 안에서 논란을 불러일으켰으나 로마인들의 관심과 주의를 끌지는 못하였다. 로마 제국의 관리들은 예수 운동과 유다교를 구별하지 못하였다. 사도행전의 저자는 바오로를 심문한 천인대장과 총독들이 바오로의 주장과 유다인들의 주장을 제대로 구별하지도 이해하지도 못하는 것으로 묘사함으로써(사도 23—26장) 이 사실을 증언한다.

나. **박해와 성장**

예수 운동은 유다교 안에서 고유한 신앙 공동체의 성격을 띠면서 그리스도교로 발전하였다. 처음에 예수 운동은 예루살렘에서 열두 제자를 비롯한 유다인들을 중심으로 출발하였으나, 바오로와 같은 걸출한 선교사들의 활약에 힘입어 초세기 말엽에는 지중해 연안의 도시들과 멀리 로마까지 퍼져 나갔다. 2세기 중엽에 예수 운동에 가담한 이들의 대다수는 그리스도인이라는 이름으로 널리 알려진 비유다계 이방인들이었다. 예수 운동의 창시자에게 붙여진 이름 그리스도(Χριστός 크리스토스)는 본디 '기름 부음받은이', 히브리어로 '메시아'(מָשִׁיחַ 마쉬아)다. 따라서 본디의 뜻대로라면 '그리스도인들'은 '나자렛 예수를 메시아로 고백하는 사람들'을 일컫는 말이다. 그러나 나자렛 예수가 메시아냐 아니냐 하는 문제를 떠나서, 그리스도는 이제 그분에게 붙여진 단순한 칭호가 아니라 그분의 고유한 이름(예수 그리스도)이 되었다.

예수 운동 또는 초기 그리스도교가 율법과 할례를 중요시한 유다교의 틀 안에 있을 때, 그리고 그리스도인들과 유다인들이 예루살렘 성전의 전례에 다 같이 참여하고 있을 때에는 그다지 큰 문제가 일어나지 않았다. 그러나 제1차 유다 항쟁의 결과로 둘의 공통 기반인 성전과 그곳의 전례가 사라지고 그리스도교 안에 율법과 할례에 무지하거나 별 관심이 없는 이방인들이 대거 영입해 들어오면서, 그리스도교는 전통 유다교와 갈등을 빚기 시작하였다. 특히 70년 이후 유다교의 다른 파당들이 몰락한 뒤에도 살아남은 바리사이파와의 대립이 두드러졌다. 복음서에 나오는 예수님과 바리사이들의 갈등과 대립은 그분 공생활 시절의 상황이라기보다 복음서 저자들 당대의 상황을 반영한 것으로 볼 수 있다. 이 시기에 바리사이파는 성경과 구전 율법의 가르침에 철저히 의존하였다.

제1차 유다 항쟁을 거치면서도 바리사이파 또는 라삐 유다이즘과 신생 그리스도교가 살아남을 수 있었던 데에는 몇 가지 공통 요인들이 있다. 첫째, 이들은 조직을 갖추어 로마인들에게 저항하지 않았다. 둘째, 예루살렘 성전의 예배에 참여하면서도 사두가이파처럼 성전 자체를 삶의 기반으로 삼지 않았다. 셋째, 둘 다 일정한 장소에 뿌리를 둔 체제가 아니라 자유롭게 옮겨 다닐 수 있었던 하나의 운동이었다. 넷째, 신도들에게 참이스라엘임을 강조하면서도 율법 또는 구약의 가르침을 세상의 변화에 적절하게 적용하는 융통성을 보였다. 다섯째, 둘 다 다음 세상에서의 응보 사상과 영원한 구원, 자선과 애덕의 실천을 강조하였다. 이런 요소들 덕분에 로마 제국의 관리들은, 몇몇 예외적인 경우를 빼고는 라삐 유다이즘과 그리스도교를 체제에 도전하고 제국의 안보와 질서를 해치는 위험한 세력으로 여기지 않았다.

로마인들은 젤롯파의 줄기찬 반란과 항쟁에도 유다교 자체를 금지하거나 박해하지는 않았다. 테르툴리아누스의 말을 빌리자면, 제국 안에서 유다교는 언제나 '합법적 종교'religio licita로 남아 있었다(『호교론』 21.1). 제1차 유다 항쟁이 끝났을 때 유다교는 라삐 유다이즘을 통하여 명맥을 이어 갔는데 로마의 황제나 관리들은 이를 금지하거나 박해하지 않았다. 하드리아누스 황제가 유다인들에게 할례를 금지시켰으나 그의 후임자 안토니우스 피우스 황제(138-161년)는 이 금지를 철회하였다. 따라서 그리스도교도 유다교의 한 파당으로 인식되는 한 유다교에 허용된 신앙의 자유를 누릴 수 있었다. 사도행전의 저자가 바오로의 변호 연설들을 통하여 누차 부각시키려 한 것도 이 점이다.

그런데 초세기 말엽 그리스도교와 유다교의 사이가 벌어지면서 상황이 달라졌다. 2세기 초 소小 플리니우스가 트라야누스 황제에게 보낸 편지를 보면 그리스도교는 어떤 기존의 종교와 연결되지 않은 파당으로 드러난다. 이제 그리스도교가 유다교의 한 파당이 아니라는 사실은, 그리스도인들이 합법적 종교인 유다교의 그늘에서 자신들의 믿음을 더 이상 안전하게 지켜 나갈 수 없게 되었음을 의미한다. 네로 황제 때부터 로마인들은 제국에 닥친 악과 불행의 탓을 자주 그리스도인들에게 돌렸다. 그들은 그리스도인들이 로마 황제와 제국의 신들을 숭배하지 않아서 제국에 재난이 닥친 것이므로, 그리스도인들을 박해함으로써 신들의 노여움을 풀어드리면 제국에 다시 번영을 가져올 수 있을 것이라고 주장하였다. 황제 숭배는 자신을 '주님이요 신'으로 떠받들게 한 듯 보이는 도미티아누스 시절에 극에 달했고, 그것이 아무리 정치적 이유에서 강요된 것이라 하더라도 그리스도인들로서는 결코 받아들일 수 없었다. 그러나 요한 묵시록의 묘사와는 달리 앞에서 지적한 대로 그리스도교에 대한 박해가 로마 제국에 조직적이고 전면적으로 일어난 것 같지는 않다. 트라야누스 시절에 일부 지역에서 그리스도교의 실천을 황제의 명령으로 금지한 것도 종교적 이유보다 정치적 이유에서였다.

하드리아누스 황제 시절에 그리스도교는 눈에 띄게 성장한 반면 그리스도인들에 대한 부정적인 시각도 만만치 않았다. 간헐적인 박해가 더 자주 더 넓은 지역에서 일어났다. 최후의 박해 그러면서도 가장 큰 박해는 디오클레시아누스 황제(283-305년) 치세 때에 시작되었다. 박해의 손길은 그리스도교의 요람인 팔레스티나에까지 뻗쳤다. 305년 디오클레시아누스가 단독 황제직을 포기하고 사두(四頭 Tetrachy) 통치 체제를 받아들였는데 이는 안정된 후계자를 얻기는 커녕 제국을 엄청난 혼란으로 몰아 넣었다. 경쟁자들 사이에서 20년 가까이 황제직을 얻기 위한 내전이 계속되었다. 마침내 312년 콘스탄티누스가 밀비아 다리 근처에서 수적으로 우세한 정적 막센티우스의 군대를 물리치고 로마에 입성하여 서로마 황제가 되었다. 이어서 324년 동서 로마 전체의 황제가 된 콘스탄티누스는 337년에 서거하기까지 그리스도교의 강력한 후원자가 되었다. 그는 313년 밀라노 칙령을 반포하여 그리스도인들뿐 아니라 모든 이가 신앙의 자유를 누리게 하였고, 325년 니케아 공의회를 주도하며 교회의 수호자 역할을 하였다. 이제 그리스도인들은 박해받는 처지에서 제국에 막강한 영향력을 행사하는 강력한 세력으로 바뀌었고, 로마는 그리스도교의 박해자가 아니라 선포자가 되었다.

부록

참고 문헌

성경

『성경』(한국천주교중앙협의회 2005).

SEPTUAGINTA: Id est Vetus Testamentum graece iuxta LXX interpretes, A. Rahlfs (ed.) (Stuttgart 1979).

NOVUM TESTAMENTUM GRAECE, Nestle-Aland 27th Edition (Stuttgart 1993).

외경

시빌라의 신탁, J.H. Charlesworth (ed.), *The Old Testament Pseudepigrapha Vol.1* (Massachusetts 2009), 335-344.

아리스테아스의 편지, 송혜경, 『구약 외경 1』(개정판; 한님성서연구소 2022), 363-440.

희년서, J.H. Charlesworth (ed.), *The Old Testament Pseudepigrapha Vol.2* (Massachusetts 2009), 52-142.

역사·고전·교부 문헌

그레고리우스(나지안주스),
『설교 38』 *Oratio 38*, newadvent.org/fathers/310238.htm.

마크로비우스,
『사투르날리아』 *Saturnalia*, *Macrobius. Saturnalia, Volume I: Books 1-2*, R.A. Kaster (ed.) (Loeb Classical Library 510; Cambridge 2011).

미누키우스 펠릭스,
『옥타비우스』 *Octavius*, *Minucius Felix, Octavius*: https://openlibrary.org/books/OL14031623M/Octavius.

수에토니우스,
『열두 황제들의 생애』 *De Vita Caesarum*, M. Ihm (ed.), *C. Suetonius Tranquillus, De Vita Caesarum* (Latin) (Lipsiae 1907). http://www.perseus.tufts.edu/hopper/searchresults?q=suetonius.

아우구스티누스,
『삼위일체』 *De Trinitate*, A.W. Haddan (tr.). *From Nicene and Post-Nicene Fathers, First Series, Vol. 3*, P. Schaff (ed.) (Buffalo 1887.) https://www.newadvent.org/fathers/1301.htm.

암브로시우스,
『헥사메론』 *Hexameron*, R.J. Deferrari, *The Fathers of the Church Vol. 42 : A New Translation : Ambrosius: Hexameron, Paradise, and Cain and Abel* (Washington

1948).
에우세비우스,
『교회사』 *Historia ecclesiastica*,
E. Schwartz (ed.) (GCS 2).
요세푸스,
『유다 고대사』 *Antiquitates Iudaicae*,
B. Niese (ed.), *Flavius Josephus, Antiquitates Judaicae* (Greek);
A.M. William Whiston (ed.), *Flavius Josephus, Antiquities of the Jews* (English).
http://www.perseus.tufts.edu/hopper/text?doc=Perseus:text:1999.01.0145.
『유다 전쟁사』 *De bello Judaico libri vii*,
B. Niese (ed.), *Flavius Josephus, De bello Judaico libri vii* (Greek);
A.M. William Whiston (ed.), *Flavius Josephus, The Wars of the Jews* (English).
https://www.perseus.tufts.edu/hopper/text?doc=J.+BJ+1.1.
Works 9 vols., H.S.J. Thackeray et al. (tr.) (Loeb Library; Cambridge 1926-65).
The Works of Josephus, W. Whiston (tr.) (Peabody [5]1991).
유스티누스,
『호교론』 *Apologiae*,
J.-P. Migne (ed.) (Cursus Completus Patrologiae Graecae Vol.6; Paris 1887).
이냐시우스,
『로마인들에게 보낸 편지』 *Epistula ad Romanos*,
J.P. Migne (ed.) (PG 5).
이레네우스,
『이단 논박』 *Adversus haereses*,
A. Rousseau (ed.) (SC 263, 264, 293, 294, 210, 211, 100, 152).
치릴루스(알렉산드리아),
『요한 복음서 주해』 *Commentarius in Jo.*,
J.P. Migne (ed.) (PG 74).
카시우스 디오,
『로마사』 *Historiae Romanae*,
E. Cary, H.B. Foster (eds.), *Cassius Dio Cocceianus, Dio's Roman History* (New York. 1914-).
http://www.perseus.tufts.edu/hopper/searchresults?q=cassius+dio.
쿠르티우스 루푸스 퀸투스,
『알렉산드로스 대왕의 역사』 *Historiae Alexandri Magni*,
Curtius Rufus Quintus, Historiae Alexandri Magni,
E. Hedicke (ed.):
https://www.perseus.tufts.edu.
타키투스,
『역사』 *Historiae*,
C.D. Fisher (ed.), *Cornelius Tacitus, Historiae* (Latin).
http://www.perseus.tufts.edu/hopper/searchresults?q=Tacitus.
『연대기』 *Annales*,
C.D. Fisher (ed.), *Cornelius Tacitus, Annales* (Latin), (Oxford 1906).
http://www.perseus.tufts.edu/

hopper/searchresults?q=Tacitus.
테르툴리아누스,
『호교론』 *Apologeticus*,
S. Thelwall (tr.), *Ante-Nicene Fathers, Vol. 3.* A. Roberts, Ja. Donaldson, A.C. Coxe. (Buffalo 1885.) Revised and edited for New Advent by Kevin Knight: http://www.newadvent.org/fathers/0301.htm.
플리니우스(大),
『박물지』 *The Natural History*
Pliny the Elder, The Natural History,
John Bostock, M.D., H.T. Riley, Esq., B.A. (eds.)
https://www.perseus.tufts.edu/hopper/text?doc=Plin.+Nat.+toc.
플리니우스(小),
『트라야누스 황제에게 보낸 편지』 *Epistularum libri novem*,
W.M.L. Hutchinson (ed.), *Pliny the Younger, Letters* (New York 1915).
http://www.perseus.tufts.edu/hopper/searchresults?q=pliny+the+younger.
『찬양연설』 *Panegyricus*
Pliny the younger, Panegyricus,
W. Kennett (ed.): https://quod.lib.umich.edu/e/eebo/A55147.0001.001/1:5?rgn=div1;view=fulltext.
필론,
『가이우스 사절단』 *Legatio ad Gaium*,
F.H. Colson (ed.) (Philo 10; Cambridge 1962).
『권고』 *Hypothetica*,
F.H. Colson (ed.) (Philo 9; Cambridge 1985).
『선한 사람은 모두 자유롭다』 *Quod Omnis Probus Liber Sit*,
F.H. Colson (ed.) (Philo 9; Cambridge 1985).
Works 10 vols. with two supplements,
F.H. Colson et al. (tr.) (Loeb Library; Cambridge 1929-1962).
The Works of Philo, C.D. Yonge (tr.) (Peabody 1993).
『황제 실록』 *Scriptores Historiae Augustae*,
D. Magie (ed.) (London 1932).
http://www.perseus.tufts.edu/hopper/searchresults?q=Scriptores+Historiae+Augustae.
헤로도토스,
『역사』 *The Histories*,
Herodotus, The Histories
A.D. Godley (ed.): https://www.perseus.tufts.edu/hopper/text?doc=Perseus:text:1999.01.0125.
히에로니무스,
『에제키엘서 주해』 *Comment. in Hiezechielem*,
J.P. Migne (ed.) (PL 26. 474C).

쿰란 문헌

『공동체 규칙서』 *Rule of the Community* (1QS),
J.H. Charlesworth (ed.), *Rule of the Community and Related*

Documents. The Dead Sea Scrolls: Hebrew, Aramaic, and Greek Texts with English Translations Vol.1 (Westminster 1994).

『다마스쿠스 문헌』 *Damascus Document* (CD),
J.H. Charlesworth (ed.), *Damascus Document Fragments, Some Works of the Torah, and Related Documents. The Dead Sea Scrolls: Hebrew, Aramaic, and Greek Texts with English Translations Vol.3* (Westminster 2005).

『전쟁 두루마리』 *War Scroll* (1QM),
J.H. Charlesworth (ed.), *Damascus Document, War Scroll, and Related Documents. The Dead Sea Scrolls: Hebrew, Aramaic, and Greek Texts with English Translations Vol.2* (Westminster 1995).

『회중 규칙서』 *Rule of the Congregation* (1QSa),
J.H. Charlesworth, L.T. Stuckenbruck, "Rule of the Congregation", J.H. Charlesworth (ed.), *The Dead Sea Scrolls. Hebrew, Aramaic, and Greek Texts with English Translations Vol.1 : Rule of the Community and Related Documents* (Tübingen 1994), 108–117.

라삐 문헌

『탈무드』·『미쉬나』·『타르굼』·『미쉬네 토라』
https://www.sefaria.org (The William Davidson digital edition of the Koren Noé Talmud, with commentary by Rabbi Adin Even-Israel Steinsaltz).

단행본

ALEXANDER, D. & P. (eds.), *Handbook to the Bible* (Oxford 1973).

ARENHOEVEL, D., *Sachbuch zum Alten Testament* (Stuttgart 1992).

BETRO, M.C., *Hieroglyphics. The writings of Ancient Egypt* (New York [5]1996).

BLACKBURN, B., HOLFORD-STRENENS, L., *The Oxford Companion to the Year: an exploration of calendar customs and time-reckoning* (Oxford 2003).

BOADT, L., *Reading the Old Testament. An Introduction* (New York 1984).

BOCCACCINI, G., *Beyond the Essene Hypothesis* (Grand Rapids 1998).

BOYD, G.A., *The Crucifixion of the Warrior God: Interpreting the Old Testament's Violent Portraits of God in Light of the Cross, Volume 1&2* (Minneapolis 2017).

CHARLESWORTH, J.H., *The Old Testament Pseudepigrapha vol. 1/2* (Massachusetts 2009).

COOGAN, M. (ed.), *The Oxford History of the Biblical World* (New York

1998).

CROSSAN, J.D., *The Birth of Christianity* (New York 1998).

De VAUX, R., *Histoire ancienne d'Israel* (Paris 1971).

FINEGAN, J., *Handbook of Biblical Chronology* (Peabody 1998).

FREEMAN, C., *Egypt, Greece and Rome. Civilizations of the Ancient Mediterranean* (New York 1996).

GRABBE, L.L., *Judaism from Cyrus to Hadrian, vol. I: The Persian and Greek Periods; vol. II: the Roman Period* (Minneapolis 1992).

HAYES, J.H., MILLER, J.M., *Israelite & Judaean History* (London [3]1990).

HAYES, J.H., MANDELL, S.R., *The Jewish People in Classical Antiquity. From Alexander to Bar Kochbar* (Louisville 1998).

HOUSE, P.R., *Old Testament Theology* (Downers Grove 1998).

KAISER Jr, W.C., *A History of Israel* (Nashville 1998).

KING, P.J., SRAGER, L.E., *Life in Biblical Israel* (Louisville/London, 2001).

LOFINK, G., *Jetzt verstehe ich die Bibel* (Stuttgart 1992).

MATTHEWS, V.H., BENJAMIN, D.C., *Old Testament Parallels. Law and Stories from the Ancient Near East* (Mahwah 1997).

McKENZIE, S.L., GRAHAM, M.P. (eds.), *The Hebrew Bible Today. An Introduction to Critical Issues* (Louisville 1998).

MILLER, J.M., HAYES, J.H., *A History of Ancient Israel and Judah* (Philadelphia 1986).

MULDER, M.J., SYSLING, H. (eds.), *Mikra: Text, Translation, Reading and Interpretation of the Hebrew Bible in Ancient Judaism and Early Christianity* (Assen 1990).

NEUSNER, J. (tr.), *The Mishnah. A New Translation* (New Haven 1988).

PORTER, J.R.,

The Illustrated Guide to the Bible (New York 1995).

Introduction to Rabbinic Literature (New York 1994).

PRITCHARD, J. (ed.),

Ancient Near Eastern Texts Relating to the Old Testament (Princeton [3]1969).

The Ancient Near East in Pictures (Princeton 1969).

REDFORD, D.B., *Egypt, Canaan, and Israel in Ancient Times* (Princeton 1922).

ROBINSON, A., *The Story of Writing. Alphabets, Hieroglyphs & Pictograms* (London 1995).

SCOTT Jr, J.J., *Customs and Controversies. Intertestamental Jewish Background of the New Testament* (Grand Rapids 1995).

SEGAL, B.Z. (ed.), *The Ten Commandments in History and*

Tradition (Jerusalem 1985).

SHANKS, H., *The Mystery and Meaning of the Dead Sea Scrolls* (New York 1998).

SITARZ, E., *Kulturen am Rande der Bibel* (Stuttgart 1992).

STEGEMANN H., *The Library of Qumran. On the Essenes, Qumran, John the Baptist, and Jesus* (Grand Rapids 1998).

Von SODEN, W., *The Ancient Orient* (Grand Rapids 1985).

WEISER, A., *Miteinander Gemeinde werden* (Stuttgart 1992).

WISE, M., ABEGG, JR.M., COOK, E. (tr.), *The Dead Sea Scrolls, A New Translation with Commentary* (New York 1996).

ZENGER, E., *Der Gott der Bibel* (Stuttgart 1992).

논문

JACOBSON, D., "Palestine and Israel", *Bulletin of the American Schools of Oriental Research 313* (1999), 65-74.

GREENE, J.A., "Arabia", B.M. Metzger, M.D. Coogan (eds.) *The Oxford Companion to the Bible* (New York 1993), 44.

MINNICK, J.-L., "A Samaritan Temple to Rival Jerusalem on Mount Gerizim", *Studia Antiqua 16.1* (2017), 21-29.

NOTHAFT, C.P.E., "The Origins of the Christmas Date: Some Recent Trends in Historical Research", *Church History 81.4* (2012), 903-911.

ROSENBERG, S.G., "The Jewish Temple at Elephantine", *Near Eastern Archaeology 67.1* (2004), 4-13.

COHEN, S.J.D., "Masada: Literary Tradition, Archaeological Remains, and the Credibility of Josephus", *Journal of Jewish Studies 33.1-2* [=Yigael Yadin Festschrift] (1982), 385-405.

지도

AHARONI, Y., AVI-JONAH, M. (eds.), *The Macmillan Bible Atlas* (Jerusalem 1968, [3]1993).

DOWLEY, T. (ed.), *Atlas of the Bible and Christianity* (Grand Rapids 1997).

MAY, H.G. (ed.), *Oxford Bible Atlas* (Oxford 1962, [3]1984).

MANLEY, B. (ed.), *The Penguin Historical Atlas of Ancient Egypt* (London 1996).

PRITCHARD, J.B. (ed.), *The HarperCollins Concise Atlas of the Bible* (London 1991).

WRIGHT, G.E., FILSON, F.V. (eds.), *The Westminster Historical Atlas to the Bible* (Philadelphia 1956).

사전

ACHTEMEIER, P.J. (ed.), *Bible Dictionary* (New York 1996).

BLACK, J., RICKARDS, T. (eds.), *Gods, Demons and Symbols of Ancient Mesopotamia. An Illustrated Dictionary* (Austin 1992, [3]1997).

BROMILEY, W. (ed.), *The International Standard Bible Encyclopedia 4 vols.* (Grand Rapids 1979-1988).

BROWN, C. (ed.), *Dictionary of New Testament Theology 3 vols.* (Grand Rapids 1975, [6]1981).

DOUGLAS, J.D. et al. (eds.), *The New Bible Dictionary* (Grand Rapids 1999).
The Illustrated Bible Dictionary (Hodder 1980).

FREEDMAN, D.N. (ed.), *The Anchor Bible Dictionary 6 vols.* (New York 1992).

JOEL, B. et al. (eds.), *Dictionary of Jesus and the Gospels* (Downers Grove 1992).

GERALD, F. et al. (eds.), *Dictionary of Paul and His Letters* (Downers Grove 1993).

JOCZ, C. (ed.), *Dictionnaire culture de la Bible* (Paris 1994).

KITTEL, G., FRIEDRICH, G. (eds.), *Theologishes Wöterbuch zum Neuen Testament 10 vols.* (Stuttgart 1933-1979).
Theological Dictionary of the New Testament 10 vols. (Grand Rapids 1964-1977).

LEON-DUFOUR, X. (ed.), *Dictionnaire du Nouveau Testament* (Paris 1962, [2]1968).

RALPH, P. et al. (eds.), *Dictionary of the Later New Testament & Its Developments* (Downers Grove 1997).

RINGGREN, H. et al. (eds.), *Theologishes Wöterbuch zum Alten Testament 8 vols.* (Stuttgart 1977-1997).

ROTH, C. et al. (eds.), *Encyclopaedia Judaica 17 vols.* (Jerusalem 1966-1982).

SHAW, I., NICHOLSON, P., *The Dictionary of Ancient Egypt* (London 1995).

Van GEMEREN, W.A. (ed.), *The New International Dictionary of Old Testament Theology & Exegesis 5 vols.* (Grand Rapids 1997).

국내 문헌

다이슬러, A., 박상래 외 역, 『구약성서 입문』 (분도출판사 1967).

레플레, A., 김윤주 편역, 『성경과 오늘』 (분도출판사 1976; [5]1993).

밀라드, A., 정태현 옮김, 『성서 시대의 보물들』 (바오로딸 1992).

보만, T., 허혁 옮김, 『히브리적 사유와 그리스적 사유의 비교』 (분도출판사 1975).

볼프, H.W., 문희석 옮김, 『구약성서의 인간학』 (분도출판사 1976).

브라이트, J., 김윤주 옮김, 『이스라엘의 역사 상·하』 (분도출판사 1978-9).

셸클레, K.H., 정양모 외 옮김, 『신약성서 입문』 (분도출판사 1969).

송혜경, 『구약 외경 1』 (개정판; 한님성서연구소 2022).

술런, R.N., 정태현 편역, 『성서비평사전』 (성서와 함께 1996).

정태현, 『성서 입문 하권: 성경의 형성과 각 권의 개요』 (한님성서연구소 2008).

주원준, "아람인", 『말씀터 111호』 (한님성서연구소 2017), 23-25.

조철수, 『메소포타미아와 히브리 신화』 (길 2000).

웹사이트

https://www.haaretz.com/israel-news/MAGAZINE-is-the-masada-tradition-true-1.5472686.

도판 출처

45 Nafsadh / Wikimedia Commons / Map of fertile cresent.png를 바탕으로 제작
48 창조사학회 김영우
50 창조사학회 김영우
52 창조사학회 김영우
57 Andrei Nacu, Jeff Dahl / Wikimedia Commons / Egypt 1450 BC.svg를 바탕으로 제작
59 창조사학회 김영우
60 창조사학회 김영우
68 창조사학회 김영우
72 Bible Works 10의 지도를 바탕으로 May, *The Oxford Bible Atlas*, 49을 참조하여 제작
73 창조사학회 김영우
75 창조사학회 김영우
79 창조사학회 김영우
91 en.wikipedia / Widowsmite.jpg
109 창조사학회 김영우
113 창조사학회 김영우
187 Aleksig6 / Wikimedia Commons / Tabernacle_Mishkan_Tent.jpg를 바탕으로 제작
194 Berthold Werner / Wikimedia Commons / Jerusalem_Modell_BW_2.JPG
195 Berthold Werner / Wikimedia Commons / Jerusalem_Modell_BW_2.JPG
197 창조사학회 김영우
201 THE HISTORY OF COSTUME By Braun & Schneider / Wikimedia Commons / PLATE4DX.jpg
229 창조사학회 김영우
242 현유복 베네딕토
264 Neoclassicism Enthusiast / Wikimedia Commons / Relief_depicting_Akhenaton_and_Nefertiti_with_three_of_their_daughters_under_the_rays_of_Aton_01_(cropped).jpg
265 Osama Shukir Muhammed Amin FRCP(Glasg) / Wikimedia Commons / Amarna letter. Letter from Yapahu (ruler of Gezer) to the

Egyptian pharaoh Amenhotep III or son Akhenaten.jpg
299 창조사학회 김영우
301 창조사학회 김영우
322 Wikimedia Commons / Standard of Ur - War.jpg
327 창조사학회 김영우
338 주원준
369 Wikimedia Commons / P1120870 Louvre stèle de Mésha AO5066 rwk.JPG
395 창조사학회 김영우
409 Allan Gluck / Wikimedia Commons / Assyrian Relief Attack on Enemy Town from Kalhu (Nimrud) Central Palace reign of Tiglath-pileser III British Museum - 2.jpg
418 Hanay / Wikimedia Commons / Sennacherib's Prism in the Israel Museum (2).JPG
443 Patrick C / Wikimedia Commons / Behistun_relief.jpg
445 Prioryman / Wikimedia Commons / Cyrus Cylinder front.jpg
450 창조사학회 김영우
462 창조사학회 김영우
508 창조사학회 김영우
531 창조사학회 김영우
534 창조사학회 김영우
555 창조사학회 김영우
559 CNG / Wikimedia Commons / Half Shekel.jpg
571 CNG / Wikimedia Commons / Sestertius_-_Vespasiano_-_Iudaea_Capta-RIC_0424.jpg
576 CNG / Wikimedia Commons / Barkokhba-silver-tetradrachm.jpg
630 Bible Works 10의 지도를 바탕으로 제작
631 Bible Works 10의 지도를 바탕으로 제작
632 Bible Works 10의 지도를 바탕으로 May, *The Oxford Bible Atlas*, 69을 참조하여 제작
633 Ningyou / Wikimedia Commons / Map of Assyria.png를 바탕으로 제작
634 Fabienkhan / Wikimedia Commons / Map achaemenid empire en.png를 바탕으로 제작
635 Thomas A. Lessman / Wikimedia Commons / Seleucid-Empire 200bc.jpg를 바탕으로 제작
636 Bible Works 10의 지도를 바탕으로 May, *The Oxford Bible Atlas*, 86-87을 참조하여 제작
637 Wikimedia Commons / Siege of Jerusalem (70 CE)-en.svg를 바탕으로 제작

문헌 찾아 보기

성경

레위기

민수기

역사·고전·교부 문헌

쿰란 문헌

라삐 문헌

용어 찾아 보기

마

바

사

아

자

고대 근동 연대표		시리아-팔레스티나
기원전		
18000-8500	구석기 시대	구석기 시대 말엽 티베리아스 호수 근처에 사람이 거주한 흔적 있음.
8500-4500	신석기 시대	7000년경 예리코 성읍 건설. 신석기 시대 말엽 도자기 생산.
4500-3300	동석기 시대	
3300-1900	초기 청동기 시대	
3300-3100		
3100-2700		이집트의 영향력 아래 있었음.
2700-2300		도시국가 출현.
2300-1900		도시국가 쇠퇴. 2000년 이전부터 히타이트(헷)인들이 소아시아와 시리아 북부 지배.
1900-1550	중기 청동기 시대	1800년경 아브라함이 가나안으로 이주하고 야곱 일족이 이집트로 이주함. 도시국가들이 다시 일어남. 셈족 알파벳을 발명.
1550-1200	말기 청동기 시대	이집트의 영향력 아래 다시 놓임. 우가릿 도시국가의 전성기. 라스 샤므라에서 우가릿 문헌 다수 발견. 타아낙 문서(아카드어로 된 1450년경 문헌). 라메세스 2세 때 히브리인들 이집트 탈출. 라메세스 2세의 이집트군이 가나안에 주둔(벳 스안 비문). 텔 엘 아마르나 문서에 하피루 언급.

메소포타미아-소아시아	이집트
수메르와 아카드 왕국 건설. 쐐기문자 사용. **수메르** 문화의 전성기.	이집트 **고왕국** 창건. 수도를 멤피스로 정하고, 그림문자 사용. 고왕국의 제3-4왕조(2700-2510). 거대한 피라미드 건설(2600-2500).
아카드 왕국(2360-2180)의 사르곤 통치.	**제1혼란기**(2180-2050). 제7-8왕조(2180-2125).
우르 제3왕조(2060-1950)	제9-10왕조(2160-2100). **중왕국** 건립: 제11-12왕조(2100-1730). 저주 문헌.
	제2혼란기(1650-1550): 힉소스족 침입, 타니스로 수도 옮김.
1900년경 아모리인들 **바빌론 제1왕조** 건립. 함무라비(1792-1750)의 법전. 아트라 하시스 신화, 길가메쉬 서사시.	
히타이트의 신왕국(1450-1090). 시리아의 패권을 놓고 이집트에 도전. 트로이 전쟁.	제13-17왕조(1730-1550). **신왕국** 건립: 제18-20왕조(1550-1070). 투트모세 3세가 1470-1440년에 가나안을 여러 번 정복.
아닷니라리(1305-1274) 아시리아 왕국의 기초 세움. 1260년경 하투실리스 3세가 라메세스 2세와 평화 조약을 맺음(카데스 조약).	아멘호테프 4세(=아케나톤 1363-1347)가 수도를 테베에서 텔 엘 아마르나로 옮김. 라메세스 2세(1304-1238) 히타이트 신왕국과 교전·평화 조약(카데스 전투·조약). 히브리인들 피라메세스 건설에 강제 동원. 1250년경 이집트 탈출과 가나인 진입. 메렌프타 치세(1238-1209) 제5년에 승전비(일명 '이스라엘 석비') 세움.

연대	시대	시리아-팔레스티나	
1200-1030	초기 철기 시대	판관 시대.	
		1130년경 즈불룬과 납탈리 지파가 타아낙에서 가나안 장수 시슬라를 죽임.	
		필리스티아인들이 라메세스 3세에게 눌려 가나안 남쪽 해안에 정착.	
		1050년경 필리스티아군이 아펙에서 이스라엘 격퇴.	
		도시국가들이 페니키아(티로, 시돈), 시리아(다마스쿠스, 소바, 하맛), 요르단 동부(모압, 암몬)에 출현.	
		1040년경부터 사무엘이 예언자와 판관으로 활약.	
1030-586	후기 철기 시대	사울(1030-1010)	
1030-933	초기 왕정 시대	다윗(1010-970) 1000년경 예루살렘을 수도로.	
		히람 1세(976-943)가 티로 다스림.	
		솔로몬(972-933) 제4년 성전건축 시작 제11년 완공.	
		르존이 다마스쿠스의 임금이 됨.	
933-722	남북 분열 시대	**유다** 임금들	**이스라엘** 임금들
		르하브암(933-916)	예로보암 1세 (933-911)
		예로보암이 북왕국 이스라엘을 세우고 스켐, 프누엘, 티르차 순으로 도읍을 정함.	
		벤 하닷 1세 다마스쿠스에서 아람 왕국 통치.	
		아비얌(915-913)	
		아사(912-871)	나답(911-910)
			바아사(910-887)
			엘라(887-886)
			지므리(7일 재위)
			오므리(886-875)
			사마리아를 수도로.
			아합(875-853)
		여호사팟(870-846)	아하즈야(853-852)
		여호람(848-841)	요람(852-841)
		요람이 유다 여호사팟과 모압 임금 메사와 겨룸.	
		840년경 메사 승전비(이스라엘에 승리 기록).	
		아하즈야(841)	예후(841-814)

메소포타미아-소아시아	이집트
티글랏 필에세르 1세(1115-1077)가 아시리아를 부흥시킴. 시리아와 바빌론과 아람인들이 아시리아의 침략으로 세력이 약화됨.	라메세스 3세(1194-1163)가 필리스티아인들을 비롯하여 해양민족들 제압.
	제21왕조(1085-945) 때에 수도는 델타 지역의 타니스. 테베의 사제들이 득세하고 타니스의 왕권 약화.
신아시리아 일어섬. 아수르단 2세(934-912).	제22왕조(945-730). 쇼셍크 1세(945-929)가 팔레스티나 원정, 므기또에 비문 남김.
살만에세르 3세(858-824), 853년 시리아-팔레스티나 침공했으나 소왕국들이 카르카르 전투에서 이를 막아냄.	

연대	시대	시리아-팔레스티나	
		아탈야(841-835)	
		요아스(835-796)	여호아하즈(820-803)
		아마츠야(811-782)	여호아스(803-787)
		아자르야(=우찌야, 781-740)	예로보암 2세(787-747)
			즈카르야(747)
		요탐(740-735)	살룸(747-746)
			므나헴(746-737)
			프카흐야(736-735)
		아하즈(735-716?)	페카(735-732)
			호세아(732-724)
			722 북왕국 아시리아에 멸망.
722-587	유다 왕정 시대	히즈키야(716-687) 므나쎄(687-642) 아몬(642-640) 요시야(640-609) 622년 신명기 법전 발견, 종교 개혁 단행. 여호아하즈(609) 여호야킴(609-598) 여호야킨(598-597) 597년 여호야킨과 에제키엘을 비롯 많은 예루살렘 주민이 바빌론에 끌려감(제1차 유배). 치드키야(597-587)	
587-539	바빌론 유배 시대	587년 7-8월 바빌론인들이 예루살렘 성전과 시가지를 불태우고 치드키야와 지도층 끌고감(제2차 유배).	
539-330	페르시아 시대	538년 키루스 칙령으로 바빌론 유배자들에게 귀향 허락.	
		520-515에 즈루빠벨 총독과 예수아 대사제의 주도로 예루살렘 성전 재건(제2성전). 예언자 하까이와 즈카르야 활약 495-399년에 이집트 나일 강 상류 아스완 지역 엘레판틴 섬의 유다인들이 문헌을 남김	

메소포타미아-소아시아	이집트
아닷니나리 3세(810-783) 803년 아람 왕국을 누름. 티글랏 필에세르 3세(747-727) 유다를 침공한 아람 임금 르친과 이스라엘 임금 페카의 동맹군(시리아-에프라임 전쟁 734-732)을 쳐부수고 유다의 아하즈를 보호.	
살만에세르 5세(726-722)와 사르곤 2세(722-705) 사마리아 함락.	
산헤립(704-681) 에사르 하똔(680-669) 아수르바니팔(668-627) **신바빌론**이 일어섬.	누비아(에티오피아)인들이 이집트 점령, 샤바카(715?-696)가 제25왕조 세움.
612년 나보폴라사르가 메디아와 연합하여 니네베 함락, 606년 아시리아 멸망. 네부카드네자르(604-562) 605년 카르크미스에서 느코 2세의 군대 격파, 구 아시리아 영토 장악.	제26왕조 파라오 느코 2세(610-595)
나보니두스(556-539)	
페르시아 임금 키루스 539년 바빌론 점령. (키루스 대왕: 551-529) 캄비세스 2세(530-522) 525년 이집트 점령.	525년부터 페르시아의 지배 받음.
다리우스 1세(522-486) 크세르크세스 1세(486-464) 480년 살라미스 해전에서 그리스 동맹군에게 대패.	아테네와 스파르타가 주도한 그리스 동맹군이 490년 마라톤에서 다리우스의 페르시아군 격퇴.
아르타크세르크세스 1세(464-424)	431-404년 펠레폰네소스 전쟁.

연대	시대	시리아-팔레스티나
330-63	헬라 시대	유다의 총독 느헤미야(445-430) 323년 알렉산드로스가 바빌론에서 병사하자 제국은 이집트 프톨레마이오스 왕조와 시리아 셀레우코스 왕조로 양분. 팔레스티나는 315-200년 프톨레마이오스 왕조가, 200-142년 셀레우코스 왕조가 지배.
		팔레스티나
		198년 안티오코스 3세, 파네아스 전투에서 프톨레마이오스 5세 이기고 이집트에서 팔레스티나를 빼앗음. 167년 안티오코스 4세 에피파네스가 예루살렘 번제 제단 위에 제우스상 세우고 할례와 안식일 폐지. 마타티아스와 다섯 아들이 **마카베오 항쟁** 시작. 유다 마카베오(166-160) 164년 성전 봉헌 축제 지냄. 160년 시리아 장수 니카노르, 하다사 전투에서 전사. 요나탄(160-143) 154년부터 대사제직 겸하자 차독계 사제 일부 반발하여 에세네파 세움. 143년 안티오코스 6세 섭정, 트리폰에게 붙잡혀 처형. **하스모네아 독립 왕국** 시몬(143-134) 142년부터 대사제직 겸함.

메소포타미아-소아시아	이집트
크세르크세스 2세(423)	
다리우스 2세(423-404)	
아르타크세르크세스 2세(404-359)	
아르타크세르크세스 3세(359-338)	
아르세스(338-336)	
다리우스 3세(336-330)	
	알렉산드로스 대왕(336-323) 332년 이수스에서 페르시아군을 이기고 시리아-팔레스티나와 이집트 점령.

시리아 셀레우코스 왕조	이집트 프톨레마이오스 왕조
셀레우코스 1세(311-281)	프톨레마이오스 1세 라기(323-282)
안티오코스 1세(281-261)	프톨레마이오스 2세 필라델포스(282-246)
안티오코스 2세(261-246)	프톨레마이오스 3세 에우에르게테스(246-222)
셀레우코스 2세(246-225)	프톨레마이오스 4세 필로파토르(222-205)
셀레우코스 3세(225-223)	프톨레마이오스 5세 에피파네스(204-180)
안티오코스 3세 대왕(223-187)	프톨레마이오스 6세 필로메토르(180-170)
셀레우코스 4세(187-175)	프톨레마이오스 7세(170-145)
안티오코스 4세 에피파네스(175-164)	
안티오코스 5세 에우파토르(164-162)	
데메트리오스 1세 소테르(162-150)	
알렉산드로스 발라스(150-145)	
데메트리오스 2세 니카토르(145-138) 안티오코스 6세 에피파네스 디오니수스(145-142) 트리폰(142-138)	프톨레마이오스 8세 피스콘(145-116)
안티오코스 7세 시데테스(138-129)	

연대	시대	팔레스티나
		142년 유다 민족 독립, 하스모네아 왕조 통치 시작. 134년 사위에게 살해. 요한 히르카누스 1세(134-104) 아리스토불로스 1세(104-103) 알렉산드로스 얀내우스(103-76) 살로메 알렉산드라(76-67) 바리사이파 득세. 아리스토불로스 2세(67-63) 히르카누스 2세(63-40) 63년 폼페이우스가 예루살렘 점령. 히르카누스가 대사제직에 복직. 이두매아 출신 안티파테르가 실권을 쥠. 43년 안티파테르 암살. 안티고누스 마타티아스(40-37)
		시리아-팔레스티나
기원전 63 - 기원후 330	로마 시대	40-37년에 파르티아인이 팔레스티나 점령, 아리스토불로스 2세의 아들 안티고누스를 임금과 대사제로 세움. 40년 안티파테르의 아들 헤로데가 로마로 도주, 원로원한테서 '유다와 사마리아의 임금'이라는 존칭을 얻음. 37-4년 헤로데는 로마군 지원으로 안티고누스를 처형, 팔레스티나 다스림. 20-19년 헤로데 대왕이 성전 증축 시작. 바리사이파의 힐렐과 샴마이가 학파 형성. **7-6?년 예수 그리스도 탄생.** 4년 3월말-4월초에 헤로데 대왕 예리코 별장에서 병사. 아들들에게 영토 배분. 기원전 4-기원후 6년 아르켈라오스가 유다와 사마리아 통치.

시리아 셀레우코스 왕조	이집트 프톨레마이오스 왕조
데메트리오스 2세 니카토르 재즉위(129-125)	
셀레우코스 5세(125-124)	
안티오코스 8세(124-113)	
안티오코스 9세(116-95)	
안티오코스 8세 재즉위(111-96)	프톨레마이오스 9세(116-107)
데메트리오스 3세 에우캐로스(96-87)	프톨레마이오스 10세(107-88)
이후에는 여러 사람들이 자칭 임금 주장.	프톨레마이오스 11세(88-80)
	프톨레마이오스 12세(80-48)
시리아가 내분으로 약화되고 무질서해지자 로마가 세력을 넓히게 됨.	
64년 폼페이우스가 시리아를 로마 제국의 속주로 만들고 팔레스티나는 시리아 속주에 편입.	
	클레오파트라 7세 프톨레마이오스 왕조의 마지막 여왕(48-30)이 됨.

로마
44년 카이사르 암살.
40-31년 카이사르의 양자 옥타비아누스가 서방, 안토니우스가 동방 통치.
31년 그리스 악티움 해전에서 안토니우스가 옥타비아누스에게 대패.
30년 안토니우스와 아내 클레오파트라 자결.
옥타비아누스(기원전 27-기원후 14) 초대 로마 황제로 군림. 아우구스투스(至尊) 칭호로 불림.

시대	시리아-팔레스티나
로마 시대	기원후 6년 로마의 도움으로 아르켈라오스를 폐위. 갈리아 비엔느로 유배. 6-41년 유다와 사마리아는 총독이 다스리는 로마 속주가 됨. 6년 퀴리니우스가 시리아 총독이 됨. 5-10년경 바오로 타르수스에서 출생. 유다 총독들 카이사리아에 상주. 기원전 4-기원후 39년 안티파스가 갈릴래아와 베로이아 통치. 기원전 4-기원후 34년 필리포스가 골란, 바타네, 트라코니티스, 아우라니티스, 이투래아 통치. 필리포스가 죽자 그의 영지는 시리아 속주에 편입. 27년경 세례자 요한 활약. 30년 4월 7일 금요일 오후 예수 십자가 처형 37년 칼리굴라가 아그리파스 1세에게 필리포스와 리사니아스의 영지를 주고 유다 임금으로 선언. 39년 칼리굴라는 안티파스를 피레네 산맥으로 유배하고 갈릴래아와 베로이아를 아그리파스 1세에게 줌. 41년 클라우디우스 황제가 유다와 사마리아 속주를 아그리파스 1세에게 줌. 44년 아그리파스 1세가 병사한 다음 유다는 다시 로마 총독에 속한 속주가 됨. 45-49년경 바오로 1차 전도 여행. 48-53년 아그리파스 2세가 칼키스의 임금이 됨. 49년 클라우디우스 황제가 유다인들을 로마에서 추방. 50-52년경 바오로 2차 전도 여행. 53년 클라우디우스 황제가 아그리파스 2세에게서 칼키스 지방을 넘겨받는 대신 그에게 필리포스와 리사니아스의 영지를 줌. 53-58년경 바오로 3차 전도 여행. 58-60년 바오로가 카이사리아 감옥에 갇힘 60-61년 바오로가 카이사리아에서 로마로 압송 61-63년 바오로 로마에서 가택 연금 상태. 64-68년 네로 황제가 로마 시내에 불을 지르고 그리스도인들을 방화범으로 몰아 죽임. 이때 베드로와 바오로가 로마에서 순교한 듯함. 66-70년 **제1차 유다 항쟁**.

로마

로마 황제들	유다 총독들
티베리우스(14-37)	
	코포니우스(6-8)
	마르쿠스 암비불루스(9-11)
	안니우스 루푸스(12-14)
	발레리우스 그라투스(15-26)
	본시오 빌라도(26-36)
	다르첼루스(36-37)
칼리굴라(37-41)	마룰루스(37-41)
클라우디우스(41-54)	41-44년에는 아그리파스 1세 통치
	쿠스피우스 파두스(44-46)
	티베리우스 알렉산드로스(46-48)
	벤티디우스 쿠마누스(48-52)
	안토니우스 펠릭스(52-60)
네로(54-68)	
	포르키우스 페스투스(60-62)
	류체유스 알비누스(62-64)
	제시우스 플로루스(64-66)
	베스파시아누스(67-69)

시대	시리아-팔레스티나
로마 시대	66년 9월 예루살렘에 유다인 정부 수립. 66-67년 네로가 베스파시아누스와 티투스에게 유다인들의 소요 진압 명함. 67년 베스파시아누스 장군 갈릴래아 평정. 68년 베스파시아누스 장군 지중해안 평야와 요르단 강 계곡 평정, 예리코 탈환, 쿰란 파괴. 68년 6월 네로 황제 자살. 69년 베스파시아누스 장군 유다 평정. 70년 티투스 예루살렘 점령과 성전 파괴. 70년 말 유다는 로마 황제 직속 속주가 됨. 132-135년 **제2차 유다 항쟁**. 코시바의 아들 시몬이 유다 반란군 대장이 됨. 아키바 라삐는 그를 메시아로 선언하고 바르 코크바(별의 아들)라고 부름. 135년 시리아와 유다는 시리아-팔레스티나 속주가 되고 예루살렘은 앨리아 카피톨리나로 재건됨.

로마

로마 황제들	유다 총독들
베스파시아누스(69-79)	마르쿠스 율리아누스(69-70)
	루칠리우스 바수스(71-72)
	플라비우스 실바(73-?)
티투스(79-81)	
도미티아누스(81-96)	폼페이우스 론지누스(86)
	헤르메티디우스 캄파누스(93)
네르바(96-98)	
트라야누스(98-117)	클라우디우스 아티쿠스(107?)
	티베리아누스?(114)
하드리아누스(117-138)	루시우스 퀴에투스(117)
	티네이우스 루푸스(132)
디오클레시아누스(284-305)	
갈레리우스(305-311)	
콘스탄티누스(312년부터 서로마 황제, 324-337년 로마 제국 전체의 황제가 됨).	
콘스탄티노플이 로마 제국의 수도가 됨.	

- 위에서 제시한 고대 근동의 연대는 이집트 역사와 메소포타미아 역사를 다루는 책마다 다를 수 있다.
- 일반적으로 인정하는 오차 범위는 기원전 1500년 이전의 경우 ±65년, 기원전 1500-900년의 경우 ±20년, 기원전 900년 이후에는 ±2년이다.

N
카스피 해
니네베
하란
아수르
티그리스 강
유프라테스 강
마리
지중해
다마스쿠스
요르단 강
스켐
사해
초안
브에르 세바
이집트
나일 강
홍해
바빌론
수사
엘람
에렉
우르
수메르
페르시아 만
아브라함의 순례

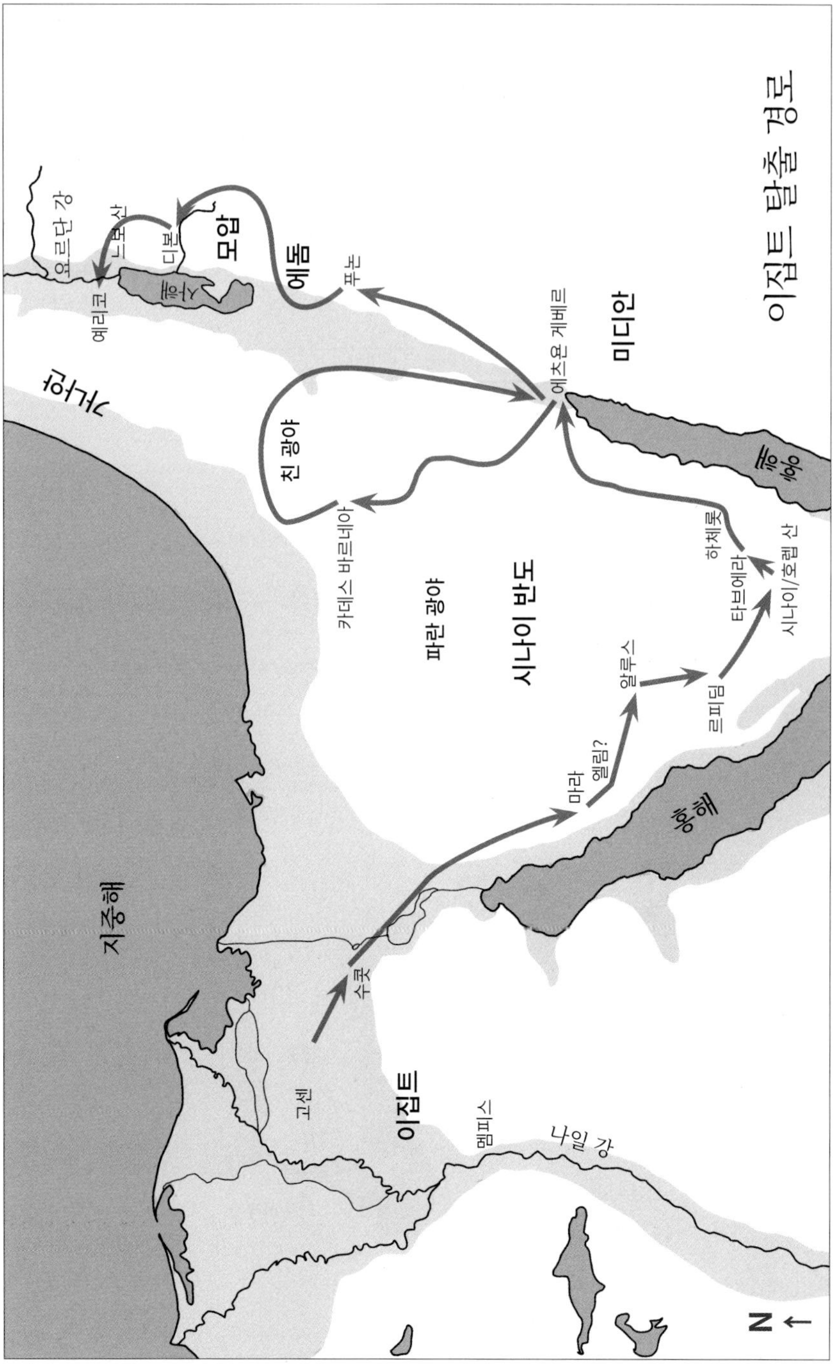
이집트 탈출 경로
요르단 강
느보 산
디본
모압
에돔
부논
여리고
사해
가나안
미디안
에츠욘 게베르
신 광야
카데스 바르네아
파란 광야
시나이 반도
홍해
하체롯
타브에라
시나이/호렙 산
알루스
르피딤
마라
엘림?
홍해
지중해
숙곳
고센
이집트
멤피스
나일 강
N

유다와 이스라엘 왕국

N
이스라엘, 유다, 필리스티아의
대략적 경계
지중해
시돈
레바논 산
페니키아
사렙타
헤르몬 산
다마스쿠스
아람
(시리아)
티로
아벨 벳 마아카
단
카데스
훌레흐 호수
바 산
하초르
아코
가불
킨네렛
갈릴래아(킨네렛) 호수
카르멜 산
키손 강
타보르 산
야르묵 강
수넴
도르
므기또
이즈르엘
타아낙
길보아 산
벳 세메스
라못 길앗
도탄
사마리아
티르차
요르단 강
이스라엘
스켐
그리짐 산
프누엘
야뽁 강
마하나임
암 몬
야포
실로
라빠
베텔
미츠파
벳 호론
아이
길갈
기브온
라마
게바
예리코
야브네
예루살렘
바알 프오르
에크론
아스돗
베들레헴
느보 산
갓
유 다
아스클론
라키스
헤브론
디본
가자
엔게디
사해
아르논 강
필리스티아
모압
브에르 세바
키르 하레셋
제렛 강
에 돔

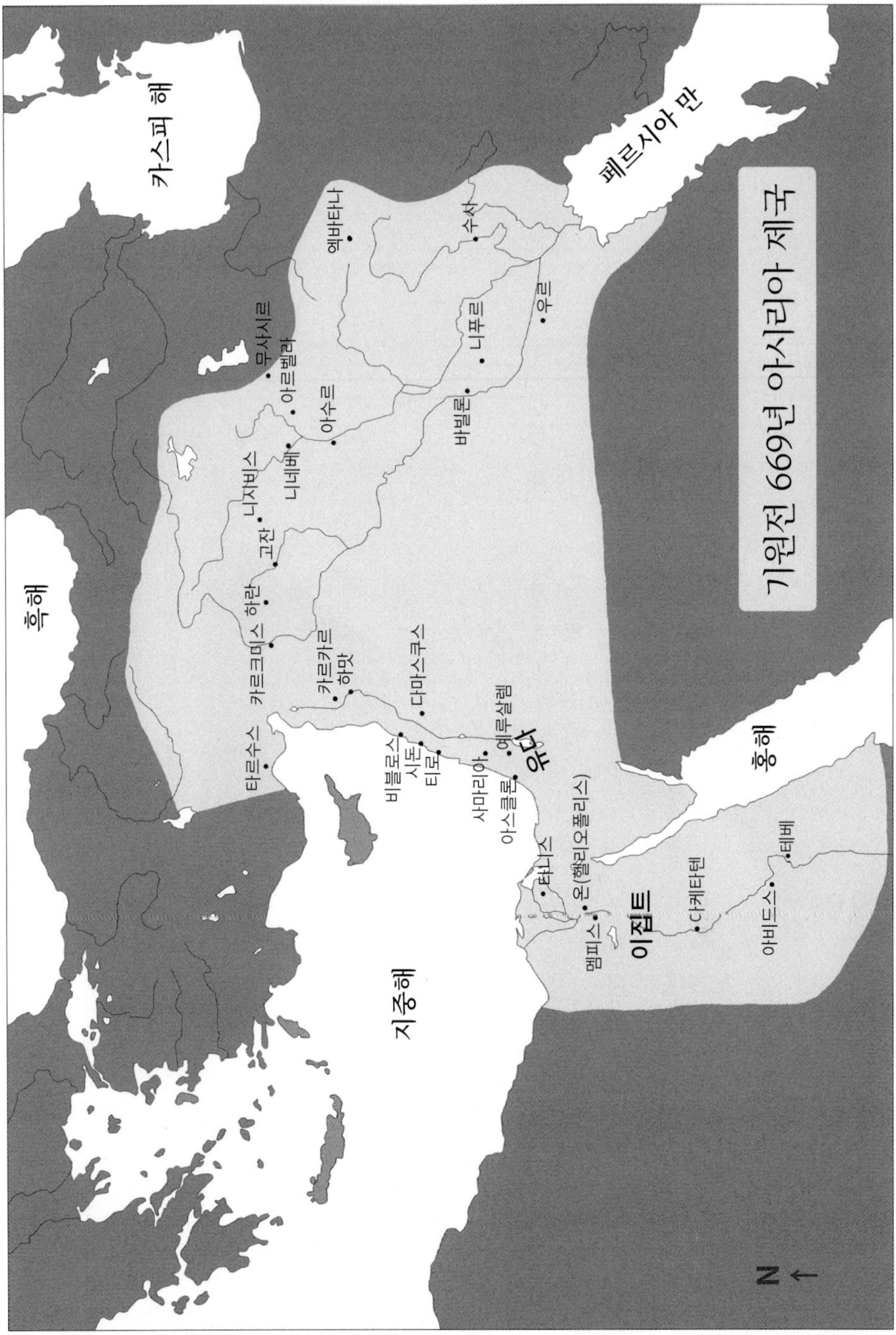
기원전 669년 아시리아 제국
카스피 해
흑해
페르시아 만
홍해
지중해
유다
이집트
엑바타나
수사
우르
니푸르
바빌론
무사시르
아르벨라
아수르
니네베
니시비스
고잔
하란
카르크미스
카르카르
하맛
다마스쿠스
타르수스
비블로스
시돈
티로
사마리아
예루살렘
아스클론
타니스
온(헬리오폴리스)
멤피스
다케타텐
아비도스
테베
N

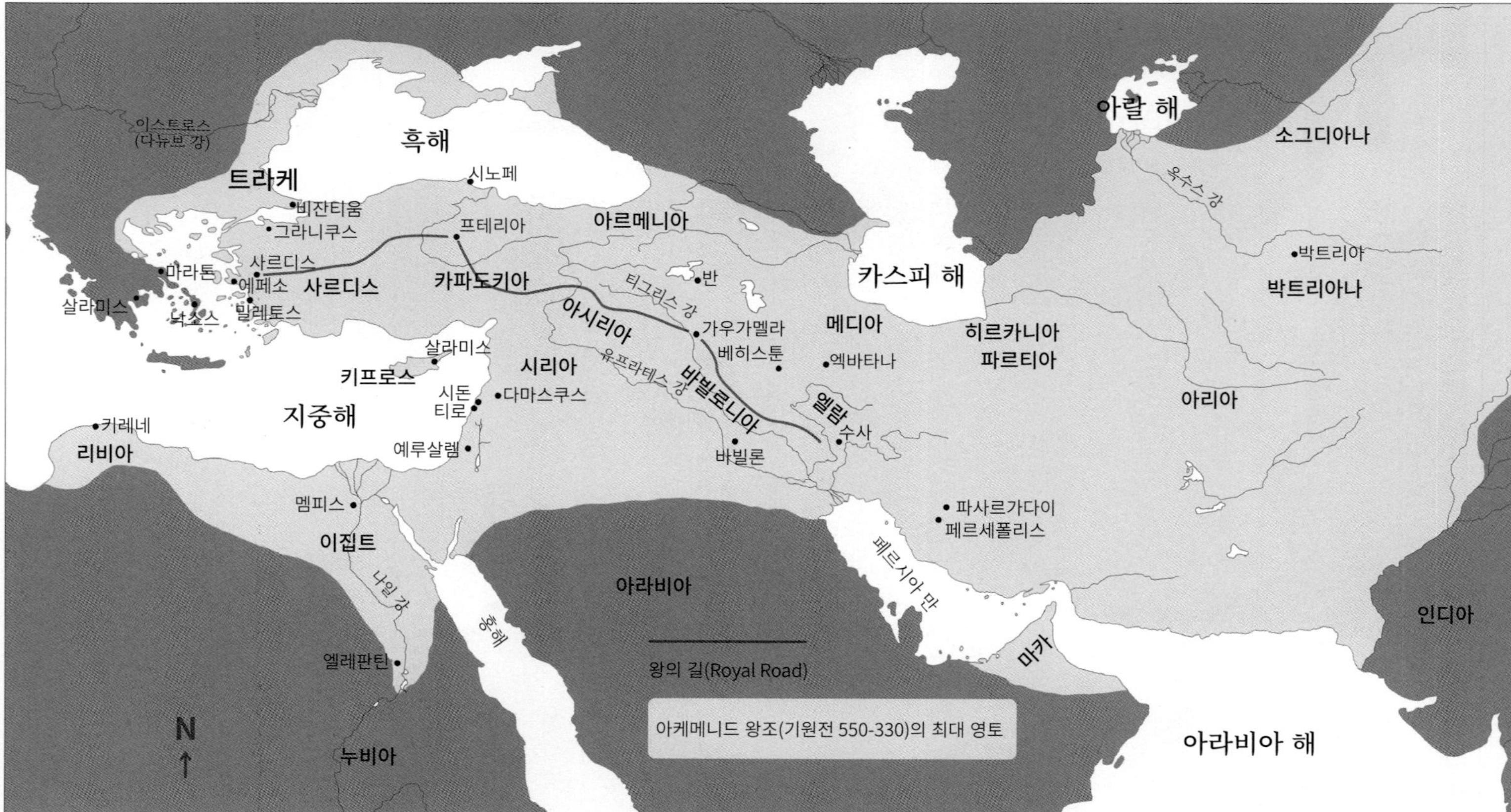

이스트로스
(다뉴브 강)
흑해
트라케
시노페
비잔티움
그라니쿠스
프테리아
아르메니아
사르디스
마라톤
에페소
사르디스
카파도키아
살라미스
낙소스
밀레토스
반
티그리스 강
카스피 해
아랄 해
소그디아나
옥수스 강
박트리아
박트리아나
아시리아
가우가멜라
베히스툰
메디아
엑바타나
히르카니아
파르티아
살라미스
키프로스
시리아
유프라테스 강
바빌로니아
시돈
티로
다마스쿠스
지중해
카레네
리비아
예루살렘
엘람
수사
바빌론
아리아
멤피스
이집트
파사르가다이
페르세폴리스
나일 강
홍해
아라비아
페르시아 만
인디아
마카
엘레판틴
왕의 길(Royal Road)
아케메니드 왕조(기원전 550-330)의 최대 영토
N
누비아
아라비아 해

페르시아 제국

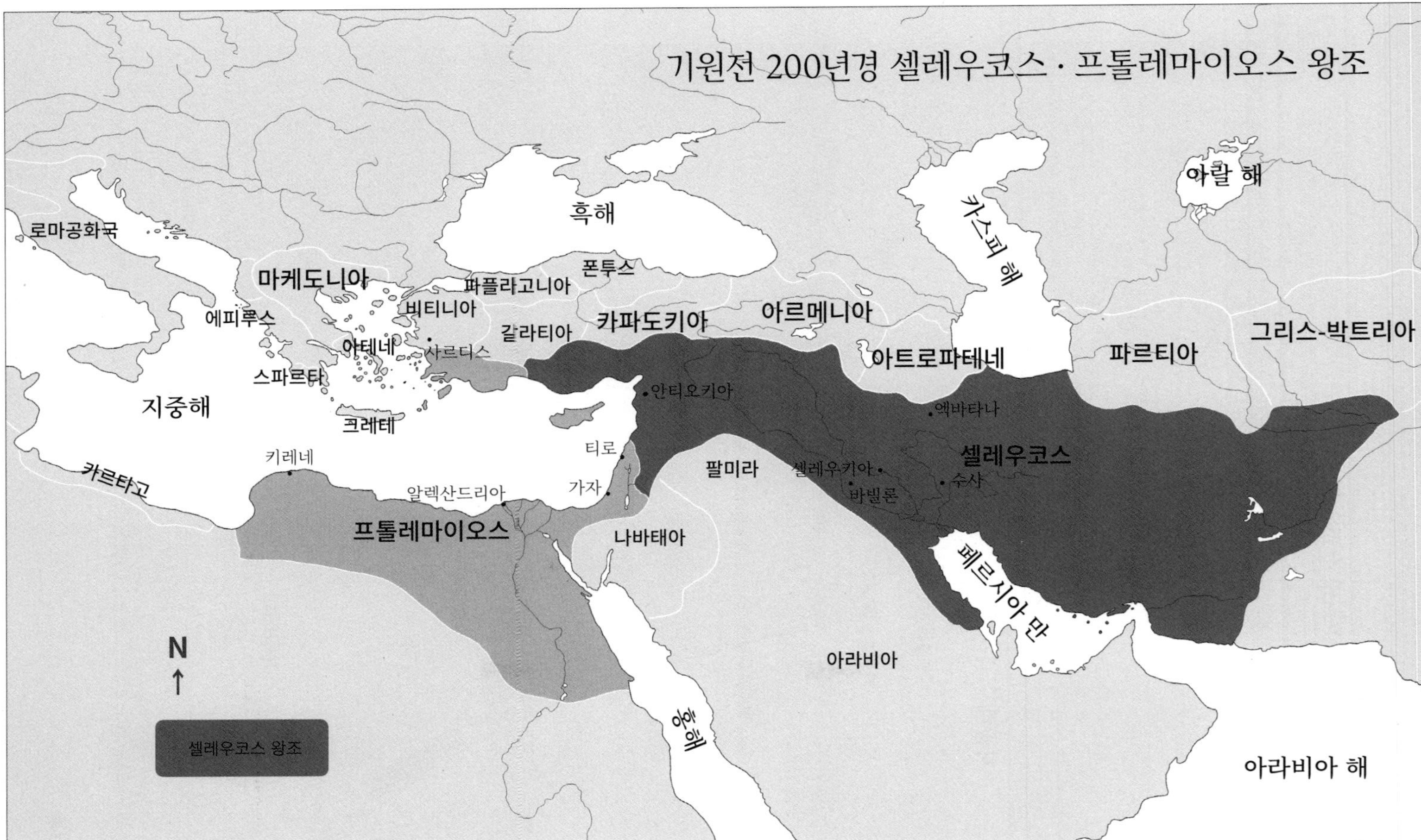
기원전 200년경 셀레우코스 · 프톨레마이오스 왕조
흑해
카스피 해
아랄 해
로마공화국
마케도니아
에피루스
파플라고니아
폰투스
비티니아
갈라티아
카파도키아
아르메니아
아트로파테네
파르티아
그리스-박트리아
아테네
사르디스
스파르타
지중해
크레테
키레네
카르타고
안티오키아
엑바타나
셀레우코스
티로
가자
알렉산드리아
팔미라
셀레우키아
바빌론
수사
프톨레마이오스
나바태아
페르시아 만
아라비아
홍해
아라비아 해
N
셀레우코스 왕조

헤로데 왕조 팔레스티나

시돈
레바논 산
시리아 페니키아
이투래아
헤르몬 산
다마스쿠스
카이사리아 필리피
티로
지중해
갈릴래아
가울라니티스
트라코니티스
프톨레마이스
갈릴래아 호수
벳사이다
가말라
카르멜 산
티베리아스
히푸스
세포리스
타보르 산
가다라
야르묵 강
나자렛
카이사리아
스키토폴리스(벳 스안)
펠라
데카폴리스
세바스테(사마리아)
게라사
요르단 강
그리짐 산
스켐
야뽁 강
사마리아
페레아
야포
필라델피아(암만)
에프라임
얌니아
리따
예리코
엠마오
예루살렘
쿰란
마다바
필리스티아
베들레헴
유다
마캐루스
가자
사해
헤브론
아르논 강
이두매아
마싸다
헤로데 왕조의 최대 영토
N
아
나바태

70년 예루살렘 함락 당시의 도성

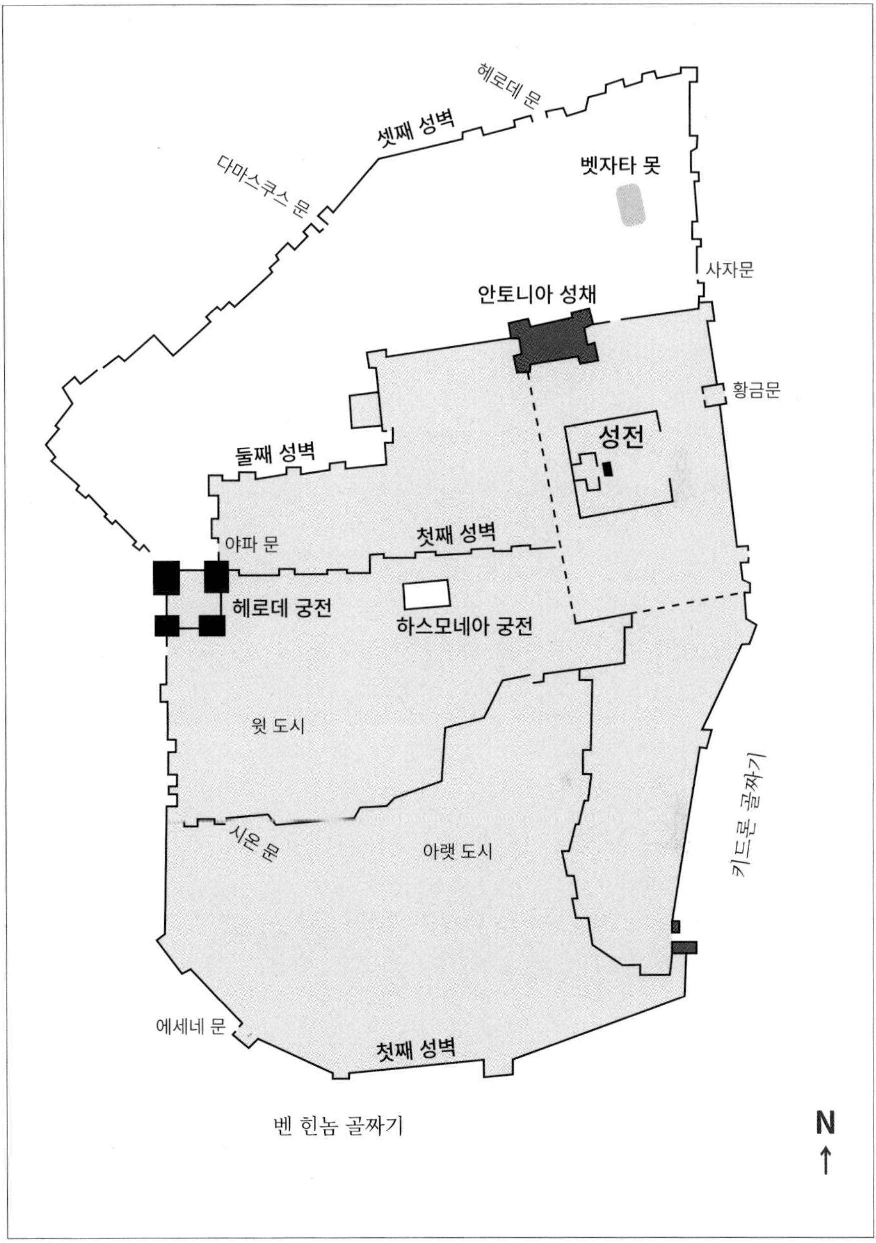

성경 입문 하권: 성경의 형성 과정과 각 권의 개요

정태현 지음 | 854쪽 | 정가 40,000원

『성경 입문 상권』 첫째 마당에서는 성경 본문을 태동시킨 팔레스티나 및 고대 근동의 지리, 기후, 문화, 경제, 사회, 종교, 정치제도, 사상 등 성경의 배경을 짚어보고, 둘째 마당에서는 주 하느님께 대한 믿음을 축으로 펼쳐진 이스라엘의 역사를 고대 근동과 그리스-로마 역사의 큰 틀 안에서 돌아본다.

『성경 입문 하권』의 셋째 마당은 성경의 형성 과정을, 넷째와 다섯째 마당은 구약과 신약성경 각 권을 소개한다.

본 입문서는 네 가지 사항에 집중한다. 첫째, 성경은 하나의 책이다. 성 아우구스티누스 말씀대로 "신약은 구약에 숨어 있고, 구약은 신약에서 드러난다"(『칠경에 대한 질문』 2.73). 그래서 본서를 구약성경 입문과 신약성경 입문으로 나누지 않고 상권과 하권으로 나누었다.

둘째, 상권의 '성경의 배경'과 '이스라엘의 역사', 그리고 하권의 '성경의 형성 과정'은 역사적 사건들을 연구하는 데 초점을 맞추고, 하권의 주요 부분인 '구약성경과 신약성경 각 권의 개요와 신학 사상'은 영적 의미를 밝히는 데 주력하였다.

셋째, 역사적 사건들과 신적 신비는 예수 그리스도 안에서 인성과 신성을 분리시킬 수 없는 것처럼 하나로 통합되어 있다. 이는 '역사의 예수와 신앙의 그리스도'를 분리시킬 수 없는 것과도 같다. 성경의 하느님은 인간의 (때로) 진부한 역사와 부족한 언어 안으로 육화되신 로고스시다.

마지막으로 성경은 하느님의 영이요 그리스도의 영인 성령께서 그리스도에 관해 쓰신 책이다. 따라서 성령의 도움 없이 성경의 글자 안에서 영이신 그리스도를 만날 수 없다(2코린 3,17-18).

이 책을 읽는 모든 독자가 성경을 올바로 이해할 뿐 아니라 부활하신 주님의 영으로 충만할 수 있기를 바란다.